수령의 사생활

영남문화연구원생활사연구총서_❶

수령의 사생활

초판1쇄 • 2010년 7월 19일
초판2쇄 • 2011년 9월 19일

지은이 • 김 혁, 박희진, 손계영, 오용원, 윤진영
이선희, 이성임, 이장희, 채휘균, 최은주
펴낸이 • 함인석
펴낸곳 • 경북대학교출판부

출판등록 • 1973년 10월 10일㉑ 97호
주소 • 대구광역시 북구 대학로 80번지
전화 • 053) 950-6741~3
FAX • 053) 953-4692
이메일 • press@knu.ac.kr
홈페이지 • http://knupress.com

ISBN 978-89-7180-328-8 93910

값은 표지 뒷면에 있습니다.
잘못 만들어진 책은 바꾸어 드립니다.

이 책은 2007년 정부(교육과학기술부)의 재원으로 한국연구재단의
지원을 받아 수행된 연구임(KRF-2007-361-AM0002)

영남문화연구원생활사연구총서_❶

수령의 사생활

김　혁 · 박희진
손계영 · 오용원
윤진영 · 이선희
이성임 · 이장희
채휘균 · 최은주

경북대학교출판부

『수령의 사생활』을 발간하며

이 책은 영남문화연구원에서 수행하고 있는 인문한국[HK]사업 제2차년도 연구 성과물 중 하나로 간행하는 것이다. 본 사업의 2차년도 연구 목표는 영남지역 '관료생활사' 연구였다. 그래서 공동의 연구 결과를 연구총서 1책, 목록집 1책, 자료영인 3책 등으로 간행하기로 하였는데, 이것은 그 가운데 연구총서에 해당한다.

이 연구총서를 간행하기 위해 연구팀 내부에서는 참으로 많은 토론과 논란을 거듭하였다. 아직 설익은 생활사 연구의 기본 관점과 논리를 가다듬어야 하는 근본적인 문제에서부터 '영남', '관료'라는 특정 대상을 두고 이를 구체적으로 실천하는 방법 하나하나가 모두 이전에 가보지 않았던 길을 새롭게 찾아가는 어려운 과제들이었기 때문이다. 특히 역사학, 경제학, 어문학, 종교, 민속학, 교육학, 서지학 등 제각각 다른 분야 연구자들이 문제의식을 공유하면서 공동 연구의 밀도를 높여 가기란 예삿일이 아니었다.

이런 문제를 효율적으로 풀어 나가기 위해 우리는 전략적으로 3가지 다른 방식을 채택하였다. 하나는 매주 수요일마다 모여 '생활사', '관료', '영남', '자료' 등을 화두로 공동 발표와 토론을 진행함으로써 내부적 공감대를 넓혀 가는 방식이었고, 다른 하나는 외부 전문가를 초청하여 콜로키움을 개최함으로써 연구팀 내부에서 해결하기 어려운 문제의 자문을 구하는 방법이었으며, 나머지 하나는 몇 가지 핵심 주제를 선정하여 학술대회를 개최함으로써 관련 학계 전체와 소통을 도모하는 방식이었다.

이런 과정을 통해 생활사 연구에서 고려해야 할 몇 가지 기본적인 사항에 대하여 일정한 공감대를 형성할 수 있었다. "지난날 한국학 연구를 심하게 옥죄었던 '민족', '근대', '국가' 등과 같은 거대담론과 그 과도한 이념지향성을 경계한다." "중앙과 승리자의 논리에 종속시킬 수 없는 지방과 주변적 삶의 동시대적 차별성에 유의한다." "법률과 제도의 형식적 획일성보다 그것이 실제 작동하고 있는 생활의 현장성에 주목한다." "이벤트성 사건이나 사고보다 늘 반복 지속되는 일상의 의미에 주목한다." "문헌 기록의 너머에 존재하는 인간 행위의 시공간적 의미를 관찰한다." 등등이 그런 것이다.

그리고 이를 '조선후기', '영남', '관료계층'에 초점을 맞춰 검토함으로써 이전에는 본격적으로 주목하지 못한, 그러나 지방관의 정체성과 그 통치행위의 실체적 진실을 한층 깊이 들여다볼 수 있는 흥미로운 주제들을 여럿 발견할 수 있었다. '지방관의 자의식과 내적 욕망 등의 멘털리티', '수령의 권위 만들기와 구별 짓기', '공무의 일상과 시간배분', '주민통치의 기제와 그 적용의 기술', '공과 사가 불분명한 업무의 기획과 예산 집행', '가족, 측근, 성, 음식, 의복 등 내밀한 사생활과 물질감성' 등이 그런 것이다.

처음 연구 대상으로 삼은 이러한 주제는 대략 50여 가지였다. 그러나 제한된 인력과 예산으로 1년이란 짧은 기간에 이 모두를 수행한다는 것이 사실상 불가능하였으며, 연구에 필요한 자료가 뒷받침되지 못하는 경우도 적지 않았다. 그래서 생활사 연구 취지에 비교적 잘 부합하고 또 실천 가능한 주제 30종을 엄선하여 연구에 착수하였으며, 그 결과를 모아 2책으로 간행하기로 하였다. 이번에 발행하는 『수령의 사생활』 4부 13편이 그 첫째이고, 곧이어 간행할 『영남의 지방관들』 3부 15편이 둘째이다.

이 책의 기획은 김성윤 교수가 맡았다가, 사정상 김혁 교수가 이를 담당하여 현재 모양이 되도록 하였으며, 간행은 김명자 연구교수가 감당하였다. 이 자리를 빌려 세 분의 노고에 감사드리며, 원고 작성에 동참하신 필자 여러분, 거액의 연구비를 지원해 준 한국연구재단, 출판을 맡은 경북대학교출판부에도 두루 감사의 말씀을 올린다. 모쪼록 모진 산고 끝에 나온 이 책자가 한국학 연구의 새로운 미래를 성찰하는 데 일조하기를 기대하며, 동학 여러분들의 아낌없는 질정과 격려가 함께 있기를 희망한다.

2010년 7월

영남문화연구원장 황위주

목차

제2부 통치의 기술

총론

수령의 공적 권위와 사생활

김혁(경북대 영남문화연구원 HK교수)

왜 수령의 사생활인가?

생활의 은밀한 뒤안에 흩어져 있을 가벼운 가십거리를 기대하며 이 책을 펼치는 사람이 있다면 그는 필시 실망이 클 것이다. 이 책의 저자들은 타인의 프라이버시를 넘겨보는 일에 그다지 관심이 없다. 오히려 우리의 관심은 지나치게 진지하기까지 하다. 개인주의의 발달과 더불어 사적 공간을 구축해 나갔던 서구 근대의 역사적 전개를 의식하면서, 개인의 공간이 공적인 영역과 뚜렷이 분화되지 않았던 조선사회에서 지방 수령의 사생활이 어떤 의미를 가졌는지에 대해 진지하게 묻는 일로부터 이 연구는 시작되었기 때문이다.

우리의 전통사회에서는 연극 무대의 배우가 그러하듯이 사회 성원 각자에게 태어나는 그 순간부터 그에 걸맞은 배역이 준비되어 있다고 여겨졌다. 임금은 임금답고 신하는 신하다워야 하며, 아버지는 아버지답고 자식은 자식다워야 한다. 이런 사회적 공연social performance이 제대로 성공을 거두기 위해서는 사회 성원 한 사람 한 사람이 자신에게 맡겨진 배역을 충분히 이해하고 소화해 낼 수 있어야 했다. 그래서 임금답지 못한 임금은 임금이 아니라는 극언조차 공공연한 사회 규칙으로 용인될 수 있었다.

사회 성원 각자에게는 이를 위한 엄격하고 고된 훈련이 요구되었다. 따라서 배역의 캐릭터는 각자에게 윤리적 판단의 준거가 되고, 교육의 근거가 되며, 행위를 추동하는 가치가 되었다. 이와 같이 사회 성원 각자가 자기 자리에서 배역에 충실하기만 하면 중화中和의 균형점에 이르게 된다는 분수分數의 원리는 전통사회를 장기적으로 이끌어 왔던 사회 이념이었다.

이 책의 주연 격이라고 할 수 있는 수령은 오늘날 사라졌다. 그러나 당시만 하더라도 수령이 지역 사회에서 차지하는 비중은 우리가 상상하는 것보다 훨씬 더 컸으며, 다른 배역과는 구별되는 그만의 독특한 색깔이 있었다. 수령은 중앙으로부터 각 고을에 파견되어 주인 노릇을 하도록 배정된 배역이었다.

그들에게 준비된 무대는 과연 어떠한 것이었을까? 그의 손에 쥐어 있던 대본은 과연 어떤 내용이었을까? 이 배역에게는 과연 어떤 캐릭터가 요구되었을까? 그들은 자신의 사회적 공연을 어떻게 소화해 내었을까? 이런 의문들이 수령과 관련된 자료들을 검토하면서 우선적으로 제기된 것들이었다.

그런데 이런 문제들은 무대 위에서 치러지는 그의 공연과 관련이 깊다. 이 문제들은 자질구레한 것이기는 하지만 모두 공적인 것이었다. 이곳에서 내밀한 개인성의 형성이나 그것을 바탕으로 한 가치관의 형성 같은 것을 기대할 수는 없을 것이다.

수령의 의지는 언제나 바깥 세계를 향해 열려 있었다. 그에게 사적인 것이란 공연 직전에 무대 뒤에서 부산을 떠는 어수선한 준비 과정을 의미하였다. 당시에 사생활은 공적인 무대와 결코 분리되어 있지 않았다. 오히려 사적인 영역에서 행해졌던 준비는 공적인 가치를 실현하는 기반이 되었다. 그들에게 공적 가치란 그들이 도달하여야 할 사회적 몸을 통해 실현되었다. 이러한 사회적 몸을 실현하기 위해서 그들의 사적인 몸은 어떻게 다루어졌던 것일까?

몸이 거주하는 집은 바로 생활이다. 어느 누구도 자신의 환경을 선택하여 태어나는 사람은 없다. 그는 태어나는 그 순간부터 이미 생활의 체계에 던져진다. 생활은 자연과 사회 환경의 독특성 속에서 주어진 생산과 소비의 긴 호흡으로부터 연유하여 그 집단이 처한 독특한 문화적 환경이 균형을 이루는 지점에 존재한다.

따라서 몸은 태어난 그 순간부터 생활의 끊임없는 재순환 과정에 노출되어 경험되고 각인된다. 생활의 재순환 과정은 패턴을 이루어 사람에게 구조로 인식되는 데, 이때 몸은 구조와 행위의 접점에 존재한다. 생활의 긴 호흡은 개인을 어김없이 넘어 서고 있으며 그것은 그의 행위를 포괄하고 있다. 그리고 그 생활만이 전승되는 혹은 단절되는 몸을 통해 이어 오고 있다.

우리가 수령의 몸에 주목하려는 까닭은 수령이 처한 삶의 조건이 다른 배역과는 다를 것이며, 그의 사회적 성향이 남다를 것이라는 전제에 의한 것이다. 당시에 수령은 사회적으로 다르게 분류되어 있었으며 그도 그러한 사회적 시선에 따라 행위하려 하였다. 그는 개인 이전에 사회적 조건과 결합되어 형성된 사회적 몸을 구성하고 있었고, 그런 상황에서 수령의 생활은 그들의 몸을 이해할 수 있는 유일한 단초가 된다.

그런 점에서 수령들의 생활에 대한 우리의 관심은 단순히 다른 사람의 생활을 넘겨다보는 데 만족하지 않는다. 그것은 사회적 배역 그 자체를 이해하기 위한 유일한 근거일 수 있다. 이는 그들의 생활 구조를 그들의 행위와 접점 속에서 형성되었던 몸에 주목하여 그들의 몸을 형성하였던 윤리성, 태도, 취향 등을 종합적으로 검토하는 일이 될 것이다.

우리는 이러한 연구를 통해 내용적으로는 우리의 현재 생활에도 깊이 드리워 있을 과거로부터 이어 온 완고한 습관을 발견할 수 있다. 다른 한편으로 그로부터 터득될 연구 방법이 현재 우리의 몸이 처해 있는 삶의 조건에 대해 구체적인 통찰력을 얻는 도구로 활용될 수 있기를 기대한다. 이것은 우리가 추구하는 가치의 모든 것들이 생활의 구체적인 지점에서 어떻게 구현되었는지에 대한 관심이자, 궁극적으로는 우리 몸에 맞는 생활 방식을 새롭게 설계하는 데 기여할 수 있을 것이라고 믿는다.

수령의 지위: 주인 vs. 나그네

조선의 중심에는 국왕이 있었다. 정치주권이 국왕에게 있었다는 뜻이다. 국왕은 오늘날의 주권자인 국민보다 현실 속에서 훨씬 더 살아 있었다는 인상을 준다. 그는 실제적인 정치 과정에 참여하여 자신의 주권을 직접 실현하도록 되어 있었다. 왕조체제의 이런 특성은 그가 백성들을 통치하는 방식에도 고스란히 묻어났다. 국왕은 자신의 권력을 대리인을 거쳐 백성들에게 다다르도록 되어 있었다.

국왕의 권력을 위임받아 백성들을 통치하던 대리인이 바로 수령이었다. 당시에는 이와 같이 위임받는 일을 국왕의 근심을 나누어 갖는다는 뜻으로 "분우分憂"라는 표현을 썼다. 수령에 대한 이와 같은 관심은 그들이 관직자 중 민을 가장 가까이에서 접할 수 있는 지위에 있다는 의미에서뿐 아니라, 국왕의 정치를 백성들을 대상으로 직접, 그리고 구체적으로 실현하였다는 데서 찾을 수 있을 것이다.

따라서 그는 국왕으로부터 행정권行政權, 재판권裁判權, 군사권軍事權, 교화권敎化權을 동시에 행사할 수 있는 통합적인 권력을 부여받았다. 당시 고을 안에는 오늘날 지방의회와 같이 이러한 권력을 견제할 수 있는 공식적인 기구도 없었다.

관직의 서열상 수령의 바로 윗자리를 차지하고 있던 관찰사조차 그의 업무를 외부에서 감시하고 평가하여 국왕에게 보고하는 임무를 맡았을 뿐, 수령의 자치권 안으로 쉽게 들어갈 수 없었다. 관찰사가 수령권에 확실하게 간섭할 수 있는 유일한 경로는 오직 국왕을 거쳐야만 가능하였다. 수령이 그 고을의 주인이란 의미로 '성주城主'나 '토주土主'라는 이칭異稱으로 불리게 되었던 것도 바로 그 때문이다. 그는 다름 아닌 고을의 왕이어야만 했다.

그런데 잘 알려져 있듯이 각 고을에는 토착세력이 있었다. 그들은 세습적으로 행정조직을 장악하고 있던 향리집단과 향촌에서의 독자적인 사회·경제적 힘을 바탕으로 향권鄕權을 행사하던 사족들이었다. 향촌사회에 어느 정도 밀착되어 있었는지만을 놓고 본다면, 이들이야말로 오히려 그 고을의 실질적인 주인이라고 보아야 옳을 것이다.

게다가 수령들은 대체로 원래 정해진 재직 기간보다 훨씬 짧은 기간만을 머물다가 떠났다. 수령의 하속이라고 할 수 있는 향리들은 그들의 행정력을 이용하여 수령의 통치에 간접적으로 개입할 수 있었다. 심지어 그런 그들의 '음성적인 정치 활동(농간?)'으로 파직된 수령도 적지 않았다. 당시 예리한 현실인식의 소유자였던 정약용이 수령을 나그네라고 불렀던 것은 결코 역설만도 아닌 듯싶다.

조선후기에 『목민심서』로 대표되는 '수령 교훈서'들이 다수 출현하였다는 것은 당시 사회에서 수령직이 갖는 비중을 가늠해 볼 만한 근거가 된다.[1] 동시에 이러한 현상은 이처럼 주인과 나그네의 어느 중간쯤에 위치한 수령의 애매한 처지에 대한 반증일 수도 있다. 이와 같이 권력의 비중이 높고, 그 자리가 애매할수록 수많은 교훈이 찾아드는 법이다. 이 교훈들은 한결같이 수령의 직이 갖는 특수한 성격을 언급하고 있으며, 그 목민牧民의 이상을 실현하기 위해서는 다양한 방략이 필요하다고 충고하고 있다. 수령이 만일 이런 캐릭터를 제대로 소화해 내지 못할 경우에는 원활한 향촌 통치가 어렵다고 여겨졌다.

수령은 백성을 직접 대면하며 통치하는 관직자였기 때문에, 그가 갖는 권력은 조선의 정치권력이 갖는 일반적인 특성을 제대로 이해할 수 있는 관건이 된다. 이러한 특성 때문에 수령권이 갖는 성격은 일찍부터 많은 주목의 대상이 되어 왔다. 현재로서 이 논의는 양극화되는 경향을 띤다. 수령권은 중앙권력의 의지를 실현시키는 관료제의 말단에 불과하다는 관점이 있는가 하면,[2] 수령권이 향촌에서 차지하는 비교적 자율적인 권력이라는 점에 주목한 연구도 있다.[3]

이와 같이 수령의 성격을 관료제의 말단으로 제한하여 이해하려는 한, 수령권에서 관찰되는 자율성은 불가피하게 관료제의 원리에서 부정적인 측면을 관찰하게 된다. 수령의 통치는 인치주의人治主義, 즉 합리적인 법에 의해서가 아니라 사람의 자의적인 판단에 의해 통치를 한다는 불명예를 안게 된다. 인치주의는 일찍이 서구학자들이 중국 관료제를 설명하면서 도입한 개념이다. 그런데 이러한 판단의 준거점은 관료의 사회적 기능을 합리성의 시점에서 관찰하는 서구 관료제의 도상성을 도립하여 옮겨 온 것에 불과하다.

수령의 성격에 대해 이와 같이 자의적인 평가를 하게 된 데는 수령의 행정이 구체적으로 이루어지는 실상에서 검토되지 못하였다는 것도 큰 이유가 되었다. 수령은 몇 시에 출근하여 몇 시에 퇴근하였으며 근무 시간에는 구체적으로 어떤 일을 처리하였을까. 매우 자질구레하게 보일지 모르는 이러한 일들을 살펴보는 것은 수령이 관직자로서 갖는 위상에 접근하도록 돕는다.(이선희, 「수령의 출퇴근과 근무방식」)

조선시대의 수령권이 의례와 그로부터 유도되는 캐릭터를 통해 형성되거나 제약받고 있었다는 사실을 통해, 수령에게 법제적 규정 이상으로 강한 사회적 규제력이 존재하였다는 것을 알 수 있다. 부임자는 의례를 통해 유도되었으며, 이 캐릭터를 근거로 한 수령 개인에 대한 평가가 공의公議라는 이름으로 끊임없이 오고 갔다. 사실상 이것은 수령의 평가에 지대한 영향을 끼침으로써 수령을 규제하는 매우 중요한 사회적 견제력으로 작용하였다. 당시 수령에게 부과된 캐릭터를 통한 이러한 견제력을 그의 의례를 통해 이해할 수 있을 것이다. 그에게 공적인 생활이 자의적인 것으로 비쳐졌다는 것은 한편으로 그에게 사생활의 독립된 영역 그 자체가 존재하지 않았다는 의미일지도 모른다.

이와 같이 법적 규정 바깥에서 수령의 성격에 끊임없이 영향을 미치는 사회적 관계를 검토하기 위해 수령의 부임의례에 주목하였다. 부임자는 부임 의례를 통해 수령이라는 사회적 몸을 얻게 된다. 따라서 그 의례의 구체적인 양상에서 신부가 다른 집에 들어가는 통과의례에 비견될 만한 과정을 거쳤음을 발견하게 된다. 이 과정에 깔린 상징들을 검토함으로써 당시 수령이 자신의 새로운 몸을 타자의 시선 속에서 어떻게 만들어 갔는가에 관심을 두지 않을 수 없을 것이다.(김혁, 「부임의례와 수령(守令)의 캐릭터 형성」)

수령을 포함한 지방관들은 재직 시절의 일상과 추억들을 그림으로 남겼다. 그들은 그림을 통해 무엇을 기억하고자 하였을까. 오늘날 지방관이 주인공이 되어 전하는 수많은 그림들은 그들이 기억하고자 원했던 시각적 표상들을 우리 눈앞에 재현해 주고 있다. 그 이면에 인연의 관계망으로 엮어 간 자의식의 편린들을 읽을 수 있다. 그들에게 그림은 짧은 기억을 오랜 표상으로 부여잡고자 하였던 필연의 선택이 아니었을까.(윤진영, 「기록화에 담긴 지방관의 기억」)

수령의 캐릭터: 자부慈父 vs. 엄부嚴父

고을이란 조선의 최소 정치 단위였고 그곳의 관장官長은 수령이었다. 따라서 수령이야말로 그 고을의 백성들과 직접 마주할 수 있는 유일한 관직자였다. 정치의 최소단위에서 벌어졌던 사회적 관계의 역학이 결국 수령을 중심으로 움직일 수밖에 없었다는 것을 고려한다면, 수령이 갖추어야 할 캐릭터와 그것이 현실에 미칠 지대한 영향에 대해 충분히 짐작할 만하다. 어느 조직이나 사회에서건 리더의 인격은 항상 문제가 되는 법이다.

수령이 갖추어야 할 이상적인 모습은 당시에 어떻게 상상되었을까? 수령의 이상형은 이미 중국의 고대로부터 있었다. 그 정형화는 『사기史記』의 「순리열전循吏列傳」이나 「혹리열전酷吏列傳」에서 엿볼 수 있다. 사마천이 생각하는 좋은 관리란 '되도록 위엄을 사용하지 않고 자신의 직분을 받들어 이치를 따르는 관리'였다.[4] 이에 반해 혹리는 엄혹한 위엄을 좇아 법령에만 의지하여 백성들을 다스리고자 하는 자였다.

수령에게 이 같은 윤리적 태도를 권하는 일은 당시에 매우 일반적이었던 것 같다. 다음은 조선전기 구례求禮에 수령으로 부임해 가는 안순지安順之에게 그의 동료들이 부치는 「송서送序」의 일부이다.

> 백성들이 무지하다고 말하지 말라. 본성은 피차 다를 것이 없다. 백성들이 완악頑惡하다고 말하지 말라. 가르침이 있으면 누구나 다 선한 사람이 될 수 있다. 사랑으로 어루만지고 엄숙함으로 임하여 차근차근 인도하고 간곡히 타일러야 할 것이니, 이와 같이 한다면 하늘을 어기겠는가. 이와 같이 한다면 사람을 저버리겠는가. 이와 같이 한다면 또한 자신을 속이겠는가.[5]

이 글의 요체는 유학의 성정론性情論에 입각한 교화를 위주로 한 입장을 반영한 것으로서, 한마디로 충서忠恕의 윤리이다. 이와 같이 자신의 처신을 무엇보다 강조하는 태도는 조선후기에도 계속 이어졌다. 다음은 조선후기 어느 '수령 교훈서'에 실린 내용이다.

> 수령이란 관직에 대해서 고인古人은 사람을 수고롭게 하는 일이라고 하였지만 임금의 근심을 나누어 갖는 책임과 백성들이 의탁하는 직책이니 …… 마땅히 먼저 자기 성품에서 치우친 곳이 있으면 바로잡아 마음으로 일을 해치는 단서가 없게 해야 한다. 나약하다면 마땅히 강건함으로 바로잡아야 하고, 게으르다면 마땅히 근면함으로 바로잡으며, 지나치게 강하고 사납다면 마땅히 관대함으로 바로잡아야 하고, 지나치게 관대하고 느슨하다면 마땅히 위엄과 사나움으로 바로잡아야 한다.[6]

위에서 보는 바와 같이 수령은 국왕의 근심을 나누어 갖는 자로서 곧 그의 대리인이다. 그런데 그가 구체적으로 민을 통치하기에 앞서 우선 자신부터 돌아보아야 한다는 것이다. 이는 자신을 다스릴 수 있는 다음에야 다른 사람을 다스릴 수 있다는 유학의 전통적인 입장을 따른 것임을 알 수 있다.[7]

조선이 이처럼 법적인 제재에만 의존하지 않는 통치 방식을 결정한 것은 사실상 그 체제의 고유한 선택이었다는 것도 지적하지 않을 수 없다. 잘 알려져 있듯이 진시황의 나라가 빠른 멸망에 이른 원인이 그들의 가혹한 법치 때문이라는 역사적 교훈은 한대 이후 동아시아 유교국가에 오랫동안 전승되어 오던 금과옥조였다. 따라서 조선도 법치 대신 예치를 내세웠고, 가혹함보다는 너그러움을 중시하였다. 이것은 체제 안정을 위한 고도의 통치 전략이었다.

그런데 조선후기 수령의 교훈서에는 수령의 고을 통치에서 이러한 관용만으로는 부족한 현실적인 상황에 대한 고려가 덧붙여져 있다. 향리의 통제가 매우 당면한 문제로 떠올랐기 때문이다. 수령은 향리나 일반 민중을 자식으로 대해야 한다고 당시에 상상되었던 것을 알 수 있다. 그런데 그 둘은 다른 자식이어야 했다. 그런 만큼 수령은 민중民衆에게는 자애로운 아버지로서, 향리들에게는 엄한 아버지로서 대하여야 했다. 그래서 정약용은 수령이 취해야 할 태도로서 “엄하고 온화하며 과묵하기를 마치 말 못하는 사람인 양” 해야 한다는 섞이기 어려운 상극적인 인격을 동시에 갖춘 인물이 되어야 한다고 권고하고 있다.[8]

이 중 향리에게 엄부嚴父로서 대해야 한다는 것은 당시에 매우 일반적으로 퍼져 있었던 관념인 듯하다. 다음은 조선후기 수령을 위한 한 참고서에서 지적한 내용이다.

> 아전을 통어하는 법은 요령을 얻기가 매우 어렵다. 위엄만을 숭상하면 향리鄕吏도 백성이니 의지하여 살아갈 길이 없다. 그렇다고 관용을 숭상하자니 향리는 고을의 좀이라서 백성에게 끼치는 폐해가 또한 크다. 그러니 엄격함을 숭상하여 민에게 해를 끼치는 데 이르지 않게 하여야 한다.[9]

위의 글을 보면 수령이 향리에게 엄부처럼 대하여야만 하는 까닭을 짐작할 수 있다. 향리도 백성이라서 따뜻하게 대함이 마땅하지만, 만일 그들을 관용적으로 대한다면 향리는 백성의 좀이라 그 폐해가 곧바로 백성에게 넘어간다는 것이다. 그런데 여기서 향리가 백성의 좀이라고 한 것은 그들이 살아가는 방식을 지적한 것에 불과하다. 잘 알려진 바와 같이 그들은 국가로부터 녹을 받지 못하였기 때문에 그들의 경제생활은 전적으로 고을민에게 의존해 있었다. 이와 같이 수령에게는 엄격함만으로 일관할 수도 없고 그렇다고 관용만을 위주로 할 수도 없는 매우 복합적인 캐릭터가 요구되었다.

통치의 기술: 채찍 vs. 선물

통치란 타인에게 권력을 행사하는 일이다. 서구의 권력이론에서는 권력power을 영향력influence과 무력force이라는 두 가지 요소로 나누고, 영향력을 의례와 연관 지어 이해하려는 논의가 꽤 심도 있게 전개되어 왔다.[10] 이러한 분석은 권력이 갖는 원심력과 구심력의 두 가지 속성을 달리 표현한 것이며 어느 문화권에서나 볼 수 있는 매우 보편적인 특성으로서, 인류학에서는 이것을 '마나'와 '타푸'로 이해하는 것이 일반적이다.[11] 그런데 이와 같은 무력과 권위는 항상 공존하고 있으며 필요에 따라 강조점을 달리하여 드러날 뿐, 그 목적은 동일하다. 폭력은 상대방의 육체를, 영향력은 정신을 대상으로 한다는 것에 차이가 있을 뿐 그 목적은 둘 다 대상을 무력화無力化하는 데 있다. 사실상 이 둘은 한 몸통의 두 얼굴에 지나지 않는다. 이와 같이 영향력이란 마술과 같이 상대방의 마음을 훔치는 힘을 의미한다. 그곳에는 감화와 심복이 따른다. 조선에서는 그 마술적 힘을 통상 덕德이라고 불렀으며, 이런 무형의 힘에 의한 통치를 덕치德治라고 한다.

전통적으로 이러한 덕에 의한 통치는 교화敎化로, 폭력은 형벌刑罰로 표현되었다. 그리고 교화를 위주로 하여 통치를 하고, 형벌은 그러한 통치를 돕는 보조적인 도구로 사용되는 것이 이상화되어 있었다.[12] 어디에서도 교화가 갖는 직접적인 형식에 대한 언급은 없었다. 그 이후 유교국가에서 교화 혹은 덕치를 구체화하기 위한 많은 통치의 기술들이 고안되어 왔다.

덕치를 위한 다양한 통치 기술 중에 선물의 증여는 매우 중요하다. 덕치주의와 증여의 연결 고리는 두 가지 모두 윗사람의 은혜를 아랫사람에게 보여 주고자 하였다는 데서 찾을 수 있을 것이다. 그런데 덕치주의의 이념적 표상과는 달리, 이러한 증여에는 현실적인 제약이 따른다. 선물 없는 증여란 존재하지 않기 때문이다. 증여는 구체적인 물건을 매개로 하는데 물건은 현실적으로 유한할 수밖에 없다. 따라서 증여의 대상은 부득이 일정하게 한정될 수밖에 없으며, 그 안에서도 선물의 수량, 물종에 차이가 난다.

이같이 증여 범주가 차등을 이루는 경계는 증여자가 사회적으로 자신과의 소통을 허용하는 범위로 설정될 수밖에 없다. 따라서 증여가 허용되는 범주는 곧 그곳에 속해 있음으로써 갖는 성원권의 범위를 의미한다. 다른 한편 이 범주는 의사 가족의 범위로 여겨질 수 있을 것이다. 실제로 가족 내에서 재산권이 상속되는 범위도 가족의 범위와 그 내부에서 차지하는 한계를 반영한다. 가족의 바깥에 있다는 것은 곧 가족 재산을 물려받을 수 있는 권리 밖에 있음을 뜻하기 때문이다.

이 같은 원리는 가족 바깥에서 사회를 조직화하는 전략으로도 활용될 수 있다. 시대마다 다른 범주로 결정되는 가족의 바깥에 있는 2차 사회는 가족의 은유를 동반하는 경우가 많다. 이는 가족과 유사한 범주로 묶어 의사가족의 형식으로 이념화하여 그 집단의 사회적 긴밀도를 높이고자 하는 전략에서 나온 것이다. 이러한 사회적 전략을 이 글에서는 가족주의로 정의할 것이다. 실제 가족과 마찬가지로 의사 가족의 형성과 운영 역시 증여의 원리를 통하여 이루어졌으며 그 범위 역시 증여 범위의 한계를 통해 정해졌다. 그리고 가족주의가 국가의 범위로 확대된 형태를 가족국가라고 볼 수 있을 것이다.

조선에서는 증여의 원리에 기반한 가족국가의 이념이 지배적이었다. 이 체제는 이념적으로 덕치주의의 이상을 표방하였는데 이것은 곧 가족주의의 또 다른 표현이었다. 그 속에서 가족주의의 현실적 한계를 가지고 있었다고 말하지 않을 수 없을 것이다. 그리고 가족주의의 한계란 곧 포함과 배제의 현실적 경계 설정, 즉 신분제의 한계를 의미하기도 한다. 그러므로 국왕으로부터 농민에 이르기까지 사회 위계의 위로부터 아래로 향하는 '선물 증여'의 의미를 해명함으로써 조선국가의 '가족주의' 이데올로기, 곧 덕치주의가 현실에서 위치하였던 구체적인 방식을 탐구하고자 하였다. 그곳에서 수령은 국왕과 유사한 포함과 배제의 원리를 실현하며 국왕의 선물인 부채는 농민에게까지 이르지 못한다.(김혁, 「수령의 선물정치와 부채[扇]」)

이와 같은 선물 정치 이외에도 수령의 대표적인 통치 기술로 꼽을 수 있는 것은 시험이었다. 채휘균은 지방관들이 많은 시험을 주관하고 있는 점에 주목하였다. 그 시험에는 국가에서 공식적으로 주관하는 시험 이외의 것들도 많이 포함되어 있었다. 그리고 그것에는 으레 선물이 뒤따랐다. 그는 왜 고을의 백성들에게 그토록 많은 시험을 보게 하였던 것일까. 와그너가 과거를 조선사회를 통합하는 주요한 기제의 하나로 보았듯이, 채휘균도 시험을 통해 고을민을 자발적으로 통합되도록 만드는 주요한 기술 중 하나였다고 말한다.[13](채휘균, 「시험의 힘, 교육을 통한 통치」)

수령이 통치자로서 갖는 또 다른 주요한 성격 중 하나는 그가 제관祭官으로서 갖는 측면이다. 그 중 수령이 기우제를 주재한다는 의미는 하늘과 인간을 중재하는 수령의 위상을 잘 보여 준다. 이런 수령의 종교적 위상은 고을민을 자신의 힘으로 이끌어오는 데 큰 역할을 하였다.(오용원, 「수령의 기우제(祈雨祭)와 고을민과의 소통」)

수령의 윤리: 공公 vs. 사私

윤리를 사회적 공연이라는 관점에서 볼 때, 그것은 역할을 맡은 사람들 각각이 자신의 개인적 몸을 공연을 위한 사회적 몸에 일치시키려는 과정을 의미한다. 특히 공적인 권위가 요구되었던 수령에게 사적 영역에서의 자기 경계는 더욱 강한 윤리로서 존재하였다. 이것은 법적인 규칙과 연관되어 있었지만 그것만으로는 결코 설명이 충분치 않았다. 조선사회를 움직이는 힘은 이른바 사회적 공의였다. 수령 개인을 둘러싼 수많은 사람들의 눈과 입에 의해 수령은 감시되고 평가받았다.

그래서 수령의 의지는 언제나 공적인 세계를 향하고 있었다. 그들은 무엇보다 공적인 장에서 자신의 가치를 실현하려는 관직자였다. 그들에게 공적 가치란 그들이 도달하여야 할 사회적 몸을 통해 실현되고 드러났다. 이런 사회적 몸을 실현하기 위해서 그들은 자신의 사적인 몸을 어떻게 다루었을까?

수령에 대해서 우리가 흔히 망각하고 있는 사실이 있다. 오늘날의 관직자와 가장 구분되는 점은 수령들은 거의 모두 시인이라는 점이다. 그가 어렸을 때부터 익혔던 문학적인 감성이 관직자로서 필수적인 요건으로 인식되었다는 사실은 그 시대가 우리에게 던져 주는 여러 가지 함의 중 매우 큰 것이다. 수령은 백성들을 머리로 지배하고 군림하는 자라기보다는 가슴으로 백성의 고통을 함께 나누는 자여야 했다. 몸의 근저에서 형성하여 왔던 그의 글쓰기는 그가 수령이 되었을 때 어떤 변용을 가져왔을까.(최은주, 「수령의 개성과 글쓰기」)

수령의 고을살이에서 가장 애절한 점은 그가 가족과 함께하지 못하는 기러기 아빠라는 것이다. 채휘균은 이 같은 인간적인 외로움에 주목하여 그가 그런 와중에서 부인과의 정분을 어떻게 유지하였고 자식 교육은 어떻게 꾸려 나갔으며, 무엇보다 먼 외지에서 겪어야 했던 인간적인 고독을 어떻게 이겨 나갔는지 살폈다. 저자는 수령이 갖는 이 같은 개인적 측면에 주목하여 따뜻한 시선을 보내고 있다.(채휘균, 「수령의 고을살이와 가족들」)

관아에서의 수령은 바다에 홀로 떠 있는 외로운 섬과 같았다. 앞서 언급하였듯이 관속들은 자신과 가장 직접적으로 부딪치는 사람들이면서도 경계해야 할 대상이었다. 그들은 자신의 속내를 함부로 드러내 털어

놓을 수 있는 대상이 아니었다. 따라서 그는 관속들과는 별도로 자신의 수족처럼 다루어 은밀한 일을 처리해 줄 심부름꾼을 필요로 하였다. 이장희는 수령이 늘 끼고 다니는 이러한 사적 영역에 속한 사람들에 대해서 주목하고 있다.(이장희, 「수령의 내밀한 측근들」)

아마도 이때 수령에게 인간적으로 가장 위안이 되었던 사람은 관기官妓였을 것이다. 이성임의 분석에 의하면 일반에게 알려진 것과는 달리 관기는 수령이 쉽게 건드릴 수 없는 공인公人이었다. 이들을 범할 경우의 처벌이 법전에 명시되어 있었다. 그럼에도 당시 통념에 수령의 성욕은 부득이한 것으로 받아들여졌던 것 같다.(이성임, 「지방관과 기녀(妓女)의 관계」)

수령이 서 있던 공과 사의 경계를 가장 극명하게 살필 수 있는 지점은 수령의 급료에 있었다. 그의 급료 체계는 오늘날과 비추어 볼 때 매우 애매하게 설정되어 있었다. 그래서 박희진은 오늘날 사용하지 않는 "봉름俸廩"이라는 개념에 주목하였다. 이 봉름이라는 말은 봉과 름의 합성어로서 녹봉 외에 경상비가 포함된 금액이다. 그는 이런 애매한 영역 속에 있던 그들의 급료가 그들의 공사 관념 속에서 어떻게 구체적으로 드러났는가를 묻고 있다.(박희진, 「수령의 봉름(俸廩)에 나타난 공과 사」)

현실 속에서 수령의 공사인식은 매우 애매하고 경우에 따라 모순적이기까지 하였지만 그들의 의식 속에는 매우 뚜렷한 윤리적 자리가 있었다. 손계영은 수령의 밥상을 분석함으로써 이것을 날카롭게 드러내 보이고 있다. 수령의 머릿속에서는 언제나 내가 먹는 밥이 공인가 사인가 구별하려는 인식이 있었다. 이것은 극단적인 표현이 아니라 당시 수령의 밥에 대한 일반적인 의식이었다.(손계영, 「관아의 주방과 수령의 음식」)

이와 같이 수령의 사적인 몸인 식욕, 성욕은 그들의 관직 생활 내내 공과 사의 경계에서 조율되고 있었다. 그런데 자신의 몸이 연장된 조상을 위한 현양이라고 할 수 있는 선조의 문집 간행은 효의 이름으로 용인될 수 있었다. 이는 몸에 대한 해석이 오늘날과는 다른 범주에 설정되어 있었던 당시 사회의 윤리적 범주를 보여 준다.(손계영, 「지방관의 문집 간행과 윤리」)

조선사회의 수령이 사회 윤리에 둔감하였으리라고 생각하는 것은 오늘날 우리의 편견 중 하나이다. 오늘날 우리의 눈에 조선만큼 인맥을 중시하고 여러 가지 청탁이 번성하였던 사회도 드물 것이다. 특히 사족 간의 유대는 조상 때부터의 세의世誼에 의한 것이었으며 이를 통해 공적인 일에조차 입김으로 작용하였다는 것도 주지된 사실이다. 조선후기에 만연해 있던 당색 중시의 풍습도 결국 혼맥과 학맥을 전제하지 않고서는 좀처럼 이해하기 힘든 현상이다.

그렇다고 해서 이것만으로 조선이 비리에 대해 관용적인 사회였다고 할 수 있을까. 조선에서는 관료제의 발달과 함께 감찰 기관도 동시에 정비되었으며, 이들이 온갖 청탁 비리를 적발하여 조정을 들썩이게 하였던 사건은 오늘날과 다름없는 진풍경을 이루었다. 뇌물죄의 경우는 매우 엄격한 형률을 적용하였다. 게다가 청백리를 포상하는 등 청렴의 가치에 대해 높이 숭상하였다는 점도 비리를 경계하고 청렴에 높은 가치를 둔 당대 사람들의 의식을 반영하는 것이었다.

이와 같이 청렴을 숭상하는 사회적 분위기에서 부정이 성행할 수 있었던 역사적 풍경은 우리들로 하여금 묘한 아이러니를 느끼게 한다. 한편으로는 이러한 아이러니를 지적하는 것이야말로 현실을 적실히 설명하는 것이라는 생각도 든다. 관료제의 이성주의는 부정을 체제 밖으로 밀치어 내면서도 체제의 경계 어느 지점에 온존시킴으로써 그것을 숨표로 활용하는 간지奸智를 부리고 있었는지도 모를 일이다.

그 지점에서 수령은 숨을 쉴 수 있었고 재량권을 활용할 수 있었다. 수령의 부정 중에서 어느 수위까지를 비리로 인식하는가 하는 것은 복어에서 독이 든 알을 갈라내는 것만큼이나 미묘하고 어려운 문제였다. 그런 만큼 조선의 공직사회를 섣불리 부패사회라고 낙인찍으려 하거나 혹은 그들의 행위를 오늘날의 관점에서 윤리적으로 재단하는 것은 위험천만한 일이 아닐 수 없다.

제1부

공무의 일상

연극 무대에서 배우가 그러하듯이 우리의 전통사회에서는 사회 성원 각자에게 그에 걸맞은 배역이 준비되어 있다고 여겨졌다. 임금은 임금답고 신하는 신하다워야 하며, 아버지는 아버지답고 자식은 자식다워야 한다. 이런 사회적 공연이 제대로 성공할 수 있는지는 사회 성원 한 사람 한 사람이 자신에게 맡겨진 배역을 얼마만큼 잘 이해하고 소화해 낼 수 있느냐에 달려 있었던 셈이다.

그 가운데 수령에게는 다른 배역과 구별되는 그만의 독특한 색깔이 있었다. 무엇보다도 수령은 이 지역 밖에서 파견된 나그네였지만 각 고을에서 주인 노릇을 하도록 배정된 매우 중심적인 배역이었다는 점에 그의 존재적인 역설이 있다.

그렇다면 수령은 어떠해야 수령다울 수 있었을까? 그들에게 준비된 무대는 과연 어떤 것이었을까? 그리고 그의 손에 쥐어있던 대본은 과연 어떤 내용이었을까? 이 배역에는 과연 어떤 캐릭터가 요구되었을까? 그들은 자신의 사회적 공연을 어떻게 소화해 내었을까? 그들은 자신이 어떻게 기억되기를 원했을까? 이러한 질문에 답함으로써 이 사회적 공연을 위해(혹은 통해서) 형성된 수령의 아이덴티티를 들여다보고자 한다.

【 제1장 】

부임의례와 수령守令의 캐릭터 형성

김혁(경북대 영남문화연구원 HK교수)

조선의 조정에서는 수령의 인격에 대한 관심이 컸다. 이는 수령을 포폄하는 과정에서도 잘 드러났다. 다음은 어느 경상감사가 국왕에게 보고한 내용의 일부이다.

> 의령현감宜寧縣監 이언광李彦光은 지나치게 부드럽고 착하니, 아전은 기뻐하고 백성은 탄식합니다. 진보현감眞寶縣監 이제붕李齊鵬은 솔직하고 천진한 사람이긴 하지만 관리의 재목이 아닌 것을 어찌하겠으며, …… 모두 하下입니다.[1]

위의 기사를 통해서 당시 수령이 될 만한 재목은 지나치게 부드럽거나 착하거나 솔직하거나 천진해서는 안 된다고 여겼던 것을 알 수 있다. 수령이 이런 성격의 사람이라면 아전에게는 유리하지만 정작 백성들에게는 큰 피해가 돌아가기 때문이라는 것이다. 당시 수령에 대한 포폄褒貶은 이른바 수령칠사守令七事에 의해서만 평가하도록 규례화되어 있었지만, 업적 평가가 이루어지는 현장에서는 이와 같이 그의 인격과 연관하여 이야기되기 십상이었다.

그렇다면 수령에게는 과연 어떤 캐릭터가 요구되었을까? 다음은 조선 후기 어느 '수령 교훈서'에 실린 내용이다.

> 지나치게 강하고 사납다면 마땅히 관대함으로 바로잡아야 하며, 지나치게 관대하고 느슨하다면 마땅히 위엄과 사나움으로 바로잡아야 한다.[2]

한마디로 당시 수령에게는 사나움과 관대함, 그 어느 쪽으로도 치우치지 않을 중용中庸적인 캐릭터가 요구되었다.[3] 수령은 백성과 가장 가까이에 있는 관직자였기 때문에 이러한 캐릭터 형성에 성공할 수 있느냐에 따라 그 결과가 백성의 삶에 직접적이고 지대하게 영향을 미칠 수 있다고 생각한 것이 당시의 지배적인 관념이었다.

그런데 누구나 짐작할 수 있듯이 수령이 갖추어야 할 이런 캐릭터는 하루아침에 형성되는 것이 아니었다. 부임자가 초임인 경우라면 그가 갖추어야 할 통치자로서의 위엄 같은 것은 그로서도 결코 익숙지 않은 일이었을 것이다. 그가 이전에 했던 수십 년 동안의 공부는 대개 이를 위한 준비였겠지만, 그 내용은 대부분 이상화된 통치와 관련된 것이었다. 다시 말하여 관용에 치우쳐 있었다. 따라서 부임자에게 요구되는 또 다른 자질인 '사나움'을 갖추기 위해서는 이러한 단계로 비약적으로 뛰어오를 수 있는 축약된 절차 같은 것이 요구되었는데 이 절차가 바로 부임의례에서 성취되었다고 생각한다.

수령에 제수된 사람이 부임지까지 도임하는 기간은 길어야 한 달여의 짧은 일정이었다. 이 일정 동안 제수除授·신영新迎·사은숙배·서경署經·역사歷辭·하직下直·상관上官으로 이어지는 정형화된 절차를 거쳤다.

이 과정은 곧 부임자가 고향을 떠나 서울로 올라가서 국왕을 만나 그의 권력을 나누어 받고, 다시 부임지로 향하여 관청에 오르는 절차로 구성되어 있었다.

필자는 이전의 논고에서 부임의례가 갖는 의미에 최초로 주목하여 18세기 후반 목천현木川縣과 전의현全義縣, 두 고을의 수령을 지냈던 황윤석(黃胤錫, 1729~1791)의 일기인 『이재난고頤齋亂藁』를 주 텍스트로 삼아 이 의례가 수령이 자신의 권위를 형성해 나가는 정치의례였음을 주장한 바 있다.[4] 이후 이 주제는 여러 연구자들의 논의를 통해 더욱 정치하게 전개되어 왔다.[5]

그런데 이러한 논의에서조차 주로 그 제도적 절차에만 관심이 치우친 채, 그 절차에서 상상되는 부임자의 인격 변화에 대해서는 상대적으로 관심이 적었다. 이 부임의례는 결국 한 고을의 사정에 어두운 나그네에서 한 고을을 통치할 수 있는 권위적 인격체로 구성되어 갔다는 것을 의미하는 것이기 때문이다. 이 여정에서 부임자는 '자신의 집안-왕의 거처-부임지'로 이어지는 과정 속에서 인격이 조금씩 변형되고 이어졌으며 각 단계마다 다른 양상으로 펼쳐지는 변화를 보였다.

서울 가는 길

고향을 떠나며

황윤석이 목천현감에 제수되었다는 소식을 처음 접한 것은 그의 고향인 전라도 흥덕현興德縣 수동壽洞에서였다. 때는 1779년(정조 3) 8월 29일이었다. 그의 나이 51살 때의 일이다.

그는 지난해(1778) 12월에 장릉령長陵令으로 발령받았지만, 노모를 모시기 위해 간절히 원하였던 수령직을 얻지 못한 실망감으로 그즈음 고향집으로 내려온 지 얼마 안 되었던 때이다. 그는 부임지인 목천현이 호서지방에서 가장 다스리기 힘든 세 고을들(진천, 천안, 목천) 중 하나라는 소문을 익히 들어 알고 있던 터였다.[6] 이미 6년 전에 아버지를 여의고 늙은 어머니를 봉양하고 있던 그는 부임지가 나쁜 고을이라고 해서 결코 마다할 처지가 못 되었다.

1779년 9월 1일

사은숙배謝恩肅拜는 시한을 다투는 일이었다. 황윤석은 제수 소식을 접한 지 이틀 뒤에 곧바로 출발을 서둘렀다. 그는 자신의 일기에서 사은숙배를 위해 고향을 떠나던 날인 9월 1일 아침의 장면을 선연히 그려 내고 있다.

> 날씨가 꾸물거렸다. 나는 새벽 일찍 일어나 먼저 가묘家廟에 가서 숙배하러 서울로 길을 떠난다는 사실을 고했다. 다음으로 안채에 들어가 어머니께 절을 올렸다. 며느리와 큰아들, 두 딸에게 차례차례 인사를 받고 헤어졌다. 이내 밖으로 나와 조카들, 동향의 친구들과 일일이 인사를 나누었다. 종 세 놈과 말 두 필이 따랐다.[한 마리에는 작은 안장을 올렸고 한 마리는 대교大轎를 위한 것이다.]

가묘란 조상신을 모신 공간이다. 부임해 가는 첫날을 이곳으로부터 시작하고 있다는 것은 매우 상징적이다. 사족은 그곳에서 모든 가치를 부여받는다. 이때 황윤석은 어떤 심정이었을까. 그가 목천현감을 제수받은 뒤, 사당에 고하고 나서 적은 다음의 시를 보자.

남쪽으로 내려와 애초에 관직을 버린 이 사람이	南來初判棄官人
북으로 올라가서 이제 몸을 드릴 것이니	北上今爲薦養身
대궐문에 도달하여 임금께 사은한 뒤에	待到天門榮謝了
어머니 모셔 와 받들려는 소원 이제 막 이룰 참이라네.	板輿陪奉願方伸
한 고을이 비록 작다고 하지만 우리 집보다는 나으니	一城雖小勝吾家
국왕께서 여파를 내려주시니 얼마나 즐거운지요	君賜餘波奈樂何
온 친척들이 에워싸고 돌며	伯季孫曾扶繞地
오래도록 노래 부르고 미친 듯이 춤추는도다.[7]	長謠狂舞十分多

벌써부터 그가 지나는 길목마다 많은 사람들의 부임 축하 인사가 들이닥쳤다. 그의 행차가 태인현에 이르자 그 고을의 향청에서는 그를 기꺼이 맞이하였다. 그 지역의 수령이었던 홍대용도 급히 방문하여 이 부임자를 목천현감의 자격으로 대접하였다. 이는 더욱이 홍대용 집안의 선영이 목천에 있었기 때문이다.

그즈음 목천관아의 신영리新迎吏들이 막 도착하였다. 황윤석이 수령에 낙점되자마자 목천의 경주인이 보낸 기별을 받고 즉시 출발하여 이제 도착한 것이다.

신영례(新迎禮: 고을 아전의 마중 의례)

수령의 부임 과정에서 가장 주목되는 것은 신영례新迎禮이다. 신영례는 부임할 고을의 이예吏隷들이 새로운 수령을 맞이하여 고을까지 인도

해 모시고 가는 의례를 말한다. 『목민심서』에서는 신영례를 서울에서 사조辭朝를 마치고 해당 고을에 저보를 보내 자신을 맞으러 오라는 뜻을 전하여, 해당 고을로부터 신임 사또의 신행을 맞이하는 의식이라고 정의하고 있다.[8] 그런데 황윤석의 경우는 이와는 달리 임지의 신영리들이 부임자가 있는 곳까지 바로 도착하였다.

이들은 이방吏房, 수배隨陪, 공방工房, 통인通引, 급창노及唱奴, 사령使令 등 17명으로 구성되어 있었다. 이것을 도표로 작성하면 다음과 같다.

표 1. 목천(木川) 신영리(新迎吏)의 명단

관직	이방	수배	공방	통인	급창노	사령	후ㅁ(後ㅁ)	구종노	ㅁ견(ㅁ牽)	후배사령	후구종
이름	신횡대(申滉大)	김홍연(金泓連)	신연대(申淵大)	임효대(林孝大)	개돌(介乭)	이영만(李永萬) 박재춘(朴再春)	윤량재(尹良才)	조ㅁ(早ㅁ)	오이점(吳已占)	송일ㅁ(宋日ㅁ)	김수재(金水才)
인원	1명	1명	1명	1명	1명	2명	1명	1명	1명	1명	1명

관직	ㅁ한(ㅁ漢)	방자노	도자이	그 외(문안사령)	총 인원
이름	박계돌(朴癸乭)	시재(時才)	구이(九以)		
인원	1명	1명	1명	2명	17명

※ ㅁ는 글자 확인이 안 되는 부분이다.

목천현 전체 관아의 이예吏隷 중 이들 신영리들이 차지하는 비율은 25~30% 정도였다.[9] 이들 신영리들은 대부분 수령의 가마를 좌우와 앞뒤로 호종하거나 혹은 음식을 마련하고 명령을 전달하는 일을 맡았다.

그런데 황윤석과 동시대의 실학자인 정약용은 신영인원新迎人員이 왕래하는 데 드는 잡비 일체가 백성에게 더해지는 폐단에 주목하여 이들의 인원을 최소화하고자 하였다.[10] 그가 제시한 신영리의 적정 수는 총

11명이다. 정약용은 총괄적인 책임자이기도 한 이방吏房조차도 불필요한 직임이라고 하여 이 인원에서 제외시키고 있다. 그가 철저히 기능에 입각한 편제를 택하고 있음을 알 수 있다.[11]

정약용이 신영 행렬의 과다함을 지적하고 있는 점에는 동의할 만하지만, 그가 사실상 신영례가 갖는 또 다른 현실적 의미를 제대로 간파하지 못한 것이 아닌가 하는 의구심도 든다. 그가 지적한 이러한 허례야말로 신영을 하는 본질적인 이유일 수도 있기 때문이다. 다음에서 신영례의 절차를 구체적으로 살핀다면, 신영이나 그 행차가 갖는 의미를 더욱 분명히 이해할 수 있을 것이다.

경저고인京邸顧人은 황윤석에게 와서 신영리단이 점중店中에 도착하였다는 소식을 전하였다. 황윤석은 점중에 머물러 있으라고 명령하고 그쪽으로 나아갔다. 이들 목천의 신영리新迎吏들은 그를 만나 우선 명록단자名錄單子를 바치고 맞이하여 알현하고 자신을 드러내 보였다. 이 명록단자는 신영리 각각의 이름이 적힌 문서로 보인다. 이어서 이들은 목천의 중기重記, 삼반관안三班官案을 바쳤다.[12]

목천중기에는 관청에서 쓰는 비품의 종류 등을 포함한 그 고을의 재정관계를 총괄적으로 파악할 수 있는 내용이 실려 있었을 것이다. 삼반관안은 향리, 군교, 관노에 관한 관원명이 등재된 것이다.[13] 이는 곧 수령이 자신의 업무를 수행하는 데 직접적으로 사용할 인적 자원에 관한 내용이었다.

신영리가 관안을 올리면서 이들 이름 가운데 신임 수령의 이름에 대하여 피휘避諱해야 할 것이 무엇인지 묻고 있다. 이때 황윤석은 이름의 글자 가운데 2글자를 다 범한 사람은 한 자만 피휘하고, 한 자만 범한 사람은 그대로 놓아두도록 명하였다.[14]

피휘란 집안에서는 아버지의 권위를, 정치 과정에서는 왕의 권위를 높이는 수단으로 아랫사람이 같은 이름자를 사용하는 것을 피하는 터부로 익히 알려져 있는 관행이다. 여기서 한 고을의 관아에서조차 수령의 이름을 피휘해야 한다는 사실은 새롭다. 이 순간에 수령의 위상이 새롭게 변신하고 있음을 말해 준다.

이어서 신영리들은 신영지장新迎支裝을 바쳤다. 황윤석은 신영지장의 단자만을 훑어보고 그 지장을 다시 봉하여 상관上官 이후에 개봉하겠다고 명하였다. 적어도 그가 이 물건들에 대해 어느 정도는 거리를 두는 자세를 보였음을 알 수 있다.

신영례는 수령과 부임지의 관속들이 처음으로 만나는 장을 제공하고 있다는 점에서 의미가 깊다. 여기서 수령은 부임지의 관속들을 대면하고 공식적으로 장악할 수 있었다. 관속들 쪽에서도 처음으로 신임 수령의 얼굴을 대면하며 그 인격과 능력을 살피는 계기가 되었던 것은 물론이다. 그 때문에 정약용은 이때 수령이 취하는 태도가 부임 이후 수령권 행사에 결정적일 수 있다는 것을 거듭 강조하였다.

이 절차는 신임수령이 부임지를 장악하기 위해 첫 번째로 설행되는 의례라는 상징성이 강하였다. 이 의례에서 관속들이 관아 문서의 헌정, 피휘, 지장을 올리는 것으로 이어지는 일련의 의식들은 관아의 이속들이 부임자에게 '자발적'이면서도 '공식적'으로 귀속하는 면모를 보여 준다. 이와 같은 귀속성은 이후 중간 중간 찾아온 '중로 문안中路問安'을 통해서도 드러난다. 중로문안은 향리들이 도임하는 도상에 있는 부임자에게 계속 사람을 보내어 문안하게 하는 신영예절의 하나이다. 아마 이 과정을 통해 수령은 거의 모든 향리들을 상관 전에 접해 볼 수 있었을 것이다.

신영례가 막 끝난 직후에 문안사령은 마침 소주 1병[1병은 3선鐥이며 1선은 8잔이다. 1병은 24잔의 분량이다.], 우포牛脯 2첩帖[24매枚]를 바쳤다. 대부분의 물건은 다음 날 집으로 보냈다. 이후에도 도중문안은 계속 이어졌다.

저녁이 되었다고 일이 끝난 것이 아니었다. 초저녁에 홍대용은 자신의 관아로 황윤석을 불러 저녁식사를 대접하고 이야기를 나누었다. 황윤석은 그와의 대화를 다음 날 일기에 상세히 적고 있다.[15] 여기서 홍대용은 목천의 읍속과 수령의 처신에 대해 충고하고 있다. 그의 충고를 요약하여 옮겨 보면 다음과 같다.

① 목천 이속吏屬들의 습속이 매우 좋지 않고 읍의 자제들도 사귈 만하지 못하다.

② 책방冊房을 데리고 가지 마라. 늙은 아전 중에서 일에 밝은 사람에게 묻고 스스로 판단하는 편이 낫다.

③ 민사民社와 창름倉廩을 갖추되, 사사로움에 연루되어서는 안 된다.

④ 관찰사도 묘당廟堂의 제재를 받으니 많은 것을 기대하지 말고 적절하게 조치하는 것이 좋다.

⑤ 가을이 되면 조금도 틈이 나지 않으니 그 전에 어머니를 모셔 오는 것이 좋은데, 반드시 관찰사에게 말미를 얻은 이후에 행해야 한다.

저녁 늦게 돌아온 황윤석은 집으로 편지를 썼다. 신영 소식과 목천의 상황에 대한 소식을 담고 있었다. 가을이 되어 쌀쌀했던 탓인지 그는 그의 동생에게 솜옷 바지를 부쳐 줄 것을 청하고 있다.

위의 일들은 황윤석이 사은숙배를 위해 고향을 출발한 지 하루 동안에 벌어졌던 일이다. 황윤석에게 이 하루는 그 전과는 다른 의미였다. 그는 희망으로 부풀어 있는 동시에, 한편으로는 어두운 방 안으로 들어가고 있는 듯한 기분이었을 것이다. 황윤석에게 고을 수령은 애초부터 노모의 봉양을 목적으로 한 것이었다. 그것을 제대로 해내기 위해서라도 그는 업무를 빈틈없이 수행해 내지 않을 수 없었다. 그래서 이런 문턱에 서 있던 그는 더욱 큰 불안감을 가졌을지도 모른다.

서울을 향해

1779년 9월 2일

고향을 떠난 지 이틀째 되던 날, 황윤석은 새벽 일찍 일어나 죽을 먹고 행차를 서둘렀다. 이후의 일정도 대개 이런 식이었다. 새벽에 일어나서 죽을 먹고 출발하여 몇 십 리를 가다가 어느 식당[점店]에 이르러 아침밥을 먹고 해가 떨어질 때까지 계속 행차하는 일정이 이어졌다. 매우 빡빡하고 고된 일정이었음을 알 수 있다.

작은 말에는 안장을 얹고 큰 말에는 가마를 달아 출발하였다. 데리고 온 세 명의 종 가운데 두 명은 돌려보내고 그 중 한 명만을 남겼다. 애초에는 큰 말도 보내려고 하였지만 신영의 전례에 좌마坐馬는 없다고 하므로 하는 수 없이 데려온 큰 말을 끌고 길에 올랐다.

이것을 보면 모든 것이 부임자 마음대로 처리할 수 있는 것이 아니었음을 알 수 있다. 대개 이 모든 것이 그 고을의 읍례에 따를 수밖에 없었다. 그는 늘 공과 사를 분명히 하고자 하였다. 그의 이런 태도는 남겨진 종에게 여비를 스스로 내고 절대로 지장支裝 물종을 범해서는 안 된다고 주의를 주고 있는 장면에서도 단적으로 비친다.

점심에는 이성伊城에 이르러 말을 먹였다. 대개 그의 일기에는 점심을

성대하게 먹었다는 기록은 없다. 음식점에 들렀지만 이와 같이 말을 먹이거나 간단히 요기하는 정도에 그쳤다.

그곳에서 큰 배를 타고 비비정飛飛亭에 이르렀다. 이 정자의 이름은 악비와 장비에게서 각각 비자를 따와 붙인 이름이라고 한다. 그는 정자의 기원과 주인에 대해서 상세히 적는가 하면 자신의 추억에 대해서도 지면을 할애하고 있다. 이날 일정은 삼례대점參禮大店에서 멈추었다.

이틀 동안 행차해 온 거리가 거의 백 리百里에 달했다. 밤이 되어 쉬고 싶었겠지만 황윤석은 마음이 바빴다. 그는 밤늦도록 통인通引으로부터 보고를 받았다. 그것은 공식 장부를 통해서 파악될 수 없는 목천현의 이모저모에 대한 것이었다. 그 내용을 살펴보면 다음과 같다.

목천은 논과 밭이 반반쯤 있는데 비옥한 1마지기의 논에서 수확할 수 있는 벼의 양이 3섬이라는 것, 벼 값이 30량이라는 것, 밭에는 대부분 면綿과 마麻를 심었지만 마로 포布를 생산하는 경우는 적고 저포紵布는 한산에서 사 온다는 것, 수철점水鐵店에서는 솥과 정鼎 등을 생산한다. 이곳에서 꿀은 생산되지 않는다는 것, 사찰의 현황과 그곳에서 공납하는 물종들, 민소民訴는 하루에 4~5도를 넘지 않는다. 읍시邑市에는 유기鍮器가

그림 1. 수령의 신영 행차 〈안릉신영도(安陵新迎圖)〉
국립중앙박물관 소장. 안릉(安陵)은 평안도 안주목(安州牧)의 별칭이며 임지로 부임하는 안주목사(安州牧使)의 행차를 그린 것이다.

많은데 안성安城에서 사 온다고 한다. 이 보고들은 목천의 전반적인 상황에 대한 것이었다.

1779년 9월 3일

3일째 되던 날 아침 황윤석은 갑자기 열 손가락이 모두 바르르 떨리는 것을 느꼈다. 그는 가을로 접어든 때부터 왼쪽 어깨가 은근히 아파 왔고 근래에는 왼쪽 정강이 아래 복사뼈 뒤가 걸을 때마다 편치 않고 마비가 왔다. 그는 풍증일지도 모른다는 불안감에 휩싸였다. 아마 이때에 이런 병증이 갑작스레 드러난 데에는 지난 이틀간의 매우 빡빡하고 긴장된 일정도 한몫하였을 것이다.

황윤석은 자세히 기록하고 있지 않지만 이 행차는 "에라 들리셨다, 나이거라."[16]라는 권마성勸馬聲을 앞세우고 깃발을 펄럭이며 위엄 있게 앞으로 나아가는 모습이었을 것이다. 가다가 몇 번 특별한 행차를 만나 말머리를 돌린 일도 있고, 충청감영 앞에서 권마성을 멈춘 적도 있었다. 이런 특별한 경우를 제외하면 이 행차는 계속 전진하였다.

신영 행차는 부임자가 이속들에 대한 장악력을 실천하는 과정이기도 하였다. 행차를 하고, 쉬고, 묵으면서 자신의 명령을 전달하는 일련의 과정들은 수령이 신영리를 자신의 뜻에 맞게 훈련시키면서 지배할 수 있는 직접적인 계기가 되었을 것이다. 이를 통해 그는 명령하고 부리는 인격을 형성해 나가는 것이다. 신영 행차는 이와 같이 권력을 구체화하는 기능을 하였을 것이다. 게다가 '여기' '이렇게' 수령이 행차한다는 것을 현시함으로써 수령의 권위를 형성시키는 데 적잖이 기여하는 측면이 강하였다.

1779년 9월 4일

4일째 되던 날 아침, 이틀 전에 보낸 관예官隸가 고향의 소식을 가지고 돌아왔다. 그의 동생은 편지를 통해 어머님은 안녕하시며 아이들도 잘 있다는 안부를 전하고 몇 가지 당부를 잊지 않았다. 사조(辭朝: 조정에 대한 감사 인사)할 때 유생이라고 하더라도 구면이라면 반드시 일일이 방문하고, 그런 뒤 부임지로 향할 때에는 행구行具를 간략히 하라는 것, 뚜껑이 달린 작은 수레를 사 두는 것이 여러모로 유용할 것이라는 점, 유력인에 대해서 안부를 여쭐 것을 일일이 당부하고 있다. 이후 그의 일정을 보면 이런 충고를 충실히 따르고 있었음을 알 수 있다.

황윤석은 행차하는 도중에 아전들에게 목천의 사정에 대해서 계속 묻고 들었다. 사실상 부임자에게 부임행차가 갖는 중요한 의미는 부임지에 대한 정보를 수집할 수 있는 기회를 갖는다는 점이다. 그는 그때 들은 이야기들을 그의 일기에 꼼꼼히 옮겨 놓고 있다.

목천현 갈전면에 있는 도동서원道東書院에 대한 내력, 세거하던 사족들의 동향, 목천현에 분산(조상의 묘)이나 농장이 있는 사족들의 상황, 목천읍의 관청 건물이 수리가 필요하다는 상황에 대해서 들은 바를 적고 있다.

그중에서 목천의 전 수령이었던 안정복의 이야기를 듣는 대목에서 수령에 대한 그의 태도를 엿볼 수 있어 매우 인상적이다.

> 이전의 수령 안정복은 진실로 백성 사랑하기를 자식과 같이 하였지만 사랑이 지나쳐서 위엄이 없는 지경에 이르러 민습이 거만하게 되었다고 들었다. 이것은 행차 중에 읍리가 한 말이다. 어찌 반드시 그렇겠는가마는 반드시 중용을 취해야겠다.[17]

불과 3개월 전에 목천현감에서 물러난 안정복의 명성은 당시에 매우 자자했다. 그저께 홍대용을 만난 자리에서도 안정복이 백성 사랑하기를 자식과 같이 여겼다가 당한 곤혹스러움에 대해서 들은 바 있었다. 이때까지도 고을의 사정에 대해서 깊이 실감하고 있지는 못한 눈치다. 이후 고을에서 자신의 통치가 실패하자 안정복에게 원망을 돌리고 있는 점을 고려하면 매우 대조적인 태도임을 알 수 있다. 이 점에 대해서는 뒤에서 다시 언급할 것이다.

그날 일기의 마지막에 황윤석은 이례적으로 다음과 같이 들은 이야기를 적고 있다.

> 충청감사(당시는 홍충감사(洪忠監司))가 좌우도左右道를 순수하여 대략 10여 읍을 돌고 감영으로 돌아갔고 10일에는 목천을 지난다고 한다.

수령에게 상관인 감사는 모든 촉각을 곤두세워야 하는 존재였다. 수령을 평가하는 바로 위의 상사였기 때문이다. 둘째날 홍대용과 나눈 다음의 대화에서도 이 점은 잘 드러나 있다.

> 황윤석: 하관下官이 상관上官에게 인정받지 못하면 어쩔 수 없습니다. 복자천宓子賤이 '붓을 들어 글씨를 쓰도록 하고 팔꿈치를 당긴다.'고 한 이야기는 이것에 대한 참으로 좋은 비유입니다. 지금 민民이 요행히 목천을 얻었는데 호서방백의 소문이 어떠한지 모르겠습니다.
>
> 홍대용: 이 사람을 민民도 먼 발치에서만 보았고 직접 만나 이야기를 나누지는 못했습니다. 평소에 여유가 있어서 급박하거나 좁은 성품은 아니라고 들었습니다. 아래에 있는 사람은 항상 윗사람을 헤아리고 살펴야 하니, 수령은 진실로 감사의 제재를 받게 되어 있습니다. 옛날부터 상관과 맞지 않아서 관직을 그만둔 사람도 있지만 방백도 묘당에 의해 제재를 받으므로 자유롭지 못한 점이 대단히 많다는 것을 알아야 합니다. …… 중도에 맞게 조치하는 것이 옳습니다.[18]

황윤석은 감사와 수령의 관계를, 수령이 고을을 통치할 수 있도록 자율권을 부여받았지만 감사가 그를 통제하도록 하는 것이 붓을 들어 글씨를 쓰도록하고는 팔꿈치를

표 2. 서울로의 여정[19]

지명	거리
서울	
↑	
과천	
↑	
소사점(素沙店)	20리
↑	
성환점(成歡店)	3리
↑	
수헐원(愁歇院)	17리
↑	
북평점(北坪店)	10리
↑	
천안군점(天安郡店)	2리
↑	
삼거리[삼가(三街)]	3리
↑	
도리치(都里峙)	5리
↑	
목천현(木川縣)	10리
↑	
목천(木川) 승천참(勝天站)	5리
↑	
목천(木川) 응곡평(鷹谷坪)	3리
↑	
천안(天安) 김제역(金蹄驛)	22리
↑	
공주계(公州界) 차령(車嶺)	50리
↑	
금강(錦江)	100리
↑	
여산(礪山)	100리
↑	
두죽리(豆粥湖)	100리
↑	
금구현(金溝縣) 북쪽	10리
↑	
흥덕(興德) 수동(壽洞)	

끄는 것이나 다름없다고 지적하고 있다. 그런데 홍대용은 그 생리를 현실적으로 잘 설명해 내고 있으며 그를 잘 헤아려 맞추어야 한다고 충고하고 있다.

1779년 9월 5일

이 행차는 목천과 천안의 경계인 천안에서 남쪽으로 10리쯤 떨어진 도리치都里峙를 통과하고 있었다. 그곳에는 목천현의 호장戶長 신영대申泳大, 신영통인新迎通引 유억손劉億孫이 나와 있었다. 목천현의 읍례에 따르면 신영할 때 반드시 두 명의 통인을 뽑아 한 명은 먼저 가서 맞게 하고 또 다른 한 명은 뒤에 이른다고 한다. 문안사령이 소주 3병과 포 2첩을 내와서 바쳤지만, 술은 돌려보냈다. 이때 목천의 좌수 이인복李麟馥도 와서 인사하였다.

황윤석은 서울로부터의 소식에도 민감하였다. 서울로부터 내려오는 광주 사람을 만났다. 그는 황윤석이 목천현감으로 낙점되었다는 소식이 장안에 파다하였다고 전하였다. 많은 사람들이 세상에 공의公議가 살아 있다고 하며 모두들 수긍하더라는 이야기도 덧붙였다.

국왕과의 만남

서울 입성入城

1779년 9월 7일

황윤석은 새벽에 서울 인근인 과천현에 도착하여 아침밥을 먹었다. 그리고 서울로 입성할 차비를 서둘렀다. 우선 그는 행차를 간소하게 하고자 관예 중에서 긴요치 않은 자들을 모두 다 경저리의 집으로 돌려보내 대기시켰다. 그리고 관예들에게 옷을 바꿔 입게 하고 권마성勸馬聲을 정지시켰다. 그런 다음 그는 단골리인 장도홍張道興에게 도착하였다는 기별을 알리도록 하였다.

저녁 때에 반촌에 이르자 각지에서 축하하는 편지가 와 있었다. 그리고 여러 사람의 방문을 받고 그들을 맞았다. 서울에는 황윤석이 숙배를 치르는 전 과정을 도울 세 사람의 조력자가 기다리고 있었다. 목천의 경주인京主人, 이조리吏曹吏, 반주인泮主人이다. 이조리는 문서행정을 책임졌고, 반주인은 성城 안에서의 숙식宿食과 숙배肅拜에 필요한 관복 마련을, 경주인은 잔심부름 및 숙배 과정에서 필요로 하였던 비용을 임대하는 역할을 각각 맡았다.

이날 경주인과 이조리가 부임자에게 와서 인사를 드렸다. 이때 이조리 장도홍은 서경단자署經單子 11건을 가지고 와서 보였다. 이 서경단자들은 숙배 후에 양사의 관원들이 입궐할 때를 기다렸다가 올릴 것이라고 한다.

이조리 장도홍은 황윤석 집안의 단골리였다. 단골리는 어떤 사족 집안과 대를 이어가며 관계를 맺어 그 집안 사람들의 중앙 행정 실무를 대행해 주고 그 수수료로 살아가는 사람들이다. 그래서 그들에게 단골이라는 이름이 붙여진 것이다. 그리고 이 서경단자는 제수되기 이전에 이미 장도홍의 요청에 의해 보낸 서경단자를 여러 벌 베껴 작성한 것이다. 경주인에게는 통례원에 가서 내일은 광릉光陵의 국기일이니 숙배를 할 수 있는지 묻도록 조치하였다. 반주인은 새로운 단령團領과 사모紗帽, 구각具角을 가지고 와서 보여 주었다.

사은숙배謝恩肅拜

1779년 9월 8일

이날 새벽에 경주인은 돌아와서 통례원 관리가 사은례謝恩禮는 국기일國忌日과 관계없이 행한다는 이야기를 전하였다. 숙배단자肅拜單子를 가지고 입계한 뒤에, 궐내의 상서원尙瑞院으로 나아가 약간 쉬었다. 조금 있다가 명이 내려왔다는 소식을 듣고 승정원 문 밖에 나아가 세 차례에 걸쳐 사배를 하였다. 경주인과 이조리가 모두 나와서 알현하고 주선하였다.[20]

관직을 제수받은 사람은 서울에 도착하면 자신을 뽑아 준 국왕의 은혜에 감사하는 의례를 치러야 했다. 관직의 제수는 왕권에 의해 발동된 것으로 일종의 은혜를 베푸는 행위였다. 사은은 이와 같이 관직을 제수받은 사람이 국왕의 은혜에 대해 감사를 표하는 일을 의례화한 것이다. 이 의례를 사은숙배謝恩肅拜라고 한다.

국왕이 인견引見하고자 할 때는 국왕을 직접 뵐 수 있었지만, 그렇지 못할 경우 그 의례는 약식으로 거행되었다. 목천현감으로 제수되었을 당시 황윤석은 왕을 직접 알현하지는 못했지만, 그 뒤 그가 전의현감全義縣監에 다시 제수되었을 때 당시의 군주였던 정조正祖를 직접 알현할 수 있었다.

그때에도 광달문廣達門 밖(승정원 밖)에 나아가 세 번 사배四拜하는 것까지는 목천현감 부임 때와 동일한 의식을 거쳤다. 그리고 그는 왕명을 받아 희정당熙政堂으로 나아가 입시하고 여러 사람들과 당堂에 올라 곡배曲拜하였다. 그리고 어좌御座의 서쪽 중앙에 나아가 동쪽을 향해 절을 하였다. 그런 다음 예방승지禮房承旨가 전교를 받아 관직과 성명을 물으니, 그는 일어났다 엎드려 "전의현감全義縣監 신臣 황윤석黃胤錫입니다."라고 답

하고서는 곡배曲拜하고 물러났다.[21]

한편 승정원 밖에 나아가 숙배하는 의례가 있다는 것은 사은숙배가 승지들에 의하여 주관되었음을 보여 준다. 승정원이 있는 곳은 대개 국왕이 정무를 보는 궁 앞에 위치하므로 이곳은 국왕과 비교적 가까이 있는 관청이라 할 수 있다. 여기에서 사은숙배의 의식을 거행하였다는 것은 원칙적으로 국왕과 직접 만나 감사를 표해야 하지만, 그 많은 관직자와 만나는 것 자체가 무리였으므로 국왕과 가장 지근한 곳에서 왕권의 대행자인 승지와 만나 국왕이 있는 곳을 향해 감사를 표현하는 숙배를 하는 것으로 대신한다는 의미였던 것 같다.

이후에도 삼사의 서경을 거쳐 비로소 정식으로 관직에 임명되는 절차가 남아 있었지만, 이 의례는 이러한 실질적인 관직 부여와는 별도로 자신을 선택해 준 국왕에 대해서 감사를 표하는 일이다.

이 의례는 국왕과의 정서적 연대를 표출한 것이다. 따라서 시혜자施惠者인 국왕에 대해서 감사하는 절차는 관직을 수락한다는 현실적 의미를 포함하고 있을 뿐만 아니라, 국왕과의 정서적 연대를 공표하는 일이기도 하였다. 군신君臣 간에 형성된 이 같은 시혜施惠와 보은報恩의 의례는 사실상 수많은 역사적 경험을 집약하고 있었다.[22]

이런 관계의 기원을 찾자면 고대로 관심을 돌릴 수밖에 없다. 이 둘 사이의 관계를 보여 주는 대표적인 예는 한고조漢高祖와 유협집단遊俠集團 간에 형성된 의리 관계에서 찾을 수 있을 것이다. 이들 간의 군신 관계는 어느 한 순간 이루어진 것이 아니었다. 유협집단이 한고조가 건국하는 과정에서 시종 쫓아다니고 고락을 함께하며 장기간 쌓았던 경험의 공유야말로 실질적인 의리 관계라고 부를 수 있을 것이다.

사은숙배가 설행된 까닭도 국왕과 제수받은 사람 간에 이러한 의리

관계를 창조하는 것을 목적으로 한 것이다. 일면식도 없던 사람들을 의리 관계로 비약하게 하는 것은 어떤 면에서 보면 일종 마술과 같은 일이었다. 이런 마술을 통해서만 목적으로 하는 단계까지 비약할 수 있었다. 이러한 의례를 통하여 관직 제수자와 국왕과의 의리 관계는 끊임없이 창조되고 있었다.

서경署經

황윤석은 9월 8일 사은숙배를 마친 다음 서경을 거쳐야만 했다. 서경署經은 대간臺諫의 고유 권한으로서 부임지 본인의 부변父邊 사조(四祖: 아버지, 할아버지, 증조, 외조)와 모변母邊 사조, 처변妻邊 사조가 천인賤人과 혼인한 사실이 있는지 조사하는 것을 목적으로 하는 절차였다.[23] 『속대전續大典』의 규정에 의하면 서경은 양사兩司가 관원 2명씩을 내어 시행하도록 하였다.[24] 당시에는 관직 제수 과정에서 초임자인 경우에 반드시 거쳐야 할 의례적인 절차로 인식되었다.[25] 관직 제수자가 서경단자를 작성하여 양사가 합좌할 때 올리면, 서경단자署經單子에 의거해 심의하고 다시 서경단자를 돌려주는 방식으로 진행되었다.[26]

표 3. 서경단자 서식[27]

某階前某職姓名本某
父邊
某官 名卽父之名
祖某官 名
曾祖某官 名
外祖某官姓名籍某
母邊
某氏籍某卽母
祖某官 名
曾祖某官 名
外祖某官姓名籍某
妻邊
某氏籍某卽妻
父某官 名
祖某官 名
曾祖某官 名
外祖某官姓名籍某以上兩司各官合坐乃呈

황윤석은 서경을 받기까지 보름 이상 서울에 체류해야만 했다. 서경이

늦어졌던 이유는 무엇보다 서경 절차의 독특성 때문이다. 양사의 각 관원이 합좌해야 서경단자를 올릴 수 있도록 규정되어 있었는데, 이 규정대로 양사 관원이 합좌하기가 좀체 쉽지 않았다. 황윤석의 경우는 양사兩司가 인피引避하여 근무지로 나아가지 않았던 데 기인하였다.

서경이 지체될수록 대규모 부임행렬이 서울에 오래도록 체류하게 되므로, 그들의 숙식비 때문에 자금압박이 심하였다. 황윤석은 이 점을 해결하기 위하여 수행 인원을 일부 고을로 돌려보냄으로써 행차의 수행인원들을 줄여 나갔다.[28] 서울에 온 지 보름쯤 되던 9월 21일에 양사兩司가 합좌合坐하여 서경을 하고 황윤석에게 서경단자를 되돌려 보냄으로써 일이 일단락되었다.

이 같은 서경은 사은숙배 이후 왕이 지명한 임명자에 대하여 대간으로 대표되는 신하들에 의해 임명자의 자격여부를 재차 점검하는 절차였다. 일종 신분상의 신원조회라 할 수 있다. 이 절차는 국왕의 제수에 대해 보족적으로 실행된 것이긴 하지만, 문무 관리들의 임명에 관여하는 일종 신권臣權을 표현한다고도 할 수 있다. 그런데 수령에 추천받은 자가 이 과정을 거침으로써 결국 대간臺諫의 '은혜'도 받는 셈이 된다. 이 때문에 사조辭朝 시 대간臺諫들도 그들의 은혜에 대해 감사하기 위해 방문해야 할 대상이 되었다.

서울에서 만난 사람들

황윤석이 사은숙배한 이후 서경을 마치기까지 도합 13일이 걸렸다. 그는 그때까지 이도 저도 못하고 꼼짝없이 서울에 묶여 지내는 신세가 되었다. 그렇다면 이 기간 동안 황윤석은 서울에서 어떻게 지냈을까?

황윤석은 사은례를 마친 직후, 그가 이전에 알고 지냈던 사람들에게 편지를 쓰기 시작하였다. 그는 우선 김용겸金用謙에게 편지를 올렸다. 김용겸은 황윤석의 부친 때부터 친분이 깊었던 사람이었다. 그는 구하기 힘든 책들은 모두 김용겸을 통해 구해 보았고, 그와 많은 학문적 토론이 있었다. 아마 서울에서의 첫 편지가 그를 향하고 있는 것은 결코 우연만은 아닌 듯싶다.

그 밖에 많은 친분 있는 사람들에게 각각 편지를 썼다. 도사 김자경金子警 3형제에게 편지를 썼고 그 집으로부터 전해 온 편지와 옷 보따리를 부쳤다. 이들은 그가 이전에 서울에 올라올 때마다 알고 지냈던 사람들이다. 그리고 유동鍮洞의 이위李渭에게 편지를 써서 그가 자신을 추천하는 데 힘써준 일에 대해서 감사하고 고을을 다스리는 방법에 대해서 가르침을 청하고 홍청감사를 만나 이야기를 할 수 있도록 다리를 놓아 줄 것을 청하였다. 사도시 주부司䆃寺主簿 송일휴宋日休에게 답을 하였고 나벽천羅壁天에게 편지를 써서 정려를 받은 일에 축하하였다.

이날 하루 동안만도 많은 사람들이 그를 방문하였다.

표 4. 서울에서 어느 하루 동안의 교유(交遊)

방문인	용건	기타
정윤길, 김의집	와서 만남	
한시유	안형칠을 통하여 투자래견(投刺來見)	목천 사인, 성균관 동재에 기숙
정윤길	목천 사인 류창한·진한을 존문	남암노(진사)가 전청한 것을 소지를 꺼냄
송학신	목천 읍내에 있는 이지형의 전장을 고호(顧護)	소록을 가지고 와서 보여 줌
송헌주	목천 사인 한시유를 존문	
이경석, 이여실	목천의 황빈을 존문	
마포(麻浦) 이상사(李上舍)	찾아옴	작년에 동부에서 만난 자임

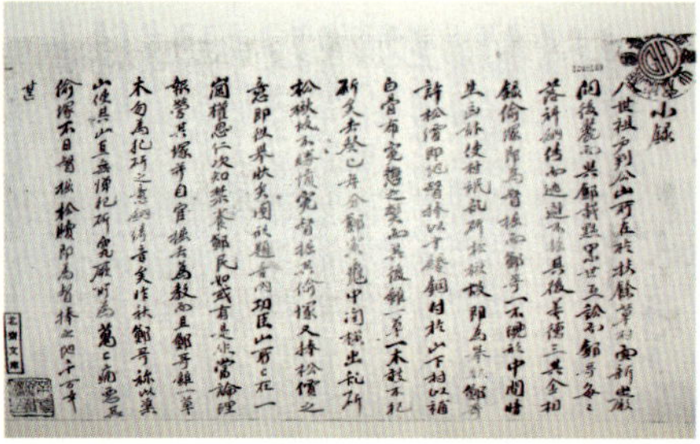

그림 2. 소록(小錄)의 예

경북대 중앙도서관 북재문고 소장. 이 문서는 선조 무덤의 송추를 보호하기 위해 고을 수령의 선처를 바라는 청탁 편지임.

대개는 황윤석과 안면이 있는 사람을 통하여 소록小錄이 들어오거나 투자投刺하여 직접 방문하였다. 여기서 청탁의 내용은 존문청이 가장 많다. 존문청은 그 지역 수령에게 고을에 사는 아는 사람을 돌봐 달라는 청탁이다.[29] 여기서 유의할 점은 이들이 대부분 황윤석의 이전 지인知人을 경유하여 청탁을 한다는 점이다.

한편 황윤석도 지평持平 정사량鄭士良을 방문하여 감사하였다. 이후 그는 자신이 목천현감에 제수되는 데 힘을 써 주었다고 생각되는 거의 모든 사람들에게 찾아가 감사의 뜻을 전했다.

이것은 단 하루 동안의 일이다. 그런데 이 하루는 이후 서울에서 그가 매일매일 겪었던 일상을 축약해 놓은 듯하다. 이곳에서 그는 이와 같이 수많은 사람들과 접촉하였다. 그는 수없이 많은 편지를 쓰고 받았다. 수많은 사람들의 방문을 받았고 또 자신도 많은 사람들을 찾아가 만났다. 그리고 무수한 소식을 전하고 또 소문을 들었다. 그리고 고을살이에 필요한 충고를 청하여 듣고 있다.

이 장면에서 수많은 인간관계가 황윤석을 중심으로 직조되는 듯한 인상을 받는다. 혹은 인간관계의 촘촘한 그물에 걸려 있는 듯도 보인다. 황윤석이 의도했든 그렇지 않았든 이 기간 동안에 이루어진 이와 같이 수많은 청탁, 방문, 편지 수수는 그에게 더욱 넓은 인맥을 형성하는 계기가 되었을 것이다.

사조辭朝

1779년 9월 22일에 장도홍의 매부 정리政吏 이인적李仁積이 찾아와서 오늘 서경을 마쳤다는 소식을 전하였다. 그리고 장도홍의 아들 장효언은 양사 관원의 성명과 거주지가 적힌 소록을 가지고 와서 알현하였다. 황윤석은 그 다음 날부터 사조를 시작하였다.

수령이 관직을 제수받는 데는 국왕뿐 아니라 많은 관직자들도 관여하고 있었다. 이 과정에는 그를 추천하여 올렸던 이조吏曹의 관리들과 대간臺諫 들의 영향력도 직접적이었다. 서경을 거쳐 관직 제수가 확실히 결정된 시점에서 이들에 대해서도 감사하는 의례가 설정되어 있었다는 것은 당연하다. 이 의례를 사조辭朝라고 하였다.[30]

사조는 모든 관직자가 치러야 할 의례는 아니었고, 수령守令이나 진장鎭將 등 지방에 관직을 제수받은 자에게만 한정되어 있었다. 이 의례는 법으로 정하여진 것은 아니지만, 준법적인 성격을 띠고 있었다. 이것을 빼먹고 부임한 수령이 파직되는 경우도 있었다. 원칙적으로 사조는 감사 인사를 뜻하므로 하직 인사와는 구별되는 것이었지만 현실적으로 하직 인사를 겸하고 있었다.[31]

사조는 10일 이내로 규정되어 있었다.[32] 이 기한을 어기고 지체할 경우 추고推考 등의 처벌이 뒤따랐다.[33] 사실상 이 사조 기간을 정부에서는 되도록 단축하여 하루 이틀 내로 줄일 것을 명하고 있다.[34] 이같이 사조 기간을 줄이려 한 것은 지방 수령으로 제수된 자가 사조 등으로 체류 기간을 늘리면 그 동안 공석인 관직이 불안할 뿐 아니라, 기간이 늘어남에 따라 더해지는 비용부담이 그대로 백성들에게로 돌아가게 되는 폐해를 막기 위해서였다.

그런데 하루 이틀 동안 사조를 치르는 것은 현실적으로 무리가 컸다. 예컨대 목천현감 부임 과정에서의 사조辭朝는 9월 23일부터 9월 29일까지 7일간 이루어졌다.[35]

사조의 순서는 자신이 머물고 있던 위치를 기준으로 가까운 곳으로부터 먼 곳으로 순회 하였다. 그 지역에 갔을 때는 공식 방문 대상뿐 아니라 평소에 후의를 입은 사람, 또 자신과 친분이 있는 노론 집안까지 방문의 대상에 포함시켰다.[36] 이런 조처는 발걸음을 여러 번하여 시간을 허비치 않고 단시간 내에 사조를 마치려 한 의도에서 나온 것이다.

황윤석의 사조 일정은 백동栢洞에서 시작하였다. 9월 23일에 그는 아침식사도 거르고 새벽 일찍 서둘렀다. 아래의 〈표 5〉에서도 볼 수 있듯이 조반朝飯 전에 방문해야 만날 확률이 그만큼 높아지기 때문이다. 조반 전에는 대체로 어김없이 만난다는 것을 알 수 있었다. 경우에 따라서는 너무 일찍 찾아갔을 경우 세수를 하지 못한 경우도 있어, 물러갔다가 다시 들러 인사하는 경우도 빈번하였다. 이 많은 사람들을 하루 이틀에 다 만나는 것 자체가 무리한 요구가 아닐 수 없었다. 그래서 황윤석은 일정을 급박히 서둘렀다. 그러나 사조할 때에는 말을 타고 가지 않고 도보로 가는 것이 통례였다. 그 바람에 첫날 너무 무리를 하여 이튿날 병을 얻기까지 하였다.[37]

첫날 방문하여 못 만난 사람 중에는 이조좌랑吏曹佐郎, 영돈녕부사領敦寧府事, 형조판서刑曹判書, 금위대장禁衛大將, 공조판서工曹判書 등이 있었다. 이들은 재차 방문하고 있으며, 공조판서의 경우 두 번째 방문에서도 만나지 못하자 세 번째 찾아가서야 만났던 사례를 볼 수 있다.[38] 이러한 관행으로 미루어 볼 때, 어느 특정 관직은 반드시 인사를 드리도록 되어 있었음을 알 수 있다. 그런데 예외적으로 이들이 멀리 교외로 나갔을 경우, 교외까지 좇아가서 인사드릴 필요는 없었다. 그럴 경우 시간이 너무 지체되어 사조 시기가 지연되기 때문이었다.[39]

황윤석이 사조하는 과정에서 공식적으로 방문하였던 사람들의 관직을 정리하면 다음과 같다.

표 5. 황윤석이 방문한 관직들

영의정	좌의정	우의정	봉조하(奉朝賀)	호조판서	예조판서
형조판서	공조판서	이조참판	이조좌랑	이조참의	영돈녕부사(領敎寧府事)
금위대장	어영대장	훈련대장	대사간	사간	헌납
정언	대사헌	지평	장령	호서구관당상(湖西句管堂上)	

당시 하직 수령이 사조할 대상으로 『수교집록受教輯錄』은 시원임대신時原任大臣, 육조판서六曹判書, 양국대장兩局大將, 시임대간時任臺諫, 이조당상吏曹堂上과 낭청郎廳, 비국당상備局堂上을 언급하고 있다.[40] 이 대상들은 위에서 황윤석이 사조한 대상과 거의 일치하고 있음을 알 수 있다.

여기서 유의해야 할 점은 전조銓曹 중에서도 이조의 관리들만을 사조의 대상으로 삼고 있다는 점이다. 황윤석의 사조에서도 그런 점은 그대로 드러난다. 이조참판에게 인사를 가는 것은 의례상 공적인 일로 여기고 있는 반면, 병조참판을 방문하는 것에 대해서는 사적인 방문으로 취급하고 있었다. 이 경우 황윤석은 병조참판에 "사방私訪"이라고 표기하고 있다. 이것은 관례상 인사권자를 중시한 태도임을 알 수 있다.

실제적인 사조의 대상 가운데 위의 『수교집록』에는 눈에 띄지 않는

표 6. 역사(歷辭)의 대상

일시		사례대상	거주지	기타
23일	조반 이전	영의정 김상철(金尙喆)	백동(柏洞)	하직 인사 겸함.
		호조판서 김화진(金華鎭)	백동	세수 전이라서 뵙지 못하고 당일에 다시 가서 하직 인사.
		예조판서 이복원(李福源)	백동	하직 인사 겸함.
		양덕섬(梁德暹)		
23일	조반 이후	한순흥(韓順興), 한광회(韓光會), 한만유(韓晩裕)		
		상사(上舍) 한기효(韓基孝)		사적으로 방문함[사방私訪].
		이조참판 김언호(金彦鎬)	주동(鑄洞)	하직 인사 겸함.
		좌의정 서명선(徐命善)		하직 인사 겸함.
		이조참의 이병모(李秉模)	초동(草洞)	하직으로 후에 다시 올 것을 기약.
		영부사 정홍순(鄭弘淳)	회동(會洞)	만나지 못함.
		금위대장 구선복(具善復)	회동	만나지 못함.
		어영대장 이주국(李柱國)	수각교(水閣橋)	만나지 못함.
23일	조반 이후	형조판서 정상순(鄭尙淳)	회동	만나지 못함.
		이조좌랑 박우원(朴祐源)	산림동(山林洞)	만나지 못함.
		병조판서 홍락성(洪樂性)	소공주동(小公主洞)	잠깐 만나고 하직을 겸함.
		낙안수령 김정오(金政五)		
		병조판서 정호인(鄭好仁)	대정동(大貞洞)	만나지 못함.
		병조참판 김이소(金履素) 형제		사적으로 방문. 만나지 못함.
		신(新) 우의정 홍락순(洪樂純)	대정동	문 밖에서 돌아가기를 청함.
24일		비가 오고 병이 남.		
25일	조반 이전	이전 이조좌랑 박우원(朴祐源)	산림동	하직을 겸함(재차 방문).
		판돈녕부사 정존겸(鄭存謙)	장흥동(長興洞)	애차(哀次). 하직을 겸함.
		영부사 정홍순(鄭弘淳)	회동	하직을 겸함(재차 방문).
		형조판서 정상순(鄭尙淳)	회동	하직을 겸함(재차 방문).
		청도쉬(淸道倅) 정지순(鄭持淳), 정동기(鄭東驥), 주부(主簿) 정동유(鄭東愈)		사적으로 방문하였으나 만나지 못함.
		상인(喪人) 김이규(金履規)		
		금위대장 구선복(具善復)	회동	하직을 겸함(2차 방문).
	조반 이후	공조판서 정호인(鄭好仁)	정동(貞洞)	만나지 못함(2차 방문).
		어영대장 이주국(李柱國)	수각교	만나지 못함.

일시		사례대상	거주지	기타
25일	조반 이후	참판 김용겸(金容謙)	도화동(挑花洞)	사적으로 방문함. 만나지 못함.
		봉조하 김치인(金致仁)	소격동(昭格洞)	하직을 겸함.
		주서(注書) 김종순(金鍾純)		사적으로 방문함.
		사문(斯文) 김치익(金致益)		사적으로 방문함.
		김성범(金聖範)	박동(礴洞)	사적으로 방문함.
		영부사(領府使) 이은(李溵)	입동(笠洞)	하직을 겸함.
26일		훈련대장 홍국영(洪國榮)		만나지 못함.
		호서구관당상(湖西句管堂上) 전(前) 판서(判書) 구윤옥(具尹鈺)을 궐내로 들어가 만나서 인사.		
27일		공판(工判) 정호인(鄭好仁)	대정동(大貞洞)	하직을 겸함(3차 방문).
		지평 임도호(林道浩)	서대문 안	만나지 못함.
		헌납 이명훈(李命勳)	서대문 안	하직을 겸함.
		기상정(奇常正), 기국진(奇國鎭)	송현(松峴)	사적으로 방문함.
28일		금위영대장 이경연(李敬戀)	연지동(蓮池洞)	하직을 겸함.
		어영청대장 이방일(李邦一)	인성부치(仁城府峙)	
		대사간 조영진(趙英鎭)	청녕교(淸寧橋)	
		장령 윤필병(尹弼秉)	전초정동(全椒井洞)	
		류혜동(柳惠東), 한시유(韓時裕), 한광회(韓光會)		사적으로 방문함.
		지평 임도호(林道浩)		만나지 못함(2차 방문).
		주부(主簿) 송일휴,		
		주부(主簿) 서직수(徐直修), 대사헌(大司憲) 이갑(李岬), 판서(判書) 서명응(徐命膺)		
		정언 허담(許譚)	남산동(南山洞)	
29일		대사헌 윤동섬(尹東暹)	회동(灰洞)	
		지평 박천행(朴天行)	삼청동(三淸洞)	만나지 못함.
		이조참판 이보행(李普行)	기영(畿營)의 동편	유언호가 제대되어서 신(新) 이조 참판을 만남.
		사간 심ㅁ덕(沈ㅁ德)	필동(筆洞)	

관직이 있다. 호서구관당상湖西句管堂上이다. 감사는 18세기 중엽을 고비로 구관당상에게 자기 역할의 상당 부분을 내주어 18세기 중·후반 이후로는 팔도구관당상이 명실상부하게 수령에 대한 지배력을 행사하였다. 영조는 수유 또는 상경한 수령은 반드시 구관당상을 찾아가서 의논하도록 명함으로써 18세기 말엽에 이르러서는 새로 제수된 수령들은 반드시 본도本道의 구관당상句管堂上을 찾아가도록 조처하고 있다.[41]

그런데 황윤석이 사조하는 과정에서 그를 당황케 하는 사건이 벌어졌다. 대간들이 국왕의 패초牌招를 집단적으로 거부한 것이다. 패초를 거부할 경우 파직되는 것이 상례였다. 따라서 패초를 거부한 대간들에게 인사를 갈 것인지 여부를 결정하는 문제가 생겼다. 황윤석은 일단 하루 안에 체직 여부가 결정되므로 두고 보자는 쪽을 택하였다.

과연 이들은 체직되었다. 황윤석은 또 다시 새로 임명된 대간들에게 인사를 다녀야만 했다. 그러나 동일한 사람이 관직을 바꾸었을 경우는 다시 인사를 드리지 않고 있는 반면,[42] 같은 관직에 대해 사람이 바뀐 경우는 다시 인사를 드리고 있다.[43] 이것은 이러한 인사가 시임 대신들을 대상으로 하고 있는 것임을 보여 준다.

정약용은 『목민심서牧民心書』에서 사조의 대상을 공경公卿과 대간, 이조의 관리들로 나누어, 각각에게 사조할 때 주의해야 할 사항을 충고하고 있다. 그러나 문제는 여전히 남는다. 대간과 이조의 관리들 전체에게 왜 감사의 표시를 해야 하는 것일까? 그것은 정약용이 한 다음의 역설적인 말을 통해 미루어 짐작할 수 있다.

> "전관銓官에게 두루 하직 인사를 할 때에는 감사하다는 말을 해서는 안 된다."

위의 말은 전관이 관직자를 뽑은 것은 국가를 위한 공적인 업무에서 말미암은 것이므로 사적인 은혜로 생각해서는 안 된다는 경계에서 나온 것이다. 그런데 이 말을 돌이켜 보면 사조의 의미가 자신이 관직을 받는 데 기여하였던 관직자들에게 감사를 표시하는 것이었으며 실제로 사적인 인간관계 형성에 매우 큰 영향을 끼쳤음을 짐작할 수 있다.

이들을 만났을 때의 대화를 보면, 수령직에 대한 염려와 충고가 주 내용을 이루고 있었다. 이 의례를 통해 지방에 관직을 제수받은 자는 중앙 관직자들과의 친분을 공고히 할 수 있었고, 결국 수령권을 형성하는 관정에서 국왕 이외의 또 다른 정치적 지지를 얻는 계기가 될 수 있는 의례적 표현이었다.

그런데 사조하는 과정에는 적지 않은 비용이 소용되었다. 참알가參謁價라는 명목으로 관직자는 각 관청에 얼마간의 돈을 지불하였다. 사조 때에 드는 비용은 원래 경주인京主人이 꾸어 주고, 수령이 고을에 부임한 이후 청구하여 받는 것이 관례였다.[44] 그런데 여기서는 그 역할을 이조리가 대행하고 있었다.[45] 이 같은 비용으로 인한 사회적 폐단이 심하였던 것이 당시의 현실이었지만, 이러한 비용은 원래 뇌물이라기보다는 의례적 측면에서 행해진 보답품의 성격이 강하였던 것으로 판단된다.

하직숙배下直肅拜

하직숙배下直肅拜란 부임자가 임지로 내려가기 직전, 왕에게 하직 인사를 드리는 의례이다. 이때 왕은 부임자에게 원래는 자신이 직접 대면하여 다스려야 할 민民들을 잘 다스리도록 당부하곤 하였다. 혹시 왕이 만나지 못할 경우 승지가 대행하였다. 원래의 규례대로라면 부임자는 임금이나 승정원 앞에서 수령칠사守令七事를 외워야 했다.[46] 승정원 측의 규례에는 임란 전에 수령이나 변장邊將이 배사拜辭하는 날, 승지가 구두로 선유宣諭하였다가 임란 후에는 이 규례가 폐지되고 승지가 문자를 지어서 선유宣諭하였다고 한다.[47]

황윤석도 거의 이런 규례를 따랐다. 10월 1일 아침 일찍 황윤석은 선인문宣仁門을 거쳐 궐내의 상서원尙瑞院으로 들어갔다. 그곳은 사은숙배 때와 마찬가지로 통례원에서 하직단자下直單子를 올린 뒤 명령이 내리기를 기다렸다. 온종일 기다리다가 저녁때가 되어서야 비로소 하명을 받고, 인정전仁政殿 뜰에 나아가 하직숙배를 올렸다. 그리고는 승정원에 나아가 대청에서 좌직하고 있던 승지의 자리 앞에서 으레 내려지는 전유傳諭를 엎드려 들었다. 그 내용은 거의 수령에 대해 경계하는 것이었다. 또 규례에 따라 수령칠사守令七事를 외고 물러났다.[48]

왕이 하직하는 부임자들을 친견하는 경우에는 이력履歷을 물어보고, 수령칠사守令七事를 외는 경우도 많았다. 또 수령칠사를 잘못 외었을 경우 추고推考를 받는 것도 눈에 띄는 대목이다. 이와 같이 왕을 직접 뵙지 못할 경우 왕이 해야 할 일을 승지가 대신하였지만, 왕이 친견하여 행사를 하는 것이 더욱 효과적이었다. 부임자가 왕과 맞대면하여 직접 그의 목소리를 듣는 것만으로도 큰 영광이었고, 직접 왕이 관심을 기울여 주는 경우라면 수령에게 상당한 은혜로 여겨져서 이후 수령이 정사를 수행하는 데 큰 정서적 기반이 되었다.

황윤석은 전의현감이었을 때 정조에게 하직 숙배하였던 당시를 상기하며 그 감동을 다음과 같이 기술하고 있다.

> 대궐에 나아가 하직사배下直四拜를 하고 여러 사람을 따라 입시入侍하였다. 주상께서 직명과 성함을 물으셔서 나는 예를 행하고 엎드려 그에 답

> 하였다. 주상은 "너는 전라도 사람이구나. 너는 호인好人이지. 지난번에 내가 너를 계방桂坊으로 임명하려 한 적이 있었다. 지금은 동궁東宮이 이미 세상을 떠나 버렸다. 지금 너를 보니 슬프구나."라고 말씀하셨다. 그 말씀을 들으니 나도 모르게 눈물이 흘러나와 아무 대답도 못하고 다만 일어났다가 엎드리는 수밖에 없었다. 주상이 또한 "너는 일찍이 외읍을 다스린 적이 있느냐?"라고 물으니, 승지가 "목천木川을 다스린 적이 있습니다."라고 답하였다. …… 슬프고 또 영광스럽기도 하다.[49]

이와 같이 국왕이 직접적으로 관심을 기울여 준다는 것만으로도 황윤석으로 하여금 몸 둘 바를 모르게 하는 일이었고 자신의 직무에 열심히 종사할 수 있는 명분을 제공하였다. 이 경우 국왕은 황윤석과 자신의 지난 인연을 소상히 기억하고 있으며 황윤석은 그것을 영예롭게 여기고 있었다. 황윤석은 이후 관직 생활에서 어려운 일이 있을 때마다 이 장면을 몇 번이고 떠올리며 마음을 다잡곤 하였다.

하직숙배는 국왕과의 직접적인 접촉을 통해서 국왕과의 친밀성을 증대시키고, 수령으로 제수받은 자로 하여금 자발적인 충성을 유도해 내는 계기가 되었다. 사은숙배가 관직을 제수해 준 국왕에 대하여 감사하는 의례를 치러 제수자 쪽에서 관직을 수락한다는 의미에 치중되어 있다면, 하직숙배는 지방관이 지방을 떠나기 직전 국왕의 권력을 직접적으로 분유分有하여 부임지에서 대행한다는 이념에서, 국왕과의 더욱 공고한 친밀성을 드러내 주는 상징성이 있다.

'고을의 주인'으로

고을의 주인으로 오름[상관上官]

1779년 10월 2일

하직숙배를 마친 다음 날, 황윤석은 새벽 일찍 일어나 죽을 먹고서 서둘러 서울을 떠났다. 서소문을 나와서 청파를 지나 동작진에 이르렀다. 강이 불어서 하동작下銅雀을 통해 강을 건너 동작현을 지나 과천현 대점에 이르러 조반을 먹었다. 어제부터 아팠던 머리가 아직까지 이어졌지만 다행히 일기는 맑았다. 이날 과천까지 오니 목천의 지응리支應吏 한 명이 와서 미륵당을 지나면 목천 이예吏隸 4명이 와 알현할 것이라는 소식을 전했다.

다음 날 새벽에도 일찍 일어나 율무죽을 내올 것을 재촉하고, 횃불을 들고 20리 길을 가서 중미점中彌店에 이르니 날이 비로소 밝아졌다. 또 오산대점五山大店까지 갔다.

1779년 10월 3일

새벽에 맑고 서리가 내렸다. 새벽에 일어나 율무죽을 먹고 횃불을 밝혀 20리를 가서 중미점中彌店에 이르자 날이 밝아 오기 시작하였다. 아침 뒤에 적현赤峴을 넘어 동추동리東楸洞里를 지나 불지온에 있는 오준안의 집에 들렀다. 주인은 그에게 떡국을 차려 주었다. 오후에 행차는 소사대점素沙大店에 이르러 요기하고 말을 먹였다. 저녁에 환대점歡大店에 이르러 묵었다.

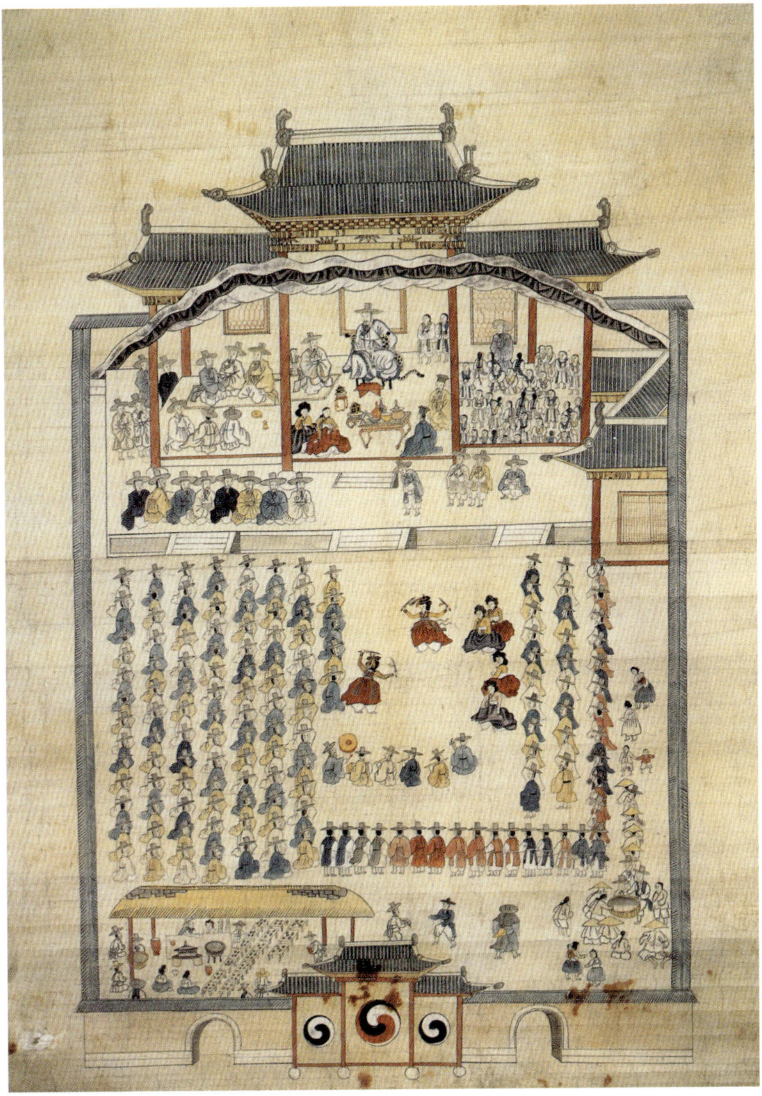

그림 3. 수령의 상관기념 잔치장면 〈신관도임연회도(新官到任宴會圖)〉[50] 고려대학교박물관 소장

1779년 10월 4일

이날은 드디어 목천현의 경내로 들어가는 날이었다. 황윤석은 그날의 광경을 다음과 같이 묘사하고 있다.

> 새벽 일찍 율무죽을 먹고 이내 출발하여 행차는 천안 삼거리 점에 도착하여 조반을 먹었다. 별감인 김은건金恩健이 와서 인사를 올렸다. 드디어 목천현의 경계에 이르렀다. 급창 2명, 통인 2명, 관비 및 장교 등 각 색들이 모두 인사를 올렸다. 다반을 내왔는데 너무 번다하여 애초의 명령을 어기었으므로 감상색리를 불러 꾸짖고 이후에는 다시 그러지 말도록 시켰다. 조침을 먹은 뒤에 행차는 성황현을 지나서 승천점에 이르렀다. 목천 읍내에 있는 사창司倉의 전패권안소(殿牌權安所: 전패 임시 안치소)에 이르러 네 번 절하고 세 번 향을 올리고 또 네 번 절하고 동헌에 들어갔다. 의자에 앉아 인부를 받고 향소 읍리, 통인, 장교, 사령, 노비, 유배인 등의 알현을 받았다.

황윤석은 자신이 경내에 들어선 이후 백성들의 반응에 대해서는 그의 일기에 기술하고 있지 않다. 그런데 춘향가에서 신영에 관한 대목을 보면 그 장면은 성황을 이룬다. 백성들은 새로운 수령행차를 구경하기 위해 사방에서 몰려들고 있다. 수령을 에워싸고 상관하는 장면은 가히 장관이었을 것이다.[51] 신임 수령이 가마를 타고 그 앞뒤 좌우로 신영 행렬이 둘러싸고, 권마성勸馬聲 소리가 풍악에 섞이며 사방에서 구경꾼이 모여드는 광경이 눈앞에 펼쳐지는 듯하다.

아마 그것은 너무나 당연한 장면이었기 때문에 간과하였는지도 모른다. 수령행차는 경내에 들어선 이후, 고을 백성들이 항상 따라다님으로써 온 고을을 카니발과 유사한 지경으로 몰아넣었을 것으로 생각한다. 이 단계에서는 수령이 경내의 백성들과 대면하는 자리라는 점에서 새로운 단계로 진입하고 있었음을 알 수 있다.

목천木川의 경계를 지난 황윤석이 가장 먼저 향하였던 곳은 전패殿牌가 봉안되어 있던 곳이었다. 전패는 국왕을 상징하였다. 따라서 고을의 가장 중심지에 있는 객사에 모셔지는 것이 통례였다. 그런데 당시 목천에서는 객사客舍를 중건重建하고 있었기 때문에 전패를 읍내 사창司倉에 임시로 모셔 두었다.

전의현에서의 예를 따른다면 이곳에 도착한 황윤석은 전패로 나아갈 때 오모烏帽, 포단령布團領, 오대烏帶로 차려입었을 것이다. 그는 먼저 사배四拜를 하고 세 번 향을 올렸다.[52] 그런 다음 또 사배四拜를 올렸다. 사배四拜를 올리는 것을 통해 국왕을 알현하는 것과 동일한 의례를 치르고 있음을 알 수 있다. 국왕권의 상징물인 전패殿牌를 고을의 중심에 모시고 예배를 올리는 의례는 수령의 권력이 국왕에게 근원한다는 것을 상징적으로 현시한다.

이 같은 의례를 통해 부여받은 권위를 등에 업은 수령은 마침내 수령권 행사의 공식적인 장인 동헌東軒으로 들어섰다. 그는 이어 당상堂上에 올라 의자에 앉고, 인부印符를 건네받았다. 인부는 관인官印과 병부兵符를 말한다. 관인은 그 고을 문서 행정의 결재권을 상징하고 병부는 병권兵權의 상징이다. 이것은 정사를 집행하는 실질적인 행정권을 상징한다. 그리고 인부를 넘겨받았다는 것은 실질적 권력이 수령에게 이양되었다는 중대한 의미를 공표하는 것이다.

관인과 병부는 실질적인 권력의 상징이기 때문에 한시라도 소홀히 취급될 수 없었다. 수령이 부임하기까지 관인官印은 겸임하고 있는 이웃 고을의 수령이 보관하고 병부兵符의 경우는 병권을 가지고 있는 절도사가 보관하고 있는 것이 당시의 통례였다.[53] 이것은 조선전기 수령의 유고 시에, 호장戶長이 관인官印을 사용하여 공사公事를 대행하였던 것과는 대비된다.[54]

이러한 의식을 거치고 난 뒤 유향소留鄕所, 읍리邑吏, 통인通引, 장교將校, 사령使令, 노비奴婢, 면임面任, 도배인徒配人들이 모두 그를 향해 배알하였다. 이 과정은 왕이 즉위한 이후 문무백관이 모두 배알하는 행사에 비견될 만한 것이었다.

황윤석이 상관한 이후 첫 번째로 한 일이 무엇인지를 보면 그의 진정한 관심이 어디를 향해 있었는지 짐작할 수 있을 것이다. 그는 우선 택길擇吉에 능한 사람을 찾았다. 가묘家廟를 이봉해 올 길일과 노모를 모셔 올 길일을 택하고자 한 때문이다. 길일은 각각 10월 15일과 10월 17일 혹은 25일로 결정되었다. 그리고 내일 이 소식을 고향으로 전하리라 생각하였다. 이날 그는 잠을 이룰 수가 없었다. 어머님에 대한 그리움, 앞으로 있을 수령살이에 대한 근심으로 뒤척였다.

1779년 10월 6일

신임수령인 황윤석은 그 다음 날 새벽 일찍 죽을 먹고 향교의 알성전謁聖殿으로 향하였다. 이곳은 교화적 권력의 상징물이 존재하는 곳이었다. 다름 아닌 공자의 위패가 있었기 때문이다.[55]

공자를 왕보다 더 높이 존숭하였다는 증거로는 황윤석이 전의에서 배례할 때 입었던 복색을 들 수 있다. 대성전大成殿에서는 앞서 전패 앞에서보다 더욱 격상된 옷차림인 오모烏帽, 흑단령黑團領, 은대銀帶로 갈아입었다.[56] 이를 통해 국왕의 세속적인 권력보다 문성왕의 교화권을 더 높이 평가하였다는 것을 알 수 있다.

수령이 부임 후 객사客舍와 향교鄕校에서 치르는 의례를 통해 수령이 대민 정치에서 행해야 할 의무인 이른바 수령칠사守令七事의 이념적, 권위적 측면을 완성할 수 있었다. 칠사七事는 구체적인 정사를 행사할 수 있는 행정권[농상성(農桑盛 : 농사가 성대해야 함), 호구증(戶口增 : 호구가 늘어나야 함), 군정수(軍政修 : 군정이 정비되어야 함), 부역균(賦役均 : 부역이 균등해야 함)]과 풍속을 교화할 수 있는 교화권[학교흥(學校興 : 학교가 흥성해야 함), 사송간(詞訟簡 : 사송이 간략해야 함), 간활식(奸猾息 : 간활함이 그쳐야 함)]으로 구분될 수 있다.

전패 앞에서의 의례가 세속권의 기반이 되는 권위를 형성하는 것을 의미한다면, 향교의 대성전에서 치른 이 같은 의례는 교화권의 기반이 될 수 있는 권위를 형성하였다. 이쯤 되면 신임 수령은 향촌에서 정교일치政敎一致의 이념적 배경이 되는 권위를 갖추게 되는 셈이다.

위엄, 고을살이의 성패

황윤석은 부임할 당시 선정을 베풀겠다는 큰 포부를 가지고 있었다. 그의 그러한 이상은 황윤석이 목천의 동헌東軒에 지어 붙였다고 하는 다음의 자경문自警文을 통해 단적으로 이해할 수 있다.

> 유림儒林을 벗처럼 보아서 현자賢者가 있으면 자주 방문할 것이고, 향청鄕廳을 동료同僚처럼 보아서 예우하여 거만치 않을 것이며, 향리鄕吏를 자식처럼 보아서 죄가 있으면 반드시 따라가 타이를 것이며, 민중民衆을 손자孫子처럼 보아서 순라巡邏하다가 문득 그들을 만나면 다친 사람을 대하는 듯해야 할 것이다.[57]

이 자경문은 격식적이기는 하지만 황윤석 자신의 이상적인 수령상을 잘 보여 준다. 그 중에서 향리나 일반 민중은 자식으로 대하여야 했다. 다만 그 둘은 다른 자식이어야 했다. 민중民衆에게는 자애로운 아버지로서, 향리들에게는 엄한 아버지로서 대하여야 했다.

당시 세론에서는 황윤석이 수령으로서의 역할을 제대로 해낼 수 있을까에 대한 우려가 컸던 것 같다. 그는 당시 학문에 뛰어난 선비로 명망이 높았지만, 바로 그 점이 이 같은 우려의 가장 큰 이유이기도 하였다.

> 감사[이병정李秉鼎]: 그대의 성대한 이름을 우러른 지가 꽤 오래되었습니다. 문장과 경술에 대해서 익히 들어 왔습니다. …… 지금 과거를 그만두고 노모 봉양을 위해 목천 수령으로 와서 공적인 예로 서로 만나니 참으로 다행입니다.
>
> 황윤석: 고을을 처음 맡아 서툰 솜씨로 이 폐읍을 감당하게 되었으니 모든 일은 상사의 지휘를 따르고자 할 뿐입니다.
>
> 감사: …… 전 수령 안정복도 어찌 망사(望士: 신망받는 선비)가 아니었겠습니까마는 근래 사람들의 말을 들으니 많은 사람들이 지나치게 유선柔善한 데 치우쳐 비판을 면치 못했다고 하니 이것은 어찌된 일입니까?
>
> 황윤석: 옛날의 본체를 밝혀 실용에 나아갔던 현자들에게는 경술經術과 이치吏治가 애초에 두 가지 일이 아니었습니다. 그런데 근래 인재들은 점점 옛날만 못하여 경술에 능한 사람은 관리로서 다스리는 일에 모자라는 수가 있으니 두 가지 길이 되는 것을 면치 못합니다. 안정복과 같은 이는 진실로 백성 사랑하기를 자식과 같이 대하였지만 그 위엄을 갖추지 못하였다고 들은 듯합니다. ……[58]

여기서 감사는 황윤석에게 경술에 뛰어난 명망 있는 선비이지만 과연 수령으로서 다스리는 일도 잘 해낼 수 있는지를 은근히 물었다. 목천의 전 현감 안정복이 그대와 같은 명망 있는 선비였지만 결국 실정하지 않았느냐고 슬며시 찔러보기도 하였다. 그가 질문하는 의도를 눈치챘는지 어떤지는 모르겠지만 황윤석은 안정복의 실패를 위엄을 갖추지 못하였던 결과라고만 답하고 있다.

그런데 고을살이의 성공 여부는 향리들을 어떻게 다루느냐에 달려 있다는 것은 당시의 통념이었다. 사실상 향리들은 통제하기 매우 어려운 존재였다. 그들은 현실적으로 조선의 왕조체제 안에서 매우 중요한 역할을 수행하였지만 이념적으로는 관료제 밖으로 소외되어 있었다.

> 아전을 통어하는 법은 요령을 얻기가 매우 어렵다. 위엄을 숭상하면 향리鄕吏도 민인民人이니 의지하여 살아갈 길이 없다. 그렇다고 관용을 숭상하자니 향리는 백성의 좀이라서 백성에게 끼치는 폐해가 또한 크다. 그러니 엄격함을 숭상하여 민에게 해를 끼치는 데 이르지 않게 하여야 한다.[59]

이 글을 보면 수령이 향리에게 엄부처럼 대하여야만 하는 까닭을 짐작할 수 있다. 향리도 백성이라서 따뜻하게 대하여야 할 것이지만, 만일 그들을 관용적으로 대한다면 향리는 백성의 좀이라서 그 폐해가 곧바로 백성에게 넘어간다는 것이다. 그런데 여기서 향리가 백성의 좀이라고 한 것은 그들이 살아가는 방식을 지적한 것에 불과하다. 잘 알려져 있는 바와 같이 그들은 국가로부터 녹을 받지 못하였기 때문에 경제생활이 전적으로 고을민에게 의존해 있었다. 향리의 이와 같은 캐릭터 때문에, 수령에게는 엄격함만으로 일관할 수도 없고 그렇다고 관용만을 위주로 할 수도 없는 매우 복합적인 캐릭터가 요구되었다.

그래서 수령은 "아랫사람들을 대할 때는 언어가 엄중하고 간략하여야 하며, 비록 일의 상황이나 전례前例를 물을 때라도 말이 자질구레해서는 안 된다. 행동거지가 경솔한 것이 가장 크게 위엄을 손상시키니 마땅히 이것을 경계해야 했다."[60] "근무하는 처소에서는 마땅히 엄숙하고 가지런해야 하니 아객衙客이나 잡인雜人들과 함께 앉아서도 안 되며 향소鄕所나 군교軍校들을 계단 위에 줄지어 세워두어서도 안 되었다."[61] 그리고 수령은 관속들이 읍성 안에 두고 마을로 들어가 민과 접촉하지 못하도록 수시로 단속해야 했다. 그래서 뿔 나팔을 불어 그들을 수시로 점고하고,[62] 그들이 중간에 새어 나가 성외의 민가로 침탈하는 일을 막기 위해 시간을 관리하도록 해야 했다.[63]

향리들을 다루는 어려움은 당시 지식인들 사이에도 일반적으로 공유되는 문제였던 듯하다. 다음은 황윤석이 서울에서 어떤 사람으로부터 들었던 충고의 일부이다.

> 황윤석이 김서원金西原의 애차哀次를 방문하였을 때, 그 아들인 전대간前大諫 문순文淳을 만났다. …… "문학으로 말한다면 나는 그대의 제자이지만 이치로써 말한다면 그대가 마땅히 나에게 배울 것이 있을 것입니다. '옛날의 도道로 다스려서는 안 됩니다.' 그러면 고담古談하다는 기롱을 얻을 것입니다. 그들이 행정하는 사이에 설령 농간이 예사가 되었더라도 일일이 가혹하게 적발해서는 안 됩니다. 설령 깨끗한 수령이 가혹하게 적발하여 백성들에게 보충하여 주는 것이 옳다 하더라도, 필시 백성들도 새로운 폐단을 입을 것이고 대개 향리들도 필시 그것에 대해 원망하여 옛날 그대로 침어할 것입니다.[64]

그도 황윤석에게 첫 번째로 건넨 충고가 고인의 도를 그대로 사용해서는 안 된다는 것이었다. 여기서 고인의 도란 『사기史記』의 「순리열전循吏列傳」 등에서 이상화된 관리였다. 즉 '되도록 위엄을 사용하지 않고 자신의 직분을 받들어 이치를 따르는 관리'였다.[65] 하지만 과연 위엄을 사용하지 않고 통치하는 것이 가능할까. 특히 향리들의 폐단을 그대로 적발한다면 그 폐해가 결국에는 백성들에게 돌아갈 수밖에 없는 구조를 그는 설명하고 있다.

위의 충고는 황윤석이 지식인으로서 갖는 고원한 성향을 제대로 파악한 말이었다. 그렇다면 황윤석은 목천현감으로 있으면서 실제로 어떠한 고을 통치를 펼쳤을까? 결론부터 말한다면 황윤석은 고을 통치에 실패하였다. 그는 포폄에서 하下를 받고 파직되었는데 그 사유는 조세를 지나치게 마구 거두어들였다는 것이었다. 황윤석은 이 치욕을 향리鄕吏들을 엄히 다스리지 못한 탓으로 돌리고 있다.[66]

파면된 이후 목천의 고을살이를 총결산하는 듯한 다음의 글을 보면 그의 고을 통치에 어떤 문제점이 있었는지 짐작할 수 있을 것이다.[67]

> 나는 기해년 8월에 장릉령으로는 봉양할 수 없었기 때문에 관직을 버리고 고향으로 돌아갔다. 겨우 7일만에 목천을 얻어서 9월에 서울로 나아가 사은謝恩하고 10월 4일에 상관上官하니 읍은 척박하고 읍리들은 교활하여 다스리기 어려울 것이라고 생각하였지만 오히려 고인들이 세상에 타일러 남긴 뜻을 염두에 두고 읍리들을 불러서 "너희들이 벌을 주지 않고 역에 이바지하겠는가, 아니면 벌을 받고 역을 하겠는가?"라고 물었다. 모두 답하기를 "벌이 없이 하는 것을 청하니 역에 이바지하기를 삼가겠습니다."라고 답하였다. 나는 "좋다."라고 승낙하였다. …… 각조의

> 금령을 관문에 방으로 부쳐서 읍리들과 민들에게 보이고 일체의 형구를 사용하지 않았다. 현실을 모르고 한 일이었을까. 서너 달이 지나 명령을 범하는 사람이 한둘이 아니었다. 너무 놓아줄 수 없었으므로 처음으로 형을 사용하지 않을 수 없었다. 읍리는 장杖으로 백성들은 태笞로, 군교軍校는 곤장으로 다스렸다. 읍리와 민중에서 죄가 중한 사람은 별장으로 다스렸다. …… 관속은 관노비로부터 궁하여 죽어 간 자를 제외하고는 모두 원망하지 않음이 없었다. 심하구나. 고도古道를 지금 실행하기 어려움이여.

위의 글을 보면 황윤석은 서울에서 들은 충고를 무시하고 옛날의 도를 그대로 사용한 것임을 알 수 있다. 그도 처음에는 위력, 즉 형벌에 의존하지 않고 교화를 통해서만 통치하려하였으나 몇 개월도 채 지나지 않아 그 결과가 너무나 자명하였던 것이다. 당연히 명령을 어기는 자가 많을 수밖에 없었을 것이다. 그의 말에 따르면 그때서야 위력을 사용하였다고 하지만 받아들이는 사람의 입장에서는 이것이 가혹한 처사로 비쳤을 것이 너무나 뻔하였다.

황윤석은 수령으로서 교화와 형벌, 이 두 가지 힘이 무엇을 의미하는지 잘 알고 있었다. 그러나 그는 실제 통치 과정에서 교화를 먼저 내밀었다. 유교적 통치 이상을 따른 결과였다. 그러나 현실은 이상과 달랐다. 그래서 불가피하게 채찍을 들지 않을 수 없었다. 이것이 향리들의 원망을 산 결정적인 원인이었다. 애초에 채찍을 들다가 간간히 당근을 내미는 전략을 사용했던들 그는 결코 그러한 욕을 당하지는 않았을 것이다. 사나움과 관대함을 절충하는 것은 맞지만, 현실에서 그 둘 중 어느 쪽을 택하느냐에 따라 통치의 결과는 달라질 수 있는 것이다.

부임의례, 예치禮治의 시작

황윤석은 목천현감에 제수되었다는 소식을 접한 뒤, 자기 고향을 떠나 왕이 거처하는 서울로 향하며 다시 부임지로 향하는 일련의 정형화된 과정 속에서 인격[personality]이 조금씩 변형되면서 수령이 갖추어야 할 캐릭터에 접근해 갔다. 그가 부임지에 가까이 가면 갈수록 신영 관속들을 단속하는 힘은 강화되었고 대외적으로는 과시적인 성격이 강해졌다. 이는 부임의례가 고을에서의 실제적인 통치에 앞서 치르는 예행연습이었다는 인상을 준다.

그 과정을 개관하면 고향을 떠나 국왕과 조우하는 단계, 부임지의 이속吏屬들을 접하는 단계, 그리고 다시 부임지의 백성들을 접하며 상관上官하는 단계 등 총 3단계로 나누어 이해할 수 있다. 각 단계의 특성은 다음과 같다.

첫 번째, 수령이 부임지의 이속吏屬들을 접하며 의례를 통해 권위를 형성하는 단계이다. 특히 신영 의례에서 나타난 절차들, 예컨대 부임지 관아의 중요문서와 신영지장新迎支裝의 헌납獻納, 관속의 이름 중 수령과 이름이 같은 글자를 피휘避諱하는 것 등은 부임지 이속들을 장악한다는 두드러진 정치적 의미를 띤다.

두 번째, 수령권의 이념적 기초는 왕권과의 연관 속에서 형성되었으므로, 관직을 매개로 국왕과 인격적 접촉을 형성하는 의례였다. 수령에 제수된 이후, 사은숙배를 통하여 자신에게 관직을 준 왕에게 감사하는 의례를 치르고, 다음으로 서경署經을 거친 뒤, 사조辭朝와 하직숙배下直肅拜를 거친다. 이 단계에서의 의례는 수령으로서 중앙 권력과 조우하며 수령권의 권력적 원천을 공고화하는 단계라 할 수 있다.

세 번째, 수령이 부임지의 경내로 들어와 행정권을 이양받는 절차들로서 고을 백성들의 시선 안에서 행해지는 의례들이었다. 축제에 흡사한 들뜬 분위기 속에서 진행되는 신영행렬의 퍼레이드와 수령이 객사와 향교에 참알하는 의례, 그리고 상관례로 이루어져 있다.

이때의 의례들은 수령권이 관속들뿐 아니라 고을 백성을 대상으로 하여 권위를 획득할 목적으로 형성된 정치의례들임을 드러낸다. 부임지의 백성들을 포함해 전 경내에서 자신의 권위를 공시적으로 드러내며 형성하는 단계라 할 수 있다. 이후 동헌에 들어가 이러한 권위적 위엄을 바탕으로 행정권을 위임받음으로써 정교일치政教一致의 담지자로서의 외양을 갖추며, 좌우로 도열해 있던 관속들로부터 배알을 받아 수령직에 오르게 되는 것이다.

이와 같이 부임 과정에 나타난 정치의례들은 점진적이고, 조직적이며, 단계적이고, 확산적으로 설정되어 있었다. 점층적인 의례를 통하여 부임지의 백성들이 수령권을 국가의 폭력적 지배로 받아들이지 않도록 완충하는 계기를 조성하고 있었다. 의례의 절차를 점층적이면서도 중첩되게 설정한 것은 흡사 혼례 과정에서 신부가 시댁과의 낯선 관계를 완화하며 시댁의 질서 안으로 원만히 안착하도록 하였던 것과 상통하는 효과가 있었다.

따라서 수령의 부임의례는 단계적으로 또 점차적으로 수령의 권위를 형성함으로써 수령권 형성에 기여하였다. 또 부임의례 자체가 수령권의 실천이라고도 할 수 있었다. 의례를 통해 국가의 물리적 권력이 노골화되는 것을 이완시키고 수령의 권위적 영향력을 증대시키려 하였다는 점에서, 부임 과정 자체가 예치주의禮治主義의 한 특성을 반영하고 있음을 알 수 있다.

그런데 예치주의는 당근과 채찍이 결합되어 적절히 중도를 찾아가는 것을 의미하였지만 현실에서는 부득이 어느 한쪽으로 치우치지 않을 수 없었다. 적어도 어느 쪽을 먼저 하느냐에 따라 그 현실적 효과는 달라질 수밖에 없었다. 국가의 관료란 그 본질이 폭력이었지만, 황윤석의 예에서 볼 수 있듯이 그는 이상화된 형태인 관용에 너무 치우침으로써 통치의 실패를 불러왔다. 여기서 현실에서 요청되는 사나움과 이상화된 관용의 두 축에서 진자 운동을 할 수밖에 없었던 당시 수령의 깊은 고민을 읽을 수 있다.

[제2장]

수령의 출퇴근과 근무방식

이선희(한국학중앙연구원 전임연구원)

수령은 행정·사법·치안·군사 등 관할 군현의 모든 영역을 통치하는 관직이었다. 그런데 수령 역시 관료였기 때문에 선출자격, 근무일수, 고과에 대한 규정이 법전에 마련되어 있었다. 일반적으로 수령은 6품 이상 참상관으로서 부임한 날로부터 1,800일의 근무일수를 채워야 했다.[1] 그러나 수령의 교체시기에 대한 그간의 연구를 통해 보면 정해진 법정 근무일수를 모두 채운 경우보다는 1년 정도에 교체되는 예가 더 많았음을 알 수 있다.[2]

수령의 본래 임기보다 실제 근무기간이 짧았다는 것은 수령직이 법적 관료로서의 신분보다는 왕에 의해 언제든지 바뀔 수 있는 유동적 자리였다는 것을 알 수 있는 부분이다. 이로 말미암아 수령의 관료적 성격은 희석된 반면 군현제에 대한 구체적 일단으로 중요하게 자리 잡아 온 것으로 보인다. 따라서 수령이 행한 업무내용이나 근무상황에 대한 연구는 상대적으로 적은 편이라고 할 수 있다. 구체적으로 수령이 임용될 때의 비용이나 부임절차, 근무일수나 업무 내용에 대한 연구가 시도되었지만[3] 수령의 근무상황을 재구성하려면 양적 축적이 좀 더 요구된다고 하겠다.

수령은 관찰사의 감독에 제한되기는 하지만, 수령직이 일개 군현의 최고 권력자였다는 점 때문에 수령으로서 보내는 하루 일과가 자의적이었을 것으로 인식되기 쉽다. 그러나 조선 시대 관료들은 상호 간의 인사 의례까지 준수하도록 법으로 규정되어 있었다.[4] 또한 수령의 일상에 대한 연구가 부족한 영향으로, 그간 수령의 업무처는 동헌에만 국한되어 논외시되어 왔다. 하지만 수령이 수행한 다양한 업무 내용에 대한 분석과 함께 수령의 업무처에 대한 세심한 고찰도 필요하다고 생각한다.

이 글에서는 이와 같은 문제의식을 바탕으로 수령의 출퇴근 시간과 절차, 업무처별 근무 내용을 살펴보고자 한다. 수령의 출퇴근 절차와 일상적인 근무방식은 법전 규정을 근간으로, 각 관청별로 작성된 관안官案, 그리고 수령의 업무일기를 통해 확인할 수 있을 것이다. 주요 분석대상으로 삼은 일기는 이유간李惟侃의 『우곡일기愚谷日記』,[5] 황윤석黃胤錫의 『이재난고頤齋亂藁』,[6] 오횡묵吳宖默의 『정선총쇄록旌善叢瑣錄』[7]이다. 각기 재임한 지역은 천안, 목천·전의, 정선의 순이고 재임기간은 1609~1613년, 1779~1780년, 1786~1787년, 1887~1888년의 순이다. 『우곡일기』와 『이재난고』는 경계가 붙어 있는 군현으로 시기적 간극이 있음을 감안하더라도 동일한 지역적 특성을 갖는다는 점에서 의미를 갖는다. 지역적 공통성을 담은 두 일기에 나타난 수령의 업무방식을 비교·분석하고자 한다. 이를 근간으로 정선이라는 다른 지역, 다른 시기의 수령과의 비교를 통해 조선후기 수령이 지냈던 하루의 공식 업무 방식을 가늠하고자 한다.

몇몇 사례에 대한 거친 비교 검토는 특수성과 일반화의 간극만큼 위험 요소가 있다. 그러나 국가권력이 부여되었고 정부의 요구가 작용한 수령이라는 동일한 관직에 대한 행정적 검토는 일정한 의미를 갖는다고

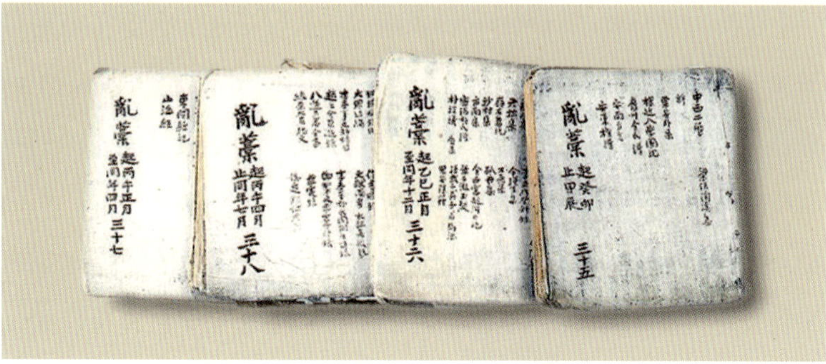

그림 1. 『이재난고(頤齋亂藁)』 고창군청 제공

생각한다. 왜냐하면 수령이 시기나 지역에 상관없이 일정한 보편적 업무 방식을 가졌는지 여부는 조선후기 중앙정부의 행정력 투과 강도와 연관될 것이기 때문이다.

수령의 출퇴근과 근무절차

수령의 출퇴근과 좌기坐起

일반 관원의 출퇴근 시간은 평상시에는 묘시(卯時: 오전 5~7시)에 출근하고 유시(酉時: 오후 5~7시)에 퇴근하되 해가 짧은 때에는 진시(辰時: 오전 7~9시)에 출근하고 신시(申時: 오후 3~5시)에 퇴근하도록 되어 있었다.[8] 이 규정에 따르면 관원은 하루에 길게는 12시간에서 짧게는 8시간을 일한 셈이 된다. 만일 관원이 멋대로 늦게 출근하거나 일찍 퇴근하면 묘사유파법卯仕酉罷法에 따라 태笞 50에 처하게 하였다.[9]

수령도 이와 같은 출퇴근 시간을 지켰을까. 실제 수령의 출근시간도 이와 크게 다르지 않았던 것으로 보인다. 일기에서 출근시간을 확인할 수 있는 경우로 정선군수였던 오횡묵의 업무 시작 시간은 대부분 묘시였다. 출근뿐만 아니라 정선에 처음 부임한 직후 행한 알성례도 묘시에 행했다.[10] 이후 1일과 15일에 행한 알성례도 시간이 명시된 경우 묘시가 대부분이었다.

일기자료에는 출근시간을 정확한 시간 대신 식사 때로 표기한 예도 찾을 수 있다. 천안군수 이유간이나 전의현감과 목천현감을 지냈던 황윤석이 출근한 때는 대부분 조식早食 후였고 퇴근 후에 석식을 먹곤 하였다.[11] 일기자료에는 식사시간으로 때를 나타내는 경우가 종종 있는데 아침식사는 조식早食과 조식朝食으로 구분되었던 것으로 보인다. 이 중 조식早食은 보통의 아침식사보다 이른 때를 나타내는 것으로 짐작된다. 물론 당시의 식사시간이 정확히 언제인지를 확정하기는 어렵다. 다만 조식早食이 이른 아침식사라고 전제한다면 시간적으로 묘시에 근접했을 가능성이 높아 보인다. 때문에 일기자료에 한정해 볼 때 조선후기 수령은 대부분 법전에 규정된 출근시간을 어느 정도 준수하고 있었던 것으로 판단된다.

한편 수령은 업무에 따라 평상시 출근시간보다 앞당겨 새벽에 출근하는 경우도 있었다. 환곡업무처럼 정해진 일수 안에 업무를 마무리해야 하는 때가 그 대표적인 경우였다. 수령은 환곡업무가 시작되면 새벽에 출근하여 해가 저문 후에야 일을 마칠 수 있었고 며칠 간 계속되는 업무로 병이 나기도 하였다.[12]

그렇다면 수령은 묘시를 전후한 때에 출근한 이후 그곳에서 어떻게 근무하였을까. 그런데 법전에서 수령의 근무방식이나 근무내용에 대한 규정을 찾기는 쉽지 않다. 법전에서 찾을 수 있는 수령에게만 특화된 규정은 수령의 업무 내용 정도가 대표적일 것이다. 즉 관원의 고과 항목에 포함된 수령칠사, 구체적으로 "농상성農桑盛, 호구증戶口增, 학교흥學校興, 군정수軍政修, 부역균賦役均, 사송간詞訟簡, 간활식奸猾息"의 7가지 항목이 법전에서 찾을 수 있는 수령의 업무 내용이라 하겠다.[13] 그런데 관아지官衙志에서 수령의 출근 후 근무방식에 대한 단초를 찾을 수 있다. 각종 관아지에는 대부분 개별 항목으로 '좌기절차'를 두고 있었다. 좌기절차 항목에는 해당 관아의 관장이 출근하여 업무를 개시하고 종료하기까지 필요한 의례를 상세히 설명하고 있는 것이다.[14]

좌기는 일반적으로 출근하여 집무함을 뜻한다. 하지만 이 밖에도 몇 가지 다른 용례에 대한 용어 분석이 필요한 것으로 보인다. 현재 좌기에 대한 번역은 출근 혹은 '사일仕日'로 풀이되거나 번역하지 않고 그대로 좌기로 쓰고 있다.[15] 그러나 '좌기'는 '사일'과 다른 격식에 쓰였거나 뜻이 다르게 사용되었을 가능성도 높다. 『승정원일기』에는 매일의 기사 시작 부분에 해당 승지, 주서, 사변 등의 관직과 성명이 적혀 있는데 각 성명 아래 참석여부를 표시한 부분이 주목된다. 참석하지 않았을 경우는 숙배를 하지 않았거나[미숙배未肅拜], 해당 관원이 차정되지 않은 경우[미차未差], 혹은 병으로 인한 결석[병病] 등이 이유였고 각 경우에 따라 해당 이유를 명기하였다. 반면 참석한 경우는 '좌坐', '좌직坐直', '사仕', '사직仕直'을 부록하였다.

그런데 '좌'와 '좌직'은 승지의 경우에, '사'와 '사직'은 주서 이하의 경우에 썼다.[16] 이 경우 좌와 사는 참석을 뜻하면서도 해당 관직의 차등에 따라 격식을 갖춰 구별하는 용어로 쓰였다고 볼 수 있다. 더욱이 여러 관아지에 있는 좌기절차 항목에서 볼 수 있듯이 좌기는 일련의 의례절차까지 담고 있었다는 점에서 새로운 용어 검토가 요구된다고 하겠다.

수령의 좌기절차는 중국과 조선의 각 관청별 좌기절차에서 상세한 의례방식을 엿볼 수 있다. 우선 중국 예부의 좌기 의례는 조헌의 보고에서 알 수 있다. 조헌趙憲은 1754년(선조 7)에 질정관質正官으로 중국을 다녀왔다. 조헌은 이때 매우 엄중하게 행해지는 중국 예부의 좌기 의례를 목도할 수 있었다. 중국 예부에서 행한 좌기는 공사의 처결이 신속하게 처리되었으므로 모든 공사를 아뢰는 데 1~2일이 넘지 않았고 민첩民牒을 처리하는 것도 그날로 처리되었다. 물론 조헌 스스로도 예부 한 부만을 본 한계를 인정했다. 그런 한계에도 불구하고 조헌은 이것이 특정 부만의 일은 아닐 것으로 예상하였다.[17]

중국 예부의 좌기는 당상이 오기 전 관원이 각자 자리에 서서 인사를 올리는 것으로 시작되었다. 낭중·원외랑員外郎·주사主事·사무司務·관정觀政·진사進士가 동서로 당 위에 서로 향하여 서서 잠시 읍하고, 역사歷事와 감생監生은 동서의 섬돌 위에 서로를 향하여 섰다. 그 뒤에 당리堂吏가 서면 관원 간 인사례와 자리 배치가 마무리되었다. 당상이 뒤에 있는 문에서부터 나와서 자리에 앉으면 관원이 차례대로 인사를 올렸다. 먼저 낭중 이하가 모두 북쪽으로 당상을 향해 읍하면 당상은 의자 위에서 약간 구부려 읍하여 답례하였다. 다음으로 낭중 이하가 동서로 나눠서서 서로 향하여 한 번 읍하고 나갔고 감생과 당리는 차례로 처마 밑에 내려가서 한 번 읍하고 물러났다.

물러나는 순서는 낭중 이하와 감생과 당리가 먼저 물러나고 낭중·원외·진사 등이 후에 물러났다. 낭중은 동쪽으로 동협실東夾室의 밑에 서고, 원외 이하는 서쪽을 향하여 마주 보고 서며, 진사는 모두 북쪽을 향하면서 서쪽으로 올라가 서로 나란히 서서 읍하였다. 읍한 후 낭중이 먼저 물러나고 원외·진사 등은 일시에 물러났다. 진사는 해당 국局으로 물러나고 낭중 이하는 자기 사업 장소에서 마주 앉아 일을 의논하였다.

지방관은 아뢸 것이 있으면 뜰 밑에 섰다가 월대月臺 위에 올라가 무릎을 꿇고 낭중 한 사람이 손에 게첩揭帖을 들고 한 번 읍하고서 당상의 책상 위에 놓아두고, 당상이 "일어나라."라고 하면 지방관은 일어나서 한 번 읍하고 물러갔다. 당상이 조선의 소志와 같은 투문을 받아서 사사四司에 나누어 주고 물러가 화방火房에서 쉬는 동안 낭관들이 그 일을 상세히 논의하여 아뢰어서 결정하였다.

그렇다면 조선의 관청은 어떠했을까. 조선이 개창 이후 정치체제와 행정체계 대부분을 중국에서 가져온 점에 착안하여 중국과 조선을 비교할 필요가 있다. 관청지에 포함된 좌기절차 중 한성부[18]와 사역원의 좌기절차가 자세히 전한다. 한성부는 사령이 장무리掌務吏의 지시에 따라 낭청에게 청좌를 고하는 것으로 좌기례가 시작되었다. 청좌에 따라 낭청이 출근하면 사령은 길가에 엎드려서, 서리는 문 안에서 각각 지영하였다. 낭청이 자리에 앉으면 예방의 당번 서리는 자리에서 명을 기다리고 의례를 모르는 자를 규찰하면서 관례를 절차에 따라 거행하였다.

당상관의 청좌는 서리와 색장이 맡았다. 당상이 나오면 예방 서리가 낭청에게 아뢰어 낭청이 당상관을 맞이하였다. 수당상首堂上이 도착할 때가 되면 예방 서리가 당상관과 낭청에게 지영 여부를 묻고 허락을 받았다. 예방 서리는 지영을 위해 본방 사령에게 전하고 본방 사령은 고직庫直에게 전하였다. 고직은 수당상이 문에 이르면 예방 서리에게 전하여 의례를 거행하였다. 수당상이 들어오면 본방 사령은 길가에, 서리는 대문 밖에 각각 엎드렸다. 수당상과 차당상이 들어올 때 낭청은 삼문 안 섬돌 위에서 북쪽을 향해 국궁을 하며 맞이하였고, 차당상은 남쪽 섬돌 위에서 북쪽을 향하여 섰다. 수당상이 도착하면 서서 읍하고서 수당상이 먼저 당에 올라 주벽主壁 앞에 서면 차당상이 당에 올라 앞으로 나아가 서로 읍하였다. 당상 간 인사 후 수당상은 주벽 앞에 앉고 당상 2인은 나란히 남쪽 벽 앞에 앉았다.

예방 서리가 당에 올라 당상 앞에 엎드려 '낭청례郞廳禮'라고 소리치면 모든 낭청들은 남쪽 계단에서 중계中階로 올라 북쪽 계단에 이르러 차례로 당에 올랐다. 먼저 수당상 앞에 단배례單拜禮를 행하고 남쪽을 향해 조금 물러나서 차당상 앞에 각각 단배례를 행하면 당상들은 손만 들어 답하였다. 인사례를 마치고 낭청들이 차례로 물러나면 율관律官이 단배례를 행하고 서리는 북쪽 계단에서 중계로 올라와 궤배례跪拜禮를 행하고 사령은 섬돌 아래에서 궤배례를 행하였다. 예가 끝나면 승발承發이 수당상 앞에 엎드려 소지를 받들어 올리고 인신을 개봉하여 본격적인 업무를 시작하였다. 좌기를 파할 때는 승발이 수청방 사령을 통해 각방 사령에게 답인할 것이 있는지 여부를 물어 보았다. 잠시 기다려 답인할 것이 없음을 확인한 후 예방 서리가 지송을 아뢰면 지영의 예와 같이 하였다. 승발이 엎드려 "파좌罷坐"라고 고하면 본방 사령이 섬돌 아래에서 복창하고 당상은 인신을 봉하고 좌기를 마쳤다.

사역원의 좌기는 생도가 먼저 훈상당상訓上堂上·겸교수兼教授·녹관祿官 중 좌관 3원을 정할 것을 청하고 삼제조三提調·이제조二提調를 청한 연후에 도제조를 청하였다. 도제조가 대문에 도착하면 장무관이 제조 이하에게 지영의 뜻을 나아가 아뢰었다. 녹관이 삼문 밖 서쪽 편에 서면 상사당상이 삼문 안 서쪽 뜰 섬돌 위에 섰다. 제조는 대청 앞 서쪽 섬돌 위에 서고 겸교수는 동쪽 뜰 섬돌 위에 서서 모두 일시에 국궁하였다. 도제조는 상사당상이 국궁하는 자리에서 돌아서서 사람들을 향하여 답례로 읍하였다. 제조도 국궁하는 자리에서 이처럼 하였다. 도제조가 대청에 오르면 제조는 화방으로 몸을 숨겼다.

지영이 끝나면 관장의 착좌와 인사례가 행해졌다. 도제조는 교의交椅에 앉았는데 장무관이 제조에게 행례를 고하면 즉시 제조가 앞으로 나와서 읍할 것을 청하였고 도제조는 내려와서 답읍하였다. 도제조와 제조가 함께 椅에 앉으면, 장무관이 곧 각 청 참알을 아뢰었다. 상사당상常仕堂上은 서쪽 기둥에서 앞으로 나가 먼저 도제조 앞에 행례한 후 내려와서 손을 들어 답읍하였다. 돌아가며 순서대로 이·삼제조에게 행례하면 답례를 마찬가지로 하였다. 제조가 모두 교의에 돌아가 앉으면 교수와 각 청에서 차례대로 행례하였다. 사학 생도는 삼문 안에 좌우로 나누어 서고 반수班首 2인이 가운데 섬돌 위에 나아가 북쪽을 향해 읍하면 바로 또 서로 읍하였다. 동서로 나누어 서서 한음漢音으로 서로 소리치기를 "국궁 배拜 흥興 평신平身."이라고 하면 행례를 마쳤다. 맨 앞줄 사람이 다시 행례를 처음처럼 한 후 그 줄로 돌아가 줄을 이끌고 나갔다.

중국 예부와 조선의 한성부 및 사역원의 좌기절차는 부서에 소속된 관장의 명칭과 관원의 종류에 따라 다소 차이가 있었다. 이상의 의례절차를 간략하게 표로 정리하면 〈표 1〉과 같다. 한성부는 청좌에서 파좌 후 지송까지의 의례절차가 자세한 반면, 중국 예부는 집무까지를, 사역원은 집무 직전까지의 내용이 규식되었다. 그러나 지영은 지송과 짝한다는 점에서 절차의 앞부분이 상술되어 뒷부분의 의례가 생략되었다고 볼 수 있다. 세 관청의 사례를 통해 보면, 좌기절차는 관장 이하 관원들이 관청에 정해진 위치에 자리를 잡는 데서 시작되었다. 이후에는 관장에 대한 청좌와 관장이 도착한 후 관원들의 지영, 관원의 등급에 따른 인사례를 거쳐 착석으로 이어졌다. 관장의 착석과 관원의 인사례가 모두 끝나면 관원들은 각기 소속된 업무처로 물러났다. 그런데 좌기절차에는

표 1. 관청별 좌기절차

관청 \ 절차	중국 예부	한성부	사역원
청좌(請坐) · 지영(祗迎)	당상이 오기 전 관원들 상호 간의 인사례와 자리 배정.	낭청에 대한 청좌→낭청에 대한 지영→당상관에 대한 청좌→당상관에 대한 지영.	생도가 좌관 3원 정할 것을 청함→도제조에 대한 지영→녹관·상사당상·제조·겸교수 착석 후 국궁→당상 답례.
착석(着席) · 인사	당상 착좌→낭중 이하 인사→당상 답례.	수당상 착좌→당상 2인 착좌→예방서리 주관하에 낭청례 행함→당상들 답례.	도제조 대청에 올라 교의에 착좌→관원들의 인사례→도제조 답례→참알.
인사례 후 물러남	물러나는 순서: 낭중 이하와 감생·당리→낭중·원외·진사.	낭청들 물러남→율관이 단배례를 행한 후 궤배례를 행함.	맨 앞줄 사람이 행례 후 줄을 이끌고 나감.
집무(執務)	당상에게 지방관이 게첩을 올림. 낭관들이 상의하여 당상에게 아뢰어 결정.	승발이 수당상 앞에 소지를 올리고 인신을 개봉.	
파좌(罷座) · 지송(祗送)		승발이 수청방 사령에게 답인 여부 물음→없음을 확인한 후 예방서리가 지송을 아룀→승발이 "파좌"라고 고함→본방 사령 복창→당상이 인신을 봉함.	

관장에 대한 인사례만 있었던 것은 아닌 것으로 보인다. 사역원의 경우 관장에 대한 인사례를 마친 후 녹관에 대한 인사례가 녹관 이하의 등급에게도 마찬가지로 행해졌기 때문이다.

관장이 자리를 잡고 관원들의 인사례가 끝남과 동시에 그날의 업무가 시작되었다. 중국 예부의 경우에는 지방관이나 조선과 같은 타국의 문서 내용을 처리하였다. 한성부는 소지를 처리하였다. 관장이 문서를 처리할 때 필요한 인신印信의 개봉은 업무의 시작과 함께 중요한 절차였다. 좌기를 파하는 절차는 한성부에서 볼 수 있다. 좌기를 파할 때는 승발이 각방 담당에게 관장이 처리할 문서가 더 있는지를 확인하였다. 이를 확인한 후 승발이 '파좌'를 고하고 사령이 복창한 후 인신을 봉함으로써 좌기는 마무리되었다. 이는 정선군수가 행한 해당 관속들의 지영과 관장의 입장, 인사례, 인신의 개봉과 답인 등의 절차와 일맥상통하는 순서로 서울과 지방의 관청에 유사한 형식의 좌기절차가 규정되었음을 엿볼 수 있다.

관장에 대한 지영과 지송祗送은 늘 행해졌던 것은 아니다. 관장이 관아에 도착했을 때에 낭청이 지영하는 예를 생략했으면 파좌 때에도 지송을 하지 않았다. 한성부의 경우 관청의 좌坐와 부좌不坐는 단자單子에 기록되었고 병장病狀을 부기하여야 했다.[19]

수령의 좌기절차

중국 예부나 조선 한성부·사역원에서 살펴본 좌기절차는 각 관청 관장에 대한 좌기례라는 점에 시사점이 있다. 수령 역시 관할 군현의 관청 관장이기 때문이다. 수령이 실제로 어떤 좌기절차를 가졌는지는 오횡묵이 정선관아에서 행한 좌기례에서 실마리를 찾을 수 있다.

> 이윽고 당을 내려와 관아로 돌아오니 모든 장리가 또 홍살문 밖에서 지영하였다. 모든 공무로 출입할 때에 군령軍令과 지영祗迎과 고취鼓吹는 모두 이와 같았다. 관아에 들어온 뒤에는 으레 삼반관속三班官屬의 점고가 있고, 이어 좌기취坐起吹를 거행한 뒤에 …… 함께 일체로 투자投刺하였고, 이어서 파좌취破坐吹를 행하였다. 예방 아전이 반임到任 보장報狀에 착압着押을 청하여 문첩을 만들어 내주니 좌수 이하가 차례로 물러나갔다.[20]

오횡묵은 1887년(고종 24) 3월 5일 입대入對하여 국왕으로부터 정선군수에 제수한다는 하교를 받았다.[21] 오횡묵이 정선관아에 도착한 것은 동년 4월 19일이었다. 위의 일기 기사는 오횡묵이 정선군수에 부임한 후 3일째 되는 날 객사와 향교를 거쳐 관청에 들 때의 모습을 기록한 것이다. 이를 통해 보면 수령이 출근할 때 행해진 일련의 절차를 가늠할 수 있다. 물론 위에 보이는 절차가 신임 수령이 관청에서 지낸 알성례라는 특수한 경우였을 수도 있다. 그러나 오횡묵이 설명한 좌기절차는 다른 수령에게도 일반적이었을 가능성이 높다. 왜냐하면 첫째, "모든 공무로 출입할 때" 군령과 지영과 고취를 이처럼 했다는 기사가 주목된다. 둘째, 이후 오횡묵이 알성례를 행하는 절차[22] 등에서도 이와 같은 절차를 밟고 있다는 점이다. 셋째, 오횡묵의 좌기절차가 앞서 살핀 한성부나 사역원의 좌기절차와 유사하기 때문이다. 이와 같은 이유로 오횡묵을 통해 조선후기 수령의 출퇴근과 근무 방식을 추정해 볼 수 있는 것이다.

오횡묵의 출퇴근 절차를 구체적으로 살펴보자. 우선 수령이 관아에 들어올 때 관속들은 지영을 행했다. 수령이 삼반관속三班官屬에 대한 점고를 행하고 이어 좌기취를 거행하였다. 이때 관아에는 소임이 있는 아전으로 호장, 이방, 부이방, 호방, 예방, 추병방 수형리, 춘병방, 형리, 동면서원, 북면서원, 남면서원, 남창색, 상정색, 호적색, 관청색이 함께하였다. 이외에 소임이 없는 자도 참여하였는데 통인, 도사령, 수노, 급창, 방자 등이 참석하였다. 이후 파좌취를 행한 후에 예방 아전이 보장報狀에 수령이 착압할 것을 청하여 업무를 마감하였다. 그리고 나서 예방 아전이 문첩文牒을 만들어 내어준 후 좌수 이하가 차례로 물러났다.

그런데 앞의 〈표 1〉에서 한성부의 좌기례에서 좌기의 마지막에 '파좌'라고 외친 대목이 주목된다. 관청에서는 공식적으로 개좌와 파좌를 구분하였음을 알 수 있기 때문이다. 또한 개좌 이후 파좌까지가 좌기의 시간이었음을 알 수 있다. 수령이 개좌하고 있음은 관청 밖에서도 알 수 있었음을 다음 기사에서 추정할 수 있다.

> 무릇 서울과 지방의 관부官府는 좌기할 때 반드시 패牌를 세운다.[지방은 좌기할 때 나팔을 불고 패를 세운다.] 장차 개좌開坐할 때 숙정패肅整牌를 대문 밖 양 옆에 세우면 이민吏民이 모두 숙정肅整하여 들어와 결사決事한다. 무릇 사객私客이 있으면 모두 감히 들어갈 수 없다.[공사公事가 아니면 모두 사객私客이다.] 장차 파좌할 때 회피패回避牌로 다시 고쳐 걸면 각 방房의 이졸吏卒이 모두 물러난다.[23]

수령 등 관청의 관장이 좌기를 하는 동안에는 서울과 지방 모두 해당 관청의 밖에 패를 세웠다. 아울러 지방관청은 나팔을 불고 패를 세웠다. 패에는 개좌하는 처음에 세우는 '숙정肅靜'패와 파좌할 때 그전 숙정패와 교체해서 세우는 '회피回避'패가 있었다. 대문 밖 양쪽에 세웠는데 개좌하는 동안 숙정패를 세워 관청에서 좌기하고 있음을 대외에 알렸다. 이때 사적인 손님은 들어가지 못했던 것으로 보인다. 이유간이 천안군수에 부임한 얼마 후 소분하기 위해 서울 집으로 향했는데 노정에 진위읍을 들러 관청을 방문했던 적이 있었다. 그런데 관청을 방문했을 때 마침 좌기 중이어서 이유간은 객사에서 좌기가 끝나기를 기다려야 했다.[24]

좌기와 관련된 패는 숙정패와 회피패 외에 지역별로 부좌패가 있었다. 부좌의 대표적인 경우를 네 가지로 구분하여 부좌를 알리는 패였다. 부좌패는 두 개를 양면에 표시하여 네 가지 경우로 사용하였다. '국기부좌國忌不坐'와 '관기부좌官忌不坐'를 하나의 패 양면에 수사手寫하였다. 그리고 '석전제부좌釋奠祭不坐' 와 '사직제부좌社稷祭不坐'를 또 하나의 패 양면에 써서 보관하였다.[25] 그런데 황윤석이 전의현감으로 있을 때 사용한 부좌패 중에는 위의 네 가지 외에 '포폄부좌褒貶不坐'도 있었다. 아전들은 6월 15일 포폄일을 앞둔 6월 13일 '포폄부좌'를 전례에 따라 크게 써서 관문에 걸어둘 것을 청하였다. 그러나 황윤석은 포폄의 여부에 따라 관직을 계속하거나 그만두면 될 일이라고 답변하고 포폄일에도 좌기하였다. 이처럼 국가에서 정한 부좌일 외에도 지방 관청마다 관례적으로 부좌하는 경우도 있었다.

이처럼 수령을 포함한 관청의 관장이 좌기할 때는 일정한 예의를 행했다. 출퇴근을 포함하여 좌기하는 절차는 약간의 차이는 있지만 중국과 조선, 그리고 조선 내 각 관청에서 대체로 비슷한 단계로 진행된 것으로 보인다.

동헌·객사에서 수행한 일상업무

공식 업무처 동헌

수령이 관아에서 일할 때에 공식 업무처는 동헌이라는 공간이었다. 동헌은 수령이 정사를 보는 곳을 지칭하였다.[26] 황윤석은 부임 후 동헌 남창南窓 바깥면에 수령칠사 내용을 손수 써 놓았다.[27] 수령칠사는 관찰사가 수령에 대한 고과를 매기는 기준이 되는 만큼 수령에게는 늘 염두에 두어야 하는 내용이었다. 황윤석이 이처럼 중요한 글을 동헌에 새긴 것은 동헌이 갖는 중요성을 드러내는 일례라고 생각한다.[28] 관청의 중심 공간이었던 동헌에서는 관할 지역의 중요한 업무가 행해졌다. 〈그림 2〉은 천안군 관아도로, 동헌(①)과 객사(②), 읍창(③)과 읍창에 딸린 좌기

그림 2. 천안군 관아도[29] 규장각 소장

청(④)의 배치가 자세하게 담겨 있다.

동헌에서 치른 중요한 업무란 지역별 특징에 따라 차이가 있을 수 있다. 그러나 중앙행정에 대한 지역행정체계에서 공통적으로 수행되어야 하는 대표적인 업무는 일반적으로 수행되었으리라 생각한다. 이는 크게 세 가지로 나누어 볼 수 있다. 첫째가 점고인데 수령이 부임 후부터 정기적으로 거행했던 관속에 대한 점고나 군정에 대한 점고였다. 둘째는 양전量田·호적戶籍·호패號牌 등의 성책成册 업무였다. 셋째는 사송詞訟 관련 업무로 관할지역민의 소지에 대한 처리 등 여러 소송에 대한 처리 업무였다.

우선 수령의 점고에 대해 살펴보자. 신임 수령은 의례상 부임 후 객사에서 망궐례를 행하고 동헌으로 자리를 옮겨 대점고를 시행하였다. 황윤석은 1786년 7월 9일 전의현에 부임하였다. 그는 전의관아에 부임한 즉시 먼저 객사에서 망궐례를 올렸다. 그리고 바로 동헌에 가서 관속들로부터 점고點考를 받았다. 수령은 3향소鄕所과 6방房 그리고 각 면임面任, 외노비外奴婢, 장인匠人 등을 점고하였다.[30] 앞서 살핀 정선군수 오횡묵 역시 부임 직후 객사와 향교를 거쳐 관아에 들어 관속에 대한 점고를 시행하였다. 수령의 부임 후 점고는 경우에 따라 점고 전에 긴급한 일부터 처리한 후 행해지는 경우도 있었다. 황윤석은 1779년 8월 29일에 목천현 현감으로 제수되었다.

황윤석이 목천현에 부임한 것은 10월 4일이었는데 이후 해를 넘기고 나서야 점고를 행할 수 있었다. 이때의 점고를 '대점고'로 기록하였다. 황윤석이 해를 넘겨서야 첫 번째 점고를 행할 수 있었던 까닭은 그가 부임한 시기가 가을 환곡 때와 맞물렸기 때문으로 보인다. 황윤석이 10월 4일 부임한 지 사흘 뒤인 10월 7일부터 사창에서 환곡을 받아들이는 일을 시행하였다는 점에서 그렇다. 대점고는 1780년 1월 20일 행해졌다. 점고의 대상은 향청, 장교, 인리, 노비 등이었다.

목천현감은 이후 한식인 3월 1일에 다시 점고를 행했다. 이때도 황윤석은 1월에 행했던 대점고와 같은 범위로 관속을 점고하였다. 이후 4월 1일에도 점고를 행했다. 그런데 앞서 부임 직후와 한식 때는 '대점고' 로 표기한 반면 이때는 '점고'로 기록하였다. 앞서 대점고의 범위보다 약소했기 때문이라 생각한다.[31]

그림 3. 홍산동헌 부여군청 제공

그림 4. 성산관 성주군청 제공

관청 관속에 대한 점고와 함께 군정에 대한 점고가 중요하게 행해졌던 것으로 보인다. 군정과 관련된 점고는 군기軍器와 부북병赴北兵·속오군束伍軍 등 군정軍政에 대한 군안軍案의 점고였다. 이유간이 천안군수에 재임하는 동안 행했던 군정에 대한 점고는 부임 직후, 그리고 1월과 7~9월 사이에 각각 있었다. 그러나 군정업무는 문인文人에게는 어려운 일이었다. 목천현감은 부임한 후 군무를 담당할 인물을 물색하였다. 별감을 역임한 인물 중에서 한 사람을 뽑아 순영 편오 파총과 군무도감을 함께 겸하도록 하였다. 수령 본인에게 군무는 번거롭고 난처한 일이었기 때문에 군무를 잘 하는 인물을 뽑아 겸임하도록 한 것이다.[32]

부북병에 대한 점고는 군안軍案을 새로 열람하여 뽑아내거나 군장軍裝을 점검하는 것이었다.[33] 속오군에 대한 업무는 결원을 확인하고 이를 충원하기 위한 점고 업무였다. 또 때에 따라 속오군의 대상에 대한 개정안으로 속오군은 구성이 바뀌었다. 천안군에서 속오군에 대한 점고는 재임 직후 이루어진 부북군의 점고 뒤에 시행되었다. 1610년 2월 3일에 행해진 속오군의 점고에서 새로 부임한 수령은 크게 실망하였다. 이에 수령은 개혁에 대한 의지를 보였고 곧이어 2월 15일 속오군에 대한 시재

試才를 시행하였다. 그리고 이유간은 1610년 3월 11일 결원에 대해 다시 뽑아 정할 것을 지시하였다. 1611년에는 속오군에 대한 관찰사의 관문이 도착하였다. 10월 10일에 도착한 관문에는 속오군에 부자 형제가 모두 속해 있을 경우 부형은 속오군에서 빼 줄 것을 지시하는 내용이 담겨 있었다. 이에 따라 이유간은 개정을 위해 속오군에 대한 점고를 행하였다. 이에 따라 바로 다음 날 여기에 해당하는 사람은 모두 속오군에서 해제하였다. 이처럼 부자 형제가 속오군에 모두 속해 있는 경우 부형은 속오군에서 빼 주는 내용은 이후 『속대전』에서야 명문화되었다. 이는 "속오군 중에 부자父子 3인이 편입되었을 때에는 그 아비를 면제하고 형제 4인이 편입되었을 때에는 그 형을 면제한 후 관에서 그 대신을 충정한다."라는 법안으로 규정되었다. 속오군에 대한 법전 내용의 명문화 이전 단계에서 실제 지역 수령이 행한 업무내용은 법률화되기 이전의 시행 내용을 구체적으로 파악할 수 있다는 점에서 주목된다.[34]

점고 외에 동헌에서 행한 대표적인 업무는 성책작업과 사송에 관한 업무로 나누어 볼 수 있다. 성책작업 중 특히 양전 관련 성책이 중요하게 행해진 것으로 보인다. 양전 초책은 중앙에서 파견된 균전사가 답인을 하는 것으로 수령은 균전사의 일정에 맞춰야 했다. 따라서 이때는 몸이 불편해도 좌기를 해야 했다.[35] 이유간이 천안군수에 있을 때 행한 호적 성책은 주로 2월과 3월에 행해졌다. 이와 비슷하게 황윤석이 목천현에 있을 때 행한 호적 성책도 2월이었다. 목천현감은 호적대장 3건 12책을 1780년 2월 25일에 답인하였다.[36]

사송은 노비와 산송에 대한 경우가 많았다. 사송이 접수되면 수령은 의관을 갖춰 입고 동헌에서 이를 처리하였다. 수령의 결안決案은 형리刑吏가 출급하였다.[37] 사송은 공관公館의 좌기에 의해 처리 기간의 장단이 결정되었다. 수령의 건강 여부에 따라 해당 지방관청의 좌기일자가 영향을 받았고 때문에 수개월이 되어도 사송이 판결을 받지 못하는 때도 있었다. 산송의 경우 소송을 낸 사람의 거주지가 멀리 떨어진 경우 객지에서 소송의 판결을 기다리며 머물러야 했다. 때때로 소송을 낸 사람이 판결을 받기 전에 객지에서 죽는 경우도 있었다.[38]

접빈接賓·의례처儀禮處 객사客舍

지방관청은 행정체계의 통일성을 상징하며 동일한 업무공간으로 구성되었다. 그래서 설치된 건물과 배치가 유사하다. 관아는 홍살문, 외삼문, 내삼문을 거쳐 이르도록 되어 있었다. 객사는 관아와 인접하여 서쪽 또는 동쪽에 따로 벽을 둘러 공간을 구별하였다. 〈그림 2〉에서 객사(②)는 동헌의 서쪽에 위치하였다. 객사의 중앙부는 정청으로 대청大廳 혹은 벽대청壁大廳으로 불렸다. 정청에는 국가와 왕권을 상징하는 전패殿牌와 궐패闕牌를 모셨기 때문에 공간 구성에서도 다른 건물과 다른 성격을 보여 준다. 즉 중앙의 정청이 좌우 부속건물인 동헌과 서헌西軒보다 높게 구성된 점이 그렇다.[39] 또한 객사의 당호는 그 고을의 옛 이름을 따서 만드는 예가 많았다. 지방 관청의 당호 중 해당 군현의 지방 이름을 딴 대표건물이 관청 동헌이 아닌 객사라는 사실은 객사가 갖는 국왕에 대한 상징성을 가늠하게 한다. 그런데 객사에서 행한 수령의 근무 방식과 내용은 객사의 성격에 규정된 면이 많아 보인다. 객사의 특징은 첫째, 전패를 모시고 있다는 점, 둘째, 공무를 띠고 여행 중인 사신使臣이나 관원들의 숙식처였다는 점 등이다.

지방에서 왕을 직접 알현할 수 없는 지방관은 왕에게 올리는 의례를 모두 전패 앞에서 마치 왕에게 올리듯이 행하였다. 객사에서 수령이 올린 의례로는 망궐례望闕禮·배전례拜箋儀·영내향의迎內香儀·영교서의迎敎書儀·중국 황제와 왕의 제사 등이었다. 그런데 망궐례의 경우 18세기 이후 목천현과 전의현의 수령이었던 황윤석이나 정선군수였던 오횡묵이 초하루와 보름에 정기적으로 망궐례를 행했던 반면 17세기 초에 천안군수였던 이유간은 그렇지 않았다. 천안군수 이유간이 정기적으로 망궐례를 행한 때는 새해 정월 3일과 동지 때였다. 초하루나 보름에 망궐례를 지낸 것으로는 부임한 첫 해인 1610년 윤3월 15일에 병사兵使가 천안을 방문해서 병사와 함께 망궐례를 올렸던 경우만이 확인된다. 망궐례는 왕에 대한 의례로 수령 개인이나 지역적 특수성에 맞춰 임의로 행할 수 없었다는 점에서 망궐례가 정기적으로 행해진 시점에 대한 재고가 요구된다 하겠다.

황윤석이 전의와 목천에서 망궐례를 행하는 시각은 대부분 새벽이었는데 전패 권안소에서 의례를 행했다. 처음에 전패를 향해 네 번 절을 하고 세 번 상향하고 세 번 고두叩頭를 행했다. 천세千歲를 외치고 재차 천천세千千歲를 외치고 다시 네 번 절하는 것으로 망궐례를 마쳤다.[40] 이와 같은 망궐례의 의례 절차는 조선초기에 명문화된 망궐례 의례[41]와 다르지 않았다. 망궐례를 마친 후에는 향교로 가서 알성례謁聖禮를 올렸는데 망궐례와 알성례의 의복은 차이가 있었다.[42] 망궐례는 초하루와 보름 외에 동지와 한식에도 행했다. 이때는 망하례라 칭하였다. 망하례는 망궐례와 같은 절차로 하였다. 동지와 보름이 겹치면 망궐례와 망하례를 겸하여 행했다.[43] 그런데 망궐례는 경우에 따라 생략하기도 하였다. 주로 수령이 병으로 의례를 집행할 수 없을 때였다.

수령은 망궐례와 다른 제례가 겹칠 경우 망궐례를 우선하였다. 한식날 객사에서 망궐례를 행한 후 가묘家廟에 가서 다례茶禮를 올렸다.[44] 전패가 왕을 상징하였기 때문에 왕이 내린 香이나 교서도 객사에서 전달되었다. 천안에서 교서를 받은 것에는 도명道名을 바꾸는 내용을 담은 교서의 경우가 있었다. 충청도 감영인 공주에서 관찰사 이하 여러 수령들이 객사에서 교서를 맞이하였다.[45]

망궐례 등과 함께 객사에서는 부좌일인 국기國忌날이면 객사의 정청에서 제사를 지냈다. 국기일의 제사 모습은 중국의 황제에 대한 제사의 례에서 그 일단을 살필 수 있다. 정청에는 옻칠을 한 궐패와 전패가 있었고 궐패와 전패 옆에 나무받침[부방跗方]을 더하여 안案에 받들어 두었다. 그리고 또 다른 나무패가 있었는데 궐패나 전패와 같은 크기로 아무 글자도 새기지 않고 옻칠이 되어 있었다. 이 패는 따로 궤 속에 간직하였다가 국기일이 되면 꺼내어, 여기에 황지방黃紙榜을 붙이고 서사관書寫官이 그 면에 제호題號를 썼다. 제사를 지낸 뒤에는 지방을 불태우고 나무패는 다시 궤 속에 간직했다가 제사 때마다 꺼내어 썼다.[46]

객사에 소용되는 물품 비용은 속전贖錢으로 마련된 것으로 보인다. 목천현에서 평양 상인 김홍조가 목천 읍민과 모의하여 범법한 사건이 있었다. 이에 관청에서는 범법자 4명을 잡아들였는데 죄인들이 수속收贖을 원했다. 따라서 관청에서는 장 80에 각 5냥 6전씩에서 뒤의 6전을 깎아 죄인 4명에게서 모두 20냥을 받았다. 수납한 속전은 공예工隷를 시켜 동헌과 객사의 공용 놋그릇 등 물품을 개비改備하는 데 쓰였다.[47]

관아에는 동헌이 두 곳에 있었다. 앞서 살핀 관아의 중심 업무처인 동헌 외에 객사에도 동헌이 있었다. 이유간은 천안군수로 있는 동안 작성한 일기에서 좌기처를 표시할 때 동헌과 구별하여 '객사동헌客舍東軒' 혹은 '동헌객사東軒客舍'로 표기하였다.[48] 그리고 관아의 동헌은 '동헌東軒' 혹은 '아동헌衙東軒'으로 표기하였다.[49]

수령이 객사동헌에서 행한 업무는 위에서 살핀 망궐례 등의 의례처럼 객사의 성격과 관련이 있다. 객사는 관원이 공무로 여행할 때 머무는 곳이었다.[50] 따라서 수령은 선문을 받아 맞이할 손님이 있는 경우 관아의 동헌으로 출근하지 않고 바로 객사 동헌으로 출근하여 좌기하였다. 이는 관청 좌기와 객사에서의 접빈객을 운영하는 편의를 위함으로 생각한다.

천안군수인 이유간은 객사에 머물렀던 손님이 출발할 때 객사로 가서 전별하였다. 그런데 손님이 일찍 출발할 때는 손님을 보내고 그대로 객사동헌에서 집무를 보았던 경우가 주목된다. 혹은 관찰사 등 상관이나 서울에서 고위품관이 천안에 일찍 도착할 것이라는 선문을 받은 경우 일찍 객사에 나아가 좌기하면서 손님을 맞이할 준비를 하기도 하였다. 때문에 손님이 제때에 도착하지 않는 경우 객사에서 온종일 기다려야 하는 일도 있었다.

예컨대 1610년 2월 3일 정언正言 목대흠이 천안에 온다는 선문을 이유간이 받았다. 이튿날 이유간은 정언 목대흠을 맞이하려고 객사동헌에서 좌기하였다. 하지만 종일토록 목대흠은 오지 않았다. 목대흠은 다음 날인 5일에야 천안의 객사에 들었다. 또한 동년 5월 22일에는 관찰사가 詔使를 맞이하기 위해 새벽 일찍 공주를 출발한다는 선문을 받았다. 이유간은 아침 식사 후에 즉시 객사에서 좌기하였다. 그러나 관찰사는 해가 져도 오지 않았고 더욱이 관찰사의 일정을 알기 위해 보낸 탐후인探候人도 도착하지 않아 저녁 식사를 마치고 관아로 돌아갔다.[51]

객사에서 행한 주요 업무 중 인접 수령과의 형사 동추가 있었다.[52] 살인사건이 발생한 경우 지방에서는 관찰사가 인접 군현의 수령을 차사원差使員으로 정하여 그 고을의 수령과 함께 추문推問하도록 하였다.[53] 이로 인해 차정된 인접 군현은 해당 수령과 함께 형사사건에 대한 추문을 해야 했고 이와 같은 동추를 객사에서 행한 것이다.

이처럼 동헌은 수령의 중심 업무처로 관내 통치를 위한 중요한 업무를 수행하는 업무처였다. 객사는 왕권을 상징하는 전·궐패를 모신다는 점에서 지방관아에서 중요한 장소였고 그와 관련된 업무를 자주 살폈던 업무처였다. 그런데 다음으로 살펴볼 창고나 빙고, 공사현장 등은 동헌이나 객사에서 수령이 수행한 업무와 비교할 때 빈도수에서 특별업무로 간주할 수도 있다. 그러나 환곡업무나 빙정氷政 등은 한 해 중 일정한 때에 주기적으로 행해야 하는 정례 업무였다는 점에서 수령의 일상업무에 포함하여 살펴볼 필요가 있다고 생각한다.

기타 업무처에서 수행한 일상업무

환곡 업무처 창고

수령이 동헌을 나와 관아 밖에서 업무를 살피는 대표적인 경우가 환곡업무일 것이다. 환곡은 굶주린 백성에게 곡식을 내주는 일인 만큼 직접 창고에서 환곡업무를 관리하여야 했다. 창고는 수稤·사창司倉·읍창邑倉 등으로 불렸는데 위치에 따라 내창內倉과 외창外倉으로 구분되었다. 내창은 대부분 읍치邑治 내에 있었고 관청과 인접하여 위치하였다. 천안의 경우, 〈그림 2〉에서처럼 관아 동쪽에 내창에 해당하는 읍창(③)이 있었다. 읍창 바로 상단에 있는 좌기청(④)이 있어 주목된다. 좌기의 용례는 앞서 살핀 바와 같이 관장이 여러 관속과 함께 공무를 살피는 것이므로 읍창에서 근무할 때 사용되었을 가능성이 높다고 본다. 〈그림 5〉에서 오른쪽

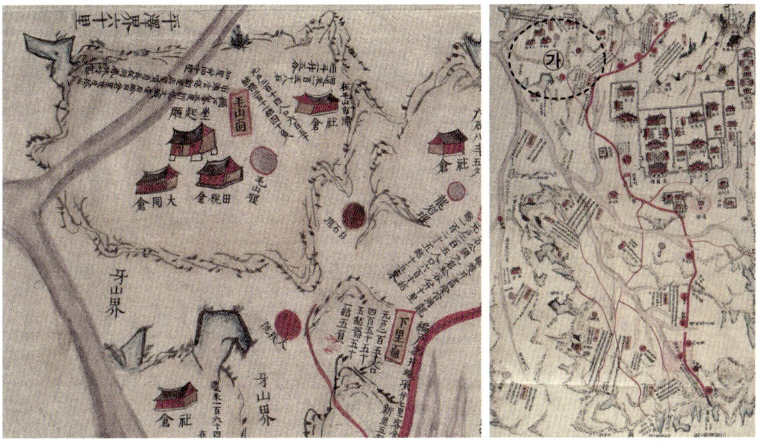

그림 5. 천안군 외창[54] 규장각 소장

전체 천안군지도 중 ㉮부분을 확대한 것이 왼쪽의 지도이다. 읍기 북서쪽에 있었던 천안군 외창은 대동창, 전세창, 사창 등이 있었다.

환곡 업무는 2월과 3월에는 분급이, 9월과 10월에는 납부가 행해졌다. 환곡 업무는 창고에서 행해졌기 때문에 날씨의 영향을 많이 받았다. 따라서 환곡업무를 보는 중에 비가 오거나 바람이 세게 불면 파좌해야 했고 혹은 해가 져서 더 이상 환곡업무를 볼 수 없는 경우도 있었다.[55] 한편 환곡업무는 관할민의 진휼과 관련된 업무였기 때문에 평상시의 좌기 시간보다 일찍 시작하여 일몰에서 최만最晩까지 이어졌다.

환곡을 분급할 때는 중앙정부에서 진휼사를 각 도로 내려보냈다.[56] 1610년 3월에도 진휼사 종사관이 파견되어 3월 29일에 천안으로 들어왔다. 환자 분급은 1610년은 2월 7일부터 시작해서 윤3월 20일까지 간헐적으로 지속되었다. 1611년은 3월 1일부터 시작해서 4월 15일에도 계속되었다. 당시 백성은 곤궁함이 심해 적은 곡식을 두고 서로 다투기까지 했다.

환곡의 분급은 원칙적으로 수령의 관할 하에 이루어졌다. 그러나 병 등의 이유로 수령이 부좌하는 경우 별감別監과 좌수座首 등이 이를 대행하였다. 그리고 멀리 있는 외창은 대부분 별감과 좌수가 대신하였던 것 같다. 천안군수가 행한 1610년과 1611년의 환곡 분급 횟수는 총 30회로 이 중 7회가 수령이 직접 참여하였다. 15회는 좌수가, 8회는 별감이 대행하였다.[57]

천안군수 이유간이 행한 환곡업무 중 추모秋牟 환곡 납부는 주로 5월에 시작하였는데 수령이 곡식 수확에 대한 보고를 확인하며 진행하였다.[58] 환곡과 관련된 기록 중에 백성들이날이 늦도록 내지 않아서 권농관을 중장重杖하고 파하였다는 기록이 있다. 이를 통해 보면 한정적이기는 하나 권농관이 환곡과 관련되어 백성들을 관리하는 업무를 담당했음을 유추할 수 있다. 이후 환곡에 대한 납부는 9월에 시작되어 약 보름간 지속되었다.[59] 봉고封庫는 별감과 좌수가 담당하였다. 봉고 후에는 납부된 환곡을 중앙으로 전달하는 일이 바로 이어졌다.[60] 환곡 납부가 끝나면 저치미의 납부가 시작되었다. 12월에는 각 면의 환곡에 대한 검독관檢督官을 정하였다. 환곡 업무를 마치면 창고의 곡물에 대한 회계를 1월에 하였는데 회계는 관청 동헌에서 하였다.[61]

목천현은 창고의 위치는 정확하지 않고 그 규모만을 알 수 있다. 창고는 좌기청·누상고樓上庫·고사庫舍 등으로 구성되어 있었다. 좌기청은 3칸, 누상고는 1칸, 고사는 70칸의 크기였다.[62] 『이재난고』를 통해 본 목천의 환곡업무도 천안군의 경우와 비슷하다. 2·3·4월에는 환자를 내어주고 5·6·7월에는 납부를 받았다. 목천현감은 1779년 11월 29일 12월의 절기인 소한에 맞추어 창고에서 납부를 받기 시작하였다. 하지만 환곡에 대한 준비를 위해 이보다 삼 일 전인 11월 24일에도 창고에 가야 했다.[63] 그러나 목천현감은 병을 조리하느라 가지 못했다. 대신 별감을 보내 업무를 대행하도록 하였다. 창고에서의 업무는 외부에서 하는 것이라 수령에게는 힘겨운 일이었다. 목천현감은 병을 조리한 후 12월 4일에야 사창司倉에 나갔는데 추위가 심했다는 기록을 통해 어려운 심정을 엿볼 수 있다.[64]

수령은 환곡업무를 시행하기에 앞서 먼저 지침을 백성에게 알려야 했다. 백성에게 알리는 일은 향청鄕廳을 통했고 전령은 동헌에서 거행하였다. 목천현감은 1780년 2월 3일에 창고를 열기에 앞서 1월 11일에 환곡업무에 대한 지침을 궐문闕門과 창문倉門에 게시하였다. 즉 "근일에 환곡 분급할 때 체납한 조세가 많다. 따라서 체납이 많은 자에게는 환곡을 불허하고 별환別還 및 결환結還도 불허한다."라는 관청의 뜻을 먼저 향청에 전령하고 또 관문과 창문에 게시하였다. 전령에 따르면 환곡은 5가작통의 예에 따라 분급하였다. 분급의 대상은 먼저 장적에 있는 모든 호 중에서 역인, 점인, 독호, 포곡호, 유기호 등을 뺀 나머지에 대해 5가씩을 1통으로 묶었다. 그리고 5가가 안 되거나 넘는 경우는 남은 수에 따라 작통하였다.

목천현은 앞서 백성에게 전달한 지침과 5가작통에 따라 1780년 2월 3일 비로소 창고를 열어 곡식을 나누어 주었다. 1통마다 분급한 분량은 조곡糶穀 3두씩과 대두 약간씩이었다. 목천현감은 2월 10일 조모糶麰를 위해 새벽에 창고로 나갔다. 그런데 목천현감이 창고에 도착하였는데도 백성 중 일찍 도착한 자가 없었다. 수령은 "이로써 올해 풍년됨을 알 수 있다."라며 기뻐하였다.[65] 3월 10일에는 개창해서 묵은 곡식을 내어 작전作錢하였다. 그런데 수령은 병으로 나가지 못하고 다만 향색에게 살펴 조사하도록 하였다. 수령은 병으로 인한 궐석이었지만 공사公私를 모두 걱정하였다. 4월 2일 입하일에도 새벽에 창고에 나가 조반을 먹고 조미糶米를 풀었다.

환곡업무의 수고로움에 더해 수령은 지방사족의 청탁을 처리해야 했다. 지방사족 중 환곡을 받을 대상이 아닌 자가 환곡을 받기 위해 찾아오는 경우가 잦았기 때문이다. 천안에는 특히 이홍벽이란 인물이 있었는데 올 때마다 개인적인 부탁을 하였다. 수령은 그를 접대하기가 곤혹스러웠지만 매번 그의 청을 들어줄 수밖에 없었다. 이홍벽이 중앙의 관료에게 청하여 편지를 수령에게 전하기까지 하면서 외압을 행사했기 때문이다.[66]

이외에 창고에서는 제물 봉송을 행했을 것으로 보인다. 제물 봉송을 처리했던 좌기처는 따로 표시되어 있지 않다. 하지만 곡식이나 물품 등은 그것을 보관하는 창고 앞에서 업무를 진행했던 예에 따라 창고에서 제물 봉송이 있었을 것으로 생각한다. 수령은 公服을 입고 제물 봉송을 감독하였다.[67]

현장 업무처 빙고氷庫·관아 건축 현장

빙고에서는 겨울철 얼음을 보관하기 위한 업무를 행했다. 안정복은 1776년(영조 52)에 목천현감이 되었다. 그는 빙정氷政을 읍례邑例에 따라 시행하고자 했다. 그러나 목천현 8개 면을 둘로 나누어 2년에 한 번씩 돌아가도록 하는 것은 불합리해 보였다. 그는 민정民丁을 고용해 1개 면씩 돌아가면서 빙정을 살펴도 충분하다고 보았다. 더 나아가 목천현에서 빙정을 파하는 데 이르렀다.[68] 안정복이 목천현에서 했던 것처럼 얼음을 뜨는 노역을 최소한으로 줄이려는 노력은 타 지역 수령에게서도 보인다.[69] 빙정도 환곡과 마찬가지로 외부에서 행하는 업무로 날씨의 영향을 받았다. 천안군수는 1610년의 경우 정월 4일에 빙정을 시작했다. 그 후로 며칠간 빙정을 행했는지는 분명하지 않다. 그러나 그 해 12월에는 18일에 빙정을 시작해서 22일에 끝나 5일간 빙정을 행했음을 알 수 있다. 빙정을 마치기 하루 전에 "빙고를 시작한 이후로 날이 차고 얼음을 녹이는 바람도 안 불어서 다행이다."[70]라고 적혀 있는데, 빙고에 얼음을 떠서 보관하는 데 바람이 불지 않은 추운 날씨가 필요했고 때에 맞춰 적절하게 빙정을 행해야 했던 상황을 살필 수 있는 대목이다.

수령은 필요에 따라 새로 관아를 개축하기도 했는데 이때는 공사 현장으로 출근하여 좌기하였다. 새로 관아를 신축하거나 보수하는 일은 지역민의 부역 외에도 많은 재원을 필요로 했다. 때문에 새로 관아를 세우거나 보수하는 일은 수령과 지역민에게 모두 중요하고 큰일이었을 것이다. 이런 이유로 선생안에 관아의 개축과 보수에 대한 공로가 특별히 적혀 있다고 이해할 수 있다. 이유간은 천안군수로 재임하는 동안 특히 관청의 개·보수에 많은 노력을 들였다. 이유간의 개축에 대한 공로는 이후 읍지邑誌의 명환名宦 중 읍선생邑先生 기록에서 확인된다.[71] 읍선생에는 부임연도 등의 간지가 없어 교체 기간을 파악하기는 어렵고 다만 짤막하게 출신성분과 두드러진 업적을 부기하였다. 읍선생에 실린 천안군수는 조선 개창 이후 1813년까지[72] 147명인데 이 중에서 업적이 부기된 경우는 16명이다. 이들은 잘 다스린 공로로 승차陞差된 1명의 예를 빼면 모두 관아의 조성과 개축 등에 관한 업적이 기록되어 있다.

그 중 이유간은 연정蓮亭의 수리로 기록되어 있다. 연정에 대한 개수는 온돌과 벽 등에 대한 것이었다. 그 외에도 이유간은 천안에 부임한 지 한 달 만에 새로운 관아를 짓는 공사를 시작하였다. 하지만 새 관아를 짓는 것 외에도 관청에 대한 보수와 개초蓋草 등은 지속적으로 필요했고 개축도 수령이 관장할 일이었다.

수령이 공사현장에서 좌기하는 모습은 천안군수의 하루에서 엿볼 수 있다. "아침식사 후에 관아 담장 뒤에서 좌기하였다. 관청 터를 닦았는데 이때 홍식洪湜의 상구喪柩가 천안군으로 들어왔다는 것을 들었다. 즉시 가서 곡하고 치전致奠하였다. 상구가 출발한 후에 즉시 관아로 돌아와서 관대冠帶를 벗고 다시 관아 담장 뒤 좌기처로 돌아왔다."[73] 이를 보면 수령은 공사터에서 좌기할 때 관대를 벗고 하는 경우도 있었던 것으로 보인다.

이처럼 동헌이나 객사 외에도 업무의 성격에 따라 창고, 빙고 혹은 공사현장 등에도 수령의 좌기처가 마련되었던 것으로 보인다. 창고는 수령이 정해진 시기에 일정 기간 동안 행했던 환곡업무가 주로 치러졌다. 창고 외에도 빙정이나 관아개축 등의 업무가 필요할 때 수령은 바깥에 마련된 좌기처로 출근하여 업무를 살폈던 것으로 보인다.

행정실무관료, 수령

이상에서 한정된 사례나마 수령이 출근하여 퇴근하기까지의 절차와 업무처의 종류, 업무내용을 중심으로 근무방식을 살폈다. 일기 사례를 중심으로 관청별 관아지 항목을 비교함으로써 수령 역시 관아의 관장으로 다른 관아에서처럼 좌기절차에 따라 일상 업무를 수행하였음을 몇 지역의 사례를 통해 살필 수 있었다.

수령은 출근 시간에 대한 법적 규정을 준수하였던 것으로 보이는데, 평상시에는 오전 5시에서 7시 사이 출근하는 것이 상례였다고 하겠다.

수령의 좌기절차는 수령이 출근하기 전에 해당 관속들이 미리 관아에 나와 자리를 잡고 수령의 출근을 지영하는 것으로 시작하였다. 관속들의 지영을 받으며 출근한 수령이 관아에 나오면 관속들은 등급에 따라 수령에게 인사례를 올렸다. 인사례가 끝난 후 관속들은 담당 업무처에 자리를 잡고 수령은 인신을 개봉하는 것으로 업무를 시작하였다. 인신이 필요한 수령의 업무는 주로 전령이나 답신을 작성하여 전하도록 하거나 접수된 소지를 처리하는 것이었다. 업무를 시작하거나 마칠 때는 각각 좌기취와 파좌취를 울렸다. 그리고 수령이 좌기하는 동안 관청 앞에는 좌기패를 세워 이를 알렸다. 파좌는 인신을 봉하는 것으로 마무리되었다.

수령은 주요 업무처인 동헌에서 점고·성책·소송 등의 업무를 살폈다. 하지만 동헌 외에도 업무의 성격에 따라 객사나 창고, 빙고 혹은 공사현장 등에 수령의 좌기처가 마련되었던 것으로 보인다. 전패를 모신 객사에서는 망궐례가 정기적으로 행해졌고 관청 동헌과 구별되는 객사동헌이 있어 수령의 업무처로 사용되었다. 객사동헌에서는 관찰사나 외부에서 온 관원들이 업무를 행하거나 인접군현 수령과의 형사동추 등이 행해졌다. 이외 곡식을 보관하던 창고에서는 환곡업무가 행해졌고 얼음을 저장할 때는 빙고에서 좌기하였다.

물론 여러 업무처가 있었다고 하더라도 수령의 중심 업무처는 동헌이었다. 동헌에서 처리한 업무에 비해 보면 빈도수나 시기별 편중도에 있어 동헌 외 업무처에서 근무하는 것은 특수한 경우로 볼 수도 있다. 그러나 환곡업무나 빙정의 업무는 일 년 중 정해진 때에 정기적으로 해야하는 수령의 주기적 업무였다는 점에서 수령의 일상업무에 포함될 수 있다고 보았다.

조선이 개창됨과 동시에 적극적으로 정비된 군현제는 법제나 제도로서만 존재하지 않았다고 생각한다. 수령이라는 실무관료를 통해 국가는 필요한 시기마다 중요한 통치 의도를 백성에게 가능한 한 빠르게 투과시키고자 했을 것이다. 수령은 이를 위한 장치이자 주체였을 것이다. 따라서 수령은 법전에 정한 지위와 의례를 준수하여야 했고 매일의 행정업무를 수행해야 했다. 물론 지역에 따라, 수령 개인차에 따라 출퇴근을 포함한 일상업무의 내용이 달라질 수 있는 유동성도 크다. 이와 같은 한계를 이 글 역시 안고 있음을 절감하면서도 이러한 시도가 군현제나 지방 세력에 대한 고찰만큼 수령이 갖는 관료적 특징에 대한 논의에 미약하나마 일단이 되었으면 한다.

【 제3장 】

기록화에 담긴 지방관의 기억

윤진영(한국학중앙연구원 선임연구원)

기록화는 특별히 기념할 만한 일이나 장면을 그리고, 이와 관련된 기록과 정보를 함께 수록한 그림을 말한다. 궁중의 행사를 그린 궁중기록화와 사대부가의 행사기록화 등이 대표적 예이다. 이 가운데 지방관이 주인공으로 등장하는 기록화도 별도의 주제로 다루는 것이 가능하다. 지방관이 남긴 기록화는 그들이 가장 기억해 두고 싶었던 주요 행사와 생활 장면들을 시각적으로 살필 수 있게 한다. 이러한 자료는 특정한 시간과 공간에서 이루어진 사건들을 현장감 있게 전달해 주고 있어 관찰자의 이해를 돕는 파급 효과가 매우 크다. 또한 대부분 참여자의 인적사항을 적은 좌목座目과 제작 배경을 기록한 발문跋文 등을 포함하고 있어 구체적인 실증 자료로서의 성격도 강하다. 이와 같은 기록화를 통해 지방관의 다양한 면모를 조명하는 것은 문헌 자료만으로 알 수 없었던 새로운 실상을 이해하게 하는 흥미로운 작업이다. 이 글에서는 조선시대의 지방관들이 남긴 기록화 가운데 그들의 공적인 역할과 사적인 관심, 그리고 기타 관행적으로 제작된 기념화를 중점적으로 살펴보기로 한다.[1]

조선 전반기의 관료사회에서는 중요한 회합을 가진 뒤, 반드시 기록과 기념물을 남기는 전통이 있었다. 기념물로는 시회를 겸하여 만든 기념 시문집詩文集, 이름을 기록한 제명록題名錄, 그리고 장면을 그린 기록화 등이 대표적인 예이다. 특히 주요 장면을 객관적인 형상으로 화폭에 담은 그림들은 오늘날의 영상 기록과 같은 기능을 하여, 장면 속 인물들의 모습과 상황을 적시해 준다. 또한 당시 생활문화의 주요 장면은 물론 관료사회의 풍속과 관행적인 요소들을 입체적으로 파악하고 상고하는 것을 가능하게 한다.

조선시대의 기록화는 다양한 양상으로 전개되었지만, 주제와 계층별로 나누어 보면 지방관이 참여한 사례도 하나의 유형으로 다룰 수 있다. 지방관이 참여한 공적·사적인 행사와 친목을 위한 회합 등은 지방관 관련 기록화의 범주를 구성해 주는 현상들이기 때문이다.

지방관의 기록화는 현재 개별 작품으로 소개되어 있는 실정이다. 현존하는 기록화는 다양한 문헌자료와 연계하여 고증하고 해석할 때 사료적인 활용도가 극대화되지만, 아직 충분한 단계에는 이르지 못했다. 특히 작품의 제작배경을 밝힐 수 있는 문헌자료가 전하지 않는 경우가 많기 때문이다. 따라서 지금까지 알려진 자료들을 망라하여 이를 유형별로 살펴보는 것이 지방관의 기록화를 개괄적으로 이해하는 데 도움이 될 것이다.

원래 이 장에 주어진 기획 주제는 영남지역의 지방관을 범주로 한 것이지만, 전하는 사례가 적은 관계로 지방관 기록화의 현황과 유형을 먼저 살펴본 다음, 영남지역 지방관과 관련된 기록화를 다루기로 하겠다. 또한 이 장에서는 그림의 화풍이나 미술사적 특징에 대한 것은 꼭 필요한 경우에만 국한하고, 대표적인 사례들을 설명하는 데 비중을 둘 것이다. 여기에 소개된 그림들은 대부분 기록을 싣고 있어 이를 통해 그들이 무엇을 기억하고자 했고, 어떤 방식으로 기록하고자 했는가를 살펴볼 수 있다. 이러한 지방관의 기록화는 조선시대 지방관들의 위상과 실상에 대한 다양한 이해를 제공해 주며, 지방관을 포함한 조선시대 관료사회의 다채로운 생활상의 일면들을 종합적으로 살펴볼 수 있는 계기가 될 것이다.

지방관과 그림

지방관과 관련된 그림 자료의 대부분은 기록화와 기념화이다. 지방관이 중심 인물로 등장하는 기록화는 크게 공식적인 것, 관행적인 것 그리고 비공식적인 사례들로 구성된다. 관행적인 것은 지방관으로의 부임과 관련된 신영新迎이나 도임의 절차를 주제로 한 것이고, 공식적인 것은 임무와 관련된 행사 등을 화폭에 담은 것이며, 사적인 것은 개인 간의 다양한 친목 모임을 그린 것에 해당한다. 대부분 모임을 가진 뒤에 제작한 것으로 그림뿐 아니라 좌목과 발문 등이 실려 있어 모임의 동기와 참석자들이 누구인가를 구체적으로 알 수 있게 한다. 이러한 기록적인 요소는 불특정 다수를 대상으로 그린 조선후기의 풍속화와 근본적으로 다른 점이다.

일반 회화와 다른 기록화의 특징을 살펴보면, 첫째는 좌목을 두어 참석자들의 인적사항을 기록한 점이다. 좌목에는 기본적으로 해당 인물의 품계, 관직, 생년, 소·대과의 입격 및 급제 사실, 본관, 거주지 등 자신과 부친의 인적사항까지 기록하였다. 아마도 기억해야 할 가장 기본적인 내용이 바로 인물에 대한 정보일 것이다. 그림이 아무리 자세히 그려졌다 하더라도 좌목과 같은 기록이 없다면, 기록화로서의 기능을 할 수 없다.

둘째, 기록물로서의 요건인 육하원칙을 갖추고 있는 점이다. 즉 기록화에서 그것이 제작된 시기는 발문이나 시문에 적힌 간지를 통해 파악되며, '누가' 참석했는가는 좌목을 통해 알 수 있다. 또한 '무엇을', '어떻게' 했는가는 그림의 제목과 그림 속의 상황이 설명해 준다. 즉 특정한 행사와 회합이 그림 속의 상황처럼 실행되었음을 알려 주는 것이다. 마지막으로 기록화를 남긴 동기와 이유는 발문에 적힌 내용을 통해 확인할 수 있다.

셋째, 여러 명이 함께한 모임의 경우에는 기록화를 참석자들의 수만큼 그려 각각 나누어 가졌다. 따라서 같은 그림을 여러 점 제작하게 되는데, 경비와 시간이 많이 들었으므로 장면의 주요 특징만을 간략히 화폭에 그렸다. 현재 동일한 그림이 한두 점씩 발견되는 것은 당시에 개인별로 분배한 그림 가운데 남아 있는 것들이다. 사진기가 없던 시절 사진의 기능을 그림이 대신한 셈이며, 기록화와 계회도에서 볼 수 있는 특색이다.

넷째, 그림은 '어디에서', '어떻게'에 해당하는 공간과 장면에 대한 시각적인 정보를 제공해 준다. 실제로 모임의 장면을 그린 것은 건물 혹은 산수를 배경으로 하여 점경인물로 묘사된 경우가 많다. 따라서 배경 중심의 '장소'와 인물 중심의 '장면'이라는 두 가지 요소가 그림 속에 설정된 것이다. 또한 그림과 좌목 이외에 시문을 그림 위에 함께 써넣어 현장에서 이루어진 감흥을 기억하게 함으로써 감상의 효과를 높였다.

다섯째, 기록물의 요건을 갖추지 않았지만, 풍속화적인 성격이 강한 도임연회도到任宴會圖와 평생도平生圖 등이 있다. 이 그림들에는 좌목과 발문이 없지만, 각 장면의 배경에 그려진 인물의 의복, 가옥, 다양한 기물들이 생활사生活史의 정보를 담고 있어 시각적인 사료로서의 비중이 매우 크다. 이 그림들은 여러 점 제작한 것이 아니기에 기록물보다 감상적인 요소가 강하며 묘사의 정도도 충실하다.

마지막으로는 기록화의 형식을 족자, 두루마리, 화첩, 그리고 병풍에 이르기까지 다양한 형식으로 장황粧潢하여 제작한 점이다. 행사의 규모와 제작비용에 따라 형식이 다르지만, 임진왜란 이후에는 대체로 화첩 등의 간략한 형태로 만들어졌다. 이상에서 살펴본 특징들이 기록을 목적으로 한 그림들에서 볼 수 있는 공통적인 특징이며, 일반 감상화 및 장식화와는 기본적으로 구분되는 점이다.

지방관과 관련된 기록화의 내용은 전별과 도임, 임무와 행사, 친목과 결속, 일생의 기념 등 4개의 소주제로 나눌 수 있다. 이 주제들은 지방관이 참여한 그림에서만 볼 수 있는 특징이며, 조선시대 생활 풍속 연구에도 매우 중요한 자료이다. 이 주제들의 내용을 간략히 살펴보면, 먼저 지방관에 임명되면 부임 직전까지 짧은 시간에 여러 일들을 준비하였다. 그중에서도 빠뜨릴 수 없는 것이 전별연이다. 동료 및 지인들과 함께한 전별연은 정리를 나누고 후일의 만남을 기약하는 자리였다. 전송하는 이들도 당사자가 지방관으로서의 능력과 덕성을 발현할 수 있는 기회가 되기를 송축하였다. 이후 지방관의 도임과 함께 이어지는 행사가 환영연인데, 지역에 따라 규모의 차이는 있지만 빠질 수 없는 관행이었다. 가장 성대한 환영연의 한 예를 현존하는 《평양감사향연도平壤監司饗宴圖》와 같은 그림에서 생생하게 엿볼 수 있다.

지방관의 '임무 및 행사'와 관련된 기록화의 예는 많지 않다. 굳이 행사라 해도 연회의 한 장면에 해당하는 정도이며, 지방관의 공식적인 역할을 그린 경우이므로 기록화로서의 면모를 충실히 보여 주고 있다. 또한 '친목과 결속'은 지방관의 기록화에서 볼 수 있는 가장 폭넓은 범주의 주제이다. 특히 지방에서 만난 전직 동료 관료들 간의 모임, 임지에서 만난 과거합격 동기생들의 모임인 동방同榜, 혹은 오래전 같은 관서에서 근무했던 동관同官들과의 모임 등이 계회로 이루어지는 경우가 많았다.

또한 지방관으로의 부임은 관료의 일생에 있어 매우 중요하고 기념할 만한 일이었다. 이와 관련된 그림을 풍속화의 한 종류인 평생도平生圖에서 엿볼 수 있다. 평생도는 출생에서부터 회혼례回婚禮에 이르는 일생의 주요 사건들을 8개의 테마로 나누어 구성한 그림이다. 관직을 지낸 인물의 공적功績을 기리고 기록으로 남기고자 제작한 것으로, 조선시대 사대부들의 인생관이나 출세관이 반영된 풍속화이다.[2] 그런데 이 평생도에 빠짐없이 포함되는 것은 그림 속의 주인공이 지방관으로 부임하는 장면이다. 이는 지방관의 부임이 한 개인의 일생에 매우 뜻깊은 경력으로 이해되고 있었음을 말해 준다.

마지막으로 언급할 하나의 유형은 초상화肖像畵이다. 지방관의 재직시기에 그린 초상화는 여러 사례가 전하는데, 해당 지역의 백성들이 세운 생사당生祠堂과 거기에 봉안된 초상화는 특별한 의미를 지닌다. 이 초상화의 경우는 지방관의 선정善政을 기리기 위해 백성들이 제작한 것이며, 지방관의 관력官歷과 관련된 매우 뜻깊은 기념물로 인식되었다.

위에서 예로 든 기록화 이외에 사대부 화가로 알려진 인물이 지방관으로 부임하여 남긴 그림들이 있다. 이 경우는 개인의 선택이나 취향과 관련된 것이지만, 대개 임지 주변의 명승명소를 묘사한 그림들에 해당한다. 따라서 기록이라는 성격과 전혀 무관하다고 할 수 없으므로 여기에서 함께 살펴보기로 하겠다. 이러한 유형별 검토는 현재까지 알려진 지방관 관련 기록화의 현황을 정리하고 앞으로 발굴될 자료들을 다루는 데 있어 하나의 분류 기준이 될 것이다.

지방관 관련 기록화紀錄畵의 유형과 내용

이 장에서 살펴볼 기록화의 유형은 계회도契會圖, 도임연회도, 행사기록화, 평생도, 그리고 초상화 등의 5개 주제이다. 모두 지방관이 주인공으로 참여하여 남긴 그림이라는 공통점이 있다. 각 유형에 대한 특징과 구체적인 개별 사례들을 중심으로 살펴보기로 한다.

계회도

지방관의 회합이나 동료 관원들과의 만남은 계회契會의 형태로 이루어졌다. 따라서 현존하는 계회도는 지방관들이 주체가 되어 제작한 예가 많다. 주로 전별연, 같은 관서에 근무하는 동관同官들의 계회, 과거급제 동기생들의 계회, 그리고 왕이 내려 준 은전을 기념한 은연恩宴 등을 주제로 한 사례가 여기에 해당한다.

지방관으로 떠나는 동료를 전송하기 위해 전별연을 갖는 것은 관료사회의 일반적인 관행이었다. 일종의 송별연과도 같은 전별연에서는 훗날 기억의 근거로 삼기 위해 전별시를 모은 시첩詩帖이나 그림첩을 제작하였다. 농암聾巖 이현보(李賢輔, 1467~1555)의 전별을 기념하여 그린 〈한강음전도漢江飮餞圖〉와 창석蒼石 이준(李埈, 1560~1635)의 전별연을 겸한 방회榜會인 〈임오사마방회도壬午司馬榜會圖〉가 대표적인 예이다.

〈한강음전도漢江飮餞圖〉(그림 1)는 이현보가 1508년(중종 3) 영천군수永川郡守로의 부임을 앞두고 전별연에 나온 지인들과 한강변 제천정濟川亭에서 연회를 가진 장면을 그린 것이다. 이 자리에는 김안국金安國·소세양蘇世良·류운柳雲·류인귀柳仁貴·서후徐厚·황효헌黃孝獻·심의沈義·이희보李希輔를 비롯하여 평소 친분 있던 인사들이 참여하였다.[3] 술잔을 나누는데 그치지 않고 시문으로 감회를 남겨 이날의 의미를 되새길 수 있게 하였다. 또한 전별연의 장면을 그림으로 그려 오래도록 기억의 단서로 삼기도 하였다.

〈한강음전도〉가 친분 있는 인물과 사적인 기념물로 만든 것이라면, 〈임오사마방회도壬午司馬榜會圖〉(그림 2)는 방회를 기념하여 만든 것이다.

그림 1. 漢江飮餞圖 1508년, 水墨淡彩, 28.0×21.3㎝, 개인 소장

1582년(선조 15) 소과에 합격한 200명의 동기생들 가운데 50년 가까운 세월이 지난 1630년까지 생존해 있던 12명이 모임을 갖고 제작한 것이다.[4] 정경세(鄭經世, 1563~1633)가 쓴 발문에 의하면 이날의 방회는 삼척부사三陟府使로 떠나는 동기생 이준의 전별연을 겸한 것이었으며, 정경세와 윤방(尹昉, 1563~1640)의 제안으로 충훈부忠勳府에서 이루어졌다. 이 모임의 참석자는 서울에 거주하던 자들로 돈녕부사敦寧府事 윤방尹昉, 의정부 영의정議政府領議政 오윤겸(吳允謙, 1559~1635)을 비롯한 12명이며, 모임의 장소는 충훈부였다. 이날의 모임은 구성원들이 과거 시험의 합격 동기생들이라는 점에서 강한 연대의식을 갖고 있음을 잘 보여 준다. 방회는 동기생들이 관직에 몸담은 기간 동안 상부상조하는 관계로 지속되

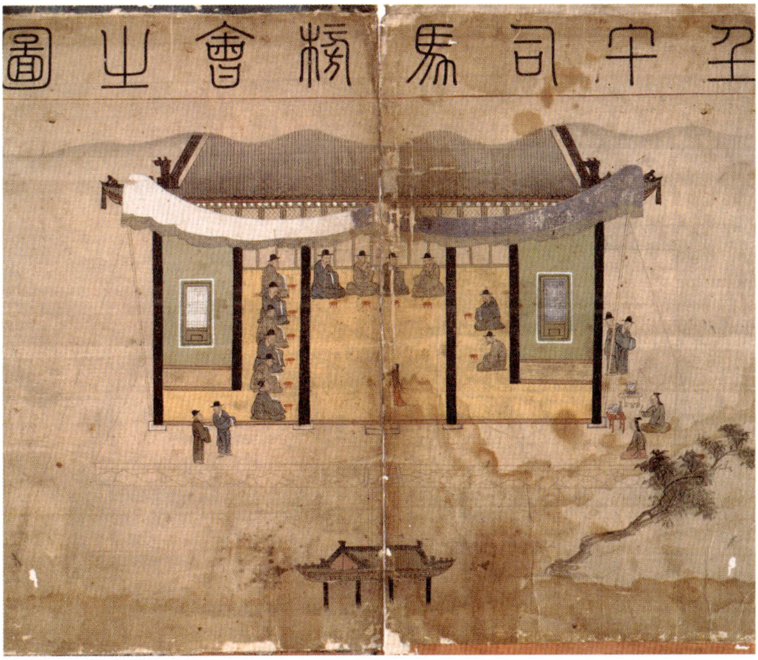

그림 2. 壬午司馬榜會圖 1630년, 絹本淡彩, 42.5×56.0㎝, 개인 소장

었으며, 지방관으로 떠나는 동기생을 전송하는 것은 모임의 주요 동기가 되었다.

관료조직이 원활히 운영되기 위해서는 내적으로 긴밀한 결속을 필요로 한다. 특히 조선시대 중앙 관서의 관료들은 잦은 회합을 통해 친목을 강화하였고, 이것이 관행적인 풍조를 이루었다. 이러한 관행은 지방관들에게도 마찬가지였으며, 특히 계회와 계회도의 제작은 지방관이 중심이 되어 실행한 친목과 결속의 면모를 잘 보여 준다. 대표적인 사례가 1612년 작인 〈사장원송도동료계회도四壯元松都同僚契會圖〉(그림 3)이다. 이 계회도를 그린 계기는 송도부松都府에 근무하는 4인의 관원이 모두 장원 급제자라는 사실을 기념하기 위해서였다. 참석자들은 송도부 유수 홍이상(洪履祥, 1549~1615)[5]을 비롯한 경연 이시정(李時楨, 1568~?), 도사都事 윤영현(尹英賢, 1578~?), 교수 차운락(車雲輅, 1559~?) 등 4명이다. 소속이 같은 관원들의 계회이며 서울이 아닌 지방에서 제작된 동관同官 계회에 속한다.[6]

계회의 장소는 개성의 태평관太平館이다. 태평관의 중심 건물이 화면의 중앙에 놓였으며 이중문과 함께 좌우대칭을 이룬 정면관正面觀의 시점視點으로 그렸다. 건물의 내부에는 좌장인 홍이상과 나머지 3인이 북벽과 서벽 쪽으로 자리 서열에 따라 앉았다(그림 3-1).

홍이상은 1579년(선조 12) 기묘년 식년시 문과에서 장원을 하였고, 이시정은 1600년(선조 33) 경자년 별시에 장원을, 그리고 윤영현은 1588년(선조 21) 무자년 사마시에 장원을, 차운로는 1583년(선조 16) 계미년 알성시에 장원을 하였다. 이 계회도에서 지방관이라면 홍이상 한 사람인데, 지방관이 지방의 관원들과 어떤 형태로 결속을 맺고 있는가를 잘 보여 주는 사례이다. 지방관으로서 경험하게 되는 비공식적인 일상 속의 기

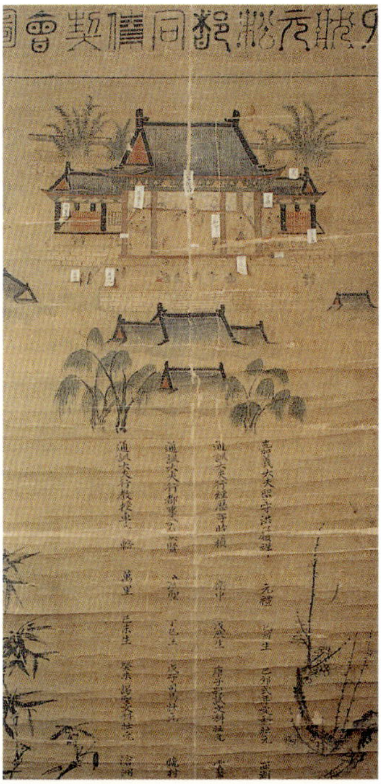

그림 3. 四壯元松都同僚契會圖 1612년, 麻本淡彩, 132.0×63.5㎝, 국립중앙박물관

그림 3-1. 四壯元松都同僚契會圖의 부분

념적인 일들에 대한 기록이다.

문과나 사마시 등 과거시험에 합격한 동기생인 동방同榜의 관계는 관직에 몸담고 있는 동안 강한 연대의식을 갖게 하는 구심점이었다. 여기에서 비롯된 결속력은 이들이 관직에 있을 때는 물론 관직을 떠난 뒤에도 돈독한 관계로 이어졌다. 그러나 방회에서 전체 인원들이 모인 경우는 매우 드물었다. 일부의 동기생들이 우연한 계기로 만나거나, 같은 지역에 거주한 동방들끼리 모임을 갖는 형태로 이루어졌다.

이러한 방회를 기념한 계회도는 여러 사례가 전하는데, 대표적인 것 중의 하나가 동국대박물관 소장의 1567년 작 〈희경루방회도喜慶樓榜會圖〉이다(그림 4). 이 방회도의 장소는 전라도 광산현光山縣[지금의 광주(光州)]의 객관에 속한 희경루喜慶樓였다.[7] 여기에 참석한 자들은 광주목사 최응룡(崔應龍, 1514~1580)·전라도관찰사 강섬(姜暹, 1516~?)·전승문원부정자前承文院副正字 임복(林復, 1521~1576)·전라도병마우후 유극공劉克恭·낙안군수 남효용南效容 등 5인이다. 이들은 모두 전라도 광주 인근에서 근무하고 있었거나 이 지역에 연고가 있는 지방관들이다. 이 가운데 최응룡·임복·강섬은 증광시增廣試의 문과에 합격한 자들이고 유극공과 남효용은 무과에 합격한 인물이다.[8] 따라서 이 모임은 문과에만 한정된 동기생들이 아니라 무과 합격자들까지 포함한 문·무과 합격 동기생들의 모임인 것이다.

이들의 방회가 열리게 된 동기와 취지는 최응룡이 쓴 발문에 잘 나타나 있다.[9] 최응룡의 발문에는 1546년(명종 1) 과거에 함께 합격한 동기생들이 각자의 근무지에 따라 흩어진 후, 만나지 못했음을 회고하고 있다. 이들에게 방회는 무엇보다 과시에 합격한 뒤 20년 만에 갖는 동방들과의 만남이라는 데 큰 의미가 있었다. 당시 지방관으로 내려와 있던 이들

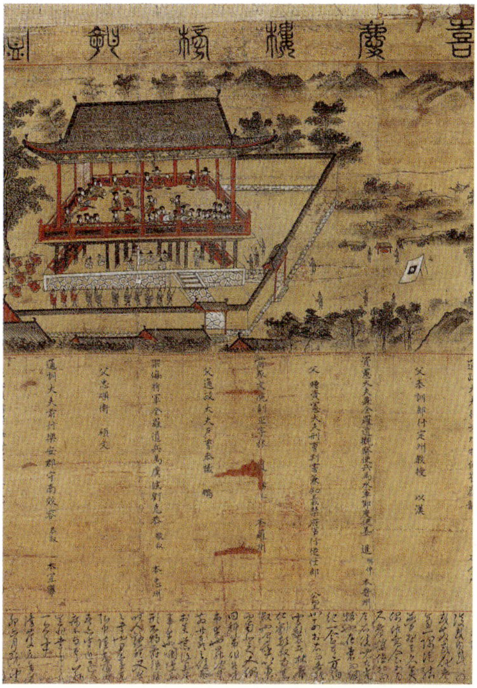

그림 4. 喜慶樓榜會圖 1567년, 絹本淡彩, 98.5×76.8㎝, 동국대박물관

그림 4-1. 喜慶樓榜會圖의 부분

의 입장이 모임을 더욱 뜻깊게 하는 요인이 되었다.

연회 장면에서 볼 수 있는 특징은 관기로 추정되는 많은 기녀들이 동원되었다는 점이다. 〈희경루방회도〉에 등장하는 기녀의 수는 모두 35명으로 동방 다섯 사람과 함께 앉은 기녀, 시중을 들거나 춤사위를 펼치는 기녀, 그리고 가야금과 장구 연주 및 창을 하는 기녀 등이 다채롭게 그려져 있다(그림 4-1). 또 한 가지 흥미로운 점은 서열에 따른 자리 배치이다. 희경루의 가운데 앉은 사람이 광주목사 최응룡이고, 동편에 앉은 사람이 전라도관찰사 강섬이다. 그런데 품계가 높은 관찰사가 아닌 광주목사가 가운데 자리인 상석에 앉았다. 이는 5명이 앉은 자리서열의 기준이 과시에서의 성적순이었음을 의미한다. 최응룡이 당시의 증광시에서 장원을 한 것으로 확인되기 때문이다. 과시의 성적이 좌차座次의 기준이 된 예로는 매우 흥미로운 사례이다. 이처럼 지방관으로 근무하던 중 만난 동방들과의 방회는 무엇보다 기록물을 남길 만한 명분이 되는 자리였다.

다음으로 살펴볼 〈찰방소공은연지도察訪蘇公恩讌之圖〉(1668)는 임금의 은혜에 감사를 전하는 은연恩宴의 행사를 기록한 그림이다(그림 5). 1668년(현종 9) 현종이 연로한 부모를 모시는 관료들의 노부모에게 하사품을 내리자 장성부사長城府使 소두산(蘇斗山, 1627~1693)의 아버지 소동명(蘇東鳴, 1590~1673)이 하사품을 받게 된 것을 기념하여 그린 것이다. 이를 주관한 사람은 소동명의 아들인 소두산이었다. 이때 인근에 거주하던 지방관들과 유학幼學 22명이 참여하여 은연을 축하하였고, 이를 기념하여 그림을 제작했다고 한다. 이 그림은 제목에 '은연지도恩讌之圖'라고 적혀 있지만, 내용으로 볼 때 계회도로 분류할 수 있다.

그림과 서문序文을 함께 장황한 족자는 상당히 큰 규모이다. 그러나 그

그림 5. 察訪蘇公恩讌之圖 1668년, 紙本淡彩, 개인 소장

림은 화면의 크기에 비해 대단히 소략하다. 산과 나무로 둘러싸인 공간에 차일遮日을 쳤고, 그 아래로 참석한 지방관들이 도열해 앉았다. 그림 아래쪽에는 송시열(宋時烈, 1607~1689)이 지은 서문을 송준길(宋浚吉, 1606~1672)이 썼다. 송시열이 서문을 짓고 기유년인 1689년(숙종 15)이므로 이 무렵에 그려진 것으로 추정된다. 서문의 하단에는 이 연회에 참석한 22명의 관직과 이름 등을 기록하였다.[10]

여기에서 주목되는 것은 각처의 지방관들이 대거 참여한 점이다. 좌목에 적힌 이들은 황해감사 소동도蘇東道, 전라도사 김덕원金德遠, 김제군수 민수閔燾, 순창군수 김지성金之聲, 익산군수 송시도宋時燾, 전주판관 권흔權俒, 만경현령 전田, 무장현감 권양權讓, 홍덕현감 박이문朴以文, 용안현감 이광익李光翼, 함열현감 송규연宋奎淵, 옥과현감 정수석鄭洙碩, 청암

찰방 김만익金萬翼, 경기전참봉 송유광宋有光 등이고, 이 외에 유학 7명과 진사 1명의 인적사항이 적혀 있다. 현종의 하사품을 받은 소동명은 비록 찰방을 지낸 인물이지만, 그의 아들 소두산이 장성도호부사長城都護府使이고, 황해도관찰사 소동도蘇東道가 참석하였기에 전라도사와 김제군수를 비롯한 인근 지역의 군수郡守, 판관判官, 현령縣令, 현감縣監, 그리고 찰방에 이르기까지 지방관들이 대거 참여하였다. 소동명의 은연 자체를 축하하는 것 외에 당시 지방관들의 유대를 돈독히 하기 위한 측면도 참여 동기가 되었을 것이다. 관료사회에 통용된 교유와 연대의 소통 방식을 여기에서 읽을 수 있다. 계회도는 모임이 이루어진 현장의 장면을 그리는 데 중점을 두었으므로 지방관들이 참여한 생활풍속화로서의 측면을 살피는 데 매우 귀중한 자료이다.

도임到任·향연도

지방관이 되어 임지로 향하는 도임到任은 지방관 개인에게도 기억에 남는 뜻깊은 일이었다. 지방관이 된다는 것은 임금의 은덕을 받들고 백성들의 여망에 부응하여 자신의 포부를 펼칠 수 있는 계기이자 지위 상승을 위한 기회이기도 하였다. 도임의 구체적인 과정은 아전과 백성들이 새로운 지방관을 맞이하는 '신영新迎'으로부터 시작된다. 신영이란 지방관의 부임을 앞둔 지역의 사람들이 서울로 올라와 신임 지방관을 맞이하는 의식을 말한다. 신영 이후에는 임지에 도착하여 도임을 축하하는 향연饗宴을 갖는 것이 일반적이다.

먼저 신영과 관련하여 그 과정을 자세히 살필 수 있는 자료는 19세기 추정작인 〈안릉신영도安陵新迎圖〉(그림 6)이다. 이 그림은 신영을 위한 행렬의 구성과 등장인물 등 구체적인 장면들을 잘 보여 준다. 또한 이를 문헌기록과 연계하여 상고하는 것이 가능하다. '안릉安陵'은 평안도 안주목安州牧의 별칭이며, 〈안릉신영도〉는 임지로 부임하는 안주목사安州牧使의 행렬을 그린 것이다. 두루마리에 장황된 〈안릉신영도〉의 끝 부분에는 1785년 새로 부임하는 안주목사의 아들이 당시의 부임 장면을 보고서, 한 해 뒤인 1786년 화원 김홍도(金弘道, 1745~?)에게 부탁하여 그림을 그리게 했다는 내용이 적혀 있다. 그런데 〈안릉신영도〉는 김홍도의 진작이 아니라 김홍도의 화법을 익힌 다른 직업화가가 그렸거나 김홍도의 원 그림을 뒷 시기에 모사한 것으로 추정된다.[11]

신영의 주요 과정을 살펴보면, 부임을 앞둔 지방관을 서울에서부터 맞이하기 위해 부임지로부터 여러 사람들이 상경하였다. 인원이 많고, 오랫동안 머무를 경우 소요 비용도 적지 않게 들었다. 이러한 사례가 관행처럼 일반화되자 이를 폐단으로 지적하거나 개혁의 대상으로 삼기도 했지만, 관행을 바꾸는 것은 쉽지 않았다.[12] 그러나 부임 당사자인 수령의 입장에서는 대부분 신영과 관련된 과도한 폐해를 일부 감수하였고, 때로는 묵인하기도 하였다. 이는 수령권守令權의 과시라는 측면에서 행차가 크고 화려할수록 부임자의 권위를 높이고, 또 수령의 지위를 가시화하는 방편으로 삼았기 때문이다.[13]

이 외에도 〈안릉신영도〉에는 행렬에서 볼 수 있는 다양한 기치旗幟와 인물, 그리고 기물 등이 등장하는데, 여기에 대해서는 선행 연구에서 자세히 다룬 바 있다.[14] 〈안릉신영도〉에 그려진 행렬은 문헌기록에서 찾아볼 수 있는 조선후기 수령의 부임과정에서 크게 벗어나 있지 않다. 또한 문헌만으로 재구성하기 어려운 각종 기치의 형태 및 행렬의 구성을 시각적으로 이해하는 데 도움을 준다.

신영 다음으로 다루어야 할 것이 부임에 따른 환영연이다. 지방관의

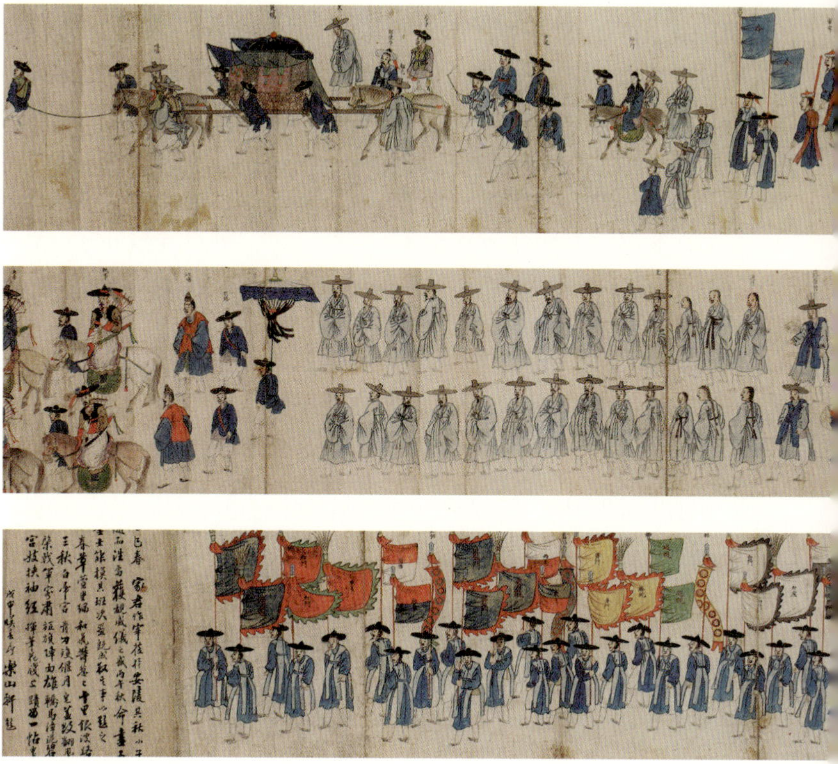

그림 6. 安陵新迎圖 전 김홍도, 1786년, 지본담채, 25.3×633.0㎝, 국립중앙박물관

환영과 관련한 가장 대표적인 그림이 《평양감사향연도平壤監司饗宴圖》이다. 평양감사의 부임을 축하하는 환영연을 그린 이 그림에는 다양한 인물과 풍속이 묘사되어 있어, 환영연의 실상을 생생하게 전해 준다. 이는 평양에 국한된 사례이지만, 환영연의 가장 성대한 면모를 여기에서 엿볼 수 있다. 현존하는 '평양감사향연도'로는 18세기 후반기 작으로 추정되는 미국 피바디 에섹스박물관 소장인 8폭 병풍과 국립중앙박물관 소장의 김홍도 추정 작품 3점이 전한다.

피바디 에섹스박물관 소장본 《평양감사향연도》(그림 7-1~그림 7-8)는 부분적으로 손상되었으나 8폭 한 질이 온전히 남아 있다. 그 내용에는 관서지방의 풍속이 다양하게 표현되어 있어 회화사는 물론 생활사, 음

그림 7. 平壤監司饗宴圖 18세기 후반, 견본채색, 각 128.1×58.1㎝, 미국 피바디 에섹스박물관

그림 7-1. 監司行迎

그림 7-2. 到任歡迎

그림 7-2-1. 그림 7-2의 부분

그림 7-3. 宣化饗宴

그림 7-4. 練光遊宴

그림 7-5. 浮碧夜宴

그림 7-6. 大同船遊

그림 7-7. 月夜船遊

그림 7-8. 監司巡視

악사, 민속학, 복식사 등 여러 분야의 연구에 활용할 수 있다. 우선 이 8폭 병풍에서 주목되는 점은 『관서악부關西樂府』의 내용을 참고하여 그린 것으로 추정된다는 점이다.[15] 석북石北 신광수(申光洙, 1712~1775)가 1774년(영조 50) 평양감사로 부임하는 죽마고우 채제공(蔡濟恭, 1720~1799)이 유흥에 빠지지 말 것을 경계하기 위해 지은 시를 모은 것이 바로 『관서악부』이다.[16] 《평양감사향연도》에는 각 그림마다 제목을 붙이지 않았지만, 『관서악부』의 내용을 참고로 하여 순서와 제목을 정해 보면 다음과 같다. 제1폭은 영제교永濟橋 앞에서 감사를 맞이하는 〈감사행영監司行迎〉, 제2폭은 선화당宣化堂에서의 환영연 장면인 〈도임환영到任歡迎〉(그림 7-2), 제3폭은 선화당에서의 주연酒宴 장면인 〈선화향연宣化饗宴〉, 제4폭은 연광정에서의 야연夜宴 장면인 〈연광야연練光遊宴〉, 제5폭은 부벽루에서의 연회 장면인 〈부벽야연浮碧夜宴〉, 제6폭은 대동강에서의 선유 장면인 〈대동선유大同船遊〉, 제7폭은 대동강에서의 야연 장면인 〈월야선유月夜船遊〉, 제8폭은 순시를 나서는 평양감사의 행렬을 그린 〈감사순시監司巡視〉이다.[17]

『관서악부』의 내용을 그림과 비교해 보면, 『관서악부』에는 평양을 중심으로 하여 청천강 일대와 압록강변이 공간적인 배경으로 등장한다. 시간적으로는 춘하추동의 순서로 전개되며, 서도西都 예찬으로 시작하여 감사가 도임하는 장면, 도임 후의 의례와 절차, 그리고 감사의 사시행락四時行樂과 유흥이 시로 묘사되어 있다. 특히 『관서악부』는 전체적으로 일 년을 주기로 한 평양감사의 생활상을 중심으로 전개되고 있으며, 감사를 중심으로 한 당시 풍습을 주요 내용으로 다루었다.[18] 따라서 일 년을 단위로 하여 지방관의 생활상을 살펴보는 데 매우 유용한 자료이다.

국립중앙박물관 소장의 《평양감사향연도》는 피바디 에섹스박물관 본의 8폭 가운데 세 주제만을 선별하여 그린 〈부벽루연회도〉(그림 8), 〈연광정연회도〉, 그리고 〈월야선유도〉 등이다. 피바디 에섹스박물관 소장본이 《평양감사향연도》의 완결된 8장면이라면, 국립중앙박물관 소장의 《평양감사향연도》는 그것의 부분 내지 유연 부분만을 모티프로 하여 그린 것이 된다.

이 외에도 〈신관도임연회도新官到任宴會圖〉가 고려대학교박물관에 전한다(그림 9).[19] 이 연회도는 평양감사가 아닌 다른 지방 수령의 도임식으로 추측된다. 행사의 규모가 평양의 경우와 차이가 있고, 평양의 특징적인 경관이 나타나 있지 않기 때문이다. 지방관 중에서도 평양감사의 특별한 위의를 《평양감사향연도》의 장대한 규모를 통해 파악할 수 있고,

그림 8. 平壤監司饗宴圖 중 〈浮碧樓宴會〉 지본채색, 71.2×196.6㎝, 국립중앙박물관

그림 9. 新官到任宴會圖 19세기, 지본채색, 140.2×103.3㎝, 고려대학교박물관

군·관·민이 함께 준비하고 참여하는 여민동락의 차원으로 이루어졌음을 알 수 있다. 지방관의 도임과 향연은 정도의 차이는 있지만 각 지방별로 관행적으로 실행되었음은 주지의 사실이다.

행사기록화

지방관이 부임한 이후, 임무 및 행사와 관련하여 제작한 기록화는 전하는 예가 매우 드물다. 현재 《탐라순력도耽羅巡歷圖》와 《북새선은도北塞宣恩圖》 두 종이 가장 잘 알려져 있다.

《탐라순력도》는 1702년(숙종 28) 병와甁窩 이형상(李衡祥, 1653~1733)이 제주목사로 부임하여 도내 고을을 순시하며 친히 살핀 내용들을 그리게 한 기록화이다. 이형상이 서문을 쓴 시기는 1703년 음력 5월 13일로 기록되어 있다. 모두 43면으로 된 화첩은 제주도 지도 1면과 서문 2면, 행사관련 그림 40면으로 꾸며져 있다. 그림은 이형상이 제주목 소속의 화공인 김남길金南吉을 시켜 그리게 한 것이다.[20] 지방관의 눈에 비친 지역 내의 현황과 각종 실태 점검, 그리고 시행한 행사 등 다양한 장면들이 담겨 있다.

《탐라순력도》는 18세기 초 제주도 관아의 성읍, 군사 시설, 지형, 그리고 행사 장면에 대한 다양한 시각 자료를 제공해 준다. 특히 기록화는 1702년 10월 29일부터 11월 19일까지 21일에 걸쳐 그린 것으로, 내용은 제주도 내의 순력 장면이 28면으로 가장 많다. 순력의 목적은 도내의 각 방호소와 방어 형세를 확인하고 무기와 군사軍事의 점검 및 조련에 대한 현황을 점검하기 위한 것이다. 제주도가 남쪽 변방의 군사적 요충지였기에 이러한 순시는 지방관의 주요 임무에 해당한다.[21]

그림은 상단에 제목, 중단에 그림, 그리고 하단에는 날짜와 담당 관원 및 숫자 정보를 기록하였다. 《탐라순력도》 가운데 대표적인 몇 점을 살펴보기로 한다. 첫 번째 사례인 〈제주전최濟州殿最〉(그림 10)는 1702년 11월 17일 실시한 도내島內 각 관리들의 치적을 심사하는 장면이다. 제주 지방의 군대 편제인 속오군과 마대馬隊의 책임자들이 그 대상이었다. 장소는 제주 읍성의 제주목 관아이며, 그림 속의 장면은 행사를 끝내고 관덕정觀德亭에서 활쏘기를 하는 모습이다.[22] 장소와 장면이 보여 주는 상황들이 그림의 핵심이다.

순력의 과정에 해당하는 장면인 〈우도점마牛島點馬〉(그림 11)는 1702년 7월 13일 이형상이 목장 내에 있던 말을 점검하는 장면이다. 그림 아래쪽에는 말을 관리하는 목자牧子와 보인保人이 23명이며, 마필馬匹 수는 262필이라고 적혀 있다. 우도牛島의 중앙에 천막을 치고 좌정한 목사의 모습이 보인다.[23] 이러한 장면뿐 아니라 우도의 지형적 특징과 바다를 이루는 배경도 현실감 있게 묘사되었다. 또한 군사적 요충지인 별방성別防城을 그린 〈별방조점別防操點〉(그림 12)은 1702년 10월 30일 별방성에서의 군사훈련과 성정군城丁軍, 군기軍器, 우마를 검열하는 장면이다. 그림에는 목사의 행렬과 목사의 위치가 나타나고, 장면적 요소가 표현되면서도 바다와 경계 지점, 성곽과 배경을 이루는 지형상의 특징 등이 반영되어 있다. 이와 같이 순시 및 행사 장면을 그리게 한 것은 목사로서의 책무를 성실히 수행한 선례로 남기기 위한 이형상의 의도가 반영된 것

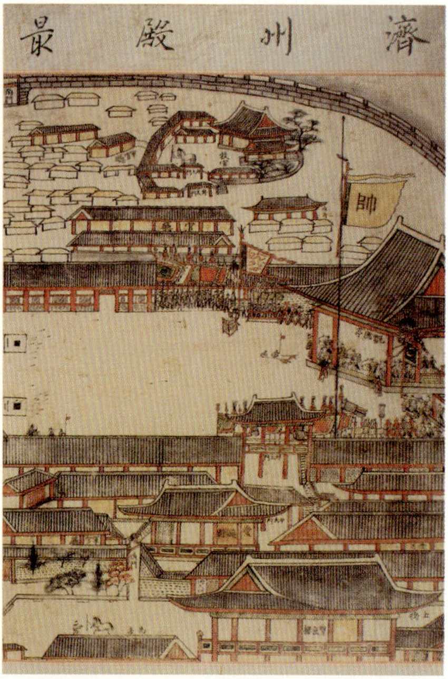

그림 10. 耽羅巡歷圖 중 〈濟州殿最〉 金南吉 작, 1703년, 지본채색, 55.0×35.0㎝, 제주시(위)

그림 11. 耽羅巡歷圖 중 〈牛島點馬〉 金南吉 작 (아래 좌)

그림 12. 耽羅巡歷圖 중 〈別防操點〉 金南吉 작 (아래 우)

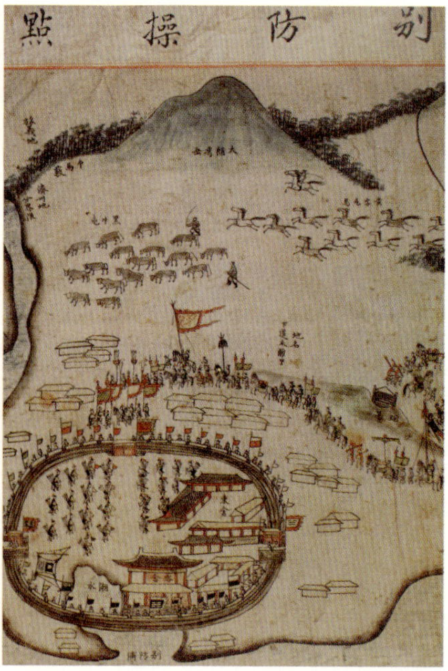

이라 하겠다.

지방관의 공식적인 행사 장면을 그린 기록화는 비교적 드문 편이다. 공식적인 행사가 있더라도 그것을 마친 다음 사적인 친목 모임을 갖고 이를 기념하여 그림을 남긴 사례가 대부분이다. 그런데 지방관이 주관하는 대규모의 행사장면을 그린 그림으로는 국립중앙박물관 소장의 《북새선은도》가 잘 알려져 있다. 《북새선은도》는 행사가 진행 중인 장면을 그렸고, 지방관의 역할이 부각된 그림이다. '북새선은北塞宣恩'은 임금이 북쪽 변방에 은혜를 베풀었다는 뜻으로 1664년(현종 5) 변방의 민심을 회유하기 위해 함경도에서 특별히 실시되었던 외방 별시의 장면이다.

《북새선은도》에는 〈길주과시도吉州科試圖〉(그림 13)와 〈함흥방방도咸興放榜圖〉(그림 14)가 하나의 두루마리로 장황되어 있다. 두루마리의 앞부분에 '북새선은'이라는 전서체 글씨가 있고, 그 다음에 연결된 〈길주과시도〉에는 문·무과 시험을 치르는 장면을 담았으며, 〈함흥방방도〉는 함흥 관아에서 합격자를 발표하고 의식을 거행하는 장면이다. 그리고 두루마리의 마지막에는 시험관 명단, 시험일자, 제목, 합격자 명단, 합격자 출신군별 통계 등을 기록하였다. 함경도의 별시는 1664년(현종 5) 8월 20일경에 있었고, 합격자 발표와 시상은 10월 8일경에 치러졌다. 당시 경시관京試官으로 파견된 사람은 의정부우참찬議政府右參贊 김수항(金壽恒, 1629~1689)이다.

〈길주과시도〉는 길주성을 배경으로 뾰족하고 높은 청록산이 자리잡고 있으며, 그 왼편에는 성불산成佛山, 오른편에는 봉수가 설치된 산들이 배치되어 있다. 관아에서 치러진 과거시험 장면과 성 주변의 경치, 그리고 읍성 부근에 있는 향교, 사단社壇, 읍창邑倉 등을 부감법으로 표현하였

그림 13. 北塞宣恩圖 중 〈吉州科試圖〉 韓時覺 작, 1664년, 견본채색, 57.9×674.1㎝, 국립중앙박물관

그림 13-1. 그림 13의 부분

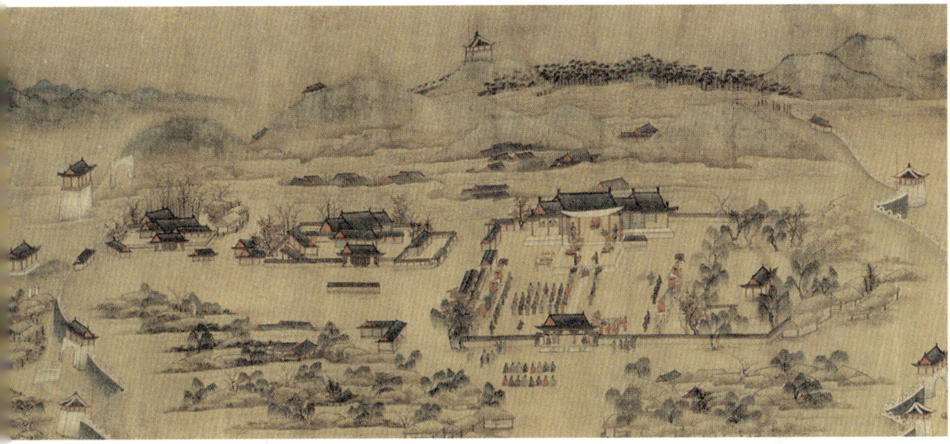

그림 14. 北塞宣恩圖 중 〈咸興放榜圖〉 韓時覺 작, 1664년, 견본채색, 57.9×674.1㎝, 국립중앙박물관

다.[24] 시관들의 모습도 빠뜨리지 않았다(그림 13-1). 〈함흥방방도〉는 배경에 산을 배치하였고 중앙에는 둥근 성곽을 그린 다음, 방방 행사 장면과 주요 경물을 묘사하였다.

중앙에서 온 경시관인 김수항은 문·무과 좌목에 모두 기재되었고, 시관은 문·무과 모두 지방관들이 참여하였다. 문과의 시관은 의정부우참찬 김수항, 함경도관찰사 민정중閔鼎重, 함경도도사 어진익魚震翼이고, 무과는 의정부우참찬 김수항, 함경남도병마우후 한여윤韓汝尹, 명천도호부사明川都護府使 남숙南淑 등이다. 이 외에 문과 차비관은 문관 출신 지방관이, 그리고 무과 참고관, 차비관, 수차비首差備, 명차비名差備, 차사원差使員 등을 담당한 관리들은 모두 무과 출신의 지방관이 참여하였다. 〈북새선은도〉는 과시 장면과 함께 주변의 관아와 성곽 일대의 광경을 사실적으로 묘사함으로써 경관의 표현에 현장감을 더해 주고 있다. 지방관이 주재하는 행사 그림의 주제와 특징을 잘 예시해 주는 사례이다.

평생도

관직을 지낸 사람들이 자신의 일생을 되돌아 볼 때, 가장 기념하고 싶은 관력官歷은 무엇일까? 이를 엿볼 수 있는 자료 중의 하나가 '평생도平生圖'이다. 평생도는 관직을 지낸 사람이 자신의 일생 가운데 가장 기념이 될 만한 것을 선별하여 그린 그림을 말한다.[25] 이러한 평생도는 일종의 기념화의 성격을 띠며 풍속화로 분류되기도 한다.

평생도는 주로 8폭의 병풍으로 제작되었다. 내용은 생애의 순서에 따라 돌잔치·글공부·혼인·과거급제·임관·회갑·회혼 등으로 구성된다. 즉 일생의 가장 극적이고 중요한 여덟 장면을 골라 그림의 주제로 삼은 것이다. 이 가운데 눈여겨볼 부분은 지방관으로 부임하는 장면인데, 임지로 향해 가는 행렬 장면이 일반적으로 그려진다. 특히 평생도에는 사실성이 강조되어 있어 당시 인물들의 외모와 풍속 등을 자세히 살필 수 있는 자료이다.

평생도는 현재 여러 점이 전하는데, 제작연대를 알 수 있는 것은 김홍도(1745~?)가 1781년(정조 5)에 그린 《모당평생도慕堂平生圖》이다. 모당 홍이상(洪履祥, 1549~1615)의 일생을 8폭에 나누어 그린 것이다. 이 그림은 김홍도가 추정과 상상력을 동원하여 구상하되, 행렬의 구성이나 인물의 복식 등은 구체적인 근거를 갖고 그린 것이다. 당시 풍속의 세세한 측면들이 정확히 묘사되어 있기 때문이다. 이 평생도에는 별도의 찬문이 없지만, 아마도 홍이상 후손의 부탁으로 그린 듯하다. 각 폭의 오른쪽 상단 별지에 제목을 붙여 놓았는데 〈초도호연初度弧筵〉·〈혼인식〉·〈응방식應榜式〉·〈한림겸수찬시翰林兼修撰時〉·〈송도유수도임식松都留守到任式〉·〈병조판서시〉·〈좌의정시〉·〈회혼식〉 등이다.

이 여덟 가지 주제 가운데 관직에 대한 것이 가장 비중이 크다. 이를 통해 조선시대 양반들의 보편적인 출세관을 엿볼 수 있다. 관직과 관련된 주제 가운데 5번째 폭인 〈송도유수도임식〉이 지방관의 부임에 해당한다(그림 15). 그림의 내용은 부임 지역의 관리들이 부임하는 지방관을 맞이해 가는 신영 장면으로 추정된다. 그림 속의 홍이상은 말이 끄는 가마를 탔고, 깃발과 취타 등이 앞에서 길을 인도하고 있다. 앞서 본 〈안능신영도〉의 규모에 비하면 상당히 축소된 편이다. 그런데 이 장면은 전傳 김홍도 작으로 전하는 또 다른 《평생도병》 가운데 한 폭인 〈관찰사부임도〉(그림 16)와도 내용이 매우 비슷하다. 따라서 조선후기 및 말기의 평생도는 하나의 범본을 따른 전형화된 도상으로 그려졌음을 추정할 수 있다.

또 다른 그림인 《담와평생도淡窩平生圖》(그림 17)는 남양홍씨 집안의 재상을 지낸 홍계희(洪啓禧, 1703~1771)의 일생을 묘사한 것이다. 원래 8폭이 완성본인데, 현재 〈삼일유가三日遊街〉, 〈수찬행렬修撰行列〉, 〈평양감사平壤監事〉, 〈좌의정 행차〉, 〈치사致仕〉, 〈회혼례〉 등 6폭만이 남아 있다. 이 그림은 김홍도의 그림과 상이한 요소가 있어 김홍도의 전칭작으로 보고 있다.[26] 8폭 가운데 첫 번째 폭과 가운데 한 폭이 빠진 듯하다. 세 번째 폭인 평양감사 부임 장면이 홍계희에게는 일생의 대표적인 행적에 해당한다. 그런데 이 병풍에 그려진 '평양감사도임' 장면은 배를 타고 대동강을 선유船遊하는 장면으로 그려져 있다. 이는 도임의 장면보다 환영 행사 가운데 가장 인상에 남는 장면을 골라 그리게 한 듯하다. 앞서 살펴본 홍이상은 송도 유수에 도임하는 것을, 홍계희는 평양감사로 부임하는 것을 가장 인상적인 것으로 들었다.

지방관의 부임은 일생 동안의 관직생활을 마치고 과거를 회상하는 자에게 매우 뜻깊은 행적으로 여겨졌다. 그래서 평생도의 부임 장면은 주로

그림 15. 慕堂洪履祥平生圖 중 〈松都留守到任式〉 金弘道 작, 1781년, 지본담채, 122.7×49.7㎝, 국립중앙박물관(좌)

그림 16. 平生圖 중 〈觀察使 赴任〉 19세기, 견본채색, 53.9×35.2㎝, 국립중앙박물관(중)

그림 17. 淡窩洪啓禧平生圖 중 〈平壤監司赴任〉 18세기, 견본담채, 76.5×37.9㎝, 국립중앙박물관(우)

부임의 행렬이나 이와 관련해 가장 인상에 남는 장면들이 선택되었다.

초상화

지방관과 관련된 그림으로는 초상화도 매우 중요한 자료이다. 초상화의 제작 배경이 지방관과 관련이 있고, 또 그림 속의 주인공이 지방관이기 때문이다. 그런데 이 초상화에는 지방관의 선정善政과 관련하여 제작된 사례가 있어 여기에 대해 살펴보기로 한다.

지방관이 백성들에게 선정을 베풀고, 또 얼마나 본무를 훌륭히 수행했는가에 대한 평가는 아마도 그 지역 백성들의 의견이 가장 정확할 것이다. 이와 관련하여 살필 수 있는 한 사례가 생사당生祠堂이다. 생사당은 지방관의 선정에 보답하기 위해 백성들이 세운 사당으로서, 배향된 인물이 살아 있을 때 지은 사당이라는 뜻이다. 이 생사당에 모셔진 주인공들은 대부분 전직 지방관들이다. 그런데 생사당을 세운 의도가 좋지 않은 경우가 있었다. 간혹 지방관인 당사자가 건립을 강요하거나 돈을 지원하여 세운 경우, 또 서리들이 기금을 거둬 착복하기 위한 명분으로 세운 경우도 있고, 지방관이 자신의 선정을 부풀리기 위해 무리하게 생사당을 세우기도 하였다.

생사당에는 대부분 지방관의 초상화가 걸렸는데,[27] 현존하는 대표적인 것이 충현박물관 소장의 〈이원익李元翼 초상〉이다(그림 18).[28] 〈이원익 초상〉은 현재 족자로 개장改粧된 상태인데, 초상화의 뒤편에 붙어 있던 발문이 발견되어 제작 경위를 파악할 수 있게 되었다. 이 발문은 이원익의 문집 『오리집梧里集』(속집 권2)에 「서기성생사철환도상배후書箕城生祠撤還圖像褙後」라는 제목으로 수록되어 있어 전체 내용을 살피는 것이 가능하다. 그 내용을 옮겨 보면 다음과 같다.

> 임진년 병란 때 어가御駕가 장차 서쪽으로 피난 가려 하였다. 이때에 나는 이조판서로 어명을 받고 먼저 관서關西에 가서 도순찰사都巡察使를 겸하고 이어서 감사를 맡았으며, 을미년에 의정議政에 임명되어 조정에 돌아왔다. 평양에 있는 서리들이 일을 꾸며 이익을 보려는 뜻에서 나에게 공적이 있다고 핑계하고 인민들의 쌀과 베를 수합하여 몰래 화공畵工으로 하여금 나의 초상을 그리게 한 다음 사당을 지어 그 초상화를 간직하였다. 기해년(1599)에 내가 사람을 시켜 사당을 철거하고 그림을 가져오게 하였다. 갑자년(1604)에 호성훈도상扈聖勳圖像을 기록할 때 따라서 이 그림을 개장改粧하여 얼자孼子인 효전孝傳에게 주고 얼자가 자손이 없을 경우에는 그 그림을 종가에 돌려주게 하였다. 을사년(1605) 여름에 스스로 기록하다.[29]

발문의 내용은 이원익 초상화의 제작 동기와 시기, 그리고 그에 따른 부수적인 의문들을 해명해 주는 매우 중요한 단서이다. 발문이 발견되기 전에는 〈이원익 초상〉을 중국에서 그려온 것이거나 18세기 이후의 모사본이라고 추정하기도 했다. 여기에서 가장 먼저 주목할 점은 이 그림의 원 소장처가 평양에 건립된 생사당이라는 점이다. 이원익은 임진왜란이 일어나던 1592년 4월 이조판서에서 평안도 도순찰사都巡察使로 임명되어 관서 지역을 감독하였고, 그해 6월 적진을 공격한 전공으로 평안감사겸순찰사平安監司兼巡察使가 되었다. 이후 4년 동안 전란의 와중에 민생을 살피다가 1595년(선조 28) 6월 우의정이 되어 조정으로 돌아왔다.[30] 직무를 마치고 떠난 지방관의 공덕을 기리기 위해 평양 지역의 서리와 백성들이 중심이 되어 생사당을 세우고 〈이원익 초상〉을 걸었던 것이다.[31]

그림 18. 李元翼 像 16세기, 견본채색, 166.0×93.0㎝, 충현박물관

그런데 이 사실을 알게 된 이원익은 평양의 서리들이 생사당을 세운 의도가 백성들의 미포를 거두어 자신들의 이익을 챙기려는 불순한 데서 비롯된 것으로 보고 사람을 보내어 사당을 헐고 초상화를 가져오게 하였다. 이때 가져온 초상화는 후손들에 의해 보존되어 지금까지 전하고 있다. 이원익이 사당을 철거하게 한 것이 1599년(선조 32)이므로 이 영정은 그가 서울을 떠나온 1595년경 평양에서 제작하여 봉안하였던 것으로 추정된다.

이처럼 선정을 베푼 지방관에 대한 부민들의 보답 가운데 하나가 생사당을 건립하고, 초상화를 봉안하는 일이었다. 그러나 이원익은 이마저도 부정을 염려하여 용인하지 않았던 것이다. 지방관의 생사당에 대한 기록은 의외로 많이 산견되는데, 생사당에 봉안되었던 초상화는 매우 드문 편이다. 생사당은 지방관의 행적과 관련하여 선정의 상징으로 다룰 수 있는 부분이며, 초상화와 관련하여 더 자세한 고찰을 필요로 하는 주제이다.

영남지역 지방관의 기록화記錄畵

영남 출신의 인물들이 중앙 관료로 진출한 뒤 오랜 관직생활을 마치고 귀향할 때는 많은 서화류를 가지고 내려왔다. 대부분이 개인의 관력과 연관된 기록화나 초상화였다. 그러나 반대로 영남지역으로 부임한 지방관의 경우는 임지에서 기록화나 기념화를 제작한 사례가 매우 드물었다. 지방에서는 기량이 뛰어난 화가를 구하기 어렵고, 또 특별히 기록과 그림에 관심이 있는 관리들의 경우만 한정적으로 그림을 남겼기 때문이다. 이 절에서는 영남지역의 지방관이 남긴 계회도로 분류되는 그림들과 영남지역에서 두 차례나 현감을 지낸 겸재謙齋 정선(鄭敾, 1676~1759)의 그림을 살펴보기로 한다.

계회도류

영남지역의 지방관과 관련된 회화는 수적으로 많지 않으며, 대부분이 계회도이다. 대표적인 예가 안동부에서의 양로연 장면을 그린 〈화산양로연도花山養老宴圖〉(1519년), 거제도 조라포에서 있었던 지방관들의 모임을 그린 〈조라포남봉관해도助羅浦南峰觀海圖〉(1586~1587년), 경상도 인동仁同에서 감시를 마친 시관試官들의 계회도인 〈인동감시시관계회도仁同監試試官契會圖〉(1580년대), 1573년 사마시 동방들의 방회榜會를 기념하여 만든 〈계유사마동방계회도癸酉司馬同榜契會圖〉(1602년) 등 5점 정도가 확인되는데, 모두 제작 시기가 올라가는 16세기 작이다. 16세기 그림들이 이렇게 많이 남아 있는 이유는 기록화와 기념물을 제작하는 관행이 가장 유행한 시기가 16세기였기 때문이다.[32]

먼저 살펴볼 〈화산양로연도花山養老宴圖〉(그림 19)는 안동부사 이현보(李

賢輔, 1467~1555)가 1519년(중종 14) 가을 안동부 내의 80세 이상 된 노인들을 관아로 초청하여 성대한 양로연을 열고서 남긴 그림이다.[33] 이현보는 부모의 봉양을 위해 고향인 안동 인근 지역에 지방관으로 자주 부임하였다. 관직에 몸담았던 기간 동안 그 횟수가 5회에 달한다.[34] 본인이 자청한 경우도 있지만, 왕의 특별한 배려가 아니면 불가능한 일이었다. 이는 지방관의 임지 선정에 있어 크나큰 혜택이 아닐 수 없다.

〈화산양로연도〉에는 16세기의 풍속화라 할 만큼 연회 현장의 여러 장면들이 자세히 묘사되었다.[35] 이 자리에는 이현보의 부모와 함께 사족士族과 천민의 부모까지도 초청하였다. 신분을 불문하고 여성과 천민까지도 함께 참여하게 한 이현보의 숭고한 경로의식을 엿볼 수 있다.[36]

연회의 장면은 내청과 외청으로 남녀의 공간을 따로 마련하였다. 내·외청 모두 각상을 받은 노인들이 중앙에 둘러앉아 있으며, 그 주변에는 부모를 모시고 온 자제들의 자리도 마련하여 성대한 연회의 분위기를 연출하였다. 이와 같이 지방관이 부모의 봉양을 위해 고향의 인근 지역으로 부임한 경우는 흔한 일이 아니었으며, 백성과 함께한 양로연의 설행은 기념물로 남길 만한 명분을 지닌 일이었다.

이형상(李衡祥, 1653~1733)이 제주목사로 부임하여 자신의 순력 장면과 행사도를 그린 《탐라순력도》에도 양로연을 그린 〈제주양로濟州養老〉가 수록되어 있다.[37] 1702년(숙종 28) 11월 제주목에 거주하는 80세 이상의 노인 209명을 초대하여 동헌東軒 앞에서 치러진 경로잔치의 광경을 그린 것이다. 이와 같은 양로연은 국가 시책의 일환이기도 하지만,[38] 특히 지방관들의 주요 관심 사안이기도 했다.

〈조라포남봉관해도〉(1586~1587)의 장소인 조라포는 지금의 경남 거제의 옥포玉浦에 해당하며, 조선시대의 수군水軍 기지가 있던 곳이다. 이 그

그림 19. 花山養老宴圖 16세기, 지본채색, 27.7×42.6㎝, 개인 소장

림은 경상도관찰사 류영립(柳永立, 1537~1599)이 조라포에 들러 군 관련 인사들과 모임을 가진 장면을 그린 것으로 추정된다(그림 20).[39] 계회가 열리는 장소의 특징을 지형도의 형식으로 묘사한 것이 특징이다(그림 20-1). 즉 바닷가에 인접한 지역임을 한눈에 알 수 있도록 회화식 지도로 그렸다.[40] 화면의 아래쪽 절반은 바다와 인접한 조라포의 지형을 그렸고, 화면 상단에는 수평선을 그려 넣어 넓게 펼쳐진 공간감과 함께 '조라포의 남봉에서 바다를 바라보다助羅浦南峯觀海'라는 표제와 부합하게끔 배경을 표현하였다.

반면에 계회의 장면은 지형과 비례가 맞지 않을 정도로 과장하여 그

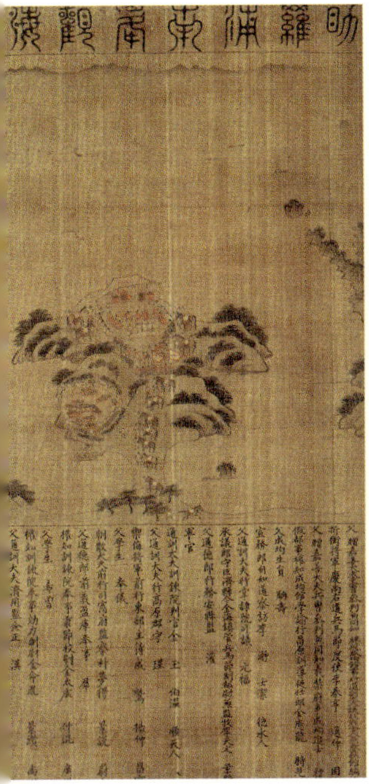

그림 20. 助羅浦南峰觀海圖 1586~1587년경, 軸, 絹本淡彩, 98.0×58.0㎝, 국립진주박물관
그림 20-1. 그림 20의 부분

렸는데, 조라포의 지형도 위에 계회의 장면을 올려놓은 것처럼 매우 불합리하다. 이는 조라포 주변의 지형적 특징도 알 수 있게 하고, 계회 장면도 구체적으로 나타내기 위해 지형과 계회 장면을 절충하여 그리고자 한 의도로 보인다. 조라포의 좌측으로는 병영 건물이 있고, 차일 아래에서의 연회장면, 깃발을 든 병사들의 모습도 자세히 묘사되어 있다. 좌목의 내용은 〈표 1〉과 같다.

표 1. 〈조라포남봉관해도〉(1586~1587)의 座目

	품계 관직	성명	자	본관
1	慶尙道觀察使節度使	柳永立	立之	全州
2	折衝將軍慶尙右道兵馬節度使	李泰亨	通仲	固城
3	假都事權知成均館學諭行昌原訓導從仕郎	金應龍	時見	義城
4	宣務郎自如道察訪	李 瀞	士潔	德水
5	承議郎守巨濟縣令金海鎭管兵馬節制都尉兼監牧	李天文	景質	慶州
6	通訓大夫訓練院判官	金 玉	伯溫	順川
7	禦侮將軍前行東部主簿	成 鷲	揚仲	昌寧
8	朝散大夫前行司憲府監察	朴夢得	景說	蔚山
9	權知訓練院奉事秉節校尉	金太虛	仲混	廣州
10	權知訓練院奉事效力副尉	金命胤	景纘	尙州
11	權知訓練院奉事勵節校尉	諸 沫	而源	ㅁ原
12	禦侮將軍忠武衛上護軍前內禁衛	鄭大賢	希聖	河東
13	學生	金先覺	師尹	安東

발문이 없어 구체적인 제작 배경은 알 수 없지만 이들의 모임은 어떤 성격이었을까? 좌목에 기록된 경상도관찰사 류영립柳永立과 경상우도병마절도사 이태형李泰亨, 창원훈도인 김응룡金應龍, 자여도찰방 이정李瀞, 김해진관병마절제도위 이천문李天文 등은 경상도 지역의 지방관이고, 나머지 인물인 훈련원 판관과 훈련원 봉사, 그리고 사헌부 감찰들은 서울에서 내려온 이들로 추정된다. 그런데 그림의 제목에 '바다를 본다'라는 의미의 '관해觀海'가 적힌 것으로 미루어 볼 때, 수군기지를 둘러보고 전망을 즐기기 위해 자리한 비공식적인 모임이 아니었을까 생각된다. 다음에 살펴볼 시관들의 계회와 마찬가지로 이 경우도 일시적인 모임이었을 것으로 추측된다.

1580년대 작으로 추정되는 〈인동감시시관계회도〉(그림 21)는 공식적인 행사인 감시를 마친 시관들이 발의하여 제작한 것이다. 인동은 지금의 경상북도 선산善山·구미龜尾 인근 지역이며, 감시란 지방에서 치러지는 향시鄕試로서 각 도의 관찰사가 주관하여 생원·진사를 뽑는 시험이다.

시관은 시험관련 업무를 주관하는 관리이다. 인동 감시의 총감시관은 경상도관찰사였고, 이 외에 인근 지역의 부사·군수·현령·현감 등이 시관으로 참여하였다. 지방 감시의 시관들은 반드시 문과에 합격한 수령이어야 하는데 이러한 자격 조건은 이들에게 더욱 긴밀한 동류의식과 유대감을 갖게 하였다. 좌목의 내용은 아래의 〈표 2〉와 같다.

표 2. 〈인동감시 시관계회도〉(1580년대)의 座目

	품계 관직	성 명	자	본 관
1	嘉善大夫 慶尙道觀察使 兼兵馬水軍節度使	柳永立	立之	全州
2	通政大夫 行金海都護府使金海鎭兵馬僉節制使	金 瓚	叔獻	光州
3	通訓大夫 行密陽都護府使大丘鎭管兵馬同僉節制使	金 澥	士晦	禮安
4	奉正大夫 行梁山郡守慶州鎭管兵馬同僉節制使	崔潤德	子(睟)	全州
5	通善郎 守淸道郡守大丘鎭管兵馬同僉節制使	權斗文	景仰	安東
6	通訓大夫 行慶山縣令大丘鎭管兵馬(節)(制)都尉	李 幹	幹之	全州
7	中直大夫 行靈山縣監大丘鎭管兵馬節制都尉	李應仁	敬而	驪州
8	武功郎 守恭原縣監金海鎭管兵馬節制都尉	李文筌	君應	新平
9	從仕郎 成均館權知昌原敎授	金應龍	時見	義城
10	宣務郎 自如道察訪	李 瀞	士潔	德水

지방에서의 향시는 각 도별로 좌우 또는 남북으로 나누어 실시했고, 향시의 시험관은 관찰사가 임명하였다. 그런데 이 계회도 속의 감시는 경상좌도慶尙左道의 향시로 추측된다. 시관들이 대구진관大丘鎭管, 김해진

그림 21. 仁同監試試官契會圖 1585년~1590년, 絹本水墨淡彩, 59.4×62㎝, 개인 소장

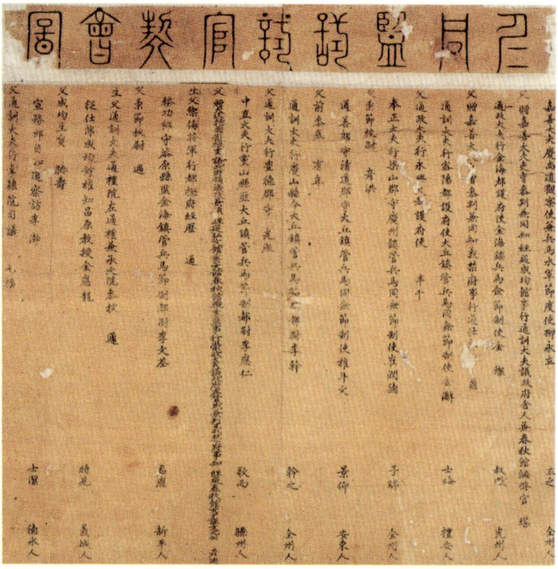

그림 21-1. 그림 21의 좌목

관金海鎭管, 경주진관慶州鎭管에 소속된 지방관들이기 때문이다. 이때 상시관은 경상도관찰사인 류영립柳永立이었고, 참시관은 김해도호부사 김찬金瓚과 밀양도호부사 김해金瀣가 맡았다. 이를 제외한 나머지 여섯 사람도 각기 임무를 분담하여 참여하였다.

이들의 계회는 시관으로서 임무를 모두 마치고 난 뒤, 이를 기념하여 비공식적으로 가진 것이다. 계회도의 장면에서 보듯이 이날의 모임 장소는 강가에 인접한 누정이었다. 참석자들은 품계상의 좌차에 따라 독상을 앞에 두고 앉았고, 시녀와 악사들까지 동원되었으나 계회의 장면은 절도 있는 분위기를 보여 준다(그림 21-1). 계회의 구체적인 장면과 주변의 경관을 같은 비중으로 구성하여, '어디에서', '어떻게'라는 두 가지 요건을 시각적으로 확인할 수 있게 하였다.

조선초기부터 17세기까지 양반관료들의 친목 모임 가운데 가장 많은 사례가 계회였다. 그중에서도 방회榜會가 가장 활발하였는데, 지방관들에게도 예외가 아니었다. 영남 지역의 지방관이 참여한 사례인 1602년(선조 35) 작 〈계유사마동방계회도〉(그림 22)는 지방관들이 근무지에서 만난 옛 사마시 동방들과 방회를 갖고 제작한 것이다.[41] 특히 지방에서의 방회는 대부분 지방관으로 근무하거나 공무로 인해 지방에 체류하는 동안 만나게 된 동방들과 함께 이루어졌다.

경남대박물관 소장의 〈계유사마동방계회도〉는 1602년(선조 35) 10월 16일에 경북 안동부 관아에서의 방회 장면을 그린 것이다.[42] 참석자들은 1573년(선조 6) 계유년 식년시의 생원·진사시에 합격한 자들로서 안동부사 홍이상(洪履祥, 1549~1615)과 경주부윤 이시언(李時彦, 1546~?)이 방회를 주관하였다. 모임의 장소는 안동부 관아의 영호루映湖樓였다. 그림에는 담장으로 구획된 관아 내에서 차일을 치고 도열해 앉은 연회 장면이 묘

그림 22. 癸酉司馬同榜契會圖 1602년, 帖, 紙本淡彩, 40.7×30.6㎝, 경남대박물관

사되어 있다. 관아 주위의 가옥이나 주변 경관들도 화폭 안으로 들어와 있다.[43] 좌목에 기록된 참석자들은 〈표 3〉과 같다.

표 3. 〈계유사마방회도〉(1602년)의 座目

	현 직	성 명	자	호	생년	문과	본관	거주지
1	生員	尹義貞	而直	芝嶺	乙酉		德山	禮安
2	通訓大夫行咸陽郡守 晉州鎭管兵馬同僉節制使	高尙顔	思勿	泰村	癸丑	丙子式	開城	龍宮
3	通訓大夫行咸陽郡守 晉州鎭管兵馬僉節制使	李 覽	景明	松湖	庚午	辛卯別	全州	京
4	進士	李終綱	士擧	龜溪	丁酉		眞寶	安東
5	生員	金升福	仲膺	芝峯	丙午		扶安	扶安
6	通訓大夫行星州牧使 尙州鎭營兵馬僉節制使	辛慶晉	用錫	太華	甲寅	甲申	別寧	越京
7	朝奉大夫行比安縣監 安東鎭營兵馬節制都尉	柳 湋	秀源	卜泉	戊申		文化	京
8	從仕郞 前康陵參奉	琴復古	皞如	松陰	乙酉		奉化	榮州
9	通訓大夫行新寧縣監 大邱鎭營兵馬節制都尉	蔡吉先	子敬	東湖	辛丑		平康	京
10	嘉義大夫慶州府尹 慶州鎭兵馬節制使	李時彦	君美	秋湖	乙巳	丙子式	全州	京
11	通訓大夫前大丘都護府使	金九鼎	景鎭	西峴	庚戌壬	午式	咸昌	豐基
12	嘉善大夫行安東大都護府使 安東鎭兵馬僉節制使	洪履祥	元禮	柳川	乙酉	己卯式元	豐山	京
13	生員	柳仁沃	啓彦	迂齋	辛丑		瑞山	南原
14	進士	權 訥	士敏	松竹	丁未		安東	安東
15	生員	李喜白	伯眞	臺碞	戊申		星州	永川

특이한 것은 좌목의 기재 순서이다. 종2품의 안동부사 홍이상이 좌목에 12번째로 기록되었고, 생원 윤의정이 첫 번째에 놓여 있다. 이러한 좌목의 기재 순서는 무슨 기준이었을까? 이들의 생원·진사시의 성적을 살펴보면, 좌목의 기재 순서는 1573년(선조 6) 생원·진사시의 입격 성적

순이었음을 알 수 있다.

좌목의 첫 번째인 윤의정은 1등 5위를 했고, 두 번째인 고상언은 2등 9위, 그리고 마지막의 이희백은 3등 67위를 했다. 따라서 사마시의 성적순위로 좌목을 적었음을 알 수 있다. 그런데 실제 방회에서의 자리는 성적순으로 배치되지 않았다. 그림을 보면, 동서로 양분하여 서쪽에 사모와 관대冠帶를 착용한 현직 지방관들이 앉았고, 동편에는 갓을 쓰고 도포를 입은 관직에 있지 않은 자들이 자리하였다(그림 22). 방회에서는 입격 당시의 성적을 중시하여 자리의 배치까지 성적순을 반영한 경우도 있지만, 이 계유년의 사마방회는 좌목만 성적순에 따라 기재한 것이다.

그림 뒤편에는 경상도순찰사인 이시발(李時發, 1569~1626)이 발문을 썼다.[44] 그 내용을 요약하면 계유년 사마시에서 많은 인재들이 나왔다는 점, 안동부사 홍이상과 경주부윤 이시언이 모임을 발의한 사실, 안동부 관아를 장소로 하였으며 홍이상의 태부인太夫人이 여기에 계셨다는 점, 마지막으로 30년 만에 만난 동방들과 회포를 풀고, 홍이상의 자친에게 절하고 축사를 드린 점 등을 기록하였다.

1573년(선조 6)의 사마시 입격자 중에는 안동부사를 비롯하여 그 인근의 지방관으로 나아간 자들이 상당히 많은 편이다. 함양군수咸陽郡守 고상언高尙彦, 영천군수榮川郡守 이람李覽, 성주목사星州牧使 신경진辛慶晉, 비안현감比安縣監 류위柳湋, 신녕현감新寧縣監 채길선蔡吉先, 경주부윤 이시언李時彦, 안동대도호부사 홍이상 등이다. 그러나 관직에 있던 지방관들만의 방회가 아니라, 인근의 생원과 진사로 있는 동기생들도 함께한 방회라는 점은 지방관과 지역 인물들 간의 연대와 소통이 이루어지는 한 단면을 시사해 준다.

현감縣監 정선鄭敾이 그린 그림들

그림으로 화명畵名을 얻은 화가들이 지방관으로 부임한 경우가 있다. 대개 두 가지 경우인데, 하나는 양반 명문가 출신의 문인화가로 활동한 사람이 과거科擧나 음직蔭職으로 중앙의 관직을 거쳐 지방관에 제수된 경우이고, 또 하나는 직업화가들이 회사繪事와 관련된 포상으로 지방관에 임명된 경우이다. 이 절에서는 양반 출신의 사대부화가로 진경산수화眞景山水畵를 선도한 겸재 정선(1767~1759)이 영남 지역의 지방관 시절에 그린 회화를 살펴보기로 한다.

정선이 영남지역의 지방관에 부임한 것은 하양현감河陽縣監과 청하현감淸河縣監의 두 차례이다. 첫 번째 외직인 하양현감은 1721년(경종 1) 정초에 부임하여 1776년(영조 2)까지 5년간이었고,[45] 청하현감은 1733년(영조 9)부터 1734년까지였다. 이 기간 동안 지방관으로서의 정선의 행적은 자세히 전하지 않지만, 영남 일대의 경관을 그린 몇 점의 그림이 남아 있다. 하양현감 재직 시에 그린 〈쌍도정도雙島亭圖〉, 〈달성원조도達城遠眺圖〉와 청하현감으로 있을 때 그린 〈청하성읍도淸河城邑圖〉 등이 그것이다. 정선이 지방관을 지낸 시기는 그의 나이 40대 후반과 50대 후반이다. 개성적인 화풍을 펼치던 시기이므로 많은 그림을 남겼겠지만, 전하는 것은 몇 점에 불과하다. 〈쌍도정도〉 등 세 점은 모두 지방관 시절에 그린 진경산수화이다.

경북 성주목星州牧 관아의 객사客舍에 있던 정자를 그린 〈쌍도정도〉는 정선이 하양현감 시절에 그린 것이다(그림 23). 당시의 객사는 백화헌百花軒이라 했고, 그 옆에 위치한 연못 중앙에 두 개의 섬을 만든 뒤, 그중 하나의 섬에 지은 것이 쌍도정이다. 고운 비단 위에 맑고 산뜻한 담채로 채색하였으며 섬세한 필선과 묘사가 돋보인다. 쌍도정의 자세한 모습과 주변의 울타리, 그 너머의 민가, 그리고 배경을 이룬 원산의 변화 등 화가의 시선이 닿은 경물들을 여과 없이 담박한 조형미로 화폭에 담아내었다. 옛 쌍도정이 있던 지금의 자리에는 그림과 같은 경관을 찾을 수 없다. 이 그림에 붙인 별지에는 이병연(李秉淵, 1675~1735)과 조영석(趙榮祏, 1686~1761)의 발문이 적혀 있다.[46]

정선은 하양현감 재직 시 영남의 명승들을 두루 탐방하며, 이를 한 권의 화첩으로 만들어 『영남첩嶺南帖』이라 제목을 붙였다. 『영남첩』은 현재 전하지 않는데, 〈쌍도정도〉가 이 『영남첩』에서 떨어져 나온 것으로 추측되고 있다. 이를 뒷받침해 주는 것이 역시 정선이 그린 〈달성원조

그림 23. 雙島亭圖
鄭敾, 18세기, 絹本淡彩, 34.7×26.3㎝, 개인 소장

그림 24. 達城遠眺圖 鄭敾, 18세기, 크기 · 소장처 미상

그림 25. 大丘達城圖 鄭敾, 18세기, 26.3×45.4㎝, 영남대박물관

도〉인데, 여기에 딸린 이병연과 조영석의 별지 「발문」이 〈쌍도정도〉의 발문과 동일한 형식을 취하고 있기 때문이라 한다.[47]

〈달성원조도〉도 정선이 하양현감 시절에 그린 것으로 200여 년 전 대구 일원의 전경을 담고 있다(그림 24). 멀리 대구 감영監營이 있던 읍성인 달성의 모습을 조망하였고, 사방이 산으로 둘러싸인 분지의 지형이 그려져 있다. 대구의 옛 경관을 그린 그림으로는 정선의 손자인 정황(鄭榥, 1735~1800)이 그린 〈대구달성도大丘達城圖〉 한 점이 전하고 있어 참고가 된다(그림 25).[48] 정황의 그림에는 대구 근교를 지나는 낙동강과 그 지류인 금호강을 간략하게 그려 넣어 큰 공간감 속에 전개된 경관을 조망하였다.

한편 정선이 하양현감 재직 시에 그린 습작으로 추측되는 화첩 한 점이 일본 야마토분카칸大和文華館에 전한다. '하양독법河陽讀法'이라는 제목에 16점이 수록된 이 화첩의 그림들은 대부분 호방한 필묵으로 그린 관념산수화이며(그림 26), 자유로운 화법을 구사한 습작으로 추측된다.[49] '하양독법'이라 제목을 붙인 것이 흥미롭다.

하양현감을 마치고 귀경한 정선은 7년이 지난 뒤, 청하현감으로 다시 영남의 땅을 밟게 된다. 58세인 1733년(영조 9) 봄부터 1734년까지 현감으로 있었다. 이때 그린 것이 〈청하성읍도〉와 〈내연산 삼용추도〉 등이다. 〈청하성읍도〉(그림 27)는 자신의 근무지인 현아를 비롯한 읍성 전체를 부감법으로 조망하여 읍성의 내부가 한눈에 보이도록 구성하면서도 건물의 구조까지 자세히 묘사하였다.

정선이 하양현감과 청하현감으로 부임한 것은 그의 진경산수화의 대상이 영남지역까지 확산되는 계기가 되었다는 데 의미가 있고, 그 대표작이 바로 『영남첩』일 것으로 추측된다. 이처럼 문예에 취향을 가진 지

그림 26. 河陽讀法 중 〈白鶴館〉 18세기, 紙本淡彩, 27.8×44.4㎝, 일본 대화문화관

그림 27. 淸河城邑圖 鄭敾, 18세기, 紙本淡彩, 32.7×25.9㎝, 개인 소장

방관이 여가를 통해 자신의 예술세계를 추구한 경우는 유례가 드물다.

이상에서 살펴본 정선의 그림은 각 장소의 경관을 사실적이고 현장감 있게 표현한 산수화이며, 지금은 완전히 사라진 옛 경관들을 시각적으로 전해 준다는 점, 그리고 영남지역의 지방관으로 재직하던 중에 남긴 화적이라는 점에서 관심의 대상이 되고 있다.

지방관 관련 기록화의 의의

이상에서 조선시대의 지방관과 관련된 기록화의 유형과 사례, 그리고 영남지역 지방관과 관련된 기록화를 간략히 살펴보았다. 지방관이 참여한 기록화는 그림뿐 아니라 좌목과 발문 등이 함께 전하고 있고, 제작 연대와 참석자, 그리고 제작 동기 등을 파악할 수 있어 사료로서의 가치를 확장시켜 준다. 이 장에서는 먼저 지방관들의 기록화를 유형별로 살펴봄으로써 기록화의 범주, 제작 배경, 성격 그리고 전반적인 현황을 파악하는 데 중점을 두었다.

그리고 영남지역 지방관의 기록화를 별도의 절에서 살펴봄으로써 본 연구가 속한 기획 주제와 부합될 수 있도록 하였다. 그러나 이 장의 전제가 지방관 관련 기록화의 전체 현황과 대표적인 사례를 살펴보는 것이었기에 특별한 관점이나 문제의식을 적용하지는 못했다. 이 점은 자료가 더욱 축적된 다음 후속 연구를 통해 다루어질 수 있을 것이다. 지방관이 참여한 기록화는 문헌 기록만으로는 알 수 없었던 지방관의 공식적인 행사와 비공식적인 교유, 그리고 각종 관행과 관련된 다양한 시각 자료를 엿볼 수 있다는 점에 그 의의가 있다.

이 장에서는 지방관과 관련된 기록화를 계회도, 도임·연회도, 행사기록화, 평생도, 초상화 등 5개 주제로 나누어 살펴보았다. 조선시대 관료사회의 결속과 회합의 문화를 이끌었던 계회는 지방관들에게도 예외가 아니었다. 지방관이 임지에서 만난 동료들과 가진 모임은 친목과 단합뿐 아니라 관료사회에서의 인적 연대와 그 기반을 넓히고 공고히 하는 과정으로 작용하였다.

도임·연회의 장면을 그린 기록화는 사실적인 표현이 잘 드러나 있어 풍속화적인 요소가 강한 편이다. 특히 환영연의 설행은 지방관이 백성들과 함께한 경우가 많아 여민동락이라는 함의를 지니기도 한다. 신영행렬과 도임 장면을 그린 그림들은 오늘날 그것을 자세히 재현할 수 있을 만큼 복식과 기물, 의장 등에 이르는 구체적인 생활풍속 자료와 시각적 고증을 위한 자료를 제공해 준다. 또한 임무와 행사를 주제로 한 기록화는 관찰사의 순시와 관련된 장면과 지방관이 주재하는 공·사적인 행사에 대한 것으로 지방관의 지위와 역할을 엿볼 수 있는 자료이다.

평생도와 초상화는 일반적으로 기록화의 범주에 두지 않지만, 지방관과 관련하여 전거와 근거가 분명한 가운데 제작된 것이기에 함께 다루었다. 평생도에 나타난 모티프는 일생의 주요 행적 가운데 선별한 것이고, 조선조 양반들의 출세의식과 지방관에 대한 일반적인 생각을 읽을 수 있게 하는 자료이다. 초상화는 지방관의 관력과 관련하여 제작된 경우가 많았고, 또한 선정과 관련된 생사당과 초상화 봉안 등의 관행도 이와 같이 기념적인 측면에서 다룰 수 있는 자료이다.

이 장의 3절에서는 영남지역 지방관들의 관련 기록화를 별도로 살펴보았다. 여기에 속한 사례는 수적으로 적은 편이지만, 좌목과 인물 정보가 뚜렷하여 인물 연구를 위한 기초 사료로 활용될 수 있을 것이다, 그림의 내용은 양로연, 시관들의 계회, 순시와 친목 모임, 그리고 사마시 방회 등 지방관이 맺은 인적 유대를 돈독히 하고자 한 취지가 담겨 있다.

또한 영남지역에서 두 차례나 현감을 지낸 18세기 진경산수화의 대가 정선이 그린 그림들을 소개하였다. 성주星州의 〈쌍도정도〉와 대구의 달성, 그리고 청하의 성읍을 그린 그림들은 실경을 담은 진경산수화이다. 이를 기록화라고는 할 수 없지만, 임지 주변의 경관을 지방관이 직접 그린 그림이라는 점에서 함께 살펴보았다.

조선시대에 제작된 다양한 기록화 가운데 지방관과 관련된 사례는 하나의 범주로 설정하여 전통 복식, 의례, 민속, 미술 등 다양한 분야의 연구 자료로 활용될 수 있을 것이다. 또한 지방관들의 기록화는 지방관으로서의 만남과 인연, 친분과 결속을 중시한 조선시대 관료사회의 관행적인 측면과 그것이 반영된 시각화된 기록이라는 측면에서 그 의의를 가늠할 수 있을 것이다. 이러한 측면에서 지방관 관련 기록화는 조선시대 기록화의 전체 범주를 더욱 풍성하게 하고, 지방관의 공·사적인 생활과 주변 풍속들을 이해할 수 있는 유용한 자료이다. 그러나 이 글에서는 지방관들이 남긴 기록화의 현황과 유형을 통해 전반적인 특징을 개관해 보는 데 중점을 두었다. 세부 주제와 관련된 과제들은 새로운 자료의 발굴과 문헌사료의 보완을 통한 후속 연구에서 보다 심도 있게 논의될 수 있을 것이다.

제2부 통치의 기술

아전을 통어하는 법은 요령을 얻기가 매우 어렵다. 위엄만을 숭상하면 향리(鄕吏)도 백성이니 의지하여 살아갈 길이 없다. 그렇다고 관용을 숭상하자니 향리는 고을의 좀이라서 백성에게 끼치는 폐해가 또한 크다. 그러니 엄격함을 숭상하여 민에게 해를 끼치는 데 이르지 않게 하여야 한다.(『목강(牧綱)』, '임하(臨下)')

좋은 관리란 '되도록 위엄을 사용하지 않고 자신의 직분을 받들어 이치를 따르는 관리'였다. 이에 반해 혹리(酷吏)란 엄혹한 형벌로 백성들을 대하는 자였다. 덕치주의를 표방하던 유교국가에서는 이념적으로 채찍보다는 말을, 형벌보다는 가르침을 사용할 것이 권유되었다. 그런데 현실세계에서 말과 가르침만으로 통치가 가능할 수 있었을까?

전통적으로 이러한 덕에 의한 통치는 교화(敎化)로, 폭력은 형벌(刑罰)로 표현되었다. 그리고 교화를 위주로 하여 통치를 하고, 형벌은 그러한 통치를 돕는 보조적인 도구로 사용되는 것이 이상화되어 있었다. 어디에서도 교화가 갖는 직접적인 형식에 대한 언급은 없었다. 그럼에도 이후 유교국가에서 교화 혹은 덕치를 구체화하기 위한 많은 통치의 기술들이 고안되어 왔다. 여기서는 덕치를 위한 다양한 통치 기술 중에서 선물의 증여, 시험의 힘, 기우제의(祈雨祭儀)의 정치적 기능에 대해서 살펴볼 것이다.

【제4장】

수령의 선물정치와 부채[扇]

김혁(경북대 영남문화연구원 HK교수)

> 8일 갑신甲申. 본읍[고성]의 삼반三班 이하 및 향민鄕民들, 문학사文學士에게 착유선着油扇 98자루를 각각 하나씩 나누어 주었다. 기생 세 명 등에게도 미선尾扇 21자루를 각각 하나씩 나누어 주었다. 함안 관속과 향민들에게도 착유선을 각각 하나씩 모두 78자루를 보냈다. …… 모내기하는 데 농민에게 권농하는 일은 내가 부임한 후에 만든 연례年例이다. 이날은 마침 몸이 조금 불편해서 몸소 시행하지 못하고 유치영柳致永으로 하여금 내 대신 상리면上里面, 상서면上西面, 외서면外西面, 내서면內西面 등 마을에 가서 들에 있는 농민들에게 돈 26냥 5전과 남초南草 15묶음[파把], 바늘 20봉封을 나누어 주게 하였다.[1]

위의 인용문은 20세기까지 몇 년 남지 않은 1894년 5월 8일, 당시 고성부사로 재직 중이던 오횡묵(吳宖默, 1834~?)이 기록한 하루분의 일기 전문을 그대로 옮겨 놓은 것이다. 이 장면은 당시 60세의 노령으로 접어들던 한 지방관이 관속官屬, 향민鄕民, 농민農民들에게 부채, 돈, 남초, 바늘 등 여러 가지 선물들을 하사하고 있는 후덕한 모습이다. 그가 이런 물건들을 고루 하사하였던 것은 비단 이 고을에서만의 일이 아니었다. 이전에 고을살이를 하던 정선이나 함안에서도 매년 치르던 일이었다.

이 작은 선물잔치는 지방관이 이어 가는 일상생활의 작은 부스러기에 불과하다. 이 장면은 너무나 일상적이고 범례화되어 있다. 우리가 통상 이야기하는 역사의 기념비적인 장면과는 거리가 멀다. 그래서 '국가사國家史', '시대사時代史', 혹은 '전체사全體史'를 강조하는 입장에서는 이 장면이 너무나 하찮게 여겨질 수도 있을 것이다.

그런데 이와 같이 일상적이고 범례화되어 있다는 것이야말로 필자가 이 장면에 주목하는 진정한 이유이기도 하다. 이 장면에 참여하였던 사람들은 그 누구도 자신의 행위를 이상하게 여기지 않았다. 여기서 그들의 인지는 행위의 근거이고 다시 행위는 인지를 거듭 강화시켜 주기 때문에 인지의 무의식적 구조와 생활의 사회적 문법은 상호 꼬리를 물고 있다.[2] 그만큼 이 장면에 반영된 사회적 문법은 당시 사람들의 무의식에 구조화되어 있다고 할 수 있을 것이다. 따라서 이와 같이 이미 사라져 버린 무심한 습관 하나에 밑줄을 침으로써 그들이 의거해 살아갔던 행위와 인지가 투영된 '사회적 도상성'의 일면을 발견할 수 있으리라고 기대한다.[3]

우선 이 장면에서 오횡묵이 누구에게, 어떤 선물을, 얼마만큼, 그리고 어떻게 증여하였는지 묻는 것으로 시작하고자 한다. 이 상식적인 질문을 통해 생활의 표층에서 이루어진 질서를 있는 그대로 벗겨 낼 것이다.

이 한 장면에 내재해 있던 사회적 문법에서 우리는 과연 어떤 의미를 찾아낼 수 있을까? 한국의 역사학계에서도 그간 조선사회에서의 증여관행에 대해서 적지 않은 관심을 기울여 왔다.[4] 그런데 놀랍게도 당시에 가장 보편적이었을 위로부터의 증여에 대해서만큼은 그다지 큰 주목이 없었다. 여기서의 문법은 신분이 높은 사람이 그 아랫사람에게 내리는 증여를 가리킨다.

위에서 아래로의 증여가 조선에서 일반화되었다는 것은 조선사회의 신분제적 특성을 잘 드러낸다. 이 증여가 덕치의 구체적인 실현 양태로 드러났다는 것도 아울러 주의를 기울여야 할 점이다. 덕치가 행해지는 범주는 한결같이 국왕의 은혜가 평등하게 드리워지는 공간이었다. 국왕의 공간과 시간에서 이루어지는 이러한 정치 이념은 인의仁義, 성선性善, 충효忠孝, 대동사회大同社會 등의 이념과 동봉된다.

덕치주의는 전통시대의 이데올로기로 치부되기 일쑤였다. 그것이 이데올로기라는 이유로 현실적으로 활력을 잃은 이데올로기로만 취급될 수는 없다. 덕치주의는 근대 이데올로기와는 달리 현실에서 차지하는 구체적인 부피를 차지하고 있었기 때문이다. 그 현실적인 부피란 다름 아닌 증여의 형태로 드러나며, 이 증여야말로 국왕이나 그 대리자로서의 지방관이 왕조체제라는 무대에서 자신의 존재를 드러내는 직접적인 방식이고 또 그 사회적 관계를 계속 생산해 내는 구체적인 행위였다. 무엇보다 이 증여야말로 유교국가의 가장 현실적이고 유용한 통치전략이었다.

증여의 한 장면 읽기

이 글은 19세기 말 고성부사였던 오횡묵이 이 고을 사람들에게 선물을 증여하는 일상의 한 장면으로부터 시작하였다. 이 사건의 전경에는 선물의 종류나 개수, 받은 사람 수 등의 숫자가 가장 뚜렷하게 드러난다. 다음의 표는 그 세목을 정리한 것이다.

그림 1. 고성의 옛 지도 규장각 소장

표 1. 갑오년(1894) 5월 8일 선물 증여의 명세

선물의 종류	세부 분류	수량	수증 대상	증여사유
부채	유선(油扇)	98자루 78자루	고성(본읍)의 관속(官屬)과 향민(鄕民), 문학사(文學士) 함안(전 부임지)의 관속(官屬)과 향민(鄕民)	절선(節扇)
그 외	미선(尾扇)	21자루	3명의 기생 외	
	돈 남초(南草) 바늘	81냥 35파(把) 72봉(封)	농민(農民)	권농(勸農)

너무나 당연한 말 같지만 이 같은 선물 증여는 오횡묵이 고성부사의 자격으로 행한 것이다. 그런데 이와 같이 표면화된 질서들은 기록자의 주관적인 원근법과 밀접히 연관되어 있다. 기재 순서에는 증여자인 고성부사가 자신을 중심으로 형성한 원근의 사회관계를 반영한다. 그 순서를 보면 본읍本邑의 삼반관속三班官屬·향민鄕民·문학사文學士, 기생妓生, 함안咸安의 관속官屬·향민鄕民, 본읍本邑의 농민農民 순이다.

그리고 이러한 사람들의 원근의 차례에 따라 주어진 선물은 그 가치의 고저와 밀접히 연관되어 있다. 유선油扇보다는 미선尾扇의 값이, 미선보다는 돈·남초南草·바늘의 값이 헐하다. 이러한 배열에서 부채를 받는 계층(관속, 향민, 기생 등)과 그렇지 않은 계층(농민층)이 뚜렷이 경계지어져 있음을 알 수 있다. 부채를 받는 계층 중에서는 다시 유선油扇과 미선尾扇을 받는 사람들로 나뉜다.

유선은 접고 펼 수 있어서 휴대가 간편한 접선이므로 바깥출입이 많은 남자들이 사용하였다. 미선은 둥근 부채로서 집안에서 아녀자들이 주로 사용하였고 남자들도 집안에서는 둥근 부채를 사용하였다. 아무래도 접는 부채 쪽이 제작 과정이 복잡하므로 고가高價라고 추정할 수 있을 것이며, 이것을 받는 사람들이 더 중요한 사람들이었을 것이라고 가정할 수 있을 것이다.

이 해에 유선油扇을 받은 사람들은 100명 안팎이었다. 이들은 읍지에 의거해 볼 때 고성읍 전체 인구의 0.1~0.2%에 해당한다. 다음 표에서와 같이 그 전 해에 200명에 가까운 사람이 부채를 받았던 것을 감안하더라도, 그들은 0.5% 내의 소수임에 틀림없다.

표 2. 계사년(1893) 고성부의 유선(油扇) 반사 명세

반사 대상	부채의 개수(자루)
본읍(고성)의 삼반(三班), 삼향소(三鄕所), 삼재임(三齋任)	156
본읍의 향중(鄕中)	42
함안의 삼반(三班), 삼향소(三鄕所), 삼재임(三齋任), 향중(鄕中)	91
합계	289

위의 1893년과 1894년 두 해에 걸친 기록에서 반사한 부채의 숫자가 차이가 있는 것으로 볼 때, 부채의 숫자나 대상자가 고정되었던 것은 아닌 듯하다. 그 수령자를 미리 정해 놓고 부채를 조달하는 것이 아니라 구할 수 있는 부채의 수에 따라 그 대상자의 인원수가 달라졌던 것으로 추정된다.

이와 같이 조달하는 부채의 개수가 달라진 원인은 무엇보다 이 부채들이 외부에서 공급되었기 때문이다. 오횡묵이 나누어 준 부채들은 어디에서 조달된 것일까. 오횡묵이 정선에서 수령을 할 때의 기록에 경상감영과 통영으로부터 전해 왔다고 하였던 것으로 미루어 보면, 고성에서의 이 부채들도 역시 대개 경상감영 아니면 통영에서 온 것이 아니었을까 추정된다.[5]

그림 2. 접선(접는 부채) 국립민속박물관 소장. 유선(油扇)은 접선의 일종으로 선면을 콩댐하거나 들기름을 먹인 부채이다.

그런데 부채 수령자의 대상 범위에는 큰 변화가 없었다. 『고성읍지』에 실린 관속의 종류와 인원수를 살펴보면 다음과 같다.[6]

표 3. 관속 인원수의 규정

직책	좌수·별감	군관(軍官)	인리(人吏)	지인(知印)	사령(使令)	관노(官奴)	합계
인원(명)	3	30	54	18	17	36	158

당시 삼반관속을 점고할 때의 명부가 『총쇄록』에 기재되어 있어서 그 수를 위의 명단과 대조해 보면 대동소이함을 알 수 있다.[7] 이 인원수는 삼반관속에 대해 계사년癸巳年에 반사한 부채 수와 거의 일치한다.[8] 관례적으로 관속들에게는 모두 부채가 돌아가는 것이 통례였던 것을 알 수 있다.

그 밖에 향민鄕民들이나 문학사도 유선을 받았다. 그들은 대부분 관직 경력이 없는 집안의 사람들이었다. 그럼에도 수증자의 분포가 각 동별로 고르게 안배되어 있다. 이들은 고성부의 동리에서 대표할 만한 집안

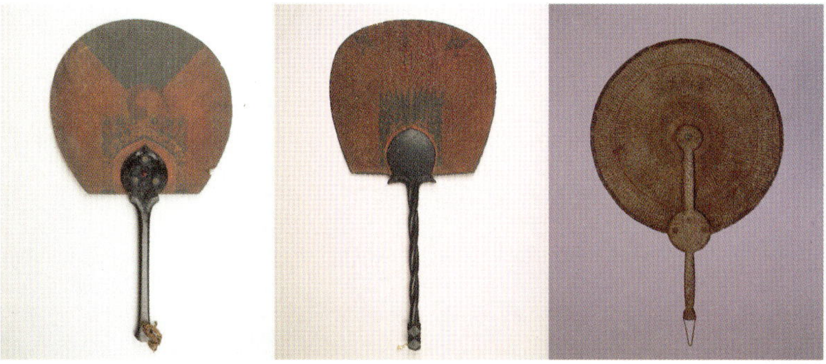

그림 3. 단선(團扇) 국립민속박물관 소장. 미선은 단선의 일종으로 조류나 어류의 꼬리를 본떠 만든 부채이다.

들을 모두 아우르고 있었다.[9]

한편, 그는 농민들에게 부채 이외의 다른 선물을 전하고 있다. 8일과 9일 이틀 동안 그들에게 분급分給한 선물은 돈 81냥, 남초南草 35파把, 바늘 52봉封이다. 이 물건들은 부채와는 달리 얼마든지 시장에서 구매할 수 있는 물건들이다. 돈이 선물의 목록에 끼어 있는 것은 오늘날의 상식에 비추어 볼 때 매우 이례적인 일이었다.

특수한 경우가 아니라고 한다면 돈은 선물이 되기에 적절치 않았으며 아랫사람이나 아이들에게 주는 선물로 이용되었다. 당시 오횡묵도 주로 학동들이나 아이들에게만 돈을 선물하였다.[10] 여기서 돈이 어떤 상징성도 갖지 않고 순수한 사용가치만을 가지고 있다는 것을 상기할 필요가 있다.[11]

이러한 증여가 이루어졌던 시기와 거의 비슷한 때에 양반 이외의 계층에서 이루어졌던 선물 교환을 보면, 그 물목으로 미역, 담배, 돗자리, 북어, 책력 등이 있다.[12] 여기에는 부채가 포함되어 있지 않다. 그 중에서도 특히 담배는 세밀이 되면 책력과 더불어 가장 빈번하게 증여되던 비중 높은 선물이었다. 이것은 당시 흡연이 매우 일상화되어 있었다는 것을 보여 준다.

그런데 농민 한 사람에게 얼마만큼의 선물이 돌아갔던 것일까? 우선 돈부터 살펴보자. 이 문제에 대해서 이 기사에서는 언급하고 있지는 않지만 그 이전 해의 예를 따랐다고 가정한다면, 1사람당 3닢[葉]씩 나누어 주었을 것이다.[13] 이것에 의거한다면 이때 돈을 받은 사람은 모두 2,700명이다. 그렇다면 3닢은 당시 어느 정도의 가치였을까. 당시 쌀 1되[升]의 시장 가격이 1냥 2전~1냥 8전을 오르내리고 있었다.[14] 이것을 참조한다면 3닢은 저녁 한 끼를 먹을 수 있는 비용 정도로 짐작할 수 있다.

다음으로 남초의 경우를 따져 보자. 경주 물가를 기준으로 볼 때 1700년대에 남초 1파가 1전에 불과하였지만 1880년대에는 5전, 다시 1890년대에는 1냥 4전까지 상승하였다.[15] 이 고성지역도 크게 다르지 않았을 것으로 가정한다면, 20파는 22냥 정도로 추산된다. 분급한 돈의 양과 대조해 볼 때 전체 선물 양에서 그리 큰 비중이 아니었음을 알 수 있다.

그런데 바늘은 누구에게 얼마만큼 분급되었던 것일까? 이 바늘들은 들에 나와서 일을 하고 있었을 여농군女農軍들의 몫이었다. 그 전해의 예로 보자면 여자 한 사람당 3~4개씩을 나누어 주었다고 가정할 수 있다.[16] 이 물건이 여성들의 삶에서 차지하는 쓰임새를 고려해 본다면 이 물건이 선물로서 매우 적절한 물종이었다는 것을 짐작할 수 있다.

다음으로 그들이 순례한 지역을 고려해 보자. 고성부는 1872년 읍지에 의하면 총 16개 면으로 구성되어 있다가 당시 3개 면이 더 신설되어 총 19면으로 구성되어 있었다. 그런데 그들이 선물을 위해 순례하였던 지역은 상리면上里面, 상서면上西面, 외서면外西面, 내서면內西面, 내동면內東面, 동읍내면東邑內面, 광이면光二面, 율천栗川의 내외평內外坪 등 7~8개 면에 불과하므로 전체 면 수에서 절반을 밑돈다. 그렇지만 그 전해에는 면별로 줄 수 있는 양을 미리 배당해 두었던 것을 보면 반급하는 범위를 되도록 넓게 두고 공평하게 나누어 주고자 하였던 의도를 이해할 수 있다.[17]

이 선물 잔치는 농가에게 실질적인 생활에서의 도움을 도모하고자 시행된 것은 아닌 듯하다. 이것은 그의 표현대로 권농을 위한 위무 차원에서 행하여진 작은 선물잔치로서의 의미가 컸음을 알 수 있다.

부채의 사회적 도상성

앞서 소개한 한 장면의 분석을 통해 오횡묵이 단오절에 부채를 증여한 대상인 관속官屬과 향민鄕民들을 농민農民과는 뚜렷이 구별되는 범주에서 우대했음을 알 수 있었다. 그런데 관속과 향민에게 하사되었던 선물이 어째서 하필 부채였을까?

부채와 선물로서의 조건

오늘날의 부채는 이전과는 달리 생활에서 크게 환영받지 못한다. 일상생활에서 부채의 사용 가치가 크게 상실됨으로써 선물로서 갖는 매력을 거의 잃어버렸기 때문이다. 그런데 불과 100년 전까지만 하더라도 "단오 선물은 부채요, 동지 선물은 책력"이라는 속담이 민간에 회자될 만큼, 부채는 많은 사람에게 여름 선물로 애용되었던 물건이었다.[18]

부채가 선물로 기능하기 위해서는 생활에서 요긴한 사용가치가 있어야만 했다는 것은 이러한 예를 통해서도 충분히 이해할 수 있다. 그것이 보편적인 선물로 이용되기 위해서는 그것이 '묘한 필수품'이어야 했다.

묘한 필수품으로서의 지위는 다음과 같다. 그 필수품은 생계를 유지하는 데 치명적인 것은 아니지만, 없으면 다소 곤란하다고 느껴지는 물종이어야 한다. 생계에 치명적이지 않다는 것은 증여자가 수증자에게 큰 부담을 주어서는 안 된다는 뜻이다. 오늘날 종종 선물로 쓰이는 시계, 핸드폰, 케이크나 옛날에 선물로 애용되던 부채, 돈, 담배, 바늘 등이 모두 따지고 보면 이러한 성격을 띤 물건임을 알 수 있다.

그리고 부채는 토지나 건물처럼 영구적, 혹은 반영구적이지 않고 1년 정도 견딜 만한 적당한 내구성을 가지고 있었다. 이러한 비영구적인 특성은 여름이 될 때마다 새로운 증여의 기회를 제공하였다. 그리고 부채

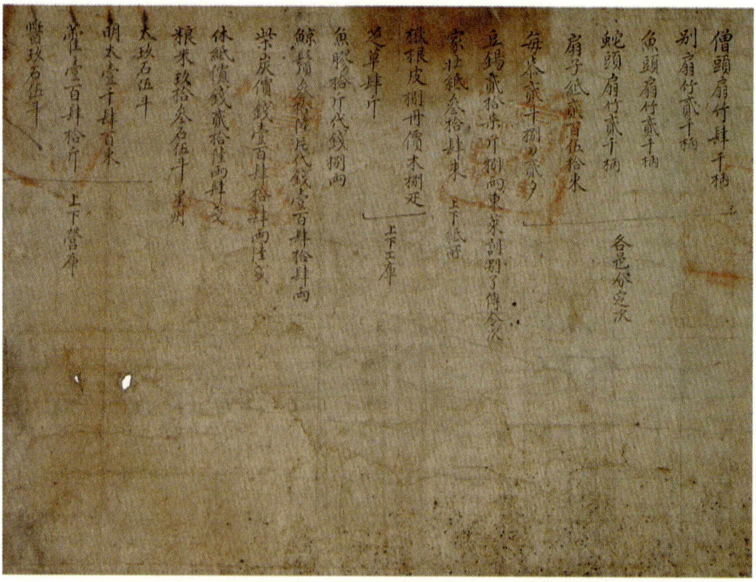
僧頭扇竹肆千柄
別扇竹貳千柄
魚頭扇竹貳千柄
蛇頭扇竹貳千柄
扇子紙貳百伍拾束
各邑分定次
每本貳千捌 [illegible]
豆錫貳拾柒斤捌兩東萊割得了傳令次
家壯紙叁拾肆束 上下紙
楸根皮捌冊價木捌疋
芝草肆斤 上下工庫
魚膠拾斤代錢捌兩
鯨鬚叁拾陸斤代錢壹百肆拾肆兩
柴炭價錢壹百肆拾肆兩伍戔
休紙價錢貳拾陸兩肆戔
粮米玖拾叁石伍斗
太玖石伍斗
明太壹千肆百束
藿壹百肆拾斤 上下營庫
醬玖石伍斗

그림 4. 부채 제작에 들어가는 재료 가조선 마련건기(加造扇 磨鍊件記) 영남대학교 중앙도서관 소장. 이 문서를 통해 절선을 제작하는 과정에 들어가는 물자를 알 수 있다. 절선의 재료는 죽물, 종이, 추근피(楸根皮), 지초(芝草), 어교(魚膠), 경수(鯨鬚)이고 공장(工匠)들의 소용품은 시탄(柴炭), 휴지(休紙), 양미(粮米), 태(太), 명태(明太), 곽(藿), 장(醬)임을 알 수 있다.

위의 넓은 빈 공간은 문인들에게 자신의 문기를 펼칠 수 있는 최적의 장소를 제공하였다. 이것은 부채가 선비들에게 특히 선호될 만한 선물 품목이었음을 말해 준다.

부채가 보편적인 선물로 이용될 수 있었던 것은 무엇보다 그것이 당시에 기호품화되어 있었기 때문이다. 부채는 냉방구 외에도 은폐, 지휘, 호신, 위엄용, 벌레 퇴치용으로 사용되었다. 그래서 겨울에도 쥐고 다닐 정도로 신체에 관성화되어 있었다.[19] 그것은 사족들에게 장신구로서 오늘날의 이른바 '럭셔리'와 같은 속성을 지니고 있었다. 부채는 자신뿐 아니라 다른 사람들의 시선에도 놓여 있었으므로 직접적인 비교의 대상이 되었다.

그런데 부채에 부과된 이 같은 특성들은 대부분 부채 사용이 민간에까지 어느 정도 보편화된 조선후기 이후의 일이었다. 조선초기만 하더라도 단오절에 진상된 절선節扇은 매우 보편화된 일용품은 아니었다. 절선은 시장에서 쉽게 접할 수 있는 물건이 아니었고, 주로 국왕이 진상을 통해 독점하였던 경로에서만 유통되었다.

당시 절선은 대부분 비단에 칠을 하고 자루는 금은으로 장식된 호화로운 것이었다. 그 제작이 매우 까다로웠을 뿐만 아니라 재료값을 대는 것만도 결코 녹록치 않은 사치품이었다.[20] 절선의 제작은 공조와 경상감영, 전라감영 등에 제한되어 있었으며, 그곳에서 선장扇匠을 독점하고 있었다. 따라서 희귀한 재료에 정교한 기술력을 보유하여야만 제작될 수 있는 부채는 국왕이 제작과 유통을 거의 전담하는 독점물이었다. 당시 절선은 각 전殿에만 진상품으로 바쳐졌다.[21] 세자궁에게까지 부채가 진상되는 것이 그보다 훨씬 늦은 시기인 정조조正祖朝에 이르러서야 가능하였던 것을 보면, 절선은 애초에 대비전大妃殿, 대전大殿 혹은 중전中殿만이 내려줄 수 있는 특별한 선물이었음을 알 수 있다.

국왕의 정치적 도구, 부채

국왕의 정치에서 부채의 증여는 매우 중요한 역할을 하였다. 선조는 단오절에 홍문관, 실록교정청의 관원들에게 주찬 및 부채를 하사하였다. 광해군은 전란으로 부채의 진상이 끊어진 상황에서도 계속 부채의 진상을 요구하여 진상된 부채를 도감都監에 계속 뿌려댔다. 인조는 군병들에게까지 부채를 나누어 주었다.[22] 이와 같이 국왕이 증여한 부채는 무엇을 표상하고 있는가? 그것은 국왕의 은혜였다. 여기서 부채의 증여는 군신 간의 인격적 결합을 일깨우는 점화점 역할을 한다는 점에서 의미가 컸다.

귀양 가 있던 정약용이 지은 다음의 시는 부채의 이와 같은 표상을 적절히 드러내는 한 가지 예이다.

지난 날 단오절에	舊日端陽日
선방扇房에서는 은혜의 부채 내리셨다네	恩頒自扇房
내가內家에서 새로 만든 것이기에	內家新制作
긴 여름도 그것 때문에 시원했지	長夏故淸涼
만질수록 칠 빛이 윤택하고	漆澤摩來潤
붉은 인주 찍힌 첩자 향기롭더니	紅泥帖子香
지금은 풍토병이 어린 곳에서	如今瘴厲地
모기떼가 괴롭게 침상에 덤벼드네[23]	蚊蚋苦侵床

정약용은 단오절이 되어 더위가 몰려오자 문득 국왕으로부터 부채

를 받은 일을 떠올렸다. 연이어 그것에서 국왕의 은혜를 연상하였다. '단오-절선-국왕의 은혜'로 이어지는 표상은 정약용에게 연관된 도상성으로 작용하였다. 여기서 절선은 바로 국왕의 은혜를 상징하였다는 것을 알 수 있다.

나아가 국왕의 절선 증여는 그것을 받은 이로 하여금 보은報恩에 대한 열정을 야기시키는 방아쇠 역할을 하기도 하였다.

액예가 너울너울 영 바깥에서 왔으니	掖隷翩翩嶺外來
양궁兩宮께서 새로 내리신 부채를 함께 펴 보았네	兩宮新賜一時開
미미한 신하가 부끄럽게도 조금치의 보답도 없었는데	微臣愧蔑涓埃報
남다른 은혜가 해마다 초막에 이르는구려	異渥年年及草萊
몇 년 동안 심히 아파 곧 죽을 것 같았는데	經年篤疾死爲隣
분수 외에 선제仙劑가 이 몸을 구하였네	分外仙劑濟此身
평생을 돌아보건대 은혜를 아직 못 갚았으니	點撿平生恩未報
감히 말하노니 사람의 도리에 군신간의 의리가 있도다[24]	敢言人道有君臣

심육(沈錥, 1685~1753)은 국왕과 왕세자로부터 절선을 받고 이와 같이 감격하고 있다. 또 그것을 통해 군신 간의 의리를 상기하고는 그 은혜에 보답하지 못하였던 자신을 반성하였다. 이때 증여를 통해 구성된 사회적 도상성은 시혜-보은의 관계로 구성되었다.

군신 간에 증여를 매개로 맺어진 이와 같은 정서적 결합은 무엇을 뜻하는가? 이 결합이 상호 간의 자발적 정서를 매개로 하는 예적 질서 안에서 이루어졌다는 점을 상기할 필요가 있다. 그 한 가지 예로 19세기 중엽 충청도의 양반인 조병덕은 그의 아들 조장희가 토호로 붙잡혀 유배된 후 절선을 받자 이것을 되돌려 보낸 바 있다.

> 양남兩南과 통영統營의 예봉절선例封節扇도 죄인의 집에서 감히 받을 수 없다. 이것 또한 교동에 가서 사뢰고 절선을 돌려보내라. …… 절선을 받는 것이 본래 미안했으나, 전부터 내려온 잘못된 관례라서 감히 폐지할 수도 없었다. 이제는 어찌 감히 받는다고 하겠느냐? 반드시 양남 감사와 통제사의 본가에 돌려보내어 중간에 없어지는 불분명한 폐단이 없게 해라.[25]

여기서 절선의 상징적 의미를 충분히 예측할 수 있을 것이다. 이것은 절선의 사여가 예의 질서 안에서 구현되며 작제적爵制的 질서는 대부 이상에게만 적용된다는 『예기禮記』「곡례상曲禮上」편에 보이는 유명한 구절인 "예禮는 서인까지 내려가지 않고, 형刑은 대부大夫 이상에 적용되지 않는다."는 문구가 현실에서 구현되는 실례라고 할 수 있다.[26]

선물의 증여는 증여의 경로에 따라 의미를 달리한다. 이 경로에는 증여자와 수증자의 사회적 맥락, 증여 시기의 적절성도 포함되어 있다. 부채의 경우만 하더라도 지방관이 사적으로 대신가에 증여하거나 단오절 이외에 증여할 경우 모두 뇌물이라는 혐의를 받았다. 절선이 진상품을 통해 각 전殿에 올라가고 그 전을 통해서 하사되는 경로를 거치는 경우에만 정당성을 얻을 수 있었다.

절선이 갖는 이러한 촉매적 성격은 오직 상위 신분에 있는 사람이 아랫사람에게 하사하는 경우에만 시혜-보은의 메커니즘으로 작동하였다는 점에서 의미를 갖는다. 이 증여가 다른 경로를 택하게 될 경우, 그 증여는 뇌물로 간주되거나 실용적인 목적을 위해 공급된다는 것 외에는 별다른 의미를 갖지 못했다.

조선초기에는 아래 신분의 사람이 윗사람에게 부채를 증여하는 경우, 국왕에게 바치는 진상을 빼고는 대개 뇌물로 규정되어 있었다. 절선을 진상하는 고을의 지방관들은 중앙의 권귀權貴들에게 헤아릴 수 없이 많은 절선을 뇌물로 바쳤다. 5~6만 자루의 부채를 만드느라 물력을 다 탕진하는 고을도 있었다.[27] 게다가 뇌물로 제작된 절선에 금과 은을 얼마나 섞느냐에 따라 출세 여부가 결정된다고 할 정도였다. 이 문제는 조정의 중요한 논란거리로 떠올랐다. 숙종조에 이르러서는 시종관 이상의 관원에게 국왕의 부채 증여를 공식화하였다. 조정에서는 당시 각지에서 대신 1명당 보내는 물량은 공식적으로 10~20자루로 제한하도록 하였다.[28]

당시에 절선을 합법화하여 통제하고자 하였던 의도를 이해할 수 있다. 그런데 이 규정은 결코 지켜지지 않았던 것 같다. 이때 한 대신이 통제사統制使, 경상좌병사慶尙左兵使, 좌수사左水使들로부터 받은 절선의 수가 각각 20자루를 넘었다고 한다.[29]

이와 같이 절선에는 생활에서 소용되는 묘한 필수품으로서의 사용 가치 이상의 의미가 있었다. 당시에 그것이 갖는 일차적인 사회적 도상성은 단오라는 특정 시기에 국왕의 은혜를 표상하는 선물이었다. 이와 같이 절선은 시장체계 바깥에 있는 독자적인 증여의 메커니즘 속에서 유통되고 있었다. 이 메커니즘은 국왕에 의해서 독점적으로 장악되었다. 조선초기부터 국왕과 왕실은 부채의 증여를 통해 대신들과 은혜로운 관계를 돈독히 하였다. 이때 절선은 국왕과 대신이 맺는 예제적 관계를 매개하는 상징물로 활용되었음을 알 수 있다.

부채 증여의 메커니즘

부채 증여의 연쇄망

절선의 증여를 매개로 구현되었던 긴밀한 인간관계는 군신 간에만 한정되었던 것은 아니다. 이 부채를 받은 신하들이 그의 주변 사람들이나 하속들에게 재차 증여함으로써 부채의 증여를 매개로 형성된 인간관계는 연쇄적으로 이어졌다.

이와 같이 절선을 매개로 한 수수 관계의 확대된 연쇄는 『열양세시기洌陽歲時記』의 다음 구절에서 살필 수 있다.

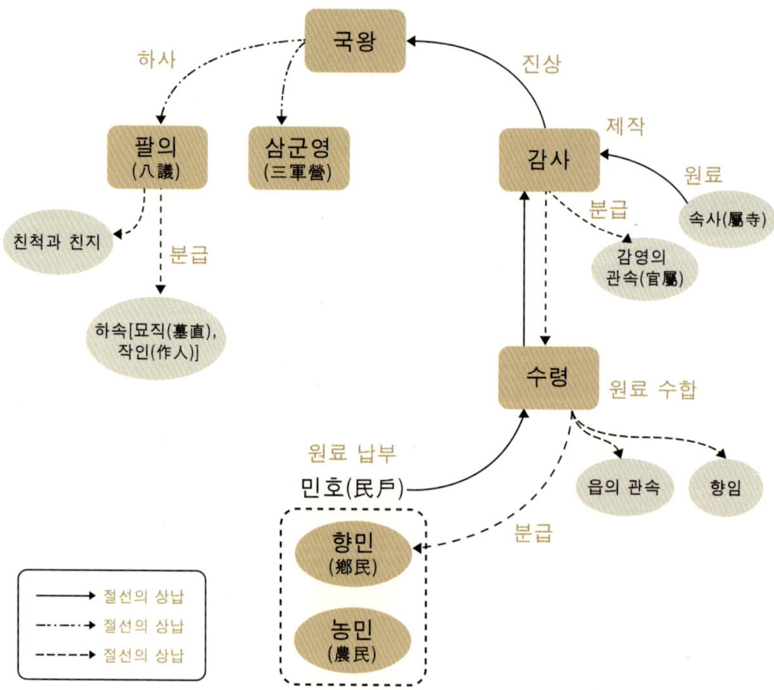

그림 5. 조선후기 단오 부채의 가치 순환[30]

> 공조工曹와 전라도·경상도의 두 감영과 통제영에서는 단오 때가 되면 부채를 만들어 진상한다. 조정에서는 시종관 이상 훈련도감·금위영·어영청인 삼영三營에 까지 모두 예에 따라 차등을 두어 나누어 준다. 부채를 얻은 사람은 다시 자기의 친척·친지·묘지기·소작인들에게 나누어 준다.[31]

당시 진상용 부채를 제작하는 곳은 정해져 있었다. 공조 및 호남감영, 영남감영 및 통제영이었다. 그 밖에 몇몇 고을에서도 만들었다.[32] 시종관 이상을 비롯하여 삼영에 이르기까지 부채를 나누어 주면 그들은 다시 친척이나 친구, 그들의 묘지기나 작인에게 나누어 주었다.[33] 이러한 관행은 위의 조병덕의 사례를 통해서도 확인된다. 그런데 증여를 통해 구축된 관계 중에서 ① 국왕과 대신들의 관계, ② 대신들과 그들의 친척·친구·제자들과의 관계, ③ 대신이나 양반과 하속들(묘지기·작인)의 관계를 모두 등질한 관계로 동일시할 수 있는 것일까?

앞서 언급한 대로 ①은 국왕 중심의 작제적 질서에서 형성된 것이라고 할 수 있다. 그런데 ②는 이와 달리 양반 계층 내에서 이루어지는 조건적 호혜성을 바탕으로 한 것이라고 할 수 있다. 조병덕이 보여 주는 다음의 또 다른 사례는 부채가 그의 친척·친구·제자들과의 관계에서 무엇을 의미하는지를 보여 준다.

조병덕은 부채를 시장에서 사는 법이 없었다고 한다. 양반들이 선물로 주는 부채는 특별하였기 때문이다. 그가 부채를 주로 구하는 방법은 자기 집안의 자제들 중 수령으로 가 있는 사람들을 통해서였다. 특히 남원부채는 당시에 매우 인기가 높아 수요가 많았다고 한다. 이러한 수요에 답하느라 조병덕은 남원부사로 가 있던 장조카 조봉희에게 채근하였다. 한편 그 역시 종2품 가선대부였으므로 경상감영, 전라감영, 통영으로부터도 절선을 조달받았다고 한다.[34]

조병덕은 단오절이 되면 이와 같이 획득한 부채를 주는 대상이 일정하게 정해져 있었다. 그는 그 대상을 명단으로 따로 작성하여 보관하였는데 도합 30명이었다. '단오절-부채-30명의 수령자'는 단오 때만 되면 그의 머릿속에서 자연히 떠오르는 의례적인 도식이었다. 사실상 이것을 충족시킬 수 있는지의 여부는 조병덕이 양반으로서 체면을 유지하며 살아갈 수 있느냐에 달려 있었다. 이것이 그가 집안의 경제력이 쇠퇴하는 가운데서도 이 의례적 행위만은 고수해 나가고자 하였던 이유이다.

이러한 의례적인 관계 이외에도 당시 부채는 모르는 사람이나 아랫사람에게 특별한 부탁을 할 경우에도 유용하게 쓰였던 선물이다. 조병덕이 양식을 자주 빌어먹던 사람이 있었는데, 그에 대해 인사를 차릴 수 있는 선물로 조병덕은 부채를 이용하고자 하였다.

> 양식이 떨어졌다. 볏섬 빌리는 곳에 편지를 쓸 때 인사 차릴 것이 없어서는 안 되니 부채를 속히 보내라.[35]

다음으로 ③ 대신이나 양반과 하속들(묘지기·작인)의 관계는 이것들과는 다른 원리에 의해 긴박된 주종 관계 속에서 형성된 것이다. 사족들이 묘지기나 작인들과 사회적으로 주호-협호의 관계로 이해되고 있으며 이 둘의 관계 또한 정서적으로 가부장적 관계를 바탕으로 한 가족주의적 정서를 형성하고 있었다.[36]

그리고 부채는 하속들의 수고에 대한 보상을 위해서도 사용되었다. 장사를 치르고 난 뒤에 묘를 쓴 지역의 관속들 및 일하는 사람들에게 상으로 주는 주된 선물도 부채였다.[37] 이를 통해 하속이나 관속들에게 그 수고의 대가로 부채가 사용되었다는 것을 알 수 있다.

이러한 하속들에 대한 부채 증여는 그들을 관리하는 정치 수단이었음은 정조 때 세도가였던 홍국영에 관한 다음 기사에서도 충분히 엿볼 수 있다.

> 홍국영은 하속들을 잘 부리니 부채와 책력을 공평히 나누어 준다고 한다.[38]

하속을 잘 부리는 것이 부채와 책력을 공평히 나누어 주는 일과 과연 어떤 관계였을까. 게르만어로 선물의 원의에는 '선사present'와 '독poison'의 뜻이 동시에 내포되어 있다고 한다.[39] 그렇다면 여기에 숨어 있는 독은 어떤 것일까?

증여는 타인에 대한 배려를 동기로 한다는 점에서 혜택이다. 한편 그것은 보상을 전제로 타인을 지배하려는 심리를 밑바탕에 깔고 있다는 점에서 독이 되기도 한다. 그런데 신분제 사회에서는 상급자의 증여에서 또 다른 독을 보게 된다. 그 독의 하나는 증여에서 제외된 사람의 '질투'이다. 질투는 동료에 대한 질시를 넘어 동료는 물론 윗사람을 배반하게도 할 수 있다. 이때 증여의 원리는 안 받았을 때 섭섭함이 생기는 부정적인 의미를 함축하고 있다는 점에서 앞서 살펴본 국왕과 대신 간의 적극적인 정서적 결합과는 구별된다.

부채 증여의 사회적 의미

이와 같이 조선후기에 부채의 증여는 국왕과 대신, 다시 대신과 친인척 및 하속들의 연쇄적인 신분적 상하 관계의 고리마다 나타났다. 절선의 양은 한정되어 있었기 때문에 절선을 증여하는 범위는 곧 증여자의 사회적 원근을 반영한다. 증여의 대상 범위는 증여자가 자신과의 긴밀한 사회적 관계를 승인하는 범위이다. 증여는 행위의 관점에서 볼 때 그 원리상 포함과 배제를 동시에 내포하고 있다. 누군가를 증여의 대상에 포함시킨다는 것은 다른 사람들을 그 대상에서 배제시키는 것을 의미하기 때문이다. 절선의 증여를 통해 위로부터 아래로 '시혜施惠-보은報恩 관계'의 정서적 연쇄망이 형성되었으며 신분적 경로를 통해 끊임없이 재생산되었다고 할 수 있다. 그런데 절선節扇의 증여가 국왕으로부터 향민, 혹은 그 아래의 신분에 이르기까지 연차적인 상하 관계에 기반하였다는 것은 분명하지만 최초의 증여가 이루어지는 지점으로부터 다시 그 수증자가 재증여를 하고 그 연쇄가 진행될수록 그 증여가 갖는 원래의 상징성의 강도는 반감되었다.

따라서 앞서 고성부사 오횡묵이 행한 절선 증여의 상징적 의미는 매우 애매하였다. 그것에서는 앞서 국왕과 신하 사이에 보였던 그런 애틋한 정서적 결합을 찾기 힘들다. 이때의 절선들은 모두 절선소節扇所로부터 공급된 것이지만 그것은 법적으로 규정된 예봉절선例封節扇의 예적 범주 안에서 논의될 수 있는 것이 아니었다.

당시 고성에서는 단오절인 5월 5일 당일에 부채를 주고받는 일이 없었고, 이날은 다른 의례가 준비되어 있었다.[40] 증여 시기는 특별히 정해진 때가 없이 4월이나 5월의 어느 때였다. 그리고 그가 부채를 내려준 것에 대해 수증자인 관속이나 향민들이 특별히 하례하는 일도 나타나지 않았다. 이 장면에서 이루어졌던 부채의 증여가 과연 공식적인 의례로 이해될 수 있는지 뚜렷한 근거를 찾기 힘들다.

앞서 살펴보았듯이 절선 증여는 공식적으로 국왕이 주로 시종신 이상을 대상으로 하사하는 것으로 규정되어 있었다. 이 증여는 국왕과 신하 사이에 맺어진 작제적 질서를 표상하였다.[41] 이 범주에 의해서 조가라는 의사가족擬似家族의 범주를 그려볼 수 있을 것이다.[42]

이 증여의 범주로부터 배제된 사람들은 또 다른 차등적 질서 속에 들어가 있었다. 대신들은 받은 부채를 다시 그의 친구나 향촌 사람들에게 증여하였다. 이것 역시 증여자가 갖는 가장으로서의 위상에 바탕을 두고 있었다는 점에서 가부장적 관계의 또 다른 복제판이다. 이것이 다시 그 하속들에게 증여되는 점에서 역시 또 하나의 가족의 범주를 그려 낼 수 있다. 이 역시 포함과 배제의 원리 속에서 이해할 수 있을 것이다.

절선이 증여를 통해 지나간 자리마다 시혜-보은의 개념적 쌍들의 자취가 연속적으로 남게 된다. 그렇다고 증여 그 자체가 수증자로 하여금 보은을 일으켰다고 보아서는 안 될 것이다. 앞 장에서 살펴보았듯이 이 증여는 증여자와 수증자가 맺고 있던 기존의 사회관계를 다시 확인시켜 주는 촉매제일 뿐 아니라 이러한 사회적 연관성을 끊임없이 재창조하는 기능을 하였다.

'자부상慈父像'의 갈구

수령의 음식 잔치

오횡묵이 함안의 고을민과 맺은 관계에는 이해하기 힘든 면이 있다. 그는 어느 고을에 가든, 부임 초부터 형벌을 아끼지 않았다. 함안에서의 일을 보면 그는 부임할 당시 남북당南北黨으로 갈려 서로의 입장을 앞세우는 송사가 밀려들자, 송사를 일삼는 향반들을 나이에 관계없이 매로 다스렸다. 그 중 남당의 우두머리로 지목되는 노인을 잡아들이고, "네가 이름난 조상의 후예요, 나이든 사람으로서, 멋대로 향권을 쥐고, 고을의 폐단에 길들여졌으니 집안의 못된 자손이며, 이 고을의 몹쓸 백성이다. 너는 반드시 형벌을 맛보아야 할 것이다."고 문초하고 있다.

오횡묵은 70살이 다 된 노인이라도 매로 다스리기를 거리끼지 않았을 뿐 아니라, 오히려 본보기로 모든 사람을 다 내보내고 오직 그만 착가着枷하여 감옥에 가두었다. 이러한 조치를 통하여 향민들을 굴복시킬 수 있었다.[43] 그리고 그는 각 면에 여러 조항의 금법을 전령으로 내렸다. 앞서의 위엄을 업고 신속하게 조치하고 있음을 알 수 있다.

그뿐 아니라 오횡묵은 향리들을 대하는 데에도 매우 엄격하게 거리를 두어 다스리고자 하였다. 그 시절 그는 향리들의 포흠을 잘 처리한 관리로 이름이 높았다. 형벌을 통해 그곳의 향리들을 쥐락펴락하였다.

그래서 오횡묵은 그 이전에 재직하였던 함안의 고을 사람들이 자신을 몹시 그리워하는 것을 보고는 그들의 그런 태도에 내심 의아해하였다.

> 생각해 보니 이 고을에 있으면서 4년 동안 포흠을 찾아 쇄신하느라고 매양 '은혜보다는 위력을 많이 보이고 가르침보다는 형벌을 많이 써서 너그러운 다스림을 하지 못하였다.' 지금 교체한 뒤에 저들에게 사랑이 남아 있지 않을 것 같은데도 석별의 정이 넘침을 보니 그렇다면 나의 다스림이 크게 어긋남이 없는 것인가?[44]

이런 점만을 놓고 본다면 그는 덕으로 가르치기보다는 형벌을 앞세운 법가적인 의미의 혹리酷吏에 가깝다. 위력을 많이 보였다고 하는 이런 혹리가 고성부사로 부임한 이후에도 함안 사람들은 계속 찾아왔다. 그리고 고성부사로 있던 오횡묵이 그들에게까지 부채를 돌린 일도 오늘날의 상식으로는 결코 이해하기 쉽지 않다.

함안이 고성으로부터 그다지 멀지 않은 이웃한 고을이고, 그가 4년에 걸쳐 그곳의 수령으로 재임하였으며, 고성이 부채 산지인 통영의 영하읍營下邑이라서 부채를 쉽게 구할 수 있는 것 등 몇 가지 특수한 사정을 고려해 보더라도 고성부사로 부임한 이후에 오횡묵과 함안의 관속 또는 향민의 접촉 빈도는 상상하는 것 이상이었다. 다음은 그가 고성부사로 부임한 첫 해인 계사년1893에 함안 사람들과 접촉한 예이다.

표 4. 함안 관속·향민의 방문 명세

번호	월 일	내용	비고
1	4월 26일	함안의 조진사 병규와 승규가 찾아와서 유숙.	
2	5월 7일	송파 배문효와 괴사 조익규, 이서 박용하, 죽오 이장록, 화석 박영수가 찾아와 관에서 음식을 제공, 책방과 협방에서 머물게 함.	8일 바닷가에 나아가서 즐김.
3	5월 14일	함안에서 세 노인이 옴.	양로연에 참석. 5월 16일 떠날 때 노자 3냥과 홍합, 해삼 각 1첩, 문어 각각 5마리씩. 죽오에게도 보냄.
4	5월 18일	함안의 두 아전 이창규, 조희엽이 찾아옴.	돌아가는 편에 삼반, 삼향소, 삼재임, 향중에 부채 하나씩과 편지를 써서 보냄.
5	5월 29일	함안 신촌에서 도사 이원성이 찾아옴.	
6	7월 27일	함안 아전 조주한이 조홍 2첩을 가지고 왔음.	돌아갈 때 사슴뼈를 보냄.
7	7월 28일	함안 아전 조기선이 조홍 8백 개를, 구민소, 한영두, 한태규도 조홍 각각 2백 개를 가지고 찾아왔다.	
8	9월 24일	함안 이방 조기선이 반시 2백 개를 가지고 왔다.	
9	10월 24일	함안 배인의와 송파 구민소의 거처에서 반시 한 첩씩 부쳐 왔다.	
10	11월 4일	함안의 조기선과 이도사가 각각 준시 1첩과 인절미 1궤가 옴.	

위의 〈표 4〉에 의하면 관속이든 향민이든 대개 한 달에 1번 꼴로 오횡묵을 방문하였던 것을 알 수 있다. 그가 이전에 함안에서 돈독한 관계를 맺지 않았다면 이 같은 일은 쉽게 생각할 수 없는 일이다. 그 중에서도 특히 송파 배문효와 괴사 조익규, 이서 박용하, 죽오 이장록, 화석 박영수 등의 향민들은 함안에서 그와 뜻이 맞았던 벗이다.

> 이 다섯 사람은 함안에 있을 때 매양 단란하게 관광觀光하며 정의를 다지려 했지만 보는 눈에 구애되어 마음껏 하지 못하였다. 그런데 지금 이 고을에서는 관민官民의 구분은 없고 손님과 주인의 즐거움만 있으니 숙원을 이룸이 바로 이때이다.

이를 통해 당시 수령이 향민과 어떤 관계에 있어야 하는지 이해할 수 있을 것이다. 이는 16세기의 일기를 통해 수령과 지방 사족이 공개적으로 얼마나 깊이 연관되어 있었는지와 비교해 볼 때 매우 대조적이다. 나머지 함안의 관속들도 꾸준히 고성을 방문하며 선물을 증여하였다. 선물 중에는 홍시가 주로 많이 건너왔다. 홍시는 함안의 특산물이다. 그에 대한 응대로 오횡묵도 그들에게 여러 가지 선물을 증여하였다. 그 증여물 중에 하나가 절선이었다.

앞서 살폈듯이 수령은 그들에게 엄격하게 거리를 두어야만 한다는 것이 이상적인 태도였다. 그럼에도 불구하고 현실에서 수령의 입장은 매우 다른 처지일 수밖에 없었다. 우선 고을에서의 그는 심리적으로 매우 고립되어 있었다. 오횡묵의 경우만 두고 보더라도 그는 가족 모두를 서울에 두고 왔다. 그가 정서적으로 의지할 수 있는 상대라고는 고작 책사인 석성 한 사람뿐이었다. 석성은 그의 곁에서 함께 시도 짓고 갖가지 농담도 하였다. 오횡묵도 그에게만은 안심하고 뒤통수를 보일 수 있었다.

그러나 설이나 추석 등 명절이나 생일이 되면 그의 외로움은 더욱 깊어만 갔다. 석성이 혹시 집에라도 다녀오는 일이 있으면 외로움을 견디기가 더욱 힘들었다. 가끔 기생에게나 마음을 기대 볼 수 있을는지 모르겠다. 앞서 보았듯이 향민들과 어울리는 것도 주위의 시선 때문에 어려웠다.

따라서 그는 고을 한가운데에 떠 있는 섬과 같은 존재였다. 그런 그가 관가에서 24시간을 지내면서 주위의 관속들을 엄격하게 대하기란 현실적으로 매우 어려웠을 것이다. 부득이 그들과의 친밀감을 형성하지 않을 수 없었을 것이다. 수령도 사람인 이상 그를 온종일 둘러싸고 있는 사람들에게 "저 사람은 좋은 사람이야." 하는 시선을 받고 싶었을 것이다. 앞서 언급한 수령 심득서의 많은 교훈들은 오히려 그렇지 못한 현실의 역설일 가능성이 높다. 이러한 당위적인 교훈이 있는 만큼 현실에서는 그 반대의 상황이 전개되기 쉽다는 의미에서 역설이라고 한 것이다.

주위 사람들의 마음을 사려면 증여야말로 가장 좋은 방법일 수 있다. 일단 선물을 받는 것을 마다할 사람은 거의 없을 것이다. 무엇보다 접촉할 수밖에 없는 상황에서 윗사람의 증여는 받는 사람에게 큰 신뢰를 갖게 한다. 오횡묵의 부임 1년간을 살펴보면 관속들을 포함해서 고을 백성들에게 무엇인가를 끊임없이 나누어 주는 모습을 목격하게 된다. 그의 증여 상황을 다음의 표로 정리하였다.

표 5. 고성부사 오횡묵의 계사년간의 증여 목록

번호	월 일	사안	비고
1	5월 5일	순영공문. 왕대비전 국모로 임한 지 50년이 됨. 사면. 가자, 대가. 바다와 같은 덕과 산 같은 은혜.	
2	5월 15일	양로연, 음식. 삼향소, 향도감, 한산인과 衙率들에게 모두 나누게 하였음.	☆
3	5월 12일	내일은 학아(오횡묵 아들)의 생일인데 가족이 모이지 못하니 마음이 매우 허전하였다. 점미, 목두, 적두 목맥미를 각각 3두와 백청, 진유 각각 1두 돈 50냥을 양로당에 보내고 서신도 부쳤다.	
4	5월 29일	초복. 콩죽으로 여러 관청에 나누어 먹게 함.	☆
5	6월 17일	오횡묵 아내의 생일. 음식을 삼반관속에게 나누어 먹임.	☆
6	7월 1일	진주의 수박 20개를 사들여 운주당으로 보내게 하고 나머지는 주변 사람들과 먹음.	☆
7	7월 28일	함안 아전 조기선이 조홍 8백 개를, 구민소, 한영두, 한태규도 조홍 각각 2백 개를 가지고 찾아왔다. 7백 개는 운주당으로 들여보내고 나머지는 삼반관속과 옥수장 방수에게 나누어 주었다.	☆
8	8월 2일	강용두와 김봉구가 조홍 각각 3백 개를 부쳐왔기에 2백 개를 양로당으로 들여보내고 나머지는 나누어 줌.	☆
9	8월 7일	향교 대제.	
10	8월 8일	사직 대제.	
11	8월 12일	합격자 수민당 합격한 사람에게 음식을 베풀고 백지 등을 나누어 줌.	
12	8월 14일	추석. 최상 명절. 가벼운 죄수는 석방. 좌수 이하 삼반의 몇몇에게 쇠고기 40근.	☆
13	9월 25일	왕비의 탄신일. 가벼운 죄수들은 석방. 공형 등을 풍운당에 보내어 성수를 축하하고 그 음식을 향회소에 반포. 정육 10근과 술 세 동이를 더 보태어 고을 사람들에게 줌. 모두 기뻐하며 "먼 지역 백성으로 이러한 은혜를 받으니 태평성대에 늦게 태어남을 어찌 한탄하리오."	
14	9월 27일	성황발고제 풍운당에 가서 치성하고 물린 음식을 향회소에 보냈다. 향회소에서 사람이 와 감사하다는 뜻을 전함.	
15	10월 14일	순영의 공문: 노인의 가자	
16	10월 24일	함안 배인의와 송파 구민소의 거처에서 반시 한 첩씩 부쳐 왔다. 반시를 삼반관하의 옥수 등에게 나누어 줌.	☆
17	11월 4일	함안의 조기선과 이도사가 각각 준시 1첩과 인절미 1궤가 옴. 감과 인절미를 손님들과 관속들에게 나누어 줌.	☆
18	11월 13일	좌수 이하 삼반관속이 동지 인사. 팥죽과 대구탕으로 각반의 관속과 친지들에게 접대. 한 궤의 유자를 접대.	☆
19	11월 14일	동지 팥죽, 백주를 감옥에 있는 죄인과 아전 등 몇 십 명에게 보냄.	☆
20	12월 17일	냉면 준비. 자리에 있는 손님과 기생들도 더불어 함께 나누었다.	
21	12월 25일	역서 14건이 서울로부터 내려왔다. 본읍의 삼반과 고을 선비들, 함안의 관속과 향인들까지, 모모의 사람들에게도 나누어 줌.	☆
22	12월 26일	삼반 중에 가난해서 해를 보내기 어려운 자에게 돈냥씩 베풀어 주었다.	☆
23	12월 27일	삼반 각 청에게 골동병 한 그릇과 백주 한 동이, 대구 두 마리씩을 나누어 주었다.	☆
24	12월 28일	굶주리는 백성에게 각 2냥씩 배정.	
25	12월 30일	죽도에 가서 1냥, 7전, 5전을 차별하여 나누어 주고 과세하도록 함.	
26	12월 30일	관아에 푸닥거리 놀이. 술 세 동이, 대구 5마리, 곶감 1첩, 전유어 1상자, 담배 2근, 돈 5냥.	

※ ☆는 수증자에 삼반관속이 포함된 경우

위의 〈표 5〉는 오횡묵이 행했던 1년 동안의 증여를 그 성격이나 규모에 관계없이 모두 뽑아 놓은 것이다. 이 가운데에는 조정의 명에 의해 공식적으로 이루어진 것도 있고 오횡묵 개인의 매우 자질구레한 음식 접대 같은 것도 포함되어 있다.

이 가운데에서 왕대비전 등극 50주년 행사(번호 1), 양로연(번호 2), 왕비의 탄신일 행사(번호 13) 등은 국가의 전국적인 행사이다. 엄격히 이야기해서 이 중에 왕비의 탄신일은 개인의 기념일이 국가 행사가 된 경우이다. 조선사회에서 이와 같이 왕실의 경사를 사회 전체의 경사로 삼는 가장 대표적인 일은 경과慶科이다. 이 경과를 명청明淸에서는 은과恩科라고 한다는 점을 상기해 보면 이것이 무엇을 의미하는지 매우 명백해진다.[45] 과거제가 사회 통합의 기제로 활용되었다는 와그너의 지적은 이 경우에 가장 타당하게 들어맞는 듯하다.[46]

오늘날 북한에서는 통치자의 생일이 국가 기념일이지만 남한에서는 결코 이런 일을 따르지 않는다. 이처럼 왕실의 기념일에 각 고을에서 잔치를 여는 것은 북한에서와 같이 국가 전체를 가족과 동일시할 경우에나 가능한 일이다. 그때마다 어김없이 '은혜'라는 용어가 사용된다.

이러한 행사에서 특히 주목되는 것은 오횡묵이 자기 집안 행사에도 관속들에게 음식을 먹이고 있다는 점이다.(번호 3, 5) 결코 거창하게 치러진 것 같지는 않고 어쩌면 오횡묵 자신도 크게 의식하고 있지 않은 듯하지만, 결국 거기에는 왕실 행사를 사회 전체의 행사로 확대시키고자 하는 것과 같은 무의식적인 도상성이 작용하였던 것으로 보인다.[47]

어쨌든 이러한 잦은 행사를 거치면서 많은 음식들이 관속이나 향민들에게 공유되는 기회가 넓어지다 보면 자연히 가족적인 분위기로 가지 않을 수 없었을 것이다. 여기서 함안 관속이나 향민들이 그를 자주 찾아오는 한 가지 이유를 찾을 수 있지 않을까 한다. 가까우면 친해지고 친해지면 긴밀해지기 마련이다. 이것은 그들과 거리를 두어야 한다는 수령 심득서의 충고가 도립해 있는 현실인 것이다.

농민을 위한 선물

앞서의 그 한 장면으로 돌아가서 살펴보면, 그곳에서 당시 수령들에게서 쉽게 발견되지 않는 오횡묵만의 독특한 모습을 만나게 된다. 그는 들판으로 직접 나아가서 농민들에게 선물을 나누어 주고 있었다. 그의 증여는 의례적으로 선물 증여의 범주에서 제외된 농민들을 증여의 체계 안으로 끌어들이고 있다는 점에 의미가 컸다. 오횡묵이 농민들에게 증여를 통해 구현하고자 하였던 의도는 과연 무엇이었을까. 그 관심의 끝은 과연 어디에 있었을까.

이 문제들에 답하는 것은 지방관이 한 고을에서 구현한 가족주의적 덕치주의의 구체적인 실상을 검토하는 데 의미가 있을 것이다. 부채를 받지 않는 계층에게 오횡묵이 선물로써 포섭하고자 하였던 이상적인 모습의 일단을 통해 당시 수령의 이상이 현실에서는 과연 무엇을 의미하였는지에 대해 검토해 볼 수 있을 것이다.

오횡묵은 고성부사로 부임하는 길목에서 새삼스럽게 여길 만한 결심을 하게 된다. 백성들을 은혜로서 대하여야겠다는 것이다. 지난 고을에서 백성들을 가혹하게 형벌로만 다스린 것에 대한 반성에서 나온 것인지도 모른다. 그는 이 같은 마음을 그들을 '갓난아이 돌보듯이' 하겠다는 말로 표현하였다.[48]

이 경구는 유교 경전의 한 구석에서 전해져 왕으로부터 지방관에 이르기까지 한결같이 입버릇처럼 외던 상용구였다. 이것이 상용구라는 것은 문화의 특성을 이해하는 데 매우 중요하다. 이 같은 틀에 박힌 관용어에는 백성에 대한 위정자들의 기본적인 사고방식이 녹아 있기 때문이다. 이 표현의 개념적 은유는 '민은 갓난아이이고 통치자는 아버지'라는 것이다.[49]

오횡묵은 현실적으로도 농민들에게 매우 각별한 관심을 표명하였다. 그런 그의 독특한 태도는 그의 증여를 통해 구체화된다. 그는 작은 수레를 타고 직접 모내기 현장에 나가 보았다. 믿을 만한 하속을 시켜 일하고 있는 농민들에게 선물을 나누어 주게 하였다. 그리고 이 광경을 들판에 서서 바라보며 다음과 같은 시를 읊고 있다.

내가 농사일 하는 들판에 다녀보니	我行其野三農地
농민의 일 막 번창한 오월달이구나	民事方殷五月天
지나는 나그네는 내 마음 모르면서	外客不知心有在
태수가 함부로 돈 쓴다고 다투어 말하겠지[50]	爭言太守費靑錢

그는 들판에 서서 "지나는 나그네는 내 마음 모르면서 태수가 함부로 돈 쓴다고 다퉈 말하겠지."라고 하며 자신의 선심에 대해 자긍심과 자조가 반반쯤 섞인 이 같은 시 한 수를 뱉는다. 지나는 나그네가 모를 것이라는 그의 마음은 과연 어디에 있는 것일까? 이와 같이 농민을 증여의 범위 안으로 끌어들인 것은 오횡묵 개인의 결단에 의한 것이었음을 다음을 통해 확인할 수 있다.

수령의 일곱 가지 일에 농상이 하나이니 바로 전준田畯까지 겸직한다는 뜻이다. 내가 지난 번 동쪽 고을에 있을 때 고을이 궁벽하고 일도 적어서 매양 곡식을 뿌리는 시기를 만나면 문득 농민들이 일하는 곳에 나아가, 그들이 모내기하는 노래를 들어보면 태평시대의 참다운 즐거움을 알 수가 있었고 논밭에 김매기하는 부지런함을 보면 농사일이 괴로움이 되는 것을 알 수가 있었다. 엽전과 바늘로써 아끼고 안타까워도 하는 뜻을 보이면서 날마다 일을 삼으니 백성들도 나를 싫어하지 않았다. 대저 그때에 더러는 유익함이 없다고 막는 이도 있었고 또 명예를 구한다[요예要譽]고 비방하는 사람도 있었다. 그러나 이는 바로 마음에서부터 즐거워서 하는 일이니 어찌 혐의를 피해 스스로 속이 부족한 사람이라 자처해야 하겠는가. …… 근일에 고을 부근을 순시하면서 이전에 행하던 이 일을 시행했는데 도롱이 입은 농민들이 나를 어떻게 평가할지 모르겠도다.[51]

여기서 오횡묵이 농민들에게 선물을 증여하였던 일은 다른 수령에게는 찾아보기 힘든 그만의 매우 이례적인 일이었던 것을 짐작할 수 있다. 담배와 돈, 바늘을 나누어 주는 일은 그가 처음 정선군수로 부임하였던 1887년부터 시행되었던 것으로 확인된다.[52] 그런데 그는 이 일이 수령의 고유한 직분 중의 하나인 권농에 해당한다며 그 정당성을 강조하고 있다. 그의 이런 행동이 이례적이었던 만큼 혐의를 두고 보는 눈도 많았기 때문이다.

그러한 비난 중에는 증여가 권농에 별 실효가 없다고 보는 견해도 있었다. 무엇보다 오횡묵이 참기 힘들었던 비난 중 하나는 그가 '명예를 구한다'는 비난이었을 것이다. 요예는 수령이 자기 직을 제대로 수행하지 못하는 것으로 지목되는 사안 중 하나로 열거되었다. 시대에 따라 요예에 대한 평가는 융통성 있게 나타났다. 그렇지만 고을에서의 이 일이 모

든 사람에게 그렇게 환영받지 못하였던 것은 아닌 듯하다.[53]

그럼에도 오횡묵이 이것을 계속하고자 한 뜻에 이를 통해 백성들의 민정을 살필 수 있고 그들로부터 환영받고 싶다는 심리가 작용하고 있었던 것은 분명한 듯하다. 그는 농민의 시선 안에 자신을 두었다. 그렇다면 정작 농민들의 태도는 어떠하였을까? 다음 오횡묵의 시를 보자.

깜짝 놀라 보니 언덕 위에 지팡이 짚은 사람	驚看原上拄杖久
아마도 우리 고을 새 원님인가 보다	認是吾州新太守
원님은 본래 높으신 분인 줄 알았는데	太守魯知尊且貴
어찌 이 진흙 속에 나오셨나	胡爲乎此泥中否
……	
떠날 때 또한 마음의 선물 있어	臨行且有中心貺
나누면 한 닢 한 닢이지만 꿰면 꾸러미 된다.	分爲葉葉合爲緡
우리 서민들은 먹는 것이 으뜸이니	吾濟小人食爲天
좋을시고 밤에 돌아가서 배불리 먹고 담배나 피워 보세	好是宵歸饒吸煙
바닷물 다 마셔야 짠 맛을 아는가	知鹹不在飲盡海
관가의 돈 한 닢은 귀한 것이네	貴從官家得一錢
농부들아 너희는 나를 아는가	農夫爾眞料我麼
천성이 본래 이러함을 좋아하니 다른 뜻이 없노라	性本樂此也靡他
농부들아 나를 믿어주지 않는다면	農夫謂余如不信
무릉도원의 사람들이 무어라 했는가 물어보소[54]	試問桃源人曰何

원님의 갑작스런 행차는 전에 없던 일이라서 농민들에게는 매우 새삼스럽게 여겨졌을 것이다. 여기서 볼 수 있듯이 오횡묵은 자신을 "원님은

본래 높으신 분인 줄 알았는데, 어찌 이 진흙 속에 나오셨나."로 여겨지기를 원하였다. 사실 위에서도 살펴보았듯이 증여한 금액은 그들의 생활에 직접적인 보탬이 될 정도로 큰 액수는 아니었다. 농민들에게 감동을 줄 정도가 못 되었다. 그래서 일부 비판이 별 효과가 없다고 한 듯하다.

그도 이것을 의식했던 듯 "나누면 한 닢 한 닢이지만 꿰면 꾸러미 된다."고 하고, 그조차도 부담이 컸던 듯 "바닷물 다 마셔야 짠 맛을 아는가."라고도 하고 있다. 자신이 농민들을 대하는 자상한 마음을 이 작은 선물을 통해서나마 헤아려 달라는 뜻이다.

이는 지방관이 개개인에게 선물을 줌으로써 그들에 대한 목민관의 관심을 직접 표출하고자 하였다는 점에서 의미를 찾을 수 있을 것이다. 이러한 관심을 통해 그는 농민들에게 '자애로운 아버지'로 기억되기를 원하였던 것 같다.

이와 같이 농민의 시선을 의식하던 이 수령은 과연 농민의 생활에 대해 얼마나 구체적으로 알고 있었던 것일까. 그의 시선은 파리에서 관료를 하다가 낙향하여 농민을 그렸던 밀레의 그것과 크게 다르지 않은 듯하다. 어느 예리한 비평가가 지적하였듯이 밀레가 그린 것은 농민이 아니라 도시민이자 관료인 그의 마음속에 이상화된 농민이다. 그의 그림에서는 정작 이삭을 줍는 농민에게 가장 중요한 부분인 그의 손끝이 뭉툭하게 그려져 있었기 때문이다.[55]

오횡묵은 농민들의 손끝을 과연 보았던가. 그는 일기의 곳곳에서 농민의 고통에 대해 표면적으로 언급하고 있다. 가끔 농민들과 이야기도 나눈다. 그리고 동조하는 자세를 갖기도 한다. 그런데 그는 정치적 성향을 가진 또 다른 농민들에 대해서는 몹시 냉담하였다. 이것은 무엇을 의미하는가.

이러한 농민들에 대한 구체적인 입장은 서울로 집결한 동학 농민들에 대해 이야기하는 과정에서 드러난다.

> 하늘이 민생을 내림에는 모두 법칙이 있으니 따르면 하늘에 순종함이 되고 거슬리면 하늘을 어김이 된다. 아, 저들은 사악함으로 스스로 동학東學이라고 이르면서 함부로 주문을 만들어 유혹하고 감히 도참설에 의탁해서 선동하니 바로 음산하고 황당하고 괴상한 무리이다. 나라에는 마땅히 규탄해야 하고 형법에 있어서도 사면할 수 없는 것이다. 마땅히 분수에 넘치는 데에는 논죄가 있어서 밝히고 처벌해야 하는데 도리어 주창한 괴수를 위해서 원통함을 하소연하는 짓을 고집하고 있으니 그 무엄하고 기탄없음은 더욱 통탄스럽다.[56]

오횡묵은 농민에게 부여된 하늘의 명이 농민의 분수를 지키는 것뿐이라고 생각하였다. 그 분수란 무엇인가. 농사에 힘쓰는 것이다. 오횡묵의 견해는 다름 아닌 당시 조정의 견해였다. 동학도들이 해산하고 모두 고향으로 돌아가서 농사에 다시 전념하는 것이 정부의 바람이었다. 동학도들이 고향으로 돌아가면 지방관들은 그들을 권면하고 경계해서 조정에서 어루만지는 뜻을 다 이해시켜 어리석고 어두운 백성들로 하여금 어둠을 깨고 밝음으로 향하여 각각 그 부모처자와 함께 성은聖恩에 목욕시켜야겠다는 것이다.[57]

그에게 농민은 열심히 노동하고 풍년가를 부르고 담배 피고 배부르게 먹는 것에 만족하도록 되어 있는 박제된 존재 이상은 아니었다. 다시 말해서 그는 농민들을 갓난아이 이상으로는 보려 하지 않았다. 오횡묵의 시선 속에서 이 갓난아기는 은혜를 받는 그 이상이 되어서는 안 되었다.

그래서 그는 그들이 성장하여 또 다른 정치적 견해를 갖는 일에 대해 반대하였다. 대표적인 예로 전국 각지의 동학도들이 서울에 모여 자신의 정치적 의견을 피력하였을 때, 그는 그들을 '무리지어 짖고 다니는 개들'로 묘사한 바 있다.[58]

뒤에 동학도가 이 마을에 정찰을 나왔을 때 오횡묵의 정사에 대한 그의 평가는 그다지 나쁘지 않았다.[59] 이를 보면 그에 대한 민民의 평판 역시 그렇게 부정적이지는 않았던 것을 알 수 있다. 어쩌면 그는 그 체제 안에서 최선을 다해 선정을 베푼 인물이었을지도 모른다. 더욱이 그가 시혜를 통해 농민에게 다가가고자 한 모습에서 자상한 아버지로서의 일면을 읽을 수 있다. 그러나 그는 어린 농민이 자라서 성인이 되어 자신의 눈으로 세상을 보는 일을 결코 원치 않았다.

자애로운 수령, 그 현실적 초상

이 글은 조선시대 국왕으로부터 농민에 이르기까지 사회위계의 위로부터 아래로 향하는 '선물'이 지니는 의미를 조선국가의 덕치 이데올로기와 연관시켜 설명해 내려는 의도를 가지고 시작하였다. 특히 조선에서 '묘한 필수품'으로서 이용되었던 '부채'라는 구체적인 물질형태material form를 해명하여 그 증여가 지니는 사회적 도상성圖像性을 이해하고자 하였다.

이를 위해 19세기 말의 어느 날 경상도의 최남단인 고성에서 부사 오횡묵이 그 고을 백성에게 행했던 선물 잔치의 한 장면으로부터 당시 사람들의 삶을 규정하였던 총체적인 증여의 성격과, 행위자들이 그 총체성에 개입하는 실천 전략들을 함께 드러내고자 하였다.

여기서 무엇보다 주목되는 것은 한 고을에 부채를 받는 계층과 그렇지 않은 계층이 나뉘어 있다는 점이다. 이러한 차별적 증여의 양상으로부터 덕치주의와 신분제가 동시에 작용하는 가운데 나타나는 선물 정치가 지니는 포함과 배제의 효과에 주목하고자 하였다. 이 총체적인 증여체계가 '남성·어른·양반 중심의 억압적인 질서'를 체현하였던 것이지만, 덕치주의 이념은 그러한 폭력적 양상을 은폐하는 동시에 그 자체의 원리가 포함과 배제의 사회질서를 강화시키는 효과를 가져왔다.

오횡묵은 고을 통치에서 부임 초부터 거리낌 없이 위력을 사용하였다. 관속들은 물론 향반들에게까지 형벌을 통해 매우 단호하게 대처하였다. 그 대신에 오횡묵은 통치 후반으로 갈수록 온화한 태도를 보였다. 그는 수시로 많은 잔치를 벌였고 절기마다 선물의 하사를 통해 민심을 얻으려 힘썼다. 이것은 오히려 민에게서 그 이전 가혹한 형벌에 대한 인상을 지우고 그 자리를 인자한 수령으로 대체하여 만인산이나 선정비를 받을 수 있었던 것 같다.

한편 농민에게 제한적 시혜를 베풀었던 오횡묵의 태도도 매우 역설적이었다. 당시 조선 농민들도 국왕의 공간과 시간 속에서 산다는 것이 얼마나 믿을 수 없는 것인지에 대해서 점차 깨달아 가기 시작하고 있었다. 그런 그들에게 국왕의 대리인으로서 자애로운 얼굴을 보여 주고자 하였던 오횡묵의 다른 한쪽 면에서, 당시 정치적으로 성장하고 있던 농민을 더 이상 성장하지 않아야 할 갓난아이, 즉 '어리석은 백성'으로 낙인찍으려는 냉혹한 엄부嚴父의 초상이 도사려 있음을 발견하게 된다.

결과적으로 오횡묵이 베풀었던 은혜, 혹은 선물 증여의 의미는 결국 넓은 의미에서 통치의 기술이었다고 이해할 도리밖에는 없다. 그는 통치를 위해서 당근과 채찍, '은혜-위력', '가르침-형벌'의 두 가지 대립적인 힘이 모두 다 필요하다는 것을 잘 이해하고 있었던 듯하다. 수령이 이상적인 성향의 인물이라면 은혜와 가르침을 앞세울 것이지만 현실에서는 오히려 역기능이 일어난다. 민을 해이하게 하고 오만하게 만듦으로써 통치의 실패를 가져온다. 반면, 위력과 형벌을 앞세우고 은혜와 가르침을 보족적으로 사용하여 오횡묵이 펼쳤던 통치의 기술은 어느 곳에서나 대개 적중한 듯 보였다. 이것은 당시 수령들이 통상 가지고 있던 현실적인 나침반이었을 것이다.

【 제5장 】

시험의 힘, 교육을 통한 통치

채휘균(경북대 영남문화연구원 HK연구교수)

시험은 오랜 시간 동안 존재했고, 지금도 계속되고 있다. 긴 학교생활 동안에 치르는 시험의 횟수는 간단한 것을 제외하고도 월별시험, 중간시험, 학기말 시험에다 입학시험까지 합치면 100번을 넘는다. 또한 시험을 준비하고 치르는 시간도 많이 필요하다. 그 시간을 생각하면 인생의 많은 시간을 시험과 시험 준비로 보낸다고 할 수 있다. 시험은 학교교육을 마친다 해서 끝나는 것이 아니다. 학교졸업 이후에 더 심각하고 중요한 영향을 가지는 시험들이 있다. 이러한 시험은 때로는 합격자에게 사회적 희소가치를 부여하기도 하고, 때로는 개인에게 필요한 자격을 주기도 한다.

이렇게 볼 때 시험은 인간의 삶에 부여된 많은 시간을 사용하게 할 뿐만 아니라 그 영향 또한 매우 큰 장치가 된다. 대부분의 사람들은 이러한 시험에 대해 즐겁게 생각하지 않지만 거부할 수 없는 것으로 당연하게 받아들인다. 그 이유는 시험의 필요성을 나름대로 인정하기 때문이다. 시험은 그 결과에 따라서 시험을 주관하는 사람이나 시험에 응시하는 사람에게 보상을 제공해 준다. 즉 시험을 주관하는 사람에게는 응시자들을 분류하여 선발할 수 있고, 자신이 하는 일에 대한 만족감과 우월감을 느끼게 해 줄 수 있다. 반대로 응시자들에게는 특별한 기회나 자격을 얻을 수 있도록 해 주고, 명예와 지위를 높여 줄 수 있다.[1]

이러한 시험을 누가 주관하는가? 학교에서는 선생님들이 시험을 주관하고, 학생들은 시험에 종속적인 입장이 된다. 이것을 확대해서 보면 사회에서는 국가나 기관이 시험을 주관하고 개인은 시험에 종속적이 된다. 즉 사회적으로 시험은 지식과 규범을 통해 개인을 통제하는 장치라고 할 수 있다.[2] 시험을 주관하는 사람은 대부분 시험에 응시하는 사람보다 우월하거나 더 큰 영향력을 가지는 것이 사실이다. 시험에 대한 기대와 가치가 높으면 높을수록 시험을 주관하는 사람의 위상과 입장은 확고해진다.

이와 같이 복잡하고 다양한 의미를 담고 있는 시험을 관리하고 운영하는 것은 조선시대 지방관의 임무 중에 상당히 중요한 것이었다. 지방관의 개인기록을 보면 부임기간 동안 국가에서 주관하는 시험을 지방에서 치르기도 하고, 국가시험과는 별도로 지방 수령이 개인적으로 시험을 주관하여 치르게 하기도 한다. 따라서 지방관 생활에서 시험과 관련된 활동은 교육영역에서 중요한 의미를 가질 수밖에 없다.

이러한 점에서 이 글의 주요한 질문은 조선시대 지방관들이 각종 시험을 주관하고 시행하는 것이 그들의 지방관 생활에서 어떤 의미를 가지는가 하는 것이다. 이 질문에 대해 논의하기 위해 먼저 조선시대 지방관들이 주관한 시험의 종류와 성격, 시험의 절차와 방법, 시험응시 인원과 선발 인원, 시험결과에 대한 처리와 시상 등에 대한 사실을 살펴보고자 한다. 왜냐하면 지방관들에게 시험이 지니는 의미를 해석하기 위해서는 실제 지방관들의 생활에서 어떻게 시험이 시행되었는지를 검토하는 것이 선행되어야 하기 때문이다.

이를 위해서 이 글에서는 조선후기 영남지역에 2차례에 걸쳐 감사로 부임했던 이헌영의 기록[3]과 영남의 여러 고을에서 수령으로 활동했던 오횡묵의 기록[4]에서 시험과 관련된 사실을 살펴보고자 한다. 이헌영과 오횡묵은 비슷한 시기에 한 사람은 경상도관찰사로, 한 사람은 경상도 함안군수, 고성부사로 활동했다. 실제로 이들의 기록에는 서로에 대한 언급이 있고, 몇 차례 만나기도 하였다.[5] 따라서 이 두 사람의 기록을 동시에 살펴보는 것은 동시대의 일에 관심을 가지고 연구하는 연구자에게 매우 흥미 있고 유익한 일이다. 이러한 점에서 이 글에서는 우선 이들이 지방관 생활 중 각종 시험을 어떻게 관리하고 운영했는가를 살펴본 후에 이를 통해 관료생활에서 이러한 시험을 주관하고 관리하는 일이 어떤 의미를 가지는지 살펴보고자 한다.

지방관이 주관하던 시험

지방관이 주관했던 시험의 종류

지방 관료들이 관리하고 운영했던 시험에는 각종 향시鄕試, 공도회公都會, 백일장白日場, 강회講會, 순제巡題, 무예도시武藝都試, 향교와 낙육재의 고강考講 등 다양한 종류가 있다. 이러한 시험 중에 과거, 공도회公都會와 같은 특별한 사회적 선발시험은 국가적으로 실시하는 시험이었다. 반면에 강회와 백일장, 교육기관에서 실시하는 고강이나 시사 같은 경우는 지방관이 주관하는 시험이었다.

이헌영의 경우 1890년(戊寅 12월)에 경상감사로 제수되어, 1891년 경상도관찰사로 부임하였다. 그해 2월 24일에 대전大殿, 중궁전中宮殿, 세자궁의 병이 회복되어 증광시를 실시하였는데, 좌도초시左道初試가 대구에서 열렸다. 이때 영산현감, 창녕현감, 장기현감 등이 이 시험의 관리관으로 참여하였고, 이헌영은 경상감사로서 이를 주관하였다.[6] 이 시험은 3월 1일 합격자를 발표하였는데 최종 합격자는 100명이었다. 한편 무과의 경우 도시都試를 주관하여 관리하거나, 선발시험이 아닌 무학의 장려를 위한 삭사朔射와 별사別射를 시행하였고, 남영南營의 병정을 대상으로 삭포朔砲와 기예技藝를 시험하기도 하였다.[7]

한편 지방관 중에서 군, 현의 수령일 경우 주관하고 관리하는 시험 종류가 감사와 다르지만 그 내용에 있어서는 감사와 마찬가지로 문과 무로 구분된다. 지방관으로서 감사는 과거를 주관하여 관리하지만, 일반 수령은 직접 지방에서 치르는 과거를 주관하고 관리하지는 않는다. 일반 수령들은 단지 과거에 자신의 고을 유생들이 응시할 수 있도록 공고를 하거나 필요한 인원을 선발하여 응시하도록 하는 일을 수행해야 한다.[8] 지방관들은 상급관청의 지시에 따라 자신의 고을에서 시험을 실시하고 결과에 대해 상급관청에 보고해야 한다.

함안군수 오횡묵은 1891년 12월 21일 감영의 지시에 따라 강생 300여 명에게 강을 실시하여, 1등 3인, 2등 7인, 3등 105인을 선발하고 시상하였다. 그 결과는 감영에 보고하였는데,[9] 이때 경상감사는 이헌영이었다. 이헌영은 같은 달 12월 7일에 달성향교 명륜당에서 유생들과 정읍례庭揖禮를 행한 후에 고강을 시행했다.[10]

오횡묵의 경우 감영의 공문에 의해서 시험을 주관하기도 하지만 자신도 유생들의 학문을 장려하기 위해 각종 시험을 치게 하였다. 오횡묵이 시행한 시험에는 강회講會,[11] 관강官講,[12] 면강面講,[13] 순제巡題[14] 등이 있다.

이러한 시험은 모두 문과 관련 시험에 속하며, 시험의 형식과 시험을 치르는 방법에 따라 그 명칭을 달리한다.

지방 수령들은 문과 관련 시험 이외에 무과 관련 시험도 관리하고 시행하였다. 이 경우에도 감영의 지시에 따라 시행하는 경우도 있었고, 상급관청의 지시와 관계없이 독자적으로 시행하는 경우도 있었다. 감영과 관련된 시험의 예는 감영의 공문에 의해 지역에서 무사를 선발하여 감영으로 보내는 경우가 이에 해당된다.[15] 또한 지방 수령은 독자적으로 시사試射와 시포試砲를 정기적으로 시행하였다. 활과 포 쏘기의 경우 표적을 맞추는 성적이 좋은 사람에게 시상을 함으로써 단순한 군사훈련이 아닌 시험의 성격을 가졌다고 할 수 있다.

오횡묵의 경우 함안에 있는 지과정에서 시사試射를 실시하고, 화살과 포가 표적에 맞은 사람 및 성적이 좋은 사람은 모두에게 상을 베풀었다. 또 시험 후에 참가한 무사와 포수 모두에게 돈을 지급하면서, 다음에는 맞추지 못하는 사람에게 벌을 내릴 것이라고 경고하였다.[16]

지방관들이 주관하거나 관리하는 시험이 지방관마다 동일하지는 않다. 물론 국가 전체에서 실시하는 과거를 지방에서 치르는 경우는 지방관의 독자적인 권한이 아니기 때문에 일시와 방법이 지정되어 있다. 하지만 그 외에 지방관이 직접 주관하는 각종 시험의 경우는 지방관마다 횟수와 종류가 다르고, 시기와 지역이 다르다. 따라서 지방관이 부임한 지역에서 얼마나 많은 시험을 치르는가 하는 것은 지방관의 교육과 관련된 열성과 관심을 반영한다고 볼 수도 있다.

감사 이헌영이 주관했던 시험

이헌영은 감사로서 2년 재임기간 동안에 각종 과거, 백일장, 무사선발, 고강 등을 관리하거나 주관한 것으로 나타난다. 이헌영은 부임하던 첫해 2월에 증광감시좌도초시增廣監試左道初試를 비롯하여 재임기간 동안 각종 과거시험을 관리하였다. 1891년 3월에는 증광동당좌도문과초시增廣東堂左道文科初試, 같은 해 8월에 식년감시좌도초시式年監試左道初試와 식년동당좌우도문과초시式年東堂左右道文科初試, 경인조공도회복시庚寅條公都會覆試, 1892년 10월 신묘임진양년조공도회복시초시辛卯壬辰兩年條公都會覆試初試 등 모두 6회의 과거가 이헌영이 감사로 재직하는 2년 동안 실시되었다. 감사로서 이헌영은 지방 수령들을 시험 관리관으로 임명하고 자신도 직접 과거 관리를 위한 임무를 수행하였으며, 최종 선발 인원에 대해서 유생 명단, 시권 수효를 기록하여 보고하고 있다.

과거시험 이외에 이헌영이 주관했던 시험의 종류에는 1891년 5월 두 번, 다음 해 5월 한 번 실시한 백일장, 같은 해 7월에 낙육재 유생들을 대상으로 실시한 고시, 같은 해 12월 향교 명륜당에서 정읍례 후에 실시한

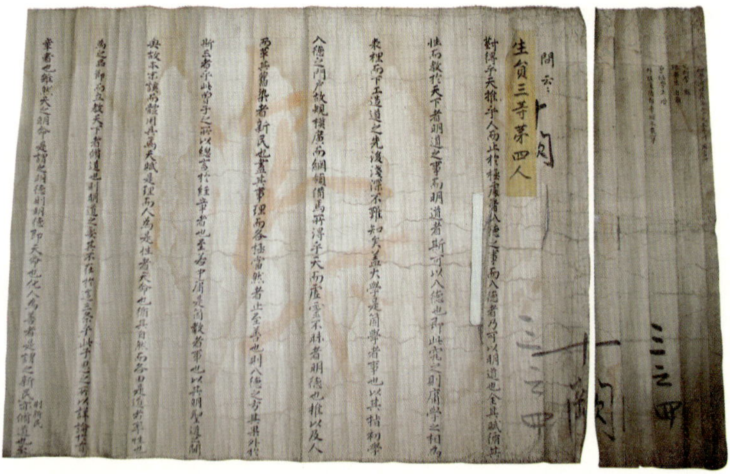

그림 1. 생원시 시권 개인 소장

고강, 1892년 명륜당에서 실시한 면시面試 등이 있다. 과거 이외에 각종 시험을 실시한 것으로는 백일장 3회, 유생들을 대상으로 한 고시, 고강, 면시 3회를 합하여 모두 6번의 시험을 주관하였다. 또한 감사 이헌영은 무과 관련 각종 시험과 무사선발을 위한 다양한 시험도 주관하여 실시하였다. 이러한 시험은 중앙에서 일괄적으로 시행한 것이 아니기 때문에 감사 주관하에 실시된 시험이라고 할 수 있다.

한편 이헌영이 2차 경상북도관찰사로 재임한 동안(1902년 6월~1903년 7월)에는 각종 시험에 관한 기록이 거의 없는 편이다. 이 시기 시험 관련 기록은 1903년 3월 28일 백일장을 개최하여 50인을 비교하여 30인을 선발하고, 다시 30인을 비교하여 18인을 선발했다는 기록뿐이다.[17] 이는 불과 10년 사이에 지방관의 시험에 대한 태도변화를 두드러지게 보여 주는 사례이다. 이러한 차이는 1894년 갑오개혁 이후 과거제도가 폐지되었기 때문에 나타난 현상이며, 1902~1903년의 시대적 상황으로 정상적인 업무수행을 할 수 없는 형편을 반영하는 것이다. 따라서 1차 경상감사로 부임했을 때는 시험을 통해 지방관의 영향력 행사가 가능했지만, 2차로 부임했을 때에는 시험을 통한 영향력은 발휘되기 어려웠다고 볼 수 있다.

결국 이러한 사실은 지방관의 통치행위가 원만하게 이루어질 때는 다양한 시험을 통하여 통치권을 적극적으로 행사하지만, 통치상황이 정상적으로 작용되기 힘든 경우에는 시험도 정상적으로 시행되지 못하는 현상을 보여 주는 것이다.

군수 오횡묵이 주관했던 시험

한편 오횡묵의 경우 시험을 주관하고 관리했던 것이 일정하게 나타나지는 않지만 자신의 부임지역에서 시험이 정기적으로 이루어지도록 하기 위한 방안을 각 면에 공문으로 하달하고 있다. 오횡묵은 함안군수로 1889년 4월 21에 함안에 도착하여 4월 28일에 학문과 농사를 장려하기 위해 각 면에 공문을 내린다.[18] 이 공문은 학문을 권장하기 위해 체제를 갖추고, 면, 동까지 교육을 행하고 시험을 치를 수 있도록 하는 방안을 담고 있다.

부임 초 오횡묵의 방안은 면과 마을에 이르기까지 교육과 시험체제를 정비하여 조직적인 교육체제가 이루어지도록 하는 데 있었다. 이러한 방안에서 중요한 것은 각 지역에서 면과 군에 이르기까지 시험을 칠 수 있는 체제를 갖추는 것이었다. 이를 위해 그는 각 면의 훈장,[19] 각 지역 훈장을 선발하도록 지시하고, 각 훈장들이 해당 학생들의 인적사항을 파악하고 학생들의 학업성취수준을 기록하게 하였다.

이러한 오횡묵의 방침은 조선후기에 이르러 국가가 서원과 서당 등의 사학을 국가의 관할 하에 체계적으로 포함시키고자 하는 방향과 부합되는 것이었다. 예컨대 영조 8년 조현명의 권학절목에서는 지방행정 체계와 교육을 한데 묶으려는 노력이 엿보이고 있다. 즉 군현 내에 명망 있는 한 사람을 도훈장으로 초빙하고, 도훈장과 수령이 의논하여 교임 한 명과 면훈장 여러 명을 선발하며, 도훈장, 교임, 면훈장이 의논하여 15세 이상의 사족 5~15명을 선발하여 향교에서 교육시키고, 나아가 각 면의 사족士族, 중中, 서庶를 정원에 관계없이 면훈장이 교육하는 방안을 제시하고 있다.[20]

지방관이 주관했던 시험의 문제유형

감사 이헌영과 군수 오횡묵이 주관하여 시행한 시험 중에서 구체적인 시험문제를 살펴볼 수 있는 것은 다음과 같다.

표 1. 지방관이 주관한 시험종류별 제목과 내용

시험 주관	시험종류	시험 제목 및 내용	비고
군수 오횡묵	순제(巡題)	賦題: 一日克己復禮 詩題: 三之日于拒 四之日擧趾 古風: 路傍柳堪把	『慶尙道咸安郡叢瑣錄』上, 18 90. 2. 14.
	강회(講會)	賦題: 實自堯啓其端(書經), 我將利吾器而俟其時(韓文ㅁ) 詩題: 子也好, 孫也好, 如麟趾也好, 定也好, 角也好(詩經), 自書曰撫字勞心催科政拙考下(事文類聚)	『慶尙道咸安郡叢瑣錄』, 1892. 6. 19.
감사 이헌영	백일장 (白日場)	賦題: 屛去龜鶴 詩題: 曾日月之幾何而江山不可復識 表題: 擬周羣臣賀君子萬年永錫祚胤 記題: 澄淸閣	『嶠藩集略』天, 1903. 3. 28.
	식년감시좌도초시 (式年監試左道初試)	초장: 賦題: 文質彬彬然後君子 詩題: 論聖人如玉之美 或 取其色其質其聲 종장: 義題 緜緜瓜瓞 疑問 鳶飛魚躍	『嶠藩集略』1, 「日錄」, 1892. 8. 5., 8.
	식년동당좌우도문과초시 (式年東堂左右道文科初試)	疑題: 問明明德 / 賦題: 百穀用成 表題: 擬周羣臣賀天保詩前三章言天之福吾君後三章言神之福吾君 / 策題 問鄕飮酒禮	『嶠藩集略』1, 「日錄」, 1892. 8. 16.
	경인조공도회복시 (庚寅條公都會覆試)	初抄 賦題 適當一元文明之會 詩題 明四月達西聽以天下爲一身精神 再抄 賦題 菁菁者莪在彼中阿 詩題 幸而遇聖人之世又幸而生聖人之國 비교: 賦題 葛天氏之民歟 詩題 先生不知何許人 2차비교: 賦題 賢於夢卜 詩題 可惜張師德兩及吾門 3차비교: 賦題 以足受 詩題 論博浪沙大索笑以良求良 4차비교: 賦試同題 挑戰決雌雄	『嶠藩集略』1, 「日錄」, 1892. 8. 20.
	달성향교강회 (達成鄕校講會)	童蒙: 이강재 講小學曲禮曰無不敬章, 이수일 講論語學而時習一節 諸生: 講大學序文, 講大學之道在明明德, 講明明德, 講詩云穆穆文王, 講所謂修身在正其心者, 講所謂齊其家在修其身	『嶠藩集略』4, 「達成鄕校講會錄」

위의 표를 통해서 볼 때 문과 관련 시험은 대체적으로 조선사회에서 양반들에 의해 중시되던 지식 내용 중에서 출제되었다. 조선사회에서 중시되던 학문이 유학이고 출제자들이 유학을 공부한 지식인들이었기 때문에 당연한 것이라고 생각할 수 있는 것이다. 하지만 이러한 내용의 시험이 반복적으로 시행되면 될수록 양반지식인들이 가진 지식은 확산되고, 중시될 가능성이 있게 된다. 따라서 시험에서 출제되는 내용은 단지 학문적으로나 교육적으로 중요하기 때문만이 아니라 그 사회의 영향력 있는 기득권층의 지식 중에서 출제된다고 할 수 있다.

시험 진행의 중심에 있는 지방관

경상감사 이헌영의 경우

감사가 과거시험을 관리할 경우의 시험절차는, 먼저 시험을 관리하는 참시관參試官과 봉미관封彌官을 지방 수령 중에서 적임자를 임명한다. 과거는 초장, 종장이 연이어 열리고, 최종 합격자를 선발하여 알린다. 합격자 명단과 답안지 수효를 기록하여 발송한다.

이영헌이 부임하여 처음 관리했던 과거는 관덕당에서 실시한 증광감시좌도초시增廣監試左道初試였다.[21] 참시관은 영산현감 신관조, 창녕현감 심능긍, 봉미관은 장기현감 성태영이었다. 과거는 1891년(辛卯) 정월 24일 개장되어 25일에 초장이 열렸다. 초장의 시권 수는 3만 287장이었다. 27일에 종장이 열렸고 시권은 2만 2,177장이었다. 29일, 30일까지 고시가 계속되었고, 3월 1일 초장, 종장을 합하여 100명을 선발하였다. 100명의 초시 입격생들의 명단과 시권수효를 기록하여 보고함으로써 시험은 마무리되었다.

증광감시좌도초시增廣監試左道初試는 1891년 3월 1일에 합격자를 발표함으로써 끝났지만, 3월 7일에 증광동당좌도문과초시增廣東堂左道文科初試가 열리게 됨으로써 시험을 관리하는 일은 연이어 계속되었다. 이 시험의 참시관은 울산부사 김영직, 용궁현감 유태형을 임명하였고, 초장과 중장을 함께 실시하였는데 시권은 200여 장이었다. 3월 8일에는 종장이 열렸는데 시권이 70여 장이었다. 3월 9일에 초·중·종장을 합하여 15인의 합격자를 발표하였고, 다음 날 합격자 명단과 시권 수효를 보고하였다.[22]

이상과 같이 지방에서 관리하는 과거는 일정한 규정에 따라 관리관을 임명하고, 절차에 따라 초·중·종장을 차례로 열어서 시험을 치고, 합격자를 발표한 후에 합격자 명단과 답안수효를 보고하는 절차로 진행되었음을 알 수 있다. 이러한 절차는 이헌영의 다른 기록에서도 유사한 절차를 거치고 있음을 확인할 수 있다.[23]

과거 이외에 지방관이 주관했던 시험에는 백일장이 있었다. 백일장의 일정은 하루에 끝나는 것이 대부분이었는데, 이를 볼 때 지방에서 치르던 과거보다 절차가 단순했던 것으로 보인다. 이헌영의 기록에는 선비를 선발하기 위한 백일장을 4차례 개최한 것으로 나타나고 있다. 4번 중 3번은 처음 경상도관찰사로 부임했을 때였고, 1번은 나중에 경상북도관찰사로 부임했을 때였다.[24]

백일장을 실시한 기록을 살펴보면 백일장에서는 과거와 달리 시험관리관을 별도로 임명한 절차는 나타나지 않는다. 『교번집략嶠藩集略』에 기록된 1891년辛卯 5월 16일 백일장은 부賦와 시詩로 80인을 선발한 후에 선발된 인원을 다시 부와 시를 비교하여 30인을 선발하였다. 선발된 30

인은 다시 부와 시를 비교하여 20인을 선발하였다. 마지막으로 20인에게 부와 시를 같은 제목으로 부여하고 실력을 비교하여 최종 15인을 선발하고 합격자를 발표한 후에 합격한 사람을 위해 잔치를 베풀었다. 이때 최종적으로 15인을 선발한 이유는 거재居齋 인원이 정해져 있기 때문이었다. 동일한 절차의 백일장은 다음 해(1892) 5월 16일에도 개최되었다. 선발 인원과 선발방법 역시 부와 시를 작성케 하고 실력을 비교하여 최종 15인을 선발하였다.[25] 따라서 매년 5월에는 거재할 유생 15명을 선발하는 백일장이었음을 알 수 있다.

이와는 달리 1891년 5월 25일 선화당에서 시행된 백일장에서는 부賦, 시詩, 고풍古風을 비교하여 동몽을 포함해 시부에서 80명, 고풍에서 70명, 합하여 150명의 합격자를 선발하고 잔치를 베풀었다. 따라서 같은 백일장의 경우에도 소수의 인원을 선발하여 거재하도록 하는 정기적인 백일장과 다수의 합격자를 선발하여 문학을 장려하려는 백일장이 있었음을 알 수 있다. 이러한 점에서 백일장이라고 하더라도 전자의 경우는 엄격한 선발을 목적으로 하는 것이었기 때문에 오늘날 입학시험과 유사한 성격이라고 할 수 있으며, 경쟁률도 상당히 높게 나타나고 있음을 알 수 있다.

감사 이헌영은 과거나 백일장과 같이 응시생을 소집하여 치르는 시험 외에 낙육재와 향교같은 교육기관을 방문하여 유생들을 대상으로 하는 시험을 주관하기도 했다. 이러한 경우 시험방법은 면시, 고강 등이었다. 이러한 방법은 감사가 직접 유생들과 대면한 상태에서 예를 갖춰 묻고 대답하는 절차를 통해 이루어진다. 이에 대한 대표적인 사례가 1891년 12월 7일 명륜당에서 정읍례 후에 유생들을 대상으로 실시한 고강이다.[26] 이날 시행된 고강의 절차는 응시생들의 상호경쟁을 통한 선발시험의 성격이 아니라 내용에 대한 상호문답과 의례적 절차를 시행하는 교육적 행사에 가까운 것이다. 하지만 그 절차는 질의와 대답을 통해서 진행되기 때문에 시험의 성격도 겸한다.

무과 관련 각종 시험 절차는 이헌영의 기록을 통해서 자세히 알 수는 없지만, 과거의 경우 문과와 마찬가지로 관리관을 임명하여, 며칠에 걸쳐 진행된 것을 확인할 수 있다. 1891년(辛卯) 4월 7일의 기록에 의하면 관덕당에서 무예도초시武藝都初試가 열렸는데 이때 참시관으로 인동부사 이남희, 중군 안윤명이 임명되었고, 선발 인원은 3인이었다.[27] 1892년 4월 무예초시武藝招試에서는 참시관으로 중군 안윤명, 칠곡부사 이규풍을 임명하고 2인을 선발하였으며, 선발한 내용은 문서를 작성하여 보고하고 있다.[28]

무과 관련 시험에서 일정 인원을 선발해야 하는 과거가 아닌 경우에는 관할지역에 있는 병사들의 활쏘기와 화포 실력을 시험한 후 우수한 자에 대해 시상을 하였다. 이런 시험의 경우는 선발보다는 장려에 목적이 있는 것으로 볼 수 있다. 무과 관련 시험은 감사 이외에 지방 수령들도 수시로 시행하였는데, 이를 통해 볼 때 문과 이외에 무과 관련 시험도 조선후기까지 지방관들이 주관하는 중요한 시험이었음을 알 수 있다.

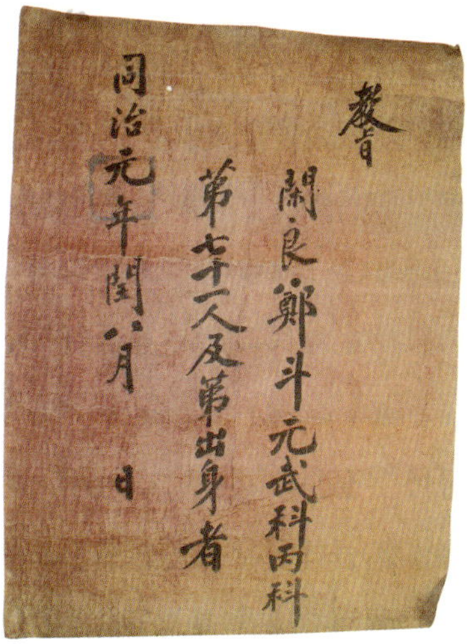

그림 2. 무과교지 개인 소장

함안군수 오횡묵의 경우

함안군수 오횡묵이 주관하여 시행했던 문과 관련 시험에는 강회講會,[29] 관강官講,[30] 면강面講,[31] 순제巡題,[32] 백일장 등이 있다. 이 가운데 관강, 면강 등은 주관하는 주체, 방법에 따라 분류한 것이기 때문에 강회에 포함되는 것이라고 할 수 있고, 순제는 강회와는 다른 성격의 시험이라고 할 수 있다. 그 차이점은 각각의 시험이 진행된 절차를 통해 살펴볼 수 있다. 한편 무과 관련 시험의 절차는 무사선발 시험과 활이나 포를 쏘는 시험의 진행을 통해 살펴볼 수 있다.

지방 수령으로서 오횡묵이 주관했던 강회는 순영巡營의 공문에서 학문의 진흥을 위해 강조한 것이었고,[33] 지방 수령으로서도 관심을 가지고 시행해야 하는 것이었다. 따라서 그 결과에 대해서 감영에 보고하는 것은 당연한 것이었다. 오횡묵이 함안군수로 재임하면서 시행한 사례를 살펴보면 강회는 일정한 절차와 형식이 중시되었음을 알 수 있다. 절차와 형식이 중시된 점은 『달성향교강회록達成鄕校講會錄』의 기록에서도 살펴볼 수 있다. 따라서 강회는 선발이 주목적인 과거와 성격이 다르고, 학문장려와 실력점검을 중시하는 고강, 고시 등과도 성격이 다르다는 점을 알 수 있다.

1892년 10월에 함안군수 오횡묵은 강회를 시행한 후에 시상하였고, 그 결과를 감영에 보고하였다.[34] 이 강회를 형식과 절차에 따라 열기 위해 오횡묵은 많은 관심을 기울였는데, 그는 강회에 입을 심의深衣를 직접 연구하여 강회하는 날 심의深衣를 입고, 남여藍輿를 타고 강회가 열리는 명륜당으로 갔다. 진행된 강회의 절차는 다음과 같다.

> 관아의 업무가 끝남에 내가 심의를 입고 남녀를 타고 명륜당으로 나가는데 지나가면서 많은 선비들과 어린아이들부터 노인까지 빽빽하게 길

에 가득한 것을 보았다. 내가 교궁의 문에 이르니, 유생들이 나와서 맞이하여서 정좌를 했다. 이내 개강하니, 사람은 많고 해는 짧은지라 형세가 홀로 맡아서는 강을 다할 수가 없었다. 작년의 예에 의지하여 18면의 강장을 갈라내어 강생들을 타면으로 바꾸어서 사정의 용납을 방지하도록 하여 강을 마치고, 각기 들은 바의 방목을 올리게 하였다. 내가 곧 앞의 참방자들을 불러서 친히 강하고 바로 앞에서 시험하여 삼경에 통달하게 강을 해낸 자로 10인을 취하여 1등을 삼고, 삼경 중에 2질을 통달하게 강을 해낸 자로 15인을 취하여 2등으로 삼고, 경서 및 통감 사기 가운데 능히 1질에 통달하게 강을 해낸 자로 264인을 취하여 3등에 두어 방을 낸 뒤에, 시상 및 호중呼中의 잔칫상은 명일 향음주례를 시행한 뒤에 할 것으로 명령하고 관아로 돌아오니 밤이 이미 깊었다.[35]

이날 강회는 참여한 사람이 많아서 함안군 내 18개 면의 강장들로 하여금 서로 다른 면의 강생講生들을 강하게 하는 방법으로 진행되었다. 강한 내용은 삼경, 통감, 사기 등이었는데, 1등은 삼경을 모두 통달하게 강한 사람을 선발하였고, 2등은 삼경 2질을 통달한 사람, 3등은 삼경이나 통감, 사기 중에서 1질이라도 통달한 사람을 선발하였다. 24일에 진행된 강회결과는 다음 날인 25일에 시상하고 호중呼中하였다. 시상은 먼저 향음주례鄕飮酒禮를 시행한 후에 이어서 진행되었다.

비로소 호중呼中을 하며 당하堂下에서 음악을 연주하니, 참방參榜한 유생들 289인이 차례로 당에 올랐다. 먹을 것을 제공하고 시상하니, 1등은 각기 후지厚紙 3속이요, 2등은 각기 2속이요, 3등은 각기 1속이었다. 보는 자들이 서로 어깨가 부딪힐 정도로 많으며 그 부형들은 안색이 기뻐

> 서 움직이며 …… 고을 사람으로 오찬을 제공받은 것이 370여 상이 된다. 이날에 쓴 것은 연름捐廩으로 부담하였다.[36]

강회에 대한 시상은 향음주례 후에 이루어졌다. 강회에 대한 시상은 엄격한 선발의 분위기보다는 교육과 학문을 진흥하기 위한 의례와 축제 분위기에서 진행되었음을 알 수 있다. 의례, 음악, 시상, 음식 등은 이러한 분위기를 대변하는 것이다. 합격한 사람에 대한 상품은 1등은 후지厚紙 3속, 2등은 2속, 3등은 1속이었다. 이에 대한 비용은 관리들의 급료에서 일부분을 담당하게 하였다.

이 강회는 감영의 공문에 따라 실시된 것이었기 때문에 결과는 감영으로 보고해야 했다. 보고내용을 보면 강장, 강생 모두 789명이 참가하였고, 그중에서 289명을 선출한 것으로 보고하고 있다. 24일에 열린 강회의 1, 2, 3등은 모두 271명이었는데 보고에서는 18명이 늘어난 289명이었다. 이것은 25일에 군수가 참가한 자들을 모아 놓고 몸소 시험하여 최종선발 인원을 289명으로 했다는 기록과 일치하는 것이다. 선발 인원 중 1, 2등에 포함된 사람의 이름을 기록하여 책을 만들어 보고하였다. 이때의 강회에 사용된 비용은 343냥 7전이고, 상품으로 준 종이는 모두 324속이었다.[37]

강회 결과를 보고한 후에 감영에서는 다시 회신을 보내 향음주례와 강회를 개최한 것, 그 비용을 관료의 봉급에서 분담한 것에 대해 높이 평가하고, 강회에서 1, 2등한 사람들에 대해서 달력을 선물로 보냈다.[38] 강회결과 보고는 10월 26일이었고, 결과보고에 대한 회신은 11월 18일이었다. 이 시기가 연말에 가까웠기 때문에 달력을 선물로 주기에 적당한 때였을 것이다.

오횡묵이 시행한 시험 중에는 유생들을 직접 시험장에서 대면하여 시험을 치는 것이 아니라 문제만 보내고 답안을 회수하는 순제巡題라는 형태도 있었다.[39] 즉 시험문제를 출제하여 각 면에 보내고, 각 면에서는 유생들이 답안을 작성하여 다시 올려 보낸다. 그러면 관에서는 제출된 답안지를 모아 평가를 하는 방식으로 진행되는 것이다.

오횡묵은 감영의 직접 지시에 의한 것은 아니었지만, 함안군수로 부임하던 그해인 1889년 12월 19일에 유생들을 대상으로 12월 25일에 직접 시험을 실시할 계획을 세우고, 각 면에 공문을 보냈다.[40] 하지만 이 계획은 바로 실행되지 못하고 그 다음 해에 시행되었다. 계획을 바로 시행하지 못한 이유는 직접 대면하는 면강面講으로 할 경우 추운 겨울에 많은 유생들이 이동해야 하고, 시간이 많이 걸리기 때문에 번거롭고, 어렵다는 의견이 많아 이를 고려한 것이었다.[41]

이와 같은 사정으로 시험은 해를 넘겨 1890년 2월에 가서야 다시 시행하게 되었다. 하지만 원래 계획대로 직접 유생들이 시험장에 와서 시험을 치는 면강이 아니라 답안을 작성하여 보내는 순제巡題로 치르게 되었다. 계획의 변경은 번거로움과 비용 때문이라 생각된다. 왜냐하면 한번 유생들이 모여서 시험을 치를 경우 수백 명의 유생들이 운집하게 되고, 구경꾼과 함께 온 사람들까지 합치면 1,000명 이상의 인원이 모이는 큰 행사가 되기 때문이다. 이와 같은 사정으로 시기와 방법이 변경되어 순제를 치르게 된 것이다. 순제를 치르는 절차는 다음과 같다.

먼저 순제의 시행사실을 각 면의 훈장에게 공문으로 내리고, 이어서 시험 치는 과목의 과제를 발송한다. 이때 시험과목은 시詩, 부賦, 고풍古風이었다. 과제를 받은 각 면의 훈장은 해당 면의 응시생들에게 답안을 작성하게 하여 25일까지 향교에 시권을 제출한다. 그 다음 날 수합된 시

험 답안지를 관에서 평가한 후에 합격자를 발표하고 시상한다.[42]

이 계획에 따라 순제가 진행되고 답안지가 향교에 수합되었지만 실제 평가와 시상은 오횡묵이 공무로 바빠 즉시 이루어지지 못하였고, 그 다음 달 1일에 평가가 이루어졌다. 결과는 부에서 14인이 합격하였는데 1등은 3인이었다, 시에서는 43인을 뽑았는데 1등은 3인이었다. 고풍에서는 87인이 입격하였는데, 1등은 3인이었다. 결과를 공문으로 내려보내고 각 고을의 합격유생들은 9일에 시상과 호중呼中에 참가하도록 당일 아침까지 도착하도록 하였다. 낙방 시험지는 각 향교로 보내서 나누어 주고, 합격한 시험지는 시상하는 당일에 주기 위해 보관하였다.[43]

순제 결과에 대한 시상은 합격자에 대한 시상과 호중呼中을 하기 위해 이미 각 면에 공문을 보냈기 때문에 초9일에 시상과 호중呼中을 위해 남덕정에 합격유생과 관련 인사들이 함께 모였다. 이날 시상과 호중呼中은 우선 합격한 유생을 불러서 대청으로 올라오게 한 후에 자리를 마련해서 앉도록 하였다. 시상은 매번 상을 줄 때마다 악공이 음악을 연주하고, 시권을 직접 주었다. 또한 개인별로 국수, 떡, 수육, 과일, 김치, 감주를 차려 주고, 상품은 1등에게는 장지와 백지 각 1속, 먹과 붓 2자루, 나머지 입격생은 장지와 백지 각 1속, 먹과 붓 1자루씩을 주었다. 아울러 각 면훈장에게도 합격유생과 마찬가지로 음식상을 차려 대접하였다. 이날 전체 인원은 합격생 144명과 각 면훈장 10여 명, 행사를 주관하는 사람 등을 포함하면 200여 명이 되었을 것이다. 이 외에 구경하는 사람들이 많았으므로 수백 명이 함께한 자리였다.[44]

오횡묵이 주관했던 무과 관련 시험은 주로 시사試射와 시포試砲였다. 그는 군사들을 대상으로 활과 포 쏘기를 시행한 후에 군사들에게 포상으로 돈을 지급하기도 하였다.[45] 아래의 내용은 그가 보름을 맞아 향교에서 알성례를 행한 후에 지과정에서 실시한 시사의 내용이다.

> 지과정에 앉았다가 일어나 궁수 20인을 시험하였다. 포군도 이와 같이 했다. 유엽전柳葉箭을 매번 맞출 때마다 1전씩 주기로 했는데, 중앙을 관통할 때는 5푼을 추가하도록 했다. 대포를 쏘아 맞출 때마다 4전씩 주기로 했는데, 중앙을 관통할 때는 2전을 추가하도록 했다. 또 각각 세 장원을 뽑기로 하여, 1등에게는 2량, 2등에게는 1량 5전, 3등에게는 1량을 주도록 했는데, 따로 등급을 나누어 시상하여 권장하는 뜻을 보이기로 했다. 시상하는 돈은 호포에서 마련하도록 했다.[46]

시사와 시포에서 표적을 맞추면 돈을 부상으로 주고, 중앙을 관통하면 상금을 추가하고 있다. 또한 활로 표적을 맞추면 1전을 주지만, 포의 경우는 4전을 지급하여 차등을 두고 있다. 그리고 종합 성적을 합하여 1, 2, 3등에게 각각 상금을 지급하고 있음을 살펴볼 수 있다. 오횡묵은 그 다음 해에 열린 시사와 시포에서 우수한 성적을 거둔 사람뿐만 아니라 참가한 모든 사람과 주변에 구경하는 사람들에게까지 돈을 지급하기도 하였다.[47] 이는 시험을 통해 응시자들의 실력을 높이고, 무학을 장려하려는 의미뿐만 아니라 일반 백성들의 인심까지 고려한 행위라고 볼 수 있다.

시험장으로 몰려오는 사람들

감영에서 실시한 시험의 응시자

지방관이 주관했던 시험에서 응시인원과 선발 인원이 분명히 드러나는 시험도 있었고, 드러나지 않는 시험도 있었다. 대체로 지방에서 치르는 과거인 경우 인원이 자세히 드러나고 있지만, 그 외의 각종 시험에서는 시험에 관련된 인원이 분명히 드러나지 않는다. 이것은 선발시험이 아닌 경우 정확한 선발 인원을 결정하는 것이 목적이 아니기 때문이라 할 수 있다. 이 경우 선발보다는 격려와 장려의 목적에서 시험을 시행한 것으로 생각된다.

앞에서 살펴본 시험 중에서 응시인원이 가장 많은 것으로 추정되는 시험은 증광감시좌도초시增廣監試左道初試이다. 이 시험의 시권은 초장 3만 287장, 종장 2만 2,177장이었는데, 최종 100명을 선발하였다. 다음은 식년감시좌도초시式年監試左道初試에 응시한 시권이 초장 20,176장, 종장 16,230장이었다.[48] 이것은 당시 인구를 고려할 때 상당히 많은 사람들이 과거에 응시하고 있음을 보여 주는 것이라 할 수 있다.

이외에 시험에서는 응시자가 대량으로 응시하는 경우는 없고, 일정한 인원이 응시하였다. 5월에 개최된 백일장 중에서 유생을 선발해야 하는 경우 80명이 참가하여 최종 15인을 선발하였다. 선발시험으로 본다면 5:1 정도의 경쟁률이다. 선발시험이 아닌 백일장에서는 150인에 대해 시상하였다.

공도회公都會의 경우 1891년에는 220명 중 10인, 1892년에는 240명 중 20인을 선발하였다. 2년의 공도회를 한 번에 치른 1892년의 경우 동시에 20명을 선발하였다. 증광동당좌도문과초시의 경우 200여 명이 응시하여 최종선발 인원은 15명이었다. 식년동당좌우도문과초시에서는 좌도와 우도 초시를 함께 실시했기 때문에 선발 인원은 30명이었다. 따라서 공도회는 최종 10인, 동당좌도문과초시는 15인이었음을 알 수 있다. 시험을 치르는 시기도 4월에는 무예도시, 5월에는 백일장, 10월에는 각

표 2. 지방관 주관 시험종류와 선발 인원

시험종류	시기	시권(試券) 수, 선발 인원
증광감시좌도초시 (增廣監試左道初試)	1891. 2.	초장 3만 287장, 종장 2만 2,177장, 탁방(坼榜) 100인
증광동당좌도문과초시 (增廣東堂左道文科初試)	1891. 3.	초·중장 200여 장, 8일 종장 70여 장, 9일 탁방 15인
무예도초시(武藝都初試)	1891. 4.	우등 3인
백일장	1891. 5.	1차 80인, 2차 30인, 3차 20인, 출방(出榜) 15인
백일장	1891. 5.	150인 출방 後 시상
식년감시좌도초시 (式年監試左道初試)	1891. 8.	초장 20,176장, 종장 16,230장
식년동당좌우도문과초시 (式年東堂左右道文科初試)	1891. 8.	초·중·종장 합설 31장, 탁방 30인
경인조공도회복시 (庚寅條公都會覆試)	1891. 8.	220장 중 75인 비교 32인 선발, 32인 중 18인 선발, 18인 중 12인 선발, 최종 10인 선발
명륜당고강(明倫堂考講)	1891. 12.	
무예초시(武藝招試)	1892. 4.	우등 2인
백일장	1892. 5.	80인 비교, 30인 2차 비교, 15인 출방
신묘임진양년조공도회복시초시 (辛卯壬辰兩年條公都會覆試初試)	1892. 10.	240장 중 140인 선발 비교 후 100인 선발, 재차 비교 후 40인, 3차 비교 후 30인, 4차 비교 후 20인(1년 각 10인)

종 무과 관련 시험이 개장된 것으로 볼 때, 월별로 치르는 시험의 종류가 있었음을 알 수 있다.

군에서 실시한 시험의 응시자

감영이 아닌 지방 수령의 관할지역에서 실시하는 시험의 응시인원도, 당시 지역인구를 고려할 때 상당한 사람들이 시험에 응시하고 있음을 알 수 있다. 오횡묵이 지방 수령로 부임했던 함안군의 전체 호구는 4,774호이고, 인구는 21,021구였다.[49]

오횡묵은 부임한 다음 해에 순제를 시행하였는데, 답안을 제출한 전체 인원은 알 수 없지만 선발된 인원은 부 14인 합격, 시 43인 합격, 고풍 87인 합격으로 모두 144명이 선발되었다.[50] 오횡묵이 함안군수로 재직할 때 가장 많은 응시생이 참가한 시험은 1892년 10월 감영의 공문에 의해 시행된 강회였다. 이때 참여한 인원은 789명이었고, 1등은 10인, 2등 15인, 3등은 246명으로 등수에 포함된 인원이 모두 271명이었다.[51]

그리고 오횡묵의 임기 말인 1893년 2월에 시행된 순제의 고시에는 출방한 자가 327인이었다. 유형별로는 부賦에서 26명을 뽑아 1등 3인, 2등 7인, 3등 16인을 선발하였고, 시詩에서 85명을 뽑아 1등 3인, 2등 17인, 3등 65인을 선발하였고, 고풍古風에서는 209명을 뽑아 1등 3인, 2등 30인, 3등 176인이 선발되었다.[52] 출방한 사람이 327인이었고, 유형별 선발 인원 합은 모두 320명이기 때문에 전체 출방인원과 유형별 선발 인원에서 7명의 차이가 있는 것으로 기록되어 있다.

시험이 지방관에게 주는 힘

시험의 기능과 갈등

지금까지 살펴본 내용을 통해서 볼 때 분명한 사실은 지방관들이 시험을 주관하고 시행하는 중심에 있었다는 점이다. 즉 지방에서 각종 시험을 치르게 하는 중심이 지방 수령이라는 것이다. 이들은 시험을 주관하고 시행하는 것을 당연하게 생각하고 매우 중요하게 생각하였기 때문에 자신이 수령의 직무에 충실하고자 한다면 가급적 다양한 시험을 많이 시행하고자 했다. 그들은 왜 시험에 대해 이러한 태도를 갖게 되었을까? 왜 그들은 시험에서 중심 역할을 하면서 시험을 치르게 했을까?

표면적 이유는 시험과 관료의 임무에 대한 기능론적인 설명이다. 조선시대 수령의 임무 가운데 하나는 학문을 진흥시키는 것이다. 따라서 지방의 수령들은 국가를 위해 자신에게 주어진 일을 성실하게 수행하는 것이 그들의 기능이고, 그 일 가운데 교육과 긴밀하게 관련된 시험을 통해 자신의 임무를 수행하는 것이다. 따라서 인재를 선발하고, 학문을 진흥시키기 위해 시험이란 방법을 사용하여 사람들로 하여금 시험에 응시하게 하는 것이다. 그 결과 시험은 관료의 행위를 통해 국가에 필요한 실력 있는 인재를 찾아내고, 국가에서 요구하는 학문을 진흥시켜 국가의 발전과 안정에 기여하게 되는 것이다. 관료의 경우 이 일을 잘 수행하는 사람은 유능한 수령이 되고, 이들이 시행하는 시험은 국가에 필요한 중요한 일이 된다.

그러나 시험에 대해 지식사회학적 관점에서 생각하면 그 의미가 달라진다. 지식사회학의 관점에서 볼 때 시험은 그 사회의 지배적인 지식, 즉 사회적 영향력을 가진 특정한 집단이 소유한 지식의 이해정도를 평가하는 절차라고 할 수 있다. 따라서 시험에는 농부가 농사짓는 것에 필요한 지식이나, 고기잡는 사람들의 삶에서 형성되는 지식이 아니라 그 사회의 지배적인 지식, 조선사회의 경우 유학경전이나 이를 배경으로 한 문장의 작성능력이 시험내용이 된다.[53] 따라서 시험에서 다루는 지식은 지식 중에서 특정한 집단이 중요하다고 생각하는 지식, 국가적인 필요에 따라 중요하다고 인정되는 지식이 반영된다. 이 점은 지방관들이 주관하여 시행했던 시험의 내용을 검토해 보면 문과 관련 시험의 대부분이 조선사회에서 사회적으로 유리한 집단인 양반관료집단이 소유한 지식과 관련되는 것이었다는 사실에서 확인된다.

따라서 시험은 시험과 관련된 지식을 가능한 한 많이 경험할 수 있는

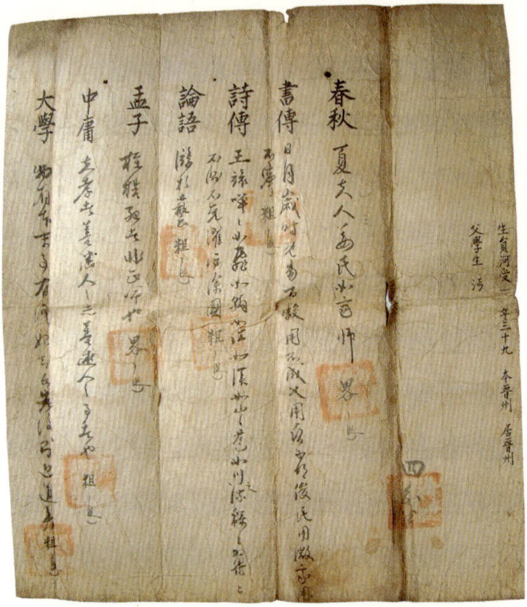
春秋
書傳
詩傳
論語
孟子
中庸
大學

그림 3. 과거시험의 내용
개인 소장

계층에게 유리한 통로가 되고, 그렇지 않은 사람들에게는 좀처럼 통과하기 어려운 관문이 되었다. 이러한 점에서 본다면 조선시대 지방관들이 시행했던 시험도 시험에 관련된 지식을 쉽게 접할 수 있는 집단에게 유리한 기회를 부여해 주고, 그렇지 않은 사람들에게는 접근하기가 어렵게 되는 것이다. 즉 시험은 조선사회에서 유교경전이나 한문문장능력을 쉽게 경험할 수 있는 양반, 관료집단에게 유리한 위치를 유지하고 재생산해 나가는 합법적 통로가 되는 것이다. 시험의 의미를 이와 같은 측면에서 해석한다면 시험이 객관적이고 공정한 절차를 통해 실력 있는 인재를 선발한다는 논리는 허구적인 설명에 불과한 것이다.

시험을 통한 수령의 영향력 행사

한편 시험에 대해 전체사회에 필요한 인재를 선발하고 학문을 진흥시킨다는 기능론적인 설명이나 반대로 특정한 영향력을 가진 집단의 영향력을 유지하고 지속시켜 나가는 사회적 재생산 장치라는 설명이 아니라, 실제로 시험을 주관하고 시행했던 지방 수령들의 입장에서 시험의 의미를 논의하면 그 의미는 다르게 나타난다.

조선시대 지방관들은 1~2년의 임기 동안 새로운 지방에 가서 자신에게 부여된 통치권을 행사해야 했다. 따라서 자신이 부임한 지역에서 자신의 영향력을 효과적으로 확보하지 못하면 임기 동안 상당한 어려움을 겪을 수밖에 없다. 이러한 상황에서 지방 통치자로서의 지방 수령들의 입장에서 보면 시험은 국가의 발전, 인재양성과 선발, 학문의 발전이라는 측면 이외에 지방에서 자신들의 통치권 행사를 원활하기 위한 장치로서 중요한 도구가 된다고 할 수 있다.

시험에서 출제자나 시험을 주관하는 사람이 주도권을 가지게 되는 것은 당연하다. 따라서 시험에서 주도권을 가진 사람들은 시험의 응시 대상자들에게 영향력 있는 존재가 된다. 이것은 오늘날도 마찬가지이다. 앞에서 지방 수령들의 시험관리 내용을 종합적으로 볼 때 분명히 시험에서 주도권을 가진 사람들은 지방 수령들이었고, 이들은 시험시기, 내용, 채점과 평가, 선발 등에서 중심 역할을 하였다. 이러한 의미에서 본다면 각종 시험은 이를 주관하고 시행했던 지방 수령들에게 자신의 통치지역에서 영향력을 행사하는 중요한 수단이 되는 것이다.[54]

이들은 시험이라는 장치를 통해서 영향력을 드러내고, 그 영향력이 파급효과를 나타내게 할 수 있는 것이다. 특히 시험 결과에 대한 시상, 발표 등은 시험에서 주도권을 가진 사람들의 영향력을 마음껏 행사할 수 있는 좋은 기회가 된다. 이 과정에서 합격자들은 자신의 이름을 부르고, 시상을 하는 사람의 영향력을 기꺼이 수용하게 되며, 시험을 시행하는 데 중심 역할을 했던 지방 수령들은 자신의 통치권과 권위를 행사하고 확대해 나갈 수 있게 되는 것이다.

이는 단지 시험에 합격한 사람들뿐만 아니라 합격자의 주변인들에게까지 영향력을 미칠 수 있는 파급효과가 있다. 즉 가족들과 지역의 구경꾼들에게까지 수령의 위상을 제고할 수 있게 되는 것이다. 시험의 결과를 발표하고 시상할 때 응시자의 가족들과 구경을 위해 모여든 사람들에게까지 수령이 적절한 선심을 베풀어서 작은 선물이라도 나누어 준다면 지방 수령들은 인자한 어버이 같은 존재로 자신의 이미지를 제시할 수 있게 된다. 이런 측면에서 볼 때 지방 수령들에게 있어서 드러나지 않는 시험의 효과는 공식적으로 드러나는 인재선발이나 학문진흥보다는 자신의 통치지역 내에서 전체 백성의 어버이로서 자녀 같은 백성들에게 은혜를 베풀어 주는 존재로서의 이미지를 형성하는 좋은 수단이 되고, 자신의 통치권을 효과적으로 행사할 수 있는 효과적인 수단이 된다고 볼 수 있다.

지방 수령들의 개인기록을 통해서 볼 때 수령들은 재임기간 동안 다양한 시험을 시행하였다. 내용상 크게 분류하면 문과 관련 시험과 무과 관련 시험이지만, 수준, 대상, 방법에서 다양했다. 수령들이 시행하는 시험 중에 과거는 국가적인 차원에서 이루어지는 시험이다. 따라서 이들은 자신의 행정단위에서 부여된 시험을 관리하고 상급관청에 보고하는 역할을 수행하게 된다. 과거는 국왕이 조선사회 전체에 행사하는 영향력 중 하나였다. 이를 통해 국왕은 통치권을 행사하고 영향력을 유지하였다. 지방관료로서 수령들은 국왕의 통치권 행사 중간 과정에서 국왕의 영향력을 전달하는 전달자가 되는 동시에 그 영향력에 편승하여 지역 내에서 자신의 영향력도 동시에 행사할 수 있게 된다.

한편 관료들은 국가나 상급관청에서 지시하는 시험 이외에 자신의 관할 내에서 독자적인 시험을 치기도 했다. 백일장, 강회, 고시, 고강, 순제 같은 시험은 국가적 차원에서 이루어지는 것이 아니라 지방관들의 행정단위 내에서 이루어지는 시험이었다. 이러한 시험의 시행에서 중심은 지방 수령이다. 이들은 상급관청에서 지시하는 시험 이외에도 스스로 각종 시험계획을 세우고 시험을 실시하였다. 이러한 시험은 때로는 관청을 중심으로 이루어지고, 때로는 교육기관에서 이루어지기도 한다. 이러한 다양한 시험을 시행함으로써 다양한 수준과 방법으로 통치권을 행사하고 영향력을 구축해 갈 수 있는 것이다.

따라서 지방 수령들은 시험 절차를 매우 중시하였다. 수령들에게 있어서 시험은 선발을 목적으로 하지만 시험의 시행에 있어서 시험을 주관하고 관리하는 수령의 위세와 영향력을 지역 내 사람들에게 과시하는 절차도 중요하였다. 실제 시험절차에 대한 기록을 살펴보면 시험을 치는 상황을 많은 구경꾼들을 볼 수 있도록 허용하고, 시상과 呼中의 절차도 매우 중요하게 인식하고 있었다. 지방 수령들은 경우에 따라서 모여든 사람들에게 음식과 돈을 하사함으로써 민심을 얻는 행위도 하였다.

지방 수령들에게 시험은 단지 교육적 선발, 인재등용, 학습자의 실력향상뿐만 아니라 자신의 지역 내에서 자신이 중심이 되는 성대한 행사였고, 많은 사람들에게 위엄 있고 권위 있는 어버이 같은 존재로 수령의 존재를 알리는 계기가 되었다. 자신의 통치권과 백성의 어버이라는 이미지를 형성하기 위해서라면, 시험의 절차와 의례는 장엄하고 엄숙하면 할수록 더욱 좋은 것이 된다.

한편 지방 수령들의 기록에서 볼 때 이들이 시행하고 관리하는 시험에 매우 많은 사람들이 응시하고 있음을 볼 수 있다. 응시자가 많아서 여러 가지 혼란이 야기되기도 했지만 응시자는 줄어들지 않았다. 시험에 응시한 사람들은 응시자의 선별이 없는 경우 감영에서는 수만 명, 군현에서는 수백 명이 응시하였다. 합격자 비율은 선발시험인 경우 경쟁이 치열하였고, 장려하고 위세를 과시하기 위한 시험인 경우에는 상대적으로 경쟁률이 치열하지 않았다. 문과 관련 시험에 응시하는 사람들은 주로 마을이나 면 단위 서재에서 공부하던 사람들이었고 무과 관련 시험은 군인들을 대상으로 하였기 때문에, 응시생이 많이 몰리는 것은 주로 문과 관련 각종 시험이었다.

이와 같이 관료들이 시행하는 시험에 많은 응시생들이 모이는 것은 과거시험의 경우 그것에 응시하는 것 자체가 갖는 상징성이 있었기 때문이라고 할 수 있다.[55] 과거나 관에서 시행하는 시험에 응시하는 사람은 특별한 사람임을 나타내는 상징이 되기 때문이다. 이미 관에서 시행하는 시험에 응시하는 것 자체가 지배층의 지식과 문화를 공유하고 있다는 것을 나타내는 것이다. 이러한 점에서 보면 시험에 선발되는 것이 물론 중요하지만 시험에 응시하는 것 그 자체도 응시자에게 의미를 부여하는 행위가 되는 것이다.

따라서 조선후기 과거장에는 수만 명의 응시생들이 모였다. "정조연간에는 15만 명에 가까운 과거 응시자가 서울에 몰려들었으며, 순조연간에는 과거 응시에 몰려드는 인파로 인해 서울 근교의 길거리가 메워지고 초만원이 되었다고 한다."[56] 한편 대구 감영에서 실시한 각종 시험에도 인원이 많은 시험에는 몇 만 명의 응시자들이 모여들었다. 함안군에서 시행한 강회에도 상당히 많은 응시자들이 참여하고 있는데 당시 함안군의 호수는 4,774호, 인구는 21,021구였고,[57] 읍이 있는 서촌 48호, 동촌 98호를 합하면 146호가 읍부에 거주하고 있었다. 따라서 오횡묵이 시행한 강회의 참여인원이 789명이었다면 읍부에 속한 인구보다 더 많은 응시생들이 강회에 참여하고 있었던 것이다. 따라서 이러한 시험을 시행하기 위해서는 상당한 비용이 필요하였고, 시험에 응시하기 위한 사람들은 시험이 열린 곳에 숙소를 구하기 힘든 현상이 나타나기도 하였다.[58]

이러한 과열된 시험의 열기 속에서 지방 수령들은 이러한 현상을 어떻게 이해했을까? 만약 이러한 현상에 대해 부정적으로만 생각했다면 각종 시험을 줄이고, 단계적 선발을 통해 한꺼번에 응시생이 몰리는 폐단을 개선했을 것이다. 그러나 과거제의 폐단을 지적하는 견해가 있기도 했지만 과거제가 폐지되기 전까지 응시생을 줄이기 위한 방법은 실효를 거두지 못했다. 만약 이러한 현상에 대해 수령의 통치권과 영향력 행사라는 관점을 가지고 설명한다면 비록 그것이 많은 문제를 야기한다고 해도 엄격하게 응시를 제한하거나 금지하는 것은 쉽지 않은 문제였을 것이다. 결국 엄격한 제한과 금지는 자신의 영향력과 통치권을 행사할 수 있는 좋은 통로를 막는 것이기 때문이다. 따라서 많은 문제점이 있지만 지방 수령들에게 있어서 시험은 시행해야 하는 것이었다.

그들은 왜 시험을 치게 하는가?

시험은 힘을 발휘한다. 학교에서 시험은 교사나 학교에게 자신이 수행한 교육의 결과가 학생들에게 끼친 영향정도를 파악할 수 있게 한다.

교사들은 시험 결과에 따라 자신이 수행한 교육을 돌아볼 수도 있고, 자신이 가르친 학생들에 대해 어떤 태도나 관점을 가질 수도 있다. 또 학생들을 시험결과에 따라 분류하거나 선발할 수도 있다. 시험은 학생들에게는 달갑지 않은 것이지만, 학생들이 학교에서 시험을 거부하는 것은 곧 학교교육을 거부하는 것이 된다. 따라서 시험은 학교나 학생 모두에게 너무나 당연한 것으로 인식되어 왔다.

학교 밖에서 치러지는 시험도 힘을 가진다. 시험은 어떤 지식과 특정한 가치를 중요한 것으로 전파할 수도 있다. 만약 과거시험에서 특정한 내용이 반복적으로 출제된다면 그 내용은 다른 내용보다 훨씬 중요한 지식으로 인식될 수 있고, 그 지식이 담고 있는 가치도 중요한 것으로 생각될 수 있다. 또한 시험은 이것을 시행하는 개인과 조직이 자신에게 필요로 하는 구성원들을 선택할 수 있는 장치가 된다. 시험을 통해서 조직은 자신의 조직을 발전시키고 성장시켜 갈 수 있는 실력 있는 사람을 공정하고 객관적인 절차를 통해 검증하고 선발할 수 있다. 한편 시험은 개인에게 개인이 욕망하는 어떤 가치에 접근할 수 있는 자격을 부여하기도 하고, 접근을 금지하는 장치가 되기도 한다.

따라서 지금까지 시험이 가진 의미가 교육적인 관점, 사회적인 관점에서 다양하게 논의되어 왔다. 시험이 가진 교육적인 기능과 의미에 대한 설명이 교육학 내에서 이루어지기도 했고, 시험이 가지는 사회적 의미에 대해 사회를 발전시켜 나가는 장치라고 하는 입장이나 사회의 지배적인 집단의 지위를 유지하고 재생산하는 장치라고 논의되기도 했다. 이러한 논의는 서로 다른 주장을 하고 있지만 결국 시험이 가진 힘을 인정하고 있다는 점에서는 동일하다. 하지만 시험에서 중요하게 논의해봐야 할 주제 중 하나는 누가 시험을 치게 할 수 있는가 하는 점이다. 또 그들은 왜 시험을 주관하고 치르게 하는가 하는 것이다.

시험은 누구나 시행할 수 있는 것이 아니다. 시험을 시행하기 위해서는 시험을 치르게 할 수 있는 영향력을 가지고 있어야 하고, 사람들이 그 영향력을 인정하고 수용해야만 가능한 것이다. 만약 어떤 사람이 갑자기 학교에 가서 학생들에게 시험을 치게 하려고 한다면 그 사람은 반발을 당하게 될 것이다. 따라서 시험을 치르게 할 수 있는 사람이 어떤 사람인가 하는 것은 시험에 대한 논의에서 중요한 부분이 된다.

조선시대 지방관들은 오늘날 지역의 관료들과 달리 자신의 부임지에서 시험을 주관하고 시행할 수 있는 권한을 행사하였다. 실제로 지방에 부임한 수령들은 다양한 성격의 시험을 정기적으로 혹은 수시로 시행했고, 각종 시험의 시행과 절차의 중심에 지방 수령이 있었다. 결국 시험의 주도권을 가지고 시험을 치르도록 하는 사람은 지방 수령이었다. 이러한 시험체제는 국가적으로는 국왕을 대표로 하는 국가 관료체제가 시험을 주관하는 중심에 있고, 각 도에서는 감사를 중심으로 관리들이 시험을 주도하였다. 그리고 지방에서는 지방 수령 및 수령을 보좌하는 사람들이 시험을 시행하는 중심에 있다. 이렇게 볼 때 조선시대에 시험을 시행하는 주도권은 결국 국가적으로나 지방에서 지배적 힘을 가진 사람들이 행사할 수 있는 것이었다. 이들에게 시험의 의미는 자신의 통치권을 행사할 수 있는 좋은 도구였다고 할 수 있다.

따라서 조선시대 지방관들은 시험을 통해 자신의 영향력을 드러내고, 그 영향력을 파급시킬 수 있었다. 이러한 영향력은 시험 결과를 발표하고 시상하면서, 합격자에게 잔치를 베풀면서 나타낼 수 있다. 이는 지방 수령들이 마치 엄한 아버지처럼 합격자들의 이름을 위엄 있게 부르고, 따뜻한 어머니가 자녀들에게 선물을 주듯이 합격자들에게 상품과 음식

물을 수여하는 장면에서 적절히 묘사되고 있다. 이 과정에서 시험을 시행하는 중심에 있었던 지방관들은 자신의 통치권과 권위를 행사하고 확대해 나갈 수 있게 되었다. 지방 수령, 그들은 시험으로도 사람들을 다스린 것이다.

【 제6장 】

수령의 기우제祈雨祭와 고을민과의 소통疏通

오용원(경북대 영남문화연구원 HK교수)

> 가뭄이 심해질수록 민정民情은 위급하기만 한데 가을은 이미 성큼 다가왔다. 이제 정해진 법대로 기우제祈雨祭를 지낼 수도 없다. 하지만 목민관牧民官의 임무를 맡고 있으면서 선례가 없다고 해서 관습을 그대로 따를 수는 없다. 이미 며칠 전에 규벽圭璧을 준비하는 것에 대해 제안했었다. 이에 대해 말하는 자들이 근래 날씨가 사뭇 비 내릴 조짐이 있으므로 관례에서 벗어나는 경솔한 행동은 할 필요가 없다고 하기에 도리어 취소한 지가 이미 며칠이 지났다. 가뭄이 더욱 심하니 나의 노력을 다하는 도리상 그만둘 수가 없었다. 오늘은 사람들과 상의도 하지 않고 여러 아전들을 불러 오늘 저녁 배산杯山에서 제의 설행을 분부하였다. 만약 관례대로 한다면 사직단社稷坍에서 먼저 행하는 것이 마땅하겠지만, 이번 거행擧行은 바로 나의 사사로운 정성을 바치는 것이다. 그러므로 특별히 마음먹은 대로 곧장 배산杯山에서 설행設行한 것이다.[1]

일반적으로 지방에서 관 주도로 거행하는 기우제는 일정한 의식과 절차가 있어, 국가 차원의 의례서를 준수하여 거행하였다. 그리고 설행에 있어서 사전에 상급 기관에 모든 절차, 방법, 시기 등을 보고하였고, 사후에도 일정한 보고 형식과 과정이 있었다. 1893년 2월, 고성군수固城郡守로 부임했던 채원茝園 오횡묵(吳宖默, 1834~?)은 그 다음 해(1893) 7월 봄부터 계속된 가뭄에 대비하고자 목민관으로서 지방관 개인의 정성을 다하고자 하였다. 그래서 의례에 의거하여 사직단에 가서 기우제를 준비하기보다 별도의 기우제를 배산杯山에서 설행하기 위해 아전들에게 기우제 준비를 지시하였다.

그렇다면 오횡묵이 지방관의 바쁜 공무公務 일상 중에 주위의 만류를 뿌리치고 선례先例에도 없던 기우제 일정을 세우고, 아전들에게 기우제의 설행을 명한 것은 그 나름대로의 이유가 있었을 것이다. 특히 그는 지방관으로서 기우제祈雨祭를 지내는 일은 민정民情을 고유告由하는 계획에서 나온 것으로 인식하였고, 가뭄이 시작되면 반드시 산, 들판, 그리고 물에 각각 한 곳씩 거행하였으며, 입추立秋가 되면 의례적으로 설행을 마쳤다.[2]

다시 말해 그는 기우제를 한 고을의 수령으로서 비를 기다리는 백성들의 간절한 심정을 신에게 알리는 한 방편으로 생각했던 것이다. 그가 지방관으로 재임하는 동안 가뭄이 있을 때면 기우제에 많이 집착하였음은 여러 자료에서 그 근거를 확인할 수 있다.

그렇다면 조선시대 영남 지방관이 일상에서 기우제의祈雨祭儀를 어떻게, 왜 설행했을까? 영남 지방관으로 재직했던 채원 오횡묵(1834~?)의 기우제의에서 그 진면목을 찾아보고자 한다. 특별히 채원의 기우제의에 관심을 가지는 데는 몇 가지 이유가 있다. 먼저 그는 중앙보다 주로 외직이었던 지방관으로 재직하였고, 그것도 장기간 영남의 지방관이었으므로 기우제의를 통한 관민官民의 교섭 양상을 규명하는 좋은 모델이 될 수 있다. 또한 그는 재임 시 일상 공무뿐만 아니라, 주변의 사적 일면까지 임지별로 세세하게 기록한 시리즈 형식의 '총쇄록叢瑣錄'이라는 일기를 남겼다.[3]

지방관과 기우제의祈雨祭儀

영남 지방관의 기우제의 설행

유교적 이념의 인정仁政을 통치자의 주 덕목으로 삼았던 조선시대의 왕과 지방 관료들은 한발과 같은 자연재해에 직면하게 되면 치자로서 그 대응에 전심하지 않을 수 없었다. 그나마 가뭄으로 인한 백성의 고충을 이해하고 대응하려는 모습은 시기적절한 비를 얻을 때까지 각양의 기우제의를 설행하거나 기우와 관련된 갖가지 행위를 통하여 백성들에게 세심한 배려와 관심을 보여 주는 것이 전부였다.

더욱이 지방관은 백성들과 가장 가까운 처지에 있으면서 민생의 고락을 살피고, 민원을 직접 수리했기 때문에 관·민의 관계에서 중요한 역할을 담당하였다. 장기간 지속된 가뭄으로 인한 백성들의 고충을 살피는 것은 지방관으로서 행해야 하는 여러 임무 가운데 중요한 역할일 수밖에 없다. 특히 한발과 같은 자연재해 시에 지방관은 이를 극복하기 위해 다양한 경로를 통하여 분주하게 움직였다.

가뭄현상이 장기적으로 지속되면 국가나 지방의 관료들은 공무의 대부분을 중단하고 기우제 설행의 준비와 그에 관련된 공무, 그리고 가뭄 해갈을 위해 민심을 살피는 데 주력하였다. 조선후기 지방관으로 재임했던 채원 오횡묵의 공무 일상에서 그 행적을 찾을 수 있다. 채원의 인

생편력을 볼 때, 그의 관직 생활은 내직보다 주로 외직인 지방관으로 있었다. 그는 지방관으로서 1887년 정선군수旌善郡守, 1888년 자인현감慈仁縣監, 1889년 함안군수咸安郡守, 1894년 고성부사固城府使 등을 역임하였다. 그의 지방관 생활에서 특이한 점은 오랫동안 영남지역에서 재임하였고, 이례적으로 함안군수를 4년간이나 지냈다는 것이다. 재임 시 기록한 그의 일기는 공무뿐만 아니라 사적인 주변사의 세세한 일상생활의 전모를 기록하여 일기류 자료가 갖는 사실성과 일상성의 특장을 갖고 있다. 채원의 일기를 통하여 지방관이 행했던 기우제의의 제 행위와 그것이 갖는 생활사적 의미를 추출해 볼 수 있다.

앞에서 언급한 바와 같이 지방관이 임지에 부임하여 행하는 의례는 공무 수행의 일환으로 행하는 사전祀典 형식의 정식 의례뿐만 아니라, 개인적으로 행하는 다양한 의례가 있다. 채원의 사후死後 목민관으로서의 그에 대한 제가諸家의 평가에서도 언급되었지만, 그는 선정을 베푼 지방관이었다. 이러한 고평은 그의 일기에 나타난 대민관對民觀에서 직접 확인할 수 있는 대목이다. 그는 주변 일상에서 행했던 갖가지 의례 행위까지 세심하게 관찰하여 이를 꼼꼼하게 기록하였다.

자신이 주관한 다양한 의례 가운데, 특히 기우제 설행 시의 일상에 대해서는 바쁜 공무에도 다른 어떤 의례보다 사실적이며 진지하게 기록하였다. 그는 함안군수로 재직하면서 1892년 6월 2일부터 29일까지 한 달 동안 15차에 걸쳐 기우제를 설행하였다. 이는 다른, 국가 주도의 사전祀典 기우제의 설행이 6차 내지 13차에 걸쳐 설행되는 데 비하면 다소 이례적인 의식 행위였다. 기우제의 설행 기간 동안 그의 일상 동선動線을 통하여 기우제의 관련 행적을 추적해 보기로 한다.

제의 설행의 일상, 그 안과 밖

오횡묵은 봄 가뭄이 장기간 지속되어 농형農形의 폐해가 극심해지자, 더 이상 지체하지 않고 이를 한발旱魃로 인식하고 이에 적극적으로 대응하였다. 가뭄에 대한 지방관의 대응 행위는 먼저 민民에 대한 배려에서 시작되었다. 채원은 평소에 뛰어난 문학적 재능 탓에 잦은 시회詩會의 자리를 가졌고, 시회에서 다른 사람의 작품을 비평해 주었다. 이에 대한 대가로 시회에 모인 사람들로부터 풍성한 대접을 받기도 했다. 지속된 가뭄에 이러한 지나친 대접이 혹여 백성들에게 편하다는 혐의를 받을 것 같아 주는 것만 받아먹는 것이 의미가 없다고 여기고, 술, 떡, 과일, 국수, 돼지고기, 닭고기, 밥, 국 등의 풍성한 음식을 준비하여 시사詩社에 모인 사람들뿐만 아니라 죄수, 형벌을 받을 사람, 통인通引, 관노官奴, 사령使令 등에게도 음식을 대접하였다.[4] 지방관의 이러한 행위는 기우제 설행 이전에 가뭄에 대응하기 위한 지방관의 근신勤愼이며 민에 대한 배려 행위라고 할 수 있다.

제의 설행 이전에 지방관이 행한 민의民意의 수렴收斂은 이뿐만이 아니다. 민의를 적극 수렴하여 사직단社稷壇이나 명산名山 등과 같이 신성시하는 곳에 몰래 암매장한 무덤을 발굴發掘하여 폭로暴露하게 하였다. 기우제 설행 하루 전인 6월 1일의 기록을 보면, "사직단, 안산案山에 올해 들어 몰래 무덤을 쓴 것이 열 두 기 정도인데, 여러 사람들의 의논이 이 무덤을 파서 없애야 하늘에서 결국 비가 내릴 것이라고 하였다. 이날 곧바로 관속들에게 이 열 두 기의 무덤을 파내게 하였다."[5]라고 하였다. 이는 공동의 복을 구하고자 하는 주술적인 기우 행위로서, 명당이나 신성시되는 곳에 시체를 매장하면 개인적으로는 발복發福을 받을 수 있겠지만 산신이 노하여 한발이 일어난다고 믿었기 때문이다. 암매장지의 시체를 발굴 폭로하는 행위는 민간에서 주로 행하는 주술적 기우 행위이다.[6] 암장 무덤을 발굴하자는 민의를 수렴한 후, 관속官屬들에게 명하여 열 두 기의 암장 무덤을 발굴케 하는 행위는 정식 제의와는 별도의 주술적인 의식 행위인데, 이는 수차례 기우제를 설행하고도 비가 오지 않을 경우 한발에 적극적으로 대처하는 기우 의례이다. 지방관이 민의를 수렴하여 직접 관속들에게 이러한 기우 행위를 지시한 것은 관 주도의 기우 의례에서 다소 이례적이라 할 수 있다.

제의 설행을 위한 준비와 절차

본격적인 기우제의를 설행하기 전에 채원이 행했던 행위 중에는 이외에도 시장을 태평루太平樓로 옮기는 이시移市도 있었다. 시장을 옮기는 행위는 국행 기우제에서 일반적인 행위이다.[7] 지방관이 행하는 기우 의식에서 이런 행위를 그대로 준행하는 것으로 보아 이시가 상례적인 기우 행위임을 알 수 있다. 지방관은 몇몇 기우 행위를 행하고도 가뭄을 해소할 만한 충분한 비가 내리지 않으면, 결국 기우제의의 설행을 위해 공식적인 문서를 상급기관에 보내고 제의에 필요한 각종 요소들을 준비하게 된다.

> 절서節序는 차츰 늦어만 가는데, 우기雨氣는 오히려 아득하기만 하다. 기우제 설행을 시작하지 않을 수 없어서 사유를 갖추어 감영에 보고하였다. 공무公務를 접어두고 아침마다 윗 상관에게 인사하는 일[朝仕]마저 중지시켰다. 중향관衆香館에서 재계하고 머물러 있으며 아무 일도 하지 않고 형벌도 정지시켰다. 사시(巳時: 오전 9~11시)에 관복을 갖춰 입고 객사로 나가서 제사에 바칠 제수祭需를 살펴보고, 제수를 다시 배로 올리게 했

> 다. 자시子時에 사직단社稷壇에서 공경히 기도하며 예를 행하였다. 헌관을 비롯한 여러 집사는 전례前例에 따라 지금의 재임齋任으로 거행하고 예식禮式은 석전례釋奠禮에 의거하였다. ……[8]

제의 설행을 위한 당일의 모습과 1차 기우제의 설행 과정을 구체적으로 적고 있다. 한발로 인한 농형農形의 폐해가 극심함을 인식하고, 먼저 기우제의의 설행을 위해 기우제의 설행이 불가피하다는 사유를 구체적으로 적어 상부기관인 감영에 보고하였다. 이는 지방관의 기우제의가 자신의 주관적인 판단에 의해 시행을 결정하지만, 기우제의가 지방관의 공적 의례로서 중요한 공무였음을 알 수 있다.[9]

지방관은 제의 설행을 결정하면 관아의 일반 공무뿐만 아니라, 주변의 여러 가지 업무도 중단하고 기우제의에만 전념하였다. 채원은 중향관衆香館에서 몸을 재계하고 그곳에 머무르며 관아에 접수되는 각종 송사訟事나 형벌刑罰 업무를 일체 중지시키고, 아침마다 상관에게 보고하는 조사朝仕마저 중단시킴으로써 지방 관아에서 관리하는 중요한 일반적인 공무를 보지 않았다. 기우제의와 관련한 지방관의 이러한 행위는 중앙에서 설행하는 기우제의에서도 마찬가지였는데, 이는 재계를 위한 하나의 행위로 이해할 수 있다. 아침에 관복을 입고 객사로 출근하여 제의에 쓸 제수祭需를 점검하고, 신에 대한 정성을 더하기 위하여 제수 품목의 양을 각각 두 배로 더 준비하게 하였다.

실질적인 기우제의의 초제初祭는 예를 갖추고 자시(子時: 23시~01시)에 사직단社稷壇에서 설행하였다. 헌관獻官, 알자謁者, 찬자贊者 등 모든 집사執事는 향교鄕校의 재임齋任이 맡아서 진행하고, 제례의 순차循次·제수祭需의 진설陳設 등과 관련된 모든 예식은 석전례釋奠禮에 의거하게 하였다.

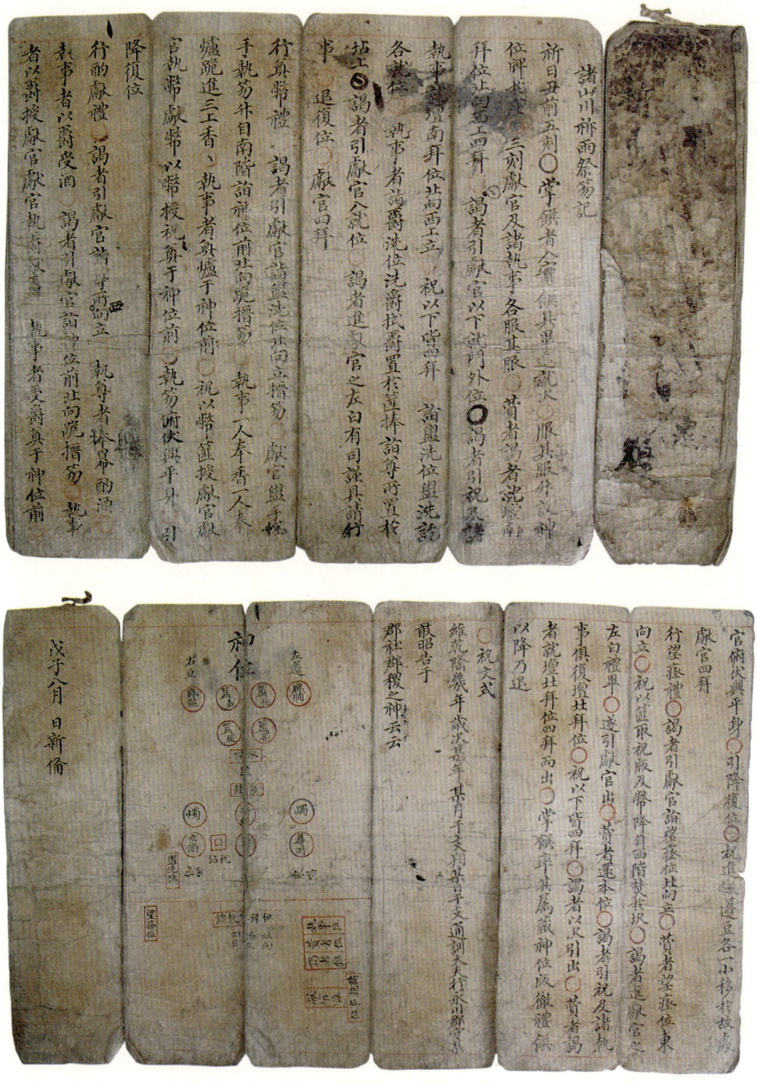

그림 1. 『제산천기우제홀기(諸山川祈雨祭笏記)』 영천향교 소장

다시 말해 기우제의 주관은 지방관이 하지만, 기존에 지냈던 기우제의 전례에 따라 향교의 일을 맡아 보던 유생의 임원이 석전례 예식에 의거하여 집례를 담당하게 했다. 이는 기우제의의 실질적인 설행은 향교에서 전적으로 많은 부분을 담당하였다는 것을 뜻한다. 이러한 사실은 당시 함안현咸安縣에만 국한된 것이 아니었다. 이미 18세기 중반에 지방관이 주도한 기우제의에서 이러한 전례를 볼 수 있는데, 현재 영천永川 향교鄕校에 소장하고 있는 절첩節帖 형태로 된 고문서[10]에서 그 단서를 찾을 수 있다. 이 문서에 기록된 제의 양식들은 조선시대에 관 주도의 지방 기우제의에서 진행했던 일반적인 제식으로 여겨진다. 홀기에는 기우제의의 설행 순차循次를 기록한 「제산천기우제홀기諸山川祈雨祭笏記」, 「축문식祝文式」, 그리고 제수祭需의 진설陳設과 제관祭官의 위치를 그린 그림 등이 있다. 뿐만 아니라, 「성황발고제홀기城隍發告祭笏記」, 「여제위좌차厲祭位坐次」, 「사직단홀기社稷壇笏記」 등도 소장되어 있다. 향교는 단순한 교육적 기능 외에도 사직제社稷祭·성황제城隍祭·기우제祈雨祭·여제厲祭 등을 거행함으로써 문화적, 정치적 기능도 함께 수행한 것이다.

채원은 6월 2일에 제의의 초제初祭를 시작으로 이틀 간격으로 모두 열세 차례에 걸쳐 정식 기우제를 지냈는데, 그 설행 과정의 일시와 장소를 도표로 정리해 보면 〈표 1〉과 같다.

조선시대 중앙에서 설행했던 국가 차원의 기우제는 『경국대전經國大典』, 『국조오례의國朝五禮儀』 등에 제도화하였는데, 가뭄이 지속될 경우 12차까지 설행하는 것이 정식이며,[11] 왕권의 상징이라 할 수 있는 사직단社稷壇과 종묘宗廟에서 설행하는 기우제의는 5차 제의에서 지내는 것이 일반적이다. 따라서 지방에서 1차 기우제를 사직단에서 설행한 것은 이례적이라 할 수 있다. 나머지 제장은 대부분 명산名山이나 대천大川이며, '용龍' 관련 성지(聖地, 餘航山 龍淵, 主勿津 龍壇, 臥龍江)라고 인식했던 강江, 소沼, 연淵 등을 선정하고, 이곳에서 12차례에 걸쳐 반복적으로 기우제를 지냈다. 물론 함안咸安이라는 제한된 제장 공간이지만, 용 관련 공간을 찾아 각 제장마다 성지로 인식하고, 특별한 의미를 부여하여 그 곳에서 반복적으로 제의를 설행하였다.

표 1. 15차 기우제의 설행

차수	제일(祭日)	제장(祭場)	차수	제일(祭日)	제장(祭場)
1차	6. 2.	사직단(社稷壇)	7차	6. 14.	사직단(社稷壇)
2차	6. 4.	여항산(餘航山) 용연단(龍淵壇)	8차	6. 16.	여항산(餘航山) 용연(龍淵)
3차	6. 6.	주물진(主勿津) 용단(龍壇)	9차	6. 18.	주물단(注勿壇)
4차	6. 8.	산족면(山足面) 벽사단(碧寺壇)	10차	6. 20.	벽사단(碧寺壇)
5차	6. 10.	여항산(餘航山) 상봉(上峰)	11차	6. 22.	여항산(餘航山)
6차	6. 12.	벽사강(碧寺江)	12차	6. 24.	와룡강(臥龍江)
13차	6. 26.	주산(主山) 별단(別壇)	14차	6. 28.	자이산(自怡山)
			15차	6. 29.	자이선(自怡墠)

제의의 설행 기간에 비가 전혀 내리지 않은 것은 아니다. 이 기간에 소나기와 가랑비가 가끔 내렸지만, 이틀에 한 차례씩 정기적으로 기우제를 설행하였고, 1차에서 6차까지 지낸 제장祭場을 7차에서 12차까지 그대로 반복하였다. 결국 기우제를 지내는 동안 가뭄을 해갈할 수 있는 흡족한 비가 내리지 않으면 12차까지 꾸준히 제의를 설행하였던 것이다.

새로운 기우제의 탄력적인 설행

채원은 가랑비와 소나기가 간간히 내렸음에도 불구하고 12차에 걸쳐 기우제를 설행하였으나, 그 이후에도 흡족한 비가 내리지 않았다. 그가 설행했던 기우제 일정을 볼 때, 지방관의 기우제 설행은 가뭄을 해갈할 수 있는 비가 오지 않으면 기본적으로 12차의 기우제를 지냈고, 절기상으로 처서處暑가 되면 더 이상 기우제를 지내지 않았다.

> 27일 계미. …… 입추立秋 후에 기우제를 지낸 것이 12차가 되니, 전례에 따라 마땅히 그만 두어야 하므로 각 읍에서 모두 설행을 마쳤다고 한다. 그래서 전례에 따라 영문營門에 보고하였다. '본 군에는 영험한 곳이 여섯 곳인데, 두 차례씩 기우제를 지냈으니 모두 13차례였습니다. 설행 후에 연유는 이미 곧바로 치보馳報하였습니다.
>
> 가뭄이 한결같이 지루하게 두 달 동안 이어지면서 들판과 습지가 이미 대부분 붉게 탄 듯합니다. 하물며 이제 입추가 이미 지나고 절서도 바뀌어 늦어졌는데, 농사의 형편을 살펴보니 참혹하여 차마 볼 수가 없습니다. 기우제를 설행한 것이 이미 13차나 되지만 정성과 예의가 지극하지 못해서인지 신령의 감응이 아직 아득하기만 하니, 나 자신을 돌이켜 봐도 어떻게 해야 할지 모르겠습니다. 기우제는 12차를 설행한 후에 그만두어야 합니다. 이는 법전法典이므로 어쩔 수 없이 그만두어야 하니 두렵습니다. 저는 사처에서 죄를 기다리며 그 연유를 적습니다.' 보고하는 글을 발송한 뒤에 좌수座首와 공형公兄에게 일러 말하기를, "지금 이러한 보고는 현재 상황을 살펴보고 전례에 의거하여 어쩔 수 없이 한 것이다.
>
> …… 기우제의 진행을 전례에 따라 잠시 중지함으로써 실지로 지금까지의 노력이 아깝지만, 인사人事를 아직 다하지 못했다. 내가 장차 별도로 한번의 제사를 설행하여 거의 다행스러움을 바라는 것이 좋을 것이다."

라고 하였다. 모두 대답하여 말하기를, "이는 여러 읍에서 없던 일이므로 신령이 감응하는 것을 기대하기 어려운 일이니, 이와 같이 할 필요가 없을 것 같습니다."라고 하였다. 내가 말하기를, "다만 설행은 내가 할 따름이니, 어찌 하늘이 하는 것을 예측할 수 있겠는가?"라고 하니, 대답하여 말하기를, "진념軫念이 이와 같으니, 정말 정성스럽고 정성스럽습니다."라고 하였다. 내가 말하기를, "이제 이러한 설행은 전례에도 없는 예의이니, 예를 한결같이 하고 정성을 다하기를 사람들이 모두 함께 해야 하니, 삼헌三獻의 소임을 나 혼자 행할 수 있겠는가? 아헌은 재임齋任이 하고, 종헌은 공형公兄이 하여 각각 삼헌을 할 것이다."라고 하였다. 제주, 희생 돼지 한 마리, 백설기 떡 한 시루, 세 가지 색깔의 과일, 녹포, 젓, 폐백, 백지 7장 등을 마련하고, 제복은 직령直領을 입고, 제단은 비봉산 자이선으로 정했다. 이곳은 고을의 주룡主龍인데, 예부터 신령이 감응하는 곳이기 때문이다.[12]

이 기록을 보면, 채원이 설행한 기우제가 상당히 공무적이지만 역동적力動的이고 탄력적彈力的인 측면도 있었다. 전례에 따라 정식 12차례의 기우제 설행을 마쳤다. 농경 사회에서 농업은 백성들의 주 수입원이자 삶의 근원이다. 그래서 국가의 경제적 기반은 풍작과 흉작에 좌우될 수밖에 없다. 그리고 농산물의 소출은 인위적으로 해결할 수 없는 기상 현상에 의해 많은 영향을 받기 때문에 이앙기부터 이어지는 여름 가뭄은 백성들의 생활 환경에 큰 변화를 가져올 수밖에 없다. 결국 한발이라는 극단적인 기후 변화와 이로 인한 사회적 갈등, 그리고 흉작으로 인한 백성들의 위기 시 중앙이나 지방관의 주도로 진행되었던 기우제 의례는 어쩌면 의례의 연속성을 통하여 백성들에게 공동체 의식과 안정성이라는 위안을 주기 위한 측면도 있었을 것이다.

그는 기우제의 초제初祭와 마찬가지로 13차례 제의를 마친 후, 감영에 기우제 설행의 모든 과정을 치보하였다. 그리고 13차의 기우제 설행을 마친 후 가뭄을 해갈할 수 있는 충분한 비가 내리지 않자, 다시 좌수座首와 공형公兄들과 함께 전례에 없는 별도의 기우제의 설행을 기획하였다. 별도의 기우제의는 그 어떤 지방관이 행했던 기우제 의례보다 역동적이고 탄력적이다.

그렇다면 그는 왜 이토록 적극적으로 기우제를 강행했을까? 그는 지금까지 13차의 기우제 설행을 정성껏 지냈지만, 아직 정성이 부족하다고 인식했다. 그래서 좌수와 공형의 반대에도 불구하고 별도의 기우제 설행을 통한 해갈을 기대하며 그들에게 강행을 논의했고, 마침내 설행을 결심하였다. 그는 6월 26일에 13차례의 기우제를 지낸 후에, 전례와는 별도로 28일과 29일 양일에 고을의 주룡主龍이라 할 수 있는 비룡산飛鳳山 자이선自怡墠에서 14차, 15차의 기우제를 각각 설행하였다.

양일에 각각 지낸 별도 기우제는 앞에서 지낸 13차례의 정식 기우제와는 의례 일정, 규모, 의식 등에 있어 변별성이 있었다.[13] 정식 기우제(1~13차)와 별도 기우제(14차, 15차)의 차이를 보면, 정식 기우제는 이틀의 간극을 두고 설행한 반면에 별도 기우제는 연거푸 이틀 동안 설행하였고, 설행 시각도 하루 중 자시子時와 오시午時로 각각 달리 설행하였다. 그리고 정식 기우제에서는 헌관獻官을 비롯한 여러 집사執事는 재임齋任이 맡아서 거행한 반면에, 별도의 기우제에서는 향촌 사회의 실질적인 엘리트라 할 수 있는 유생儒生들마저 배제하고, 초헌은 관청에서 스스로 삼헌을 하고, 아헌은 고을에서 스스로 삼헌을 하게 하고, 종헌은 아전이 스스로 삼헌을 하도록 함으로써 모두 백성들을 위하여 삼등급[官·鄕·

吏]으로 나누어 축원을 달리하도록 하였다.[14]

일반적으로 제의祭儀에서 술잔을 올리는 헌관의 역할은 중요한 부분을 차지한다. 어느 제의에서도 찾아볼 수 없는 그의 이러한 헌작 행위는 파격적인 제의 양식이다. 이렇듯 신분 구조에 따라 세 계층으로 나누어 각각 축원을 달리한 것은 백성들을 위하여 사회 통합적인 측면을 고려한 지방관의 기우제의로서 이례적인 제식이라 할 수 있다.

지방관은 '기우제'라는 제의 의식을 통하여 사회 구조의 모든 신분 층위가 상호 소통할 수 있는 공간을 마련한 것이며, 그는 이번 제의에 특별한 의미를 부여하였기에 당일 일상의 전모를 「자이선기우제기병시自怡墠祈雨祭記幷詩」라는 기문을 남겼다.[15] 정식 사전祀典의 기우제 제식을 설행한 후, 두 차례에 걸쳐 시행했던 채원의 기우제 설행은 제차祭次, 제수祭需, 제관祭官, 제문祭文 등의 면에서 정식 기우제 제식과는 다소 색다른 탄력적인 특징을 가진다.

결국 지방관이 설행했던 기우제의를 볼 때, 이런 행위는 지방관으로서 공무를 수행하는 일상의 의례적인 면도 있었지만, 그 외연에는 사회 통합적인 측면을 고려한 지방관의 적극적인 노력과 민에 대한 세심한 배려도 깔려 있었다. 지방관은 한발이라는 자연재해의 위기에서 자신이 주관한 기우제의를 통하여 백성들과 더욱더 가까이 접촉할 수 있는 계기를 마련하였다. 특히 채원이 설행했던 두 차례에 걸쳐 별도로 기획된 기우제의는 민을 우선적으로 배려하면서도 엄연하게 사회 질서를 유지하였고, 향촌의 모든 신분 층위[官·鄕·吏]가 상호 소통할 수 있는 공간으로 마련되었던 것이다.

기우제의의 외적 일상과 수령의 배려

지방관의 기우제의와 그 주변

채원은 기우제를 지내는 동안 간간히 비가 내렸는데도 불구하고 한 달 동안 13차례에 걸쳐 기우제를 진행하였다. 이는 이틀에 한 차례씩 정기적으로 기우제를 지낸 셈이다. 기우제 설행 기간에는 공무를 전폐하고 오직 제임祭任에만 전념하였지만, 이 밖에 가뭄에 허덕이는 백성들의 일상을 살피는 데도 여념이 없었다. 본 장에서는 지방관이 기우제 설행 기간에 기우제의 소임 외에 어떤 업무를 수행했는지, 이러한 일상 행위가 가뭄 극복에 어떤 영향을 미쳤는지 살펴보기로 한다.

채원의 『함안총쇄록』은 자신이 수령 재임 기간에 기록한 사환일기이지만, 일상의 주변사를 구체적으로 기록한 공적 일기가 아니라 사적 일기이다. 하지만 사적 일기인데도 불구하고 일기의 전체적인 기록은 공무와 관련된 기록이 주를 이룬다. 앞에서 살펴본 바와 같이 15차례의 기우제의 설행에 대한 일상을 구체적으로 적었고, 기우제 외에도 공무의 일상을 기록하였다. 그는 가뭄으로 인한 민생의 폐해에서 가장 관심을 가졌던 부분은 백성들과 직접 접촉하며 관개灌漑의 형평성衡平性을 주지시키고 민에 대한 물질적, 정신적 배려를 아끼지 않았다.

> 6일. …… 이날 지금의 농사 형편을 살펴보니, 제방과 보洑는 말라 있고, 들판과 습지마저 균열이 생겨 다시는 회복하여 일어날 가망이 없다. 혹시 시내 땅을 파고 두레박을 매달아 물을 푸기도 하는데, 마치 수레에 가득 실린 땔나무에 붙은 불을 잔의 물로 끄려는 것과 같았다. 모를 옮기지 못한 곳은 모판이 불에 데어 살갗이 부풀어 오른 듯하고, 형편이

> 앞으로 다른 것을 대신 파종해야 할 것 같고, 밭 곡식은 잎만 무성하고 가을이 되어도 더 이상 기대할 것이 없을 것 같았다. 농부들에게 만나는 사람마다 깨우쳐 가르치고, 두레박으로 물을 퍼는 사람에게는 돈 일 전錢씩 주고, 보洑 있는 곳에는 감관監官을 불러 거듭 타일러 경계시켰다.[16]
>
> 7일. 가랑비가 혹 뿌리기도 하고 혹 흐리기도 하였다. 아침에 상평과 대평으로 나가 물 대는 일에 있어서 균등하지 못한 폐단이 없게 내가 직접 경계하고 타일렀다. 아울러 공형들에게 일일이 얼굴을 맞대고 타일렀고, 조금 먼 곳에는 별도로 엽초葉草 한 봉지를 주었는데 대략 오백여 명이나 되었다. 관아에 들어온 후에 별도로 수집사首執事와 병교兵校를 정하여 영기令旗를 주고, 또한 농민들 중에서 부지런하고 일을 주관할 만한 사람 네 명을 정하여 증인으로 현장에 보내고, 장교將校도 나누어 보내 고루 물을 대도록 함으로써 그들로 하여금 강한 사람이 완전히 삼키고, 약한 사람이 모퉁이를 향하는 소송이 없게 하였다.[17]
>
> 11일. 통인通引의 관노官奴와 사령使令 각각 1명을 거느리고 물 대는 것을 공평하게 하고 타이르려고 상평과 하평에 차례로 갔다. 공형도 또한 따라갔는데, 들에 있는 사람들에게 담배 한 봉지씩 나누어 주었다. 장교將校와 보감洑監의 관리들을 불러 별도로 거듭 타이르고 경계시켜 날이 저물어서야 돌아왔다.[18]

가뭄으로 인한 농형農形의 폐해와 들녘의 황폐화를 극복하기 위해 분주하게 움직이는 농부들의 일상을 볼 수 있다. 가뭄 해갈을 위해 노력하는 백성들의 노고에 대한 지방관의 치하는 매우 적극적이었다. 더욱이 채원이 보여 주었던 치하는 단순한 위로의 경계를 넘어 일선에서 가뭄 해갈을 위해 노력하는 관·민에게 특별한 선물과 금전을 직접 지급하였다. 오늘날과 같이 과학적인 기상학이 발달하지 못했고, 수리시설이 갖춰지지 않았던 당시 농경 사회에서 한발은 인력으로 해결할 수 없는 가장 심각한 자연재해였다. 농업을 전업으로 하는 백성들에게 가뭄으로 인한 흉년은 삶 그 자체와 직결될 수밖에 없었기 때문이다. 그나마 재해를 해결할 수 있는 궁극적인 방편은 강바닥에서 수로를 찾아 샘을 파고, 그곳에서 가뭄을 해결할 수 있는 물을 찾는 관개 사업이었다.

백성들은 가뭄이 지속될수록 더욱더 물에 민감해질 수밖에 없었다. 그래서 채원은 가뭄으로 인해 백성들 간에 야기될 수 있는 여러 가지 상황을 예견하고, 백성들의 동요를 사전에 방지하기 위하여 기우제 설행이 없을 때는 대부분의 일상을 대민 지원에 할애했다. 일상 공무의 대민 지원에서 가장 중요하게 여겼던 부분은 관개에 참여하는 관·민들을 살펴보는 일이었다. 먼저 관개의 공평한 혜택을 주지시키며 관·민을 독려하였다. 그는 들녘에 직접 나가 만나는 백성마다 가뭄의 현실을 인식시키고, 관개의 중요성과 형평성을 직접 가르쳤다. 뿐만 아니라 물이 고이는 보洑에 나가 관아에서 직접 파견된 감관監官이나 공형公兄들을 불러 관개의 공평성을 단단히 타일러 경계시키기도 하였다.

둘째, 관개에 직접 관여하는 관·민에게는 일정한 위로금이나 선물을 지급하였다. 수로에 샘을 파고 그곳에서 두레박으로 직접 물을 긷는 백성에게는 일 전씩의 돈을 주었다. 이러한 위로의 혜택은 백성들에게만 주어진 것이 아니라, 현장에 파견된 관속들에게도 주어졌다. 관아로부터 먼 곳에서 관개를 관리하는 공형公兄들에게는 별도로 담배 한 봉지씩을 더 보내 주었는데, 그가 위로와 독려의 의미에서 담배를 보낸 사람이 약 오백여 명이나 되었다. 그가 민·관에 지급하는 물질적 행위는 목민관으로서 백성들의 고충을 덜어 주기 위한 임시방편의 요예要譽와는 성격상 일정한 거리가 있다.[19] 그는 평소에도 농번기가 되면 직접 들로 나아가 순시하며 남자와 여자들에게 담배, 침, 바늘, 돈 등과 같은 기호품이나 생활필수품을 나누어 주곤 하였다. 특히 한발로 인해 재해가 심한 경우에는 심각성을 인식하고, 평소보다 더 많은 양을 백성들에게 지급하였다. 이러한 그의 일상 행위에는 권농의 의미도 있었겠지만, 한발이라는 위기의 시기에 민심의 안정을 위한 노력이었으며, 재해로 인한 백성들의 동요를 미연에 방기하기 위한 지방관의 우려이기도 하였다.

셋째, 관청의 적극적인 개입을 위하여 관아에서 직접 감관監官·수집사首執事·병교兵校·공형公兄·장교將校 등을 파견하였다. 관개를 공평하게 하기 위한 한 방편으로 보洑가 있는 곳에는 관리와 감독을 위한 감관監官을 파견하였다. 그리고 현지에 파견되어 있는 공형公兄·장교將校·보감洑監 등에게 관개의 공평성을 주지시키고, 담배까지 주며 물질적 치하를 아끼지 않았다. 관아로 돌아온 후에도 관령官令을 세우기 위해 별도로 수집사·병교를 정하여 영기令旗를 지급하여 파견하였다. 아울러 일을 주관할 수 있는 농민 네 명을 증인으로 현장에 보내고, 장교도 파견함으로써 힘의 강약으로 인한 관개의 불공평함이 없도록 하였다. 이는 관청이 관개의 공평성을 위하여 관의 명령을 굳건히 세우려는 의도였다. 그래서 관아에서 직접 감관·수집사·병교·공형·장교 등을 파견했을 뿐만 아니라, 일반 백성 가운데 부지런하게 일을 주관할 수 있는 민간 신분의 증인 네 명도 보냈다.

기우제를 통한 수령의 배려

지방관으로서 채원이 행했던 이러한 행위들은 한발의 재해를 극복하기 위해 관개의 공평성을 유지하려는 것이었고 아울러 관개의 불공평으로 인한 소요나 소송과 같은 백성들의 동요를 미연에 방지하려는 의도도 있었다. 어쩌면 이러한 그의 행위는 재해를 극복하기 위한 관·민의 소통일 수도 있다. 채원이 재해를 극복하기 위해 백성들에게 행했던 공무의 일상적 행위로는 농사와 관련된 직접적인 업무 외에도 백성들에 대한 배려가 행해지고 있었다.

> 25일. 그 사이에 공쇄公刷에 급급하여 여러 작자들을 독려하지 않을 수 없었고, 재계 중에 태형과 곤장형을 정지하고 현벌懸罰로 시행하니, 매일 항상 십여 명이나 되었다. 청 위에는 서역書役을 맡은 관리가 십여 명이 늘 머물러 있었다. 매일 참외 세 개씩과 혹은 떡, 콩죽, 고기, 개장국 등을 먹였는데, 일반적으로 별식에 해당되는 사람은 물론이고 죄를 진 사람과 공로가 있는 사람까지 한결같이 보름 동안 하루같이 골고루 나누어 주었다. 현벌을 당한 사람이 서로 간에 말하기를, "이렇듯 한결같이 아랫사람을 대하시는데, 죄를 진 사람이 되어 오랫동안 근심과 걱정을 끼치니, 무릇 우리들이 다시 현벌에 받게 되면 사람이 아니다."라고 하였다.[20]

지방관이 기우제 설행에 따른 재계 기간에는 가뭄으로 인한 백성들의 고통과 부담을 덜어 주는 공무를 행하면서, 그 외에 다른 일반 공무는 중지시켰다. 심지어 논죄나 형벌의 집행까지도 시행하지 않았다. 공적 추쇄推刷가 밀려 있어 더 이상 그 당사자들을 독려하지 않을 수 없었고, 재계 기간에는 태형笞刑이나 곤장형棍杖刑 등 신체에 고통을 가하는 형벌은 일체 금지하였고, 그런 형벌 대신에 최소한의 형벌인 현벌懸罰로써 법을 집행하는 배려를 베풀었다. 그리고 일상적인 공무를 정지하였으므로 공문서를 다루는 관리들마저도 마루 위에 십여 명이 하는 일 없이 머물러 있었다. 죄를 지은 사람, 공로가 있는 사람, 별식別食을 먹어야 하는 사람 등에게는 보름 동안의 재계 기간에 매일 참외, 콩죽, 고기, 개장국 등을 골고루 나누어 먹였다.

기우제 재계 기간에 지방관이 관아에 있는 여러 사람들에게 그들의 신분과 당사자의 사회적 영향력도 전혀 고려하지 않고 공평하게 음식을 제공하기도 하고, 신체적 고통을 가하는 형벌을 금지한 것은 기본적으로 재난에 대비한 국가 시책에서 비롯된 것일 수도 있지만, 목민관으로서 백성들에게 베푼 최대한의 배려였다. 채원의 이러한 배려는 다음 기록에서도 볼 수 있다.

> 26일. …… 각처에서 공경히 기도하며 오가는 길에서 만나는 사람마다 공평하게 물을 대어야 하는 의미를 분명하게 깨우쳐 주었으나, 도리어 물 때문에 다투는 송사訟事가 날마다 일어났다. 여러 장교들과 관리들을 나누어 파견하여 각 들의 물 대는 곳에 별도로 엄격히 타이르고, 참외나 혹은 돈을 농부들에게 나누어 주었다. 매번 제사를 설행할 때에 오로지 백성들의 폐단을 줄이기 위하여 공급하는 음식 등의 절차를 반드시 관청의 주방으로부터 갖추게 하였고, 부하를 거느리고 가는 것도 간편하게 하여 통인通引, 관노官奴, 사령使令 각 한 명씩만 함으로써 민간에서는 거의 참여함이 없게 하였다. 그리고 밤이 되어야 돌아오므로 어쩔 수 없이 횃불을 들어야 하기 때문에 매번 돌아올 때에 소용되는 횃불 든 장정이 또한 4~5명은 되었다. 이때에 물을 대는 자들은 대부분 각자 농사짓는 곳에 있으면서 노천露天에서 밤을 새고 바쁘게 밭농사를 해야 하니, 고생스러움이 이렇듯 너무 심하다. ……[21]

결국 지방관은 이 기간에 기우제 설행에 따른 재계齋戒에 많은 정성을 쏟으면서, 한편으로는 대민 관계에서의 세심한 배려도 아끼지 않았다. 관개의 형평성으로 인해 야기될 수 있는 물리적 충돌과 그로 인한 각종 송사訟事를 미연에 방지하기 위하여 백성들에게 관개의 공평성을 주지시켜 주었을 뿐만 아니라, 관아에서 파견된 장교들과 관리들에게도 엄격히 타일렀다. 이에 대한 대책으로 참외나 돈과 같은 물질적 혜택을 나누어 주기도 하였다. 또한 백성들에게 인적·물질적 부담을 덜어 주기 위해 기우제에 쓸 제수祭需 일체를 관아의 주방에서 준비하게 하였고, 기우제 설행에서 많은 관원들을 대동하여 출타했던 기존의 설행 방법을 지양하여 통인通引, 관노官奴, 사령使令 등과 같이 관아에 소속된 노비나 잔심부름을 하는 최하급의 이속吏屬 각 한 명씩만 동행케 함으로써 최소한의 인원만 동원하였다. 이는 매번 기우제 설행 때마다 백성들에게 많은 물질적·정신적 부담을 가중시켰던 폐단에 대한 지방관의 배려였다.

지방관은 기우제 설행 기간 동안 가뭄으로 인한 백성들의 고통에 공감하면서 과일이나 금전을 지급하기도 하였고, 기우제의를 진행하는 데 있어 백성들에게 돌아갈 물질적·정신적 부담을 최소화하였다. 지방관의 이러한 기우제 설행 시의 일상적 행위는 여민동락與民同樂하는 치자의 자세이자 관민이 상호 소통하는 한 단면이기도 하다.

기우제문祈雨祭文의 상징성과 한발旱魃 인식

기우祈雨를 위한 수령의 바람

기우제 설행은 그 주관이 국가인지 민간인지에 따라 설행의 성격이나 과정, 그리고 제식祭式에 내재된 신념체계나 신행정도가 다양할 수밖에 없다. 그리고 국가 차원의 기우제와 민간 차원의 기우제 설행은 각종 장치에 의해서 진행된다. 특히 지방관의 주관하에 감영이나 각 군현에서 설행되었던 기우제는 제차祭次의 홀기笏記, 축서식祝書式, 제수祭需의 진설도陳設圖, 제관祭官의 제위도祭位圖 등의 일정한 의례 정식이 있었다. 이 장에서는 지방관이 설행했던 기우제의 다양한 제식 가운데 제문祭文[22]을 통하여 지방관이 가뭄으로 인한 한발을 어떻게 인식하고 이에 대응하였는지 살펴보려고 한다.

국가나 지방에서 실시하는 관 주도의 기우제 설행에서 제장祭場의 선택, 제수祭需의 준비, 제문祭文의 창작 등은 형식적인 절차와 의식을 진행하는 데 있어 가장 기본적인 제의의 구성 요소들이다. 물론 이러한 것들은 유교적 이념에 입각한 종교적 의례이니만큼 민간에서 행하는 기우제의 주술성呪術性보다 금기 행위나 신념 체계가 그리 복잡하지 않은 편이다. 그래서 제장, 제수, 제차 등은 법전法典에 정해진 제식祭式을 그대로 준행하는 것이 일반적이었다. 이 가운데 주목할 만한 것은 제문이다. 제문은 제의의 주관자가 사회적, 자연적, 정치적 현실을 반영할 수 있는 하나의 수단이었으며, 자신이 한발旱魃에 대응하는 적극적 관심과 재계齋戒의 정도를 피력할 수 있는 방편이기도 하였다. 물론 기우제 제문의 서식이 천편일률적으로 지어져 형식에 얽매인 면이 없지는 않았다. 형식에 급급하거나 산발적으로 기우제를 설행한 경우, 그리고 제문을 식자계층에서 대작한 경우에는 한발에 대한 인식과 그 대응 방식을 규명하기 어렵다. 하지만 장기간 수차례의 기우제를 설행하면서 지방관이 직접 지은 제문에서는 이러한 면을 추출할 단서를 찾을 수 있다.

채원의 기우제문을 주목하는 데는 몇 가지 이유가 있다. 먼저 채원의 기록벽이나 창작열이다. 지방관 재임 시 공公·사적私的 일상을 꼼꼼하게 기록한 일기, 각 일자별로 자신의 감회를 토로한 한시漢詩, 그리고 일상에 특별한 사건을 기록한 기문記文에서 그 실상을 확인할 수 있다. 또한 그는 4년 동안 함안군수로 재직하면서 기우제의 주관자로서 한 달 동안 13차의 정식 기우제를 지성으로 설행하였고, 이틀 후 다시 2차례에 걸쳐 전례에 없는 특별한 기우제를 지내며 신에게 가뭄 해갈을 호소하였다. 아울러 15차의 기우제 설행 과정과 축문을 모두 기록하였고, 각 제의祭儀 차별次別로 창작한 모든 축문까지 전부 수록하였다는 점에서 이것은 기존의 어떤 문헌에서도 찾아볼 수 없는 일련의 기우제문이라 할 수 있다. 이러한 몇 가지 점에서 채원이 남긴 기우제문은 지방관의 기우제 설행이 갖는 상징성의 흐름을 더듬어 볼 수 있다.

4일

……

들에 푸른 빛이라곤 보이지 않으니,	野無靑色
앞으로 백성들은 무엇을 먹고 살아갈까요?	民將何食
직무를 감당 못한 저에게 죄가 있으니,	罪在溺職
성의가 혹시 이르지 못한 탓일 것입니다.	誠或未格
다시 홀과 폐백을 올리니,	更擧圭幣
술은 맛나고 희생은 정결합니다.	酒旨牲潔
신께서 도와주시어,	神其保佑
은혜롭게 큰비가 강물이 터지듯이 내리게 하소서.	惠霈如決

……[23]

12차례에 걸쳐 설행되었던 기우제의에서는 매번 채원이 직접 제문을 지었다. 인용한 글은 6월 4일에 설행되었던 재차再次 제의祭儀에서 독축讀祝한 제문이다. 극도의 가뭄으로 인한 백성들의 폐해는 지방관의 책무를 다하지 못한 목민관 자신의 탓으로 돌리고 있으며, 유교적儒敎的 자책自責과 제의祭儀의 근신謹愼을 신에게 고함으로써 지방관의 지극한 정성을 보이고 있다. 이후에 진행된 매차의 제문에서도 한발旱魃의 원인이 자신의 죄에 있음을 구체적으로 드러내고 있다. 지방관의 기우제의에서 제문에 나타난 한발에 대한 자기 반성적 자책은 왕에게서도 찾아볼 수 있다. 효종孝宗은 재위기간 10년 동안 조선조의 그 어느 왕에서도 유래를 찾아볼 수 없을 정도로 기우제 설행에 전심하였다. 그의 관심은 기우제 설행의 횟수와 기우제문의 창작 배경에서 그대로 나타난다. 효종은 재위기간에 거의 매년 기우제를 지낼 정도로 이에 적극적인 관심을 가지고 한발에 대응하였다. 그는 지속되는 가뭄을 자신의 부덕한 소치로 인식하고, 일반 옥사獄事를 신속히 처리할 것, 널리 자신의 부덕을 직언할 것, 기도祈禱가 말절末節이긴 하지만 행해야 할 기도를 미처 행하지 못한 것이 있으면 즉시 거행할 것[24] 등을 하교下敎하였다. 이뿐만 아니라 기우제 설행 시에 지은 제문에서도 그의 관심을 엿볼 수 있다.

효종은 즉위년(1650) 5월에 평안도 지역의 가뭄에 대한 기우제의 설행에 대비해 부수찬이 지은 제문을 읽어 보고 하교하기를, "평안도에 오래도록 가뭄이 들어 본도의 대동강大同江 등 여러 곳에서 기우제를 지내려고 하였다. 이에 부수찬 윤집尹鏶이 제문을 지어 올리니, 하교하였다. '청천淸川 이하 세 곳의 제문을 보건대, 스스로 죄스럽게 여긴다는 말이 언급되지 않았으니, 내 마음만 불안할 뿐 아니라 신을 어떻게 감동시키겠는가. 다시 짓도록 하라.'"[25]라고 하였다. 국가 차원의 기우제 설행에서 제문은 문임文任이 맡아 짓는 것이 일반적이었다. 효종은 즉위년 5월에 평안도平安道에 가뭄이 극심하여 대동강大同江 등에서 기우제를 지내려고 당시 부수찬副修撰이었던 윤집(尹鏶, 1601~1669)이 지어 올린 제문을 보고, 가뭄이 이와 같이 초래된 이유도 '임금의 부덕과 죄'라는 언급이 빈약함을 지적하고, 제문에서 왕이 자신의 죄를 자책自責하는 내용이 없다면 신을 감동시킬 수 없으므로 자책하는 내용을 구체적으로 넣어 다시 고쳐서 제문을 짓게 한 것이다. 국행 기우제의의 설행에서 제문 내용을 기술하면서 가뭄이 초래된 이유가 자신의 죄책에 있음에 대해 언급할 것을 하교하는 경우는 다른 왕들에게도 있었다. 하지만 효종은 기우제의 설행에서 지어 온 제문의 내용을 매번 읽어 보고 자신의 자책에 대해 구체적으로 언급할 것을 종용하기도 하였고, 자신을 자책하는 내용이 부족하면 거리낌 없이 그에 대한 내용을 넣어 다시 짓도록 하였다.[26]

한발에 대한 수령의 인식

가뭄의 정도가 극심해질수록 지방관의 기우제 차수는 점점 늘어났고, 아울러 제문에서는 신에게 비를 바라는 기원이 좀 더 논리적인 설득력을 가지고 간곡해졌다.

> 10일
>
> ……
>
> 올해에 계속된 가뭄으로, 歲今恒暘
>
> 백성들이 앞으로 다 죽을 지경입니다. 民將盡劉
>
> 어찌하여 신령스러움을 차마 멈추시고, 胡忍閟靈
>
> 한 번의 비마저 내려 주시길 아끼십니까? 一勒施雨

백성들에게 실로 무슨 죄가 있겠습니까?	民實奚罪
관리들에게 반드시 허물이 있을 것입니다.	官必有咎
온갖 제사에 세금을 바치니,	百祀貢賦
위로는 어진 임금이 있습니다.	上有君仁
신은 본래 사람을 의지하고,	神本依人
사람은 본래 신을 섬깁니다.	人固事神
한 해 동안 추수거리가 없다면,	歲若無秋
위에 섬기길 무엇으로 하겠습니까.	事上曷以
사람이 씨조차 남지 않게 된다면,	人靡孑遺
신에게 또한 누가 제사 지낼 것입니까?	神亦疇祀
새벽부터 저녁까지 한결같이 두려워하면서,	夙夜齊惶
공경히 바라는데도 오히려 어기십니까.	敢望猶違

……[27]

이미 네 차례에 걸쳐 제의를 설행했으나, 기대치의 효험을 얻지 못한 뒤로 채원이 여항산艅航山 상봉上峰에서 지낸 5차 제의 제문이다. 이전의 제문에서 보인 기우祈雨와는 다른 차원의 바람과 찬자의 적극적인 의지가 담겨 있다. 당시의 사회구조상 인간의 층위를 임금, 지방관, 백성의 삼층 구조로 보고, 한발의 원인이 임금께서는 인정仁政을 베푸셨으나 목민관으로서 백성들을 잘 다스리지 못한 자신의 허물에 있음을 거듭 밝히며 가뭄의 피해를 체감하는 백성들은 아무 죄가 없음을 언급하고 있다. 기우제의의 회차가 점차 진행될수록 제문의 찬자는 '기우祈雨'에 대한 의지를 더욱 적극적인 자세로 신에게 바라고 있다. 비록 한발의 원인이 자신에게 있지만, 결국 이로 인한 피해는 신에게도 없지 않을 것임을 우회적으로 드러내며 경계하고 있다. 이러한 한발에 대한 인식 체계는 유교적 통치 이념에 입각한 지방관의 내면에 잠재하고 있는 한 단면이기도 하다. 다시 말해 유교적 이념을 바탕으로 자연을 인식하고 이해하였던 것이다.

신은 본래 인간을 의지해야 하고, 사람은 신을 섬겨야 한다. 하지만 만약 신이 인간을 방치하여 한 해 동안 비를 내리지 않는다면, 결국 백성들은 연이은 가뭄으로 인해 가을에 추수할 곡물이 없게 됨으로써 신을 섬길 여력이 없어진다. 지방관의 이러한 한발에 대한 대응 의식은 신과 인간, 인간과 신은 반드시 서로 상보적相補的 관계에 있어야 한다는 인식 체계이다. 신에 대한 존경과 정성의 이면에는 자신의 허물을 자책하는 형태에서 한 단계 나아가, 가뭄으로 인한 흉년은 결국 신에게도 많은 피해가 있을 것이라는 회유성으로까지 나타난다. 이는 한발을 극복하기 위해 지방관 자신의 애민 의식을 좀 더 적극적으로 드러낸 것이다.

정식 13차 기우제의를 마친 후, 별도로 기획된 두 차례 기우제의의 제문은 앞서 설행하였던 정식 제의의 제문에 비해 자유로운 산문 형식이다. 아울러 분량 역시 장문이면서 탄력적인 내용으로 기우祈雨에 대한 자신의 의지를 피력하였다. 자연에 대한 지방관의 인식은 유교적 이념에서 해석하고 이해되었다. 그래서 한발을 백성들의 죄에 의한 것이 아닌 자신의 죄로 돌렸다. 한발로 흉년이 들면 신에게 바칠 제물조차 없게 되므로 신에게도 해가 있을 것임을 언급하고 있다. 결국 지방관은 신과 인간은 서로 상보해야 하는 관계로 인식했던 것이다.

수령의 기우제의 설행을 마무리하면서

조선후기 함안군수咸安郡守로 재직했던 채원茝園 오횡묵吳宖默이 일상 공무에서 설행했던 기우제의祈雨祭儀를 통하여 수령의 기우제의에 나타나는 내외內外의 몇몇 단면들을 읽어 보았다. 물론 한 영남 지방관의 기우제의의 일상을 보고 모든 지방관의 기우제의의 전모가 이렇다고 단정하지는 않을 것이다. 이 글의 의도는 한 지방관이 일상 공무를 수행하면서 지냈던 기우제의에서 일상에 내재하고 있는 여러 양식들을 읽어 보고, 그 양식의 안팎을 보려는 데 있었다.

오횡묵이 일상 공무에서 설행하였던 기우제의는 공무를 수행하는 일상의 의례적인 면도 있었지만, 그 외연에는 사회통합적인 측면을 고려한 지방관의 적극적인 노력과 민에 대한 세심한 배려도 있었다. 그는 기우제의 설행에서 사전祀典의 정식 기우제의를 준수하면서도 탄력적인 제의 의식을 강행하였다. 특히 두 차례에 걸쳐 별도로 기획된 기우제의는 민을 우선적으로 배려하면서도 사회 질서를 엄격하게 유지하였고, 향촌의 모든 신분 층위[官·鄕·吏]가 상호 소통할 수 있는 공간으로 마련되었다.

또한 그는 기우제 설행 기간에 가뭄으로 인한 백성들의 고통을 함께 공감하면서 과일이나 금전과 같은 물질적인 혜택을 주었고, 기우제의를 진행하는 데 있어서 백성들에게 물질적 정신적 부담을 최소화하는 노력도 하였다. 이러한 지방관의 기우제의 설행의 일상적 행위는 여민동락與民同樂하는 치자의 자세이며, 관민官民이 상호 소통할 수 있는 계기를 마련하려는 지방관의 일상이기도 하였다.

국가의 통치 이념이었던 유가儒家의 덕치주의德治主義는 조선시대 관료들의 일반적인 정치 철학이며, 이러한 기저에서 지은 기우제문은 어쩌면 위정자가 자신의 도덕성을 피력하려는 형식적인 글이라고도 볼 수 있다. 하지만 정식 13차 기우제의를 마친 후, 별도로 기획된 두 차례 기우제의의 제문은 형식, 글의 분량, 내용의 의식적 기저 등에서 탄력적이었다. 한발은 백성들에게 죄가 있는 것이 아니고, 자신의 죄라고 돌렸다.

한발에 대한 대응 의식은 신과 인간, 인간과 신은 반드시 서로 상보적相補的 관계에 있어야 한다는 인식 체계이다. 신에 대한 존경과 정성의 이면에는 자신의 허물을 자책하는 형태에서 한 단계 더 나아가 가뭄으로 인한 흉년은 결국 신에게도 많은 피해가 있을 것이라는 회유성으로까지 나타났다. 이는 한발을 극복하기 위해 지방관으로서 자신의 애민의식을 좀 더 적극적으로 드러낸 것이다. 결국 지방관은 신과 인간은 서로 상보해야 하는 관계로 인식했던 것이다.

제3부

공과 사의 경계에서

수령의 의지는 언제나 공적인 세계를 향해 있었다. 그들은 무엇보다 공적인 장에서 자신의 가치를 실현하는 관직자였다. 그들에게 공적 가치란 그들이 도달하여야 할 사회적 몸을 통해 실현되었다. 이런 사회적 몸을 실현하기 위해서 그들은 자신의 사적인 몸을 어떻게 다루었을까?

우리가 수령의 몸에 주목하려는 까닭은 수령이 처한 삶의 조건이 다른 배역과는 다를 것이며 따라서 그가 성취해야 할 남다른 사회적 성향을 가지고 있을 것이라는 전제에 따른 것이다. 수령은 사회적으로 다르게 분류되어 있었으며 다른 방식으로 행위하려 하였다. 그는 개인 이전에 사회적 조건과 결합되어 형성된 사회적 몸을 구성하고 있었고 그런 상황에서 수령의 생활은 그들의 살아가는 조건을 풀어 나가는 유일한 단초가 된다.

그런 점에서 여기서 수령의 사생활에 대한 관심은 단순한 엿보기가 아니라 구조를 행위와의 접점인 몸을 거쳐 생활로 환치하여 이해함으로써 그들의 몸을 형성하였던 윤리성, 태도, 취향 등을 종합적으로 검토하는 일이 될 것이다.

이를 위해 우선 그들의 급료 체계에 드러난 그들의 공사 관념을 구조적으로 살펴보았다. 그들의 사적인 몸인 식욕, 성욕은 그들의 관직 생활 내내 공과 사의 경계에서 조율되고 있었다. 그런데 자신의 몸이 연장된 조상을 위한 현양 수단이라고 할 수 있는 선조의 문집 간행은 효의 이름으로 용인될 수 있었다. 이는 몸에 대한 해석이 오늘날과는 다른 범주에 설정되어 있던 당시 사회의 윤리적 범주를 보여 준다.

【 제7장 】

수령의 봉름俸廩에 나타난 공과 사

박희진(경북대 경제통상학부 초빙교수)

이 글은 2009년 어느날 누군가가 수령의 봉급이 얼마인지 질문한 것에서 시작되었다. 조선시대에는 지방 수령의 봉급을 사용하여 문집을 간행하는 경우가 많았는데,[1] 봉급이 얼마이기에 문집 간행과 같이 물적 비용이 많이 드는 사업을 진행할 수 있느냐는 것이다. 필자 역시 족보 서문에서 이러한 사례를 여러 차례 본 적이 있었다. 그래서 지방 수령들이 어떻게 봉급으로부터 물적 자원을 마련하여 족보를 간행하는지에 대해 궁금증을 가지고 있었다. 또한 일기류를 중심으로 분석한 여러 논문을 통해 지방 수령이 받는 수입이 중앙관료에 비해 매우 많았으며, 수령들은 관청의 인력과 물력을 이용하여 문집이나 족보를 간행하거나, 친지나 친구 등에게 많은 선물을 제공할 수 있었다는 것을 알게 되었다. 왜 이러한 현상이 발생할까.

먼저 몇 가지 기존연구들을 통해 수령의 봉급은 봉름俸廩에 포함되어 있는 것을 알았지만,[2] 봉름의 실체를 파악할 수는 없었다. 더욱이 현대적 기준으로 보면 아래 두 사람의 언급은 봉름의 정체를 더욱 이해하기 어렵게 만든다.

청렴에는 세 등급이 있다. 최상의 것은 '봉급[俸]' 외에는 아무것도 먹지 않으며, 벼슬을 그만두고 집으로 돌아가는 날에 한 필의 말로 시원스럽게 가는 것이니, 이것이 '옛날 말하는 염리廉吏'라는 것이다. 그 다음은 봉급 외에 '명분'이 바른 것은 먹고 바르지 않은 것은 먹지 않으며, 먹고 남은 것은 집으로 보내는 것이니, 이것이 '중고의 소위 염리'라는 것이다. 최하의 것은 무릇 이미 예규가 서 있는 것은 비록 명분이 바르지 않더라도 먹지만 '규례'가 서 있지 않은 것은 먼저 죄를 짓지 않아서, 향임의 자리를 팔지 않으며, 재감을 훔쳐 먹거나 곡식을 번롱하지 않으며, 송사·옥사를 팔아먹지 않으며, 조세를 더 부과하여 나머지를 더 착복하지 않는 것이니, 이것이 오늘날 말하는 염리하는 것이다. 모든 악을 갖추어 있는 자가 오늘날 도도한 대세를 이루고 있다.[3]

曲江(홍해(興海)의 옛 지명임)은 비록 작은 고을이요 큰 지방은 아니었으나, 백진은 또 공의 가르침을 받아 성질이 천렵이나 사냥하는 일을 좋아하지 않았으므로, '쓸데없는 비용이 자못 줄어서 봉름俸廩에 여유가 많아졌다. 이에 일 없는 사람들을 모집하여 이것을 판각板刻하게 해서 일을 다 마치었다.' 그리고 나서는 또 이 郡에서는 혹 보호를 잘못할까 염려되어, 암소 두어 마리를 빌려서 이것을 싣고 '우리 고향인 一善의 府司로 옮기어 갈무리하고', 마침내 그 말단에 몇 마디를 기록하여, 고향에 있는 김씨의 종족宗族과 우리 곤제자손昆弟子孫들로 하여금 서로 지켜 잃어버리지 말아서 영원한 후세에 소중한 계범楷範으로 삼도록 기대하는 바이다.[4]

앞의 글은 다산 정약용의 목민심서에 나타난 목민관의 청렴도를 판단하는 기준을 언급한 내용이며, 뒤의 글은 당시 15세기 무명재 강백진(無

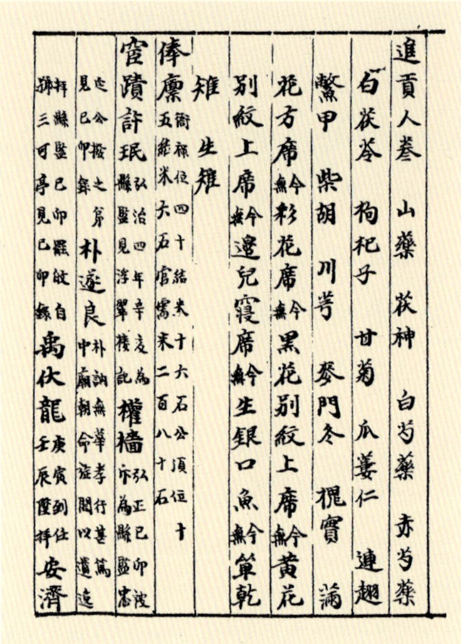

進貢人參 山藥 茯神 白芍藥 赤芍藥
白茯苓 枸杞子 甘菊 瓜蔞仁 連翹
鱉甲 柴胡 川芎 麥門冬 榥實 [illegible]
花方席今無 彩花席今無 黑花別紋上席今無 黃花
別紋上席今無 邊兒寢席今無 生銀口魚今無 簞乾
雜 生雉
俸廩 衙祿位四十結米十六石公須位十五結米六石官需米二百八十石
宦蹟 許珉 弘治四年辛亥爲縣監見浮翠樓記 權檣 [illegible]
[illegible] 見己卯錄 朴遂良 朴訥無華孝行甚篤 中廟朝命旌閭以遺逸
拜縣監己卯罷故自號三可亭見己卯錄 禹伏龍 庚寅到任壬辰陞拜 安濟

그림 1. 읍지의 봉름조 한국학중앙연구원 장서각 소장

名齋 康伯珍, ?~1506)이 처조부인 김숙자(金叔滋, 1389~1456)의 문집 『이존록彝尊錄』의 지識에 홍해부사 시절 봉름을 아껴 처조부의 문집을 간행하였다는 내용이다. 그런데 다산은 이상적인 수령은 주어진 녹봉 이외에는 아무것도 소비하지 않으며, 부나 기타 물건을 축적하거나 집으로 가져가지 않아야 한다고 밝히고 있는 반면에 무명재는 자신의 봉름을 절약하여 문집을 발간한 것을 매우 자랑스럽게 여기고 있다.

이 두 언급이 어떻게 양립할 수 있을까. 현재의 공사公私 개념으로 본다면 수령이 봉름을 이용하여 조상의 문집을 간행한다는 것은 사사로운 집안일에 공물을 이용한 것이다. 하지만 명분과 도리를 중요시하는 조선사회에서 문집 간행 사실을 공식적으로 밝히고 있다는 것은 이 행위가 유교적 도리에 어긋나지 않는 것임을 의미할 텐데, 이것이 다산의 이상적인 염리와 어떻게 양립할 수 있는 것일까.

이러한 의문을 풀기 위해서는 봉름이 무엇인지에 대한 규명이 선행되어야 한다. 이에 이 글은 지방 수령의 수입으로 간주되는 봉름의 수입과 지출규모를 통해 봉름의 성격을 밝혀내고, 이를 통해 조선사회의 공과 사의 개념이 지방 수령의 봉름지출에 어떻게 투영되고 있는지를 살펴보고자 한다.

봉름의 구성

봉름이란

잘 알려진 바와 같이 조선후기 관료들은 국가에 대한 봉사의 대가로 녹봉을 지급받았다. 조선시대 중앙관료의 녹봉은 『경국대전』이나 『속대전』에 규정되어 있지만, 지방 수령에 관한 녹봉규정은 명확하지 않다. 다만 봉름이라는 것에 녹봉이 포함되어 있다.

봉름은 녹봉과 늠전을 합친 용어이다. 녹祿은 공사公事의 대가로 관직자들에게 사맹삭四孟朔에 지급하는 것을 의미하며, 봉捧은 월 단위로 수고의 대가를 지급하는 것을 의미한다. 이를 합쳐 녹봉이라 부르지만[5] 녹과 봉 모두 오늘날의 봉급과 같은 의미를 가지고 있다. 또한 늠전은 지방관청의 경비조달을 위해 지급된 토지를 말하는 것이므로[6] 봉름이란 지방 수령의 녹봉과 관청의 경비를 의미하는 늠廩을 합친 것이다.

봉름은 원래 공해전公廨田으로부터 나왔다. 고려 성종 2년(983) 공해전시법公廨田柴法에 의거하여 전시과 체제가 성립됨에 따라 중앙정부는 중앙 및 각 지방의 관청이나 관료에게 전지田地를 주고 그 전지에서 나는 소출을 각 관청운영의 경비로 사용하게 하였다. 그러나 조선초기 공해전이 혁파되는 과정에서 중앙정부나 관료에게 지급되던 토지는 국가로 몰수되고, 이를 대신하여 각 관료들에게 관직에 따라 일정한 금액의 녹봉이 지급되었다. 그러나 지방관청의 재정을 중앙정부에서 관리할 수 없는 상황에서 지방관청의 재정운영을 위해 필요한 공해전은 혁파할 수 없었다. 이 과정에서 지방 수령의 녹봉은 전체 관료의 녹봉체계와는 다른 형태로 유지되었다.[7]

봉름의 구성

조선후기 각종 읍지나 사례에 나타난 봉름은 아록전衙祿田, 공수전公須田, 관수미官需米, 사객지공미使客支供米 및 치계시탄가雉鷄柴炭價 등으로 구성되어 있다. 이것들은 고려시대 때부터 존재해 온 항목인 아록전과 공수전, 대동법 이후 기존 공물 및 잡역세를 재편한 관수미, 사객지공미 및 치계시탄가 항목으로 나눌 수 있다.

『경국대전經國大典』「호전 제전조戶典 諸田條」에 의하면 아록전이란 관아의 녹을 먹는 사람을 위해 마련한 전답을 말한다. 조선시대 고을에 배정된 녹은 수령에게 지급되었다.[8] 공수전은 원래 빈객의 접대와 기타 여러 경비를 마련하기 위해 국가에서 지급한 토지였다. 이는 공수전이 아록전에 비해 그 규모가 작고 교통로와 관련하여 책정되는 것으로 보아도 알 수 있다. 그러나 『경세유표經世遺表』에서는 아록과 공수를 "아록이란 현령의 늠전廩田이고, 공수란 현령의 주전廚田이다."[9]라고 규정하고 있다. 이는 조선후기 이후 공수전은 이미 지방 수령의 봉록으로 간주되고 있음을 보여 준다.

수령의 봉록이 고려시대부터 그 명칭의 변화 없이 내려온 것이라면 관수미, 사객지공미, 치계시탄가는 임란 이후 대동법의 실시로 각 호당 거둬들이던 각종 공물세를 대동세로 단일화하면서 이들 공물세 및 잡역세를 지방관 및 이예吏隷들의 업무수행을 위해 새롭게 신설한 조세항목이었다.

관수미는 대동법의 실시와 더불어 나타난다. 관수미는 서울에 상납해야 하는 상납미를 제외한 저치미 중 일부로 충당되었다. 대동세가 백성들의 공물 및 잡역세를 국가에 납부하는 것과 마찬가지로 관수미는 지방관청 및 수령에 대해 바쳐야 하는 공물이나 잡역의 명목으로 책정되었음을 알 수 있다. 그러므로 관수미는 관아의 수령을 비롯한 관속들의 식량, 소금, 장류, 기름 및 관수잡물을 구입하기 위한 명목으로 사용되었다. 이는 조선전기부터 수령의 지방공물에 대한 사용이 관행적으로 허용되어 왔던 것이고, 이것이 대동법 실시 이후 세목이 변경되면서 지방공물을 관수미라는 형태로 지급한 것이다. 실제 조선후기 각 지역의 사례事例에 나타난 바에 따르면 각 관아의 각 색色마다 수미需米나 요미料米가 책정되어 있어 관수미는 고을수령이 임의로 사용할 수 있는 재원이었다. 각종 공물을 일괄적으로 거둬들이는 것이므로 서울에 상납해야 하는 상납미를 제외한 저치미 중 일부를 관아의 수령을 비롯한 관속들의 식량, 소금, 장류, 기름 및 관수잡물을 구입하기 위해 거둬들이는 것이었다.

치계시탄가는 지방의 각종 잡역세 중 하나로 지방관청에 소용되는 연료비와 식료품비 및 기타 잡비를 조달하기 위해 책정되었다. 원래 대동세가 모든 형태의 지방잡세를 포함하여 부과된 취지로 제정되었으나 각 군현마다 규모와 풍흉 문제 등으로 일률적으로 세액을 결정할 수 없어 대동법 이후에도 공식적으로 존속된 호역戶役이었다.[10] 이 중 관아나 수령관사의 땔감인 소목燒木, 초草, 시柴, 탄炭은 호장이 관리하였으며, 치계雉鷄 항목과 같이 음식재료 부분은 관청색에서 관리하였다.[11]

사객지공미는 일반 접빈을 명목으로 책정된 공수미와는 달리 사신이나 공무수행자의 숙식비를 담당하는 것으로 대동미의 저치미에서 군현에 책정되어 분급하였다. 감사나 중앙에서 파견되는 사람들 또는 외국의 사신들이 지나가는 데 필요한 숙박 및 행차비용 등에 사용되었으며, 그 금액은 공무나 사신의 왕래의 정도에 따라 정해졌다. 경상도의 경우 교통이 발달한 상주에는 120석이 책정된 반면 영해부과 같이 해안가에 위치한 지역에는 10석 정도밖에 배정되지 않았다.[12]

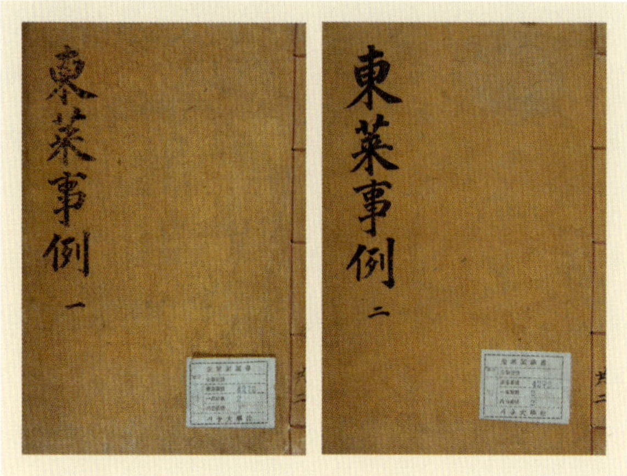

그림 2. 동래부 사례 규장각 소장

이상의 항목으로 구성된 봉름은 수령에게 봉록과 곡식, 찬거리 등 수령의 개인적 생활에 필요한 물품들뿐만 아니라, 사신 및 손님접대나 품위유지에 필요한 소용품, 지방관아를 유지하기 위한 땔감 및 관속들의 음식 등 다양한 용도로 사용되고 있음을 알 수 있다. 그러므로 봉름은 순수한 봉급이라는 개인적인 수입과, 수령이 고을을 통치하는 데 필요한 품위유지비 및 판공비와 관아를 운영하는 운영비 일부가 결합된 상태로 구성되어 있다.

봉름이 이러한 형태를 띠고 있는 것은 조선시대의 지방재정이 독자적으로 운영되었기 때문이다. 중앙정부의 감시감독을 받기는 하지만 지방관은 왕의 대리자였다. 지방관아의 관속 체계는 중앙의 육조六曹체제와 마찬가지로 육방六房체제로 구성되어 있으며, 수령칠사라 불리는 7개 조항들은 모두 수령이 왕을 대신하여 고을을 경영하는 데 필요한 덕목들로 구성되어 있다. 수령에게는 농사를 권장하고 조세를 징수하고 이를 운영할 권리와 의무, 교육을 장려하고 백성을 위무해야만 하는 권한과 의무가 있었다. 그 업무를 수행하기 위해서는 그들의 봉급 외에 고을의 경영이나 품위유지, 손님이나 공적 사신의 접대 등과 같은 생활비와 판공비가 필요하였던 것이다. 봉름은 이러한 비용을 고려하여 책정한 것이며, 그 비용을 관리하고 사용할 수 있는 권한을 가진 주체가 수령이었다.

봉름의 규모와 지출내역

봉름 규모와 문집 간행

잘 알려진 바와 같이 문집이나 족보를 간행하기 위해서는 많은 재원이 필요하다. 1889~1891년 동안 성재 허전性齋 許傳 선생의 33권 17책 632판으로 이루어진 문집 간행에 들어간 비용이 6,511냥 4전 1푼이었다.[13] 이를 목판 1판을 기준으로 하면 판당 10냥 3전의 비용이 소용된 셈이다.[14] 한편 1893년 고성부사 오횡묵이 43장의 『여재촬요輿載撮要』를 판각할 때 들어간 비용은 284냥으로 1판을 판각하는 데 소용된 평균비용은 6.6냥이었다.[15] 그런데 전체 출판비용에서 판각비용이 차지하는 비중은 42.1% 정도이므로 이를 『여재촬요』에도 그대로 적용하면 목판 1판에 소용되는 출판비용은 15.67냥이었다. 책을 출판한 지역이 같은 경상남도 지역이고, 『성재문집』의 간행이 2~4년 정도 빠른 1889~1891년이다. 1893년 당시 미가가 1889~1891년 평균미가의 1.5배 정도이므로[16] 당시의 인플레이션을 감안하면 대체로 비슷한 정도의 단위당 출판비용이 든 것을 알 수 있다. 이를 쌀로 환산하기는 어렵지만 『함안총쇄록』에 나타난 1889년과 1890년의 쌀 1석에 25냥을 적용시키면, 『성재선생문집』의 경우 최소한 쌀 250석 이상의 쌀이 소요된 큰 역사였다.

수령의 봉급-아록전과 공수전

수령의 봉름으로 이 정도 규모의 재원을 확보할 수 있을까. 수령의 봉름 중 먼저 녹봉인 아록전과 공수전부터 살펴보자. 『경국대전』「제전조」에는 각 고을의 아록전으로 수령에게 지급하는 토지의 규모를 규정하고 있는데 부府·목牧은 50결, 군郡·현縣은 40결이며, 여기에 판관判官을 둔 대읍은 45결을 더 추가하여 지급하도록 규정하고 있다. 또한 가족을 동반할 수 없는 바닷가 지역에 근무하는 수령에게는 아록전의 절반을 줄여 20결만 지급하고, 나머지 20결은 가족들에게 지급하도록 규정하고 있다.

표 1. 영남지역 군현별 아록미 규모

쌀	지역
10석 미만	영양 이상 1개 군현
10~14석	지례, 의흥, 진보, 군위, 청송, 영해, 청도, 문경, 풍기, 경산, 밀양, 순흥, 봉화, 예안, 언양, 성주, 함안, 비안, 함창, 함양, 연일, 진해, 거제, 칠원 이상 24개 군현
14~15석	동래, 곤양, 합천, 하양, 榮川, 永川, 삼가, 기장, 청하, 김산, 초계, 홍해, 고성, 용궁, 의령, 자인, 현풍, 창녕, 상주, 장기, 개령, 칠곡, 선산, 산청, 안동, 창원, 영덕 이상 27개 군현
20석 이상	대구, 경주, 웅천, 안의, 고령, 하동, 신령, 영산, 인동, 예천, 진주, 김해, 거창, 남해 이상 14개 군현

자료: 『여지도서』

주: 1) 콩은 『만기요람(萬機要覽)』「수세조(收稅條)」에 나타난 환산규정식에 따라 쌀로 환산하였음.
2) 팥, 녹두는 가격이 콩과 같고, 찹쌀은 쌀과 같다고 상정하여 계산함.
3) 공수전과 합계된 울산부, 양산군, 단성현, 사천현은 제외하였음.

실제 각 읍에 이러한 규정이 잘 지켜지고 있는가를 살펴보기 위해 『여지도서』와 영남지역 『읍지』를 비교해 보았다.[17] 아록전의 규모는 약간의 차이는 있지만 대부분의 부·목은 50결, 군현은 40결로 구성되어 있다. 또한 바닷가인 동래부, 거제부, 영덕현, 기장현, 남해현, 웅천현 등의 군현은 규정대로 절반의 아록전만 지급되고 있다. 또한 판관이 있는 대구에는 여기에 40결을 더 추가하여 90결을 지급하고 있다. 다만 영해부는 40결, 안동부는 59결이 지급되고 있으며, 진해현은 15결만 지급되고 있어 예외는 있지만 대체로 『경국대전』에 나타난 규정이 잘 지켜지고 있음을 알 수 있다.[18]

아록전으로부터 거둬들이는 수입은 쌀이나 돈으로만 거둬들이는 것이 아니었다. 면포, 콩, 팥, 녹두, 찹쌀 등 다양한 물품으로 표기된 경우가 많으므로 아록미의 규모를 측정하기 위해서는 돈이나 쌀로 환산하여야 하는 문제가 발생한다. 돈으로 환산하는 경우 물가수준에 따라 그 가치가 영향을 받기 때문에 이후 모든 봉름은 쌀[米]로 환산하였다. 환산식은 『만기요람』의 조세정식에 나타난 쌀 1석에 포 3.5필, 콩 1석에 2.5필을 적용하여 계산하였으며, 찹쌀은 쌀과 가격이 같으며, 팥이나 녹두는 콩과 같다고 상정하였다. 물론 포나 콩을 제외한 정확한 가치를 계산할 수는 없지만 전체의 90% 이상이 쌀, 콩, 포로 납부되었으므로 전체적인 경향을 살펴보기에는 문제가 없는 것으로 보인다.

쌀로 환산된 아록미 수입은 지역마다 차이를 보이고 있다. 어떤 군·현의 아록전 수입은 부府나 목牧보다 많으며, 대읍임에도 불구하고 아록전 수입이 적게 책정된 경우도 나타난다. 이러한 현상이 나타나는 것은 아록전의 토질이나 작물 또는 풍흉에 따라 수확량이 다르며, 이에 따라 거둬들일 수 있는 전세가 달라지기 때문이다. 이러한 개별적인 차이에도 불구하고 군현별로 평균한 아록미는 군수나 현령·현감에 비해 부윤, 부사, 목사가 상대적으로 수입이 많았다. 녹봉의 차이가 없는 중앙관료와 마찬가지로 군수와 현령·현감은 아록미에서도 거의 비슷한 규모의 수입을 받는 것으로 나타나 아록전은 관직품계에 따라 차등지급하는 중앙관료의 녹봉체계와 구조가 유사하다는 것을 알 수 있다.

표 2. 영남지역 군현의 봉름 규모

(단위: 석)

군현	봉름			중앙관료의 녹봉
	아록미(A)	공수미(B)	(A)+(B)	
부·목	19.65	6.09	25.74	27.42
군	15.92	5.43	21.35	18.52
현	15.64	5.73	21.37	18.52
전체평균	16.82	5.78	22.60	21.49

자료: 『여지도서』, 『속대전』, 『만기요람』

주: 1) 중앙관료의 경우 당하관 3품, 5품관, 6품관의 녹봉을 근거로 계산한 것임.
2) 노란콩[황두]의 경우 『만기요람』「수세조」에 나타난 환산규정식에 따라 쌀로 환산하였음.
3) 연해군의 경우 2배를 취한 수치임.
4) 울산부, 양산군, 단성현, 사천현은 공수전과 합계된 수치이므로 제외함.

아록전의 수입만을 감안하면 지방 수령의 녹봉은 중앙관료의 녹봉에 비해 상대적으로 낮게 나타난다. 수령이란 여러 사람들을 만나고 시혜를 베풀어야 하므로 이처럼 낮은 아록미 수입만으로는 생활하고 고을을 다스리기에 많은 어려움에 봉착할 수밖에 없다. 중앙관료의 녹봉에서도 소위 품위유지를 위해 필요한 금액이 포함되어 있으므로 수령에게도 이러한 수입이 필요한데 이것이 공수전이다.

공수전은 5결인 기장현과 20결 정도인 거창부, 개령현, 진해현, 함창현을 제외하면 부·목·군·현에 상관없이 모두 15결 정도가 지급되었다. 결국 공수전은 군현의 지위와는 상관없이 접빈의 의미로 주어졌던 것으로 보인다. 지방 수령에게 녹봉 외에 개인적으로 필요한 손님접대 등 품위유지를 위해 마련된 토지였던 셈이다.

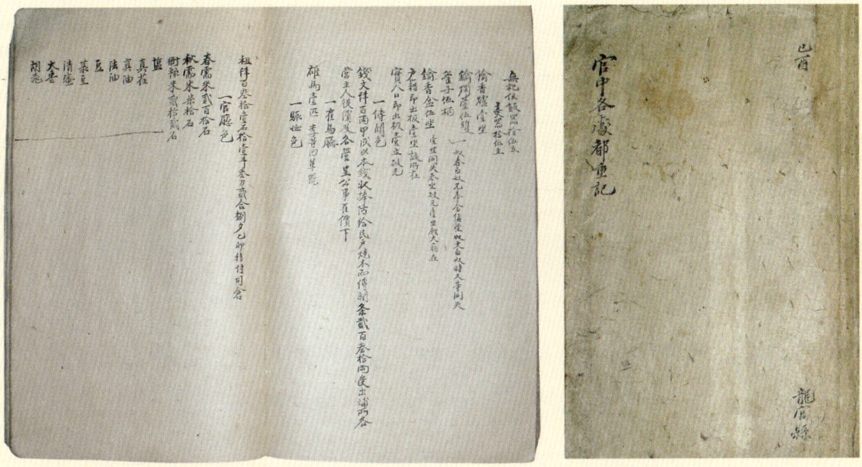

그림 3. 용궁현 중기와 관청색 동국대 경주도서관 소장

아록전에 공수전을 합한 수령의 수입은 중앙경관의 녹봉과 비교하여 볼 때 전체적으로는 비슷한 수준을 보이고 있다. 이러한 점에서 볼 때 원래 국가에서는 아록전과 공수전에서 나온 수입을 지방 수령의 녹봉으로 간주하였던 것으로 보인다. 실제 영남지역 4개 군현의 봉름 항목에서는 아록전과 공수전을 구분하지 않고 있다. 봉화현의 경우 아록전과 공수전을 합해도 겨우 10석이 넘는 정도이므로 수령의 녹봉이 너무 적게 책정되어 있다. 그 결과 1842년 봉화현 『중기重記』에 의하면 아록공수전 외에 따로 사공수전私公須田을 두어 339결 3부로부터 매결당 1냥씩 339냥 3전을 거두어 빈객접대에 사용하고 있다.[19] 그러므로 아록전과 공수전이 적은 군현에는 공수전에 해당하는 접빈객을 위한 비용을 따로 책정하여 수령의 녹봉으로 지급하였음을 알 수 있다.

이 녹봉으로는 수령들이 생계유지야 할 수 있겠지만, 이를 아껴 문집이나 족보출판 등과 같이 당시로서는 엄청난 돈이 필요한 사업을 추진할 수는 없다. 문집 간행과 같이 많은 돈이 드는 것은 역시 관수미, 사객지공미 및 치계시탄가 같은 것에 의해 가능하게 된다.

수령의 생활비 및 판공비–관수미, 치계시탄가, 사객지공미

아록미나 공수미가 수령의 명목상 녹봉의 의미를 지니고 있지만, 고을 수령의 수입 대부분은 이 항목들에서 나온다. 이 항목들은 수령이 관아에서 생활하는 데 필요한 음식과 사신 접대 및 공적사무를 위해 사용하기 위해 지급된 수입들이다. 물론 이 명목 모두가 수령의 수입으로 되는 것이 아니라 대민활동이나 공직수행에 필요한 제반비용을 제외한 나머지가 수령 개인의 수입으로 남게 된다.

표 3. 19세기 관수미, 사객지공미, 치계시탄가

(단위: 석)

	관수미	사객지공미	치계시탄가	계
예천군	300	25	319.4	644.4
비안현	227		78.7	305.7
문경현	180	66.667	207.9	454.6
대구부	340	95	360.5	795.5

자료: 『각사등록』 각 「읍지사례」

주: 1) 전(錢)이나 다른 곡물로 표기된 것은 각 사례에 나타난 정식을 기준으로 쌀로 환산함.

2) 치계시탄가는 치계시탄 외에 각종 어물 및 보양약재를 비롯한 봉름과 관계된 모든 잡세를 합계한 수치임.

관수미 및 치계시탄가는 보통 일 년치를 매달로 나누어 월름月廩의 형태로 지급하였다. 봉화현의 1842년 『중기』[20]에는 12월 16일부터 29일까지의 보름간 월름미月廩米가 7석 6두 4되 1홉 6작으로 나타나 있다. 이를

1년 단위로 계산하면 약 183석 4두가 되어 대체로 현 단위의 관수미 수준보다 약간 적은 것으로 나타난다. 그 외 기타 잡곡이나 반찬거리, 간장과 같은 기초식료품은 따로 규정되어 있다. 아마도 12개월치 월름과 잡곡, 반찬거리를 합한 것이 봉화현의 관수미로 책정되었던 것으로 보인다.

표 4. 흥해부 관수미 지출사례

(단위: 석)

지출항목	지출내역	액수	기타
三鄕	식사비	13.68	3인 아침저녁 7홉, 점심 5홉
左右兵校	식사비	6.72	2인 아침저녁 7홉씩
軍器監官	식사비	3.36	1인 아침저녁 7홉씩
향청메주콩[鄕廳燻造太]	찬거리	0.2	
春秋釋奠祭獻官執事	수고비	0.65	14인 10시간 시간당 7홉씩
春秋社稷祭獻官執事	수고비	0.28	10인 6시간 시간당 7홉씩
春秋城隍祭三次獻官執事	수고비	0.11	4인 6시간 시간당 7홉씩
春秋厲祭三次獻官執事	수고비	0.42	10인 9시간 시간당 7홉씩
冬至堉廳	금일봉	0.23	
계		25.66	

자료: 『읍지』2, 「흥해읍사례」

관수미의 지출사례는 흥해부의 사례에서 살펴볼 수 있다. 흥해읍 관수미는 217석으로 책정되어 있는데, 흥해부의 관수미 지출규모는 25석이 조금 넘는 정도로 이미 고정적으로 지출해야 하는 비용으로 책정되어 있는 듯하다. 향청의 삼향三鄕과 같이 데리고 다니는 하급무관의 식비와 각종 제사와 관련하여 수고한 사람들에게 주는 수고비, 그리고 일부 비용과 동지 때 각 이청吏廳에 주는 격려금만 책정되어 있다. 여기에 수령이나 수령의 가족 및 접빈객들이 소비하는 요미 및 반찬거리가 추가될 것이다. 관수미의 지출 대부분이 일종의 식비나 생활비로 지급된다는 것을 알 수 있다.

치계시탄가는 지역에 따라 다르지만 대체로 결당 3~4두 정도 민간에서 거둬들였는데,[21] 그 규모는 관수미와 비슷하였으나, 「대구부사례」(1895)에 의하면 봉름의 치계시탄가를 비롯한 각종 잡세들은 주로 고을 이예吏隸들의 복호가나 요미로 사용되고 있어 수령이 임의적으로 사용할 수 있는 여지는 적었던 것으로 보인다.

이상에서 볼 때, 수령이 봉름에서 활용할 수 있는 규모의 정도는 지역에 따라 천차만별이었을 것이므로 일률적으로 그 규모를 추정할 수는 없지만, 수령이 사용할 수 있는 항목은 봉름 봉록과 관수미였던 것으로 보인다. 이를 아껴 쓰면 문집출간에 필요한 재원을 확보할 수 있을 정도였다. 조선정부가 수령에게 현대와는 비교할 수 없을 정도의 생활비와 판공비를 제공하였으며, 수령들은 이를 어떻게 사용하느냐에 따라 염리도 될 수 있고 탐관오리도 될 수 있었다. 그 규모의 정도는 수령에 따라 천차만별이었을 것이므로 일률적으로 그 규모를 추정할 수는 없지만, 봉름을 아껴 쓰면 문집출간에 필요한 재원을 확보할 수 있었을 것이다.

봉름지출 원칙

봉름의 지출항목

수령이 임의적으로 처분할 수 있는 자금이 이토록 많은 것은 조선시대 지방관의 독특한 지위 때문이었다. 지방 수령은 중앙정부의 지시를 받는 관료였으나, 물론 봉건체제하의 제후와 같은 재량권에는 못 미치겠지만, 그 고을에서는 왕의 대리자였다.[22] 그러므로 국왕이 나라를 통치하는 데 필요한 통치비용이 있듯이 조선정부에서는 고을수령에게도 고을을 통치하는 데 필요한 물적 재량권을 부여하였던 것이다.

실제 수령이 고을을 통치하기 위해 사용한 지출을 오횡묵의 『고성총쇄록』을 통해 살펴보면, 오횡묵이 고성부사로 재직한 1893년 4월부터 1894년 3월 말[23]까지 지출항목은 크게 접빈, 진휼, 출판, 선물, 제사, 권학, 권농, 가족봉양, 친지선물 등으로 구성된다.

표 5. 오횡묵의 『고성총쇄록』에 나타난 연간 지출항목과 빈도

(단위: 건)

구분 \ 월	3	4	5	6	7	8	9	10	11	12	1	2	계
가족봉양	1		1		3	2	2					1	10
관속접대					1	1	1	2	2	4		1	12
권농		1	3										4
유흥				1				3		1			5
접빈	6	2	4	2	1	8	3	7	1	1			35
진휼	1									2	2	2	7
출판			2	2			1				1		6
친지선물			4	3	1	4		2	4	2		1	21
풍속교화			2					1		1			4
제례						2		1					3
흥학			1			1		2	4				8
계	8	3	17	8	3	19	7	20	11	11	3	4	114

먼저 총쇄록에는 수령칠사와 관련된 항목들이 많이 나타난다. 농번기에 고을을 순시하면서 농민들에게 바늘과 동전을 나눠 주고 농민들을 격려하는 권농행위, 시회나 향시 또는 강회를 개최하여 고을의 면학분

위기를 진작하려는 홍학활동, 노인을 위한 잔치나 효자, 효부, 열녀 등에 대한 포상을 통해 풍속을 교화시키려는 활동, 기우제나 향제 등과 같이 지역의 제례활동 등과 같은 수령칠사와 관련된 업무를 중심으로 기록하고 있다. 이 항목 중 수령칠사와 관련된 항목들의 예산은 호장색이나 각종 창색倉色 등 공무수행에 관계되는 담당 색色에 예산이 책정되어 있다. 그러므로 〈표 4〉의 홍해부 사례에서 나타난 바와 같이 수령이 봉름에서 지출하는 것은 농민들에 대한 권농행위로 지불하는 것과 제사와 관련된 사람들에 대한 격려금 정도이다.

그 외 봉름은 주로 수령들의 개인적인 진휼이나 출판물 간행, 그리고 가족봉양 및 관속관리, 접빈 등과 같은 항목에 사용되고 있다. 오횡묵의 경우 그가 지출하는 항목 중 접빈이 가장 높은 빈도를 나타낸다. 접빈상대는 다양하게 나타나는데 관찰사로부터 친척, 친구, 이전에 다스리던 함안고을의 선비나 향리, 심부름꾼 등이다. 80% 이상이 공적업무보다는 오횡묵과 개인적인 친분이 있는 사람들로 구성되어 있으며, 사람들이 오면 식사와 숙식을 제공하고 많은 경우 노자나 위로금을 지급하였다. 오횡묵의 일기를 보면 1년간 빈객들에게 지불한 노잣돈만 1,045냥에 이르고 있다.

두 번째로 많이 나타나는 것은 친지에 대한 선물이다. 부채나 갓 그리고 책력 등과 같은 물품들을 구입하여 관속이나 고을선비들에게 선물하거나 나눠 주었으며, 직속상관인 병사가 필요로 하는 물품을 구해 주기도 하고 있다. 또한 명절 때나 왕실의 경사가 있는 경우 관속들의 관리를 위해 필요한 약간의 돈이나 자신에게 선물로 들어온 각종 물품들을 관속들에게 나누어 지급하였다.

그 외에 오횡묵은 『여재촬요輿載撮要』의 출판과 고성 지방 사람들에 대한 개인적인 진휼을 시행하였다. 『여재촬요』의 출판비는 총쇄록에 기재된 것보다 더 많이 소요되었지만, 『고성총쇄록』에 기재된 금액만도 295냥이었다.[24] 또한 춘궁기 때 자신의 봉름으로 진휼을 하였는데, 일기에 명시된 금액만 475냥 이상 사용하고 있다.[25]

가족봉양을 위해 사용한 돈은 245냥이었다. 그러나 다른 것에 비해 상대적으로 금액이 적게 나타나는 것은 가족에 대한 선물 부분이 누락되었거나 적게 기재된 것으로 생각된다. 이것은 총쇄록의 해당 기간 일기에는 기록이 전혀 없어 잘 알 수 없으나 편지에 제수 마련을 위해 보낸 물목物目이 있으므로 실제로 가족부양을 위한 자금마련은 계속 있어 왔음을 보여 준다고 할 수 있다. 실제 고성부사 재직기간이 1년을 넘기자 처를 고성으로 데려오려고 관사의 수리를 시도하였으며, 문경지방에서 노후를 보내기 위해 집을 장만하기도 하였다.[26] 또한 종수從嫂의 장례비용은 자신들이 부담해야 한다고 생각하였으며,[27] 지방 수령으로 있는 동안 세 채의 집을 가지고 있을 정도로 부가 늘어난 것을 볼 때, 결코 적지 않은 금액과 물품들을 서울로 보냈을 것으로 짐작된다. 그러나 총쇄록에서는 그 규모가 어느 정도인지를 파악할 수 없다. 다만 총쇄록 자체가 수령업무를 중심으로 기재되어 있으며, 후세에 남기기 위한 기록이라는 점에서 가족봉양과 같은 부분들은 상당히 소략하게 처리한 것으로 보인다. 또한 중앙관료들에게 주는 선물이나 청탁에 대한 기록도 거의 나타나지 않는데 실제 그러한지에 대해서는 판단하기 어렵다.

봉름 사용의 원칙

이상에서 나타난 바와 같이 봉름의 사용처는 크게 백성들의 구휼, 조상을 선양하는 행위, 부모나 가족을 위한 효를 위한 행위, 친지들과의 교류에 필요한 노잣돈 및 선물 등으로 구성되어 있음을 알 수 있다. 물론 이때에도 자신의 봉름을 무한히 지출할 수 있는 것은 아니고, 자신에게 주어진 봉름규모 내에서 절약하여 소비한 나머지를 사용할 수 있었다. 그럼에도 불구하고 조선에서 지방 수령의 관물인 봉름에 대한 재량권은 현대인들의 이해범위를 넘어선다. 앞서 밝힌 바와 같이 봉름이 문집 간행과 같은 수령의 개인적인 필요에 따라 사용되고 있음에도 불구하고, 그 행위는 사회적으로 아무런 비난의 대상이 되지 않고 있다. 또한 후세에 전하기 위해 기록한 일기인 총쇄록에 떳떳하게 기재하였다는 것은 봉름의 지출이 사회에서 허용되고 있었다는 것을 의미한다. 이는 봉름에 대한 지출이 그 나름의 정당성을 가지고 있지 않으면 불가능한 일이다. 수령이 봉름을 사용하기 위해서는 나름의 명분이 필요했다. 조선후기 그 명분을 제공하는 것이 성리학적 공사개념이었다.

현종연간에 있었던 공의와 사의문제[28]에서 나타나듯이 조선시대 사람들은 공은 국가이고 사는 개인으로 인식하고 있었다. 또한 『성학집요聖學輯要』에서 율곡 이이는 "사은私恩으로써 공의公義를 해쳐서도 안 되며, 공의로써 사은을 끊어서도 안 된다."라고 기술하고 있어 사람들은 국가와 관련된 충忠을 공公으로, 개인의 문제와 관련된 효孝를 사私의 영역으로 구분하여 인식하고 있다. 그러므로 조선에 있어서 공과 사의 개념은 국가나 사회에 대한 공公과 개별 가家나 개인個人의 사私의 구별이 존재했던 것으로 보여진다.

사전에서도 그것을 확인할 수 있는데, 중국의 강희제 때 만들어진 『강희자전康熙字典』을 살펴보면, 공公은 '한쪽으로 치우치지 않고 공평하다', '숨김없이 드러내 놓다', '함께하다', '제후나 벼슬아치와 같은 높은 지위에 있는 사람을 높여 부르는 존칭', '관청, 관아', '널리' 또는 '여럿'이라는 뜻으로 사용되고 있다. 사私는 편애하거나 치우치는 것, 개인적인 일, 가족이나 집안 또는 가신, 그 외 간통이나 어두운 부분 등으로 규정하고 있다.

사전에 정의된 공사개념에는 현재 우리가 분류하고 있는 공사의 개념[29]이 포함되어 있다. 공의 정의에는 개인이 모여 있는 국가, 관청과 같은 국가기구나 사무 또는 개인이 모여 구성된 다수라는 개념이 포함되어 있으며, 사의 개념에는 개인 또는 개인의 일에 관한 것이 포함되어 있음을 알 수 있다. 그러나 조선시대의 공사개념에는 현대의 공사개념 외에도 공평함과 치우치는 것에 대한 개념이 추가적으로 포함되어 있다.[30]

퇴계는 『천명도설天命道說』의 「논의기선악論意幾善惡」 편에서 "사私를 천리의 공을 따르거나 인욕의 사를 따라 선악이 나누어진다."라고 규정하고 있다. 이 표현에 잘 나타나듯이 퇴계는 공은 천리를 따르는 것이고 사는 개인의 물욕을 따르는 것으로 간주하고 있다. 즉 공사를 영역적 구분이 아니라 천리에 따르냐 아니냐를 기준으로 구분하고 있다. 그러므로 조선시대 사람들은 관과 민, 국가나 사회와 개인이라는 개념으로 공사를 구분함과 동시에 공평함과 치우침, 공명정대한 것과 그렇지 못한 것의 의미로도 사용하였음을 알 수 있다.

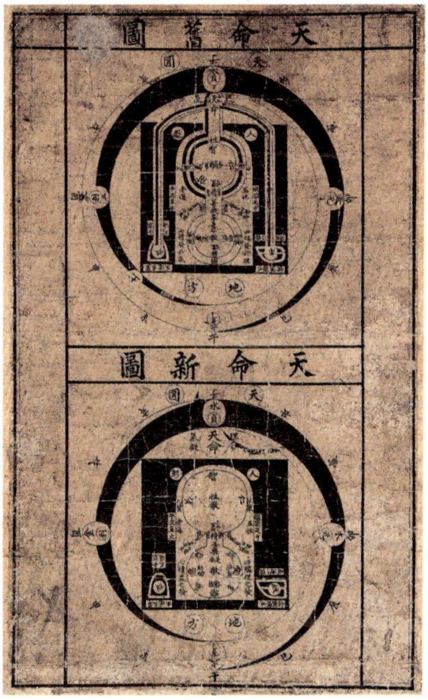

그림 4. 퇴계의 천명신도 국립민속박물관 소장

그러나 조선시대에 있어서 행위의 정당성은 영역적 공사구분보다는 유교적 도덕률에 더 높은 가치를 부여하고 있다. 앞의 사례들에서 살펴본 진휼, 문집 간행, 가족부양, 친지에 대한 지원이 가능하였던 것은 이러한 행위들이 존현이나 친친 그리고 인정이라는 유교적 천리天理에 부합하기 때문이었다.

유교적 입장에서 행위의 정당성은 행위가 천리에 부합되는지의 여부와 이에 따른 공명정대함의 여부였다. 어떤 행위의 정당성은 천리라는 유교사회의 보편적인 윤리성을 획득할 때만 성립된다. 그것은 수령이 자신이 처분할 수 있는 재화를 개인적인 용도를 위해 사용하더라도 공명정대하다면, 그 행위는 사회와의 소통이 원활하고 막힘이 없게 되어 사회에 이익이 된다는 의미이다. 이와 반대로 수령이 사사로운 이기심과 물욕으로 자기의 이익만을 추구하여 개인의 이익에 집착하면, 사회와의 소통을 어렵게 만들고 사회의 조화를 해치는 결과를 가져오게 된다는 것이다.[31]

그러므로 수령에게 있어서 올바른 통치행위는 사적 물욕을 초월하여 공평무사한 행위를 실행하며 천리를 따르는 것이다. 그 천리는 바로 인간의 도리와 연결되며 인간의 도리 중 가장 큰 덕목은 효와 충을 행하는 것이 된다. 이는 수령이 처분 가능한 관물인 봉름의 물품을 개인적인 용도로 사용한다는 것 자체가 잘못된 행위가 아니라, 개인적인 향락이나 물욕 또는 공명심에 어두워 봉름을 자신의 이익을 위해 사용하는 것이 지탄받을 일임을 의미한다.

효를 실천하기 위해 고을통치에 필요한 모든 비용을 양심껏 사용하고 난 후에 부모를 봉양하는 사적행위는 공적 행위만큼 중요한 것이었다. 이러한 관념은 안정복의 『임관정요臨官政要』에 잘 나타나는데, 그는 "관물로써 사가를 경영해서는 안 되지만, 공의와 사정을 병행할 수 있도록 해야 한다."라고 주장한다. 이러한 생각은 봉름의 처리에 대한 당시 지식인들의 생각을 잘 대변하고 있다. 결국 관물인 봉름의 사적 이용은 사사로운 물욕이 아니라 인간으로서 해야 할 도리, 즉 천리를 따르는 행위로 인식되는 명분만 있다면 전혀 문제가 될 것이 없다. 그 명분은 친친과 존현을 위한 지출이었다.

실제 〈표 5〉에 나타난 수령의 봉름지출항목을 살펴보면, 수령들은 자신들의 봉름을 아무런 원칙 없이 지불하는 것이 아니라 다음과 같은 성리학적 명분이 있는 항목들에 대해서만 지출하고 있다. 첫째, 봉름을 이용하여 명예로운 일을 실천하기 위한 가장 일반적인 지출방식은 흉년에 진휼하거나 잡세를 감면해 주는 방법이다. 종법질서에 의거하면 국가는 가家보다, 가는 개인보다 우선하는 것이므로 국가를 위해 백성들을 구제하는 것은 가장 큰 대의로 여겨졌다. 이를 통해 수령은 명예를 얻을 수 있으며, 유교적 공을 실천할 수 있기 때문이다. 이런 경우 백성들로부터 신망을 받을 수 있고, 선정비 등과 같은 명예를 얻을 수 있으며, 진휼한 사실이 조정에 보고되면 포상을 받거나 승진의 기회가 주어졌으므로 현실적으로도 큰 도움이 되었다. 실제 오횡묵의 경우에도 봉름으로 진휼을 행한 이유로 포상을 받고 있다. 유척기의 경우 봉름을 아껴 그 여분으로 기부하였다고 하기에는 너무 큰 금액도 치계雉鷄를 충당하기 위한 둔전을 설치하는 데 사용하고 있다.[32] 그 외에도 암행어사의 서계에는 자신의 봉름을 시장가보다 낮게 받거나, 백성들을 구휼하거나 공해전을 건축하고, 자신의 재산까지 이용하여 백성들을 구제하는 경우도 있었다.[33] 그러나 명예를 얻기 위해 '요예要譽'행위를 하는 경우도 많았으므로 조선정부에서는 이를 크게 경계하고 있었다.[34]

둘째, 문집 간행 사례에서 보듯이 문집이나 족보 등 조상의 선양사업에 봉름을 사용하는 경우이다. 이는 존현尊賢을 행하는 것이며, 존현은 천리이므로 문집이나 족보의 서·발문序·跋文 또는 지識에 자신들이 수령으로 있을 때 봉름을 아껴 관청에서 책들을 간행하였다고 기록할 수 있었다.

셋째, 가족의 부양을 위해 봉름을 사용하는 경우이다. 자식을 키우고 부모를 봉양하는 것 또한 천리이므로 봉름을 가족을 위해 사용하는 것이 유교적 원리를 위배하는 것은 아니었다. 친친親親으로 대표되는 효도를 위해 봉름을 사용하는 것은 효를 실천하는 표상으로 대두되기도 하였다. 조선시대 많은 관직자들이 노부모를 봉양하기 위해 노부모가 있는 지방관을 자임하였고, 부모를 봉양하는 재원은 봉름으로부터 나오는 것이었다.

넷째, 친지나 친구들에 인정을 베푸는 것이다. 곤란한 처지에 있는 친지나 친구에게 자신이 사용할 수 있는 관물을 나누는 것은 인정에 속하기 때문이다.

이상과 같이 현재의 관점에서 보면 사적인 영역에 속하는 선조선양과 효도에 관물인 봉름을 사용하는 것은 조선시대의 공사개념에서는 문제가 되지 않는 것이었다. 유교적, 특히 주자의 성리학적 천리가 도입되고 강화되면서 이러한 관념은 더욱 강화되어 갔으며, 다산이 이야기하는 상고의 이상적인 염리도 진휼을 하거나, 책을 출판하거나, 노부모를 봉양하기 위해 자신이 절약하여 모은 봉름을 모두 쓰고 빈손으로 돌아가는 수령을 의미하는 것으로 볼 수 있을 것이다.

이는 수령의 행위가 유교적 윤리에 얼마나 충실한가에 의해 평가되고 있었음을 보여 준다. 유교적 관점에서는 '수신제가치국평천하'라는 용어에서 알 수 있듯이 개인과 가家 그리고 국가 간의 관계가 떨어져 있는 것이 아니라 천리라는 것으로 밀접하게 연결되어 있다. 특히 이를 종법과 연결시킬 경우 사적영역과 공적영역이라는 것이 따로 존재하는 것이 아니라 암수한몸으로 공존할 수 있게 되는 것이다.[35] 실제 위에 언급된 봉름지출의 4가지 유형 모두 유교적 천리인 친친과 존현, 그리고 인정의 개념에 배치되지 않았기에 지출이 가능한 것이었다. 그러므로 가문이나 개인의 존현이나 친친하는 사적행위에 대해서도 당연하고 훌륭한 행위로 인정하고 있는 것이다.

봉름의 현실적 변용

가족부양과 축재를 위한 봉름

유교적 공과 사의 개념은 현실에 그대로 적용되면서 많은 경우 변용될 수밖에 없다. 물론 수령의 업무수행이나 백성들에게 피해를 주지 않는 범위에서는 개인의 주어진 봉름을 효나 친지 및 친우를 위해 사용하는 것은 비난의 대상이 아니었다. 그러나 천리에 따른 봉름의 사용이 가능하기 위해서는 사욕 없이 공명정대하게 일을 도모할 수 있는 고도의 인격수양이 있어야만 가능하다. 그러므로 유교에서 개인의 수양을 강조한 것이고, 이러한 이상사회를 달성하기 위한 이념형 인간인 군자를 지향하였지만, 이념형 인간을 염두에 둔 이상은 현실과 부딪힐 경우 원래 의도와는 다르게 왜곡되고 변형되기 마련이다. 현실에 존재하는 사람들은 다산이 이야기한, 관습적으로 주어진 규례에 따라 자신들의 이익을 도모하는 것이 일반적이기 때문이다.

특히 수령의 봉름 사용에 대한 재량권은 큰 데 반해 수령은 왕이나 봉건영주처럼 부임한 고을을 자기의 영지처럼 경영할 수 있는 권리를 가진 것은 아니었다. 그러므로 당연히 자신이 평생 소유한 영지처럼 봉름을 관리할 유인은 약화될 수밖에 없었다. 여기에 재정지출의 일부인 봉름지출의 용도를 명확하게 규정하지 못함으로써 결과적으로 조세지출의 임의성을 강화하는 결과가 초래되었다.

이러한 상황은 이재 황윤석의 실제 사례에서 잘 나타난다. 이재는 1779년 10월부터 6개월 정도 목천현감을, 1786년 윤7월부터 8개월 정도 전의현감을 역임하였다. 이 시기 그는 고을 수령의 몫으로 나오는 재원을 이용하여 노모봉양, 제사, 가족의 혼사 등 가족을 위해 돈과 각종 물품을 보내고 있다. 밝혀진 물품들을 쌀로 환산하면 약 150석에 육박하며, 대체로 봉름이나 여결 및 치탄가 항목에서 가져온 것으로 보인다. 여기에 그 재원의 일부를 밝히고 있는데 1780년 제수전과 돈을 축재하기 위해 1월의 남은 돈 4석을 집으로 보냈으며, 고마가雇馬價와 질녀 혼수비용에 쓰는 데 3월의 여미[36]라고 10석을 보냈다. 그리고 관청색으로부터 120냥을 가져왔다. 이 항목들의 대부분은 관청색에서 관리하는 항목들로 이재는 수령의 많은 물품들을 대체로 관청색에게 말하여 조달하였던 것으로 보인다.[37] 또한 이재는 이렇게 집으로 보낸 돈으로 토지를 구입할 의사를 보이기도 하였다. 그럼에도 불구하고 그에게서는 노모를 편히 모시겠다는 생각 외에 다른 공의公義를 찾아볼 수가 없다.

'여결餘結'이라 부른 은결隱結을 눈감아 준 대신 이 돈을 받을 방도를 강구하고 있으며, 이방이나 관청색에게 많은 물품을 얻고자 하였다. 다만 각종 물품을 조달받기 위해서는 명분이 있어야 했다. 이재의 명분은 효와 관련된 것이었다. 〈표 6〉에도 나타난 바와 같이 관청의 물품을 증여하는 경우는 대부분 관혼상제와 관련이 있는 경우에 해당되는 것이기 때문이었다.

그 명분이 어떠하더라도 관물의 개인적 사용은 개인 또는 가족의 이

표 6. 황윤석의 수령재임 기간 가족부양 현황

일시	항목	금액	출처
1780년 4월 1일 이후 2개월	노모봉양	4석 4두 6되	관수미
1787년 4월 15일	첩의 잡물가	21냥 1전	관청색
1780년 3월 19일	모친 壽衣	명주 2필	
1780년 3월 29일	가족의복	팔승목 2필 6척	
1780년 4월 1일	가족의복	육승목 5필 29척, 기타 4필 2척	
1779년 11월 30일	조상제사	12.7냥	
1786년 9월	조상제사	12냥 7전 9푼	
1787년 2월 13일	조상제사	10냥	
1787년 2월 13일	조상제사	26냥 4전	
1787년 3월 21일	장녀 혼인	12-13냥, 모시 4필	
1780년 2월 9일	노모 봉양	50냥	
1780년 3월 26일	노모봉양	약재 10첩, 20냥	관청색
1786년 윤7월 22일	가족부양	제주, 유청, 포, 5냥 9전 5푼	관청색
1786년 12월 22일	노비의 노자	5냥, 쌀·콩 각 1두	
1787년 2월 2일	축재	쌀 20석 11두 4되 7홉 대전가 127.3냥	
1787년 2월 2일	제사 및 자녀혼수비용, 전답구입, 부채상환	320냥	여결 200냥 관청색전 120냥
1780년 2월 18일	축재	20냥, 유청, 포	제수전 10냥 1월 여미 4석 30냥
1786년 11월 26일	가족부양	면포 12필	관수미
1786년 12월 1일	가족부양	면포 12필 18척, 유기5함 11부, 및 소피혜 6건	관수미
1787년 3월 13일	고마가, 질녀 혼수비용	쌀 10석	3월삭 여미

자료: 『이재난고』 6, 7책, (이헌창, 2007, 394~400쪽의 내용을 요약 정리)
주: 출처는 영남지역 각 읍지의 사례에 해당되는 항목을 기재하였음.

익을 위함이 일반적인 현상이었던 것이다. 이러한 인식은 이재가 목천현감을 제수받아 임지로 떠나기 전 서원판관西原敎官 김이운金履運이 조언한, 수령이 누릴 수 있는 권한에 대한 언급에 잘 나타나 있다.

> 수령의 첫 번째 요무要務는 절용석비節用惜費에 있으나, 모친을 봉양하는 일은 조가朝家가 인지하는 바이다. 별실은 마땅히 데려와야 하나, 자부와 출가녀의 왕래는 서둘지 말고 형세를 보아 허락하되 경비를 절감하는 것이 좋다. 그런데 관직을 언제 그만둘지 모르니 절약하고 항시 수백 냥을 비축하여 만일에 대비해야 부채포흠負債逋欠을 면할 수 있다.[38]

김이운이 이재에게 조언한 내용은 당시 수령들의 일반적인 현실의식과 행태를 잘 보여 준다. 그는 봉름으로 주어진 것을 최대한 아끼는 이유는 백성들을 위해 사용하기 위해서가 아니라 관직을 그만둔 이후의 생계를 위해서였다. 노모를 모시라고 권유하며, 도덕적으로 비난의 대상이 될 수 있는 자부와 출가한 딸에 대해서는 눈치껏 도움을 주도록 조언하고 있다. 이는 성리학적 의식체계가 지배하고 있는 조선사회에서 수령의 봉름을 사적 물욕을 위해 사용하고 축재하고 싶지만, 사욕을 드러내어 사회적으로 비난받는 것이 두려워 대의명분은 유지하는 모순적인 행태를 보이고 있는 것이다. 이것이 다산이 이야기한 현재의 염리이다.

천리에 해당되지 않는 행위들은 징계대상이 되었다. 각종 암행어사 서계에 나타난 바에 따르면, 15두가 1석인 관수미를 20두로 늘려 받는 행위, 관수미의 가격을 올려 받는 행위,[39] 주색으로 관수미를 모두 사용하고 추가로 지출하는 행위[40] 등은 징계사유에 해당되어 체직 당하거나 그 금액만큼을 변상해야 했다. 이는 물욕에 눈이 어두워 자신에게 주어진 봉름보다 더 많은 관물을 사사로이 축재하려는 행위였으므로 사회적 윤리로서도 용인될 수 없는 것이었다.

사회적 환경과 봉름지출의 변화

봉름의 사적 지출은 사회적 환경에 의해서도 제약되었다. 흉년이 들 경우 수령의 봉름 사용에 있어서 가장 명분이 큰 항목은 백성들을 상대로 진휼하는 행위였다. 수령이 자신의 봉름을 덜어 진휼할 경우 포상한 것으로 보아 진휼행위와 같이 해당 고을의 백성들을 위해 행하는 행위를 가장 높이 평가하고 있음을 알 수 있다. 반면에 흉년이 지면 문집 간행을 중단하였으며, 위의 인용문에 나타난 바와 같이 노모나 가족을 데려오는 것도 고을의 사정에 따라 수행할 수 있었다.

그 외 화폐의 발전 여부나 조세수취방식에 의해서도 시기별로 다른 행태를 보이고 있다. 조선전기의 『미암일기』나 『묵재일기』에 나타난 선물의 형태에 따르면 그 물품이나 지급대상이 매우 광범위하였음을 알 수 있다. 16세기에는 화폐사용이 일반화되지 않고, 조세수취방법이 현물 중심이었으므로 지방 수령이 사용할 수 있는 현물이 매우 광범위하게 존재하였다. 현물은 장기보관이 불가능하며, 관에 예속된 노동력은 수령으로 재직하는 시기에만 활용할 수 있으므로 봉름을 부모의 봉양은 물론 친구나 친지에게 선물하는 데 쓰거나, 노동력의 사용을 재임기간 최대한 활용하였다. 그리고 자신의 재임기간 동안 많은 선물을 베풀어 주었듯이 수령에서 물러난 후에는 다시 동료수령들로부터 선물의 형태로 생활물품을 조달하고 있다.[41]

표 7. 오윤겸의 수령재직시절 부모봉양의 물품내역

모친병문안	숭어 1마리, 절병 1행담, 닭 1마리, 등유 2되, 잣 1두, 석이 1두
모친병문안	백미 5두, 중미 5두, 찹쌀 2두, 밀가루 2두, 누룩 1동, 대구 5마리, 문어 1마리, 생전보 50개, 꿀 5되, 법유 3되, 해삼 3되, 절인 연어 1마리
누이 대상	술 3병, 절병 1행담
모친병문안	팔물원(약)
조모생신	상화병, 찐노루새끼 2마리, 꿩 5마리, 양색실과, 포목
부친생신	소주 6병, 청주 2병, 수박 4개, 참외 6개, 가지 30개, 백미 1두, 중미 3두, 목미 1두, 찹쌀 5되, 노루 1마리, 꿩 7마리, 잣 1두, 적두 2두
부친서울노자	백미 9두, 밭쌀 10두, 꿩 5마리, 건어 5마리, 감장 1두, 간장 2되, 꿀 2되, 청주 8병, 털요, 관의 인마 제공

자료: 박미해, 앞의 논문, 195~196쪽.

그러나 18세기 이후 화폐발달은 선물의 형태로 모든 자산을 나누어 주는 형태에서 축재의 형태로 전환되었다. 〈표 7〉의 오윤겸이 부모봉양을 위해 관아에서 조달한 물품을 보면 모든 것이 상품으로 구성되어 있다. 반면에 〈표 6〉의 『이재난고』에 나타난 바에 따르면 가족부양을 위해 수령이 제공한 물품의 종류나 비중은 16세기에 비해 크게 낮아진 것을 알 수 있다. 이는 대동법 이후 각종 물품으로 수납하던 조세가 쌀과 포 및 화폐로 전환되면서 나타난 현상으로 보인다. 특히 18세기 중반 이후는 화폐사용이 일반화되어 가는 시기였으므로 봉름을 화폐화하여 이를 축재의 수단으로 사용할 수 있게 되었다.[42]

성리학적 이상과 지대추구행위

수령의 봉름은 백성들을 구제하고, 가문이나 부모에게 효를 행할 수 있는 수령의 물적 토대였다. 조선의 봉름체제가 수백 년 동안 지속적으로 유지될 수 있었던 것은 유교의 공사관념이 이를 뒷받침해 주었기 때문이다. 강백진의 문집 간행도 이러한 유교적 이념에 의거하여 가능하였으며, 사사로이 이익을 추구하지 않는다면 정약용의 청백리 개념도 가능하였다. 조선사회는 이처럼 공물을 사적으로 이용하더라도 개인의 사사로운 이익을 추구하지 않고, 천리에 부합하는 행위에 대해서는 사적행위가 공적행위화되는 것으로 인정하고 있다. 이를 통해 수령이 직무 수행 및 가정을 운영하는 데 바람직한 이상을 제시하고, 봉름지출에 대한 명분을 규정함으로써 봉름에 대한 자의적 처분을 조선시대 내내 지속적으로 유지할 수 있었던 것이다.

그러나 이상화된 성리학적 이념이 현실에 적용되면서 많은 문제점을 보여 주고 있다. 재정지출의 임의성은 큰 데 반해 조선후기 이후 수령의 재임기간이 짧아지면서 여러 고을을 옮겨 다녀야 하는 수령이 재임기간 동안 최대한 지대추구행위를 할 가능성이 높기 때문이다. 물론 봉름은 사적이익을 위해 무분별하게 사용할 수 있는 재원은 아니었다. 분명 고을에 필요한 업무수행을 우선하고 난 후 남은 봉름은 개인적인 용도로 사용할 수 있도록 허락되었다. 그러나 결과적으로는 많은 수의 수령들은 이를 이용하여 축재나 가정을 부양하는 수단으로 이용하였으며, 이를 당연한 것으로 간주하였다. 유학적 이상주의적 공사개념이 현실사회에 적용되면서 현실적으로는 공물의 사물화가 당연한 사회관습으로 전환되었던 것이다.

【제8장】

관아의 주방과 수령의 음식

손계영(경북대 영남문화연구원 HK교수)

전쟁이 일어나면 전쟁터에서 가장 먼저 하는 것이 주방 설치라고 한다. 먹어야 싸울 수 있기 때문이다. 인간은 먹지 못하면 폭동이 일어나고, 잘못된 먹거리로 불안해한다. 사람이 모이거나 이동할 때 가장 우선적으로 고려하는 것이 먹는 것과 자는 것이다. 여행지에서 먹게 된 음식은 그 여행에 대한 좋고 나쁜 기억에 영향을 준다. 돌잔치·환갑·결혼·장례·제사 등 인간의 기쁘고 슬픈 일에는 언제나 음식이 필수요소이다. 직장에서 동료가 새로 들어오거나 떠날 때 환영과 환송의 의미로 식사를 한다. 문화가 다른 국외에 나가면 가장 힘든 것이 음식이라고 하고, 국내라도 집을 떠나면 집밥을 그리워한다. 일기를 쓸 때 누구와 어디에서 무엇을 먹었는지에 대한 기록은 하루를 기억하는 중요한 잣대가 된다. 음식은 우리 생활의 가장 기본이자 가장 중요한 영역이다.

조선시대 수령이 거주하는 관아는 항상 사람이 붐비는 장소였다. 관아마다 다르겠지만 100여 명이 넘는 이속들과 관노비들이 분주하게 움직이고, 고을 백성들이 수시로 찾아오거나 잡혀 오며, 하루가 멀다 하고 공빈公賓과 사빈私賓이 거쳐 가는 공간이 관아였다. 이 가운데 많은 사람들이 먹어야 했고, 또 다른 사람들은 먹을 것을 만들어야 했다. 누군가는 식재료를 대야 했고, 누군가는 그 식재료를 땅에서 바다에서 직접 구해야 했다. 과연 조선시대 관아의 주방[官廚]은 어떤 곳이었을까? 수령은 어떤 음식을 먹었고 그 음식은 누가 만들었을까? 수령과 관주는 어떻게 연결되어 있는 것일까?

기존의 연구 성과가 부재한 상황이지만, 19세기 후반 영남의 수령으로 부임한 오횡묵(吳宖默, 1834~1906)의 일기를 통해 이 물음의 답을 찾고자 한다.[1] 또한 오횡묵을 통해 관아의 주방과 음식이 수령의 사적인 영역임을 보여 주는 동시에 수령이 자신의 통치와 관련하여 관아의 주방과 음식을 어떻게 활용하고 있는지를 보여 주고자 한다. 관주의 공사公私기능이 어떻게 균형을 찾아 가는지도 살펴보고자 한다.

관아 음식에 적응하는 수령의 모습

지방관아의 수령으로 부임한 이들은 해당 지역의 인물인 경우도 있었으나 그렇지 않은 경우도 많았다. 가솔들이 함께 관아에서 생활하는 경우도 있었지만, 가족은 본가에서 생활하고 혼자 관아에 부임하는 경우도 다반사였다. 후자에 해당하는 대표적인 사례가 오횡묵이다. 서울 사람인 그는 자인慈仁에 부임한 1888년 9월부터 고성부사固城府使에서 체직된 1894년 8월까지 6년 동안 영남지역에서 고을 수령을 하였는데, 자인현감으로 있었던 8개월을 제외하면 대부분 가족과 떨어져 생활하였다. 때문에 영남지역 수령으로서 관아 음식에 의존하여 생활할 수밖에 없었다. 50년 이상 서울 음식에 익숙했던 오횡묵이 영남의 관아 음식에 적응하기 힘들었던 것은 너무도 당연한 이치라 할 수 있다.

영남 관아의 음식이 짜고 시어서 입에 맞지 않자 서울 음식을 그리워하고, 우연히 먹게 되는 서울 음식에 감격하였던 것은 자연스러운 모습으로 비친다. 아들이 보내준 김치를 맛보며 '남쪽으로 온 뒤에 처음 맛보니 위장이 상한 상태에서 더욱 기쁘게 밥을 먹을 수 있었다' 며 감격하였고,[2] 전운영轉運營의 내아內衙에서 대접한 서울 음식을 맛보고 '영남에 온 뒤 처음 보는 서울 음식 솜씨' 라고 기뻐하였다.[3] 서울 음식을 맛본 기쁨을 표현한 그의 시는 관아 음식의 적응이 얼마나 어려운지를 보여 준다.

[1890년 1월 11일]

입맛은 사람마다 한 가지, 역아의 음식솜씨를 터득했다네 □嗜人同得易牙
머나먼 타향의 짜고 신 음식 맛, 입에 안 맞아 鹹酸不適客天涯
닭·돼지·술·면을 잇달아 내오고 鷄猪酒麪隨逢着
생선·과일·차들이 성대히 나오더라도 魚果鹽茶半爽差
몇 번이고 서울 음식 그리워했네 幾度洛陽思飮水
산사를 다니다 찐 모래밥 비웃을 때 참으로 많았지만 多從山寺笑蒸沙
이번 행차 좋은 끼니 신선 주방에서 내어 준 것 같네 今行好頓仙廚供
입안 가득한 향내는 꽃을 씹는 것보다 더 나아라 香頰津津勝嚼花

타향살이를 하는 수령에게 타지 음식에 대한 적응이 어렵다는 것은 그 지역과 문화에 대한 적응도 쉽지 않다는 것을 의미하고, 고향과 가족에 대한 향수로 인해 우울한 심리로 이어질 수도 있는 중요한 요소였다. 오횡묵이 관아 음식에 적응하지 못하고 건강도 악화되자 그의 주변인물들이 수령을 위해 음식을 준비하는 모습을 엿볼 수 있다. 함안의 기생과 통인通引 등이 타지에서 온 수령을 가까이에서 챙기는 장면들도 간혹 보인다. 기생 금란錦蘭의 집에서 국수·떡·꿀을 마련하여 수령을 대접하자 '이날은 좋은 점심을 했다'고 만족스러워하며 시를 지었다.[4] 이때 지은 시에 의하면 '나의 주방 음식들은 이빨을 시리게 한다'는 표현이 있는 것으로 보아 관아 음식에 대한 불만이 컸음을 알 수 있다. 또한 밤이 길어지는 겨울철이 되자, 홀로 지내는 수령을 걱정하던 기생과 통인은 떡과 엿을 준비하여 수령이 혼자 지내는 저녁 시간에 무료함을 달랠 수 있도록 하였고, 오횡묵은 그들의 작은 배려에 감동을 받기도 하였다.[5] 아래의 내용은 그때의 정황을 묘사한 시이다.

[1890년 10월 30일]

목생穆生은 술을 좋아하지 않고,	穆生不嗜酒
오래된 부처는 하늘 음식만 먹네	古佛惟天食
내게도 관청의 부엌이 있으니	靡我無官廚
필요한 바는 문득 모두 제공하네	所須輒供億
하루에 정해진 두 끼 외에	惟正日兩外
어찌 구차하게 먹을 수 없겠는가마는	吾寧無苟得
밤에 선정禪定을 하듯 앉아 있으니	夜坐如禪定
배고픈 생각이 때때로 일어난다.	飢思有時或
이미 해결할 방법이 없으니	旣無謀諸處
내 속맘을 누가 알아줄까?	幾微誰能識
심부름하는 아이와 기녀는	辛僮與錦妓
어떻게 이것을 헤아려 알았을까?	何由此推測
상자에 가득 생각지도 않게 가져오니	盈箱不時需

하나하나 정성을 다하였네　一一殫誠力
찐 떡은 겉에 콩을 입히고　煮餻衣豆素
엿을 걸러 검은깨를 붙였는데　漉餹貼荏黑
입에 넣으니 파삭파삭 소리가 나고　入口鳴宮角
배를 채우니 몸이 나른해진다.　枵腹生春域
물건이 이미 맛있고 또 많으니　物旣旨且多
나머지는 곁에 쌓아 놓았네　餘派覃在側
쉽게 기억하여 다시 잊기 어려우니　易記復難忘
머리 돌려 생각하니 매우 감격스럽네　回頭轉感極
인정에는 예와 이제의 구별이 없고　人情無古今
밥 한 끼에 오히려 덕이 있다 말하네　一飯猶云德

주위의 노력만 있었던 것은 아니다. 관아의 음식과 생활에 적응하기 위한 오횡묵 자신의 노력도 분명 있었다. 예를 들면 평소 고향집의 편지를 전달하는 통영 사람이 있었는데, 그의 요리 솜씨가 뛰어남을 알고 그로 하여금 관아 주방에서 요리하는 이들을 감독·교육하게 하기도 하고,[6] 심지어 수령 본인이 관아 주방 사람들에게 영남에 없는 서울 음식의 요리법을 직접 가르치기도 하였다.[7] 이후 관아의 음식이 조금씩 좋아졌고 이에 대해 '맛이 지극히 좋았다', '이것이 바로 평소에 즐기던 것이다' 등의 표현을 쓰고 있어 관아 음식에 만족해 가는 모습을 볼 수 있다. 즉 직간접적으로 관아 주방의 요리를 개선하려는 수령의 노력을 확인할 수 있다.

과연 수령은 일상적으로 관아에서 하루 몇 끼의 식사를 하였고, 그 음식들은 어떤 종류였을까? 오횡묵은 함안咸安 관아에서도 '하루 두 끼니 관주에서 올리는 것 이외에는' 음식을 먹지 않았다 하고, 고성 관아에서도 '제공받는 식사가 하루에 두 끼니에 지나지 않았다'고 한다.[8] 『목민심서牧民心書』에서도 수령이 먹는 관아의 식사는 하루 두 끼를 기준으로 삼았는데, 각 식사에는 밥·국·김치·장과 찬 4접시를 넘지 않도록 하였다. 이때의 4접시는 '이두이변二豆二籩'으로 구운 고기, 마른 고기, 절인 나물, 젓갈 각각 1접시이다.[9] 비록 두 끼의 식사이지만, 밥·국·김치·장을 기본으로 2종의 고기반찬을 포함한 4종의 반찬이라면 지금 보더라도 부족하지 않은 식사였다. 오횡묵의 일기에서는 일상적인 식사의 찬에 대한 기록이 별도로 없어 『목민심서』의 내용과 비슷한 수준이었는지 확인하기 어렵지만, 시기적으로 19세기의 기록이라는 점에서 오횡묵의 밥상도 비슷한 수준이었을 것으로 추측된다. 일상적인 식사에 대한 기록이 전무한 반면 자신의 생일이나 동지冬至 등의 특별한 날에 먹었던 특식에 대해서는 종종 기록하고 있는데 그 종류는 다음과 같다.

표 1. 함안군수·고성부사 시절의 관아 음식(특식의 경우)

	초·중·말복	동지	수령 생일	부인 생일	임금 탄신일
1889년	삶은 닭[烹鷄](중복)	팥죽	흰밥·고깃국	쌀밥·고깃국	
1890년	콩죽·떡(중복)		국수·과당(果糖)	떡·국수·고기	
1891년			떡·탕		
1892년	콩죽(말복)	팥죽	쌀밥·고깃국·나물		떡·국수·과일
1893년	콩죽(초복)	팥죽·대구탕			
1894년	콩죽(초복·중복)			국수	국수

위의 표에서 보는 바와 같이 6월쯤인 복날에는 주로 콩죽을, 11월쯤인 동짓날에는 팥죽을 먹었고, 자신 또는 부인의 생일이나 임금의 탄신일에는 대체적으로 고깃국 또는 국수를 먹었음을 알 수 있다. 이러한 사례

에서 알 수 있는 것은 당시의 콩죽이나 팥죽은 복날 또는 동짓날을 상징하는 음식이었으며 국수는 잔칫날에 먹는 상징성을 지닌 음식이었다는 점이다. 즉 콩죽은 복날 이외에는 거의 먹지 않았고, 팥죽도 동짓날 이외에는 먹었던 기록을 찾기 어렵다. 이와 같이 콩죽·팥죽·국수 등 평소의 일상적인 식사가 아닌 경우를 일기에 기록하는 경우가 많았는데, 그 중 또 다른 하나가 냉면이다. 냉면은 오횡묵이 즐겼던 대표적인 음식으로, 관아 주방에서 냉면이 나오는 날에는 '이것이 바로 평소에 즐기던 맛이다. 근일에 그 맛이 생각났다' 하며 기뻐하였다.[10] 아래의 시는 오횡묵이 냉면을 먹으며 그때의 상황을 묘사한 것이다.

[1893년 12월 17일]

누가 국수를 만들어 곱게 뽑았나	誰麯佛飥巧抽纖
후초와 매실 양념 두루 갖추었네	椒柏鹽梅色色兼
큰 사발에 담으니 소반이 움츠리는 듯	着八大椀盤縮緒
쌍 젓가락 잡으니 움직이는 대로 따라온다	夾持雙箸動隨拈
맛을 보니 문득 비위가 깨어나니	試嘗便覺偏醒胃
길게 마셔 수염에 묻은들 무엇 혐오하리오?	長啜何嫌薄汚髥
더구나 세모의 추운 겨울 등잔 아래에서	況玆歲暮寒燈夜
별미의 향기 한 배나 더하누나	異味奇香一倍添

고금에 관계없이 타지 생활에서 가장 중요한 요소 중 하나로 음식을 꼽을 수 있다. 특히 가족과 떠나 홀로 타지에 수령으로 부임한 이들은 관아에서 제공하는 두 끼의 음식에 절대적으로 의존할 수밖에 없었다. 때문에 타 지역의 관아 음식에 적응하기는 쉽지 않았고, 우연히 먹게 되

는 고향 음식을 통해 짙은 향수를 느꼈던 것이다. 그러나 장기간 관아 음식에 의존해야 하기 때문에 단지 거부하려고만 하지 않고, 적극적으로 관아 음식을 개선하려 했던 수령의 모습을 오횡묵을 통해 볼 수 있다. 또한 일상적인 수령의 밥상과 비일상적인 특식의 사례를 통해 수령의 관아 생활의 한 단면을 살펴볼 수 있다.

관아 주방의 규모와 주리廚吏의 역할

이상에서 언급한 관아의 음식은 어디에서 관리하였고, 누가 식사를 담당·주관하였을까? 어떤 기구와 건물에 소속되어 있었고, 그 규모와 담당자의 역할은 무엇이었을까? 오횡묵의 일기를 통해 관아의 음식이 제공되는 출처를 찾아보면 대부분 관주官廚와 관청官廳에서 제공되었음을 알 수 있다. 〈표 2〉에서 보는 바와 같이 동일한 상황임에도 불구하고 관주로 표현되기도 하였고, 관청으로 표현되기도 하였다.

표 2. 동일한 상황에서 음식 제공 출처를 다르게 표현한 경우

동일 상황	관주(官廚)에서 제공	관청(官廳)에서 제공
수령으로 부임 시	고성부사로 부임 시, 관주에서 술과 음식을 갖추어 올림(1893년 2월 28일)	정선군수로 부임 시, 관청에서 음식을 갖추어 올림(1887년 윤4월 19일)
아내의 생일날	관주에 명하여 통인과 문지기들에게 식사를 제공(1889년 6월 17일)	관청에서 술과 안주를 마련하여 읍속들에게 제공(1887년 6월 17일)
이웃수령의 행차 시	고성수령이 행차하자 아침저녁으로 관주에서 음식을 대접(1890년 1월 7일)	초계군수가 내방하자 관청에서 음식을 제공(1889년 5월 2일)
지인(知人)의 방문 시	안의에 사는 친지 오치두가 방문하자 관주에서 음식을 제공(1890년 2월 20일)	고향 친구 강민식이 찾아오자 관청에서 식사를 대접하게 함(1889년 10월 21일)
무진정(無盡亭)에서의 식사	해질 무렵이 되자 관주에서 오식을 갖추어 무진정에 올림(1890년 6월 20일)	관청에서 술·안주, 오찬을 무진정에 대령하게 함(1890년 3월 2일)

오횡묵은 고성부사 부임 시에는 관주에서 음식이 나온 반면 정선군수 부임 시에는 관청에서 제공하였다고 표현하였다.[11] 1887년 아내의 생일날에 나온 음식은 관청에서, 1889년 생일에는 관주에서 음식이 제공되었다.[12] 이웃수령이 행차하거나 지인知人이 방문한 동일 상황에서도 어느 때는 관주, 또 어느 때는 관청이라고 표현하고 있다.[13] 읍성 밖 정자인 무진정無盡亭에 올라 식사를 할 때에도 관주에서 제공한 경우와 관청에서 제공한 경우가 있었다.[14] 그렇다면 관주와 관청은 동일한 공간인가, 별도의 공간인 것인가?

관아의 주방이었던 '관청官廳'

'관청官廳'의 의미를 국립국어원의 『표준국어대사전』에서 찾아보면, 첫째가 '국가가 사무를 집행하는 국가 기관 또는 그런 곳'이라고 하였고 두 번째 의미로 '〈역사〉 =관주官廚'라고 하였다. 즉 두 번째 의미에 의하면 과거의 관청은 관주였다. 과거의 주방이었던 관청의 의미가 현대에는 '국가 사무를 집행하는 기관'이라는 의미로 전환되었다는 점은 과거의 관주였던 관청이 관아에서 중요한 역할을 하였던 것은 아닐까? 그렇다면 관아의 물품 장부인 중기重記를 통해 1889년 현풍현玄風縣 관아의 물품 관리 조직과 각 조직에서 관리하는 대표적인 물품을 살펴보면 〈표 3〉과 같다.[15]

표 3. 1889년 현풍현 중기(重記)에 기재된 물품 관리 관직과 해당 물품

관직/기구	호장(戶長)	호방(戶房)	예방(禮房)	병방(兵房)	
이름	김명채(金命采)	김홍섭(金弘燮)	송창윤(宋昌允)	황기연(黃岐淵)	
관리 물품	• 소목(燒木)* • 탄(炭)* • 시목(柴木)* • 초(草)* ……	• 호적대장(戶籍大帳) 만력병오식(萬曆丙午式) 숭정경자식(崇禎庚子式) 숭덕을묘식(崇德乙卯式) ……	• 향교(鄕校) • 제복(祭服) • 패옥(佩玉) • 대대(大帶) ……	• 조련도식(操鍊圖式) • 대총기(隊摠旗) • 조총(鳥銃) • 화약(火藥) ……	
관직/기구	형방(刑房)	공방(工房)	공고(工庫)	군기(軍器)	
이름	김세홍(金世洪)	–	노(奴) 봉순(奉順)	김학용(金學用)	
관리 물품	• 전록통고(典錄通考) • 무원록(無冤錄) • 항쇄(項鎖) • 형판(刑板) ……	• 읍선생안(邑先生案) • 향로(香爐) • 약자기(藥煮器) • 서안상(書案床) ……	• 대장지(大壯紙)* • 백지(白紙)* • 마철(馬鐵)* • 백구피(白狗皮)* ……	• 흑각궁(黑角弓) • 장전(長箭) • 철갑(鐵甲) • 피갑(皮甲) ……	
관직/기구	관청(官廳)	통인(通引)	곡총(穀摠)	대동(大同)	관노방(官奴房)
이름	이채하(李宲夏)	곽도화(郭道華)	임대욱(林大旭)	임대욱(林大旭)	–
관리 물품	• 귀기[耳只] • 유분(瑜盆) • 장(醬)* • 문어(文魚)* ……	• 적간패(摘奸牌) • 약절목(藥節目) • 지대동절목(紙大同節目) • 대인(大印) ……	• 원환미(元還米) • 원환태(元還太) • 원환조(元還租) • 원환모피(元還皮牟)	• 제류미(除留米) • 저치미(儲置米)	• 대야(大也) • 다기(茶器) • 쟁반(錚盤)

* 표시는 해당 물목의 장부(帳簿)인 기부(記付)를 의미함.

1889년 현풍현 관아는 크게 13곳에서 물품을 관리하였고, 물품 관리는 담당자의 책임제로 이루어졌다. 이때 13곳의 조직 성격에 따라 해당 조직에서 관리하는 물품이 결정되었을 것이다. 그렇다면 각 조직의 물품이 무엇이었는지 살펴보면 해당 조직의 성격을 거꾸로 유추할 수 있다. 예를 들면 통인通引이 관리하였던 물품을 분석함으로써 통인의 업무 성격을 유추할 수 있다. 또한 '관청官廳' 항목의 물품을 살펴보면 관청의 업무 성격을 파악할 수 있게 된다. 관청에서 관리하던 물품의 전체를 제시하면 〈표 4〉와 같다.

표 4. 1889년 현풍현 '관청(官廳)'에서 관리한 물품(전체)

구분		물품
주방물품		구기[耳只], 호미[鋤子], 노구솥[爐口], 유자철(鍮煮鐵), 유승(鍮繩), 유합(瑜合), 유분(瑜盆)
식재료 장부[記付]	곡식류	쌀[需米], 찹쌀[粘米], 목미(木米), 조(租), 미음(米飮)
	해물류	문어(文魚), 전복(全鰒), 명태(明太), 청어(靑魚), 갑어(甲魚), 홍합(紅合), 해삼(海蔘), 은어[銀口魚], 대구알[大口卵], 생해(生蟹)
	육류·난류	꿩[生雉], 생닭[生鷄], 계란(鷄卵), 태란(太卵), 영계[軟鷄]
	과일·견과류	잣[栢子], 은행(銀杏), 대추[大召], 배[生梨], 감각(甘角), 건시(乾柹), 송이[松茸], 석류(石榴)
	장류·기타	장(漿), 참깨[眞荏], 들깨[水荏], 소금[塩], 꿀[淸], 참기름[眞油]

관청에서 관리하였던 물품은 크게 두 종류로 구분된다. 하나는 음식과 관련된 주방물품들이다. 노구솥[爐口]이나 구기[耳只] 등은 음식을 만들거나 담을 때 사용하는 주방기구이고,[16] 호미[鋤子] 등은 주방에서 필요한 채소를 밭에서 캘 때 사용하는 간단한 농기구류이다(〈그림 1〉 참조).[17] 주방용품 이외에 중요한 물품으로는 식재료 장부[記付]가 있다. 쌀·찹쌀 등의 곡식류, 문어·전복 등의 해물류, 꿩·닭 등의 육류, 잣·은행 등의 과일·견과류 및 장이나 참깨·참기름 등 다양한 식재료가 있으며, 이들 재료들은 각각 다른 장부에 기재되어 관리되었다. 이들 식재료의 종류를 통해 관주에서 제공되는 식사와 찬의 종류도 짐작해 볼 수 있지 않을까 생각된다. 관청에서 관리한 물품이 음식 관련 기구들과 식재료 장부에 한정되어 있었다는 것은 관청의 성격을 분명하게 보여 주는 중요한 근거가 된다. 즉 관청은 관아의 음식과 관련된 업무를 담당하였던 조직이고, 오횡묵의 일기에서 나오는 관주官廚와 관청官廳은 동일한 조직이자 장소였음을 알 수 있다.

그림 1. 1889년 현풍현 관청(官廳)에서 사용하였던 주방물품 왼쪽부터 구기[耳只], 유자철(鍮煮鐵), 호미[鋤子](좌·중: 『우리의 부엌살림』, 우: 『해동농서(海東農書)』 권2)

그렇다면 관주와 관청은 관아의 어떤 건물을 사용하였고 건물의 규모는 어느 정도였는지, 수령이 거주하거나 근무하였던 건물과의 거리는 어떠했는지 궁금해진다. 영남 고을 가운데 읍성邑城 내부가 자세히 표현된 지도를 통해 '관청'이라는 건물을 살펴보기로 하자.[18] 관아 건물이 자세하게 묘사되어 있고 각 건물의 명칭이 기록되어 있는 경우는 그리 많지 않은데, 군현郡縣 단위에서 '관청'이 표기되어 있는 경우는 영양英陽·영덕盈德·의성義城·칠곡漆谷 등이 있고, 이 외에는 가덕진加德鎭·미조항진彌助港鎭과 통영統營의 지도에서 '관청官廳'을 볼 수 있다. 이들 지도를 통해 '관청'이라는 별도의 건물이 존재하였음을 알 수 있다(〈그림 2~5〉 참조).

관청 건물의 위치는 〈그림 2〉와 〈그림 3〉에서 보는 바와 같이 수령이 근무하는 공간인 동헌東軒과 거주하는 공간인 내아內衙·아사衙舍와 매우 가까운 거리임을 알 수 있다. 관청의 업무 가운데 첫 번째가 수령의 식사를 대접하고 수령 가솔들이 거주하는 내아內衙에 식재료를 제공하며

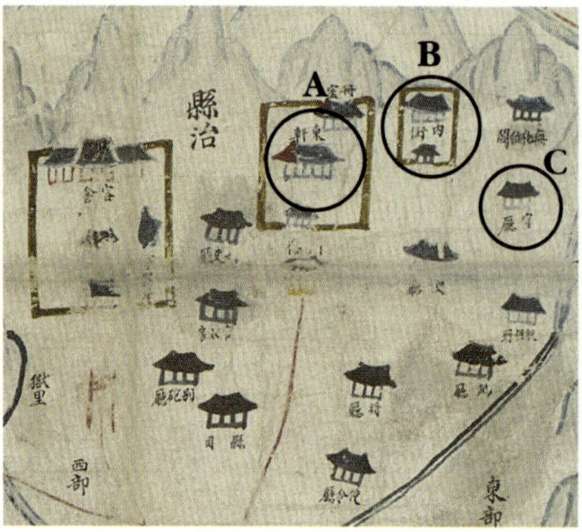

그림 2. 영양현(英陽縣)의 관아 건물 배치 규장각 소장.
A: 동헌(東軒), B: 내아(內衙), C: 관청(官廳)

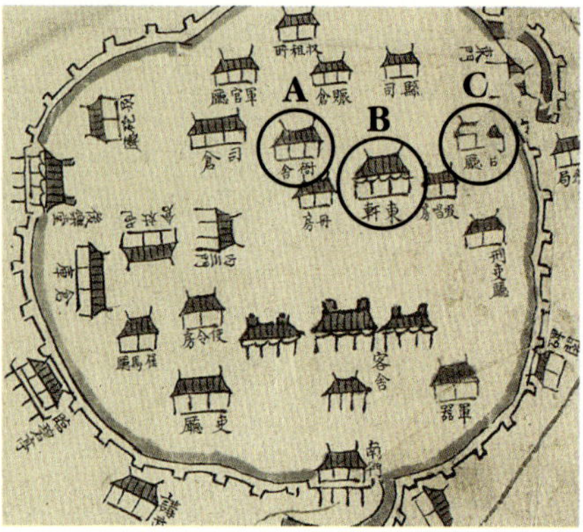

그림 3. 영덕현(盈德縣)의 관아 건물 배치 규장각 소장.
A: 아사(衙舍), B: 동헌(東軒), C: 관청(官廳)

음식과 관련된 물품을 관리하는 것이기 때문에 수령이 근무하거나 거주하는 공간에서 가까울수록 효율적이었다. 오횡묵의 『자인총쇄록慈仁叢瑣錄』에서도 1888년 자인慈仁관아의 관청고官廳庫는 내아 바로 앞에 있었음을 확인할 수 있다.[19] 1893년 고성부固城府 관아의 관청은 내아內衙 밖 북쪽에 위치하고 있었는데,[20] '관주官廚가 바깥에 있고 자못 거리가 떨어져 있어 식사를 진공進供할 때 불편한 점이 많았다'고 한다.[21] 오횡묵은 이러한 불편함을 개선하고자 관주를 과감하게 내아로 옮겼고, 관주의 이동을 통해 보다 효율적인 동선을 확보하였다.

수령의 식사는 주리廚吏가 수령이 있는 동헌이나 내아로 밥상을 가져왔고, 접빈接賓의 경우에도 손님이 머무는 장청將廳·질청[作廳]·책실冊室·관노방官奴房 등으로 밥상을 가져갔던 것으로 보인다.[22] 고을의 수령이 행차하거나 수령의 사빈私賓이 방문하여 숙박하게 되는 경우에는 가장 먼저 하는 것이 사처私處를 정하는 것이었다. 일기에서는 사처가 어

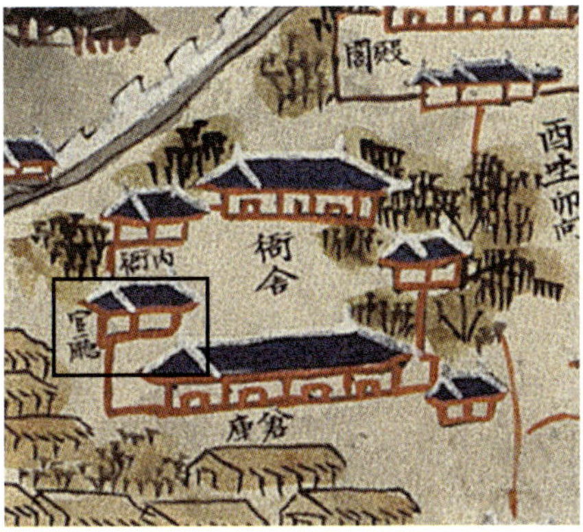

그림 4. 미조항진(彌助港鎭)의 관청 건물 규장각 소장. 내아(內衙)·아사(衙舍)담장 내부에 위치

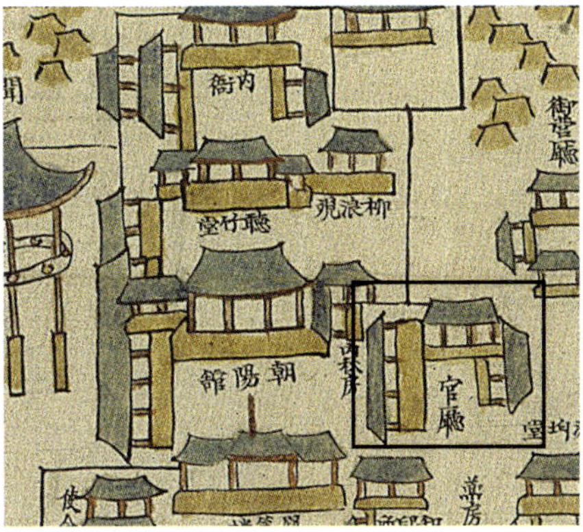

그림 5. 의성현(義城縣)의 관청 건물(ㄷ자 형태) 규장각 소장

디에 정해졌는지를 먼저 기록하고, 그 다음에 식사를 제공하였다는 기록이 있는 것으로 보아 빈객이 머무는 장소에 식사가 제공되었던 것으로 확인된다.[23] 따라서 관청 건물은 수령이나 빈객이 식사를 하였던 장소는 아니었고 음식을 만들거나 보관하던 장소였던 것이다.

관청 건물의 규모를 살펴보면 1842년 봉화현奉化縣의 경우에는 8칸짜리 건물이었고,[24] 1889년 현풍현玄風縣 관아의 관청은 총 13칸으로 확인되고 있다.[25] 현풍현의 13칸짜리 관청은 크게 3가지의 구조로 구분되었다. 대청마루가 있는 좌기청坐起廳 4칸과 잡물고雜物庫 5칸, 육고肉庫 4칸이었다. 13칸이 하나의 건물일 수도 있지만, 짐작컨대 2~3개의 건물이 ㄱ자 또는 ㄷ자로 배치되었을 것으로 보인다. 〈그림 5〉에서 보는 바와 같이 의성현義城縣 관아의 관청이 그러한 경우이다. 1888년 오횡묵이 부임하였던 자인현慈仁縣의 관청 규모는 총 15칸으로, 관청색이 숙직·당직하는 주색직소廚色直所 4칸, 관수미를 보관하던 수미고需米庫 3칸, 관청고지기가 머물던 고자소庫子所 3칸, 푸줏간인 포주庖廚 5칸으로 구성되어 있었다.[26] 오횡묵이 1893년 고성부사固城府使로 부임하였을 당시 고성관아 건물을 살펴보고 기록한 내용에 의하면, 고성부 관청은 내아內衙의 북쪽에 있으며 9칸짜리 건물이었다고 한다.[27] 19세기 영남 관청 건물의 규모는 8칸에서 15칸 사이였음을 볼 수 있다. 이러한 규모는 고성부 기준으로 18칸짜리 이청吏廳과 12칸짜리 향청鄕廳과 비교해 보았을 때, 음식을 하거나 식재료 및 주방물품을 보관하기에 결코 작은 않은 공간이었던 것이다.

지방관아에는 '관청'이라는 별도의 건물이 있어 관아 내부의 식생활과 관련된 업무를 담당하였다. 관청 건물 전체가 관주였던 것은 아니다. 관청에는 잡물고雜物庫·육고肉庫 등 주방물품 및 식재료를 보관하던 창고가 많은 공간을 차지하고 있었던 것으로 보아 관주는 관청 건물의 일부 공간을 의미하는 것으로 보인다. 즉 공간적으로 말하자면 관주는 관청 건물의 부엌 공간을 구체적으로 표현한 용어라고 할 수 있다.

주속廚屬의 구성과 역할

관주官廚가 '관청'이라는 조직과 건물에 있었음을 알 수 있는 다른 사례는 관주에 소속되어 있던 주속廚屬을 통해 살펴볼 수 있다. 『목민심서』에 의하면 '주리廚吏'는 관청의 향리인 '관청색官廳色'으로, '주노廚奴'는 관청의 창고지기인 '관청고직官廳庫直'으로 기록되어 있는데, 이것이 관주가 관청의 다른 표현임을 알 수 있는 대목이다.[28] 그렇다면 주리와 주노 등의 주속廚屬들은 어떤 인물이며, 관아에서 어떤 역할을 하였는지 살펴보고자 한다. 오횡묵은 함안의 아전 명단 '거안擧案'을 자신의 일기에 그대로 기록하였다. 기록에 의하면 함안 관속官屬의 총 인원은 200명이 넘는데, 이 가운데 관주와 관련된 이들은 다음과 같다.

표 5. 함안 관속 가운데 관주와 관련된 주속(廚屬)

기록일자	관청색(官廳色)	별관청색(別官廳色)	관청고자(官廳庫子)	칼자이[刀尺]	원두한(園頭漢)
1889년 4월 21일	이근하(李根廈)	황종률(黃種律)	돈성(敦性)	성안(性安)·만강(萬康)	−
1890년 11월 6일	황후헌(黃後憲)	김도천(金道天)	인준(仁俊)	−	정신(正臣)
1891년 11월 6일	오백림(吳伯林)	황종률(黃鍾律)	정신(正臣)	−	덕수(德守)

〈표 5〉의 1889년 4월 21일 기록내용은 오횡묵이 함안군수咸安郡守로 부임하자마자 관속들의 명단을 살펴보며 기록한 내용이고, 그 아래의 내용은 다음 해인 1890년과 1891년의 11월마다 관속들의 직임을 주기적으로 이동시키면서 기록한 것이다. 기본적으로 관청색官廳色, 별관청색別官廳色, 관청고지기[官廳庫子]가 각각 1명씩 배정되고 있다. 관청색은 일반적으로 '주리'라고 하며, 관청 업무의 총 책임자라고 할 수 있다. 별관청색은 고을에 따라 자리가 있기도 하고 없기도 하지만, 함안관아의 경우에는 고정적으로 존재하는 자리였다. 관청색이 수령을 따라 읍성 밖으로 동행하여 관아에 부재할 경우, 부관청색이 관청을 총괄하는 부책임자 정도의 지위였을 것으로 추측된다. 관청색과 별관청색이 향리인 데 반해, 관청고지기는 관노비 신분이었다. 이들은 관청 창고를 관리하였는데, 『목민심서』에 의하면 일반적으로 '주노廚奴'라고 불리었다.

위의 표에서 주목되는 부분은 칼자이[刀尺]이다. 이들이 실질적으로 관주에서 칼을 잡고 요리를 했던 이들로 보인다. 그렇다면 수령의 음식을 만들었던 요리사는 관아의 노奴였던 칼자이 성안性安과 만강萬康이었던 것이다. 원두한園頭漢은 '원노園奴'라고도 하며, 관주에 오이·박 등의 채소와 과일을 바치는 노비였다. 이들은 관청에 야채를 대는 대가로 이후 고직庫直이 되어 관청의 낙정미落庭米를 보수로 받아 갈 수 있었다.[29] 이 외에도 지역에 따라 관아에 육류 식재료를 담당하는 육색肉色 등의 직임도 존재하였다.[30]

오횡묵의 일기를 살펴보면 주리는 수령 및 공사빈객公私賓客의 식사를 접대하는 총 책임자였다. 수령의 식사는 대부분 관아 내에서 해결되었지만 종종 고을 시찰 도중 또는 경치 좋은 정자 등 읍성邑城 밖에서 식사하는 경우도 있었다. 이와 같이 관주와의 거리가 멀지 않은 경우에는 주리가 읍성 밖에 있는 수령에게 밥상을 가지고 가서 식사를 접대하였다.

> [1890년 3월 2일] 출근한 뒤 석성·성양·익중, 통인 신응두·강용주, 관노 덕식, 방자 불삭과 함께 옛날 읍터에 갔다. 관청官廳에 술과 안주를 준비하게 하고, 오찬은 무진정에 대령하게 하였다. …… 무진정에 올랐을 때 …… 점심때가 벌써 이르러서 주리廚吏에게 가지고 온 술과 안주를 내오라고 명했다.[31]

> [1890년 3월 8일] 여기에 부임 후 와룡정의 경치가 뛰어나다는 소문은 들었지만, 겨를이 없어 한번도 가보지 못했다. …… 석성과 와룡정을 유람하려고 출발하였다. 관주官廚에 명하여 점심을 차려 그 정자 아래에 대령하게 하였다. …… 마침 점심때가 되어 주리廚吏가 가지고 온 음식을 정자의 곳간에 바치고, 잉어로 회를 떠서 점심 반찬으로 삼았다.[32]

> [1890년 4월 6일] 상리上里의 방축소防築所에 나갔다. 모인 명정面丁들에게 돌을 지게도 하고 축대를 쌓게 하기도 하였다. 내를 따라 상하로 다

> 니면서 일을 감독하였다. …… 주속廚屬에게 명하여 관노들이 잡은 물고기를 구워서 점심 반찬으로 갖추게 하였다. 시냇가에 나와 석성과 함께 밥을 먹었다.[33]

> [1890년 6월 20일] 무진정에 와서 조익규·이수찬과 더불어 이야기를 하였다. 해가 질 무렵이 되자 주리廚吏가 관주官廚에서 점심을 갖추어 올렸다.[34]

> [1893년 9월 25일] 점심 때 나는 석성·박의원, 유·최 두 무변武弁, 기생 봉선·진양월·비취·형산옥과 함께 남문으로 나아가서 죽도에 올라 자리를 베풀었다. …… 조금 있다가 음식이 관아로부터 이르니 배에 있는 사람들을 불러 모아 함께 먹게 하였다.[35]

위의 내용에서 보는 바와 같이 주리는 수령이 시찰 중이거나 유람 시에는 수령의 식사뿐만 아니라 그 일행들의 식사까지도 배달하여 접대하였다. 위의 인용문은 오횡묵이 함안군수 시절, 함안 읍성에서 가까운 거리에 위치한 정자나 방축소防築所에 주리가 식사를 가져간 경우와 고성부사로 있을 당시, 고성 읍성의 바로 아래에 있는 죽도竹島를 유람하였을 때 주리가 섬으로 식사를 준비해 온 경우이다. 위의 사례와 같이 주리가 관주에서 밥상을 배달하는 경우는 수령의 위치가 읍성과 가까운 장소에 한정되어 있었다. 고을 밖의 단거리 유람이거나 화전놀이를 나가는 경우에는 주리도 유람에 함께 동행하여 현지에서 식사를 준비하기도 하였다.

> [1891년 3월 9일] 병곡면 별천은 한강 정선생이 잠시 쉬었던 곳이다. …… 이날 석성과 함께 가서 …… 주리廚吏 및 관동官僮들이 일찍부터 시

> 냇가에서 꽃을 따다가 전을 부쳤는데, 정오쯤 되자 올렸다. 몇 순배 술잔이 돌아가자 골동반骨董飯이 또 왔다.[36]

> [1894년 3월 3일] 봄은 늦어 가지만 화전놀이의 모임은 사뭇 겨를이 없었는데, 이날은 걸어서 불암평에 이르니 관아의 손님과 기생 무리들이 따라온 자가 10여 명이 되었다. 주속廚屬들이 먼저 장막을 가지고 모래밭에 설치하고, 놀이꾼 허철이도 참여하였다.[37]

오횡묵이 함안의 남쪽 산자락에 위치한 병곡면 별천에 유람할 때에는 주리가 동행하여 화전花煎을 부쳤고, 고성부사 시절 화전을 부쳐 먹기 위해 불암평으로 꽃구경을 갔을 때에도 주속廚屬들이 함께 동행하여 모래밭에 천막을 설치하고 임시주방을 만들었다. 그러나 수령이 감영·병영 또는 타 고을로 출타하는 경우에는 주리가 동행하지 않았다. 이때 수령은 지나가는 고을의 관아 또는 주점에서 식사를 해결하였고, 목적지에서는 해당 관아의 관주官廚·영주營廚의 식사를 제공받았다. 다시 말하면 수령이 읍성 밖으로 외출하는 경우라도 수령의 식사는 2가지로 구분되었던 것이다. 공무로 외지에 나가게 될 때에는 타 지역 관아에서 공식적인 식사를 하였던 반면, 고을의 시찰 또는 고을 내외의 가까운 유람일 경우에는 주리가 식사를 배달하기도 하였고, 수령과 동행하여 현지에서 식사를 접대하기도 하였다.

관주官廚의 물품 관리와 기록

수령 및 빈객의 식사를 접대하는 것이 주리의 주된 업무 중 하나이지만, 실제 주리의 가장 중요한 업무는 장부 관리이다. 관주로 들어오는 각종 식재료를 비롯하여 수령과 빈객에게 제공된 식사, 수령의 가솔들이 거주하는 내아에 공급되는 식재료 등을 장부에 기록하여 정리하였다. 이때 각 재료별로 작성된 장부가 기부記付이다. 수령이 먹은 음식과 주리가 작성하는 장부와 관련하여 『목민심서』에 나오는 재미난 이야기를 소개하면 다음과 같다.

> 이모李某가 강진현을 다스리다가 무슨 일로 인하여 잡혀 서울로 압송되었다가 보방保放되었다. 출옥하여 9일 동안 식사 후에는 꼭 복숭아를 먹었는데 아전이 1전錢으로 복숭아 2개를 사서 그에게 바치니 1개는 크고 1개는 작았다. 수령은 큰 것을 취하여 먹고, 작은 것은 남겼던 바 그것을 시동(侍童, 즉 通引)이 먹었다. 강진현으로 돌아와서 아전이 장부에다가 9전을 기재하니 수령은 '어찌 된 것인가? 나는 그 반만 먹었고 나머지는 내가 알 바 아니니 깎아서 5전으로 하라'고 말하였다. 아전이 시동에게 일러서 '네가 그 나머지를 먹었으니 나머지 4전은 책임져라'고 하니 시동은 '제기랄 이럴 줄 알았으면 누가 그것을 먹었겠는가?'라고 말하였다. 아전이 '원망하지 말아라. 법은 마땅히 고르게 펴야 한다. 원님이 5전을 내어서 네가 내어야 할 5푼을 봐주었으니 너한테 이익이 되는 것이다'라고 말하니 시동은 '억울하다. 나는 그중 작은 것만 먹었으니 그 차이를 다 보태면 어찌 5푼만 되리요'라고 말하고 주머니에서 4전을 꺼내어 침을 뱉으면서 던져 버렸다. 생각건대 이와 같은 절용은 차라리 낭비보다도 못한 것이다.[38]

위의 강진현감 이씨는 자신이 먹은 복숭아를 기억하였다가 아전이 기록한 개수와 맞지 않자 그것을 따져 자신이 먹은 개수만큼만 지불한 것이다. 이때 수령이 먹은 식재료를 기록하였던 아전이 주리廚吏로 보인다. 주리는 수령의 음식뿐만 아니라 관아를 찾아오는 수령의 빈객이 먹은 음식까지도 일일이 장부에 기록하여 식재료의 출입에 차이가 없도록 하였던 것이다. 앞서 소개한 1889년 현풍현 중기에서 관청의 관리 물품들을 소개하였는데, 이때 식재료 장부[記付]가 많은 비중을 차지하였던 것이 이러한 이유 때문이다.

이와 같이 관주로 들어오는 식재료를 각각의 재료별로 기부記付를 작성하여 관리하였다면 관주에서 사용된 식재료들은 어떻게 관리하였을까? 식사는 한 사람당 1상씩 독상으로 준비하였는데, 수령의 식사는 앞서 설명한 바와 같이 밥 1그릇, 국 1그릇, 김치 1접시, 장 1종지, 구운 고기 1접시, 마른 고기 1접시, 절인 나물 1접시, 젓갈 1접시를 넘지 않는 범위에서 제공되었다. 사빈私賓이 방문한 경우에는 나이가 많고 적음에 따라 찬의 접시 수를 구분하여 나이가 많은 웃어른에게는 수령과 동일한 4접시, 나이가 어린 아랫사람에게는 2접시를 제공하도록 하였다.[39] 이와 같이 식사 1상을 준비하기 위해서는 여러 재료가 필요하고, 이것을 관리하였던 주리의 장부는 매우 복잡하였을 것이다. 때문에 정약용은 『목민심서』에서 주리의 효율적인 장부 관리 방식을 제안하였다.

즉, 일반적으로 그 고을 관주에서 대접하는 식사 1상을 기준으로 소요되는 식재료를 조목조목 나열하여 그것의 가격을 해당 관주의 항식恒式으로 정하도록 하였다. 1상의 가격이 나오게 되면, 주리는 장부에 그날 나간 밥상 수를 기록하고, 회계하는 날에 밥상 수를 돈으로 환산하는 방식을 추천하였다.[40] 만약 돈으로 계산하는 방식이 보기에 좋지 않다면 1상에 소요되는 식재료의 양을 항식으로 정하고 장부의 기록에는 밥상 수만 기록하여 계산하는 방식도 있었다. 이러한 방식으로 정리한다면

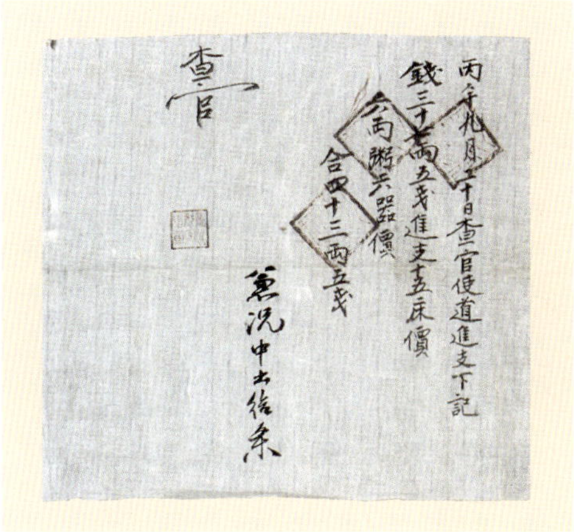

그림 6. 관주에서 사관(査官)에게 제공하였던 밥상을 기록한 진지하기(進支下記) 한국학중앙연구원 장서각 디지털 아카이브 제공

장부정리가 간결하고 실수도 줄일 수 있다는 것이다.

정약용이 제안한 방식은 실제 활용되고 있었다. 1894년 고성부사 오횡묵이 감영으로부터 사천泗川의 소요騷擾를 조사하라는 임무를 맡게 되어 사천관아를 방문하였다. 그가 사천관아에 도착하여 머물 곳을 질청[作廳]으로 정하자 술과 음식들이 나왔다. 오횡묵은 사천이 민간 소요가 있는 고을이기 때문에 관주에서 자신에게 내어 오는 식사의 정도를 제한하라고 명령하며, '아침·저녁 식사 이외에는 일체 거행하지 말아야 하고 비록 아침·저녁 식사라도 한 상에 2전錢으로, 점심은 1전 반으로' 하라고 한 것으로 보아 실제 밥상을 돈으로 환산하여 장부 관리를 하였음을 알 수 있다.[41]

또한 관주에서는 그때그때 접대한 밥상 수와 해당 밥상의 가격을 영수증 성격의 문서로 받아 보관하였다. 〈그림 6〉은 관주의 식사를 받은 타 지역 수령에게 밥상 수와 가격을 확인받은 진지하기進支下記이다. 병오년 9월에 이웃 고을의 수령이 사관査官[42]으로서 해당 고을에 파견되었

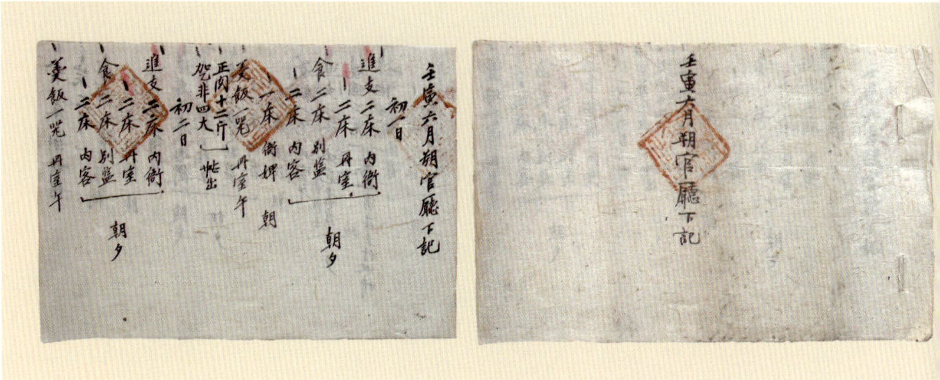
壬寅六月朔官廳下記

壬寅六月朔官廳下記

그림 7. 관주에서 나간 밥상과 물품을 기록한 1개월분(임인 6월)의 장부, 관청하기(官廳下記) 개인 소장

는데, 머무는 동안 먹었던 밥상[進支] 15상의 값과 죽 6그릇 값을 증빙하기 위해 관주에서 진지하기進支下記를 작성하여 해당 밥상을 먹었던 사관에게 확인받았다. 모든 빈객賓客에게 이와 같은 문서를 작성하였는지는 알 수 없지만, 공적인 업무로 방문한 타 지역 수령에게는 그가 먹었던 밥상 수와 가격을 기록하여 문서에 확인을 받았고, 이것을 근거 자료로 남겨 보관하였다.

관주에서는 열흘 또는 한 달 단위로 수령이나 빈객 또는 내아 등에 제공된 밥상과 식재료를 기록하여 장부로 만들었다. 이때 작성한 장부가 〈그림 7〉과 같은 관청하기官廳下記이다. 관청하기는 날짜별로 밥상이 몇 상 나갔는지, 누구에게 또는 어디로 나갔는지, 어떤 식재료가 어디로 갔는지, 조식·석식·오찬 여부 등을 기록하였고, 마지막에는 해당 기간의 총액을 별도로 정리하였다. 또한 누군가에 의해 장부 전체를 2번 이상 확인한 표시가 있고 식재료나 밥상의 수량과 가격이 잘못되었을 때에는 여러 번 수정한 흔적이 있는 것으로 보아 회계일에 점검하여 잘못된 부

그림 8. 한 수령의 재임기간 동안 해당 관아의 재정을 기록한 회계중초(會計中草) 중(中)·우(右): 임인 6월조의 관청(官廳) 항목 부분, 개인 소장

분을 수정하고 최종확인 후 관인을 찍었던 것으로 보인다. 지방관아의 회계중초會計中草에서는 한 달을 단위로 하여 '관청官廳' 항목을 별도로 두었다(〈그림 8〉 참조). 해당 달에 소비한 밥상[進支]과 각 식재료를 나열하고 그 가격과 전체 총계를 기록하였다.

간혹 장부를 관리하던 주리가 중간에서 관수官需를 가로채는 경우도 있었다. 오횡묵은 고성관아의 주리 정병호丁炳灝가 수령의 식사 제공을 소홀히 할 뿐만 아니라 수천 냥의 관수를 침범한 죄로 주리의 직임을 교체하였고, 그를 관문 밖에서 노숙하게 하여 정해진 시기에 포흠한 돈을 납부하게 하였다.[43] 장부를 쥐락펴락하던 주리가 관수를 가로챘을 가능성은 높았을 것으로 보인다. 특히 수령의 지침서인 『목민심서』에 의하면 주리의 장부는 자세히 살피지 말 것을 당부하고 있어 더욱 그러하다.

> 학궁學宮 및 여러 고庫의 하기下記는 마땅히 자세히 살펴보아야 하지만, 주리廚吏와 현사縣司의 하기下記는 일체 자세히 보지 말고 속히 화압花押

> 하는 것이 좋다. 비록 지나친 지출이라도 일체 깎지 말아야 한다.[44]

> 고을마다 반드시 공용의 재정이 있어 여러 고庫가 설립되어 있다. 처음에는 이름하여 공용이라고 하였으나 설립한 지 오래되면 점차 사용으로 지출되어 그릇된 관례가 겹겹이 생기고 절제 없이 낭비하게 된다. 본래 공용의 고庫였기 때문에 수령은 끝내 살피지 못하고 감독하는 아전과 고노庫奴는 갖가지로 속여서 오로지 몰래 훔쳐 먹으려고만 한다. …… 수령은 한 고을을 주재하는 사람이니 한 고을의 일을 관장하지 않는 바가 없으며, 책임은 원수元帥에게 있으니 어찌 핑계가 있을 수 있겠는가. 날마다 지출하는 바의 하기下記는 마땅히 조목조목 밝혀서 살펴야 할 것이고, 일수반치一銖半錙라도 방심하여 지나쳐서는 안 된다. 관주하기官廚下記와 현사하기縣司下記는 세밀하게 살피면 욕을 먹게 되고, 제고하기諸庫下記와 학궁하기學宮下記는 세밀하게 살피면 위엄이 서게 되는바, 이는 그 공용과 사용이 각기 다르기 때문이다.[45]

위의 글에서 유독 관주官廚와 현사縣司의 장부는 살피지 말 것을 당부하고 있다. 이것은 지방관아의 재정 가운데 수령의 사적인 개입이 가능한 영역이 관주와 현사의 재정이기 때문이다. 관주는 관아의 공적인 업무에서도 중요한 곳이었지만, 수령의 가족이 거주하는 내아에 식재료를 대고 수령의 사적 손님이나 친인척에게 음식을 제공할 수 있는 곳이었다. 현사도 내아 또는 빈객을 접대하는 데 사용되는 땔나무·숯·꼴·짚 등을 대는 곳이었기 때문에 수령의 사적 영역이 강한 공간이었다. 때문에 수령이 객관적인 입장이 될 수 있었던 제고諸庫 및 학궁學宮의 장부는 확실히 조사할 수 있었지만, 관주와 현사는 그러지 못하도록 한 것이다.

관주와 현사의 재정은 고을민들이나 관속들에게 사용되기도 하였고, 관아의 공빈객을 위해, 수령의 사빈객을 위해 유연하게 사용될 수 있는 영역이었다. 따라서 수령이 관주와 현사의 장부를 눈에 불을 켜고 살핀다는 것은 관속들의 재량이 통할 수 있는 영역을 줄여 자신의 영역을 넓히려는 의도로 보일 수 있었다. 때문에 수령은 의도적으로 관주의 장부를 관망하였을 것으로 생각된다. 주리는 이것을 역이용하는 사례가 있었던 것이고, 고성관아의 주리도 그러한 상황에서 관수官需를 가로챘을 것으로 보인다.

관아 주방의 공적 기능

함안군수 오횡묵은 자신의 집안과 세의世誼가 있었던 일흔 살 노인 박준경朴準敬이 함안관아를 찾아오자 관주官廚를 통해 술과 안주를 대접하며 수시로 성대한 음식을 제공하였고,[46] 수령의 옆에서 글쓰기 등을 도와주던 김인길金寅吉이 한밤중에 함안관아에 도착하자 관주에 새 밥을 지어 오도록 명하여 식사를 제공하였다.[47] 이 외에도 수령과 같은 문하에서 공부하였던 김기준金基俊, 수령의 친인척인 오치두吳致斗 등 수령과 사적인 관계를 가진 이들이 찾아왔을 때에는 언제나 관주에서 식사를 제공하였다.[48] 오횡묵은 만년에 거주할 영남지역의 이름난 땅을 물색하다 문경 무릉지역의 땅과 집을 마련하였는데, 문경 무릉에 거주하는 김덕현金德玄이 고성을 찾아왔을 때 곧 이웃이 될 사람이라며 식사를 제공하였고 무릉 땅에 함께 살게 될 통영의 최우석崔祐奭에게도 훗날 이웃이 될 사람이라고 생각하며 관아의 음식을 제공하였다.[49] 이와 같이 수령의 사빈은 하루가 멀다 하고 관아를 찾아왔고, 그때마다 관주의 음식을 제공하였다.

관아의 주방은 수령과 그의 가족, 사빈들에게 식사를 제공하는 수령의 사적 공간이기도 하지만, 공적 기능을 수행하는 공간이기도 하였다. 관주의 공적 기능은 수령이 고을민들에게 관주의 음식을 제공하였다는 점에서 찾을 수 있다. 아래의 내용은 오횡묵이 70세 이상의 노인을 관아로 초대해 양로연養老宴을 베푸는 장면이다.

> 이날은 바로 양로연養老宴의 원정일原定日이다. 각 면의 뭇 노인들이 이미 어제부터 읍저邑邸로 몰려왔다. 오늘 사시巳時 초각에 3문을 모두 시원하게 열어 놓고 공예리公禮吏로 들어오는 이들을 안내하게 하였다. …… 올 만한 사람은 거의 왔다 하므로 청사 위에 자리를 정돈하고 담배도 내놓아 통죽通竹을 하게 하고 …… 모두 70여 명이었다. …… 술이 끝나면 기생이 노래하고 노래가 끝나면 기생이 춤을 추고 춤이 끝나면 남창이 노래하고 노래가 끝나면 음식이 나왔다. 음식은 국수, 떡, 익힌 고기, 생과生果, 유과油果, 전煎, 유어油魚, 채소, 술, 세채洗菜, 초장醋漿, 백청白淸이다. 반쯤 먹고 나머지는 싸 가고자 하므로 즉시 유지油紙 1장씩을 나누어 주었다. 삼향소三鄕所, 향도감鄕都監과 한산인閒散人, 아솔衙率들에게도 모두 똑같이 나누게 하였다.[50]

양로연에 참석한 70여 명의 노인에게 관주의 술과 음식을 제공하고 남은 음식은 싸 갈 수 있도록 하였다. 양로연이 열리기 3개월 전에 왕이 서울에서 80세 이상의 노인을 뽑아 내외소內外所로 나누어 잔치를 하게 됨으로써 지방 고을에서도 연이어 시행하게 되었던 것이다.[51] 양로연에 사용된 관주의 술과 음식은 왕의 시혜를 지방 고을의 장수한 노인들에게까지 베풀었던 하나의 매개체이자 고을의 백성들에게 후덕한 수령의 이미지를 심어 주는 실체였다.

관주의 음식은 수령의 업무였던 권학勸學 활동에도 중요한 역할을 하였다. 마을의 시회詩會 등과 같이 글하는 선비들과의 모임을 통해 고을 백성들을 회유할 때 빠지지 않았던 것이 관주의 음식이다. 정선旌善에서는 마을 선비들에게 공부하기를 권하며 마을의 재齋마다 관주의 음식을 보내기도 하였고, 자인慈仁에서는 시사詩社 모임이 있다는 소식을 들으면 술과 안주 등을 챙겨 보냈다.[52] 함안에서도 마을의 운사韻士들을 중향관衆香館으로 맞이하여 관주에서 술과 닭, 떡, 비빔밥 등을 대접하였다.[53] 고성에서는 마을의 글하는 선비 33명을 선정하여 이들을 동헌東軒으로 초대하여 관주에서 술과 안주, 비빔밥을 접대하곤 하였다.[54]

글 짓는 선비들뿐만 아니라 신분에 관계없이 관주의 음식을 제공함으로써 백성들을 다스리는 수단으로도 삼았다. 함안의 18면面 집강執綱들이 태평루太平樓에 모여 연회를 연다는 소식을 듣자 관주에 명하여 술과 안주를 보냈고, 이포吏逋를 해결하기 위해 향인들과 이속들이 순조롭게 합의를 하자 기뻐하는 고을민들에게 관주의 음식을 내어 주기도 하였다.[55] 마을에 이름난 효자·효부가 있으면 신분에 관계없이 관주의 음식을 상으로 내렸으며, 비가 오지 않는 농번기에는 기우제를 시행하여 제사의 모든 음식을 관주에서 제공함으로써 백성들의 폐단을 줄이도록 하였다.[56] 이와 같은 사례를 통해 고을민들에게 제공하였던 관주의 음식은 수령과 관아의 공적 기능을 수행하였던 중요한 매개체임을 알 수 있다.

관아의 관속들도 특별한 날에는 관주의 음식을 먹었다. 특히 복날이나 동짓날에는 빠지지 않고 관속들에게 관주에서 만든 콩죽 및 팥죽을 먹였고, 수령과 그의 부인·모친의 생일날 또는 임금 탄신일 등에 고깃국 및 국수 등을 제공하였다.[57] 이 외에도 오횡묵이 함안에서 고성으로 부임하기 전날 신관을 맞이하는 고성의 관속들이 함안을 찾아왔을 때 함안 관주에서 식사를 제공하였고, 수령이 필사筆寫를 부탁하였던 아전들에게 흰 쌀밥과 고깃국을 먹이기도 하였다.[58] 한 해의 마지막 날에는 삼반관속들에게 소고기를 나누어 주는 등 관주는 고을 백성뿐만 아니라 관아의 향리 및 관노비들에게도 중요한 공적 공간이었던 것이다.[59]

관주의 또 다른 공적 업무는 이웃 고을 지방관이 방문하였을 경우 식사를 제공하는 것이다. 오횡묵은 공적인 업무로 감사監司, 병사兵使, 통제사統制使 등을 만나러 가거나 새로운 지역의 수령으로 부임할 때 대부분의 숙식을 지나가는 고을의 관아에서 해결하였고, 이때의 식사는 관주에서 제공하였다.[60] 또한 감영·병영·통영에 도착하여 숙식하는 경우에는 해당 영주營廚의 식사를 대접받았다.[61] 반대로 지나가는 타 고을 지방관이 오횡묵이 다스리는 관아에 행차할 때에는 오횡묵이 관주에 명하여 식사를 접대하도록 하였는데, 접대하였던 지방관의 범위는 수령뿐만 아니라 막부幕府·우후虞侯·암행어사도 포함되어 있었다.[62] 관아에 들어와 식사를 제공받았던 지방관들의 행차 목적은 대부분 감영이나 통영·병영으로 가는 도중에 숙식을 해결하기 위함이었다.[63] 그 외에도 부임하여 해당 고을로 가거나 교체되어 돌아가는 길에 지나가는 관아에 들어가 숙식을 해결하기도 하였고, 향시의 시관試官으로 참석하는 수령들도 지나가는 관아에 들어가 식사를 하였다.[64] 고을에 검시檢屍 등 특정한 사건의 수사를 위해 방문한 이웃 고을 수령에게도 관주의 식사가 제공되었고, 심지어 죄를 짓고 유배 가는 옛 관원이 관아에 들어와 식사하는 경우도 있었다.[65]

관주에서는 수령의 사빈에게도, 관아의 공빈에게도 식사를 제공했던 것이다. 그러나 오횡묵의 총쇄록에서 주목되는 부분은 수령의 옛 친구

표 6. 지방관이 타 지역 관주(官廚) · 영주(營廚)의 식사를 제공받은 사례

관아 방문자	방문한 관아	방문 사유	식사제공처 표기	방문 일자
함안군수 오횡묵	통영	통제사를 만나기 위해 통영에 행차	영주(營廚)	1889. 5. 24.
	병영	병사를 만나기 위해 병영에 행차	병영(兵營)	1891. 1. 14.
	칠곡	한양에서 경상감영으로 가는 길에 칠곡관아에 행차	[공궤(供饋)]	1891. 10. 27.
	감영	감사를 만나기 위해 감영에 행차	영주(營廚)	1891. 10. 29.
	병영	병사를 만나기 위해 병영에 행차	병영(兵營)	1892. 1. 9.
	고성	통영에서 함안으로 가는 길에 고성관아에 행차	관(官)	1892. 4. 21.
	병영	병사를 만나기 위해 병영에 행차	영주(營廚)	1893. 1. 12.
고성부사 오횡묵	진해	함안에서 고성으로 부임길에 진해관아 행차	–	1893. 2. 27.
	함안	감영에서 고성 가는 길에 함안관아에 행차	관주(官廚)	1893. 4. 4.
	함안	고성에서 감영으로 가는 길에 함안관아에 행차	관주(官廚)	1894. 7. 16.
초계수령 이규환	함안	검시(檢屍)를 위해 함안관아에 행차	관청(官廳)	1889. 5. 2.
고성수령 조종직	함안	고성에서 감영으로 가는 길에 함안관아에 행차	관주(官廚)	1890. 1. 7.
통영막부 신학희	함안	통영에서 감영으로 가는 길에 함안관아에 행차	관(官)	1890. 6. 24.
고성수령 오보영	함안	고성에서 감영으로 가는 길에 함안관아에 행차	[공궤(供饋)]	1890. 7. 23.
암행어사	밀양	암행어사가 밀양관아에 행차	관청(官廳)	1890. 10. 25.
진해수령 정규찬	함안	진해로 부임길에 함안관아 행차	[공궤(供饋)]	1892. 9. 12.
진해수령 정규찬	함안	–	관(官)	1892. 10. 21.
진해수령 정규찬 · 초계수령 이교석	고성	도시(都試)의 시관(試官)으로 참석하는 길에 고성관아에 숙박	[지공(支供)]	1893. 4. 8.
사천수령 안윤명	고성	사천에서 통영 가는 길에 고성관아에 행차	–	1893. 5. 27.
통영우후 이탁응	고성	통영에서 서울 가는 길에 고성관아에 행차	–	1893. 10. 2.
사천수령	고성	–	주(廚)	1894. 3. 18.
통제사	고성	통제사가 부임길에 고성관아에 행차	관주(官廚)	1894. 3. 28.
위원 이징운	고성	삼천포에서 세미를 싣고 돌아가는 길에 행차	관수(官需)	1894. 5. 24.
판서 김문현	고성	거제도 유배길에 고성관아에 행차	–	1894. 5. 27.

가 관주의 식사를 끝내 거절하는 장면이다. 오횡묵과 젊은 시절 함께 계회契會를 하였던 10인 중 한 명인 강민식姜敏植이라는 인물이 동래에서 관료생활을 하며 함안관아를 찾아왔다. 오횡묵은 그가 방문하자 '옛 친

구 가운데 오직 한 사람만이 멀리서 나를 찾아 주니, 얼마나 기쁜 일이며 또한 얼마나 슬픈 일인가! 애오라지 그와 더불어 가슴에 쌓인 이야기를 다 나누면서 이 밤이 다하도록 나의 근심을 쏟았다'고 하였다.[66] 그는 오횡묵의 중요한 사빈이었기 때문에 수령의 명에 따라 관청에서 그를 접대하려 하였으나 강민식은 끝내 사양하였다.[67]

오횡묵의 경우에도 타 지역 관아의 음식을 먹을 때 경우에 따라 주방에서 제공한 식사를 사양하기도 하고, 밥상을 받고서 '불안不安', '심불안甚不安'이라고 표현하기도 하였다. 예를 들면 은퇴 후 거주할 땅을 물색하기 위해 상주 하리下吏 강래상姜來相의 집에 머물렀을 때, 상주수령이 그 사실을 알고서 상주의 관주에서 술과 음식을 보내자 오횡묵은 '마음이 편치 않다'고 하였고, 함안군수 시절 통제사를 만나고 돌아가는 길에 고성관아에서 숙식을 하였는데, 초면인 고성수령이 관아의 경비로 대접한다며 '매우 불안하다'고 기록하였다.[68] 전자의 경우에는 오횡묵이 공적인 업무로 상주를 방문한 것이 아니라 사적인 방문이라는 점에서 상주수령이 제공한 음식이 부담되었던 것으로 보이며, 후자의 경우에는 고성수령과 초면이라는 이유로 관아의 음식을 받고서 불안해했던 것으로 보인다. 뿐만 아니라 감사監司를 만나기 위해 감영에 들어가 영주營廚에서 제공한 식사를 한 뒤 '조석朝夕으로 영주에서 식사를 제공하는 것이 나의 분수에 불안'하다며 감영을 떠났다.[69] 이와 같이 관아를 찾아왔던 사빈과 공빈은 관주의 음식을 제공받았지만, 손님으로서 관아 재정에 누가 되지 않을까 걱정하는 마음을 갖고 있었던 것이다.

반면 관아의 수령은 그런 염치 있는 손님에게 너그러운 주인의 입장이어야 했다. 고성수령 오횡묵이 관아를 찾아온 빈객에게 관주의 술을 권하였으나 빈객이 이를 사양하자 '옛말에 관에서 처신하기를 가정과 같게 하라고 하였으니 그렇다면 여기가 나의 가정이므로 사가에서 술을 마심은 경계에 범하는 것이 아니다'며 빈객을 안심시켰다.[70] 오횡묵이 빈객의 입장으로 통영統營에 들어가 영주營廚의 음식을 거절하자 통제사는 '인정으로 제공하는 것이니 다시는 그런 말 하지 마시오'라며 오횡묵을 안심시켰다.[71] 주인과 손님의 사이에 예의염치라는 윤리의식이 존재하였음을 의미한다. 염치없는 손님이 찾아온 경우에 수령은 속으로 손님을 희롱하곤 하였다. 고성수령 조종직이 감영을 향하는 길에 함안관아에 들어와 관주에서 아침저녁을 대접받았는데, 통인이 전갈하기를 '행차 중 길에서 술병이 깨져 술이 없으니 술 좀 나누어 주시오' 하자 오횡묵은 염치없는 손님을 향해 희롱하는 시를 지었다.[72]

[1890년 1월 7일]

철성鐵城[73]에서 돌아온 객, 훗날의 유령劉伶이었다네	鐵城歸客後劉伶
취한 눈으로 흔들흔들, 강에 뜬 부평초 신세였네	醉眼搖搖江漢萍
왔을 때는 흡사 술에 옷이 절어 마음엔 가득 찬 분노뿐	來時好被麴神怒
고의로 유리 술병 깨뜨렸겠지	故墮琉璃一坐甁

관아의 주방은 기본적으로 수령의 식사를 담당하였던 곳이다. 수령이 가족과 함께 부임한 경우에는 내아內衙에 식재료를 공급하였고, 관아를 찾아온 수령의 사빈私賓에게는 술과 식사를 대접하였던 수령의 사적 공간으로서 그 색채가 짙다. 그러나 고을 백성과 관속들에게 빈번히 음식을 제공하였고, 관아를 찾아온 공빈公賓에게도 공식적으로 식사를 제공함으로써 관주의 공적 기능이 수령과 관아에 중요한 역할을 하였다. 그러나 관주의 음식이 무조건적으로 제공되었던 것은 아니었다. 관주의

음식을 대접하는 수령과 그 음식을 먹게 되는 빈객 사이에 보이지 않는 윤리의식이 내재되어 있어 예의염치가 지켜졌고, 이러한 윤리의식에 의해 지나친 접대와 소비를 견제하고 있었다.

관아의 주방, 시혜施惠의 다스림을 빚어내다

19세기 영남수령 오횡묵의 일기를 통해 타 지역 출신 수령이 관아 주방의 음식에 적응하는 과정, 관아 주방의 규모와 위치, 주방에 소속된 관속들의 구성과 역할, 관아 주방에서의 물품 관리와 기록에 대해 살펴보았다. 또한 수령의 사적 영역으로 인식되었던 관주의 공적 기능에 대해서 언급함으로써 관주의 기능에 공사公私 양면의 균형이 존재하였음을 설명하고자 하였다.

이 글에서 도출하고자 한 내용을 요약하면 다음과 같다.

첫째, 조선시대 '관청官廳'은 관아의 음식을 담당하던 건물이자 독립된 기구였음을 말하고자 하였다. 관청은 실질적으로 요리를 하는 장소였고 음식과 관련된 주방물품 및 식재료를 관리하는 기구였다. 즉 지방관아에는 관청이라는 별도의 건물이 있어 관아 내부의 식생활과 관련된 업무를 담당하였고, 관주官廚는 관청 건물의 부엌 공간을 구체적으로 표현하는 용어였던 것이다. 지금까지 역사 관련 논문에서 '관청'을 '관아'와 동일한 의미로 사용하였으나, 조선시대 '관청'은 현재의 '관청'과 의미상 차이가 있으므로 관아의 식재료를 담당하였던 '관청'이라는 용어와 '관아'는 구분하여 사용할 것을 제안한다.

두 번째는 관청색官廳色인 주리廚吏의 역할이다. 주리는 수령 및 공사빈객의 식사를 접대하는 책임자로, 수령이 고을 안팎으로 시찰 또는 유람하는 경우 수령이 있는 곳으로 밥상을 내어 갔고, 고을 밖의 단거리 유람이나 화전놀이에 직접 동행하여 현지에서 식사를 준비하였던 향리 신분이다. 또한 주리의 중요한 업무 중 하나는 관주의 물품과 장부 관리인데, 관주로 들어오는 각각의 식재료마다 작성된 기부記付와 밥상을 받은 이에게 확인의 의미로 작성되는 진지하기進支下記 등의 문서 관리, 관주에서 나가는 밥상과 식재료를 기록한 관청하기官廳下記 등의 장부 관리가 주요 업무였던 것이다.

세 번째는 관주의 공사公私 기능을 말하고자 하였다. 관주의 음식은 수령과 밀접하게 관련되어 겉으로는 지극히 사적인 성격이 강하지만, 중앙에 있었던 왕의 시혜를 지방 백성의 말단 조직에까지 베풀었던 매개체였으며 수령이 고을민과 관속들을 다스리기 위한 통치 수단으로 사용하였던 중요한 공적 기능을 가졌다. 수령은 관주의 음식을 통해 권농勸農·권학勸學 등 수령의 업무를 수행하였고 충효열을 장려하는 등 고을민들에게 적절한 보상과 격려를 함으로써 수령의 또 다른 통치방식의 일면을 보여 주었다. 또한 지나친 공사빈객의 접대는 감사의 대상이면서도 수령의 사빈이라도 야박한 접대는 수령의 역할을 다하지 못한 것으로 보았는데, 공과 사의 경계에 있었던 이러한 관주의 영역은 관주의 음식을 대하는 주빈主賓의 의식 속에 공명한 윤리의식이 내재되어 있음으로 인해 균형을 이룰 수 있었다.

【 제9장 】

지방관과 기녀妓女의 관계

이성임(규장각한국학연구원 책임연구원)

기녀는 매우 친근한 존재로 여겨지지만, 사실 기녀에 대한 본격적인 연구는 오래되지 않았다. 다양한 분야에서 접근이 이루어지고 있으나 아직 공통된 합의를 이끌어 내지 못하고 있는 실정이다. 기녀에 대해서는 역사학보다는 다른 분야에서 먼저 관심을 가졌다. 기녀가 남긴 문학작품에 대해서 국문학계의 연구가 이루어졌고,[1] 그들의 주된 업무인 음악, 무용에 대해 국악계가 관심을 가졌다.[2] 또한 의류학계는 기녀의 복식에 대한 연구를 진행하였다.[3] 풍속사와 관련해서도 호기심 어린 관찰과 자료수집의 대상이 되었다.[4] 반면에 역사학계는 기녀보다는 그 자식의 신분귀속身分歸屬 문제에 주로 주목하였고[5] 기녀 자체에 대해서는 별다른 관심을 보이지 않았다.[6]

일기를 본격적으로 활용하게 되면서 기녀에 대한 연구의 폭도 상당히 넓어졌다. 이들 연구는 두 가지 방향으로 진행되었는데, 하나는 구체적인 자료를 통한 사례 연구이고 다른 하나는 제도사적인 틀을 구성하려는 방식이다. 먼저 우인수는 『부북일기赴北日記』를 자료로 변방에 배치된 기녀와 출신군관의 관계에 주목하여 변방기녀의 위상을 규명하

였고,[7] 정연식은 춘향전을 자료로 삼아 여러 가지 문제를 도출하고자 하였다.[8]

필자는 『묵재일기默齋日記』와 『미암일기眉巖日記』를 통하여 양반관료의 성적인 상대로서 기녀제의 실상에 접근하고자 했다.[9] 또한 문숙자는 최근 간행된 『노상추일기盧尙樞日記』를 자료로 지금까지의 연구에 힘을 실어 주었다.[10] 제도사적인 측면에서 권태연은 기녀의 형성과 그녀들의 성 정체성에 주목하였고,[11] 이규리는 읍지邑誌를 활용하여 이들이 국역담당자임을 명확히 하였다.[12] 그러나 본격적인 연구는 정연식과 우인수에 의해 시작되었다. 이들은 기왕의 연구를 바탕으로 기녀제도의 제도사적인 체계를 확립하고자 하였다.[13] 다소의 견해 차이가 있지만 큰 틀에서는 생각을 같이하고 있다. 또한 최근에 국사편찬위원회에서 간행한 한국문화사에 기녀문제에 대한 개설적인 정리가 이루어졌다.[14]

기녀는 서울의 장악원에 속한 경기京妓와 지방관아에 속한 관기官妓로 구분된다. 이들은 소속기관의 차이뿐만 아니라 입역立役실태에서도 많은 차이를 보이고 있다. 그러나 이들의 구체적인 입역 실태에 대해서는 밝혀진 바가 거의 없다. 이에 이 글에서는 『묵재일기』(1535. 11.~1567. 2.)와 『미암일기』(1567. 10.~1577. 5.)를 통하여 관기의 입역 실태와 기녀제 운용의 실상에 접근해 보고자 한다. 이들 일기는 16세기 관기의 운용실태를 구체적으로 전해 주고 있다.

『묵재일기』에서는 이문건(李文楗, 1494~1567)이 성주로 유배되어 생활하던 시기 성주 관기의 입역체계를 확인할 수 있고, 『미암일기』에서는 유희춘(柳希春, 1513~1577)이 전라감사를 지내는 동안(1571. 2.~10.) 이 지역 관기의 입역실태를 파악할 수 있다. 아울러 김인택金仁澤의 『대정현아중일기大靜縣衙中日記』(1817. 3.~1818. 3.)[15]를 활용하기로 한다. 이 일기는 지방관이 쓴 것으로 여기에서 방기房妓의 모습을 확인할 수 있다. 그러나 이들 자료도 어디까지나 양반 남성의 입장에서 서술되어 있어 기녀의 내면을 심도 있게 읽어 내지는 못하고 있다.

관기官妓의 역할

지방관아의 여악女樂 업무

기녀의 대표적인 업무 중의 하나가 여악女樂으로서 연회에서 춤추고 노래하여 흥을 돋우는 것이다. 일반적으로 관기는 중국, 일본, 야인의 사신이 오가는 길의 손님접대잔치에 동원되고 있었다. 물론 조선의 사신이 중국이나 일본으로 가는 경우에도 마찬가지였다. 또한 왕이 순행할 때에는 교방가요敎坊歌謠를 열어 어가御駕를 환영했고, 지방관아에서 베푸는 연회에서도 가무와 악기연주를 담당했다.[16]

이러한 모습은 『묵재일기』와 『미암일기』를 통해 확인할 수 있다. 유희춘은 1571년(선조 4) 2월 4일부터 같은 해 10월 14일까지 전라도관찰사를 역임하였다. 그가 전라도관찰사로 임명된 것은 2월 4일이지만 본격적인 업무는 3월 21일부터 시작되었다. 당시 전라도관찰사는 감영이 위치한 전주에서 해야 할 업무도 있었지만, 인근 군현을 순행巡行하면서 처리해야 할 업무의 비중이 높았다.

『미암일기』에는 관찰사인 유희춘이 주관하는 연회가 많지 않다. 관찰사는 전라도 전 지역을 순행하여 감영에서 연회를 베풀 기회가 별로 없었다. 그러나 『명종실록』을 봉안 할 때에는 관찰사 주도로 연회가 벌어졌다. 실록의 완성은 선대왕先代王의 위업을 완성했다는 의미를 지니고 있어, 관련자에게 은혜와 포상을 내리는 것이 일반적이었다. 실록을 봉안 할 때는 사고지에서 성대한 연회를 베풀어 축하하였다. 『명종실록』의 봉안시기가 흉년이 들고 춘궁기와 겹쳐 뒤로 미루자는 논의도 있었다.[17] 그러나 『명종실록』의 봉안은 원래대로 진행되었다. 다만 선조宣祖는 봉안사가 내려갔을 때 관찰사를 비롯한 병사·수사가 한자리에 모여 연회를 베풀지 말라는 유지有旨를 내렸다.[18]

그러나 봉안사 일행이 전주에 도착하자 상황은 달라졌다. 이곳에서는 며칠에 걸쳐 술과 고기를 마련하고 기녀들을 한데 모아 성대한 연회를 베풀었다.[19] 연회가 오랫동안 지속되어 연회 주관자들이 피곤에 지쳐 나가떨어질 지경이었다.[20] 여기에 전주기 옥경아玉瓊兒와 준향峻香도 참석하였다. 옥경아는 유희춘의 정인情人이 된 기녀이며, 준향은 이 일을 계기로 박순朴淳의 기첩妓妾이 된 여성이다. 연회 뒤에는 참석 기녀에게 선물을 지급하는 것이 하나의 관행이었다. 봉안사 박순朴淳은 유희춘이 아끼는 옥경아가 신채神采와 가창歌唱이 뛰어나다며 장지壯紙 30장을 지급하였다.[21]

『묵재일기』에는 성주목사나 판관이 주관하는 연회가 적지 않게 확인된다. 이때마다 이문건은 손님으로 참석하여 기녀들의 접대를 받았다. 봄이면 꽃놀이, 가을이면 단풍놀이가 정기적으로 개최되었고, 이 외에도 여러 가지 명목으로 연회가 베풀어졌다. 1554년(명종 9) 11월 대둔사에서는 상주목사가 주도하는 방회榜會가 열렸다. 방회란 과거 급제자들의 동기모임이다. 이문건은 1528년(중종 23) 문과에 급제하는데, 송순(宋純, 1493~1582)·송희규(宋希圭, 1494~1558)·허백기(許伯琦, 1493~?)·조성(趙晟, 1492~1555) 등이 동방同榜이었다.

주지하듯이 초시初試나 문과文科의 동방同榜은 양반관료가 인적인 관계를 확대하는 계기가 된다. 이들은 정기적인 모임을 통해 서로 간의 유대와 결속을 강화하였다. 1555년(명종 9) 방회에도 여러 사람이 모여 즐거움을 만끽하고, 이후 기녀를 배정받아 잠자리를 같이하였다. 방회를 마친 이문건은 기녀 향약香藥과 함께하려 하였으나 장원壯元의 명에 의하여 상주 기녀와 동침하게 된다. 상주목사는 이문건에게 보다 아름다운 기녀를 선택해 주었던 것이다. 이러한 방회의 일정은 대체로 과거에 급제한 장원이 주도하게 되어, 그의 말을 따르지 않을 수 없었다. 결국 밤새 기를 손상한 이문건은 다음 날 아침 코피를 흘리고 만다.[22]

또한 양반들이 주관하는 개인적인 연회에도 기녀妓女와 악공樂工이 참석하였다. 지방관이 주관하지 않더라도 관아에 기녀를 요청하는 단자單子를 보내 허락을 얻으면 기녀가 연회에 참석하는 것이 가능하였다. 이들은 지방관의 허락하에 참석하므로 문제될 것이 없었다. 이들이 양반가에서 흥을 돋우는 것도 역役을 지는 과정이었던 것이다.

지방관의 잠자리 시중

양반관료가 기생을 쉽게 접할 수 있는 시기는 지방관으로 부임했을 때였다. 조선시대에 함경도와 평안도를 제외한 나머지 지역은 가족을 거느리고 부임할 수 있었다. 그러나 가족을 데리고 가는 것은 선택사항이지 필수조건은 아니었다. 게다가 조선후기로 갈수록 지방관의 임기가 짧아져 가족을 동반할 가능성은 더욱 줄어들었다.

조선시대 수령과 관기와의 성적인 관계는 '관리숙창률官吏宿娼律'에 따라 다스려졌다. 관리숙창률이란 『대명률』의 '관리가 창기와 잠을 잔 경우는 장 60대이다凡官吏宿娼者 杖六十' 라는 율령에서 연유한 것이다. 즉 창기와 잠을 잔 관리는 장杖 60에 처한다는 것으로 이는 관리의 자손에게도 똑같이 적용되었다.[23] 여기서 말하는 관리란 기녀가 속한 지방관아의 관리를 의미한다. 그러면 실제의 상황은 어떠할까.

유희춘이 전라감사로 있었던 기간은 1571년(선조 4) 2월 4일부터 같은 해 10월 15일까지였다. 당시 유희춘 일가는 담양에 거주하고 있어 굳이 부인과 함께 갈 생각을 하지 않았다. 그러므로 이는 가족을 거느리지 않고 부임한 사례에 속한다고 하겠다. 전라감영이 전주에 있기는 하지만, 관찰사가 항상 이곳에 머무르는 것은 아니었다. 순행하는 곳에 따라 잠자리는 바뀌게 마련이었다. 다음은 『미암일기』에서 확인되는 유희춘의 방기 현황이다.

표 1. 전라도관찰사 유희춘의 방기(房妓) 현황

연월일	기생명	유숙군현	기타
1571. 3. 26.	막개(莫介)	전주	
3. 27.	천침기(薦枕妓) 소홍장(笑紅粧)	남원	분합창(分合窓)으로 물리침
5. 21.	천침기(薦枕妓) 응로화(凝露花) 운계(雲髻)	광주	
5. 25.	자운산(紫雲仙)	전주	직숙을 했으나 가까이하지 않음
7. 2.	자비기(差備妓) 오수역		
7. 27.	응노화(凝露花)	광주	연(燕)은 가까이하지 않고 물러감
9. 6.	옥경아(玉瓊兒)·시아(侍兒)	전주	
9. 16.	시아(侍兒)·옥경아(玉瓊兒)	전주	시아(侍兒)의 꿈이 길몽
9. 27.	시아(侍兒)·연(燕)?	광주	
10. 18.	행수기 나을진(羅乙眞)·막개(莫介) 옥경아(玉瓊兒)?	전주	가까이하지 않음

유희춘은 이들을 방기房妓·천침기薦枕妓·창기娼妓·차비差備·시아侍兒 등으로 부르고 있다. 방기·천침기·창기는 시침을 드는 관기를 일컫는

것이고, 차비差備는 역을 지는 관비를 이르는 것이다. 시아는 단순히 시중드는 아이라는 뜻이다. 이들을 부르는 방식이 서로 다르다 하여 담당하는 역이 달라지는 것은 아니다.

위 표를 통해 알 수 있듯이 한 명의 기녀가 시침을 드는 것이 일반적이지만, 두 명이 한꺼번에 들기도 하였다. 사실 한 명이든 두 명이든 이는 문제되지 않았다. 이는 지방관의 객고를 풀어주기 위한 국가의 정책적인 배려였다. 그러나 이들 지방관들도 국기일國忌日이나[24] 선대의 기일忌日에는[25] 방기房妓를 가까이하지 않았다.

소홍장笑紅粧·응로화凝露花·연燕·응로향凝露香·옥경아玉瓊兒 등이 유희춘의 방기였다. 나이 탓인지 모르겠으나(당시 59세) 유희춘의 동침상황은 빈번하지 못하다. 17세기 출신군관인 박취문朴就文은 『부북일기赴北日記』에 그가 회령에서 부방생활을 하는 동안 동침한 여성에 대해 기록하고 있는데, 그의 동침상황은 유희춘보다 훨씬 빈번하였다.[26]

유희춘은 관리숙창률의 저촉여부를 명확히 하기 힘들다. 유희춘이 전라도관찰사로 시침을 받은 것이라고 보면 관리숙창률에 저촉되지만, 각 군현의 입장에서는 관찰사도 군현을 방문한 손님이기 때문이다.

그러면 제주 대정현의 사례를 보기로 한다. 『대정현아중일기』에 의하면 김인택은 1817년(순조 17) 3월 30일 대정현감에 제수되어 5월 29일에 대정현에 도착하고 있다. 일기에는 김인택의 방기로 영산월瀛山月과 동정월洞庭月이 등장하고 있다. 영산월은 대정현의 관기官妓이고, 동정월은 제주목 향리의 딸이다. 기녀가 지방관의 방기로 차정되면, 이들의 관계는 상당기간 지속되었다. 우선 영산월瀛山月의 경우를 살펴보기로 한다. 그녀는 1817년(순조 17) 6월 대정현감의 방기房妓로 정해져[27] 3개월 동안 방기생활을 하였다. 그러나 김인택은 영산월을 흡족하게 생각하지 않았다. 그는 영산월이 방자하다 하는가 하면[28] 책실冊室에게 욕을 했다는 죄목으로 쫓아내기에 이른다.[29] 영산월은 수령과의 관계를 이용하여 관아의 일에 일정하게 영향력을 행사하였다. 만일 이러한 일이 없었다면 이들의 관계는 더 지속되었을 것이다.

이후 김인택은 동정월洞庭月을 방비房婢로 삼는다. 동정월은 제주목 소속으로 김인택이 이곳을 방문했을 때[30] 알게 된 사이였다.[31] 당시 동정월은 21세로 향리 김광룡金光龍의 딸이었다.[32] 영산월은 향리와 관비의 소생이었을 것으로 보인다. 어쨌든 동정월이 마음에 들었던 김인택은 말과 사람을 제주목에 보내어 그녀를 데려다 방비房婢로 삼았다.[33] 물론 제주는 육지에서 거리가 멀고 지역도 험난하여 가족들을 데리고 부임하기 어려운 곳이다. 그러나 대정현감이 영산월을 방기로 삼은 것은 자신의 군현에 소속된 기녀를 취한 경우에 해당되어 '관리숙창률官吏宿娼律'에 저촉된다고 하겠다. 그러나 일기에는 이와 관련된 언급이 전혀 없다. 결국 기녀가 지방관의 잠자리 시중을 드는 것은 이미 일상화된 현상이었다.

지방관과 기녀의 사랑

전라도에는 유희춘과 특별한 인연이 있는 관기들이 적지 않다. 유희춘이 이 지역 출신일 뿐만 아니라 이전에 무장현감을 지낸 적도 있었기 때문이다. 전주기 옥부용과 보천寶泉은 1542년(중종 37) 시강원 설서 때 알던 인물이고,[34] 소비연은 무장현감 당시 시중을 들던 차비差備[방기房妓]였다. 유희춘이 이들을 불러 옛이야기를 나누자 도사 성세평成世平과 광주목사는 이들이 유희춘이 옛 차비였음을 알고 선물을 지급하였다.[35]

유희춘은 전라감사 시절 광주기 연燕과 전주기 옥경아玉瓊兒를 특별히 아꼈다. 먼저 연과의 관계부터 보기로 한다. 유희춘이 연을 어느 정도로 가까이하였는지는 알 수 없다. 연은 광주관아 소속으로 유희춘이 광주에 유숙할 때 시침을 들었다. 유희춘이 연과 입을 맞추는 꿈을 꾸었던[36] 것으로 보아 이들의 관계도 상당히 친밀했음을 알 수 있다. 연도 유희춘을 특별하게 여겨 이임할 즈음에 언문편지를 보내 자신의 마음을 표현하였다.[37]

그러나 유희춘이 전라감사 시절 가장 아끼던 기녀는 역시 옥경아였다. 그녀는 전주관아 소속으로 나이는 33세였다.[38] 그녀는 용모가 뛰어나고 노래도 잘하였다.[39] 그러나 옥경아와 유희춘이 전라감사 때 처음으로 만난 것은 아니었다. 유희춘이 귀향 당시 두어 차례 만난 적이 있었다. 1570년(선조 34) 정월 상경하는 도중 한 번 본 적이 있으며, 같은 해 11월 귀향하던 길에도 만났다.[40] 유희춘은 옥경아에 대해 상당한 호감을 가지고 있었다. 그러다가 1571년(선조 4) 2월 유희춘이 전라감사로 부임하게 되면서 두 사람은 급속하게 친밀해졌다.

1571년(선조 4) 5월 실록봉안사 박순이 전주에 내려와 유희춘이 옥경아를 아낀다는 소리를 듣고, 평생 여색女色을 가까이하는 일이 드물었는데 어찌 옥경아를 아끼게 되었느냐면서 그녀에게 선물을 지급하기도 하였다.[41]

옥경아는 전라감사 시절 유희춘의 성적 대상이며 사랑하는 정인情人이었다. 유희춘이 전주에 도착하면 시침을 들었으며[42] 유희춘이 지은 헌근가獻芹歌를 부르기도 하였다.[43] 또한 유희춘은 '옥경玉瓊'이라는 이름자로 시를 짓기도 하였다.[44] 시의 내용을 통해서도 유희춘이 옥경아를 어느 정도 사랑했는지 알 수 있다.

이 소식은 담양에 있는 부인에게도 전해지게 되었다. 남편이 전주기 옥경아를 아낀다는 사실을 알게 된 부인은 중국 고사를 동원하여 남편에게 빨리 돌아오라는 뜻을 전하였다. 그녀는 “월녀越女가 한 번 웃음에 삼 년을 머물렀다는데[45] 당신이 사직하고 오기가 어찌 쉽겠소.”라며[46] 남편을 비아냥거렸다. 이는 춘추시대 초장왕楚莊王의 고사를 읊은 유생劉生의 시구절로 유희춘을 초장왕에, 옥경아를 월녀에 비유한 것이다. 그러자 유희춘은 ‘월녀의 웃음 한 번에 3년을 머물렀다고[초장왕楚莊王의 고사] 한창려韓昌黎가 유사명劉師命을 기롱譏弄하였지만, 평생 정주程朱의 문에 들기를 원하는 사람이 어찌 동문 쪽으로 잘못 향할 리가 있는가?’[47] 하면서 염려 말라고 하였다.

유희춘은 관기와의 관계를 ‘꽃구경’에 비유하였다. 실제 이들의 관계는 일시적이어서 지방관의 교체와 함께 끝나기 마련이었다. 이들은 지방관아 소속의 관기였으므로 원칙적으로 관내를 벗어날 수가 없었기 때문이다.

그러나 당시 양반사회에서는 자신이 아끼던 기녀를 데려다 첩으로 삼는 행위[솔휵率畜]가 상당히 만연하였다. 따라서 실록에는 지방관이 작첩한 관기를 환본還本시키는 기록이 적지 않다. 또한 당시 지방관 사이에서는 전임관이 아끼던 기녀를 잘 보살펴 주는 것이 하나의 관행으로 정착되었다. 유희춘이 공주에 도착하였을 때 충청감사는 전 감사 박소립朴素立의 기妓 동산월東山月의 구휼을 부탁하고 있다. 그러자 목사는 즉시 동산월의 사역을 면제시키고, 그녀에게 필요한 양식을 지급하였다.[48] 앞에서도 살펴본 바와 같이 전라도사 성세평이나 광주목사가 유희춘이 아끼던 기녀에게 물품을 지급하고 그녀가 연회에 나가지 않도록 조치하고, 유희춘이 박순이 아끼던 준향이를 돌보아 주는 것도 같은 이유에서였다.

유희춘은 1571년(선조 4) 10월 14일 대사헌이 되어 상경하게 된다. 이제 옥경아와 이별할 날도 얼마 남지 않았다. 전주부윤 남궁침南宮忱은 유희춘에게 옥경아를 데리고 갈 것을 권장했다. 옥경아를 경기의 봉족奉足으로 차정하면 가능한 일이었다. 그러나 유희춘은 남궁침이 대간들이 어느 정도 기녀를 용납하지 않는가를 몰라서 한 일이라며 옥경아에게 돌아갈 것을 명한다. 다만 삼례역參禮驛에서 배알하는 것은 괜찮다고 하였다.[49] 전라도관찰사의 이임이 삼례역에서 이루어지기 때문이다. 유희춘은 옥경아를 사랑하지만 데려다 첩을 삼을 생각은 없었다. 그는 20여 년의 유배생활 이후 다시 관직에 나아간 처지여서 혹 이러한 행위가 포폄褒貶에 반영될까 걱정이었다. 더구나 그에게는 부인 송덕봉宋德峰 이외에 종성에서 취첩한 구질덕仇叱德이 있어 다시 첩을 얻기는 어려웠던 것이다. 이날 유희춘과 옥경아는 같이 잠자리에 들었으나 이별할 마음에 서로 가까이하지 못했다.[50] 이 날 전라도사는 옥경아가 그동안 유희춘을 정성스럽게 모신 것을 치하하며 선물을 내린다.[51] 전라도사 노직盧稙은 유희춘에게 그가 재임하는 동안에는 옥경아가 연회에 나가지 않도록 하겠다는 뜻을 전한다.[52] 이는 떠나가는 상관의 마음을 편안케 해 주기 위한 예우였던 것이다. 이후 전주에 남은 옥경아는 상경한 유희춘에게 몇 차례 편지를 보내는 것으로 자신의 마음을 전할 수밖에 없었다.[53]

기녀가 살아가는 모습

최하층 국역國役 담당자

기녀라 하면 일반적으로 조선시대에 춤추고 노래하고 때로는 성을 제공하는 여성들로 인식된다. 또 다른 한편에서는 남성에 상응할 만한 뛰

그림 1. 후원유연(後園遊宴) 부분 프랑스 기메박물관 소장

어난 시문詩文을 남기고, 국가의 위기에 몸을 바친 애국심이 뛰어난 여성으로 묘사되기도 한다. 그러나 이는 기녀의 가장 중요한 측면을 간과한 것이다. 즉, 기녀는 조선의 국역체계國役體系 속에서 역役을 지던 국역國役 담당자였다. 이들은 국역의 수행 과정에서 시문도 남기고, 왜장을 만나고, 자신의 사랑 이야기를 겉으로 드러낼 수 있었다. 이들 기녀는 사적인 존재가 아니라 기적妓籍[관안官案]에 등록되어 국역에 편성된 공적인 존재이다.[54] 기녀는 관비로서 국역을 담당하는 최하층 여성인 동시에, 최고의 예능인이라는 양면성을 지닌 존재였다.

먼저 기녀의 종류와 규모부터 살펴보기로 한다. 기녀는 관비官婢의 일종으로 기예(가무, 가곡, 악기)를 익혀 내연에 참석하여 여악女樂을 담당한 예능인이었다. 여악을 통해 활기를 화창하게 하고 정신을 안정시키는 것이[55] 이들의 주요 임무였다. 기녀는 장악원 소속인가 아니면 지방관아 소속인가에 따라 경기京妓와 관기官妓로 구분된다. 역사학 분야에서도 기녀의 분류에 대해서 이론이 있다. 이규리는 경기京妓와 외방기外方妓로 구분하고, 정연식은 경기京妓와 관기官妓[관기官妓, 영기營妓]로 구분하는가 하면 우인수는 경기京妓와 향기鄕妓로 구분하고 있다.[56]

그러나 이들이 기본적으로 국역자라는 측면에서 그들의 소속처에 따라 구분하는 것이 타당하다고 여겨진다. 즉 여기서는 서울의 장악원에 소속된 기녀를 경기京妓로 하고 영진營鎭을 비롯한 지방군현地方郡縣에 속한 기녀를 관기官妓로 규정하기로 한다. 이 외에 선상기選上妓는 국가적인 행사가 있을 때 관기 중에서 뽑아 올리는 것이다. 기녀를 관기官妓, 가기家妓, 사기私妓로 구분하는 경우도 있다.[57] 즉 관기는 관에 소속된 기녀로, 가기는 개인 집에서 기녀 역할을 담당하는 가비家婢로, 사기私妓는 관에 소속되지 않고 사사로이 영업활동을 하는 기녀妓女로 파악하고 있다.

가기는 개인에게 속한 가비로서 부유한 양반집에서 재주가 많고 외모가 뛰어난 계집종들에게 노래와 춤을 익히게 하여 양성한 기녀로, 때로는 주인의 명에 따라 외간 남자들에게 수청을 들었던 여인들이기도 하다. 물론 양반집에서 계집종들에게 가무를 익히게 한 경우도 보이고, 드물게는 지위가 높은 존장尊丈에게 잠자리 시중을 들게 하는 경우도 확인된다.[58] 그러나 이들은 기녀와 유사한 역을 담당하던 하층민일 뿐 국역을 담당하는 기녀妓女일 수는 없는 것이다. 기녀는 국역의 수취를 위하여 기안妓案에 등재하는 것이 원칙이다.

기녀의 규모는 국가의 여악정책女樂政策 변화와 유교화의 심화 정도에 따라 차이를 보이게 된다. 세종 때 의정부에서는 경기를 125명에서 100명으로 감축하라는 계문을 올렸다.[59] 그러나 연산군 때에는 장악원 소속의 기생을 본래 숫자의 배인 300명으로 하라는 전교가 내려졌다.[60] 이로 보아 경기의 본래 규모는 125명 정도였다가 세종대 100명으로 줄었고, 세종에서 성종년간에 다시 150명으로 증가되었음을 알 수 있다. 연산군대에는 300명을 유지하다가 중종대에 들어 기녀에 대한 대대적인 축소를 단행하여, 1510년(중종 5)에는 150명이던 경기를 70명으로 제한하였다.[61] 이후에 다시 기녀제가 복구되지만, 1623년(인조 1) 반정을 통해 인조가 등극하면서 광해군대의 기악妓樂이 정면으로 비판받아 경기京妓의 혁파가 단행되었다.[62] 이로서 경기와 관기로 존재하던 기녀가 지방관아 소속의 관기官妓만이 남게 되었다.

지방관아 소속의 관기官妓는 병·수·감영에 속한 영기營妓와 지방관아 소속의 관기官妓로 구분되는데, 이들의 규모는 정확히 파악하기 어렵다. 다만 평안도 영변부가 거진巨鎭으로 기녀 60명을 두었고[63] 유희춘이 전라감사로 부임하기 위해 공주에 도착하였을 때 창기娼妓 15~16명이 정

그림 2. 안릉신영도(安陵新迎圖) 부분 국립중앙박물관 소장

자선까지 마중 나왔다는 것으로 보아[64] 16세기에는 20~60명 내외였을 것으로 짐작된다. 관기의 규모는 지역별로 편차가 심하며 18세기에 상당한 규모를 유지하던 관기는 19세기에 축소되고 있었다.[65]

기녀의 충원방식에 대해서도 이론이 분분하다. 국문학과 역사학 분야의 견해가 다르며, 역사학 분야에서도 이론異論이 있다. 그러나 일반적으로 전쟁노예로서의 기녀, 적몰籍沒에 의한 기녀, 간통으로 인한 형벌기녀로 구분하는 방식은[66] 설득력이 떨어진다. 전쟁이나 적몰, 형벌 등의 방식으로 기녀를 안정적으로 충원하기 어렵기 때문이다.

기녀는 관비 중에서 자색姿色과 재예才藝를 기준으로 선발하는 것이 원칙이었다. 그러므로 관기는 기본적으로 관노비의 일종이라고 하겠다. 관비는 종모법從母法의 원리에 따라 어미의 역을 계승하였고, 관비 중에서 기녀를 충당하였다고 보아야 한다. 이는 기녀와 종친의 사이에서 태어난 가야령伽倻令 천종千終의 상서문上書文을 통해 확인할 수 있

다.[67] 그는 종친과 승천금勝千金의 소생으로 종친의 얼자라는 특성으로 인하여 종친이 되었음에도 자신의 어미인 여기女妓 승천금勝千金이 여전히 입역하는 것에 대해 불편함을 논하면서, 기녀는 자색과 재예가 있는 자를 골라서 뽑아 올린다는 점을 분명히 하고 있다. 현존하는 '관노기비안官奴妓婢案'에는 관노질官奴秩, 기생질妓生秩, 수급비질水汲婢秩의 순서로 등재하고 있다. 이들 기녀의 명부는 일반적으로 관안官案으로 불리며 흔히 이야기하는 기적妓籍이 관안을 의미한다고 하겠다. 국가에서는 기녀안妓女案에 오른 경기京妓의 신상에 관하여 수시로 점검하였는데, 구체적으로 그들이 어느 지역에서 거주하며 누구와 혼인하였는가 하는 것이었다.[68]

이들은 국가의 공물公物로서[69] 일정한 역을 담당하였는데, 이를 기역妓役이라 한다. 기역을 담당하는 시기는 명확하지 않으나 16세에 시작하여 50세까지였을 것으로 생각된다.[70] 이는 가야령 천종의 상서문 중에 '서울의 기녀妓女는 나이가 50에 차면 역役을 면한다'는 사실을 통해 확인되며,[71] 또 법전에도 명문화되었다.[72] 조선시대 일반 양인이나 관노비의 입역기간이 16~60세라는 사실을 염두에 둘 때 이들 관기의 입역기간은 10년 정도 짧은 것이다.

관기가 역役을 지는 모습

기녀는 관기 중에서 자색姿色과 재예才藝를 기준으로 뽑힌 자들로 16~50세까지 역을 지게 된다. 이들은 어떠한 방식으로 역을 담당하는 것일까. 지금까지 이러한 문제에 대해서는 거의 알려진 바가 없다. 기녀의 입역체계는 관노비의 입역체계와 관련시켜 설명할 수 있다. 그리고 관찰사나 수령들이 자신들이 재임기간 동안 아끼던 기녀를 데려다 첩으로 삼는 솔휵率蓄행위가 상당히 만연하였고[73] 구체적으로는 경기京妓의 봉족奉足으로 삼았다. 이는 『미암일기』를 통해 확인된다. 선조 4년(1571) 7월 유희춘이 전라감사로 재임하는 동안 유희춘을 힘써 도왔던 전라도사 성세평成世平이 이임離任하게 되었다. 성세평은 자신이 그동안 아끼던 남원기南原妓 안춘安春을 데려가고자 하였다. 이에 유희춘은 남원관아에 사통私通을 넣어 안춘을 경기의 봉족에 차정하라는 조치를 취해 주었다.[74] 이어 남원판관을 만난 자리에서 안춘을 속신시키는 일에 대해 다시 한 번 거론하고 있다.[75] 즉 합법적인 방식은 아니었지만 관기를 일시적으로나마 역에서 제외시킬 수 있는 방식은 경기의 봉족으로 차정하는 것이었다. 이를 통해 경기京妓의 경우 봉족이 지원되고 있음을 알 수 있다.

경기京妓는 실제 입번하는 기녀와 이를 지원하는 봉족이 하나의 조를 구성하여 교대로 입역하고 있었다. 이들의 입역방식은 16세기 중앙 관서에 속한 시노비寺奴婢의 입역실태에서 시사점을 얻을 수 있다. 시노비

寺奴婢의 경우 3인 1조가 되어 3월에서 8월(하절기), 9월에서 다음 해 2월(동절기)까지 6개월씩 입번하고 있었다. 삼번육삭상체三番六朔相遞[76]라 하며 한 사람이 6개월 동안 번番을 서면 12개월은 비번非番으로 자유롭게 생활할 수 있었다. 이에 의하면 경기도 6개월은 기역妓役을 담당하고 비번인 12개월 동안에는 자유롭게 개인이 영업을 하는 것도 가능하였다. 다만 지방관아에 속한 관기도 이러한 방식에 의해 운영되었는지는 알 수 없다. 그러나 『묵재일기』에서는 기가妓家의 존재가 확인된다. 이문건이 성주에서 유배생활을 하는 동안 조카의 아들 노성老成은 종조從祖인 이문건에게 수학하기 위해 성주로 내려와 있었다. 1553년(명종 8) 2월 노성이 기가妓家에서 몰래 자고 새벽에 들어왔다는 사실을 알게 된 이문건은 노성을 그의 향리鄕里인 여주로 돌려보내야겠다고 생각한다.[77] 즉 노성이 기가妓家에서 자고 들어왔다는 사실로 미루어 16세기에 성주에도 기생이 사설 영업을 하던 기가妓家가 존재하였음을 알 수 있다. 그러나 이것이 어느 정도 보편화되었는지는 의문이다.

그러면 이들은 몇 살부터 국역을 담당하는 것일까. 일반 양인이나 관노비가 16세부터 역을 지는 것으로 알려져 있다. 『묵재일기』에는 어린 기녀인 동기童妓가 등장하는데, 이는 입역하기 이전의 기녀라고 여겨진다.[78] 기녀의 선발 시기는 알 수 없지만, 대개 16세 이전에 선발하여 교육을 시켰을 것이다. 이들의 교육은 지방관아의 교방敎房에서 담당하는데,[79] 여기서는 기녀의 교육뿐만 아니라 이들과 관련된 업무를 처리하였다. 기녀 중에서 우두머리를 행수기行首妓라고 하였다. 행수기는 기녀의 대표격으로 문제를 해결하는 창구역할을 담당하였다. 새해 첫날 행수기는 성주지역의 유력자 이문건에게 세배를 갔으며,[80] 이문건과 종대終代의 문제가 벌어지자 이를 직접 해결하였다.[81]

이들 기녀는 관기가 되면서 기명妓名을 부여받게 된다. 이러한 문제에 처음으로 의문을 가진 연구자는 정연식이다.[82] 그는 『춘향전春香傳』을 분석하면서 여염집 여자라면 춘향春香이란 화려한 이름을 짓지 않았을 것이라 하였다. 이어 이러한 이름은 아명兒名이 아니라 어느 정도 자란 뒤에 붙여진 이름일 것이라고 추정하였다. 기녀의 이름은 전반적으로 매우 화려할 뿐만 아니라 성적인 측면을 강조하고 있다. 이와 관련해서는 『미암일기』가 단서가 될 것으로 보인다. 유희춘이 전라감사를 지내는 동안 방기房妓로 소홍장·웅로화·웅로향·자운선·연·옥경아·소비연·나을진 등이 차정되었다. 유희춘은 이들 기녀를 향명鄕名과 기명妓名을 섞어서 부르고 있다. 웅로화의 향명은 운애雲靄이고, 옥경아는 막개莫介였으며, 소비연笑飛燕은 숙지叔只인 것으로 확인된다.[83] 즉 이들은 기녀가 되면서 초명인 향명鄕名 이외에 예명인 기명妓名을 부여받았다.

기녀는 혼인을 할 뿐만 아니라 자식을 낳기도 하였다. 기녀의 남편인 기부妓夫는 기녀의 정재呈才와 관련된 업무를 담당하였다. 기녀의 복장을 점검하여 기부妓夫를 처벌하기도 하였다.[84] 그러나 기녀가 역을 지속적으로 담당하는 이상 이들의 혼인은 불안정할 수밖에 없었다. 기녀의 지아비는 완전한 지아비가 아니고 자녀를 낳더라도 보통 사람과 같이 애양愛養하지 않았다고 한 것도[85] 이러한 데에서 연유한 것이다. 창기는 정해진 남편 없이 동가숙 서가식 하는데, 임신을 하게 되면 소생의 종량從良을 위해 스스로 아비를 선택할 수 있다고도 하였다. 그러므로 종친宗親과 기녀妓女 소생의 종량從良도 기녀를 집으로 데려와 낳은 경우에 한정하고 있다.[86]

기녀가 상대하는 계층이 양반임에도 불구하고 이들은 사회적으로 매우 천시되었다. 이들은 사람의 류類가 아니라고 하는가 하면 노류장화路

柳墻花라 하여 누구나 쉽게 취할 수 있다고 여겼다.[87] 또한 이들의 행색을 가르켜 잔치를 할 때면 분을 사용하여 얼굴을 두껍게 바르니 그 모양이 마치 가면을 쓴 것과 같다고 하였다.[88]

기녀의 혼인을 가리켜 '상계上笄'라 하였다. 『묵재일기』에는 이문건과 관계가 깊은 종대終代가 자주 등장한다. 그녀는 성주관아의 기녀로 이문건의 집잔執盞·행주行酒를 전담하였으며, 이문건 부인이 집을 지으러 간 사이 관계가 더욱 발전하였다. 이에 부인 안동 김씨는 5~6개월 동안 밥도 먹지 않고 투기하다가 마침내 병을 얻게 되었다.[89] 이에 하는 수 없이 이문건은 행수기인 의침향倚沈(枕)香을[90] 불러 종대가 이문건의 시중을 들지 못하도록 하였다.[91] 그러자 비위가 상한 의침향은 종대가 일찍이 황참군黃參軍과 '상계上笄'하여 이문건을 집잔할 수 없다는 뜻을 전하였다.[92] 여기서 계笄는 여자가 성인이 되어 머리를 올린다는 의미로, 결국 종대가 황참군과 혼인을 하였다는 의미로 해석된다. 이들 기녀에게 혼인이 어떠한 의미를 갖는 것인지, 또한 혼인이 기녀의 입역과 어떠한 관련을 갖는지는 알 수 없다. 그러나 종대는 머리를 올린 후에도 지속적으로 역을 담당하였다.

『묵재일기』에는 관비를 '급비汲婢'로,[93] 관기는 '풍류비風流婢'로 칭하고 있다.[94] 급비는 수급水汲과 같은 뜻으로 이는 우리말로 '무자이'라고 부르는데, 이는 물을 긷는다는 뜻으로 오해되기 쉽다. 그러나 사실은 '무자이'는 물을 긷는다는 뜻이 아니라 '수척水尺'에 해당하는 말로서 기녀가 수척에서 유래되었다는 사실을 시사하는 것이다.[95] 풍류비란 그야말로 '멋스럽고 풍치 있게 노는 비'란 의미로 기녀가 담당하는 일을 가리키는 것이다.

이 외에 주모酒母의 모습도 확인된다. 1553년(명종 8) 7월 기생 숙지叔之

는 이문건을 찾아와 그의 어미가 늙었으니 마땅히 주모에 차정되지 않게 해 달라고 청하고 있다.[96] 숙지가 기녀이므로 그녀의 어미도 관비일 가능성이 높다. 그러므로 주모는 관비가 담당하는 역의 일종일 것이다.

이들 관비와 관기는 그들이 담당하는 기능과 역할에 넘나듦이 있다. 관기가 관비에서 선발된다는 사실에서 알 수 있듯이 관기와 관비의 역할 분담은 절대적이지 않았고, 그 경계선도 분명하지 않았다. 관기가 모자라면 관비가 관기의 역할을 대신했고, 관비가 모자라면 관기로 관비의 역할을 대신하였다.[97] 이는 17세기의 『부북일기赴北日記』를 통해 확인할 수 있다. 군관이 변방에서 근무할 때 현지에서 방직기나 방직비를 배정받았다. 관기를 배정하는 것이 원칙이지만 여의치 못하면 사비私婢를 배정하기도 하였다.[98]

관기와 관비가 혼용되기는 하나, 이들 사이에도 일정한 위계가 존재하였다. 즉 기생이 잘못이 있으면 관비로 강정될 뿐만 아니라 유배를 보내기도 하였다. 『대정현아중일기大靜縣衙中日記』에 등장하는 제주목 소속의 동정춘洞庭春은 비婢로 강정되어 대정현으로 유배되었다. 동정춘의 죄목은 영문[제주목] 책실冊室 황서방의 수청요구를 거절한 데 있었다. 황서방이 여러 번 수청을 요구하고 영문에서 강권해도 소용이 없자 황서방은 한양으로 떠나 버렸다.[99] 즉 동정춘은 자신의 책무를 소홀히 하여 물의를 일으켰다는 이유로 유배되었다.[100] 『묵재일기』에도 성주로 유배 온 기녀가 상당수 확인된다. 언이彦伊·연금延今·탁문아卓文兒·단심丹心·노응향露凝香[101] 등이 그들이다. 이문건은 이들을 경기京妓라고 부르는데, 장악원 소속여부는 알 수 없다. 또한 이들 기녀의 유배생활이 어떠하였는지도 파악하기 어렵다. 다만 이문건이 이들을 불러 노래를 부르고 거문고를 뜯게 하는 것으로 보아 기녀의 역할만은 지속하였던 것

으로 보인다. 그러나 이들은 개인적으로 본향으로 돌아가기를 간절히 소망하고 있었다.[102]

양반관료는 일반적으로 지방관으로 부임하였을 때 기녀를 만나게 된다. 지방관으로 부임할 때 함경도와 평안도를 제외한 나머지 지역은 가족을 데려가도록 규정되었으나, 조선후기로 갈수록 가족을 데리고 부임할 가능성은 줄어들었다.

조선시대 수령과 관기의 관계는 『대명률』의 '관리숙창률官吏宿娼律'로 규제되었다. 그러나 실제에 있어서는 지방관에게 관기를 제공하는 것이 일반적이었다. 유희춘柳希春도 전라도관찰사로 여러 군현을 순행하는 동안 그 지역의 관기를 천침기薦枕妓로 제공받았고, 대정현감으로 부임한 김인택金仁澤도 부임하자마자 방기房妓를 제공받았다. 김인택은 이들 방기와 일정기간 함께 생활하였다. 즉 방기는 실제 가족을 거느리지 않은 지방관의 '현지첩'으로 기능하고 있었다.

관기의 대표적인 업무 중의 하나가 여악女樂으로 연회에서 춤추고 노래하여 홍을 돋우는 것이다. 『명종실록』이 완성되어 실록봉안사가 전주에 내려왔을 당시에도 기녀가 참석한 성대한 연회가 지속되었다. 연회가 끝나면 기녀에게 선물을 지급하여 수고를 위로하는 것이 하나의 관행이었다. 이외에도 기녀는 지방관이 주관하는 크고 작은 연회에도 참석하여 홍을 돋우었고, 연회가 끝난 뒤에는 잠자리에 배정되어 시침을 들게 되었다.

유희춘은 전라도관찰사로 재임하는 동안 광주기 연燕·전주기 옥경아玉瓊兒와 특별한 관계에 있었다. 옥경아는 유희춘이 가장 아끼던 정인情人으로 나이는 33세이며, 용모가 아름답고 가창도 뛰어났다. 그녀는 유희춘이 전주에 도착하면 항상 시침을 들고 같이 술잔을 나누며 즐거움을 만끽했다. 그러나 이들의 관계는어디까지나 '꽃구경'에 불과하여 지방관의 교체와 함께 끝나기 마련이었다. 이들은 지방관아 소속 관비였으므로 원칙적으로 관내를 벗어나기 어려웠다.

그러나 당시에는 지방관이 임기가 끝난 후에 기녀를 데려가 첩으로 삼는 솔휵率蓄현상도 적잖게 이루어졌다. 이는 다소 불법적이지만 관기를 경기京妓의 봉족奉足으로 차정하면 가능하였다. 유희춘은 옥경아를 아끼지만 법을 어기면서까지 한양으로 데려가지는 않았다. 관기의 솔휵이 관리의 임면任免이나 포폄褒貶에 상당한 영향을 미치고 있었기 때문이다. 이후 전주에 남은 옥경아는 상경한 유희춘에게 몇 차례 편지를 보내는 것으로 자신의 마음을 전할 수밖에 없었다.

어느 시기나 마찬가지지만 16세기에도 남편의 외정外情은 부부간의 갈등을 조장하는 주된 요인으로 작용하였다. 유희춘은 색色을 멀리하라는 부인의 당부에도 아랑곳하지 않고 관기와 무분별한 성관계를 맺어 결국 성병에 걸리고 만다. 그러나 당시의 상황은 부인의 질시나 투기로 해결될 수 없었다. 개인의 의지만으로 대세를 거스르기 어려웠다.

기녀는 조선시대에 춤추고 노래하고 성을 제공하던 여성이었다. 이들은 기본적으로 조선의 국역체계國役體系 속에서 역을 담당하던 자들이다. 기녀는 기적妓籍[관안官案]에 등록되어 국역國役에 편성된 공적인 존재로 최하층 여성인 동시에, 최고의 예능인이라는 양면성을 지닌 존재였다.

기녀를 구분하는 방식은 다양하지만 기본적으로는 그들의 소속처에 따라 장악원에 속한 경기京妓와 영진營鎭을 비롯한 지방군현地方郡縣에 소속된 관기官妓로 구분할 수 있다. 기녀의 규모는 국가의 여악정책女樂政策

과 성리학의 심화 정도에 따라 차이가 있는데, 경기京妓는 100~300명에 이르렀으며 관기官妓는 20~60명 내외였던 것으로 보인다. 기녀제도는 연산군대에 가장 번창하였으나, 인조반정을 계기로 축소되었으며, 광해군대에는 경기가 혁파되고(1623) 지방관아의 관기만 남게 되었다.

기녀의 충원방식에 대해서는 여러 가지 설이 있으나 기본적으로는 관비官婢 중에서 자색과 재예를 기준으로 선발하는 것이 원칙이었다. 이들은 넓은 의미의 관비로 관노, 관비, 기녀가 지방관아의 관안에 모두 등재되어 있었다. 이들은 공적인 존재로 일정한 역을 담당하였는데, 기역妓役은 16세에서 50세까지 담당하였다.

경기京妓는 시노비寺奴婢와 마찬가지로 입번제立番制에 의해 운영되었다. 즉, 3인이나 4인이 하나의 조條를 이루어 일정한 기간씩 돌아가면서 입번하였다. 3인 1조인 경우, 한 사람이 6개월을 입번立番하면 나머지 12개월은 비번非番으로서 쉬게 된다. 비번 기간에는 개인적인 사설 영업을 하는 것도 가능하였을 것이다. 『묵재일기』에 나타나는 기가妓家는 기녀가 운영하는 사설영업장을 의미한다. 기녀는 16세부터 역을 담당하지만, 실제로는 그 이전에 뽑아 교방敎房을 통해 교육을 시켜 현장에 배치되었다. 기녀 중의 우두머리를 행수기行首妓라고 하며, 이들은 기녀의 문제를 해결하는 창구역할을 하였다.

기녀는 일반적으로 두 개의 이름을 지니고 있는데, 본래의 이름을 향명鄕名이라 하고, 나중에 붙여진 이름을 기명妓名이라 한다. 기명은 일종의 예명이다. 향명은 투박한 관비명이며, 기명은 화려하게 성적인 측면을 드러낸다.

기녀는 혼인을 하고 자식을 낳기도 했다. 그러나 혼인 이후에도 이들의 역은 지속되어 이들의 혼인이 해소될 가능성이 높았다. 기녀가 상대하는 계층이 양반임에도 불구하고 이들은 매우 천시되어 같은 사람류로 취급되지 않았다. 기녀가 되어 처음으로 성관계를 맺는 상대를 '상계上笄'라 하는데, 이는 일종의 성년식과 같은 것으로 이들 사회에서 특별하게 여겨졌다. 관기와 관비는 그들이 담당하는 기능과 역할을 공유하였다. 그러나 관기와 관비 사이에도 일정한 위계가 존재하여, 기녀가 잘못을 저지르면 관비로 강정降定될 뿐만 아니라 유배를 당하기도 하였다.

【 제10장 】

지방관의 문집 간행과 공사 인식

손계영(경북대 영남문화연구원 HK교수)

누군가의 집안에 선조의 문집이 있어 후손들에게 전해진다는 것은 그 집안으로서는 큰 광영이 아닐 수 없다. 따라서 후손들은 가능한 수단을 모두 동원하여 선조의 문집을 간행하려 애썼을 터이고, 선조의 업적이 문집을 통해 현양되기를 희망하였을 것이다. 조선시대에 선조의 문집을 간행하는 일은 자신과 가문에 관련되는 것이기에 지극히 개인적 성격을 띤 사업이었다. 국가적 사업의 일환으로 명현名賢의 업적을 기리기 위해 해당인의 문집을 간행한 사례가 여럿 있지만, 특별한 경우를 제외하면 선조의 문집 간행 사업은 대부분 사가私家의 물력동원에 의해 이루어졌을 것이라는 게 상식적인 판단이다. 만일 고을 수령을 포함한 지방관이 자신의 공적인 직책을 이용해 이러한 사적인 사업을 벌였다면 과연 어떤 일이 벌어졌을까? 아마도 자신의 지위를 남용해 국가의 재정을 함부로 소비했다는 비방과 함께 혹독한 대가가 뒤따랐을 것이다. 그런데 이상하게도 조선시대에는 이러한 일이 일반적인 현상이었으며, 18세기 이전까지도 지방의 감영과 관아에서 문집을 간행한 사례는 이루 헤아릴 수 없을 정도이다.

전체 문집 가운데 지방관아 간행본이 차지하는 정확한 비중은 알 수 없지만, 현존본 조사에서 감영·관아에서 간행된 문집이 상당한 비중을 차지하였고,[1] 지방관아의 간행 서책 중 문집이 차지하는 비중이 전체의 25% 정도인 것으로 보아 지방관아가 문집 간행에 얼마나 중요한 역할을 하였는지 미루어 짐작할 수 있다.[2] 어떻게 지방관아에서 문집 간행이 이루어질 수 있었던 것일까?

지방관아에서 문집을 간행한 사례는 쉽게 찾을 수 있는데, 예컨대 『미암일기眉巖日記』를 남겼던 유희춘(柳希春, 1513~1577)의 경우에는 외조부의 저작 2종과 스승의 저작 1종을 지방관아에서 간행하였다. 그는 전라감사를 찾아가 외조부의 문집 간행을 부탁하였으나 결국 간행하지 못하였고, 이후 유희춘 자신이 전라감사에 제수되자 직접 외조부의 문집 간행을 성사시켰다. 문집뿐만 아니라 외조부의 표류기록인 『표해록漂海錄』을 간행하기 위해서 평안감사에게 간행을 청탁하여 평안감사와 정주목사의 도움으로 평안도 정주에서 간행이 이루어지기도 하였다. 또한 스승의 문집은 경상감사에게 부탁하여 그의 도움으로 의성관아에서 간행할 수 있었다. 유희춘의 사례와 같이 조선시대에는 지방관으로 제수되면 선조나 스승의 문집 간행을 직접 주도하거나 혈연·학맥 등의 인맥을 동원하여 지방관으로 부임한 이에게 문집 간행을 부탁하였는데, 이러한 현상은 조선시대 전반에 걸쳐 일반화된 하나의 관행이었다.

조선시대 지방관이 재임기간 동안 자신과 사적으로 관련된 인물의 문집을 간행하였던 사실은 지금의 상식으로는 의문스럽지 않을 수 없다. 공적인 지위와 공적 공간에서 공적 재정으로 사적 출판이 가능하였던 이유는 무엇일까? 지방관의 문집 간행은 정당한 것이었는지, 어느 범위의 지방관까지 가능한 것이었는지, 왜 지방관으로 부임하였을 때 간행을 시도하였던 것인지, 간행비용은 어느 정도였는지, 지방관은 문집 간행을 공적으로 인식하였는지, 아니면 사적으로 인식하였는지 등등의 의문이 꼬리에 꼬리를 문다. 이 글에서는 이들 의문을 통해 지방관과 지방관아에서의 문집 간행이 어떠한 연관성을 갖는지 살펴보고, 문집 간행에 대한 지방관의 공사公私 인식이 어떠했는지에 대해 살펴보고자 한다.

문집 간행의 정당성

여말선초에는 극소수의 명현名賢 유고遺稿만이 후손 또는 왕명王命에 의해 문집으로 간행되었다. 간행의 주체는 후손인 경우가 많았지만 그 기저에는 간접적인 왕명으로 또는 드러나지 않는 방식으로 저자의 유고를 보존하려 했던 국가의 소극적 의도가 있었다. 특히 성종대에 이르러 이전의 소극적 명간命刊 방식은 왕이 직접 당대인의 문집을 살펴보고 간행을 명하는 적극적인 간행 방식으로 변화하였다. 성종은 저자의 유고를 편집하도록 명하여 직접 살펴본 후 교서관에 간행하도록 하였고 저자의 후손들은 이를 대단한 영예로 인식하였다. 성종의 적극적인 명간命刊 방식은 국가가 해당 문집에 공식적 가치를 부여한 정책이었다.[3]

명현의 문집은 후손 또는 왕명에 의해 꾸준히 간행되어 왔지만 극소수의 인물 문집만이 간행되어, 조선전기는 조정에서 문집 간행을 권장하던 시기였다. 조정에서는 명현의 문장 보존이라는 문집 간행의 필요성이 계속적으로 부각되었으나, 증가하는 명현의 유고 간행과 이들 유고의 보급 확대라는 문제는 교서관에서 소화하기에는 역부족이었다. 중앙에서 이루어지던 문집 간행과 배포는 그 한계로 인해 지방의 물적 자원과 노동력을 필요로 하게 되었으며, 이는 감영監營과 지방관아에서 문집 간행이 성행하는 결과를 가져왔다. 역대 명현의 문장을 보존하려는 공적 대의와 선조 유고를 보존하려는 지방관의 사적 목적이 부합되면서 감사監司 주도의 문집 간행은 하나의 관행으로 정착되어 갔다.[4]

주부군현州府郡縣에서의 서책 간행은 각도各道의 최고책임자인 관찰사, 즉 감사의 절대적 권한에 의해 이루어졌다. 특히 문집 간행의 경우 감사가 주도한 비중이 높고 감사의 지원이 중요한 요소로 작용하였기 때문이다. 그러나 감사 주도만으로 이루어졌던 것은 아니다. 감사 이외에도 절도사·부윤·목사·부사·군수, 심지어 현령·현감·찰방까지도 선조들의 문집 간행을 주도하였다. 감영 간행의 문집이 감영에서 간행한 전체 서책의 22~24%를 차지하는 한편, 각 관아에서 간행한 문집이 관아에서 간행한 전체 서책의 25% 이상을 차지한다는 사실은 목牧·부府·군郡·현縣 등지에서도 감영 못지않게 문집을 간행해 왔음을 말해주며, 감사 이외의 지방관들도 감사와 비슷한 비율로 문집 간행을 주도해 왔음을 반증한다.[5] 감사 이외의 지방관이 문집을 간행한 대표적인 사례는 〈표 1〉과 같다. 표에서 보는 바와 같이 2품의 관찰사부터 6품의 현감·찰방에 이르기까지 본인의 재임기간에 선조의 문집을 간행하거나 주변의 인맥을 통해 부탁받은 문집을 간행하고자 하였다. 그렇다면 지방관의 재임과 문집 간행은 어떠한 연관성을 갖는 것일까?

[조경趙絅의 『용주유고龍洲遺稿』]

12월에 또 순천부사에 배수되었다. 순천은 남방의 병향病鄕이라 친구들이 대부분 공에게 가지 말라고 하였다. 그러자 공이 말하기를, "멀리 병향에 가는 것이 어찌 내가 바라는 바이겠는가. 그러나 인신人臣의 의리

표 1. 감사(監司) 이외의 지방관이 문집을 간행한 사례

구분	간행을 주도한 지방관			간행된 문집		
	관직	성명	저자와의 관계	문집명	문집 저자	간행연도(간행형태)
절도사	경상우도병마절도사	정충신(鄭忠臣)	문인	백사집(白沙集)	이항복(李恒福)	1635년(重刊)
	경상병마절도사	박경지(朴敬祉)	종제(從弟)	송당집(松堂集)	박영(朴英)	(初刊)
	황해병마수군절도사	정응성(鄭應聖)	후손(7세손)	포은집(圃隱集)	정몽주(鄭夢周)	1608년(五刊)
	경상우도병마절도사	목존선(睦存善)	조카	다산집(茶山集)	목대흠(睦大欽)	1685년(初刊)
	전라우도수군절도사	최정현(崔鼎鉉)	후손(8세손)	태허정집(太虛亭集)	최항(崔恒)	1707년(四刊)
통제사	삼도수군통제사	구굉(具宏)	아들	팔곡집(八谷集)	구사맹(具思孟)	1632년(初刊)
부윤	전주부윤	이봉(李封)	아들	목은고(牧隱藁)	이색(李穡)	(初刊)
	경주부윤	이시발(李時發)	후손	익재난고(益齋亂藁)	이제현(李齊賢)	1600년(三刊)
	경주부윤	이동명(李東溟)	증손	옥산시고(玉山詩稿)	이우(李瑀)	1680년(初刊)
목사	상주목사	이여규(李如圭)	후손	둔촌잡영(遁村雜詠)	이집(李集)	1632년(四刊)
	상주목사	이여규(李如圭)	아들	한음문고(漢陰文稿)	이덕형(李德馨)	1634년(初刊)
	성주목사	권집(權諿)	증손	습재집(習齋集)	권벽(權擘)	1653년(重刊)
	공주목사	최유해(崔有海)	문인	월사집(月沙集)	이정귀(李廷龜)	1636년(初刊)
	진주목사	오빈(吳䎙)	동생	천파집(天坡集)	오숙(吳䎘)	(初刊)
부사	선산부사	조찬한(趙纘韓)	손자사위	고봉집(高峯集)	기대승(奇大升)	1629년(初刊)
	순천부사	조구원(趙九畹)	손자	용주유고(龍洲遺稿)	조경(趙絅)	1703년(初刊)
	밀양부사	하진보(河晉寶)	외손	관포시집(灌圃詩集)	어득강(魚得江)	1500년대(重刊)
	안동부사	조영세(趙榮世)	현손의 외손	약포유고(藥圃遺稿)	이해수(李海壽)	1727년(初刊)
	청송부사	김진표(金震標)	손자	북저집(北渚集)	김유(金瑬)	1658년(初刊)
	담양부사	이무(李袤)	아들	석루유고(石樓遺稿)	이경전(李慶全)	1659년(初刊)
	영변부사	임성고(任聖皐)	후손(7세손)	명고집(鳴皐集)	임전(任錪)	1833년(重刊)
	삼척부사	김진표(金震標)	외증손	서경집(西坰集)	유근(柳根)	1665년(重刊)
	안동부사	홍명구(洪命耉)	손자	졸옹집(拙翁集)	홍성민(洪聖民)	1631년(初刊)
	장성부사	채시귀(蔡時龜)	아들	호주집(湖洲集)	채유후(蔡裕後)	1677년(初刊)
	안동부사	홍만조(洪萬朝)	후손(12세손)	홍애유고(洪崖遺稾)	홍간(洪侃)	1688년(重刊)
	회양부사	최석영(崔碩英)	증손	고죽유고(孤竹遺稿)	최경창(崔慶昌)	1683년(初刊)
	남원부사	윤안성(尹安性)	종질(從姪)	국간집(菊磵集)	윤현(尹鉉)	1591년(初刊)
	대구부사	심장세(沈長世)	고종사촌의 손자	동은고(峒隱稿)	이의건(李義健)	1659년(初刊)
도호부사	부평도호부사	조흡(趙潝)	증손	독암유고(獨庵遺稿)	조종경(趙宗敬)	1643년(重刊)
	달성도호부사	이수강(李守綱)	손자	오리집(梧里集)	이원익(李元翼)	(初刊)
	순흥도호부사	신필청(申必淸)	후손(8세손)	보한재집(保閑齋集)	신숙주(申叔舟)	1710년(三刊)

구분	간행을 주도한 지방관			간행된 문집		
	관직	성명	저자와의 관계	문집명	문집 저자	간행연도(간행형태)
도호부사	칠곡도호부사	전일상(田日祥)	후손	야은일고(壄隱逸稿)	전녹생(田祿生)	1738년(初刊)
군수	금산군수	김근행(金謹行)	문인	남당집(南塘集)	한원진(韓元震)	1765년(初刊)
	수안군수	허균(許筠)	동생	하곡집(荷谷集)	허봉(許篈)	(初刊)
	온양군수	조정추(趙廷樞)	아들	독암유고(獨庵遺稿)	조종경(趙宗敬)	1587년(初刊)
	창평군수	정운학(鄭雲鶴)	후손	송강집(松江集)	정철(鄭澈)	1894년(三刊)
	밀양군수	성긍주(成肯柱)	후손	유계집(牛溪集)	성혼(成渾)	1809년(重刊)
	단양군수	윤정지(尹挺之)	손자	월정집(月汀集)	윤근수(尹根壽)	1647년(初刊)
	홍해군수	민여임(閔汝任)	손자	입암집(立巖集)	민제인(閔齊仁)	1610년(重刊)
	영천군수	심장세(沈長世)	생질	죽창유고(竹窓遺稿)	구용(具容)	1648년(初刊)
	영천군수	신속(申洬)	후손(7세손)	보한재집(保閑齋集)	신숙주(申叔舟)	1645년(重刊)
	청도군수	임정(林淨)	동생	창계집(滄溪集)	임영(林泳)	1707년(初刊)
판관	전주판관	송요보(宋堯輔)	증손	동춘당집(同春堂集)	송준길(宋浚吉)	1741년(重刊)
	대구판관	이우신(李雨臣)	종질(從姪)	월사집(月沙集)	이정귀(李廷龜)	1720년(別集)
	안동판관	홍유형(洪有炯)	증손	치재유고(耻齋遺稿)	홍인우(洪仁祐)	1639년(重刊)
현령	영유현령	김요립(金堯立)	손자	사재집(思齋集)	김정국(金正國)	1591년(初刊)
	안정현령	민사안(閔思安)	아들	입암집(立巖集)	민제인(閔齊仁)	(初刊)
	금구현령	유방(兪枋)	외증손의 증손	추강집(秋江集)	남효온(南孝溫)	1677년(重刊)
	강서현령	윤항(尹沆)	증손	행명재시집(涬溟齋詩集)	윤순지(尹順之)	1725년(初刊)
현감	하양현감	최제(崔濟)	외손의 아들	구촌집(龜村集)	유경심(柳景深)	1653년(初刊)
	비안현감	정양(鄭瀁)	조카	기암집(畸庵集)	정홍명(鄭弘溟)	1653년(初刊)
	강동현감	유시번(柳時蕃)	외손	독석집(獨石集)	황혁(黃赫)	1670년(初刊)
	의령현감	정수륜(鄭壽崙)	손자	동명집(東溟集)	정두경(鄭斗卿)	1711년(重刊)
	무안현감	권덕재(權德載)	후손	매헌집(梅軒集)	권우(權遇)	1722년(重刊)
	순천현감	이덕수(李德洙)	후손(10세손)	목은고(牧隱藁)	이색(李穡)	1626년(重刊)
	산음현감	이관하(李觀夏)	외손	용계유고(龍溪遺稿)	김지남(金止男)	1654년(初刊)
	구례현감	최정호(崔挺豪)	외현손(外玄孫)	허백정집(虛白亭集)	홍귀달(洪貴達)	1611년(初刊)
	현풍현감	유명홍(兪命興)	아들	시남집(市南集)	유계(兪棨)	1690년(初刊)
찰방	김천찰방	임술(任述)	현손	명고집(鳴皐集)	임전(任錪)	1726년(補刻)
	연원찰방	강여재(姜與載)	문인	소암집(疎菴集)	임숙영(任叔英)	1635년(初刊)
	청암찰방	정치(鄭治)	현손	송강집(松江集)	정철(鄭澈)	1674년(重刊)
	성현찰방	정기수(鄭岐壽)	손자	동계집(桐溪集)	정온(鄭蘊)	1660년(初刊)
	김천찰방	홍경렴(洪景濂)	증손	하의유고(荷衣遺稿)	홍적(洪迪)	1692년(初刊)

> 에 있어 지역은 가릴 수 없는 법이고, 또 조부의 유집遺集을 아직 간행하지 못하고 있다. 선친께서 능성綾城을 맡고 계실 때 뜻을 두었으나, 소명召命이 촉박하여 뜻을 이루지 못했다. 그런데 불행하게도 이 해에 돌아가시고 말았다. 손을 꼭 잡고 후인에게 바라는 부탁이 없을 수 없었으니, 소자인 내가 어찌 이를 잊을 수 있겠는가."[6]

1674년 조경의 아들 조위봉趙威鳳이 능주목사綾州牧使에 부임하여 선친의 유집『용주유고』를 간행하고자 하였으나 간행에 착수하기도 전에 경직京職으로 옮기게 되었고 그해에 사망하였다. 이후 그의 아들 조구원趙九畹이 1703년 순천부사順天府使에 제수되었다. 당시 순천은 전염병이 많았던 지역이었기 때문에 주위에서 순천부사의 사직을 권했지만 조구원은 사직하지 않고 순천부사에 부임하였다. 그가 사직하지 않았던 결정적인 이유는 조부의 문집 간행 때문이었다. 지방관으로의 부임이 선조의 문집 간행에 중요한 요소로 작용하였던 것이다. 지방관으로 부임하여 선조의 문집 간행을 하였던 것은 어떤 이유 때문인가?

관아의 물력物力 지원

조구원은 순천부사에 사직하지 않고 부임하여 5개월 만에 조부의 문집 간행을 완료하였다. 그가 단기간에 조부의 문집 간행을 마칠 수 있었던 것은 순천관아의 물적 지원이 있었기 때문이다. 목판의 제작은 책판·종이·먹 등의 물적 자원과 서수書手·각수刻手·장책수粧册手 등의 노동력을 필요로 하기 때문에 일반 사가私家나 개인에게는 경제적으로 부담스러운 작업이었다. 따라서 지방관으로의 부임은 선조의 문집을 간행할 수 있는 절호의 기회였던 것이다.

문집의 간행비용은?

문집의 목판 간행에는 어느 정도의 비용이 소요되었던 것인가? 19세기의 기록을 중심으로 문집 간행의 비용을 유추해 보았다. 서책의 간행비용은 책의 내용과 관계없이 책수冊數와 장수張數가 중요한 변수로 작용하였다. 1책을 구성하는 장수만큼 목판의 수량과 노동력이 필요했기 때문이다. 1893년 오횡묵(吳宖默, 1834~1906)이 함안관아에서 『여재촬요輿載撮要』를 간행한 사례를 통해 서책의 간행비용을 살펴보면 〈표 2〉와 같다.

표 2. 서책 1책(83장)의 판각비용(1893년, 인출비 제외, 『固城叢瑣錄』)

	항목	비용	비용합계	비중
판각비용	판각 품삯[板刻雇]	215냥(43板×5냥)	236냥 5전	83.3%
	판값[板價]	21냥 5전(43板×5전)		
기타잡비	술값[酒債]	30냥	47냥 5전	16.7%
	잡비(雜費)	17냥 5전		
	합계		284냥[7]	100%

서책 1책이 대략 50~100장 정도의 장수로 구성된다고 본다면, 83장으로 구성된 『여재촬요』의 간행은 문집 간행 비용을 유추하기에 큰 무리가 없는 사례로 판단된다. 오횡묵이 함안군수로 재임하였던 1893년 2월 16일, 관아의 관노官奴 방에서 『여재촬요』 간행이 시작되었다. 전체 83장이지만 목판 앞뒤에 각각 한 장씩을 새기므로 판수板數는 43판이었

다.[8] 43판을 문기노文起老·조성노趙性魯 등의 각수가 작업을 하였다.[9] 며칠 뒤인 2월 27일 오횡묵이 함안군수에서 고성부사로 자리를 옮기게 되었고, 5월 23일 복군卜軍 2명이 완성된 책판을 짊어지고 고성으로 옮겨왔다. 이때 오횡묵이 43판에 대한 판각비용을 지불하였는데, 판을 새기는 각수의 품삯으로 각 판마다 5냥씩, 목판값으로 각 판마다 5전씩, 술값 30냥, 잡비 얼마를 계산하여 전체 284냥을 지불하였다.[10] 이때 지불한 돈을 쌀 양으로 환산해 본다면 간행비용이 어느 정도였는지 알 수 있는데, 지불한 284냥이 당오전當五錢인지 아닌지에 따라 쌀 양이 크게 차이가 난다.

함안에서 당오전이 사용되기 시작한 시기를 찾아보면, 1890년 2월 15일 감영에서 당오전을 통용하라는 공문이 내려왔고 이때부터 각읍의 결세結稅를 당오전으로 계산하여 납부하였다. 일반 엽전 6전戔이 당오전 1냥으로 계산되고 있었다.[11] 즉 일반 엽전과 당오전의 비율은 3:5였던 것이다. 1890년 2월 15일부터 결세를 당오전으로 납부하고 있어 1893년 5월 23일에 오횡묵이 지불한 284냥은 시기적으로 당오전이었을 가능성이 높다. 그러나 민간에서도 당오전이 일반화되었는지에 대해서는 확실한 기록이 없기 때문에 두 가지 가능성을 모두 생각해 볼 수 있다. 감영의 공문에 의해 당오전이 사용되기 이전의 쌀값은 세미稅米 1섬[石]에 대전代錢으로 25냥 정도였기 때문에 오횡묵이 지불한 돈이 일반 엽전일 경우에는 1책 간행에 쌀 11.4섬이 소요되었을 것이고,[12] 일반 엽전이 아닌 당오전當五錢이었다면 1책 간행에 쌀 6.8섬이 소요되었을 것이다.[13] 즉 1893년, 서책 1책의 간행 비용을 쌀로 환산하면 적어도 6.8섬에서 11.4섬이 소요되었다고 볼 수 있다.

표 3. 문집 17책의 판각 · 인출 비용(1891년, 『刊所捧錢都錄』)

구분	항목	비용	비용 합계	비중
판각비용	판공값(板工價, 632板)	2,148냥 8전	2,740냥 8전 7분	42.1%
	개판공값(改板工價, 16板 1丈)	53냥 7전		
	초교정공값(初校正工價, 2,603字)	78냥 9분		
	재교정공값(再校正工價, 758字)	22냥 7전 4분		
	판값 및 판운송료[板價幷馱]	249냥 9전 9분		
	장두목(粧頭木) · 염팽목(鹽烹木) · 철물(鐵物) · 대상(臺床) · 염포처하(鹽布處下)	187냥 5전 5분		
인출비용	책지값(冊紙價, 49塊 3軸 9卷)	1,531냥 9분	1,981냥 9분	30.4%
	인출공값(印出工價)	450냥		
기타잡비	간소주식하기(刊所酒食下記)	1,301냥 1전 8분	1,789냥 4전 5분	27.5%
	각수휴일하기(刻手休日下記)	217냥 1분		
	기타노자[各樣路資]	271냥 2전 6분		
	합계		6,511냥 4전 1분	100%

『여재촬요』의 판각비용을 비슷한 시기인 1891년, 산청山淸에서 간행한 『성재선생문집性齋先生文集』 17책의 간행비용과 비교해 보았다. 17책에 소요된 판각비용이 2,740냥 8전 7분으로 1책당 161냥 2전이 소요되었다. 이때의 161냥 2전을 일반 엽전으로 가정하여 1섬에 25냥으로 계산하면 1책 간행에 쌀 6.4섬 정도의 비용이 들었던 것이다. 이때의 쌀 6.4섬은 1893년 함안의 6.8섬과 유사한 수치이다. 그렇다면 1891년 산청의 간행비용은 당오전 이전의 일반 엽전 값으로, 1893년 함안의 간행비용은 당오전 값으로 보는 것이 타당할 것으로 보인다.

각수刻手의 지원

〈표 3〉에서 보는 바와 같이 서책 간행에 가장 많은 비중을 차지하는

것이 글씨를 새길 판목값[板價], 인출용 종이값[冊紙價] 등의 물적 자원, 나무에 글씨를 새길 때의 판공비[板工價], 종이에 인출 시 인건비[印出工價], 인력들이 먹는 밥값[刊所酒食下記] 등이다.[14] 이와 같은 문집 간행이 지방관이 부임한 지역의 관아에서 이루어진다면 무엇을 지원받을 수 있었을까?

[강석기姜碩期의 『월당집月塘集』]

선왕고[姜鳳瑞]께서 일찍이 이를 통한으로 여겨 다년간 수집하여 선생의 외손인 판사 박사수朴師洙와 함께 반복해서 교정을 보시고 편차하여 한 질로 만들었다. 부록에는 비碑, 장狀, 만輓, 뇌誄 등의 글을 교정하여 다시 잘 베껴 놓았다. 그러나 재력이 없어 제때에 간행할 계획을 갖지 못했다. 내가 성은을 입고 음성현감이 되어 마침내 봉급을 덜고 기술자를 모집해 약간의 활자본을 인행하였다.[15]

[홍성민洪聖民의 『졸옹집拙翁集』]

내가 유집을 펼쳐 볼 때마다 선조의 문장이 민멸되어 전하지 않을까 두려웠으나 선조의 뜻을 이을 길이 없어 눈물을 멈추지 않은 적이 없다. 경오년에 내가 안동부사가 되어 장차 유집을 교정하고 판에 새겨 넣으려 하였으나, 각수를 구하기 쉽지 않음이 염려되었다. 그런데 멀리 떨어진 읍의 각수들이 소식을 듣고 온 자가 40~50명이 되었다. …… 마침내 대가를 논하지 않고 다투어 일에 달려들어 신미년 여름에 시작해서 가을이 되기도 전에 일을 마쳤다. 아, 선조의 덕택德澤이 사람들에게 들어가 영관嶺管에서 거두어들였음을 알 수 있겠다.[16]

1717년 강석기의 증손 강봉서姜鳳瑞가 선조의 유고를 수집하여 저자의 외손인 박사수朴師洙와 편차·교정해 두었으나 사가私家에서의 경제적 지원이 어려워 문집을 간행하지 못하였다. 그 후 55년 뒤인 1772년 강봉서의 손자이자 저자의 5세손 강명달姜命達이 충청도 음성현감陰城縣監에 제수되자 자신의 봉급과 공인工人의 지원으로 『월당집』을 활자로 인행印行하였다. 강석기의 후손들은 선조의 문집 간행을 위해 원고를 준비해 왔었고 외직으로 제수될 후손이 나타나기를 기다려 문집 간행에 착수하였던 것이다. 음성현에서의 『월당집』 간행 시에는 수령의 봉급과 간행에 필요한 인력들을 지원받았다.

그림 1. 홍성민의 「졸옹집(拙翁集)」 책판 한국국학진흥원 제공

1633년 홍명구洪命耈는 안동부사安東府使로 부임하자 조부 홍성민의 문집을 간행하기 위해 각 고을에서 40~50명의 각수를 아무런 대가 없이 동원하였다고 홍성민의 문집 발문에 밝혔다. 조부의 문집 간행을 위해 이와 같이 각수를 동원하였던 것은 관권이라는 힘이 작용하지 않고서는 불가능하다고 할 수 있다.

선조의 문집을 간행하고자 하였던 인물들은 선조의 유고를 수집·편찬하여 외직外職으로 제수되기를 기다렸고, 지방관에 제수되면 간행에 착수하는 정형적인 형태를 보였다. 지방관 재임 시 문집 간행의 이점은 관의 경제적 자원을 동원하여 경제적 부담을 해소할 수 있다는 점인데, 이상의 사례에서는 관아에서 각수 등의 노동력을 지원받고 있는 모습을 그대로 볼 수 있다.

판목과 종이의 지원

택당澤堂 이식李植은 '주현州縣을 어지럽게 해치면서까지' 문집을 간행하고 싶지 않다는 표현을 사용하며 후손들에게 문집 간행을 하지 말라는 유언을 남겼다.[17] 이식의 이러한 표현은 지방관아에서 이루어지는 문집 간행의 공적 물력物力 지원에 대한 관행과 그 폐해를 간접적으로 지적한 것이라 할 수 있다. 관의 물력을 동원한 사례들을 좀 더 살펴보면 다음과 같다.

[안정복安鼎福의 『순암집順菴集』]
공역工役이 제법 커질 것 같지만 관력官力으로 종이를 충당할 수 있다 하고, 또 듣자 하니 귀읍에 자못 글씨를 잘 쓰는 서리들이 있어 정본精本을 만들 수 있다 하니 이는 제가 바라던 바입니다.[18]

[정개청鄭介淸의 『우득록愚得錄』]
신미辛未년 겨울 감사 이현기李玄紀가 (정개청의 문하였던 나덕준(羅德峻)의) 증손인 별검 나두춘의 청으로 인해 수백 개의 판재板材를 도와주었다. 이때에 이르러 감사 홍만조가 무안 유생 등이 아뢴 바를 채택하여 마침내

판재를 여러 읍에 나누어 판각하게 하였다. 사인士人 윤세태尹世泰, 선생의 아우 응청應清의 외손 고윤高玧 등이 그 일을 주관하여 한 달 남짓 걸려 일을 마쳤다.[19]

[정문부鄭文孚의 『농포집農圃集』]
선조의 유집과 부록은 지난 무자년 좌윤 오중주吳重周 공이 통제사로 있을 때 선친[鄭構]께서 일찍이 청하여 간행하였다. …… 마침내 장문狀文 및 선조의 잃어버렸던 격문檄文 중 새로 얻은 것을 계속 간행하여 선친의 뜻을 이루고자 했지만, 개인적인 재력으로는 쉽게 이룰 수 없었다. 마침 좌윤공의 세질世侄 돌㻋이 다시 통제사가 되었기에 내가 또 선친께서 좌윤공에게 청했던 식으로 그에게 청했더니, 공이 판재板材와 조수雕手를 모두 마련해 주어 열흘 넘겨 일을 마쳤다.[20]

1820년 안정복의 문인인 황덕길黃德吉이 『순암집』 간행과 관련하여 진안군수鎭安郡守로 있던 안정복의 손자 안철중安喆重에게 보낸 편지에서, 진안군 관아의 물력으로 종이를 충당할 수 있고 관아에 소속된 '선사서리善寫胥吏'를 동원할 수 있어 다행이라 하였다. 이것은 유고를 목판에 새기기 전의 작업으로, 정본精本을 만드는 과정에서 글씨 쓰는 작업을 전담할 인력과 다량의 종이가 마련되어야 하는데, 관의 지원으로 이를 진행할 수 있음에 안도한 것이다.

정개청의 고제高弟였던 나덕준羅德峻의 증손 나두춘羅斗春은 1691년 전라감사인 이현기李玄紀에게 요청하여 정개청의 문집 『우득록』의 간행에 필요한 목판木板을 지원받았고, 1692년에는 다음 감사인 홍만조洪萬朝의 지원 아래 목판을 전라도 여러 고을에 할당하여 고을의 인력으로 간행을 완료하였다. 즉 스승의 문집을 간행하기 위해 전라감사에게 지원을 요청하였고, 감사의 도움으로 목판과 각수를 지원받아 문집을 간행할 수 있었던 것이다.

『농포집』의 경우에는 저자의 증손 정구鄭構가 1708년 통제사統制使 오중주吳重周에게 간행을 부탁하여 문집을 초간初刊하였다. 이후 정구의 아들 정상점鄭相點이 초간 이후의 글들을 보충하여 추각追刻하고자 하였으나 개인적으로는 감당할 수 없어 간행하지 못하였다. 마침 초간을 주도하였던 오중주의 조카 오돌吳琠이 다시 통제사가 되면서 그에게 요청하여 판재板材 등의 물적 자원과 각수刻手 등의 노동력을 지원받았고 문집의 추각追刻을 성공적으로 마칠 수 있었다. 서책 간행은 재력이 있는 개인 또는 사가私家가 아니고서는 쉽지 않았기 때문에 후손이 지방관에 제수되기를 기다리거나 지방관과의 인맥을 통해 문집이 간행되었던 것이다. 이상의 사례를 통해 지방관아에서 각수刻手·서수書手 등의 노동력뿐만 아니라 판목板木이나 종이의 실물을 지원받아 문집 간행을 하였음을 알 수 있다.

감사監司뿐만 아니라 절도사·부윤·목사·부사·군수·현령·현감·찰방에 이르기까지 선조의 문집을 간행하거나 인맥을 통해 누군가의 선조 문집을 간행하는 행위는 조선시대 지방관의 중요한 관행이었다. 선조의 문집 간행을 위해 지방관에 제수되기를 희망하였고, 지방관아로부터 간행에 소요되는 물적·인적 지원을 받을 수 있는 체제를 갖추고 있었다. 개인적 차원에서 간행비용을 부담하기에는 그 규모가 만만치 않았기 때문에 그들은 지방관에 제수되기를 기다려 문집 간행을 시도한 것이다.

간행에 대한 지방관의 인식

앞서 사례들에서 지방관의 관아의 물적·인적 자원을 동원하여 문집 간행을 추진하였던 경우를 살펴보았다. 여기에서는 지방관이 자신의 공적 지위와 지방관아라는 공적 공간에서 선조의 문집을 간행하는 행위를 어떻게 인식하였는지 관찰하고자 한다.

고을 흉년으로 인한 간행의 축소

관아의 물력으로 문집을 간행하는 것은 이식의 표현에 의하면 '주현州縣을 해치는' 행위라고 하여 문집 간행이 지방 고을민들에게 피해가 있었음을 말해 준다. 그렇다면 해당 고을에 경제적 어려움이 있을 경우 지방관들은 문집 간행을 어떻게 처리하였는지 살펴보면 다음과 같다.

[김지남金止男의 『용계유고龍溪遺稿』]
작년에 내가 경상도관찰사를 맡고 있을 때 일찌감치 판본을 교정하고 행적行跡을 첨가하여 영원토록 의발을 전하려는 뜻을 갖고 있었는데, 그 해 마침 큰 흉년이 들어 사사로이 일을 할 겨를이 없었다. 허둥지둥하다 곧바로 돌아와 이를 매우 한스럽게 여기던 차에 지금 대학사 오공吳公이 이를 듣고 개탄하며 서문을 써 주었고, 익산군수益山郡守로 있는 중형仲兄이 아울러 묘갈명을 취하여 이를 판각하고 그 판을 산음현에 돌려보냈다.[21]

[홍섬洪暹의 『인재집忍齋集』]
참판 박경후朴慶後가 외손으로 일찍이 전라도관찰사가 되어 직접 초본草本으로 판각하였으나 또 그 서문을 빠뜨려 현석玄石 박상국朴相國이 일찍

이 이것을 탄식하였다. 내가 옥과읍玉果邑을 맡게 되었으나 고을이 피폐하여 재간再刊할 여력이 없었다. 그래서 마침내 이 서문을 추가로 베끼고 판각하여 머리글로 삼았다.[22]

[권상하權尙夏의 『한수재집寒水齋集』]

다만 간행하는 일이 이렇게 지체되어 『우암집』의 간행과 비교해 보면 또 5년이 넘었으니, 우리가 선하지 못한 게 아님이 없습니다. 장태章台[權爀]가 지금 함경도관찰사로 있으나 얼핏 듣기에 물력物力이 피폐하여 예전과 같지 않다고 하니 과연 계획대로 해낼 수 있겠습니까. …… 함경도 감영에서 전담하기 어렵다면 이태履台[閔百祥]로 하여금 그 부족한 부분을 돕게 하면 어떻겠습니까.[23]

[권득기權得己의 『만회집晩悔集』]

책策은 옛날 숭정崇禎 을해乙亥년간에 백조伯祖가 함창咸昌현감으로 있을 때 문집 간행의 일을 시작하려고 먼저 10여 편의 책문策文을 판각하였다가 고을이 피폐하고 재력이 부족한데다 또 시사가 불안하여 중지한 뒤 목판을 집에 보관해 온 지 70년이 되었다.[24]

김지남의 『용계유고』는 1696년 저자의 외증손 이선부李善溥가 경상감사로 부임하여 간행을 시도하였으나 '그 해에 큰 흉년으로 인해 사사私事로이 일할 겨를이 없다'며 간행을 중단하였다. 이때 문집 간행을 '사사私事'라 표현한 점에서 간행 주체인 경상감사 이선부는 선조의 문집 간행이 공적 작업보다는 사적 작업이라는 인식에 가까웠다고 보인다. 때문에 흉년이라는 지역의 경제적 문제가 생기자 더 이상 간행을 진행하지 않았던 것이다.

홍가상洪可相은 1712년 옥과현감玉果縣監에 제수되어 5대조 홍섬의 문집인 『인재집』을 중간重刊할 계획이었으나 문집 전체를 개간開刊하기에는 고을의 재정이 피폐하여 간행이 불가능하였다. 고을의 경제적 어려움을 고려하여 문집 전체의 중간을 포기하고 초간본에 바진 서문序文 6판板만을 추각追刻하는 것으로 간행을 마무리하였다.

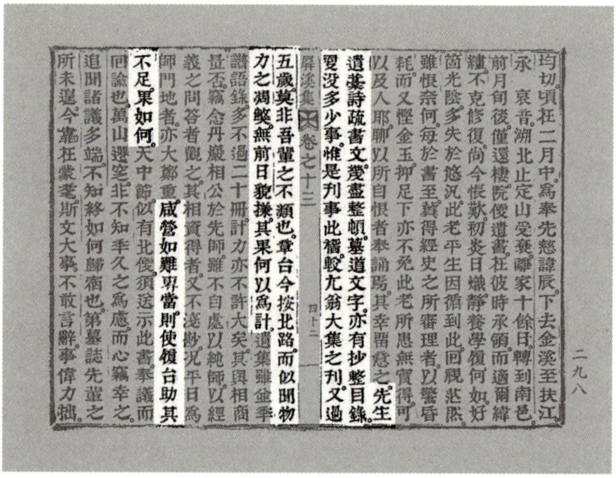
均切頃在二月中爲奉先慈諱辰下去金溪至扶江
承 哀音湖北止定山受褒離家十餘日轉到南邑
前月旬後僅還棲院便遺書在彼時承領而適爾緯
纏不克修復尚今悵歎初炎日熾靜養學復何如好
箇光陰多失於悠汎此老平生因循到此回視悲慨
雖恨奈何每於書至籍得經史之所審理者以警昏
耗而又慳金玉抑足下亦不免此老所患無實得可
以及人耶聊以所自恨者奉論焉其幸留意之先生
遺稾詩疏書文箋盡整頓墓道文字亦有抄整目錄
要沒多少事惟是刋事此穩較九翁大集之刋又過
屛溪集 卷之十三 四十二
五歲莫非吾輩之不類也韋台今按北路而似聞物
力之凋弊無前日貌據其果何以爲計遺集雖金季
謹語錄多不過二十冊計力亦不許大矣其與相商
量否竊念丹巖相公於先師雖不自處以純師以經
義之間答者觀之其相資得者又不淺尠況平日爲
師門地者亦大鄭重咸營如難再當則使韋台助其
不足果如何天中節似有北便須送示此書奉議而
同論也萬山還笔非不知手久之爲慮而心竊幸之
追閒諸議多端不知終如何歸宿也第墓誌先壟之
所未遑今靠在棠耄斯文大事不敢言辭事偉力拙
二九八

그림 2. 권상하의 「한수재집(寒水齋集)」 간행 내용 『병계집(屛溪集)』 권13, 「답권형숙(答權亨叔)」

『한수재집』의 경우, 저자의 문인 윤봉구尹鳳九가 1757년 저자의 증손자 권진응權震應에게 보낸 편지를 보면 함경감사에 제수된 저자의 조카 권혁權爀을 통해 문집 간행을 시도하였음을 알 수 있다. 그러나 함경감영의 재정이 피폐하여 결국 간행하지 못하였고, 이후 1761년 경상감사에 제수된 외증손 황인검黃仁儉에게 요청하여 경상감영에서 간행하였다. 이때 분량은 원집 34권과 연보 1책으로 전체 16책의 거질이었는데, 이 정도의 분량이라면 지방관아의 재정 없이 간행하기 어려웠을 것으로 짐작된다. 경상감영에서 간행이 성공하기 이전에 함경감영에서의 시도가 있었지만 감영의 재정적 문제로 중단되었던 사례이고, 지방 고을에 끼칠 수 있는 무리한 피해는 피하고 있음을 알 수 있다.

권득기權得己의 아들 권숙權訹은 함창현감咸昌縣監에 제수되어 부친의 문집 『만회집』 가운데 책문策文 10여 편의 간행을 시작하였으나, 고을이 피폐하고 재정적으로 어려움이 있어 작업을 중단하여야 했다. 일부 간행된 목판을 집으로 옮겨 70년간 보관하였고, 이후 저자의 증손 권이진權以鎭이 경주부윤에 제수되자 가장家藏되어 온 목판은 그대로 사용하고 목판이 없는 나머지는 경주부에서 간역刊役하여 1712년에 문집을 간행하였다.

이들 사례를 통해 해당 고을과 관아에 경제적 어려움이 있을 경우에는 강제적으로 무리한 간행을 추진하지 않았고, 간행을 중단하거나 간행의 규모를 축소하였음을 확인하였다. 지방관아에서의 문집 간행이 국가 명현의 문장 보존이라는 공적 형태와 지방관의 사적 의도가 혼재된 관행이었지만, 관아가 재정적으로 어려울 때에는 간행작업을 중단하거나 대폭 축소하였던 것은 지방관이 자신의 공적 지위와 더불어 개인적 명분을 정확하게 인식하였던 데서 온 결과로 보인다.

체직遞職과 동시에 중단되는 문집 간행

지방관이 문집 간행을 사적으로 인식하였음을 확인할 수 있는 몇 가지 단서들이 있다. 첫 번째는 간행을 계획하거나 진행하는 과정에서 체직되었을 경우 간행을 전면 중단하였다는 점이다. 교체되는 수령에게 간행작업을 인수인계하여 간행을 완료하는 방식이 아니라 해당 고을에서의 작업을 전면 중단하고 다음 부임지에서 재착수하는 방식으로 진행되었다. 즉 지방관아라는 지역·공간 중심이 아닌 지방관이라는 인물 중심 체제였던 것이다.

[채유후蔡裕後의 『호주집湖洲集』]
몇 해 전에 좌시랑左侍郞 홍공洪公이 호남 관찰사로 있을 때 내가 공의 문집을 갖고 찾아뵈었다. 그러자 홍공은 의연히 승낙하였다. 백형과 논의하면서 일을 함께 거행하려 하였는데 홍공이 파직되었다. 4년이 지난 뒤 홍공이 함경도관찰사직의 명을 받고는 속히 취하여 행하여 말하기를, "내가 내 일을 마치지 않을 수 없다. 공이 돌아가신 지 40년 뒤에야 사문斯文이 비로소 드러나게 되었으니, 아, 기다릴 까닭이 뭐 있겠는가?" 하였다.[25]

[권벽權擘의 『습재집習齋集』]
인조대왕仁祖大王 정해丁亥년에 이르러 내가 성은을 입어 공주公州목사가 되었다. 장차 문집을 중간重刊하여 세상에 널리 전하고자 하였으나, 정신을 쏟을 겨를이 없는데다 일로 인해 체직을 당하여 뜻을 이루지 못한 지 지금 7년 남짓 되었다. 지난 해 겨울에 다행히 새로운 교화를 입어 다시 고을을 맡게 되었다.[星州牧使] …… 드디어 판재를 모으고 목수를 모집하여 수십 일 걸려 일을 마쳤다.[26]

[김진규金鎭圭의 『죽천집竹泉集』]
양택陽澤을 돌아보며 말하기를, "선친의 문집은 어떻게 되었는가?" 하니, 양택이 말하기를, "신이 황해도관찰사로 있을 때 입간入刊하였다가 곧 체직되었고, 또 금영錦營에서 입간入刊하다가 또 체직되어 일을 마치지

못했습니다. 권수는 12권인데 아직 미간未刊한 것이 한 권은 조금 넘고 두 권에는 좀 못 미칩니다." 하였다.[27]

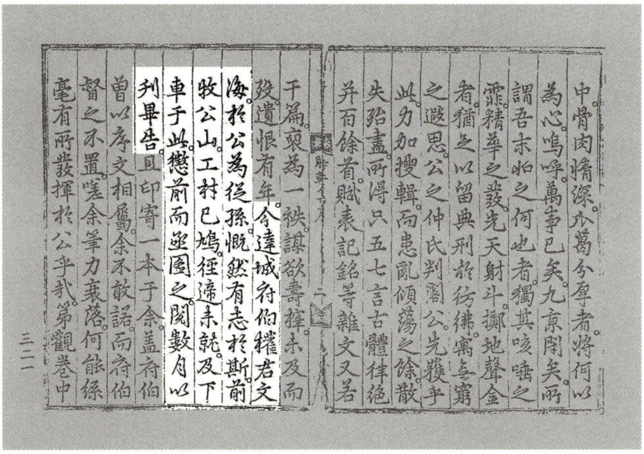
中骨肉情深亦篤分厚者將何以爲心嗚呼萬事已矣九京閟矣所謂吾末如之何也者獨其咳唾之霏精華之發光天射斗擲地聲金者猶足以留典刑於彷彿寓吾窮之遐思公之仲氏判閤公先獲乎此力加搜輯而患亂傾蕩之餘散失殆盡所得只五七言古體律絶并百餘首賦表記銘等雜文又若干篇裒爲一袟謀欲壽梓未及而歿遺恨有年今達城府伯權君文海於公爲從孫慨然有志於斯前牧公山工材已鳩徑遞未就及下車乎此懲前而亟圖之閱數月以刊畢告且印寄一本于余蓋府伯曾以序文相屬余不敢辭而府伯督之不置嗟余筆力衰落何能係毫有所發揮於公乎哉第觀卷中

그림 3. 권오복의 『수헌집(睡軒集)』 간행 내용 『수헌집(睡軒集)』 서문

[권오복權五福의 『수헌집睡軒集』]

지금 달성부백達城府伯 권문해權文海 군이 공의 종손으로서 개연히 여기[문집 간행]에 뜻을 두어 전에 공주목사 때 이미 장인과 목재를 모았는데, 바로 체직되어 일을 이루지 못했다. 이곳에 부임함에 이르러 전날의 실수를 고쳐 속히 이를 도모하여 수 개월 걸려 간행을 마쳤다.[28]

1701년 『호주집』의 간행을 위해 저자의 종손從孫인 채팽윤蔡彭胤이 저자의 유고를 가지고 전라감사 홍만조洪萬朝를 찾아가 간행을 부탁하였고, 홍만조도 문집의 간행을 약속하였다. 그러나 홍만조가 다음 해에 형조참판으로 옮기면서 간행하지 못하였고, 1704년 11월에 함경감사에 제수되면서 3년 전의 약속을 지켜 결국 『호주집』을 간행하였다.

권벽의 『습재집』은 아들 권필權韠이 정선精選·편차編次하여 1608년 충청감사 최기崔沂와 공주목사 허균許筠의 도움으로 공주公州에서 간행되었다. 그러나 권필이 필화筆禍로, 최기는 해주옥사로 죽고 허균은 역모죄로 처형당하면서 『습재집』은 금서가 되었고 공주에 있던 목판도 사라졌다. 1647년 저자의 증손 권집權諿이 공주목사(당시 公山縣監)로 나아가 중간重刊을 계획하였으나 체직되어 간행하지 못하였던 것을 1652년 권집이 성주목사(당시 星山縣監)에 제수되자 이듬해에 목판으로 중간본을 간행하였다.

1755년 김양택金陽澤이 황해감사에 재임하여 부친의 문집 『죽천집』의 간행을 시작하였으나 청나라 사신을 소홀히 대접하였다는 이유로 파직됨으로 인해 간행이 중단되었다. 이후 1756년 10월에 충청감사에 부임하여 체직될 때까지 4~5개월 동안 간역刊役이 진행되었지만 다시 체직되면서 1~2권만을 남겨둔 상태에서 다시 중단되었다. 미간未刊된 1~2권은 이후 왕명에 의해 교서관에서 물력을 지원하여 완료되었으나, 남아있는 간역량이 소량임에도 체직되면 간역이 중단되었던 것이다. 이는

그림 4. 김진규의 『죽천집(竹泉集)』 책판 한국국학진흥원 제공

문집 간행이 철저히 지방관이라는 인물 중심으로 이루어졌음을 단적으로 보여 주는 사례이다.

『수헌집』 간행의 사례도 유사하다. 저자의 후손 권문해權文海가 1580년 공주목사에 제수되어 선조의 문집 간행을 계획하며 장인匠人과 목재를 준비하였으나 곧장 체직되어 중단되었다. 이후 1584년 달성부사로 부임하여 이듬해에 목판으로 간행을 끝내었다. 즉 체직과 동시에 작업이 중단되고 다음 부임지에서 간행이 지속되었던 것은 지방관의 사적 출판이라는 인식이 내재되어 있음을 보여 주는 근거가 된다.

봉급을 보태는 수령

문집을 간행하였던 지방관의 인식에 사적 요소가 강하게 작용하였던 또 다른 근거는 수령의 봉급을 이용하였던 점이다. 문집 간행의 경위를 기록할 때에 '출봉금出俸金' 또는 '연봉전捐俸錢'이란 표현을 써서 개인의 봉급을 덜었다는 뜻을 의식적으로 드러내었다.

> [이경전李慶全의 『석루유고石樓遺稿』]
> 금년 봄 외직으로 담주潭州를 맡고서는 바로 봉급을 덜어 판재板材를 마련해 시詩와 표문表文 약간 편을 간행했다.[29]

> [이곡李穀의 『가정집稼亭集』]
> 다행히 지금 성은을 입어 호남관찰사로 내려오게 되었다. …… 이제 감히 봉급을 덜어 완산完山에서 개판開板을 하게 되었는데, 금산군수錦山郡守 안헌징安獻徵 공과 고산현감高山縣監 이항진李恒鎭 공이 또한 외예外裔로 함께 이 일을 도와 한 달도 안 되어 공역을 마쳤다.[30]

[조경趙絅의 『용주유고龍洲遺稿』]

선친께서 능성綾城을 맡고 계실 때 뜻을 두었으나, 소명召命이 촉박하여 뜻을 이루지 못했다. 그런데 불행하게도 이 해에 돌아가시고 말았다. 그러므로 손을 꼭 잡고 후인에게 바라는 부탁이 없을 수 없었으니, 소자인 내가 어찌 이를 잊을 수 있겠는가. …… 이에 봉급을 덜어 각수를 모아 간역刊役을 시작한 지 5개월 만에 일을 마쳤다.[31]

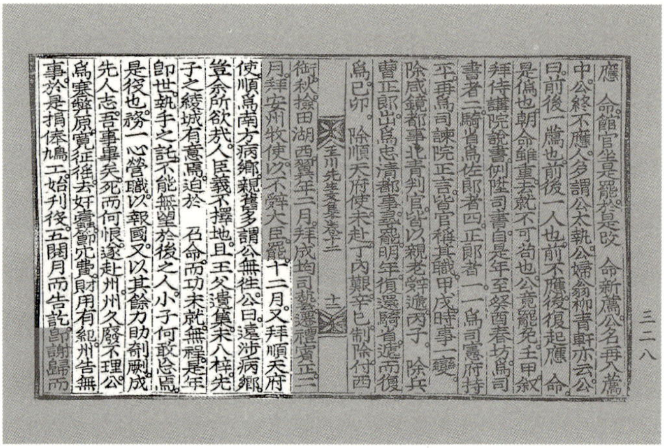
應 命館官坐是罷於是改 命新薦公名再入薦
中公終不應人多謂公太執公婦翁柳青軒亦云公
曰前後一薦也前後一人也前不應後復起應 命
是僞也朝命雖重去就不可苟也公竟罷免壬申叙
拜侍講院說書例陞司書自是年至癸酉春坊爲司
書者二騎省爲佐郎者四正郎者一一爲司憲府持
平再爲司諫院正言皆官稱其職甲戌時事一變
除咸鏡都事北青判官皆以親老辭遞丙子 除兵
曹正郎出爲忠清都事尋罷明年復還騎省遞而復
爲己卯 除順天府使未赴丁內艱辛巳制除付西
玉川先生文集卷十二 十三
銜秋撿田湖西翼年二月拜成均司藝遷禮賓正二
月拜安州牧使以不辭大臣罷十二月又拜順天府
使順爲南方病鄕親舊多謂公無往公曰遠涉病鄕
豈余所欲哉人臣義不擇地且王父遺集未入梓先
子之綾城有意焉迫於 召命而功未就無祿是年
卽世執手之託不能無望於後之人小子何敢忘焉
是役也務一心營職以報國又以其餘力助剞劂成
先人志吾事畢矣死而何恨遂赴州州久廢不理公
爲塞弊原寬征徭去奸蠹節冗費財用有紀州告無
事於是捐俸鳩工始刊役五閱月而告訖卽謝歸而
三二八

그림 5. 조경의 『용주유고(龍洲遺稿)』 간행 내용 『옥천집(玉川集)』 권12, 「순천부사조공묘갈명(順天府使趙公墓碣銘)」

[김창흡金昌翕의 『삼연집三淵集』]

임자 영조 8년. 문집이 이루어졌다. 모두 18책 36편이다. 문인 유척기兪拓基가 경상도관찰사로 있으면서 봉급을 내어 활자로 간행하였다.[32]

[강석기姜碩期의 『월당집月塘集』]

내가 성은을 입고 음성현감陰城縣監이 되어 마침내 봉급을 덜고 기술자를 모집해 약간의 활자본을 인행하였다.[33]

[송시열宋時烈의 『송자대전宋子大全』]
숭정 160년 정미 9월 평안감영에서 [송자]대전을 간행하였다. …… 상국相國 조경趙璥이 평양감사로 있을 적에 봉급에서 1만 꿰미를 덜어서 각자刻字를 맡기려 하던 차에 마침 체직이 되어 이루지 못했다.[34]

[송문흠宋文欽의 『한정당집閒靜堂集』]
금상 무신년에 부군府君의 사위 김광묵金光默이 경상도관찰사로 있으면서 봉급을 덜어 판각하고 약간의 책을 인행하여 사우士友들에게 나눠 주었다.[35]

1659년 이경전의 아들 이무李袤는 담양부사로 부임하자 자신의 봉급을 내어 부친의 문집 『석루유고』를 간행하였고, 1662년 전라감사 이태연李泰淵도 자신의 봉급으로 선조의 문집 『가정집』을 간행하였다. 조경의 손자 조구원趙九畹은 1703년 순천부사 재임시절 조부의 『용주유고』를 간행하기 위해 자신의 봉급을 내어 문집 간역刊役을 마쳤다고 하였다. 김창흡의 문인 유척기兪拓基는 1732년 경상감사 재임 시 봉급을 내어 스승의 문집 『삼연집』을 활자로 인행印行하였으며, 강석기姜碩期의 5대손 강명달姜命達은 1772년 음성현감에 제수되자 『월당집』 간행을 위해 봉급을 내어 활자로 인행하였다. 1786년 평안감사 조경趙璥은 자신의 봉급에서 1만 꿰미를 내어 방대한 분량인 『송자대전』의 간행에 착수하였고, 송문흠宋文欽의 사위 김광묵金光默은 1788년 경상감사에 재임하며 자신의 봉급을 내어 장인의 문집 『한정당집』을 목판으로 간행하였다.

위의 사례에서 볼 수 있듯이 지방관에 올랐던 후손 또는 문인들은 선조나 스승의 유고를 간행하기 위해 개인의 봉급을 덜어 내었다고 하였다. 이는 결국 공직을 기반으로 한 사적 출판의 의미가 더욱 부각되는 결과로 이어진 것이라 할 수 있다. 문집 간행을 위해 자신의 봉급을 내었다는 이와 같은 다양한 표현은 17세기 중반부터 조선후기에 걸쳐 간행된 문집에서 두드러지게 나타나는데, 자신의 봉급을 상당량 보탬으로써 지방관이 자신의 개인적 출판이라는 내면 의식을 드러낸 것이라 볼 수 있다.

후손들의 책판 이동

지방관의 문집 간행을 사적인 요소로 인식하였음을 보여 주는 세 번째 근거는 간행을 주관하였던 지역과 관계없이 책판의 소장처를 해당 후손의 근거지로 이동하고자 했던 지방관의 의식이다.

[최부崔溥의 『표해록漂海錄』]

나는 뱃길로 정주定州에 있는 표해록판漂海錄板을 옮겨 올 것을 생각해 냈는데 윤대용尹大用의 형제도 그것이 좋겠다고 했다. 표해록漂海錄의 판본板本을 서울 한강漢江으로 수송할 것을 도모하여 나주羅州 등에 있는 배로 실어 오려는 것이었다.[36]

[권상하權尙夏의 『한수재집寒水齋集』]

한수재집 34권, 연보 1권 …… (책판이) 단양 상선암에 소장되어 있다.[37]

[민제인閔齊仁의 『입암집立巖集』]

판본板本을 대구大邱 용연사龍淵寺에 보관하여 조심스럽게 수호守護하였는데, 세월이 오래되자 완결刓缺된 부분이 매우 많아졌고, 또 일락佚落된

부분도 생겼다. 내가 이를 두려워해 올해 을축乙丑년에 선조의 문집을 계술繼述하려는 뜻으로 족숙族叔 달호達鎬를 따로 불러 판목을 부여扶餘의 종중宗中으로 옮겨 교정하고 결락缺落된 부분을 보간補刊하여 이에 일을 완성하였다.[38]

미암 유희춘은 1569년 평안감사 오상吳祥과 정주목사定州牧使 윤대용尹大用에게 부탁하여 정주定州에서 외조부 최부의 표류기록인 『표해록』을 간행하였다. 그러나 유희춘은 간행에 만족하지 않았고, 1571년 평안도 정주에 소장되어 있는 『표해록』의 판목을 뱃길을 이용하여 자신의 향촌 근처인 나주羅州로 옮겨 오고자 계획하였다. 이때 『표해록』의 간행을 주도하였던 전前 정주목사 윤대용도 나주로의 목판 이동에 동의하였다.[39] 개인의 이용을 위해 관에서 간행한 목판의 소장처를 옮기고자 한 유희춘의 의도와 당시의 간행을 주도한 정주목사 윤대용의 의식은 선조 저작물의 간행이 사적 출판이라는 잠재적 인식에서 출발하였다고 생각된다.

1761년 권상하의 외증손 황인검黃仁儉은 경상감사에 재임하여 경상감영에서 외증조의 문집 『한수재집』 16책을 목판으로 간행하였다. 이때 간행본에는 '숭정삼신사하崇禎三辛巳夏 경상감영慶尙監營 개간開刊'이란 간기刊記를 표시하여 1761년이라는 간행시기와 경상감영이라는 간행처를 명확히 기록하였다. 그러나 권상하의 후손들은 『한수재집』의 책판을 경상감영에서 충청도 단양 상선암上仙岩으로 옮겨 갔고 책판목록인 『누판고』에도 그 소장처가 단양 상선암으로 기록되어 있다.[40] 상선암은 권상하가 직접 이름 짓고 암자를 세운 곳으로 그에게 남다른 의미가 있는 장소였기 때문에 후손들이 단양 상선암으로 옮긴 것으로 추정된다.[41] 간기의 간행처 표기는 해당 관아의 공적 간행을 보여 주는 중요한 요소임에도 불구하고 저자의 후손들이 선조 문집의 판목을 옮긴 의도와 행위는, 이들이 문집 간행을 공적 개념이 아닌 사적 행위로 인식하였음을 보여주는 주요 근거가 된다.

민제인의 5대손 민시중閔蓍重이 1669년 경상감사로 재임하며 이전에 간행한 『입암집』의 손상된 부분을 보각補刻하고 일부 내용을 추각追刻하였다. 이후 1736년 7대손 민응수閔應洙가 경상감사에 부임하여 다시 보각과 추각을 한 뒤 그 판목을 대구 용연사龍淵寺에 보관해 두었다. 이후 12대손 민영휘閔泳徽가 족숙族叔과 함께 용연사의 책판을 부여의 종중宗中으로 옮겨 가져가서 이를 다시 보각·인쇄하였다. 『입암집』의 경우와 같이 경상도 대구에서 충청도 부여로의 자유로운 책판 이동은 관판본官板本 문집의 보각후쇄補刻後刷 과정에서 쉽게 볼 수 있는 현상이다. 즉 지방관 또는 저자의 후손들이 관에서 제작한 판목을 자신의 근거지로 옮겨 갔다는 것은 당시의 문집 간행을 사적인 개념으로 인식하였음을 다시 한 번 확인해 준다.

선조문집 간행에 관官의 힘을 빌리다

조선시대 지방관아에서 간행된 서책의 25% 정도는 문집이었다. 또한 현존 문집의 상당량이 지방관아에서 간행되었다. 이러한 사실은 지방관이 주도한 문집 간행이 조선시대 출판문화에 있어 중요한 행위였음을 시사한다. 후손이 지방관에 제수되면 선조의 문집 간행을 직접 주도하거나 혈연·학맥 등의 인맥을 통해 지방관으로 부임한 이에게 문집 간행을 부탁하는 관행이 조선시대 전반에 걸쳐 이루어졌다.

조선전기에는 극소수의 인물 문집만이 간행되었기 때문에 조정에서는 성현의 문장을 보존하기 위해 문집 간행을 권장하였다. 간행 주체는 대부분 저자의 후손들이었지만 그 기저에는 간접적인 왕명에 의한 경우가 많았고, 경우에 따라서는 왕의 명령에 의해 교서관에서 간행하는 적극적인 명간命刊이 이루어졌다. 명현의 문장 보존이라는 문집 간행의 필요성은 계속적으로 부각되었으나, 증가하는 명현의 유고 간행과 이들 유고의 보급 확대라는 문제는 중앙에서 소화하기에 역부족이었다. 중앙에서 이루어지던 문집 간행과 배포는 그 한계로 인해 지방의 물적 자원과 노동력을 필요로 하게 되었으며, 이는 감영과 지방관아 중심으로 문집 간행이 성행하는 결과를 가져왔다.

문집 간행을 주도하였던 지방관은 감사監司뿐만 아니라 절도사·부윤·목사·부사·군수·현령·현감·찰방 등으로 고을 수령직에 제수된 지방관이라면 누구나 문집 간행을 하였던 것으로 나타났다. 문집 간행은 경제적 부담이 뒤따랐기 때문에 일반 사가私家 또는 개인이 감당하기 어려웠다. 때문에 선조의 문집 간행을 계획하는 후손들은 유고를 수집·편찬하여 외직外職으로 제수되기를 기다리다가, 지방관에 제수되면 바로 간행사업에 착수하는 형태를 띠기도 하였다. 이것은 자신의 봉급, 지방관아의 물적 자원과 노동력을 동원할 수 있었기 때문이다. 그러나 흉년 등으로 인해 관아의 재정적 어려움이 있는 경우에는 문집 간행을 '사사私事'라 표현하며 전면 중단하거나 간행의 규모를 축소하기도 하였다. 이것은 지방관의 의식 속에 문집 간행이 사적 행위로 인식되었음을 의미한다.

지방관의 문집 간행이 사적 행위로 판단되는 몇 가지 정황을 포착할 수 있는데 다음과 같다. 우선 간행을 계획하거나 진행하는 과정에서 체직되었을 경우 교체되는 수령에게 간행작업을 인수인계하지 않고 자신의 새로운 부임지에서 간행을 재착수하였다. 즉 지방관이라는 인물 중심으로 문집 간행이 이루어졌다. 체직과 동시에 작업이 중단되고 다음 부임지에서 간행이 지속되었던 것은 지방관의 사적 출판에 대한 정황을 보여 주는 근거가 된다. 또한 문집 간행 경위를 기록하며 '봉급을 내어' 간행하였다고 표현한 것으로 미루어 보건대, 자신의 봉급을 상당량 보탬으로써 지방관 스스로 개인적 출판이라는 내면의식을 드러낸 것이라 할 수 있다. 한편 간행을 주관하였던 지역과 관계없이 책판의 소장처를 해당 후손의 근거지로 이동시키고자 했던 정황도 여러 곳에서 확인된다. 특히 출판이 행해졌던 지방관아를 간기刊記에 표시하였음에도 저자와 관련된 타 지역으로 판목을 옮기려 했던 의도는 당시의 문집 간행을 사적 개념으로 인식하였음을 방증하는 것이라 하겠다.

제4부

사생활의 주변

관아에서의 수령은 홀로 떠 있는 외로운 섬과 같았다. 그는 관속들을 가까이할 수 없었다. 그들은 행정 과정에서 자신과 가장 직접 부딪치는 사람들이면서 한편으로 경계해야 할 대상이기도 하였다. 때문에 자신의 속내를 함부로 드러내어 털어놓을 수 있는 대상이 아니었다.

특히 가족을 동반하지 못한 수령은 오늘날의 기러기 아빠나 진배없었다. 늘 가슴 속에 자식에 대한 걱정이 떠날 날이 없었다. 특히 그들에 대한 교육문제가 그의 근심 중 가장 큰 것이었다. 그의 인간적인 외로움을 그는 어떻게 풀어야 했을까. 그 시름에 우연히 관기를 건드렸고 그래서 남몰래 또 다른 가족을 만들 수밖에 없었는지도 모른다.

한편 그는 더욱 자신의 속살을 마음 놓고 드러낼 수 있는 내밀한 사람들이 필요했는지도 모른다. 그와 시도 짓고 시름도 함께 나누고 정사에 대한 의논까지도 할 수 있는 사람이어야 했다. 그리고 관속들을 통제하기 위해 자신의 수족처럼 믿고 의지할 심부름꾼도 필요로 하였다.

【 제11장 】

수령의 고을살이와 가족들

채휘균(경북대 영남문화연구원 HK연구교수)

'기러기 아빠'라는 말은 이제 누구나 아는 말이 되었다. 기러기 아빠들은 아내를 비롯한 자녀들을 자녀교육을 위해서 외국에서 생활하게 하고 자신은 모국에서 혼자 생활한다. 이러한 경우에 혼자 남은 아빠는 가족들의 생활비와 자녀의 교육비를 적절히 송금하면서, 혼자서 생활을 해야 한다.

이와는 조금 다른 형태지만 조선시대 지방의 수령들도 수령으로 부임하게 되면 가족들과 떨어져 혼자 생활하면서 가족들에 대한 관심과 의무를 수행해야 했다. 이들은 오늘날 기러기 아빠들과 형태는 다르지만 조선시대 기러기 아빠라고 할 수 있을 것이다.

하지만 조선시대 지방관들의 경우 모든 지방 수령들이 가족들과 헤어져 기러기 아빠 생활을 한 것은 아니다. 지방의 수령들이 가족들을 데리고 부임할 수 있었는가 하는 문제는 자주 논의되던 문제이다. 어떤 때에는 가족들을 데리고 부임하는 것이 금지되기도 했고, 반면에 허용되기도 했다.

문종 때에는 수령이 가족을 거느리고 부임하는 것을 없애고, 3년만에 체임하여 교대시키자는 논의가 있었는데[1] 이러한 경우에 수령은 가족들과 함께 부임하지 못하고 임지에서 혼자 생활해야 했다. 하지만 이러한 결정은 세조 35년 호조에서 수령이 아록전衙祿田을 받아 가족과 함께 부임하도록 건의하자 바뀌었다. 이때는 함길도와 평안도의 일부 고을에 아록전을 두어 수령이 가족을 거느리고 부임하게 하였다.[2]

따라서 조선시대 지방 수령들이 일괄적으로 기러기 아빠 생활을 했다고 말할 수는 없다. 하지만 실제로 많은 지방 수령들이 한 지역에서 임기 동안만 수령으로 재직했기 때문에 가족들을 항상 데리고 다닐 수는 없었다.

이러한 상황에서 문제는 가장으로서, 아버지로서 역할 수행과 객지에서 혼자 생활해야 하는 외로움이다. 조선시대 가장으로서 아버지의 역할은 조선사회의 특성상 상당히 중요하고 비중 있는 것이었다. 따라서 지방 수령으로 근무하는 아버지와 남편들은 수령의 임무수행과 동시에 바람직한 아버지와 남편의 역할을 수행해야 했다. 지방의 수령으로 임명을 받게 되면 이러한 역할을 수행하는 것이 매우 어렵게 된다. 그럼에도 불구하고 지방 수령들은 임지에서 공직생활을 하는 동안 공적 업무 이외에 틈틈이 가족과 가정사에 대해 깊은 관심을 가지고 가족과 가정을 위한 일을 처리함으로써 자신에게 부여된 가장의 역할에 충실하고자 했다.

지방 수령들의 또 다른 어려움은 가족과 떨어져 혼자 생활하는 동안 겪게 되는 외로움과 고독이다. 이것은 오늘날 기러기 아빠들이 경험하는 것과 마찬가지로 개인의 삶에 어려움을 초래하는 것이다. 이러한 외로움은 임지에서 혼자 생활하는 지방관에게 있어 가족들의 생일이나 기념일, 질병과 연말과 새해를 맞이할 때 더욱 깊어질 수밖에 없다.[3] 이러한 외로움은 경우에 따라서 정식 가족은 아니지만 가족과 유사한 애정의 관계를 맺는 원인이 되기도 한다.

이 글은 이러한 배경에서 가족과 떨어진 상태에서 지방 수령이 그 가족들을 위해 어떠한 역할을 했는지, 가족들의 삶은 어떤 모습이었는지를 묘사하고자 한다. 이를 위해 이 글에서는 조선후기 영남 여러 지역에서 수령으로 재직했던 오횡묵과 그 가족들의 상황을 중심으로 지방 수령생활과 가족 간의 관계를 살펴보고자 한다. 오횡묵은 1834년 12월 27일 출생했으며, 1887년 3월 정선군수旌善郡守, 1888년 8월 자인현감慈仁縣監, 1889년 4월에서 1893년 2월까지 함안군수咸安郡守, 이어서 1894년 10월까지 고성부사固城府使를 역임했고, 1896년 1월에는 지도군수智島郡守, 1897년 5월에는 여수군수, 1898년 8월에는 진보군수, 1900년 2월에는 익산군수, 1901년에는 평택군수를 역임하였다. 그의 관직생활을 살펴보면 1887년 3월 정선군수로 부임하여 1901년 평택군수에 이르기까지 13~4년을 지방에서 근무했음을 알 수 있다.[4]

그의 지방관리 생활은 비교적 늦은 나이인 53세를 전후하여 시작되었고 66~7세까지 여러 지방의 임지에서 생활했다. 그는 긴 지방관 생활 중 자인현감으로 있을 때를 제외하고는 대부분 지역에서 가족과 떨어져 혼자 생활해야 했기 때문에 그에 따른 외로움과 떨어진 지역에서 가족에 대한 자신의 역할 수행 등이 문제였다.

오횡묵은 여러 지방의 수령으로 재직하면서 일기를 남겼는데, 이 일기에는 지방 수령의 공직생활과 관련된 다양한 내용이 포함되어 있지만, 동시에 개인의 사적 행위에 대한 기록도 상세하게 묘사되어 있다. 특별히 자인, 함안, 고성에서 지방 수령으로 근무할 때 남긴 기록에는 가족과 떨어져 지방 근무를 하는 과정에서 느끼게 되는 인간적인 외로움,

가족들에 대한 배려, 가부장의 역할 수행, 가족과 유사한 인간관계 형성 등의 내용이 잘 나타난다. 이러한 점에서 이 글은 오횡묵의 일기를 중심으로 지방 수령생활과 그 가족들 이야기를 살펴보고자 한다.

수령의 아내

임지에서 생긴 아내의 질병

오횡묵이 긴 지방관 생활 중 부인과 함께 임지에서 생활한 것은 1888년 8월부터 1889년 4월까지 자인현감으로 재직할 때였다. 오횡묵은 정선군수에서 자인현감으로 부임하게 되었을 때 아내를 비롯한 가족들과 함께 자인慈仁으로 출발한다. 하지만 오횡묵의 아내는 남편을 따라 자인에 도착했지만 자인에서 생활이 편안하지 않았다. 오횡묵이 자인에 부임한 후 4달 정도 되었을 때 부인은 밤마다 이상한 소리와 괴상한 일에 시달려 고통을 받고 건강이 악화되었다.[5]

이 때문에 오횡묵은 자신이 직접 내아內衙에 머물면서 문제를 파악하려고 했지만 별다른 문제를 발견하지 못했고 부인의 병에도 차도가 없었다. 결국 부인이 이방의 집으로 거처를 옮기는 상황에까지 이르게 되었다.[6] 이러한 와중에서 오횡묵이 자인현감에서 다시 함안군수로 이임하게 되자 부인은 남편을 따라 함안으로 가지 않고 서울 집에 가기로 결정한다.[7] 오횡묵이 자인에서 부인과 함께 생활한 것은 1년밖에 안 되는 짧은 기간이었다. 오횡묵은 함안에 부임한 후에도 몸이 아파 서울로 간 아내에게 늘 관심을 가졌다.

오횡묵은 함안 부임 후 1889년 7월 4일 대구 감영에 가서, 성절聖節이

가깝고 처의 병이 위독하다는 이유로 말미를 요청하여 서울에 가게 되었다.[8] 이때 서울행은 7월 6일에 대구를 출발하여 7월 14일에 서울에 도착했는데, 병으로 늙은 아내가 야위었다고 기록하면서 병든 아내에 대한 안타까운 심정을 나타내고 있다. 이 서울행은 오횡묵이 지방관 생활을 하면서도 공상소의 일을 살펴야 했기 때문에 가야 했던 것으로 보이지만,[9] 동시에 아내의 질병도 염두에 두고 있었다.

아내의 생일 챙기기

오횡묵은 자인에서는 아내와 같이 있었지만 그 이후 지방 수령 생활에서는 아내와 같이할 수 없었다. 이러한 생활에서 오횡묵이 특별히 신경을 쓴 것은 매년 아내의 생일을 잊지 않고 챙기는 것이었다.

그는 함안군수로 4월 21일에 부임하는데, 6월 17일 부인의 생일이 되자 이를 기념하여 쌀밥과 고깃국을 마련하게 하여 통인과 문지기에게 먹도록 하였고, 아내의 생일을 기억함으로써 아내에 대한 애틋한 마음과 생일을 함께하지 못하는 자신의 신세를 표현하였다.

> 객지에 오래 있어 회포 늘 사납더니, 노쇠해질수록 그리움 더 깊어지네.
> 客久懷常惡, 年衰戀更深.
> 집에서 살던 날 익숙히 보았는데, 기쁘게 즐기는 건 매양 요즘 일이라네.
> 慣見居家日, 歡娛每在今.
> 아이들 늘어서서 재롱부릴 때, 부부는 상을 마주하고 앉았지.
> 兒孫聯彩戲, 夫婦對床臨.
> 그 뒤로는 벼슬길을 떠나게 되어, 명절이면 혼자서 시나 읊었지.
> 自從旅宦後, 佳節獨孤吟.

보내 준 옷은 자주 갈아입지만, 간직한 술 누구와 따라 마실까.

寄衣頻換差, 藏酒孰謀斟.

유월이라 열이렛날, 마음에 적혀 있어 잊기 어렵네.

季夏旬之七, 難忘易記心.

생일날이 돌아오니, 음악을 즐기며 사귀던 일 소중하네.

時回弄地瓦, 誼重友床琴.

음식을 보고도 먹을 수가 없으니, 아스라이 소식만 기다린다네.[10]

對飡應不食, 悵然楚鴻音.

오횡묵은 다음 해 1890년 6월 17일에도 아내의 생일을 기억하고 떡, 국수, 고기를 준비하여 관아에 있는 사람들에게 나누어 주고 아내의 생일에 함께하지 못한 아쉬움을 시로 지었다.

관아에 매인 몸 떠남이 허락 아니 되는지라,	家累官衙不許行,
도연명같이 하려는 기약 웃기는구려.	心期笑殺似淵明.
비록 그러나 스스로 생일음식 즐기니,	縱然自嗜生辰供,
매양 마누라 빙자하여 작은 잔치 연다네.	每籍荊釵小宴成.
관속들 한 집안처럼 보고 있으니,	官屬吾看作一家,
집안 가운데 기쁜 일에 어찌 멀리 떨어졌나.	家中有喜豈容遐.
오늘 아침 이 잔치 누구 덕인가 묻지 말라,	今朝此饋休勞問,
서울 집사람 생일잔치 이 관아에서 한다네.[11]	京第生辰是內衙.

1891년 5월에 오횡묵은 가을에 임기가 끝나기 때문에 그 전에 업무를 정리하고 서울로 출발한다. 이때 서울 집에는 5월 20일에 도착하여 아

내와 가족들과 상봉하였다.[12] 오횡묵은 이때 몇 년만에 아내의 생일을 함께 맞게 된다. 1891년 6월 17일 생일은 아내의 회갑이었다. 오횡묵은 아내의 회갑을 검소하게 하라고 자녀들과 가족들에게 이야기했지만 실제로는 그의 뜻대로 간소하게 치르지 못했다. 회갑을 헌수 없이 간략하게 치르려는 오횡묵의 뜻과는 달리 여러 친척과 주변 사람의 권유로 정식으로 헌수례獻壽禮를 올리고 성대하게 치르게 되었다.

이날 오횡묵은 관대와 흑단령을 갖추고 청사에 들어갔고, 부인도 화관을 쓰고 당의를 입고 나란히 앉았다. 오횡묵 부부는 자녀와 조카, 친척들이 함께 한 자리에서 준비된 상을 받고, 아들 3형제와 며느리, 4명의 딸, 손자와 손녀들의 헌수를 받았다. 이날 헌수한 사람은 67명이나 되었기 때문에 12칸 집에 사람이 가득하였다고 기록하고 있다.[13]

오횡묵은 그동안 지방 수령으로 아내의 생일을 함께하지 못했지만 이날 아내의 회갑연을 비교적 성대히 행함으로 다소나마 위안을 얻은 것으로 보인다. 이날 지은 시는 오횡묵의 이러한 마음을 표현하고 있다.

단란한 한 집에 나의 회포가 많은데,	團欒一室我懷多,
지금과 같은 재미가 다시 언제 있을까.	滋味如今更若何.
여러 나무 가지 밑에서 아이들이 과일을 따고,	數樹枝低兒摘果,
여러 향초 향기를 이으니 나비는 꽃을 엿보네.	群芳香續蝶窺花.
노처(老妻)가 이날에 첫 생일을 맞이하니,	老妻此日延初度,
하객들 자리에서 화기롭게 영가(詠歌)하네.	賀客當筵和詠歌.
여러 아들 술잔 들어 장수(長壽)를 기약하니,	諸子稱觴期壽算,
오복이 우리 집에 있다고 사람들 말하는구나.[14]	人言五福在吾家.

아내의 다음 해 생일(1892년 6월 17일)은 단란하게 가족들이 모여 생일잔치를 할 계획했지만 오횡묵의 함안군수 임기가 연장되어 계획대로 하지 못하여 아쉽게 된 심정도 기록하고 있다.[15]

이후 오횡묵은 함안군수를 마치고 고성부사로 옮기게 되었는데, 고성부사로 옮긴 후 1893년 아내의 생일에도 아내의 생일을 기억하고 일기에 기록하였으며, 생일을 아내와 함께하지는 못했지만 음식을 만들어서 삼반三班이 골고루 나누어 먹고 시를 지었다.[16]

다음 해 1894년에 오횡묵은 아내를 임지인 고성으로 데리고 올 계획을 세웠다. 그리고 이 계획을 구체적으로 진행하여 아내가 올 경우 처소를 수리하기 위한 경비가 180냥 정도 들 것이라고 기록하고 있다.[17] 하지만 이 계획은 실행되지 못했다. 아내를 임지에 데리고 올 계획이 성사되지 못한 이유는 알 수 없지만, 당시 국내사정이 매우 불안한 상황이었다. 당시 일기에는 동학도의 활동과 청일전쟁 등으로 서울의 물가가 폭등했다는 소식을 기록하고 있는데, 이런 상황에서 서울에서 고성까지 60살이 넘은 아내를 데리고 오기는 어려웠을 것이다.

이런 사정에서 오횡묵은 1894년 아내 생일도 결국 음식을 준비해 주변 사람을 대접하는 것으로 대신할 수밖에 없었다. 이해에 오횡묵은 환갑이었는데, 나이가 들어 서로 기뻐해야 하는데 그렇게 하지 못해 마음이 결연하였으며, 국수를 준비해서 여러 사람에게 나누어 주고 자신의 심정을 나타내는 시 한 편을 지었다.

늘그막에 늘 한 집에서 단란함 생각하니,	垂老常思一室團,
생일 때 도리어 즐겁지 않음 알겠도다.	遇辰還覺減人歡.
백 년을 산다 해도 이날이 몇 번이 남았겠나,	百年晬酌餘能幾,

천 리 밖에 외로이 각각 혼자로다.	千里孤棲各自單.
비록 자식이 함께하여 위로하지만,	縱有停鸞同作舞,
두 노인이 마주 소반을 대하지 못하도다.[18]	好違雙鶴對臨盤.

오횡묵이 오랫동안 떨어져 있던 아내와 다시 함께 생활할 수 있게 된 것은 1894년 8월 29일 고성부사를 마친 후였다. 하지만 당시 서울은 극심한 혼란으로 집안 식구들이 피난을 갔기 때문에 가족들을 만나는 것도 쉽지 않았다. 오횡묵이 서울에 도착해서 9월 17일에 집에 도착했을 때 아내와 식구들은 피난을 가고, 단지 치영의 아내와 하인들 몇 명만 남아 있었다.[19]

오횡묵은 고성부사를 마치고 상경할 때까지 가족들의 자세한 상황을 모르고 있었던 것으로 짐작된다. 서울에 와서야 사람들로부터 가족들이 어디에 있는지 자세한 상황을 파악하고 있다. 이후에 오횡묵은 아내의 우환과 자식들의 질병의 상황을 보고하고 시간을 얻어 가족들을 돌보라는 허락을 받고 가족들을 만나러 갈 수 있게 되었다.[20] 이후 아내와 만남은 10월 22일에 이루어지는데 이날 일기에는 천 리 밖에서 4년을 보내고 서로 만나는 장면을 온가족이 이웃들까지 나와 맞이하고, 방에서 늙은 아내가 문에서 기다리고 있었다고 기록한다.[21]

수령의 아들들

오횡묵에게는 아들 학선學善, 익선翼善, 극선克善과 다섯 명의 딸이 있었다. 학선은 함안총쇄록과 『固城叢瑣錄』에 의하면 오횡묵이 함안군수

재직 때인 1889년 당시 통영 관할의 욕지도 개간일로 통제영에 있었던 것이 3년 된 것으로 나타난다. 둘째 익선은 1889년 10월에는 수문장으로 벼슬길에 나섰다. 셋째 아들 극선은 1893년 친림시親臨試에 참여하였고, 12월 18일, 19일 양일간의 응제應製에 참여하여 예선에는 통과했으나 최종합격은 하지 못했다. 셋째 극선은 아버지의 임지인 함안에서 공부할 계획으로 함안에 왔으나 실제로 공부에 몰두하지는 못했다.

임지 인근에 근무한 첫째 아들

오횡묵은 함안, 고성에서 지방 수령으로 근무하면서 임지와 가까운 통영에 있는 첫째 아들 학선과는 자주 연락을 주고받으며 수시로 내왕할 수 있었다. 함안에서 첫째 아들 학선이 있는 통영까지는 가까운 거리였으며, 상호 내왕하는 인편이 많았기 때문에 서로의 생활형편과 사정을 빠르게 확인할 수 있었다. 고성과 통영은 인접한 지역이기 때문에 함안에서보다 더욱 긴밀하게 연락을 주고받을 수 있는 지역이었다. 이러한 점에서 자녀들 가운데 학선과의 상호교류 내용이 가장 빈번하게 나타난다.

오횡묵과 첫째 아들 학선의 관계에서 두드러지게 나타나는 것은 학선이 오횡묵의 부임지인 함안과 고성에서 가까운 통영에 욕지도 개척일로 통영 통제영의 양로당에 머물러 있었기 때문이다.[22] 이러한 점 때문에 학선은 오횡묵이 함안군수로 4월 21일 부임할 때 4월 19일에 함안에 와서 아버지의 도임행사에 참석하고, 21일에는 함께 밤새워 이야기를 나누다가 4월 24일에 돌아가기도 하였다.[23]

이후에도 오횡묵은 첫째 아들 학선과 빈번하게 서로 편지를 주고받았으며, 학선이 통제영에서 필요한 일들을 대신해 주기도 한다. 예를 들면 오횡묵이 함안군수로 부임한 후 통제영에 임금의 명을 받으러 갔을 때

그림 1. 통제영 세병관 통영시청 제공

에는 통제영에 있던 아들 학선이 오횡묵을 대신하여 전달할 말을 전하고, 식사를 준비해서 오횡묵에게 보내기도 하였다.[24]

학선은 상경할 일이 있을 때에도 함안의 아버지에게 와서 잠을 자고 가거나 상경하는 도중에 소식을 전하기도 하였다. 1889년 12월 15일에는 기선을 타고 상경하기 위해서 함안에 와서 자고, 다음 날 동래로 출발하였다. 하지만 이때 학선은 동래에서 배를 놓치고 마포로 가서 12월 20일에 배를 타고 상경하게 되었는데 이러한 사실을 오횡묵에게 알리고 있다.[25]

1890년 여름에 오횡묵은 휴가를 얻어 상경할 계획이었으나 이 계획은 성사되지 못하였다.[26] 상경이 불가능해진 오횡묵은 1890년 8월 11일에 아들 학선에게 편지하여 중요한 일이 있으니 20일 뒤에 오라고 하고, 8월 25일 학선이 상경 길에 함안에 들렀을 때 자신을 대신해 서울에서 할 일을 말해 준다.[27]

1891년 1월 14일에는 국왕이 지난 해 12월 27일 오학선을 비롯한 5명에게 명하여 가난한 사람들을 위해 쌀과 돈을 나누어 주라는 명을 내렸다는 사실을 알게 되었다. 오횡묵은 이 소식을 듣고 무척 기뻐하였으며, 임금의 덕을 칭송하였다.[28] 이때 가난한 사람들을 구제하는 일을 맡은 사람들을 나중에 임금이 다시 불러 이번에는 도성 밖에 있는 사람들까지 구제하도록 하고, 오학선에게는 서부지역을 담당케 하였다. 오횡묵은 이 사실을 아들 학선이 다시 통영으로 가기 위해서 서울을 출발하여 함안에 들렀을 때인 3월 9일에 알게 되었다.[29]

오횡묵의 첫째 아들 학선에 대한 애정은 아들의 생일을 기억하고 챙겨 주는 일에서 두드러진다. 오횡묵은 아내의 생일을 기억하여 함께할 수 없음을 서운해하는 것과 마찬가지로 아들 학선의 생일을 매년 기억하고 함께하지 못함을 섭섭해한다. 첫째 아들 학선은 생일은 5월 13일인데, 오횡묵이 함안과 고성에 있을 때인 1889년, 1890년, 1893년, 1894년에 각각 생일을 기억하여 기록하고 있다. 다른 아들의 생일에 대한 기록은 하지 않는 데 비해 유독 학선의 생일은 아내의 생일과 마찬가지로 챙기고 있다.

1889년 학선의 생일은 오횡묵이 함안에 부임한 다음 달에 있었는데, 이때 오횡묵은 아들 학선의 생일을 기억하면서 가족들이 함께하지 못하는 심정을 시로 남기고 있다.

생일날 음식 차려 즐기는 건 세상에서 다 그렇게 하는 것,	弧辰餙喜世皆然,
부모님 다 살아 계시면 그 사람 즐거움 더욱 온전하다네.	具慶其人樂更全.
바로 우리 집이 원만한 날에 속하고,	正屬儂家圓滿日,
또 아들은 멀리서 벼슬하는 때라네.	又當兒子宦遊年.

여름이나 겨울의 명절을 외롭게 보내고, 伏臘歲時孤度節,
부모형제는 하늘 한쪽 끝에 있다네. 爺孃兄弟一方天.
오늘 아침 양로당의 자리에서, 今朝養老堂中席,
음식 대하여 못 먹고 멀리 있는 널 어여삐 여긴다네.[30] 對食不飧遙汝憐.

다음 해인 1890년 아들 생일에는 생일 전날인 5월 12일 학선이 편지와 사슴가죽으로 만든 요와 김치 항아리를 오횡묵에게 보냈다. 이것을 받고 김치는 남쪽으로 와서 처음 먹으니 기쁘게 밥을 더 먹게 되었다며 기뻐하였다.[31] 다음 날인 5월 13일이 아들의 생일인데, 아들의 생일을 기억하여 기록하고 함께하지 못하여 착잡한 심정을 시로 표현하고 있다.

나는 남방에서도 또 이향에 있으니, 一是南方又異鄉,
해마다 오늘은 신세타령 길어지네. 年年今日歡分張.
세월은 한정 있고 1년은 잘도 돌아오는데, 星霜有限周朞返,
떡과 술도 무료하니 두 곳이 아득하네. 餠酒無聊兩地茫.
벼슬살이에 집식구 안부할 겨를도 없는데, 宦業靡遑問家室,
아들은 응당 부모생각 배로 나리라. 兒懷應倍戀爺孃.
너의 총명 추억하니 도리어 괴로운데, 衰齡記性還堪苦,
생일잔치도 제대로 안 되니 차라리 잊고 싶네.[32] 餙喜未圓寧欲忘.

1891년 5월에는 오횡묵이 서울로 상경하는 길이었기 때문에 아들의 생일에 대한 기록이 없다. 다음 해 1892년 5월에는 함안에 있었는데, 이때 마침 아들 극선과 손자 시영이 공부를 하러 함안에 와 있었다. 하지만 이때 학선은 통영에 있었기 때문에 비록 가까운 거리에 있었지만 생일을 함께할 수 없었다. 오횡묵은 이러한 아쉬움을 시로 남겼다.

사람 사는 집에서 즐거운 일은 생일잔치,	人家樂事是弧辰,
마주보고 춤추는 색동옷은 양친을 기쁘게 한다네.	對舞斑衣悅兩親.
한 관직 지키느라 외롭게 지낸 뒤에,	爭奈一官孤渡後,
천 리 길에서 돌아가지 못하게 되면 어찌할까.	長爲千里未歸身.
오늘 아침 양로당 가운데 손님들도,	今朝養老堂中客,
일찍이는 부모형제 슬하의 사람이었다네.	曾是連枝膝下人.
너의 첫 생일을 생각해 보니,	想見記來初度日,
그리움에 밥맛이 없어 음식을 먹지 못하겠네.[33]	臨飧不食味酸辛.

1893년에 오횡묵은 고성부사로 근무하였는데, 이 해에는 아들의 생일 하루 전날인 5월 12일에 다음 날이 아들 생일임을 기억하여 가족이 모이지 못하여 마음이 허전하다고 기록하고, 점미粘米, 녹두綠豆, 적두赤豆, 목맥미木麥米 각각 3두, 백청白淸, 진유眞油 각각 1두, 돈 50냥을 아들이 있는 양로당으로 편지와 함께 보냈다. 그러자 다음 날 13일과 그 다음 날 14일에는 이틀 연이어 학선의 편지가 도착했다.[34]

1894년에도 오횡묵은 고성에 있었는데 이해 5월 13일 학선의 생일에는 오랫동안 서울 집 소식도 듣지 못하여, 아들의 생일이 되자 가족과 멀리 떨어져 있는 상황이 더욱 외롭게 느껴진 것으로 보인다. 그래서 이날은 마침 찾아온 사람과 기생을 불러 술을 마시며 회포를 풀고 시도 읊었다.[35]

천애 먼 곳에서 오래도록 돌아가지 못하니,	天涯久作未歸人,
계절 풍광은 점점 새롭기만 하네.	節物風光轉眪新.

공직은 여가 없어 술 마시기 어렵고, 公暇無多携酒日,
늙은 나이에도 아들 낳은 기억은 남아 있노라. 衰年猶記弄璋辰.
좋은 손님 마침 남촌에서 이르고, 佳賓適至村南鎭,
묘한 기생도 따라서 청춘을 부르도다. 妙妓仍招市上春.
멀리 자하산 아래 집을 생각하니, 遙憶紫霞山下宅,
때때옷 입은 아들, 거듭 어버이 생각하리라.[36] 彩衣應復倍思親.

아들의 생일을 기억하고 챙기는 것에는 아내의 생일을 기억하고 챙기는 것과 비슷한 심정이 드러난다. 아들과 아내의 생일을 통해 가족과 떨어진 지방의 관직 생활에 대한 외로움을 더욱 느끼는 것이다.

가족에 대한 그리움은 아들이나 가족이 아플 때 더욱 안타깝게 나타난다. 오횡묵의 사랑하는 아들 학선은 오횡묵이 고성에 근무할 때 병이 걸렸다. 학선은 자신의 증상을 아버지에게 편지로 알렸는데, 1893년 4월 22일 학선의 편지에는 지황탕 한 제를 먹고, 군자탕 한 제를 이날부터 먹기 시작한다고 알리고 있다. 학선의 병은 3달이 지난 7월 21일에 더 심해졌다. 이 소식을 듣고 오횡묵이 의원에 문의하라고 지시하였지만 아들의 질병은 쉽게 회복되지 않았다. 그 후 8월 6일에 오횡묵이 통영에 도착했을 때 학선이 병중에 억지로 머리를 빗고 일어났고, 방광 아픈 증세는 약을 많이 사용하여 줄어들고 있음을 확인하였다.[37]

하지만 아들 학선의 병세는 이후에도 쉽게 낫지 않았다. 8월 17일에는 병세가 더욱 심하다는 소식을 들은 오횡묵은 아전에게 고명한 의원을 찾게 한 결과, 고성 하일면에 사는 박준수를 소개받고 그에게 사람과 말을 보내어 통영으로 가서 학아의 병을 낫게 한 후에 오라고 부탁하였다. 박준수라는 의원의 치료는 효과를 발휘하여 9월 3일에 오횡묵이 통영

양로당에 갔을 때 학아의 병이 쾌차하고 박 의원은 떠났다는 사실을 알게 되었다. 박 의원은 8월 18일에 통영에 와서 9월 3일까지 치료를 하였던 것이다.[38] 이와 같이 지방 수령으로 근무하면서도 오횡묵은 아들의 질병에 대한 세심한 관심을 가지고 치료를 위한 노력을 충분히 했다.

오횡묵의 아들에 대한 애정은 아들이 가까이했던 기생과 기생이 낳은 아이를 대하는 태도에서도 나타난다. 오횡묵의 아들 학선은 통영에서 머무르는 동안 기생 송절松節과 가깝게 지냈다. 그런데 오횡묵이 통제사의 명을 받기 위해 통제영에 들렀을 때 기생과 악공을 불러 연회하는 곳에 송절이 불려 나왔다. 이때 송절은 오횡묵이 아들 학선과 자신의 관계를 모르는 줄 알고 두렵고 위축되어서 가까이 나오지 못하였다. 하지만 오횡묵이 이러한 상황을 알고 송절을 불러서 마음을 편하게 해 주었기 때문에 송절은 마음을 풀고 얼굴이 밝아지게 되었다.[39]

이후 학선과 송절松節이 어떤 생활을 했는지는 알 수 없지만, 송절은 통제영에서 오횡묵과 만난 후에 학선의 딸을 낳았다. 이러한 사실은 1890년 9월 28일 오횡묵이 밀양의 겸관으로 밀양에 가서 공무를 처리하고 돌아왔을 때 기생 송절이 딸을 데리고 함안에 왔다는 사실에서 나타난다.

이러한 상황에서 이들 모녀를 대하는 오횡묵의 태도는 인상적이다. 함안에 돌아온 그날 송절 모녀가 왔다는 소식을 듣고 오횡묵은 어린아이의 재롱을 급히 보고자 하였으나 이날은 밤이 깊어서 보지 못하였다. 그래서 다음 날인 29일 송절이 머물고 있는 곳에 가서 손녀를 보고 매우 기뻐하였다.[40]

송절이 자신이 낳은 학선의 딸을 데리고 학선의 아버지인 오횡묵을 만나러 온 사실, 그리고 이들 모녀를 찾아가서 만난 후에 송절이 낳은 딸을 손녀라고 부르면서 기뻐하는 오횡묵의 태도에서, 이들이 비록 신분의 차이는 있었지만 서로 가족으로 인식하고 있었음을 알 수 있다. 이러한 오횡묵의 태도가 당시 거리낌 없이 허용되는 관습 때문인지는 명확하게 알 수 없지만 아들과 아들의 여인, 아들의 핏줄에 대한 인정과 기쁨이 드러나는 장면이다.

아들과 기생 송절의 관계를 당연시하고, 그 사이에 태어난 딸을 손녀로 인정하고 기뻐하는 오횡묵의 태도, 관기로서 낳은 딸을 데리고 오횡묵에게 찾아온 송절의 태도는 당시의 신분질서를 고려할 때 쉽게 납득되지 않는 장면이다. 비록 아들이 집을 떠나 지방에서 근무하기 때문에 오횡묵 자신이 그랬던 것처럼 관기와 어울릴 수 있다는 사실은 인정할 수 있는 일이라고 해도, 그것을 기뻐하면서 인정하고 장려할 만한 일인가 하는 것이다. 오횡묵이나 학선이 이들 모녀에게 어느 정도 보상을 해줄 수는 있었겠지만, 그렇다 하더라도 기생과 기생의 딸로 살아야 했던 그들의 삶에 대한 책임감은 보이지 않는다. 이러한 점에서 송절과 그의 딸은 분명 오횡묵의 가족이지만 정식 가족의 경계 안으로 들어올 수 없는 가족이었다. 비록 이들 모녀에 대한 애정과 안타까움은 있었겠지만 그들을 정식 가족으로 대할 수는 없었던 것이다. 개인은 자신이 속한 시대적 가치와 관습을 뛰어넘기가 어려운 것이다.

수문장守門將이 된 둘째 아들

오횡묵이 자인현감을 마치고 함안군수로 이직할 때 아내의 몸이 아파서 아내를 고향 집으로 보내게 되는데 이때 어머니를 모시고 가던 둘째 아들 익선이 말에서 떨어지는 사고를 당하게 되었다.[41] 이 때문에 오횡묵은 함안군수로 부임하기 위해 대구 감영에 가서도 둘째 아들의 부상 때문에 걱정이 많았다. 둘째 아들은 이후에 모친과 동행하지 못하고 점사店舍에 머물렀다가 다시 대구에서 쉬게 되었다.[42]

오횡묵은 함안군수로 부임한 후인 5월 2일에 아들 익선의 근황을 알아보도록 아전을 보내고, 이 아전을 통해 5월 7일 아들의 병이 나아서 몇 달 내에 거동이 가능하다는 보고를 받고 기뻐했다.[43] 이후 5월 16일에는 치영과 계복이 대구에서 내려와 "아드님 나으리께서 요즈음 완전히 나아 마음대로 움직일 수 있습니다. 그런데 전에 사또께서 '형편을 봐서 바로 가라'는 말씀이 있어서 어제 대구에서 서울로 바로 떠났고, 소인들은 이제 여기로 내려왔습니다."라고 보고했다.[44] 이 보고를 받은 후에 그는 기쁨의 시를 지었다.

지난번 마음이 놀랐던 날,	憶昨驚心日,
모든 일 새옹에게 맡겨 두었지.	萬事付塞翁.
일찍 죽은 것은 진실로 운명에 달린 것이라,	短折諒由命,
의약으로 그 효력을 시험했다네.	刀圭故試功.
내가 아버지로서 매우 자애롭지 못했기에,	自同不慈心,
그를 다른 사람의 손에 맡겨 두었네.	任他人手中.
애가 타 긴 창자 한 치도 남지 않았고,	猿腸無一寸,
허연 머리는 쑥대밭 같았다네.	鶴髮欲千蓬.
여관 방 차가운 등불 아래서,	寒燈旅館裏,
근심하다가 다시 외로워했네.	耿耿復忡忡.
오랜 세월이 흘러가고 보니,	日月消磨久,
내 몸과 집 액운 다 끝났나 보다.	身家厄會終.
소식 전하는 하인들이 온 것을 보고,	忽見奴星到,

오늘 아침 기쁜 소식 통했네. 今朝喜信通.
신선의 처방으로 뼈를 이어서, 仙方傳續骨,
돌아가는 길에 긴 바람을 타겠네. 歸路駕長風.
시원하도다! 더욱 잘 자고 잘 먹어, 快哉加寢飯,
안개를 헤치고 푸른 하늘을 봐야지.[45] 披霧覩青空.

이러한 기쁨의 시에 이어서 다음 날 오횡묵은 함안에 온 이후 자신이 계속 학질 증세로 힘이 없고 아픈 것이 오래되어 기운이 빠졌는데, 대구에서 아들이 완쾌되었다는 소식을 듣고 가슴이 시원해지고, 구름이 걷혀 푸른 하늘을 보는 듯 눈이 환해졌다고 하였다. 그는 자신의 병이 아들 익선이 다친 것 때문에 생긴 것으로 보고, 이제 아들이 완치되었다는 기쁜 소식이 자신의 병을 낫게 했다고 이해하고 있다.[46]

하지만 익선의 다리가 붓는 병은 1889년 6월에 오횡묵이 상경하여 집에 들렀을 때에도 완치되지 않아서 나중에도 문제가 되지 않을까 걱정할 정도였다.[47] 오횡묵은 이때 상경하여 10월 8일까지 서울에 머물렀는데, 8월 3일 일기에 익선의 다리가 나아간다고 기록하고 있다.[48] 익선의 낙마사고는 3월 말이었는데 8월 초에 다리가 나아간다고 한 사실로 볼 때 대략 4달 정도 부러진 다리 때문에 고생했던 것이다.

상경하여 서울에 있던 오횡묵이 다시 함안으로 돌아온 며칠 뒤에 집에서 보낸 편지를 통해 익선이 10월 9일에 수문장에 임명되어 처음으로 벼슬길에 나갔고, 5일 후에 6품에 올랐다는 소식을 듣게 되는데, 이때 그의 다리는 완치된 것으로 보인다.[49] 익선이 수문장으로 임명된 10월 9일은 오횡묵이 서울에 상경하여 공상소 일을 처리하고 함안으로 출발한 다음 날이었다. 이 소식을 함안에서 듣게 된 오횡묵은 특별한 은혜와 영

화로운 느낌에 즐거워하면서 임금의 은혜에 감사하는 시를 짓는다.[50]

아버지 임지에 공부하러 온 셋째 아들

오횡묵의 셋째 아들 극선은 첫째 아들 학선, 둘째 아들 익선과 달리 오횡묵의 걱정이 많았던 아들이다. 첫째 아들은 오횡묵이 함안과 고성에 근무할 때 가까운 통영의 통제영에 근무하면서 아버지와 빈번하게 연락을 주고받고 때로는 아버지가 필요로 하는 일을 하기도 했고, 아버지에게 필요한 소식을 전하기도 했다. 둘째 아들 익선은 비록 자인현감을 마치고 이임할 때 어머니를 모시고 가다가 낙마하여 오랫동안 오횡묵의 근심거리였으나, 회복된 이후에 수문장에 임명되고 6품에 올랐기 때문에 오횡묵의 기쁨을 주었다. 하지만 셋째 아들 극선의 경우에는 다른 두 아들과는 달리 오횡묵을 근심하게 한 아들이었다.

오횡묵은 자인현감으로 부임할 때 가족들을 데리고 부임하였는데, 이때 극선은 오횡묵과 함께 자인으로 내려갔다.[51] 하지만 함안군수로 부임할 때는 가족들은 본가로 가고 오횡묵 혼자 함안에 부임하였기 때문에 극선은 아버지와 함께 생활하지 못했다. 그러나 1892년 4월에 극선은 아버지가 있는 함안으로 내려갔다. 오횡묵은 아들 극선과 손자 시영을 불러서 자신의 옆에 두고 저술 일도 시키고 공부하는 것도 독려할 계획이었던 것이다.

1892년 4월 10일 일기에 극선과 학선의 아들 시영은 배를 타고 부산으로 왔으며, 학선은 4월 20일 통사의 부임을 위해 통영에 갔을 때 극선과 시영을 만났다. 극선과 시영은 학선이 있는 통영에 더 있다가 5월 2일에 함안으로 왔다. 5월 5일 극선과 시영은 오횡묵이 있는 함안에서 저술을 시작했는데 대부분을 석성에게 의존하였다.[52]

이들은 함안에 있다가 5월 25일에 학선이 편지를 보내어 극선과 시영을 데리고 욕지도에 들어가고 싶다고 알려 오자 오횡묵이 이들을 통영으로 보내어 욕지도에 갈 수 있도록 허락해 주었다. 이들은 5월 29일에 욕지도에 도착하였으며 이후에도 학선이 있는 욕지도에 계속 있었다. 극선과 시영이 욕지도에서 돌아온 것은 이해 9월 14일이었다.

이때 오횡묵은 극선과 시영이 욕지도에 가서 지나치게 오래 있었기 때문에, 그동안 부모를 살피지 못한 것과 학문에 소홀히 한 것에 대해 꾸중을 했다. 꾸중을 들은 이들은 가을이 되면 나오려고 생각했는데, 미루다가 늦었다고 변명을 하면서 이후에 열심히 공부하겠다고 용서를 구하였다.[53]

이들이 함안을 떠나 욕지도에 간 것은 5월 25일이었고 돌아온 것은 9월 14일이었으므로 대략 4달을 욕지도에서 놀다가 온 것이다. 아버지 오횡묵의 입장에서 화가 나고 실망스러운 일이었고, 극선과 시영의 입장은 여름을 섬에서 놀고 왔기 때문에 면목이 없는 상황이었다. 아버지의 입장에서는 실망스럽고 안타까운 자식들이었다.

하지만 극선은 학문에는 별 관심이 없었던 것으로 보인다. 욕지도에서 돌아와서 열심히 공부하겠다고 했지만, 친구의 초대를 받고 가서 놀기를 즐겼다. 가까운 곳에 있는 친구가 찰방이었는데 그는 극선과 서울에서 친하게 지내던 사이였다. 여러 번 극선을 초대하였으나 오횡묵이 초대받아서 가는 것을 허락하지 않았기 때문에 가지 못했다. 하지만 결국 10월 19일에는 극선이 갈 수 있도록 여러 사람이 간청했기 때문에 극선은 친구에게 가서 마음껏 놀다가 왔다.[54]

극선은 아버지의 기대와는 달리 여름은 욕지도에서 보내고, 가을에 와서 열심히 학문에 몰두하겠다고 했으나 욕지도에서 돌아온 후 한 달

만에 또 친구의 초대를 받고 놀다가 온 것이다. 11월 4일 일기에는 아들과 손자가 공부하는 모습을 지켜보던 오횡묵이 이들이 공부보다는 집으로 돌아가고 싶은 마음이 많다는 것을 눈치 채고 있음이 드러난다. 이때 시영은 아버지 학선에게 인사하러 간다고 통영으로 가 버렸다.[55]

이후에 혼자 남게 된 극선은 11월 7일 집에서 온 편지를 통해 지난 10월 15일에 딸이 태어났다는 소식을 듣게 된다.[56] 그렇지 않아도 집에 돌아가고 싶었던 극선은 이 소식을 듣고 병이 날 지경에 이르렀다. 극선은 황달이 심해지고, 침식을 못하는 지경까지 이르렀다. 주변 사람들이 이것을 보고 아들을 서울로 올려 보내는 것이 좋겠다고 권할 정도로 극선의 상황은 심각한 것이었다. 오횡묵은 처음에는 이를 허락하지 않다가 결국 허락하고 말았다.

이때의 심정에 대해서 오횡묵은 남쪽으로 온 4년 동안 외롭고 메말라 중과 같은 생활을 하느라 자식들을 훈육하고 독려하는 사람이 없어서 자식들을 불러서 수업修業에 힘쓰게 하고 싶었지만 자식들이 자신의 기대에 미치지 못함을 안타까워하고 있다. 이때 그의 안타까움과 실망스러움이 어떠한 것이었는지는 이날 쓴 시에 잘 드러난다.

......

자손들을 지극히 사랑하고,	止慈孫及子,
아버지와 스승에게 글자를 물을지니.	問字父兼師.
어찌하여 돌아가고 싶은 생각만 간절히 하여,	云胡歸思切,
파리하고 야윈 나에게 근심을 끼쳐 주는가.	瘐損我憂貽.
간다고 하니 내가 어찌하랴,	曰去吾無奈,
그의 가는 바에 맡겨야지.	任他之所之.

종일 심회가 나빠, 盡日心懷惡,
근심스럽게 턱을 괴네. 愀然拄笏頤.
혹시 있을 수 있다고 사람들은 말하지만, 人言容或有,
일부러 너그럽게 말할 것은 없다네. 莫是故寬辭.
...... [57]

결국 1892년 4월에 남쪽으로 내려오도록 해서 아버지 곁에서 공부하도록 하겠다는 오횡묵의 계획은 물거품이 되었다. 5월 2일 함안에 온 극선은 5월 25일부터 통영 욕지도에 가서 여름을 다 보내고 가을인 9월 14일에 다시 함안에 와서 열심히 공부하겠다고 각오를 했다. 하지만 10월에는 친구의 초대를 받아서 놀다가 오고, 11월에는 시영이 아버지 학선이 있는 통영으로 간 후에는 공부에는 뜻을 두지 못하고 오직 서울 집으로 돌아갈 생각만 했던 것이다. 이런 아들을 곁에 두고 볼 수도 없게 된 아버지 오횡묵은 서운하고 실망스러운 마음이 얼마나 컸던지 종일 마음이 좋지 않아서 근심스럽게 턱을 괴고 있다고 할 정도였으니 그 마음이 어떠했을지 짐작이 간다. 남쪽 함안에서 지방 수령으로 근무하는 아버지를 찾아온 둘째 아들 극선은 남쪽으로 온 지 6달만에 아버지에게 실망만 남기고 마침내 서울로 돌아가게 되었다.

서울로 간 극선은 오횡묵이 고성부사로 옮긴 후인 1893년 8월 5일에 임금이 임석한 시험에서 상격賞格에 참여하였다.[58] 그해 12월 18일 세자 책봉례를 기념하는 응제應製에서 연달아 예선을 통과했으나 결국 참방參榜은 하지 못했다. 이러한 소식을 들은 오횡묵은 아들의 불운에 안타까워하며 합격하지 못함에 실망하였다.[59]

이후에 극선이 어떻게 되었는지는 알 수 없고, 몇 년이 지난 1897년 5월

8일 오횡묵이 지도군수로 재임할 때 극선이 학부국장의 추천으로 중국어 학교에 입학했는데, 이 중국어 학교의 교사는 중국인이고, 학교는 전의감이 있던 곳에 설립되었으며, 학도는 50여 명으로 모두 재상의 자제들이라는 소식을 받게 된다. 이러한 사실로 볼 때 극선은 결국 이 시기에 설립된 중국어 학교에 입학했던 것으로 볼 수 있다.[60] 마침 이때 시영은 일본어 학교에 입학했다. 함안에 있을 때 함께 공부하러 와서 놀기만 하던 극선과 시영은 이때서야 한 사람은 중국어 학교에, 한 사람은 일본어 학교에 입학한 것이다. 시대상황이 바뀜에 따라 이들은 각각 중국어 학교와 일본어 학교에 입학하게 되었는데, 이들이 외국어 학교에 입학하게 된 과정에는 아버지이자 할아버지였던 오횡묵의 영향력이 있었던 것이다.

수령의 딸과 며느리

오횡묵의 딸은 다섯 명이 있었는데, 딸들 중에서 막내딸은 오횡묵이 함안군수로 있을 때 혼인한다. 막내딸은 1890년 1월 18일에 혼인하였는데 오횡묵은 이 혼례에 참석할 수 없었다. 막내딸은 그 전해 서울에 있을 때 정혼하였다가 이때 혼인하게 된 것이다. 이 혼인에 대해 오횡묵은 아내와 아들들이 모두 있으므로 혼사준비는 할 수 있겠지만 자신은 몸이 먼 고을에 와 있어 즐거운 광경을 보지 못한다는 생각에 더욱 그리워진다고 하면서 안타까움을 드러낸다.[61]

또한 오횡묵의 4번째 딸 권실은 오횡묵이 고성부사로 재임하던 1893년 사망하였다. 오횡묵은 이 딸이 갑자기 죽었다는 소식을 듣고 참담함을 느꼈다.[62]

오횡묵은 지방관 생활로 인해 딸의 혼인에 참석하지도 못하여 아쉽고 서운한 마음이 들었고, 갑작스러운 딸의 죽음 소식도 먼 지방에서 듣고 가슴 아파할 뿐이었다. 즐거운 일이나 괴로운 일이 있을 때 가족들과 함께하지 못한다는 자책감은 가족들과 떨어져 생활해야 하는 지방 수령의 아픔이었던 것이다.

오횡묵의 큰 자부子婦 학선의 아내는 학선이 통영의 통제영에 근무하였기 때문에 남편과 떨어져 생활해야 했다. 이러한 와중에 학선의 아내는 다리에 질병이 생겨서 고통을 겪었다. 오횡묵은 며느리의 질병에도 관심을 가지고 신경을 썼다. 큰 자부는 다리 마비 증세가 있었는데, 이를 치료하기 위해 소똥으로 뜸을 뜨게 하였다는 것을 기록하고 있다.[63] 하지만 며느리의 다리는 결국 종기가 되었기 때문에 종기를 다루는 의원을 청하여 종기를 터뜨렸다. 이 종기가 너무 심하여 생사를 분별하기가 어려울 정도여서 인삼을 달여 먹였다는 내용을 기록하고 있다.[64]

오횡묵은 며느리 다리가 완치되지 않은 상황에서 다시 함안으로 내려가며 큰며느리의 다리 종기에 대한 염려가 있었다. 비록 손자인 유영이 자신의 어머니를 열심히 간호한다고 생각은 했지만 함안으로 내려가는 마음은 무거웠던 것이다.[65]

수령의 손자와 손녀들

1891년 서울에서 아들과 손자들에게 시詩로써 뜻을 보이게 했을 때 학선은 효도로 가문을 승계하겠다는 뜻을 보였고, 익선은 효우孝友로 주경야독을, 극선은 문학이 능하면 백사형통임을, 장손 유영은 효도를, 차손

시영은 병사가 되고 싶다는 뜻을 보였다.[66]

오횡묵의 손자로 일기에 등장하는 인물은 장손 유영, 차손 시영이 있는데, 장손 유영은 서울에 머무르며, 1892년 3월 17일 별시 초시에 합격하여 상을 받았다. 이때 조카 영선과 차손 시영은 회시에 낙방하였다.[67] 유영은 또 할아버지와 아버지가 집에 없었기 때문에 집에 있으면서 손님 접대하는 역할을 맡기도 했다. 1892년 7월 19일 오횡묵의 일기에는 서울 본가에 재상들이 손님으로 와서 자고 갔는데 유영이 이들을 잘 대접했는지 염려하는 내용이 기록되어 있다.[68]

유영은 몇 번의 과거에서 초시에는 합격을 했지만 최종합격은 하지 못해 오횡묵의 안타까움이 되었다. 유영은 1892년 10월 12일과 9일 응제 초시에 장원하기도 하였고,[69] 오횡묵이 고성부사로 근무할 때인 1893년 2월 8일 세자 책봉일에 임금이 직접 친림한 시험에서 상을 받았다. 하지만 대과급제의 결실이 없어서 할아버지인 오횡묵이 아쉽게 생각하였다.[70]

차손 시영은 1891년 7월 19일에 오횡묵이 시詩로써 자신의 뜻을 보이라고 했을 때 병사가 되고 싶다고 했지만 그 뜻을 이루지 못한 것 같다. 1892년 4월 시영은 극선과 함께 부산을 거쳐 함안으로 내려가게 된다. 시영의 아버지 학선이 통영의 통제영에 있고, 할아버지 오횡묵이 함안에 있을 때였다. 극선과 시영이 남쪽으로 내려가게 된 것은 오횡묵의 계획에 의한 것으로 생각된다. 하지만 극선과 시영 모두 이때 남쪽에 내려가서 오횡묵 옆에서 공부를 하겠다는 뜻은 충분히 성과를 거두지 못했다. 오히려 이들은 욕지도 바닷가에서 놀며 보낸 시간이 많았고, 가을이 되면서 본격적인 공부를 하겠다고 했지만 오히려 공부는 손에 잡히지 않고 집에 갈 생각만 하다가 오횡묵을 실망시켰다. 결국 시영은 극선보

다 며칠 먼저 통영에 있는 아버지 학선에게 문안드리러 간다고 하면서 함안을 떠났다.[71]

오횡묵은 지방관 생활로 인하여 딸의 혼례뿐만 아니라 손녀들의 혼례에도 참석하지 못하는 형편이었다. 둘째 손녀가 안기찰방 홍성윤의 둘째 아들 경민과 혼인하기로 결정하여 납채를 받고, 예를 행하기로 했다는 소식을 들었지만 이 혼례에도 참석하지 못했다. 그는 "시집보내고 사위 맞는 것은 인간세상의 재미인데 외로이 가정에서 기쁜 일이 있어도 모르고 있으니 도연명이 말한 친척들과 정담이 기쁘다는 말이 참으로 뜻이 깊다는 것을 알게 되었다."라고 하면서 가족과 떨어져 있는 안타까움을 나타낸다.[72] 하지만 이 혼례는 일정대로 치르지 못하였다. 1894년 6월 24일자 일기에는 동학의 혼란으로 인해 손녀 행례를 치르지 못했다는 기록이 있다.[73]

숨겨진 가족들

월희月姬와의 만남

오횡묵은 자인현감 때에는 가족들과 함께 임지에 있었기 때문에 혼자 생활하는 외로움이 적었지만, 함안과 고성 등에서 근무할 때는 혼자 떨어져 사는 외로움을 심하게 느꼈다. 오횡묵은 함안군수로 있으면서 1890년 9월 9일부터 9월 27일까지 밀양의 겸관으로 공무를 처리하게 되었다. 이 기간 중에 밀양에서 월희月姬라는 기생을 만나서 특별한 관계를 맺게 되었다. 오횡묵은 지방 수령 재임 중 몇몇 기생들과 어울린 적이 있었지만 월희처럼 지속적이고 특별한 관계를 맺은 적은 없었다.

그림 2. 밀양 영남루 밀양시청 제공

오횡묵이 밀양에서 월희를 처음 만난 것은 1890년 9월 18인데 이때 월희의 나이는 16세였다. 오횡묵의 나이는 56세였다.

> 기생 월희月姬는 나이가 16살인데 재주와 모습이 또래 가운데 뛰어났다. 과일課日에 와서 대령하였다가 해질 무렵이면 물러갔다. 그 뜻이 사랑스럽고 예뻐서 남녀 간의 즐거움을 기다리지 않고도 이미 얼굴이 예뻐 보이도록 정이 들게 되었다. 혜전과 원중이 백낙천의 번소요, 소동파의 조운이라고 놀렸다. 나도 또한 놀림을 사양하지 않고 받았다.[74]

이후에 1892년에 오횡묵은 공무로 울산에 가게 되는데, 그곳에서 공무를 마치고 3월 26일에 밀양에 들러서 월희를 만났다. 그 사이에 16살이었던 월희는 18살이 되었고, 오횡묵은 "해를 넘겨 다시 보니 몸도 더욱 컸고 얼굴은 더욱 아름답게 보였다"고 하였다. 이때 만난 오횡묵과 월희는 3월 28일에는 영남루에 가서 회포를 풀기도 하면서 3월 30일까지 지내다가 다시 헤어지게 되었다.[75]

1892년 가을에 월희가 밀양에서 함안으로 오횡묵을 찾아옴으로써 이들은 다시 만나 회포를 풀게 된다. 이때 오횡묵은 월희가 온 사실을 미리 알지 못했기 때문에 무척 반가워했다. 월희가 방문한 것을 보고 오횡묵은 멀리서 바라보니 부용이 물속에서 나온 듯하고, 가까이에서 보니 작약이 바람에 임한 듯 무성하며 아름답고 어여쁘다고 하였다.[76]

이때 월희는 10월 12일에 함안에 도착하여 13일 정도 머물다가 10월 25일에 밀양으로 돌아갔는데, 이때 오횡묵은 월희가 와서 함께 보낸 며칠 동안 외로움과 적막감을 덜어낼 수 있어서 좋았지만 돌아가는 월희를 더 이상 곁에 둘 수는 없었던 것 같다. 오횡묵은 돌아가는 월희에게 사람을 동행하게 하여 밀양까지 바래다주도록 배려하면서 아쉬운 이별을 한다.[77]

월희 모녀母女

오횡묵은 1893년 함안군수를 마친 후에 고성부사로 옮기게 되었는데, 고성부사로 재임하면서 오횡묵은 1893년 8월에 대구 순영에서 순상을 만나고 돌아오는 길에 밀양에 도착하여 월희의 집에서 잠을 잔다. 이때 월희는 오횡묵이 작년(1892)에 왔을 때 임신이 되어 1893년 6월 6일 여자아이를 낳아 몇 개월이 지난 상황이었다. 월희의 집에서 오횡묵은 갓난아기가 우는 것을 보면서 사랑스러운 마음이 솟아오르는 것을 느끼고 참으로 정의 씨앗이란 속일 수 없는 것이라고 하면서 자신의 딸로 인정하고 있다.

딸자식 늦게 두었다 말하지 마오,	莫言生女晚,
기쁜 마음 과연 뉘라서 알겠느냐.	所悅果誰知.
여러 자식의 대열에서 보건대,	參看諸子列,
나의 가지임에 족히 위로되노라.	足慰亦吾枝.
자태는 어리므로 더욱 사랑스럽고,	姿因孩可愛,
정은 늙었기에 더욱 깊노라.	情以老尤慈.
수복은 오직 하늘이 정하는 것이라,	壽福惟天定,
잘 키워 주기를 깊이 바란다네.[78]	深希善護持.

이때 월희의 나이는 19살이었고, 오횡묵은 59세였다. 오횡묵은 월희가 출산한 딸을 자신의 딸로 여기고 기뻐하면서 시를 짓기도 했지만, 실제로 월희와 월희가 출산한 딸에 대해 어떤 책임을 감당했는지는 알 수 없다.

다음 해인 1894년 오횡묵은 새해를 맞이하여 진주 촉영과 대구 순영을 거쳐서 1월 22일경에 밀양에 도착하였다. 이때 월희가 어린 딸을 데리고 오횡묵의 숙소로 찾아왔는데 이때 어린 딸은 7개월이 자나서 몸을 뒤집고 어리광을 부리는 나이였다. 오횡묵은 이 어린 딸의 재롱을 보면서 애정을 느꼈다.

저는 지금 내가 누구인줄 모르지만,	渠今不識我爲誰,
나는 저가 나의 딸자식인줄을 아노라.	我自知渠是女我.
우습구나 늙은 나이에 더욱 사랑을 느끼니,	還笑衰年偏種愛,
바람을 임해 서리철 국화시를 세 번이나 반복하노라.[79]	臨風三復菊花詩.

오횡묵은 월희가 데리고 온 어린 딸을 보면서 사랑스러움과 안타까움

을 동시에 느꼈으나 이후로 월희와 어린 딸을 만났다는 내용이 일기에 나타나지 않는다. 이후로 월희 모녀의 삶은 어떻게 되었는지 알 수 없지만, 20살의 관기와 7~8개월 된 어린 딸의 인생은 순탄하지 않았을 것이다.

1894년 오횡묵이 고성부사를 마치고 상경할 때 밀양을 지나면서 만날 기회가 있었지만 서로 만나지는 못하였다. 오횡묵은 고성부사를 마치고 서울로 올라가면서 밀양을 지나 대구 순영을 거쳐서 서울로 올라간다. 오횡묵은 9월 5일 밀양읍에 도착했을 때 이제 가면 월희 모녀를 다시 보기 어려울 것 같다는 생각을 한다.[80]

이때 밀양에 있던 월희는 오횡묵이 고성부사를 마치고 상경하면서 들를 것이라 여기고 기다렸을 것이다. 이러한 사실을 알고 있던 오횡묵이었지만 월희와 어린 딸을 찾아볼 형편이 아니었다. 안타까운 생각은 들었겠지만 오횡묵이 이들 모녀를 정식가족으로 맞아들일 수는 없는 형편이었다. 1890년부터 시작된 오횡묵과 월희의 관계는 그동안 이들 사이에 어린 딸까지 출산할 만큼 이어져 왔지만, 오횡묵이 고성부사를 마치고 상경하게 됨으로써 더 이상 그 관계를 유지할 수 없게 되었다. 이렇게 해서 정식 가족이 아니었지만 숨어 있는 가족으로서 딸까지 가졌던 오횡묵과 월희의 관계는 4년만에 끝나고 말았다.

이후 1897년 외방관기의 해산이 이루어졌지만 급변하는 시대상황에서 월희와 어린 딸이 살아갈 방법을 찾기란 쉽지 않았을 것이다. 관기제도가 계속 유지되었다면 월희는 관기생활을 계속했고, 어린 딸도 결국 관기로 살아갔을 것이다. 하지만 관기제도가 폐지되었고 이후로 이들의 삶은 짐작하기가 어렵다. 급격하게 변화해 가는 시대상황에서 가족이란 울타리 없이 살았을 월희 모녀의 삶은 이들에게 너무 무거운 짐이었을 것이다.

외로움 속에서 가족을 살피다

가족들과 떨어져서 생활하는 어려움은 예나 지금이나 마찬가지일 것이다. 더구나 조선시대 사회가 가정에서 가부장의 역할을 중요시했기 때문에 가족과 멀리 떨어져서 자신의 역할을 수행한다는 것은 가부장 역할에 상당한 제한을 초래할 만한 요인이다. 이러한 이유 때문에 지방 수령과 그 가족들은 다른 사람이 겪지 않는 일들을 겪어야만 했다고 볼 수 있다.

오횡묵은 긴 지방관 생활 동안 이러한 문제에 대해 자신의 상황을 한탄하기도 하였고, 아쉬워하기도 하였다. 오횡묵의 이러한 모습 속에는 나라와 임금을 위해 충성하는 봉건시대의 신하 모습이 아닌 외로움을 느끼고, 가족과 자식들에게 자신의 역할을 다하지 못하여 신세를 한탄하는 외로운 인간의 모습이 드러난다.

긴 지방 수령 생활에서 오횡묵은 딸이나 손녀의 혼인과 같은 행사에 참여하지 못하여 안타까운 때가 있었지만 정식 가족의 구성원들에 대한 지속적인 관심과 배려를 통해 가족성원들에 대한 자신의 역할을 충실히 수행하려고 애쓰는 모습을 보인다. 매년 아내의 생일을 기억하고 음식을 준비해서 주변 사람들에게 나누어 주는 모습은 비록 멀리 떨어져 있지만 가족과 아내를 잊지 않고 있는 아버지와 남편의 모습을 보여 주는 것이다.

또한 자녀들에 대해서도 아버지의 역할을 수행하려는 노력을 보여 준다. 특별히 첫째 아들 학선과는 가까운 지역에 있었기 때문에 수시로 연락을 주고받으면서 공적인 일과 사적인 일을 의논하고 도와주며, 중요한 소식을 주고받았다. 장남이었기 때문인지는 알 수 없지만, 유독 첫째 아들 학선의 생일을 아내의 생일과 마찬가지로 기억하고 함께하지 못함을 아쉬워하는 장면이 두드러진다. 오횡묵은 둘째 아들 익선과 셋째 아들 극선에게도 아버지 역할을 다하려고 애썼는데 익선이 아플 때에 보여 준 관심과 극선을 불러 자신의 곁에 두고 공부를 시키려고 했던 모습들은 그가 전형적인 아버지의 역할을 수행하려고 했던 모습이다.

하지만 가족들과 떨어진 지방 수령 생활은 정식 가족은 아니지만 가족의 경계선에 있는 인간관계를 만들어 내기도 한다. 오횡묵은 밀양에서 만난 관기 월희와 40년 나이 차이가 있었지만 그녀와 깊은 관계를 맺었다. 월희와 함께 사는 것은 아니었지만 함안군수와 고성부사로 있는 4년 동안 밀양을 방문할 때마다 월희를 찾아갔고, 월희는 함안에 있는 오횡묵을 만나러 찾아와 10여 일을 같이 지내기도 하였다. 이러한 과정에서 월희와의 사이에서 딸까지 태어나게 됨으로써 정식 가족은 아니지만 가족과 유사한 관계를 유지하게 되었던 것이다. 오횡묵은 월희가 낳은 아이가 자신의 딸이라며 기뻐하고 재롱을 보고 기뻐하지만 이러한 관계는 한계를 가질 수밖에 없기 때문에 더 이상 지속되지 못하고 중단된다.

이와 유사한 모습이 통영 통제영에서 욕지도 개간 업무에 종사했던 오횡묵의 첫째 아들 학선에게서도 발견된다. 그는 오랫동안 가족들과 떨어져서 생활하는 가운데 그곳의 관기 송절과 친밀한 관계를 형성한다. 이들의 관계는 학선과 송절 사이에 딸이 태어남으로써 일시적인 관계가 아니라 가족과 유사한 관계로 전개된다. 또한 송절은 자신이 낳은 딸을 데리고 함안에 있던 오횡묵에게 찾아오는데, 오횡묵은 이들의 관계를 인정하고 어린 손녀딸을 보면서 즐거워하는 모습을 보인다. 하지만 학선과 송절의 관계 역시 오횡묵과 월희의 관계와 마찬가지로 정식 가족으로 발전하기에는 너무나 많은 어려움이 있었다.

오횡묵과 그의 가족들을 살펴볼 때 오횡묵은 비록 멀리 떨어진 임지에서 근무를 하였지만 한 집안의 가장으로서, 아내의 남편으로서, 아버지와 할아버지로서 자신의 역할을 다하려고 노력하였다. 오횡묵은 지방 수령 생활 동안 인편이 있으면 수시로 가족들과 서신을 주고받으면서 상호연락을 취하였고, 가족의 대소사를 챙기고 기억하면서 가족 내에서 자신의 역할을 수행하였다.

하지만 이러한 상황 가운데에서도 가족과 떨어진 자신의 생활에서 느끼는 외로움과 쓸쓸함은 그의 일기 곳곳에 묻어난다. 오횡묵이 드러내놓고 가족이라고 할 수는 없지만 가족과 유사한 관계를 형성한 데는 이러한 외로움도 작용했을 것이다. 오횡묵의 숨은 가족으로는 밀양의 관기 월희와 월희와 자신 사이에서 태어난 이름을 알 수 없는 딸이 있었고, 아들 학선이 관기 송절과의 사이에 출산한 이름 없는 손녀딸이 있었다. 이들은 공식적으로 드러낼 수 없는 가족이지만, 오횡묵이 사랑하는 숨겨진 아내와 며느리, 딸과 손녀였다.

하지만 공식적인 가족과 숨어 있는 가족의 차이는 너무나 현격한 것이었다. 오횡묵이나 학선이 월희나 송절, 이들이 낳은 딸에 대해 가족 못지않은 애정을 가지고 있었지만, 이들에 대한 책임감은 너무 미약한 것으로 드러난다. 1894년 고성부사를 마치고 돌아가는 길에 월희가 있는 밀양을 지나면서도 월희 모녀가 있는 곳을 찾아가 보지도 않고 떠나는 오횡묵의 모습 속에는 인정이 많고, 애정이 유달리 많은 인간적 인물이었던 오횡묵도 자신이 살았던 시대적 한계를 뛰어넘을 수는 없었다는 것이 투영된다.

[제12장]

수령의 내밀한 측근들

이장희(경북대 영남문화연구원 HK교수)

수령 임명은 한 개인에게도 큰 명예였지만, 주위의 사람들은 현실적인 것을 얻을 수 있는 기회를 잡은 것에 더 기뻐한 듯하다. 그래서 정선과 자인, 함안, 고성의 수령으로 재직했던 오횡묵은 항시 따라다니는 열 가지 근심 가운데 첫째로 '노욕'을 들면서, "안으로는 집안 식구들이, 밖으로는 친척들이 나를 우러러보는 것이 깃발을 매어 달아 놓은 것과 같다. 그러나 갖고 있는 얇은 창고는 그들을 맞이하고 도와주기에 부족하다."라고 토로했다.(1890년 10월 12일, 『함안총쇄록』 하) 수령으로서의 이상을 펼치면서 현실의 요구에 부응하는 것은 홀로 감당하기 힘들었고, 은밀성이 요구되었다. 이러한 까닭에 조선시대 수령들은 사적 측근을 둘 수밖에 없었다. 오횡묵 또한 이를 십분 수긍하여 "정치를 하고 일을 처리하는 것은, 사람 얻기를 어떻게 했는가 하는 데 달렸다."라고 할 정도였다.(1890년 4월 16일, 『함안총쇄록』 상) 이들 측근들은 수령의 공적 또는 사적인 일을 보조하거나 대행하면서 평상시에는 그의 말벗이 되었다. 예하에 있는 관리가 아닌 민간인임에도 불구하고 수령의 곁에 머물면서 공적인 일을 대행하는 모습은 오늘날의 시각으로 본다면 특이할 수 있다.

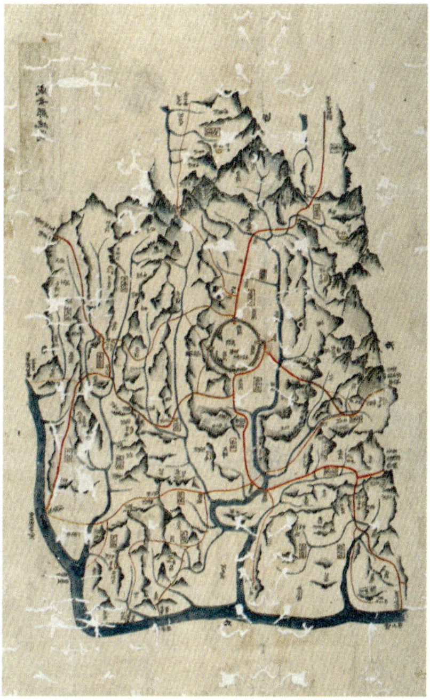

그림 1. 자인(우) · 함안(좌, 위) · 고성 지도(좌, 아래) 규장각 소장. 1872년 지방도

이 글은 오횡묵이 영남지역 수령으로 재직하면서 기록한 일기를 토대로 조선후기 수령의 사적 측근에 대하여 살펴보고자 한다. 그들을 통하여 조선후기 수령들에게 왜 '사적 측근'이 필요했고, 어떤 이유로 '측근'이 되었으며, 되려 했는지 살펴볼 것이다. 오횡묵吳宖默은 본관이 해주海州고, 자는 성규聖圭며, 호는 채원茝園이다. 무과 출신으로 1884년 공상소工桑所 감동낭관監董郎官으로, 1886년에는 영남별향사嶺南別餉使로, 1887년 3월에는 정선군수로, 1888년 8월엔 자인현감으로, 1889년 4월엔 함안군수로, 1893년 2월에는 고성부사로 임명되었다. 자인현감에 임명된 시점으로부터 고성부사에서 체직되어 서울로 떠날 때까지(1888년 8월~1894년 8월) 6년의 기간 동안 영남지역의 수령으로 있었다. 더욱이 각 고을에 수령으로 재임하는 동안 총쇄록이란 이름으로 매우 꼼꼼히 기록한 일기를 남겼다. 격변기 영남의 수령이 남긴 일상의 세세한 기록이란 점에서 값진 자료라 여겨진다.

이 글에서 활용할 기본자료는 이미 번역된 『국역 정선총쇄록』(정선문화원: 2002), 『경상도함안군총쇄록』상·하(함안문화원: 2003), 『국역 고성총쇄록』(고성문화원: 2007)이다.

누가, 왜 수령의 사적 측근이 되는가?

총쇄록에는 오횡묵이 지방관으로 재임하는 동안 동거동락한 여러 사람들이 등장한다. 예컨대 '학아(학선)', '유치영', '김석성', '강회림', '박늠은', '배송파', '박준수'와 같은 인물들이 그들이다. 이들 가운데 '학아(학선)'을 제외하면 모두 관에 소속되지 않은 인물들이다. 맏아들인 '학아(학선)' 또한 관아에는 소속되어 있지만 그의 예하에 있지는 않았다. 이들은 모두가 지방관인 '오횡묵'의 예하에 있지는 않았지만 그의 수족처럼 함께 지내며 지근거리에서 보좌하였다. 이것은 오늘날의 관점에서는 매우 특이한 점이다. 그러면 총쇄록을 통하여 오횡묵의 측근에는 어떤 인물들이 있었고, 이들은 그와 어떤 관계를 지녔으며, 어떤 이유로 측근이 되었고, 현지에서는 어떻게 생활했던가에 대하여 살펴볼 것이다.

수령을 보좌한 사적 측근들

『정선총쇄록』, 『함안총쇄록』, 『고성총쇄록』에 나타나는 '오횡묵'의 측근들을 살펴보도록 하자. 사전에서는 '측근'을 ① 곁의 가까운 곳, ② '측근자'의 준말로 정의하고 '측근자'에 대하여는 ① 어떤 사람과 가까운 관계에 있는 사람, ② 윗사람을 곁에서 가까이 모시는 사람으로 정의하고 있다.(한글학회, 『우리말 큰사전』 참고) 이 글에서는 '측근'을 '측근자'의 준말로 보고, '측근자'에 정의된 두 가지 의미를 종합하여 '어떤 사람과 가까운 관계에 있으면서 곁에서 모시는 사람'으로 보고자 한다. 이에 따를 때 '측근들은 함께 기거하면서 자문하거나 보조하는 인물'이라 할 수 있다. 총쇄록에 등장하는 이런 부류의 인물로는 '유치영', '오학선', '김석성', '강회림', '박늠은', '배송파', '박준수' 등을 들 수 있다. 그러면 이들 인물에 대하여 살펴보도록 하자.

① 유치영: 유치영柳致英, 유치영柳致永, 치영致永, 유변柳弁, 유무변柳武弁으로 기록하였는데 동일인물이라 여겨진다. 『정선총쇄록』에서 부임 시 등대한 관속들의 인명 끝에 유치영柳致英이 나타난다.(1887년 윤4월 10일 참고) 이후로는 유치영柳致永, 치영致永이 나타나지만, 『함안총쇄록』엔 다시

그림 2. 지방관 부임도 국립중앙박물관 소장

유치영柳致英이 등장하며(1891년 10월 20일 참고), 『고성총쇄록』의 말미엔 '서울 본가에 도착했을 시 치영致永의 아내가 안에서 주장을 하고'라 하여(1894년 9월 18일 참고) 치영致永과 치영致英을 혼동하고 있다. 『고성총쇄록』 1893년 9월 23일조부터는 '유변柳弁·유무변柳武弁·치영致永'을 혼용하고 있다. '유치영(柳致永, 이하 '치영'으로 통일)'은 정선 부임 시 등대한 관속의 인명기록 말미에서부터 등장하여 고성에서 이임 후 서울 본가에 도착할 때까지 함께 동행하고 있다. 즉 그는 오횡묵의 첫 지방관 생활이 시작된 정선 부임 시(1887년 윤4월 10일) 동행하여 마지막 고성부사를 이임할 때(1894년 9월 3일)까지 함께 기거하였다. 그가 오횡묵의 최측근이었음은 이후 그의 역할에서 보게 되겠지만 그를 대한 태도와 주변 인물들의 언급으로도 익히 알 수 있다. 예컨대 친지들과 술을 마시다가 주변의 인물들에 대해 나무로 비유할 때 주변인들이 "사또는 가장 가까이하고 또 오래 알기로는 유치영만 한 사람이 없으니, 모름지기 한 말씀을 내려 주

시어 제목을 붙이게 해 주십시오."라고 청하자 '치영'을 '버드나무'에 비유하면서 그를 "관각館閣과 거마車馬 사이에 둔다."라는 표현으로 최측근임을 드러냈다.[1]

한편 '유치영'과 그의 가족에 대한 태도에서도 그가 가장 믿음직스런 측근이었음을 알 수 있다. 당시로는 흔하지 않았던 사진을 함께 촬영하고 있고,[2] 피난을 떠난 본가의 안살림을 통째 치영의 아내에게 맡겼음[3]을 볼 수 있다. 이로 볼 때 그의 유치영에 대한 신뢰는 매우 컸음을 짐작해 볼 수 있다.

② 학선: 『정선총쇄록』에 등장하는 '학선學善', 『함안총쇄록』과 『고성총쇄록』에 등장하는 '학아學兒·학선學善·양로당養老堂'은 오횡묵의 장남 '오학선'을 일컫는다. '양로당'은 그가 욕지도 개척의 관직을 얻어 통제영에 소속되어 머물던 곳의 이름에서 유래한 것이다.[4] '오학선'은 부친이

정선으로 부임하기 이전에 이미 통제영에 가 있었고, 정선에 부임해 있던 동안은 초기에 한 번 다녀갔지만 지역의 중차대한 현안을 해결해 주고 돌아갔으며, 부친이 함안과 고성에 지방관으로 재직할 때는 이들 지역의 상급 기관에 있었던 관계로 서신을 통해, 아니면 대면하여 부친에게 정보를 제공하거나, 청탁을 들어 주기도 하며 집안에 서신을 부치는 역할을 수행하였다. 특히 '오횡묵'이 지방관 생활을 함에 있어 얼마나 그에게 의지하였던가는 다음 기록이 잘 대변한다.

> 새로 부임하는 날 공사公私의 비용은 걱정하지 않을 수 없었다. 다과나 주물酒物 등을 일체 장만하고 여러 관속들이 오리정五里亭에서 기다리는 일도 알리기 위해 학아에게 편지를 보냈다.[5]

③ 석성: 유치영을 제외한 나머지 인물 가운데 가장 오랜 시간을 함께 보낸 인물이 진사 '김석성金石醒'이다. 자인총쇄록을 참고하면(1889년 1월 7일조) 성주星州 고동鼓洞 김영장金營將 기준基俊의 소개로 만났다. 자字는 경백敬伯이고 호號는 석성石醒이며 본명은 김인길金寅吉로 당시 48세였으며, 성주 견산 성남리에 거주했던 것을 알 수 있다. 그는 점필재의 후손으로 유계당柳溪堂 주목疇睦의 문하에서 글을 익혀 '말을 삼가며 말은 없지만 빼앗을 수 없는 지조가 있어 공경할 만하다'하고 다음 날부터 책실에 머물게 했다고 하였다. 이때가 기축년(1889년) 인일人日이라 하였다.[6]

아래 표에서 보듯이 그는 1889년 1월 7일부터 1894년 8월 15일까지 오횡묵과 함께 생활하였다. 오횡묵이 휴가를 얻으면 그도 본가로 갔다가 귀임일에 맞추어 돌아왔다. '김석성'이 본가로 돌아간 것은 오횡묵의 휴가거나, 명절 또는 집안대사(제사·혼례·장례)가 있을 때가 대부분이다.

따라서 1889년 1월 7일부터 1894년 8월 15일까지 그는 본가보다는 '관아'에서 더 많이 살았음을 볼 수 있다. 특히 '오횡묵'의 휴가기엔 '김석성'도 귀가하여 총 5년 7개월 동안 388일을 제외한 나머지를 함께 지냈음을 알 수 있다.

표 1. 관아와 본가의 거주 일수

관아에 머문 기간		본가에 머문 기간		본가에 가는 목적
1889년 1월 7일~1889년 2월 13일	37일	2월 13일~2월 21일	9일	짐을 정리하기 위해(?)
1889년 2월 21일~1889년 4월 17일	55일	4월 17일~5월 10일	24일	가정사(?)
1889년 5월 10일~1889년 5월 22일	23일	5월 22일~6월 24일	32일	농번기[7]
1889년 6월 24일~1889년 6월 27일	4일	6월 27일~12월 9일	160일	오횡묵 휴가, 추석명절
1889년 12월 9일~1890년 1월 3일	24일	1월 3일~1월 25일	23일	설명절
1890년 1월 25일~1890년 윤2월 16일	51일	윤2월 16일~23일	8일	오횡묵과 동행길에 들름[8]
1890년 윤2월 23일~1890년 4월 27일	64일	4월 27일~5월 6일	8일	아들 혼례
1890년 5월 6일~1890년 7월 14일	69일	7월 14일~9월 1일	47일	추석명절
1890년 9월 1일~1890년 11월 2일	61일	11월 2일~11월 25일	24일	기일
1890년 11월 25일~1891년 1월 3일	38일	1월 3일~1월 25일	23일	설명절
1891년 1월 25일~1891년 5월 2일	95일	5월 2일~11월 13일	188일	오횡묵 휴가, 추석명절
1891년 11월 13일~1892년 1월 2일	50일	1월 2일~1월 29일	28일	설명절
1892년 1월 29일~1892년 5월 23일	112일	5월 23일~윤6월 22일	59일	농번기[9]
1892년 윤6월 22일~1892년 8월 6일	44일	8월 6일~9월 28일	53일	아들 장례, 추석명절
1892년 9월 28일~1892년 12월 1일	63일	12월 1일~12월 21일	21일	아들 혼례
1892년 12월 21일~1893년 3월 22일	90일	3월 22일~4월 17일	26일	오횡묵 휴가
1893년 4월 17일~1894년 1월 2일	253일	1월 2일~2월 2일	29일	설명절
1894년 2월 2일 ~1894년 8월 15일	191일	8월 15일 영구 귀가		오횡묵 체직
관아에 머문 총 일수	1,324일	본가에 머문 총 일수	762일	
총 일수-수령휴가일수	388일			

더욱이 관아에 머물면서 본가와 오랫동안 서신이 두절되어 집안에서 안부를 알기 위해 사람이 찾아오기도 했다.[10] 이처럼 김석성은 오횡묵이 수령으로 재임하는 동안 늘 붙어 다녔다. 특히 김석성을 광나무에 비유한 언급에서 오횡묵이 그를 얼마나 아꼈는지 알 수 있다.[11]

④ 회림: '회림晦林'은 성명이 '강진호姜振虎'로 '경산'에 거주하던 인물이다. 오횡묵이 자인현감으로 재직할 때 찾아와 만난 사람이다. 회림은 오횡묵이 함안군수로 재임하던 1889년 5월 5일부터 1891년 4월 12일까지 나타난다. 2년이 채 안 되는 기간이지만 관아로 4회, 감영으로 2회 그를 방문하였다.[12] 강진호는 외모가 수려하고 문사가 화려하여 오횡묵은 그를 오동나무에 비유하고 그의 재능을 높이 평가하였다.[13]

⑤ 늠은: 늠은廩隱, 朴準敬, 字 德中은 서울에 거주하며 집안끼리 세의世誼가 있던 인물로,[14] 풍수에 조예가 깊어 오횡묵의 노후 은거지로 문경 은척 연동의 집터를 잡아 주었다. 특히 1893년 3월 26일 그의 사망 소식을 듣고 읊은 만시에서 '온 세상이 다 형님 동생이라고 과장하지만 …… 옛날에 우리 아버지가 공을 참으로 알아 보았네 …… 40년을 좋은 일, 궂은 일 함께……' 했다는 언급으로 보건대, 형제 이상으로 친밀했던 인물임을 알 수 있다. 그래서 늠은은 그의 신후지를 오횡묵에게 부탁하고 있다.[15]

여러 측근 가운데 가장 연장자로 여겨지며 회목檴木에 비유하여, 언변이 좋고 풍수와 경전에 밝았으나 편협된 성격과 술주정이 있었음을 짐작케 한다.[16]

⑥ 송파: 송파 배문표는 함안읍에 거주하는 의원으로 약을 제조해 주거나, 측근을 치료하며 읍사를 논의한 말벗이었다. 따라서 오횡묵이 고성으로 체직된 이후에도 관계가 지속되어 방문하거나 서신으로 연락하고 지내던 인물이다. 특히 그가 고성을 방문했을 때, 그에게만 특별히 선물을 주고 있다.[17]

⑦ 박준수: 고성군 하일면 독곡 거주 박준수(朴準洙: 1893년 8월 17일, 1893년 9월 10일 참고)는 통영에 머물고 있던 맏아들 학선의 병세가 악화되어 의원을 탐문하던 중에 아전들로부터 천거받은 인물이다. 이후 순행 차 그의 집을 방문하기도 하고, 그를 통해 약을 짓기도 하며, 관아의 놀이에 참여시키고 있다.

⑧ 춘파: 춘파 김득제는 석성과 함께 오횡묵의 곁에 머물던 가장 가까운 사람 중 하나다. 그는 월당포, 물금, 양산 등 명례궁에서 관리하는 지역의 세금을 관리하는 관리로서 오횡묵과 친밀하였다. 말년에는 문경 지동에 은거하였다.[18]

이제까지 오횡묵의 측근으로 볼 수 있는 여덟 사람에 대하여 살펴보았다. 그러면 이들은 지방관 오횡묵과 어떤 관계였고, 어떤 목적으로 측근이 되었는지 살펴보도록 하자.

어떤 관계를 지닌 사람인가?

앞서 언급했던 오횡묵의 측근들은 관계에 따라 크게 네 부류로 나눌 수 있는바, 혈연·신분·고용·교유관계가 그것이다. 그런데 처음 출발은 고용관계였지만 만남이 진전되면서 교유관계로 발전하는 모습을 보인다. 그러면 앞서 언급한 측근들을 대상으로 그들의 관계를 살펴보기로 하자.

① 혈연관계: 지방 수령의 측근으로 혈연관계에 있는 사람을 쓸 때는 자식이나 친척을 활용하였다.[19] 이들의 경우 수령을 잘 이해하고 부리기에도 부담이 없었기에 가장 적합했을 것으로 여겨진다. 오횡묵 또한 그의 맏아들 '학선'을 측근으로 부리고 있다. 학선의 경우 이미 통제영에 관리로 나가 있었기에 곁에 두고 부릴 상황은 아니었지만 직접 찾아와서 만나거나, 아니면 오횡묵이 찾아가 만나서 또는 서신을 통하여 그를 보좌하고 있다.

② 주종관계: 수령이 가장 신뢰할 수 있는 사람은 혈연관계에 있는 사람이겠지만 이에 마땅한 사람이 없을 경우엔 집안의 하인을 측근으로 활용하였다. 오횡묵이 지방관으로 나가 있는 동안 함께 생활했던 '유치영'은 총쇄록의 기록에 따르건대 '집안 하인'이었다.[20] 그는 평시에는 수령의 신변경호를 하거나 말벗이 되었지만 출타 시에는 공관을 지키고, 새로운 부임지의 현안을 탐문하고, 돈과 세의를 관리하고 있음을 볼 때 비록 신분은 하인이나 지적 능력이 뛰어난 인물이었음을 짐작할 수 있다. 더욱이 수령이 사랑하는 여인을 배웅하거나 돈의 추심을 맡았을 뿐만 아니라 본가의 살림살이까지 그의 아내가 맡았음을 보면 매우 신임할 수 있는 인물이었음을 알 수 있다.[21]

③ 고용관계: 집을 떠나 홀로 객지 생활을 하는 수령에게 있어 건강에

대한 관심은 중요한 문제다. 따라서 그들은 오늘날 '주치의'를 두듯이 능력 있는 인물을 골라 곁에 두곤 하였다. 오횡묵의 경우 함안에 있는 동안은 '배송파'를, 고성에 있는 동안은 '박준수'를 주치의처럼 부리고 있다. 여기서 보듯이 이들 의원들은 다른 측근들과 달리 부임지에서 새롭게 얻은 사람이며, 처음 만남은 '의원'과 '환자'의 관계 즉 고용관계로 맺어져 교유관계로 발전해 나가고 있다. 예컨대 '박준수'와의 만남은 통영에 있던 아들 '학선'의 병 치료가 계기였다. 이후 상호 간의 방문이 이어지면서 한 쪽은 치료와 처방을, 한 쪽은 놀이에 초대하거나 선물을 주면서 교유의 관계로 발전시켜 나가고 있다.[22]

④ 교유관계: 집을 떠나 객지에서 살아야 하는 수령이 겪을 아픔에는 여러 가지가 있겠지만 그중에도 외로움이 가장 컸을 것이라 짐작된다. 특히 업무가 끝난 시간이나 명절을 앞두고 모두가 떠난 관아에서 말 상대 없이 홀로 지낸다는 것은 고역이었을 것이다. 총쇄록을 보면 오횡묵의 말벗은 인근에서 찾아오는 선비나 관리, 지나는 과객, 주변의 기생, 예하의 향임과 아전 등 이루 헬 수 없이 많지만 그의 곁을 지키며 말 상대가 된 인물들은 그렇게 많지 않다. 대표적인 인물로 석성과 회림, 늠은 정도를 꼽을 수 있다. 이들은 우선 신분상 그와 동등한 양반이면서, 그의 시작詩作에 화답할 수 있거나 퇴고해 줄 정도의 능력을 갖추었으며 학문을 함께 토론하고 조언을 받을 만큼 학식도 뛰어났다. 더하여 외양 또한 수려했으며 무엇보다도 그가 필요로 했던 임무를 맡기기에 적합한 인물들이었다. 이들의 첫 만남은 같은 스승을 모시는 도반으로, 또는 주변인들의 소개로 이루어져 오횡묵의 요청에 따라 측근이 되고 있다.

어떤 목적으로 측근이 되는가?

조선후기 사람들은 어떤 목적으로 수령과 가깝게 지내려고 했고, 왜 그의 측근이 되고자 했을까? 이에 대한 대답을 찾기 위해서 측근들은 무엇을 청탁했고, 수령은 어떤 것을 베풀었는지 살펴보도록 하자. 총쇄록을 통해 찾은 사례들은 범주별로 묶어보면 크게 정치적 측면, 경제적 측면, 사회적 측면, 교육적 측면의 네 가지로 묶을 수 있다.

① 정치적 측면: 조선시대에는 지방관 임용 대상자를 수령의 천거에 의지하는 제도가 있었다. 따라서 과거에 입격하지 못한 선비들 가운데는 수령의 천거를 받아 관로에 나아갈 수 있는 길이 있었다. 관로에 나아감이 개인의 명예이기에 앞서 가문을 지키고 계승하는 길임을 알기에, 이를 이루어 줄 수 있는 수령과 가까이하고자 했을 것이다. 이를 위해 혼인을 맺거나, 아니면 직접 방문하여 청탁하거나, 시회나 집안 대소사를 핑계로 또는 순행길에 초대하여 환대하였다.

> 순영공문에 수령이나 이임이나 변장 등에 적합한 사람 있으면 추천해 보고하라 함. 이 또한 연례행사임. 수령 적임자로 훈련원 첨정 김환규 무주 거처, 감찰 김득제 문경 거주, 사과 이석관 고성 거주, 이임에 적임자로 진사 김인길 성주 거처, 진사 조병규 함안 거처, 진사 이진두 고성 거주, 변장에 합당 절충 박남두 고성 거주, 부장 김상헌 고성 거주, 정충 조기택 함안 거주.[23]

위 예문에서 보다시피 대구감영에서 수령, 이임, 변장에 적합한 사람을 천거하라는 공문에 따라 수령의 적임자 3명, 이임의 적임자 3명, 변장의 적임자 3명씩을 추천한다. 수령의 적임자로 천거된 훈련원 첨정 김환규는 오횡묵의 사돈이며, 감찰 김득제는 그의 측근으로 있던 사람이며, 사과 이석관은 순행 시에 그의 집을 방문하여 만났으며,(『고성총쇄록』 1893년9월7일) 고을선비들의 포장에 따라 효우도 높을 뿐더러 관아를 찾지 않는 모습을 보면 청렴결백했기 때문이라 밝힌 인물이다.(『고성총쇄록』 1893년 12월 23일) 특히 이임의 적임자로 천거한 진사 김인길은 그의 측근인 '석성'이다. 한편 적극 자신의 재능을 알고 있는 수령에게 직접 천거를 부탁하기도 했다.[24]

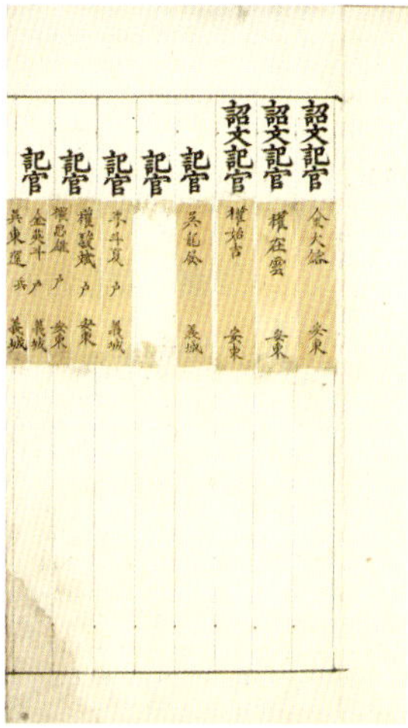

그림 3. 영리관안 국립중앙박물관 소장

더불어 사적으로는 수직을 알선하기도 했다. 아래 예문의 '매수'는 오횡묵의 일가이자 친구며 고성 부임 시부터 가까이 지내던 인물로 아버지의 노직을 부탁한 결과 오횡묵의 주선으로 통정대부의 교지를 받고 있다.

> 1894년 3월 2일 매수의 대인(아버지) 치훈이 노직으로 통정의 교지를 받았으니 내가 그의 청으로 서울에다 부탁했던 것이다.[25]

한편 수령은 향임과 이임의 교체권을 지녔다. 오횡묵 또한 사적 친분에 따라 이를 적극 활용하였다.[26] 이와 같이 관직에 천거도 하지만, 피천거자가 해를 끼침에 이르러서는 책망을 듣기도 했다.[27]

② 경제적 측면: 가장 흔한 부탁이면서 동시에 수령이 가장 쉽게 베풀

수 있었던 것이 경제적 지원이 아니었나 한다. 친분에 따라서 요구하지 않아도 베풀 경우도 있지만, 직접 요구하는 경우가 더 많았다. 요청하는 내용으로 보면 양식을 달라는 경우, 집안대사에 필요한 경비와 소요물품을 요구하는 경우, 춘궁기에 곡식을 구하는 경우, 장사할 물품을 구하는 경우, 약을 맡기고 팔아 달라고 하는 경우, 여행의 노자를 요구하는 경우 등 각양각색의 요청을 볼 수 있다. 그러면 총쇄록의 기록을 통해 오횡묵이 받은 부탁과 베푼 결과를 바탕으로 하나씩 살펴보도록 하자.

유사건은 통제영의 도사이면서 오횡묵과 매우 친밀하게 지냈다. 함안군수로 있을 때는 욕지도에서 녹골 등을 보내 왔고, 생일에는 영수장을 선물하기도 했다. 오횡묵은 그와 사진을 촬영하기도 하고 통영에 내왕할 때는 그를 만나기도 하였다. 이러한 친밀성을 담보로 그는 서울 자기 집의 양식을 부탁한다.[28] 한편 스승이나 측근, 친족의 상례에 따르는 경비의 지원요청에 응하거나 소식을 듣고 자발적으로 지원하는 모습도 볼 수 있다.

스승의 아들이자 동문수학했던 '우산'이 부친의 면례에 제문을 요청해 오자 필요한 물품을 보내고 있고, 측근 '늠은'은 유언으로 장례와 장지까지 부탁하고 있다.[29]

한편 상관이나 집안 어른의 회갑연, 자식의 관례나 혼례에 따르는 경비와 물품지원을 볼 수 있다. 예컨대 상관인 전운사의 회갑연 초대에 가지 않는 대신 '은수저'와 '반상기'를 선물한다. 전운사는 세미를 거두어 서울로 실어 나르는 일을 맡은 관리다. 오횡묵이 업무상 만나야 할 상관이므로 그의 회갑연 초대를 무시하기는 어려웠을 것이다.[30] 특히 측근들의 혼사는 오횡묵이 가장 신경 써서 지원하고 있는 부분이다. 예컨대 그와 함께 생활한 석성의 아들 특달의 혼례를 맞아서 그는 돈과 함께 '관복'과 '가마', '하인' 일체를 빌려주었으며, 고성에 재임 시 주치의처럼 거느렸던 박준수의 아들 관례에는 여러 물품을 보내고 있다.[31] 다른 한편으로 춘궁기를 맞아 돈과 바꿀 곡식을 구하거나, 장사할 물품을 구하거나, 약을 맡기고 팔아 달라 부탁을 받는 경우가 많았다.[32] 이들은 자신도 아랫사람에게 부탁해야 하기에 어렵지만 행색이나 정성을 생각해 들어주기도 한다. 그러나 부탁을 들어 주지 않는 경우에도 선비라는 체통 때문에 몇 푼의 돈을 쥐어 주면서 불쾌함을 표현하기도 했다.[33]

지방 수령에게 부탁하는 또 다른 것으로는 일면식이 있는 중들이 사우의 중수나 수리를 위해 지원을 요청하거나 여행길에 노자路資를 요청하는 경우가 많았다. 특히 일가친척의 경우엔 직접 요청하는 경우도 있었다.[34] 측근의 경우, 오횡묵이 겸관한 고을을 방문할 때 명승지 관광을 위해 함께 동행하기도 하였다. 이때도 그는 하인을 함께 딸려 보내고 있다.[35] 이 밖에 다양한 생활용품들을 부탁하고 들어주는데, 약재, 옷감, 농우, 가구, 장식품 등을 볼 수 있다.[36] 지방 수령이 관아를 찾는 사람들에게 가장 손쉽게 베풀 수 있었던 것은 숙식을 제공하거나 술을 대접하는 것이었다.[37]

③ 사회적 측면: 수령의 힘이 가장 적극적으로 미칠 수 있었던 부분이 공적인 측면으로 여겨진다. 예컨대, 산송·족징 등의 송사나 옥사의 원만한 해결, 부역의 면제, 속량, 공무의 편의제공 등은 공적인 일로 수령의 힘이 직간접적으로 미칠 수 있는 부분이었기에 그에게 부탁하는 것이 해결의 지름길이었다. 따라서 이와 같은 사회적 문제를 해결하기 위해 많은 사람들은 수령에게 청탁을 하고 있다. 청탁에 따라서는 수령이 직접 해결할 수 있는 것도 있었지만, 대부분은 통제영이나 순영과 관련

된 일이라 측근 중 '학선'이나 '석성'을 시켜 처리하고 있다.[38] 다른 한편으로 수령의 권위를 빌려 '가문의 보호'를 요청하는 경우다. 예컨대, 본손이 가난하여 이웃에게 핍박당하는 것을 본 석성의 부탁에 따라 그 이웃을 잡아다 혼쭐을 내고 풀어 주는 경우도 있다.[39] 또 다른 청탁으로는 집안의 명예를 높이기 위해, 경조사 때 시를 요청하기도 하며, 서숙이나 정자 또는 문집에 쓸 기문이나 시문을 요청하기도 하며, 시의 대필이나 시회의 비평을 요청하기도 했다.[40]

④ 교육적 측면: 측근들이 수령을 통해 얻을 수 있었던 또 다른 한 측면이 교육적 측면이다. 수령이 직접 자식을 훈육해 줄 수 있는 스승이 되기도 했고, 한편으로는 발이 넓은 수령을 통해 훌륭한 스승을 소개받아 더 나은 교육환경을 얻고 있다.[41]

측근들의 생활은 어떻게 유지되는가?

수령을 가까이서 보필하던 측근들의 의식주는 어떻게 해결하였을까? 측근들은 친분상 찾아온 손님이므로 장기간 관아에 머물 수는 없다. 그러면 총쇄록을 통해 오횡묵의 측근들이 의식주의 문제를 어떻게 해결하고 있는지 살펴보도록 하자.

집안의 하인으로 함께 생활했던 유치영의 경우를 먼저 보도록 하자. 오횡묵이 정선에 있던 동안 책실(책객)은 따로 두지 않은 듯하다. 아마 '유치영'이 책실 역할을 보조하지 않았던가 싶다. 그가 서울에 다니러 갈 공관 시 행정업무는 겸관이 지시했겠지만 실질적인 지시와 연락은 유치영이 했던 것으로 보인다.

> 1887년 11월 9일 새벽에 출발하여 10리를 오니 그제야 해가 떠올랐다. 나는 듯이 재의 정상에 오르고 보행으로 재를 내려오는데 빠르기가 활시위를 떠난 화살과 같았다. …… 쏜살같이 달려서 곧장 관문 앞에 당도하니 고을 사람들이 누구인지 알지 못하고 앞으로 나와서 말하기를 "공관空官이니 들어갈 수 없습니다." 하였다. 그때에 3문은 모두 닫혀 바야흐로 주저하고 있을 즈음에 관속 하나가 처음으로 알아보고 재빨리 들어가서 문을 열었다. 관아로 들어가니 유치영柳致永이 방에서 넋을 놓고 있다가 내가 왔음을 보고 벌떡 일어나 뚫어지게 보더니 그제야 "어떻게 이렇게 오셨습니까." 하였다.[42]

위 예문에서 측근인 유치영만이 관아에 남아 있었음을 볼 수 있기 때문이다. 그러면 책실은 어디에 거처했을까 하는 점인데, 『함안총쇄록』을 참고하면 책방을 거처로 했음을 알 수 있다.[43] 함안으로 부임하면서 '석성'을 책실로 맞이하다 보니 치영에겐 새로운 역할이 필요했고, 공적인 구성원으로 곁에 두는 것이 주위의 시선에서 자유로울 수 있었기에 비장裨將의 역할을 부여했던 것으로 보인다. 이전까지 유치영은 자로 불리던 것이 『함안총쇄록』부터는 유변, 유무변이라 불리고 있음에서 짐작할 수 있다.

그러면 이들의 조석은 어떻게 해결했을까? 공적인 구성원은 관아의 주방으로부터 직접 제공받았음을 알 수 있다. 그렇다면 그의 사적 측근은 어떻게 식사를 마련했을까?

> 1893년 6월 14일 부임한 후에 하루에 두 끼 제공받았고, 손님은 석성 하나뿐인데 주리(주방담당) 정병호가 어질지 못하다. 따라서 사촌 정병을로 교체했다.[44]

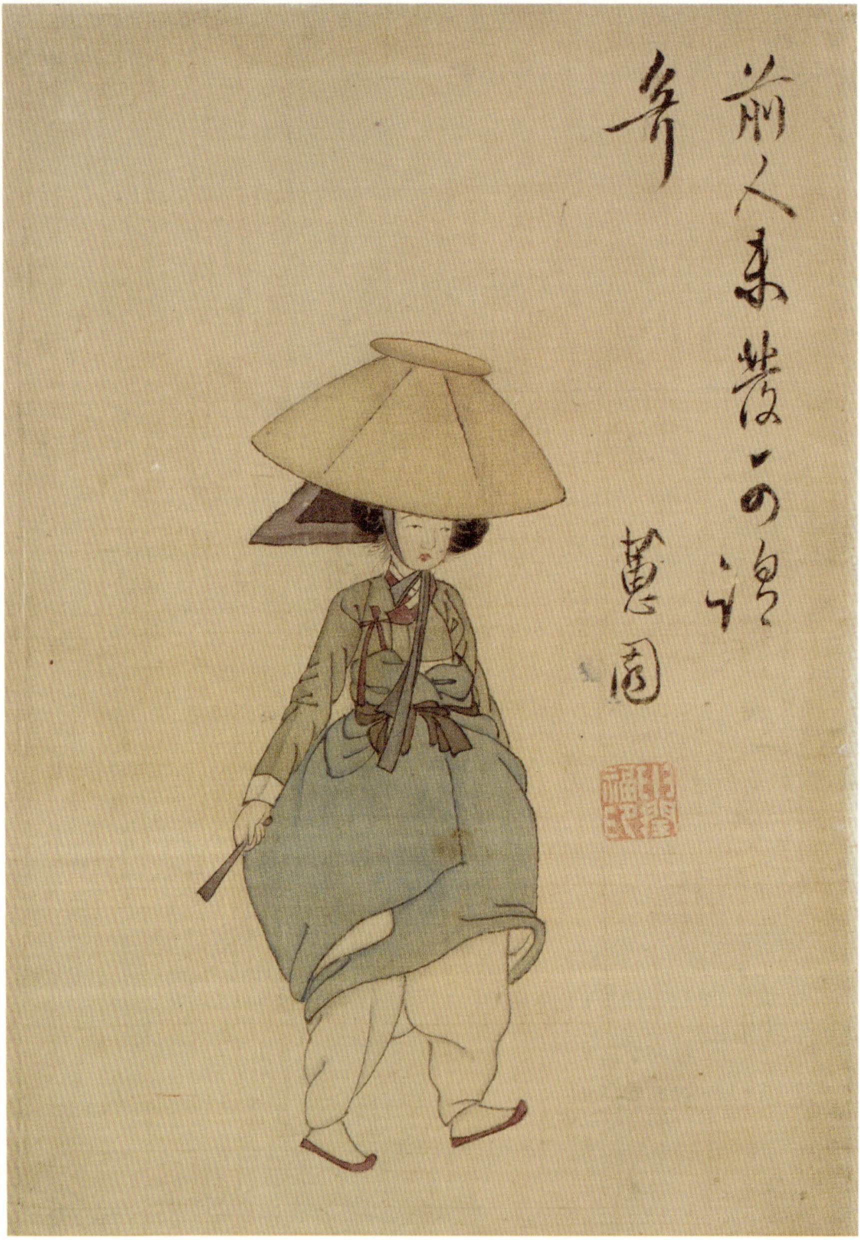

그림 4. 조선시대 기생 국립중앙박물관 소장

위의 언급을 보면 '석성'은 손님으로 관아에서 오횡묵과 같이 식사를 제공받았음을 알 수 있다. 책실에 대하여는 당시 '사객私客'이 아닌 '공객公客'으로 인식하고 있었던 듯하다.[45] 한편 주위에서 올리는 잔치음식과 제사음식, 그리고 여러 기생들이 올리는 음식들이 수령과 그의 측근들의 한 끼 식사로 대용되었음을 볼 수 있다.

다음으로 가족을 떠나 장기간 수령을 뒷바라지하는 측근들의 간병과 세탁은 어떻게 해결했을까? 총쇄록의 기록을 보면 수령으로부터 측근에 이르기까지 집을 떠나온 사람들의 대부분은 기생과 연을 맺고 살았음을 볼 수 있다. 관아 내에 기거하는 수령과 책실, 비장은 관기의 도움을 받았지만[46] 읍하에 거주하는 측근들에게는 기생들의 도움이 컸을 것으로 짐작된다. 예컨대 오횡묵의 맏아들 학선은 기생 송절과 지내면서 딸을 낳았고, 오횡묵이 재임하던 정선까지 찾아왔던 기생 월매는 함안으로 부임했을 때는 통제영의 막료 김춘영과 살고 있었다. 유치영은 함안 기생 금란과 연정을 맺고 있었고, 춘파는 마산의 기생 난희를 사랑했었으며, 석성은 여종 채화향의 머리를 올려 주었다고 한다.[47] 특히 오횡묵이 통제영에 갔을 때 기생 송절의 집에서 진지를 올렸다는 기록이나 기생 금향이 오횡묵의 '환후'를 걱정하는 기록, 병이 든 춘파가 수청기 소봉의 집에 머문다는 기록으로 보면 수령과 측근들의 간병과 세탁 등은 주로 기생들의 손을 빌렸던 것으로 짐작된다.

수령의 사적 측근들은 어떤 일을 하는가?

수령의 측근들이 어떤 일을 했는가는 수령이 측근을 둔 이유에 대한 답을 줄 것이다. 이 장에서는 수령칠사를 기준으로 여기에 해당한 것을 공적업무로 보고 여기에서 벗어난 것을 사적 업무로 보아 크게 두 가지로 구분하고자 한다.

수령칠사는 수령의 주요 임무를 일곱 가지로 정리한 것으로 '농상장려', '호구증', '학교장려', '군정정비', '부역균등', '송사간결', '간활리 근절' 등이 여기에 속한다. 이것은 고과의 기준이 되며, 임명 시 외우게 하여 명심시키던 것이다.

공적인 일의 보조

수령의 측근들이 보조하는 공적인 업무에는 크게 네 가지가 드러난다. 첫째는 농사철을 맞아 들판에 나가 권농함에 있어 수령을 대신하거나, 곡식의 작황을 살피기 위해 들판에 나가는 것이다. 둘째는 세수를 충족시키기 위해 주요 세수처의 현황을 파악하고, 신칙·감독하며, 세납을 감독하는 것이다. 셋째는 춘궁기와 세밑에 시전과 읍내를 돌며 굶주리는 백성들을 진휼하는 것이다. 넷째는 수령을 찾아오는 관민들이나 수령이 주관하는 행사에 찾아오는 관민들을 접대하는 것이다. 다섯째는 수령이 임시로 자리를 비웠을 때 관아를 관리하는 것이다.

① 권농: 권농은 수령칠사의 첫째 요목으로 세수의 바탕이 '곡물'이었기 때문이다. 따라서 수령은 농사철에 고을을 돌면서 농부들에게 농사에 근면할 것을 신칙하고, 신칙 후에도 듣지 않을 때는 형벌을 가하며, 들판에 나아가서는 부지런한 농부들에겐 포상(돈·담배·바늘)을 내리기도 하지만, 농부들과 어울려 솔선수범하기도 한다. 한편 가뭄이 들면 '기우제'를 설행하며, 관리를 들판에 파견하여 '관개의 원활'을 감독하고, 곡

식이 여물 철에는 들판에 나가 작황을 살피기도 한다. 수령 한 개인이 전체 고을의 들판을 다 돌기에는 역부족이다. 따라서 측근을 시켜 그것을 대신케 한다. 총쇄록에는 측근들을 시켜 권농 · 감농한 기록이 많이 등장한다.[48]

국가 재정의 기반인 세수의 배분·징수·수납은 수령의 기본 임무다. 따라서 수령고과의 한 기준이 되었다. 이 때문에 지방관은 세금에 지대한 관심을 가지기 마련이었다. 고을마다 중앙 또는 감영에서 배당한 세수를 충원하기 위해서 수령들은 늘 세수처를 찾아야 했고, 토호와 향리들의 징세 농간에 대항하여 균등한 징세를 신칙하고 징세 현장을 감독하며, 문제점을 해결하기 위해 형벌을 가하기도 하고 편의를 봐 주기도 하면서 세납의 기일에 맞추려 했다. 나아가 백성들의 요구를 수렴하여 수납의 부조리를 개선하기 위해 상부에 보고하기도 하였다. 한편 징수한 수세의 최종 도달지는 서울이므로, 정확하고 원활한 상납을 감시감독할 필요도 있었다. 특히 중앙의 관심이 집중된 세수처의 관리는 지방 수령에게 있어 무엇보다 중요하다. 그래서 자신이 직접 돌볼 경황이 없는 상황에서는 가장 신임하는 측근을 부릴 수밖에 없는 처지다. 예컨대 오횡묵이 정선현감으로 부임할 때 임금의 하교가 '채광'에 있었다.[49] 그러자 그는 정선에 부임하자마자 정선군 동면의 채광 현황을 파악하기 위해 측근 유치영을 은밀히 파견하여 탐지해 오도록 시켰다. 오횡묵의 명령을 받은 유치영은 다음 날 현장을 답사하고 돌아와 지리, 채광지 상황, 연군수효, 신차관의 이력, 광물의 품질 등을 탐지하여 보고하고 있다.[50] 한편 고을의 사정을 고려하지 않고 중앙에서 배정한 세수나 진상품은 고을에 폐단을 불러일으키는 원인이 된다. 따라서 수령은 고을의 사정을 확인한 후 이를 개선하기 위해 중앙에 보고하고 개선책을 요청해야 했다. 예컨대 오횡묵이 정선에 부임하자 공형은 정선군이 녹산읍鹿産邑으로 정해져 매년 1대(對: 한 쌍)씩 진상해야 하는데 이것이 고을의 큰 폐단이 되고 있다는 보고를 듣는다.[51] 이를 해결하기 위한 방안을 은밀히 적어 최측근이라 할 수 있는 맏아들 학선에게 지시한다. 그 결과 탕감을 받고 있다. 이의 탕감은 직접적으로는 백성들의 수고를 더는 것이지만 간접적으로는 자신의 부담을 더는 것이 되었다.[52]

징세와 관련된 부분은 담당 색리들에게 맡겨도 되겠지만, 부임한 지 얼마 되지 않는 상황에서 그들에게 맡기는 것은 부담이 될 수밖에 없었고, 더욱이 향리들이 돈을 떼먹고 달아나는 풍조가 있었기에 더더욱 믿을 수 없었다.[53] 이러한 상황에서 수령 본인이 직접 챙기는 것이 가장 믿음직스런 방안이지만, 부득이한 상황에서는 가장 믿을 만한 측근을 부릴 수밖에 없었다.[54]

수납의 마무리는 전운사에게 전달함으로써 끝난다. 따라서 수세의 선적까지가 그가 맡은 임무라 할 수 있다. 배의 도착을 기다리고, 선적을 기다리면서 현장을 감독할 수 없는 수령의 처지에서 그것을 대신할 측근이 필요했다. 그래서 오횡묵은 측근 유치영에게 그 일을 맡기고 있다.[55]

② 호구증대: '호구증대'는 수령칠사의 하나이며 이를 위해 수령은 다양한 노력을 기울이고 있다. 그중에 측근을 활용한 것으로는 춘궁기를 맞아 고을 내 굶주리는 백성을 찾아 진휼하는 것이 있었다.[56]

③ 접빈객: 관아에는 객사가 있었기에 오가는 손님들의 발길이 끊이지 않았다. 관아를 찾는 손님들은 공적인 업무로 찾는 경우도 있었지만 사적으로 찾는 경우가 더 많았다. 특히 고을이 상급기관에 가는 중도에

위치해 있을 경우엔 찾는 손님이 더 많았다. 주로 수령의 개인적 친분으로, 또는 지나는 노중에 숙식을 얻기 위해서, 공적인 업무 차 들르는 손님들이 많았다. 상급기관장의 부임행차를 접대해야 하고, 세알하기 위해 또는 휴가를 얻어 지나는 타 고을의 수령행차를 접대해야 하며, 지나는 과객이나 유배객도 맞아야 하고, 인사 차 들르는 고을 인사들을 접대해야 하며, 수령이 주관하는 건물의 낙성식, 잔치 등에 초대된 사람들도 접대해야 했다. 조선시대 가문 장손의 임무 가운데 하나가 '접빈객'이듯이 수령에게 있어 접빈객도 이에 못지않았다. 찾아오는 다양한 손님들도 그 격에 따라 수령이 직접 맞거나 아니면 측근을 시켜 맞았다. 예컨대 오횡묵이 고성군수로 재임할 때 통제사가 교체되어 신임 통제사의 부임행차가 고성을 지나게 되자 그 내행까지 '수백 명'에 이르는 손님을 맞이한다. 오횡묵은 군경계인 일문역에서 신임 통제사를 만나려 기다리지만 길이 엇갈려 맞지 못했다. 오횡묵이 경계에 나가고 없는 동안 신임 통제사의 부임행렬이 관아에 이르자 그의 아들이 그를 대신하여 그들을 맞고 이튿날 배웅까지 한다. 뒤늦게 일이 순조롭게 진행되었음을 확인한 후에야 '마음에 걸리던 바가 이제사 시원함'을 느낀다고 토로한다.[57]

지방관이 중시한 또 다른 접대의 대상은 지역민들이었다. 주로 이들은 '수령에게 고마움을 표시하기 위해 찾은 촌민이나 양반', '시회', '건물의 낙성식', '전별연' 등을 빌미로 수령이 부르거나 자발적으로 찾아온 선비들에 대한 접대였다. 그들은 신분에 따라 차등을 두어 '촌민의 접대'는 유치영이 맡은 반면,[58] 양반 문인들의 경우엔 석성이 맡고 있다.[59]

④ 수령의 대행: 측근의 도움이 필요했던 다른 하나는 수령이 공무로 또는 사적인 일로 관아를 비웠을 때, 즉 공관 시 그를 대신하는 것이다.

장시간 수령이 관아를 비우는 경우는 '휴가'나 후임자 미부임에 따른 것인데, 이를 대비하여 조선시대는 이웃 고을의 수령으로 하여금 겸관케 하여 공백을 메우고자 했다. 후임자 미부임에 따른 것은 상관없지만 휴가나 또는 사적인 일로 관아를 비웠을 때는 여전히 현직 수령이 관아를 장악하고 있어야 한다. 조선시대 수령은 공적으로 관아를 비워야만 하는 경우가 많았다. 예컨대 휴가, 명절을 맞아 상관에게 인사 가거나, 신임 상관의 부임에 참석하거나, 겸관지의 수령이 관아를 비웠을 때 겸관하기 위해 가거나, 이웃 고을의 옥사를 조사하기 위해 가거나, 고을을 순행하다 저물어서 돌아오지 못하는 경우도 많았다. 사적으로는 인간적으로 처하기 싫은 '옥사'나, 구설에 오를 수 있는 '송사'를 만나면 '피접'이란 핑계로 자주 관아를 떠나 측근 이외에는 아무도 모르는 곳에 숨어 지내다가 문제가 다른 고을로 옮겨지거나 원만하게 해결되기를 기다려 돌아오곤 했다.[60]

수령이 관아를 비웠을지라도 공문은 내려오고, 내방객은 생기며, 또한 수령과 밀접한 일들이 생길 수도 있다. 이를 대비하여 측근들은 관아를 실질적으로 지키며 수령에게 알려야 할 것과 알리지 말아도 될 것을 판단하여 수령과 연락을 주고받았다.[61]

⑤ 읍사 논의: 다른 한편으로 수령들의 측근들은 '읍사'를 논의하는 상대였고, 폐단을 찾는 은밀한 탐지꾼이었다.[62]

사적인 일의 보조

수령이 데리고 있는 사적 측근들은 공적 업무의 보조보다 사적인 일의 보조가 한층 더 많았다.

① 치료와 간병: 대표적인 사적 일은 수령의 병을 치료하거나 간호하는 일이라 할 수 있다. 외방에 혼자 나와 있는 수령들은 자신이나 가족 또는 측근의 치료를 위해 '주치의'와 같은 측근 '의원'이 필요하다. 오횡묵 또한 함안에 재직할 동안은 읍내에 거주하는 '의원 배송파'를 곁에 두었고, 고성에 재직할 동안은 '의원 박준수'를 곁에 두었다.[63]

치료는 의원이 맡았지만 간병은 누가 했을까? 일반적으로는 수청기나 관비 그리고 연정을 품은 기생이 맡았던 것으로 보인다.[64]

② 신변경호: 유치영은 정선에 부임할 때부터 고성을 떠날 때까지 함께 지냈다. 그의 지칭어가 처음에는 유치영, 치영이던 것이 유변, 유무변으로 바뀜을 보면 그의 주 임무는 경호였던 것으로 여겨진다. 평시엔 곁에서 머물며 심부름을 하다가 공관시엔 대신하여 관아를 지키기도 하지만 사적인 출행 시엔 동행하면서 말벗이 되기도 하고 짐꾼이 되기도 하다가 위험한 상황에선 그를 보호하는 것이 주 임무였던 것으로 짐작된다.

③ 정보전달: 측근들의 사적 활동으로는 전인 역할의 비중이 매우 컸다. 은밀한 내용이나 중요한 물품의 전달을 위해서는 전인을 필요로 했고, 전인으로는 측근을 활용하는 것이 가장 안전했다. 오횡묵은 연말선물(세의)이나 중요 물품 그리고 '긴요한 일'에 대하여는 유치영이나 그의 아들 '학선'을 시켰다.[65] 다른 한편으로는 긴요한 업무에 대한 적임자를 알선하거나 수령이 시킨 것을 탐지하거나 수령이 알고 있으면 유익한 정보를 수집·전달하고 있다.[66]

④ 대행: 중요한 일이지만 체면상, 시간 관계상 수령이 직접 챙기기 어

려운 일은 측근에게 시키는 경우가 많았다. 이러한 일에는 청탁받은 송사의 해결, 서책의 간행을 위한 관리, 집이나 토지의 구입과 관리, 치성이나 외정의 관리 등을 들 수 있다. 오횡묵은 청탁받은 송사의 해결을 위해서 석성과 아들 학선에게 그것을 대행케 하고 있다.[67]

한편 조선시대 수령들은 많은 문집과 시집, 읍지, 지지 등 인문저술을 남겼다. 지방관에 재직하는 동안 서책의 간행에 필요한 물자를 조달함에 편리함이 많았다. 따라서 집안의 자제가 고을 수령에 부임하기를 기다려 선조의 문집을 간행하거나 자신이 집필한 원고를 간행코자 하였다. 우선 서사자, 목판의 재목, 각수, 교정자, 종이와 같은 물자와 경비를 조달하기가 쉬웠기 때문에 조선의 많은 서책들이 관아에서 나올 수밖에 없었다. 물자와 경비의 조달은 수령이 아전들을 통해 구한다고 하지만 이를 편집하고 교정하는 책 간행의 전체 사무를 지휘·감독하기에는 시간이 없었다. 그래서 자신을 가장 잘 이해하는 문식이 많은 측근을 곁에 두고 이를 맡긴 것이다. 오횡묵은 『여재촬요』의 간행을 석성과 이용순에게 맡기고 있다.[68]

다른 한편으로 오횡묵은 늦은 나이에 지방관에 나왔기에 항상 퇴임 후의 생활을 염려한 듯하다. 그래서 서울의 본가 이외에도 여러 곳에 집을 장만하였다. 그가 집을 장만함에 있어 겉으로 드러나는 가장 큰 기준은 풍수였다. 그래서 측근으로 박늠은, 강회림과 같이 풍수에 일가견이 있는 선비를 곁에 두고 활용하였다. 총쇄록은 서울 본가 이외에 영평에도 집을 구했다가 관리문제로 팔았으며, 합천과 문경에도 집을 구했음을 보여 준다. 최후의 은거지는 문경 지동으로 결정되었는데 이를 고르기 위해 그는 늠은과 회림을 답사 차 현지에 보내 이들이 구한 지역에 대한 장단점을 토론하고 이후 자신이 최종적으로 답사한 다음에 결정을

내렸다.[69] 한편 그의 측근들을 시켜 임금에 대한 치성을 부탁하기도 하였다.[70]

가족을 두고 지방에서 홀로 떨어져 지내야 했던 지방관 또는 관리들은 늘 고독할 수밖에 없었다. 따라서 가족을 대신할 수 있는 존재가 필요했다. 앞서 오횡묵의 측근들이 기생과 사귀거나 동거함을 보았듯이 오횡묵 또한 두 기생과 깊은 연정을 맺었음이 드러난다. 한 사람은 통영기생 '월매'며, 다른 한 사람은 밀양 기생 '월희'다. 이들은 통영에서 정선으로, 밀양에서 함안으로 먼 길을 마다 않고 찾아왔다가 돌아간다. 그가 지극히 사랑하는 여인이지만 상대가 기생인 터에 수령의 체면상 배웅하기는 어렵고, 그렇다 홀로 돌아가게 버려둘 수 없는 터에는 자신을 대신할 측근에게 시킬 수밖에 없었다. 이 경우에 오횡묵은 '유치영'에게 그 일을 맡기고 있다.[71] 재산의 관리 또한 수령이 직접 챙기기 어려웠다. 따라서 토지나 집 또는 돈의 관리는 가장 신뢰할 수 있는 사람에게 맡겼다. 오횡묵은 주로 유치영을 활용하고 있다.[72]

⑤ 말벗: 오횡묵은 자신이 가졌던 근심 열 가지를 들었는데, 모두가 현실과 이상의 괴리에서 오는 것들이다.[73] 이 가운데 영의(營擬: 전원으로 옮겨가지 못하는 현실), 농서(農棲:가족과 단란하게 살며 자식을 키우고 싶으나 돌아갈 수 없는 현실), 연침(燕枕: 부부가 다정하게 살지 못하는 현실), 추회(秋懷: 가을이면 느끼는 서글픔), 사가(思家: 병든 아내와 집 생각) 등은 내면의 외로움을 형성한 외적 요인에 불과하다. 모두가 수령직을 맡아 가족을 떠나 있기에 생긴 것이다. 따라서 가족을 떠나 객지에서 생활하는 수령에게 있어 가장 큰 애로점은 '외로움'이었을 것으로 짐작된다. 이를 증명하듯이 총쇄록에는 자주 측근을 떠나보낼 때면 '외로움'을 언급하고, 그들이 돌아올 때쯤이면

마중 나가 서성이는 모습조차 볼 수 있다. 따라서 측근들의 기능 중에 하나는 바로 외로움을 달래 주는 말벗의 기능이라 할 수 있을 것이다.

세상사, 옛날이나 오늘날이나 다르지 않으니

이제까지 오횡묵이 영남지역 수령으로 재직하면서 기록한 일기를 토대로 조선후기 수령들은 왜 '사적 측근'이 필요했고, 또 조선후기 사람들은 어떤 목적으로 '측근'이 되고자 했는지를 살펴보았다. 크게 세 가지 점에 초점을 두고 고찰하였다. 즉 첫째 측근들은 수령과 어떤 관계를 가진 사람인지, 둘째 개인적 삶을 포기하고 측근이 될 때 얻는 것은 무엇인지, 셋째 측근들은 어떤 일을 하고 있는지가 바로 그것이다. 해당 초점별로 논의한 내용들을 간략히 정리하면 다음과 같다.

① 측근들은 수령과 어떤 관계의 인물인가?

총쇄록에 등장하는 측근들을 대상으로 수령과 어떤 관계를 지닌 사람들인지를 살펴본바, 첫째는 자식이나 친척과 같은 '혈연관계', 둘째는 주인과 하인의 '주종관계', 셋째는 의원과 환자의 '고용관계', 넷째는 말벗이자 용처에 맞는 인물로서의 '교유관계'다.

② 측근이 되는 이유는 어디에 있는가?

측근들이 개인적 삶을 포기한 채, 수령의 수족이 되고자 한 이유는 첫째, 정치적 측면으로 수령의 천거를 받아 관로에 나아갈 수 있는 길이 있었기 때문이며, 둘째, 손쉽게 경제적 지원을 받을 수 있었기 때문이며,

셋째, 사회적 측면으로는 송사나 옥사의 해결, 부역의 면제, 속량과 같은 공적인 문제의 해결로부터 가문의 보호와 명예를 지원받을 뿐더러 인맥을 쌓을 수 있기 때문이며, 넷째, 교육적 측면에서 자식에게 더 나은 교육환경을 줄 수 있었기 때문이라 본다.

③ 측근들은 어떤 일을 하는가?

수령의 측근들이 행한 공적인 일은 수령의 대행이었다. 예컨대 권농, 세수징수의 감시감독, 진휼, 접빈객 등을 들 수 있다. 사적인 일로는 치료와 간병, 신변경호, 정보전달, 사적인 일의 대행, 말벗 되기 등을 들 수 있다.

이상의 논의로 보건대 수령과 측근들은 서로 주고받을 수 있는 것이 상호 간에 형성됨을 알 수 있는바, 인간의 삶이 옛날이나 오늘날이나 크게 다르지 않았음을 알 수 있다.

【 제13장 】

수령의 개성과 글쓰기

최은주(경북대 영남문화연구원 HK교수)

글쓰기는 개인 자신을 둘러싸고 있는 외부세계와 부단한 상호 작용을 토대로 이루어진다는 점에서 개인의 사회적 입지와도 직간접적으로 연결된다. 특히 때로는 관료로서, 때로는 선비로서 그 경계의 삶을 영위했던 조선시대 지식인들에게 이 연결성의 문제는 매우 분명하게 작용했던 것으로 보인다. 글쓰기의 궁극적 산물에만 국한한다면 이 문제는 큰 의미가 없을지도 모르겠다. 그러나 글쓰기 행위의 전반적 과정을 놓고 본다면, 동기 부여부터 시간할애까지 글쓴이의 사회적 입지가 매우 긴밀하게 연동되어 있음을 알 수 있다.

그렇다면 지방 수령이라는 사회적 지위에서 이루어진 글쓰기는 그 행위적 실체가 어떠할까? 관료라는 공적 지위를 획득함에 따라 파생되는 주변생활의 각종 여건들은 글쓰기 행위의 전반적 과정에 밀착되어 일정한 영향력을 행사한다. 글을 쓰는 동기부터 시간과 공간까지 수령은 자신의 신분을 잠재적으로 인식하며 상황에 부합되도록 판단하고 행동하기 위해 애쓰게 된다. 예컨대 분주한 공무의 일상에서 사적인 글쓰기를 어떻게 영위할 것인가 하는 문제는 수령이기 때문에 발생하는 것이다.

지극히 개인적 차원에서 자유롭게 자신의 사상과 감정을 온축할 수 있는, 즉 신분구속이 없을 때의 글쓰기와는 분명한 차별성이 있다. 더불어 수령으로서의 공식적 글쓰기는 당대의 정치적 통념부터 지역사회의 현실까지 여러 가지 제약 조건들을 의식할 수밖에 없으므로, 글쓰기가 매우 제한적이었다. 그것은 또한 일반 정치인으로서의, 특히 중앙관료의 글쓰기와도 일정하게 구별되는 점이 있다. 왜냐하면 지방관직에 대한 시선, 주변 환경의 급격한 변화, 외직外職의 객수客愁, 부임지에 따른 지역적 특수 상황 등 지방 수령으로서 맞닥뜨리는 각종 현실들이 그들의 상황과는 뚜렷하게 달랐기 때문이다.

일반적으로 지방 수령들은 부임해서 실제 행정을 운영하는 동안 의례와 업무 속에서 매우 바쁜 나날들을 보내게 된다. 제도에 규정된 근무시간과 방식이 있긴 했지만, 부임지의 현실 또는 수령 개인의 특성에 따라 그들의 공무수행은 탄력적으로 이루어졌던 것이 사실이며 때로는 사적인 겨를을 기대하기 어려울 만큼 업무에 시달리기도 했다. 실제로 지방 수령의 일상에서 공무처리와 개인적 여유는 뚜렷하고 규칙적인 시간 분할을 확보하지 못한 채, 모호한 경계를 넘나들며 개인의 사정에 따라 그때그때 유동적이었던 것으로 파악된다. 이러한 현실로 인해 수령은 글을 쓸 때 그 글의 성격을 먼저 의식하게 되었다. 당장 글쓰기에 할애하는 시간보다 업무수행의 우선을 고려해야 했기 때문이었다.

글쓰기라는 것이 개인의 경험적 삶을 토대로 형성된 자신만의 개성이 전제되는 것은 분명하다. 그러나 지방 수령의 관직을 획득하는 순간부터 그는 그 지위가 요구하는 정치적·사회적 권위와 의무감을 의식할 수밖에 없고, 이 때문에 수령만의 글쓰기 세계가 펼쳐지게 되는 것이다. 수령이 된 그 시점부터 그는 자신의 글쓰기 행위 전반에 걸쳐 스스로의 지위를 인식하게 되며, 이러한 자각은 자신의 개성과 복합적·다층적으로 결합되어 결국 궁극의 산물에 일련의 특징으로 노출된다.

여기에서는 지방 수령 글쓰기의 실제를 살펴보기 위해 그 구체적 사례로 1735년(영조 11) 4월부터 1737년(영조 14) 12월까지 3년 8개월 동안 울산부사蔚山府使에 재직했던 청대淸臺 권상일權相一(1679~1759)을 채택하였다. 그는 1710년(숙종 36) 그의 나이 32세 때 증광시增廣試 병과丙科에 급제하여 영남 남인학자로는 드물게 중앙관직에 진출하였던 인물이다. 이후 몇몇 중앙관직을 역임한 후 57세 때 마지막으로 울산부사에 부임했다. 권상일이 울산부사 시절 기록한 일기와 당시 창작한 일련의 작품들을 통해 지방 수령이라는 특정신분의 글쓰기 실체에 한 걸음 다가갈 수 있으리라 기대한다. 물론 그의 개성을 전제하면서…….

수령의 글쓰기는 언제 이루어졌는가?

과중한 수령업무

지방 수령에 임명되어 부임하기까지, 그리고 부임해서 실제 행정을 운영하는 동안, 해당 관원은 의례와 업무 속에서 매우 바쁜 나날들을 보내게 된다. 권상일도 예외는 아니었다. 더욱이 권상일이 재직한 울산부사蔚山府使는 경주진관병마동첨절제사慶州鎭管兵馬同僉節制使를 겸하고 있었으므로, 그는 부내府內의 행정적 업무와 동시에 군사적 업무도 함께 처리해야만 했다. 또한 수령의 기본의무인 수령칠사守令七事 외에도 울산의 지형적 위치상 차왜差倭 접대와 관련된 각종 행사에 참여해야만 했고, 예단 마련의 임무를 맡거나 접위관接慰官에 차정되는 등의 일도 빈번하였다. 그런 와중에 권상일은 1736년(영조 3) 1월에 언양彦陽을 겸관兼官하게 되고, 또 2월에는 경주慶州까지 겸관兼官하게 되었다. 권상일은 이런 겸임에 매우 큰 부담을 느끼고 있었다.[1]

권상일은 24세(1702, 숙종 28)부터 81세(1759, 영조 35)까지 57년 동안 때때로 누락된 기간들이 있기는 해도 비교적 꾸준하게 일기를 썼다. 일기 중 1736년(영조 12) 1~12월, 1737년(영조 13) 1~9월, 1738년(영조 14) 10~12월의 기록이 울산부사 재직 기간 동안 쓴 것이며, 나머지 기간은 기록이 결락되어 있다. 일기 곳곳에는 업무수행으로 바쁜 그의 심경이 나타난다.

[1736년 2월 18일] 언양彦陽 번고反庫의 일로 일찍 출발해서 오산梧山에 도착하여 이동지李同知 시강時綱에게 안부를 물으니, 이번 21일에 회방연回榜宴을 치룬다고 하였다. 올해 나이가 82세이다. 굿대역仇大驛가에 도착하여 순영巡營의 관문關文을 보니 경주겸임慶州兼任으로 임명하고 봉고封庫 운운하기에, 부득이 말에서 내려 소정小亭에서 잠시 쉬었다. 배리陪吏를 시켜 본부本府에 사통私通을 보내 각 창고를 분봉分封하기 위한 장교將校 7인을 내일 경주부慶州府에 대령하도록 하였다. 오시午時가 되기 전에 언양彦陽에 도착하였는데, 현감 오석종吳碩宗이 나와서 만났다. 그가 말하길, "집은 회령會寧에 있으며, 일찍이 축성築城으로 당상堂上에 올라 지난 겨울 해남현감이 되었는데 가향家鄕이 너무 멀어 사체辭遞되었습니다. 다시 이 고을에 부임하였는데 집과의 거리는 2,700여 리이나 바닷길로는 15일 여정에 불과하므로 상선商船으로 집안의 편지를 받아 보고 있습니다."라고 하였다. 전조銓曹의 차제差除를 알 수가 없으니, 그 정세가 절박할 뿐만 아니라 본 고을 백성과 아전들의 폐단도 말할 수 없다.

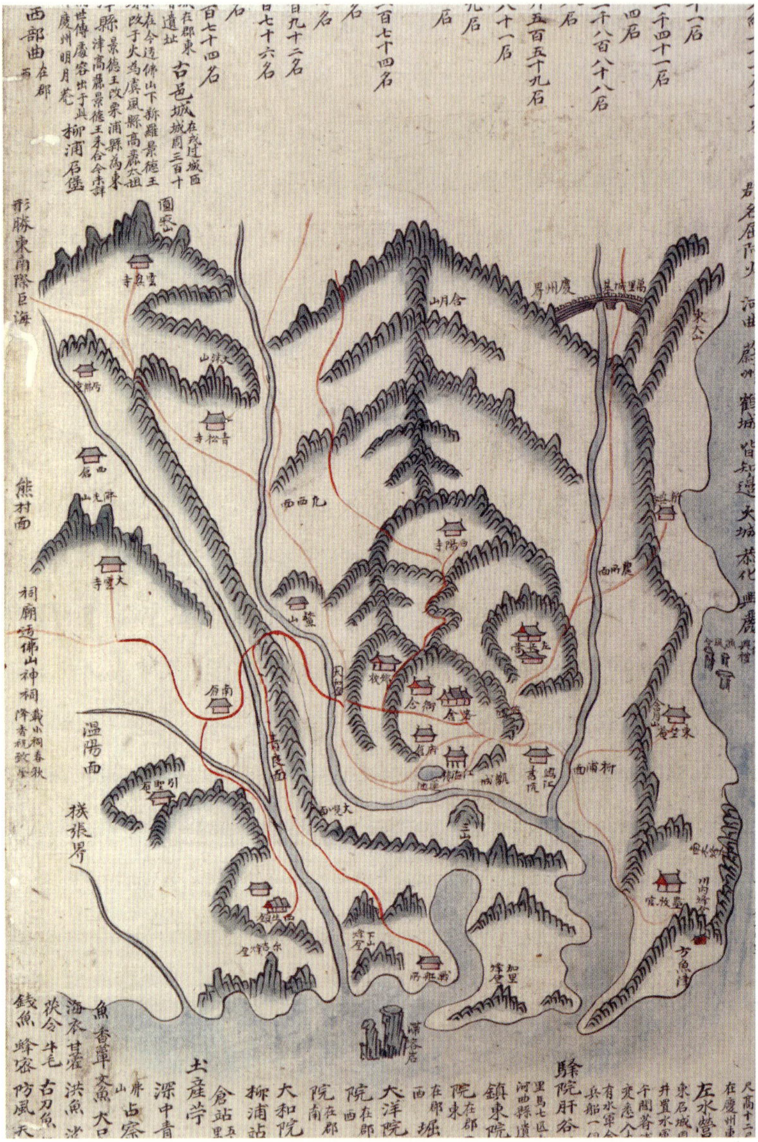

그림 1. 울산부(해동지도) 규장각 소장. 태화강과 동천강 그리고 울산만이 만나는 지점에 부치(府治)가 자리잡고 있다. 울산관아를 중심으로 좌측에 향교가 있고, 우측에 좌병영(左兵營)이 있으며, 아래쪽에 구강서원(鷗江書院)이 있다. 오른쪽 상단에 경주와의 경계가 보이며, 왼쪽 하단에 기장(機長)과의 경계가 보인다.

…… 번고문서反庫文書를 수정하여 보고한 후 곧 출발하였다. 동남쪽으로 15리쯤 가니 한 시냇물이 흐르고 있었는데, 시냇가 푸른 벽이 꽤 볼만하였다. 또 수 리쯤 갔는데, 시냇물이 반구盤龜의 물과 합해져 남쪽으로 흐르다가 태화강太和江 상류가 되고 그 아래에는 바위봉우리가 있어 깎아지른 듯 서 있어 매우 기이하였다. ……[2]

이보다 앞서 1월 13일 권상일은 언양彦陽을 겸관兼官하고 봉고封庫하라는 관문關文을 받았었다. 2월 18일에는 이미 오석종吳碩宗이 언양현감으로 새로 부임한 이후이기에 권상일은 언양겸관彦陽兼官에서 체직遞職된 것으로 파악된다.[3] 그는 언양현감 오석종을 만난 후, 전조銓曹의 관리 인사를 이해할 수가 없으며 이로 인해 언양의 백성과 아전들의 폐단이 말할 수 없을 정도라며 탄식하였다. 그리고는 예전에 서종옥이 이조참의로 있으면서 산계散階로 가자加資된 자는 수령에 임명하지 않는 원칙을 계하여 결재를 받았었는데, 오래지 않아 폐지된 사연을 안타까워하며 언급하였다. 언양의 번고를 마치고 문서를 수정 보고한 후, 권상일은 경주겸관으로 봉고封庫를 수행하기 위해 경주로 출발하였다. 공무 중의 이동이었지만 이 짧은 여정에서 그는 주변의 경치를 상세하게 묘사하며 그에 따른 나름의 소감을 피력하고 있다. 그러나 마음은 그다지 여유롭지 못했던 것으로 보인다. 반구대盤龜臺를 거쳐 반구서원盤龜書院을 지나면서 기록하기를 "포은圃隱·회재晦齋·한강寒岡 세 현인을 함께 배향한 곳이다. 포은은 본 고을(언양)에 유배 왔을 때 '臨水登山瘴海邊'라는 구절의 사운시四韻詩를 지었으며, 한강寒岡은 동래東萊와 초정椒井으로 가는 길에 이곳에 머무르며 복거卜居의 뜻을 품었다고 한다. 겨를이 없어 사당에 참배하지 못하였다. ……"[4]라고 하였다. 또 송단松壇·집청정集淸亭

을 지나 장천사障川寺를 지나면서는 겨를이 없어 절에 들어가지 못했다고 기록하고 있다. 이날의 일기에는 관료로서 업무의 고단함이 스며들어 있다. 그러나 그런 와중에 이동 경로의 경치를 감상하며 망중한忙中閑을 즐기는 모습을 보여 주기도 한다. 그는 이후 20일에는 경주에 도착하여 각 면面의 창사倉舍를 봉하였고, 21일 건천乾川, 22일 자인慈仁을 지나 대구 감영에 도착하였으며, 23·24일에는 순사巡使를 배알하고 울산부사와 경주겸관의 체직을 요청하였다. 단 며칠간의 기록에서도 그가 과중한 업무 부담에 시달리고 있었음을 느낄 수 있다. 권상일이 병진년丙辰年(1736)에 이희안李希顔에게 보낸 편지에는 이러한 업무 부담감과 그로부터 벗어나고 싶은 직접적인 심경이 여과 없이 노출되어 있다.

> …… 회옹晦翁의 「여인서與人書」에 독서하며 느긋하게 보내니 바로 오늘이 금일의 벼슬살이에 가장 아름다운 시절이라 하였습니다. 그러나 본 고을에서는 이 말대로 행할 수가 없으니, 갖은 폐단에 좌우로 수응酬應하며 힘 닿는 대로 정돈하고는 있으나 날마다 주름이 생깁니다. 혹 겨를을 얻어 서책을 가까이하더라도 다시 곧 버려 두게 되니 포기하고 아예 하지 않게 됩니다. 아무리 생각해도 고향으로 돌아가 졸박함을 기르는 것만 못하므로, 연달아 사직서를 올려 간곡한 정을 갖추어 진술하였는데 아직도 결말이 나지 않았습니다. 마음대로 벼슬을 버리고 돌아가려 해도 비상상태를 대비하는 고을인지라 감당할 수 없는 바가 있으니, 새 순사巡使가 도임한 후에 다시 사직의 뜻을 진술하여 기필코 체직하려 하는데 점점 지연되고 있습니다. ……[5]

바쁜 공무에 독서할 시간조차 엄두도 못 내는 현실에 짓눌려, 그는 체직되기만을 학수고대하고 있다. 힘을 다해 업무를 처리하고는 있지만, 사실은 하루하루가 힘에 부침을 토로하고 있는 것이다. 이렇듯 개인적 여유를 기대하기 어려운 지방관으로서의 일상 속에서 그의 글쓰기는 도대체 언제 어떻게 이루어졌을까?

시간과의 싸움

그가 울산부사 재직 때 쓴 글들은 문집과 일기를 통해 대략 파악이 가능하다. 그가 울산부사 재직 당시 기록한 일기 속에는 자신이 지은 시문詩文이 함께 기록되어 있는데, 일기에만 있고 문집에는 수록되어 있지 않는 것도 있고 문집에만 있고 일기에는 기록되어 있지 않은 것들도 있다.[6] 권상일은 오랜 기간 동안 일기를 쓰면서 특히 시작詩作과 관련해서는 지은 당일의 기록에 간략한 창작동기를 쓰거나 또는 작품까지 함께 기록해 놓기도 하였다.

그런데 울산부사 시절에는 그가 당시 지은 것으로 보이는 글들이 정사년丁巳年(1737) 8월과 9월 사이에 어지럽게 뒤섞여 있다. 기록시기의 편차상 또 내용상 울산부사 시절에 지은 것이 확연하지만, 앞뒤의 일기들처럼 일목요연하지 않아 살피기가 어려운 면이 있다. 이 안에 기록된 글들은 글자를 수정하거나 전체를 삭제하는 등 초고草稿로서의 형태를 그대로 보여 주며, 다른 사람의 글을 기록해 놓는 등 메모로서의 모습도 드러난다. 당시 일기의 이러한 기록 특성은 감흥이 일거나 지우知友 간에 차운次韻 요구 또는 글쓰기 청탁이 있어도 바로 쓰지 못하고, 미루어 두었다가 공무 중에 틈틈이 작성했던 이유도 작용했을 것으로 보인다. 아래의 일기는 이러한 상황을 짐작하게 해 준다.

[1736년 4월 9일] 구어역仇於驛에서 점심을 먹었다. 지응하인支應下人이 이미 와서 기다리고 있었다. '근처에 사는 임일룡任一龍과 그 조카인 수재秀才 손증걸孫曾杰이 부賦를 지어 가지고 와서 보았다. 임군은 또 자신의 조부모 중뢰연重牢宴 때 여러 사람들이 지은 서시序詩를 소매 속에 넣어 왔으며, 나에게도 글을 요청하기에 나중에 써 주겠다고 답하였다.' ……[7]

이날 그는 다음 날 있을 진상감봉進上監封의 일로 경주에 가는 도중이었다. 구어역에서 만난 임일룡과 손증걸이 직접 지은 부賦를 가지고 와서 보았는데, 그 사이에 임일룡은 자신의 조부모 중뢰연을 기념하는 시를 지어 달라고 요청하였다. 그러나 권상일은 다음에 써 줄 것을 기약하였다. 공무 수행을 위해 경주로 가는 길이 급해 겨를이 없었기 때문이었다. 이날 써 주지는 못했지만 약속은 지킨 것으로 보인다. 그의 문집에 수록된 「월성임공중뢰연月城任公重牢宴」이 바로 그 시이다.

「동경에서 느낀 바를 읊다 정사 3월東京感吟 丁巳三月」이란 작품은 그가 직접 표기하고 있듯이, 부임한 지 3년차였던 정사년丁巳年(1737) 3월에 지은 것이다. 3월 초순 당시 그는 병상兵相을 만나기 위해 경주로 갔었는데, 다른 일은 없었기 때문에 오고 가는 길이 상대적으로 여유가 있었던 것으로 파악된다. 3월 3일의 일기는 경주부윤을 입견入見했다는 언급만 제외하면, 영천군수永川郡守·영일현감迎日縣監과 함께 지역 주변의 승경을 둘러 본 내용으로 채워져 있다. 권상일은 이날 봉황대鳳凰臺에 올랐으며, 또 매월당梅月堂이 기거했었던 금오산金鰲山도 찾았다. 3월 4일 이튿날은 병상兵相을 만난 후 남산南山의 지우知友 임군의 집을 방문하였다. 그 곳에서 권상일은 죽은 친구 임실혜任實兮가 건축한 몽희당夢羲堂과 그

조부 임지任潰가 건축한 빙허루憑虛樓를 돌아보았으며, 오후에는 불국사佛國寺로 가서 남순회南舜會·남순관南舜寬을 만나 정담을 나누었다.

3월 5일에는 비 때문에 울산으로 출발하지 못하였으므로 하루의 여유가 더 생긴 셈이었다. 이날 그는 불국사 사적책寺蹟册을 읽으며 시간을 보냈는데, 마침 점필재佔畢齋 김종직金宗直의 시운詩韻이 있어 이에 차운하여 남순회南舜會에게 주었다고 하였다. 다음 날인 3월 6일 권상일은 괘릉掛陵을 지나 관청에 도착하였다. 심적으로 여유가 있었던 이 4일간의 여정 동안 그는 여러 편의 시를 지었던 것으로 보이며, 5일의 일기에서는 작문 동기와 실제 행위를 구체적으로 언급하기까지 하였다. 그의 작품 가운데 「동경에서 느낀 바를 읊다 정사 3월東京感吟 丁巳三月」, 「봉황대鳳凰臺」, 「임실혜의 몽희당任實兮 夢羲堂」, 「빙허루憑虛樓」, 「불국사에서 점필재의 시에 차운하여 남순회와 순관에게 주다佛國寺 次佔畢齋韻 贈南舜會舜寬」, 「괘릉掛陵」, 그리고 매월당의 절구시에 차운한 「매월당의 두 절구시에 차운하다梅月堂二絶」 등 대략 7수 정도가 이 시간의 경험과 여유 속에서 지어진 것으로 파악된다.

권상일은 이런저런 업무로 경주를 자주 오갔다. 그러나 지나는 길의 경치를 감상하며 잠깐의 망중한을 즐기는 데 그쳤을 뿐, 이때처럼 느긋하게 주변을 둘러볼 시간은 거의 없었다. 이는 앞에 예시한 1736년 2월 18일의 일기에도 나타나 있다. 도중의 경관을 상세하게 묘사하고 이에 따른 감탄을 거듭 표현하는 등 겉으로는 일말의 여유를 보여 주는 듯했으나, 공무에 쫓기는 조급한 마음을 숨기지 못하고 은연중에 드러내고 있었던 것이다. 심적 여유가 허락되지 않는 일상 속에서 작문을 시도하기란 쉽지 않았을 듯하다. 지역 경계를 오가며 마주하는 경관과 누정·서원과 같은 역사가 깃든 건축물들에 대해서도 공무 도중이라 글쓰기의 감홍을 자제할 수밖에 없었다. 지방 수령으로서의 빠듯한 일상이 글 쓰는 시간 자체를 투자하기 어렵게 만들었던 것이다. 울산부사로 몇 년을 보내고 나서야 겨우 한가한 틈을 타 경주에 대한 느낌을 읊을 수 있을 정도였으니 말이다.

1737년 3월은 전반적으로 업무가 한가한 달이었던 것 같다. 3월 26일부터 28일까지 3일 동안 권상일은 반구盤龜 일대를 지우知友들과 함께 유람하였으며, 28일 일기에서 반구유록盤龜遊錄을 수정하였다고 직접적으로 기록하고 있다. 반구 주변 역시 그가 자주 지나다니며 승경을 감상하던 곳이었다. 그러나 오로지 유람만을 즐기며 그 감흥을 글로 표출할 수 있었던 시간은 이때에 이르러서야 겨우 확보할 수 있었다.

> ① 1737년 3월 26일 아침에 비가 오다가 잠깐 개었기에 반구盤龜로 출발하였다. 지나는 길에 이동지李同知를 만나고, 또 이사회李士晦, 김덕준金德俊, 이여증李汝增을 만나 함께 출발하였다. 오후에 곡연曲淵, 관서정觀逝亭에 도착하니, 주인 김경金憼이 나와 보았다. 저물 때쯤 반고서원盤皐書院에 이르러 투숙하였다.
> ② 1737년 3월 27일 반구盤龜로 가서 한가롭게 유람하며 경치를 즐겼다. 곡연정曲宴亭으로 돌아와 점심을 먹고 출발하여 입암立巖으로 갔다. 옮겨서 무산정茂山亭에 도착하니. 이동지李同知와 그 아들 광연光然, 조카 광수光壽와 박내항朴乃恒, 이의간李宜幹이 찾아왔다. 저물 동안 관아로 돌아왔다.
> ③ 1737년 3월 28일 반구유록盤龜遊錄을 수정하였다. ……[8]

그가 수정한 반구유록이 어떤 글인지 정확하지는 않다. 현재 이 제목으로 남아 있는 글이 없기 때문이다. 일반적으로 볼 때 유람기였을 것으로 추정되지만 자세한 것은 알 수 없다. 권상일은 이즈음의 여가를 이용하여 승경유람과 그에 따른 글쓰기를 도모한 것으로 보이는데, 일기에 기록된 「입암立巖」, 「곡연정曲淵亭」 등과 문집에만 수록되어 있는 「여러 사람이 반구 · 곡연을 노닐면서 쓴 시에 차운하다次諸人遊盤龜曲淵韻4首」, 「반고서원에서 느낌이 있어 포은선생의 시에 차운하다盤皐書院感次圃隱先生韻」, 「반구즉사盤龜卽事」 등은 이때 함께 지어졌을 확률이 크다.

개인 정서를 표출하는 시작詩作이나 문자 청탁은 굳이 구분하자면 사적인 글쓰기이다. 그래서 공무 도중의 여가를 이용할 수밖에 없었으며 시간이 여의치 않을 땐 뒤로 미룰 수밖에 없었던 것이다. 하지만 관료로서 공식적으로 작성하는 글들은 이와 사정이 달랐을 것이다. 업무의 연장선상에서, 또 공적 신분이 발휘되는 측면에서, 이러한 글쓰기는 그때그때 동기 부여가 있을 때마다 곧바로 행해졌으며 미뤄 둘 수 있는 상황도 아니었다. 또 공식적 글쓰기라는 점에서 시간 확보는 크게 문제되지 않았던 것으로 판단된다. 1736년 5월 구강서원鷗江書院의 동서재東西齋가 건립되었을 때, 그는 「구강서원동서재기鷗江書院東西齋記」를 작성하였다. 권상일은 당시 울산의 사족들로부터 협력 요청을 받고 자신의 월봉月俸을 보태어 동서재를 건립했는데,[9] 이때 일기에 다음과 같이 기록되어 있다.

> [1736년 5월 6일] 맑음. 저녁 식사 후에 서원으로 가서 신재新齋에 유숙하였다. 이현담李玄聃, 이원담李元聃, 이광희李光熹, 이광도李光道, 배도겸裵道謙, 이완李烷, 원장院長 윤취오尹就五, 재임齋任 이유李誘와 함께 즐기고 있는데, 유사有司 배도승裵道昇과 경주의 손수걸孫守杰이 와서 모였다. 달빛이 매우 밝아, 깊은 밤까지 이야기를 나누었다. 내일 역사役事를 마치고 보내야 할 제도諸道의 사람들 때문에 간단한 주찬酒饌을 베풀어 대접하였다.

권상일은 수령의 업무 중 '홍학교興學校'의 문제에 비중을 많이 할애하였으며, 이러한 모습은 일기에도 뚜렷하게 반영되어 있다. 구강서원 동서재 건립 역시 이러한 지향의 구체적 실천이었을 것이다. 그는 이날 새로 지은 동서재에서 유숙하였으며, 다음 날에는 아침 전부터 이완에게 편액을 써서 걸게 하는 등 신재新齋 완공에 상당히 적극적인 모습을 보이고 있다. 문집에 수록된 「구강서원동서재기鷗江書院東西齋記」의 끝 부분에는 작문 날짜가 '병진년 5월 임인일 안동 권상일이 삼가 쓰다丙辰 五月 壬寅 安東 權相一謹記'로 표기되어 있는데, 일기에 근거해 볼 때 5월 임인일壬寅日은 5월 9일이므로 권상일이 완공과 동시에 이 기문을 작성했었음을 알 수 있다.

작시作詩도 공식적인 상황에서 이루어질 때가 있었다. 가령 향교나 서원에서 여러 유생들과 모여 시를 수수할 때, 또는 지역 유생들과 차운시를 주고받을 때는 개인적 차원의 작시作詩라기보다 홍학興學에 뜻을 둔 지방 수령으로서의 학문 권계의 의미를 내포하고 있었다. 그들이 시를 보여주고 차운을 요청할 때마다 권상일은 곧장 응하였으며, 이에 대해서는 어느 정도의 의무감도 있었던 것 같다. 예컨대 「여러 사람들과 구강서원에 모여서 자고 이별한 뒤 며칠만에 상사 박민효가 시를 부쳐 왔기에 즉시 차운하여 주다與諸人會宿鷗院 別後數日 朴上舍敏孝寄詩來 卽次以贈」, 「7월 16일 향교에서 여러 유생들이 모여 태화강에 배를 띄우고 동파노인의 적벽놀이를 따라하였으니 참으로 멋진 일이었다. 절구를 지어 모든 이에게 바치다七月旣望 校會諸儒泛舟太和江 踵坡老赤壁之遊 實勝事也 賦絶句 奉呈僉案」 등은 그가 홍학에 뜻을 둔 지방 수령으로서 비교적 공식적 입장을 견지한 시작詩作이었다. 제목에도 드러나듯이, 이러한 작품들은 시간에 크게 구애받지 않고 공무 수행의 일상 속에서 자연스럽게 이루어졌던 것으로 보인다.

1736년 9월 20일에는 공씨 성姓의 군역軍役을 정감定減해 주는 글을 직접 썼다[親寫]고 표현하며 하루의 주요일과로 기록하였다.[10] 이날의 다른 기록은 윤취오와 안지安墀가 와서 만난 것 말고는 없다. 이러한 기록사항은 간접적이기는 하지만, 공식적 글쓰기에 대한 권상일의 시간 할애 의식이 위축되어 있지 않고 자연스러움을 알 수 있게 해 준다. 권상일은 수령으로서 바쁜 나날들을 보내며 그 속에서 가끔씩 여가를 내어 글쓰기를 도모하였다. 그러나 공적인 글쓰기의 경우는 지방 수령의 입장에서 작성하는 것이었으므로 동기 부여가 있을 때마다 비교적 특별히 짬을 내어야 한다는 압박 없이 곧장 쓰거나 또는 쓸 수 있었다. 그의 일기에 이러한 정황이 직접적으로 언급되어 있지는 않지만, 사적인 글쓰기는 틈틈이 여가를 이용하였고 공적인 글쓰기는 업무 수행의 일상에서 자연스럽게 도모한 것을 보면 권상일은 두 글쓰기를 공사公私 관념 위에서 나름대로 구분하고 있었음이 분명하다.

권상일의 사례만으로 일반화하기에는 어려움이 있지만, 바쁜 업무의 일상 속에서 관료들은 의식적이건 무의식적이건 글쓰기 행위의 공사 영역을 어느 정도 구분했던 것으로 보인다. 직접적인 일례로 남구만南九萬(1629~1711)이 1602년 경상도慶尙道 진휼어사賑恤御史로서 경주에 이르렀을 때 쓴 「경주에서 태천상인에게 주다慶州贈泰天上人」라는 시에 병기된 소서小序를 들 수 있다. 그 서문에는 "천사天師가 경자년庚子年(1660)에 다시 서울로 나를 방문하였다. 지금 월성月城에 이르자, 천사天師가 또 울산의 원원사遠願寺에서 방문해 왔으므로, 그의 간곡한 뜻에 감사하여 관아에서 문서를 처리하는 여가에 절구絶句 한 수를 써서 주었다."[11]라고 되어 있는데, 태천상인에게 지어 주는 시는 개인적 차원의 정감과 동기에서 비롯된 것이었으므로 남구만은 굳이 따로 짬을 내었던 것이다.

앞에서 살펴본 것처럼 권상일은 울산부사 당시 공무 수행으로 인해 매우 바쁜 일상을 보내고 있었기에, 사적인 글쓰기를 할 시간이 여의치 않아 억지로 틈을 내거나 사이사이 찾아오는 한가한 겨를을 이용하지 않으면 안 되었다. 이 시절 그의 작품들을 문집에서 찾아보면 전체 분량에서 극히 일부만 차지하고 있음을 볼 수 있는데, 물론 산삭刪削의 과정도 무시할 수 없겠으나 그럼에도 불구하고 수령의 현실이 글쓰기에 그다지 좋은 여건은 아니었음을 방증한다.

수령의 다양한 글쓰기 방식

조선시대 지식인에게 독서와 작문은 피할 수 없는 숙명과도 같은 것이었다. 그 목적이야 어떠했든 그들은 지식계층으로서 부단히 책을 읽고 또 글쓰기를 시도하였다. 그 과정에서 그들은 개인적 삶에 따라 나름대로의 개성을 형성하여 글쓰기에 투영시킨다. 개인의 개성은 일생을 두고 이루어지는 글쓰기 전반에 하나의 맥으로 관통하기도 하지만, 인생의 거듭된 변화처럼 함께 변화하기도 한다. 궁극적으로 개성-현실-글쓰기는 상호 간의 끝없는 작용을 통해, 유지하고 변화하고 또 조율된다.

이 장에서는 개인의 인생 어느 시점에 존재하는 수령일 때의 글쓰기가 자신만의 개성과 정치적·사회적 주변 현실의 관계 속에서 어떻게 결합하여 구축되고 있는지 살펴보려 한다. 그것은 글쓰기 행위에 있어 수령으로서의 지위를 의식하게 되면서부터 본격적으로 시작된다. 아울러 이를 토대로 수령으로서의 정치적 이념과 이상추구, 그리고 개인으로서의 욕구와 갈등이 착종되어 일련의 특징을 생산해 낸다.

사생활의 기록과 내밀한 감정의 노출

권상일은 24세부터 일기를 쓰기 시작해 일생을 마칠 때까지 지속하였다. 울산부사 재직 기간 동안에도 사이사이 결락된 부분이 있기는 하지만 그는 꾸준하게 일기를 작성하였다. 조선시대 일기자료들을 살펴보면 사환일기仕宦日記가 높은 비중을 차지함을 알 수 있다. 사환일기는 중앙이나 지방의 특정 관직 재직 당시 집필한 일기, 특수 임무를 부여받고 지방에 파견될 때 작성한 일기, 관력에 따른 장기간의 직무 중심 기록 등으로 구분될 수 있는데, 특정 관직을 역임하며 일정 기간 동안 쓰는 일기들은 개인성보다 관직생활 자체에 초점을 맞추게 되므로 사적인 기록과 감상은 잘 나타나지 않는다는 특징이 있다. 또 어떤 것은 의식적 · 의무적으로 작성하는 업무 일지에 가까워 경계가 모호한 경우도 있다.[12] 그러나 한 개인이 자신의 일생을 중심으로 기록한 일기에 담기는 사환생활은 개인성에 비중이 실리기 때문에, 관료 일상의 주요 일과와 동시에 사적 영역의 생활과 감정이 동시에 그려진다. 권상일의 일기는 후자에 해당되는 경우이다.

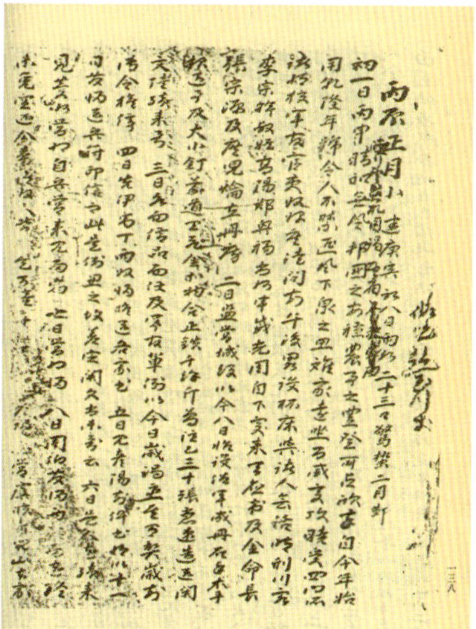

그림 2. 권상일의 일기 1736년(丙辰) 정월 부분

울산부사 시절에 그가 쓴 일기는 하루의 주요 일과를 간략하게 쓰는 패턴으로 이루어져 있다. 특별히 상세하게 쓴 날도 있으나 대부분 간단한 짧은 기록이다. 그러므로 일기를 통해 그의 일상을 통째로 이해하는 것은 불가능하다. 하지만 그가 하루 일과 중 어떤 부분을 기록하였고 어떤 때 감정을 드러내었는지 기록된 행간을 따라가다 보면, 공사公私의 경계를 넘나들며 표출하는 그의 솔직한 내면을 접해 볼 수는 있다. 권상일은 지방관으로서 재직하면서 상주尙州 본가本家 사정에 대한 관심을 한시도 놓지 못했던 것으로 보인다. 그의 일기에는 특히 본가로부터 편지가 왔을 때 그 안부에 대해 확인하고 안심하는 상황이 반복적으로 나타난다. 어떤 날은 막힌 소식에 근심하기도 하며, 어떤 날은 전해 받은 소식을 쓰며 자신의 생각을 직접적으로 드러내기도 하였다.

[1736년 3월 1일] 맑음. 새벽닭이 운 후에 객사客舍에 나아가 망궐례望闕禮를 거행하였다. 향교로 옮겨 가서 성묘聖廟에 참배하였다. 본가에 마부와 말을 치송治送하여 가묘家廟를 받들어 오는데, 근래 집안의 편지가 막혀 변고가 있는지 여부를 알 수 없으니 답답하다. 계부季父에게 편지를 보냈다.[13]

[1737년 3월 28일] 반구유록盤龜遊錄을 수정하였다. 손자 복인復仁이 왔다. 먼 길의 여정이 괴로웠을 텐데 흔들림이 없으니 다행이다. 계부季父의 편지를 받았는데 각 집안이 평안하다 하여 기쁘다. 며칠 전 장한성張漢成이 지난 겨울 굴이掘移한 곳에 또 투장偸葬하였으므로 관아에 다시 송사訟事를 올렸다. 놀라고 분함을 이길 수가 없다.[14]

타지에서 벼슬살이를 하는 사람이면 누구라도 고향에 대한 그리움과 집안에 대한 걱정을 품고 살았을 것이다. 특히 권상일은 젊어서 세 차례나 부인과 사별하였으며, 울산으로 부임하기 직전 1734년에는 큰아들 욱煜을 잃는 슬픔까지 겪었다. 따라서 그가 울산부사에 재직 중일 때는 손자 복인이 아들의 삼년상을 치르고 있는 중이었다.[15] 1737년 3월 22일의 일기에 '손자가 오늘 상복을 벗는데 가서 볼 수가 없으니 슬픔과 한탄을 감당하기 어렵다' 하였는데, 위의 예문에 3월 28일 손자 복인이 온 것은 바로 이 때문이었다.

권상일은 가정사에 있어 개인적으로 감당하기 어려운 고통을 여러 차례 겪었으므로, 그의 마지막 관직생활이었던 울산부사 시절에는 이에 대한 걱정과 번민을 떨치지 못했다. 때문에 이 당시 그의 일기에는 지방수령으로서의 현실 대응과 사유가 그렇게 치열하고 또 열정적으로 나타나 있지는 않다. 권상일은 울산부사에 재직하면서 여러 차례 사직을 요청할 정도로 관직을 그만두고 싶어 하였다. 이러한 심경 고백은 앞에서 예시한 1736년에 이희안에게 보낸 편지에 매우 직접적으로 나타나 있었으며, 또 1737년에 손자 복인에게 보낸 편지에도 잘 나타나 있다.

> 채군蔡君이 왔기에 대략 들으니 편안하다 하여 기쁘더구나. 근래는 또 어떠하느냐? 나는 겨우 버티고 있으며 체면遞免을 도모하고자 그저께 사직서를 보냈다. 2월 20일 후에 먼저 가묘家廟를 받들고 돌아갈 터이니 그때에 임해 마땅히 서로 통해야 할 것이다.[16]

그러나 권상일은 잦은 사직 요청에도 쉽게 뜻을 이루지는 못했다. 이때 2월의 일기가 거의 생략되어 있어 확실하게 알 수는 없지만, 이때도 결국 체직에는 성공하지 못했던 것으로 보인다. 편지에서뿐만 아니다. 그는 1736년 2월의 일기에서 23일, 24일 이틀간 순사巡使에게 체직을 힘써 요청하고 또 곡절을 설명하였는데 허락받지 못했다며 심각하게 근심하기도 하였다.[17] 그렇다고 해서 권상일이 자신의 임무를 소홀히 한 것은 아니었다. 사직처리가 쉽게 이루어지지 않았다는 점에서 볼 때, 그가 그래도 인정받는 관리였다는 점이 간접적으로 증명되기도 한다. 권상일은 일기에 토로한 개인 사정과 내면의 고통을 지방 수령으로서의 업무 수행에 타격을 줄 만큼 연결시키지 않았다. 다른 날들의 일기에서 쓰고 있는 것처럼 그는 주요한 공무는 하루의 일과로 기록하였으며, 더불어 듣고 보는 여러 상황에 대해 지방 수령으로서의 의식적 반응을 드러내고 있기 때문이다. 예를 들면 아래와 같다.

> ① 1736년 4월 28일 …… 이사익李士益이 돌아갔다. 농번기라 오래 머무를 수 없기 때문이었다. 마음이 매우 섭섭하였다. 진사進士 박망구朴望久가 지나다 들렀다. 그는 언양에 있는 김ㅁㅁ의 회방연回榜宴을 보려고 갔다. 순영巡營의 장교將校가 목수 20여 명을 이끌고 봉산封山의 풍락송風落松을 벌채하려고 와서 산 아래에 머무르고 있다. 수영水營의 장교將校도 왔다. 앞 들판에 대부분 이앙移秧하였으니, 매우 기쁘다.
>
> ④ 1737년 4월 1일 맑음. 별시別試와 중시重試의 방榜을 보았다. 별시에 12인을 뽑았는데, 장원은 홍계희洪啓禧였다. 영남에는 오직 성주星州의 정석문鄭錫文이 포함될 수 있었다. 중시에는 8인을 뽑았는데, 목시경睦時敬과 권신權賮이 포함되었으니 기쁘다.

성농상成農桑과 흥학교興學校는 수령칠사守令七事로서 지방 수령의 기본 업무였다. 예시한 위 두 날의 일기에는 이에 근본하는 지방 수령으로서의 그의 의식과 소감이 내재되어 있다. 1737년 6월 18일의 일기에서는 "오후에 갑자기 비가 내렸다. 요즈음 조금 가물어 농민들이 고민하였는데 약간의 비가 내리니 또한 다행이다."[18]라고 하며, 농사에 대한 세밀한 관심을 나타내기도 하였다. 또 과거시험이 있을 때마다 결과를 주시하며 영남출신의 합격여부에 민감해하였고, 각 면의 훈장訓長 및 도훈장都訓長 그리고 지방 유생들과 잦은 교류를 하며 교육 장려에도 힘을 쏟았다. 낱낱이 예로 들 수는 없지만 그의 일기 구석구석에는 지방 수령으로서의 책임감과 그에 대한 관심이 직간접적으로 노출되어 있다. 권상일은 내면적으로 끊임없이 체직을 갈구하였지만, 지방 수령의 의무에 대해서만큼은 그것이 설사 방어적이었다 하더라도 자신의 책임을 다하기 위해 애쓴 것으로 보인다. 그러나 때때로 업무에 지친 모습을 드러내기도 하는데, 가령 경주도회시관慶州都會試官에 임명되었다가 교체되었다는 고목告目을 받고 기뻐한다든지,[19] 접위관으로서 세 명의 차왜 접대를 맡았다가 한 명의 차왜 접대가 다른 접위관에게 넘어가자 동래東萊에 머물러야 하는 날이 줄어들었다고 대단히 다행스러워한 일[20] 등은 그가 업무에 꽤 시달리고 있었음을 알 수 있게 해 준다.

일기는 매우 사적이며 내밀한 성격의 글쓰기이다. 그것은 누구에게 보여 주기 위해 쓰는 것이 아니라 기록을 통해 자아를 돌아보기 위해 쓰는 것이다. 권상일은 일기를 쓸 때 아버지가 되었다가 할아버지가 되기도 하였으며 어떤 날은 조카가 되기도 하였다. 또 때로는 지방 수령이었다가 때로는 누군가의 지우知友가 되기도 하였다. 그는 사적 영역의 글쓰기에서 그때그때의 심경을 솔직하게 드러내며 자아와 끊임없이 소통하고 있었다.

권상일은 울산부사로 부임하기 직전 큰아들을 잃는 개인적 슬픔을 겪어야만 했다. 그와 동시에 수령으로 재직하면서 부임지의 지역상황과 그 수령으로서 맡게 된 각종 공식·비공식 업무에 직면하게 된다. 그는 수령으로서의 책임감과 의무를 의식하고 있었지만, 깊은 내면에서는 바쁜 정치적 일상으로부터 탈출하고 싶은 욕구가 강하게 자리 잡고 있었다. 울산부사 시절 그의 사적인 글쓰기는 이러한 욕구를 해소하는 일종의 탈출구였다. 공적 입장에서는 드러낼 수 없는 내면의 심정을 일기에서 토로하고 또 가끔은 편지를 통해 노골적으로 표출하면서, 견디기 힘든 외직 생활을 영위하였던 것이다. 어쩌면 이러한 글쓰기가 그를 버티게 하는 힘이었는지도 모를 일이다.

정치 색깔과 의식적 글쓰기

수령으로서 공식적으로 쓰는 글들은 여러 가지가 있을 수 있지만, 어떤 글을 공식적 글쓰기로 볼 것인가 하는 문제는 동기 부여가 어떻게 이루어지느냐가 판단의 가장 큰 관건이라 생각된다. 물론 문체적 측면에서도 일정한 판단을 가할 수 있다. 그러나 포괄적인 범위에서 보다 다양한 형식의 글들이 공식적으로 작성될 수 있는 여지가 있기 때문에 굳이 문체로 한정지을 필요는 없을 것 같다. 지방 수령이라는 입장에서 정치적·사회적 요구에 부응하여 쓰는 장문의 글들은 대체로 이 공식적 글쓰기에 포함될 수 있다. 이런 글들은 주로 목적성이 뚜렷하므로 비교적 의식적이고 피상적인 수사로 채워질 확률이 크다. 그럼에도 불구하고 이런 글쓰기가 형식적으로만 이루어지지 않는 것은 겉으로 분명하게 드러나지는 않아도 지방관 개인의 사상과 감정, 즉 그만의 개성이 어쩔 수 없이 녹아들기 때문이며, 이런 측면에서 후손들이 유고로 수습하여 문집에 싣기도 한다.

권상일은 울산부사로 재직하면서 「울산의 선비들을 깨우쳐 알리는 글諭告蔚山士子文」을 작성한 바 있는데, 아마도 지역 유생들에게 유고諭告로 반포하였던 것이 그의 문집에 수습되어 실린 것이 아닌가 한다. 이 글은 지방 수령으로서 홍학興學의 임무 수행을 위해 지역 유생들을 권면하려고 쓴 것이기에, 훈계와 설득적 논조로 일관되어 있다.

> 우리 영남지역은 평소 문사文士의 창고로 일컬어져 왔으나, 근래에 들어 선배들은 이미 멀어져 옛 풍속이 점점 쇠잔해지고 있다. 기송사장記誦詞章에 이르러서는 우리들은 두 번째의 일로 여기며 또한 공부를 부지런히 하지 않으므로, 과거장으로 분주히 달려가도 끝내 소득이 없으니 어찌 개탄스럽지 않겠는가? 그러나 영남嶺南 상도上道의 여러 고을에는 오직 문학으로만 업을 삼는 이들이 있어 그러므로 간혹 도를 품고 행실을 닦는 선비가 있어도 이들보다 아래가 되고, 사한詞翰의 명가名家로 벼슬을 역임한 출신들 또한 많이 있다. 가만히 살펴보니 우리 울산부의 유자儒者들도 창성하여 그 지역과 비교했을 때 더 많지도 적지도 아니한데, 유독 과거합격자는 거의 없음을 면하지 못하고 있다. 이것은 재주와 운명이 상도上道의 유자儒者들에게 못 미쳐서가 아니라, 진실로 처음부터 뜻을 새기며 독실하게 공부하지 않고 스스로 쉽게 포기하는 까닭이다. 과거급제의 여부는 운명에 달린 것이지만 과거공부를 부지런히 하는 것은 자신에게 달려 있는 것이니, 만약 자기를 먼저 수양한다면 운명은 또한 따라올 것이다. 이것은 필연의 이치이다.[21]

주지하다시피 유학자들은 그 미시적 실체가 어떠했든 문학에 있어서 시문소기詩文小技 도문일치道文一致를 표방하며 대체로 수식과 조탁을 배격하고 올바른 성정의 자연스러운 표출을 강조하였다. 그러나 이러한 이상적 문학 지향은 과거급제를 추구하면서 그들이 처한 현실과는 점점 괴리되었고, 형식과 기교를 배제할 수 없는 작문 역량이 과거급제와 직접적으로 연결되면서 내면적 갈등이 컸던 것으로 보인다. 더욱이 18세기 영남 남인들이 처한 정치적 상황에서 이러한 갈등은 더욱 심화되었다. 과거급제를 통해 중앙으로 진출하려는 욕망과 유학자로서 유지해야 하는 문학사상과 실천이 서로 이율배반적이었기 때문이다. 그러나 그 속에서 그들은 나름대로의 타협으로 현실에 부응하려 하였다. 하지만 따라 주지 않는 현실을 개탄하며 관직진출을 포기하고 성리학 공부에 더욱 매진하기도 하였다. 권상일 또한 상주 출신의 영남 남인으로서 유학자를 자처하였던 인물이다. 때문에 그는 치열한 문예인식을 보여 주지 않으며, 문집에 수록된 한시도 대부분 일반적으로 유학자들이 구가하였던 문학세계와 거의 닮아 있다. 그렇지만 그도 어쩔 수 없이 초입사初入仕 전에는 과거급제를 위해 제술공부에 부단히 매진하였다. 이 당시 그의 일기에는 과거공부와 관련하여 다방면에 걸친 그의 노력이 고스란히 나타나 있다.[22] 그의 노력은 결국 1710년 과거에 급제하면서 결실을 맺었다.

위의 예문에도 나타나듯이 권상일이 이 글을 작성한 것은 영남 남인 출신의 지방 수령으로서 당대의 정치사회적 현실을 의식하며 울산지역의 유생들을 독려하고 감발시키기 위해서였다. 그는 문사文士의 부고府庫라 불렸던 영남지역이 예전의 명성을 점점 잃고 있고, 게다가 울산지역은 영남 상도의 타 고을에 비해 과거 합격자가 더욱더 드문 것을 개탄하고 있다. 이러한 관심과 심경은 그의 일기에서도 자주 나타나는데, 예를 들면 과거 시험과 합격자를 주시하며 영남 출신 누구가 속해 있다며 다행스러워하는 모습들이다. 또 설강設講을 하거나 각 면面의 제술製述을 거두어들여 우열을 가리며 상을 내리는 모습도 발견할 수 있는데, 이는 그가 지방 수령으로서 관내의 유생 교육을 위해 애쓴 것이며 이러한 노력의 근본 목적은 바로 과거 급제자 배출에 있었다. 그러나 위의 글에 이어지는 부분에서 권상일은 유학자로서의 공부 태도를 강조하고 있으며, 이에 기반하여 부지런히 매진하면 과거급제는 자연스럽게 이룰 수 있을 것이라 말하고 있다.

> 반드시 옛 성현의 여러 서책들을 읽을 때에는 침잠하고 완역玩繹하여 마음에 자득自得이 있어야 할 것이니, 글줄을 찾고 글자 세는 것을 그만두면 그 근본의 밭에 스스로 여유가 생길 것이다. 그리하여 글을 짓는 자들은 의리가 통창하고 말뜻은 명백하며 필력은 뛰어나 여유가 있으며 문체는 찬연해지니, 이로써 과거에 응해 급제를 구하면 장차 이룰 수 없는 바가 없을 것이다. 대개 의리지서義理之書의 공부에 힘을 쏟는 자들은 과거공부를 하지 않아도 과거급제가 또한 스스로 찾아올 것이니, 그 공효와 이치가 자연스러운 것이 이와 같다.[23]

이는 유학자라면 누구나 수긍하는 공부 방법이었을 것이다. 그러나 현실은 그렇지 않았다. 권상일이 무의식적으로 인정하고 있듯이 현실은 기송사장記誦詞章의 실력으로 판가름 나고 있었기 때문이다. 그 자신도 초입사初入仕 전에 강회·거접·백일장 등을 통해 과거 위주의 공부를 하였으며, 이 때문에 제술을 절대 소홀히 하지 않았었다. 위의 언급은 오히려 유학자로서 또 지방 수령으로서 학문 진작의 기본 입지를 반영한 공식적 수사에 가깝다고 할 것이다. 그는 글 마지막에서는 '당사黨私' 2글자는 국가를 병들게 하는 뿌리라며 그에 대한 폐단을 지적하였다. 결국 그는 영남 남인이 처한 정치적 현실 속에서 지역 출신의 중앙 진출을 깊이 의식하고 있었던 것이다. 이러한 의식 가운데 울산부사로서 지역

유생들을 어떻게든 독려하여 과거 급제를 도모하기 위해 이 글을 작성하였다고 할 수 있다.

그가 구강서원의 신재新齋 건립 직후에 쓴 「구강서원동서재기鷗江書院東西齋記」 역시 지방 수령의 입장에서 공식적으로 작성한 것이다. 앞에서 살펴보았지만 당시 지역인사들의 요청을 받아 구강서원 공사를 감독하였고, 이후 공사가 완료된 후에는 지어진 건물의 명칭을 모두 본인이 정하는 등 지방 수령으로서 처음부터 끝까지 개입하였기에 이를 기념하는 글쓰기 역시 그 입장을 떠나서 설명할 수 없다. 더욱이 홍학興學에 주력했던 권상일이었기에 기문記文 안에는 위의 유고諭告와 마찬가지로 지역 유생들의 공부를 독려하고 방법을 훈계하는 내용이 담겨 있다. 그러나 앞의 유고諭告가 과거급제라는 뚜렷한 목적을 염두에 두고 이를 위해 직접적으로 설득하고 타이르는 글인 반면, 뒤의 기문記文은 옛 현인들을 배향하는 서원 건물의 완공과 관련하여 쓴 것이기에 심성수양과 독실한 공부 자세를 피력할 뿐 그 결과로서의 과거급제는 표면에 드러내지 않는다. 그는 오히려 기송사장記誦詞章의 말단에 골몰하여 공명이록功名利祿의 사사로움에 유혹된다면 필경 소인小人으로 돌아갈 것이라며 경계하였다.

지방 수령으로서의 공식적 글쓰기는 동기와 목적에 따라 또 글의 성격에 따라 자신의 정치적 통념에 의거하여 서술의 의식적 조정을 가하고 있음이 발견된다. 이때에는 자신의 문학적 취향과 이상 추구보다 자신의 정치적 지위 또 그에 따른 사회적·도덕적 의무에 깊이 영향을 받게 된다. 물론 개성의 발현이 완전하게 차단되는 것은 아니다. 그럼에도 불구하고 그는 여러 가지 신분적 여건들을 의식한 채 스스로를 제약하며 글쓰기를 시도하였다.

문예추구와 수령 지위의 벽

울산부사 시절 그는 다수의 시를 창작하였다. 권상일은 공무 중 틈틈이 승경을 유람하고 그에 대한 감상을 시로 피력하는 등 때때로 작시作詩에 골몰했었던 것으로 보인다.[24] 사실 전통시대 시 창작은 무엇을 담고 어떻게 쓸 것인가에 대해서는 시대와 학맥 또 개인에 따라 차별적 인식이 있으나, 그것이 매우 일상적 행위로 이루어졌다는 것에 대해서는 공통적이다. 한 개인의 시작詩作을 제대로 이해하기 위해 그가 어떤 문예사상을 견지하고 또 실천했는지 살펴보는 것은 매우 당연한 일이지만, 여기에서는 그의 작시作詩 행위가 동기나 배경을 포함하여 수령의 신분과 어떻게 연결되어 있는지 살펴보려 한다.

표면적으로 볼 때 한시를 포함한 문예 창작은 매우 사적인 영역의 글쓰기로 분류된다. 생산된 작품의 문학성만을 두고 볼 때 그것은 더욱더 개인적인 행위로 간주되지만, 지어질 당시의 여러 가지 정황에 접근하게 되면 일부 한시들은 거의 소통적 글쓰기에 가까우며 때때로 매우 공식적인 행위로도 이루어졌음을 알 수 있다.

울산부사에 재직하면서 그가 쓴 시들은 동기 부여의 측면에서 공과 사의 영역을 미묘하게 오고 간다. 어떤 경우에는 공무 도중 짬을 내어 친구들과 승경을 유람하며 개인적으로 쓰기를 도모하였고, 어떤 경우에는 지역의 제유諸儒들에게 부치거나 그들과 차운수수次韻授受하는 등 목민관으로서 쓰기를 도모하기도 했기 때문이다. 이 두 부류가 뚜렷하게 구분되지는 않지만, 앞에서 살펴보았듯이 일기내용과 시 제목 및 내용을 살펴보면 어느 정도는 자연스럽게 나누어진다.

■ 정사년 삼월에 경주에 느낌이 있어 읊다東京感吟 丁巳三月, ■ 봉황대鳳

凰臺, ■임실혜의 몽희당任實兮 夢羲堂, ■빙허루憑虛樓, ■불국사에서 점필재의 시에 차운하여 남순회와 순관에게 주다佛國寺 次佔畢齋韻 贈南舜會舜寬, ■괘릉掛陵, ■매월당의 두 절구시에 차운하다梅月堂二絶, ■여러 사람이 반구·곡연을 노닐면서 쓴 시에 차운하다次諸人遊盤龜曲淵韻, ■이동지 시강의 회방연李同志時綱回榜宴, ■치술령은 계림에서 남쪽으로 5리쯤에 있는데, 학성에서 서북쪽으로 가면 모두 바라볼 수 있다. 망부望夫의 일에 느낌과 생각이 있어 서사가徐四佳의 시에 차운하다鵄述嶺在鷄林南五十里許 自鶴城由西北行 皆可望見 感憶望夫事 次徐四佳詩韻, ■반고서원에서 느낌이 있어 포은선생의 시에 차운하다盤皐書院感次圃隱先生韻, ■반구에서 즉흥시를 짓다盤龜卽事, ■가락의 옛 도읍駕洛舊都, ■태화루 옛 터를 방문하여 느낌이 있어 앞 사람의 시에 차운하다訪太和樓遺址 感次前人韻, ■강해루의 시에 차운하다次江海樓韻, ■해운대海雲臺, ■윤여선 천각의 시에 차운하여 주다次贈尹汝先天覺韻, ■화분의 국화를 읊다咏盆菊二首, ■설곡팔영에 차운하다. 무산일단운체로 짓다次雪谷八詠 巫山一段韻體, ■기장에서 서사가徐四佳의 시에 차운하다機張次徐四佳韻

■향교에 기숙하는 제군들에게 부치다寄校中居齋諸君, ■구강서원에서 시권詩卷 속의 여러 시에 차운하다鷗江書院次卷中諸韻, ■7월 16일 향교에서 여러 유생들이 모여 태화강에 배를 띄우고 동파노인의 적벽놀이를 따라하였으니 참으로 멋진 일이었다. 절구를 지어 모든 이에게 바치다七月旣望 校會諸儒泛舟太和江 踵坡老赤壁之遊 實勝事也 賦絶句 奉呈僉案, ■우연히 읊다偶吟, ■여러 사람들과 구강서원에 모여서 자고 이별한 뒤 며칠만에 상사 박민효가 시를 부쳐왔기에 즉시 차운하여 주다與諸人會宿鷗院 別後數日 朴上舍敏孝寄詩來 卽次以贈, ■선달 24일 학성鶴城에서 출발하여 돌아가는 길

에 도읍 동쪽의 원원사遠願寺에 다다라 투숙하였는데, 천배와 여러 사람이 따라 이르렀다. 각각 시를 주며 이별을 말하기에 한 편의 율시를 대략 써서 거칠게나마 멀리 떠나는 뜻으로 답하였다. 내가 바라는 바는 제3연에 있으니 각자 스스로 힘쓰고 경계하여 실추에 이르지 않으면 다행스럽겠다臘月二十四日 自鶴城發歸 抵宿于東都之遠願寺 天培諸人隨至 各贈詩敍別 略成一律 粗答遠將之意 而老人所望在第三聯 各自勉戒 無至失墜 幸甚, ■용연의 기우제시에 차운하다次龍淵祈雨祭韻 ■일학헌시에 차운하다次一鶴軒韻

그의 일기와 문집에서 일부 작품을 추출하여 구분·정리해 본 것이다. 크게 볼 때 개인적 동기 차원에서 지어진 시들은 대부분 산수 간의 유상遊賞에서 파생되는 것들로 때로는 그곳에서 선배들의 시를 접하여 차운한 것들도 있다. 이렇게 지어진 그의 시에는 가정사로 힘들고 번민하는 모습이나 객수客愁로 인한 울울함 또는 공무에 지친 피곤한 심정 같은 것은 찾아보기 어렵다. 그가 처한 현실은 철저히 차단되어 있으며, 그 안에는 한가롭게 승경을 감상하는 흥취와 느낌만이 있을 뿐이다. 전반적으로는 수식과 기교를 삼가며 올바른 성정의 표출을 지향하는 전형적인 유학자의 시세계를 보여 주고 있다고 하겠다.

지방 수령의 신분을 의식하며 지은 것들은 대개 공식적 차원으로 이루어진 시작詩作으로 구분된다. 지방 수령으로서 지역의 학문과 교육의 진흥에 일정한 관심을 유지하면서 그 일환으로 지어진 것들이 많이 있는데, 향교에 기숙하는 학생들에게 공부하는 방법과 태도를 일러주기 위해서 쓴 「향교에 기숙하는 제군들에게 부치다寄校中居齋諸君」나 구강서원의 유생들에게 공부하면서 갖추어야 할 마음의 자세를 강조하기 위해 쓴 「구강서원에서 시권詩卷 속의 여러 시에 차운하다鷗江書院次卷中諸韻」

그림 3. 울산동헌 동헌은 1681년(숙종 7) 울산부사 김수오(金粹五)가 처음 지었고, 1763년(영조 39) 울산부사 홍익대(洪益大)가 재건하여 반학헌(伴鶴軒)이라 명명하였다고 한다.

은 그 대표적 사례라고 할 수 있다. 권상일은 체직되어 떠나는 날에도 자신을 배웅하러 나온 유생들에게 공부의 중요성을 거듭 강조하며 답시를 지어주기도 했다. 또, 지방 수령으로서의 포부와 의지를 담고 마음가짐을 바로잡기 위해 지어진 작품도 있는데, 이러한 시들은 공식적 행위에 포함시키기 어렵다 하더라도 전적으로 지방 수령이라는 입장에서 지은 것이기에 완전히 사적인 시와도 거리는 있다. 울산도호부의 동헌인 일학헌一鶴軒에서 쓴 「일학헌시에 차운하다次一鶴軒韻」와 「우연히 읊다偶吟」가 부사府使로서의 마음자세를 가다듬고 신중하게 공무를 처리하려는 의지를 담고 있어서, 대표적 작품으로 거론할 만하다. 권상일은 이 두 작품 속에서 느긋하게 글을 읽고 신중하게 정무를 처리하는 자신의 모습을 그리고 있는데, 편지에서 업무에 시달려 책 읽을 시간이 없다며 한탄하던 그의 심경과 대조해 볼 때 상당히 아이러니하다. 아마도 정치적 이상 추구의 반영이 아니었을까?

권상일이 홍학興學에 주력했던 것은 유학자로 자처하는 자신의 입지와 그에 기초한 학문 추구 성향이 은연중에 발휘된 것으로 판단된다. 여기에 더하여 영남 남인들의 정치적 소외도 적지 않은 영향을 끼쳤을 텐데, 그의 이러한 면면들은 앞 장의 공식적 글쓰기에서 여실히 반영되고 있었다. 그가 지역 유생들과의 교류 속에서 한시를 수수授受하며 학문을 권장했던 그 저변에는 그의 정치적 의도성이 의식적이든 무의식이든 교차하고 있었음이 자명하다.

수령의 신분과 개성의 경계에서

지방 수령의 글쓰기는 지방 수령이라는 정치적 지위를 획득하는 그 순간부터 시작된다. 일상의 변화를 맞이하면서 수반되는 각종 영향 속에서 그의 글쓰기 행위는 동기 부여부터 시공간, 그리고 그 결과물까지 신분의식에서 파생되는 공사公私 관념과 대단히 밀착되어 진행된다. 어떤 글이냐에 따라 시간분할과 투자가 공사 구분에 기초하여 상당히 의식적으로 이루어졌고, 그에 따라 글의 내용과 성격도 다면적으로 형성되었다.

일기·편지와 같은 글들은 남을 의식할 필요 없는 지극히 사적인 글쓰기였으므로, 때로는 내밀한 감정까지 드러내고 있었다. 그 안에 담고 있는 내용들은 공사의 영역을 넘나들지만 행위 자체는 매우 사적인 것이었기에, 권상일은 이를 힘든 외직생활을 견디는 원천으로 삼았던 듯하다. 그 속에서 분주한 정치적 일상으로부터 벗어나기를 시도하고, 또 어떨 때는 개인의 고통과 불안을 토로하며, 가끔은 공직자로서의 근심을 고백하기도 한다. 그의 이러한 사적인 글쓰기에는 개인적 감정이 비교적 자유롭게 노출되어 있기도 하지만, 그럼에도 여전히 자신의 정치적 신분에 얽매여 잠재적으로는 그 굴레를 벗어나지 못하고 있음을 엿볼 수 있었다.

수령의 공식적 글쓰기는 정치·사회적 요구에 부응하여 지은 글이기에 다분히 의식적이었다. 물론 작자의 사유와 경험이 겉으로 드러나지 않게 내재되어 있기는 하나, 표면적 서술은 공식적 입지를 반영하여 피상적인 면이 컸다. 이때는 지방 수령이란 단순한 정치적 지위 이상으로, 자신의 출신과 시대적 현실, 그리고 그에 따라 수반되는 처세가 복잡다단하게 작용하였다. 상주 출신의 영남 남인계 학자로서 영남에 뿌리를 두고 있었던 그는 당시 정치적으로 소외되어 있었던 현실 속에서 과거 급제를 열망하며 중앙으로 진출하기를 끊임없이 도모하였다. 결국 과거에 급제하여 상경上京하였으나 병약한 몸과 녹록하지 않은 현실 때문에 관직에 대한 뜻이 점차 희미해졌던 것으로 파악된다. 이러한 일련의 경험들 위에서 그는 지방 수령으로 부임하였다. 그가 공식적으로 작성한 글들에는 시대적 정황과 지역의 대내외적 현실, 아울러 지방 수령으로서의 의무와 유학자로서의 기본 지향 등이 복잡하게 얽혀 있었으며, 이것이 표면으로 드러날 때는 의식적 정제가 필수적으로 작용하였다. 말하자면 권상일은 자신의 뿌리에 바탕을 둔 스스로의 정치적 통념을 글쓰기에 의식적으로 반영하고 있었던 것이다.

문학적 글쓰기는 주로 작시作詩에 집중되었는데, 크게 순수 개인적 취향에서 이루어진 것과 지방 수령으로서 공식적 행위의 연장선상에서 이루어진 것들로 나뉘었다. 권상일은 이 둘의 경계에서도 글쓰기 주체로서의 입장에 미묘한 차이를 보였다. 개인적 취향으로 지어진 시들은 유학자의 일반적 입장에서 나름대로의 문학지향과 욕구를 추구한 것이고, 지방 수령의 신분을 의식하며 지은 작품들은 수령으로서의 자세 본연이나 홍학興學과 관련하여 지역유생들에 대한 권계와 격려를 구체적으로 담은 것들이었다. 넓은 의미에서 볼 때 이 둘은 한 작가의 글쓰기 안에서 일맥 통하는 것일 수도 있지만, 지방 수령으로서의 신분이 기제로 작용한다는 점에서 시의식의 확연한 차이를 보인다.

지방 수령의 글쓰기가 갖는 근본적 차별성은 바로 정치적 신분에 대한 자의식自意識에 깊은 영향을 받는다는 점이다. 그것이 어떤 형태로 형상화되는가는 곧 수령 개인의 개성적 문제로 귀결되지만, 작동하는 원리 및 과정 속에는 수령의 글쓰기 특징으로서 어느 정도의 일반성과 보편성이 존재한다. 수령의 다양한 글쓰기 방식들은 궁극적으로는 수령으로서 가지는 정치적 자의식과의 거리감 조절에 따라 파생되는 특징들이다. 곧 수령으로서의 대내외 현실인식 또는 정치적 의무감 등이 개인이 당면한 상황 및 개성적 성향과 복잡다단하게 얽혀들면서 그 나름의 특징을 형성하게 되는 것이다.

주 | 註

총론_수령의 공적 권위와 사생활

1 | 김선경은 조선후기에 '목민학'이라는 학적 장르가 형성되기에 이르렀다고 지적하고 있다. (김선경, 「조선후기 목민학의 계보와 『목민심서』」, 『朝鮮時代史學報』 52, 2010 참조)

2 | 한국역사연구회 조선시기 사회사 연구반, 『조선은 지방을 어떻게 지배했는가』, 아카넷, 2000.

3 | 具玩會, 『朝鮮後期의 守令制運營과 郡縣支配의 性格』, 경북대학교 박사학위논문, 1992.

4 | 『史記』, 卷一百一十九, 「循吏列傳」 "太史公曰: 法令所以導民也, 刑罰所以禁姦也. 文武不備, 良民懼然身修者, 官未曾亂也. 奉職循理, 亦可以爲治, 何必威嚴哉?"

5 | 『己卯諸賢手筆 己卯諸賢手帖』, 한국학중앙연구원 편, 2006, 145쪽.

6 | 김선경 편, 「牧民攷」, 『朝鮮民政資料叢書』, 여강출판사, 1987, 193~194쪽. 같은 책에 편집된 「牧綱」에도 동일한 서문이 실려 있음을 밝혀 둔다. "州縣之職 古人雖云勞人 而有分憂之責 民社之寄 政得其理 則百里晏如 不得其理 則害及生靈 若以尸居費廩 荒嬉酒色 無所猷爲 以爲心者 固無足論矣 若存心愛物之君子 臨民出治 欲以下固邦本 仰寬顧憂 則當先就吾性度之所偏處 矯揉之 然後可以無作心害事之端 柔懦者當以强矯之 懶慢者當以勤矯之 偏於强猛者當以寬大矯之 偏於寬緩者 當以威猛矯之"

7 | "爲治 第一自治 其次得人 其次飭勵 三者旣得 然後良法美意 始不爲虛說" "正己而後正物 古人格訓也 己苟不正 則發號施令 雖善皆虛而已." (위의 책, 194쪽)

8 | 『譯註牧民心書』 I, 55쪽.

9 | 『牧綱』, '臨下'.

10 | Catherine Bell, *RITUAL THEORY, RITUAL PRACTICE*, Oxford University Press, 1992, p. 197. 참조.

11 | "마나가 행위할 수 있는 힘 혹은 작동하는 권력에 해당된다면, 타푸는 다른 사람의 존경을 이끌어 내는 방식으로 작동하는 권력이라 할 수 있다. …… 마나는 명예, 권위 혹은 영향력 등을 의미하는 말인데 …… 타푸는 여러 가지 금기들, 혹은 그런 여러 금기들에 의해 둘러싸인 상태를 의미한다." (데이비드 그레이버, 서정은 옮김, 『가치이론에 대한 인류학적 접근』, 그린비, 2009, 370~373쪽 참조)

12 | 『漢書』, 「禮樂志」.

12 에드워드 와그너, 이훈상·손숙경 옮김, 「사회 완충제로서의 과거」, 『조선왕조사회의 성취와 귀속』, 일조각, 2007.

제1부 | 공무의 일상

제1장_부임의례와 수령守令의 캐릭터 형성

1 『日省錄』, 정조 원년(1777) 10월 16일(무신)조.

2 김선경 편, 「牧民攷」, 『朝鮮民政資料叢書』, 여강출판사, 1987, 193~194쪽.

3 캐릭터란 원래 무대에서의 배역을 의미하는 말로서 인격(personality)과는 구별된다. 오히려 캐릭터는 그가 인격개인성을 훈련하여 성취하여야 할 자리를 가리킨다. 사회를 연극무대로 볼 때, 그 공연에서 그의 배역을 잘 소화할 수 있는지의 여부는 개인적 재능은 물론 그의 훈련 여하에 달려 있는 셈이다. 그 배역을 감당하기 위해서는 장기간의 수련이 요구된다. 한편 이 캐릭터는 그 개인성을 평가하는 근거가 되고, 외부에서 더해지는 윤리적 판단의 준거도 되기도 한다. 그래서 캐릭터는 사회적 공연에서 그의 정체성이 내면에 형성되는 거울로 자리 잡는다. character의 개념에 대해서는 리차드 세넷, 조용 역, 『신자유주의와 인간성의 파괴』, 문예출판사, 2002를 참조할 수 있다. 이 번역서에서는 character를 '인간성'이라고 번역하고 있으나, 인간성이 갖는 도덕적인 냄새 때문에 여기서는 부득이 '캐릭터'라는 외래어를 택한다.

4 김혁, 「조선후기 守令의 赴任儀禮 -『이재난고』를 중심으로-」, 『朝鮮時代史學報』 22, 2002.

5 노혜경, 『조선후기 수령행정의 실제-황윤석의 『이재난고』를 중심으로』, 혜안, 2006. 이선희, 「17~18세기 守令의 鄕廳·鄕吏와의 관계-天安·木川·全義를 중심으로」, 『中央史論』 21, 2005. 이대화, 「조선후기 수령부임행렬에 대한 일고」, 『역사민속학』 18, 2004.

6 목천현의 당시 상황에 대해서는 노혜경, 앞의 책, 83~91쪽 참조.

7 『頤齋亂藁』, 제6책, 84쪽.

8 『譯註牧民心書』 I, 20~22쪽 참조.

9 안정복, 「木川縣誌」, 『順庵全集』, 제3책, 驪江出版社, 1984.

10 『譯註牧民心書』 I, 21~22쪽.

11 『譯註牧民心書』 I, 22쪽.

12 노혜경은 전의현에서 등록(謄錄)만을 바쳤던 일을 근거로, 이러한 세 가지 장부가 모든

신영례에서 바쳐졌던 것은 아니라는 점을 지적하고 있다.(노혜경, 앞의 책, 107쪽 참조)

13 중기(重記)의 개념에 대해서는 김혁, 「重記」, 『古文書硏究』19, 2001을 참조하고, 현존하는 목천현 중기에 대한 분석은 노혜경, 앞의 책, 71~82쪽을 참조할 것.

14 이에 대한 실례를 보여 주는 자료의 예로 현재 규장각에 『三班官屬都案』 2종을 참조할 수 있다.(『三班官屬都案』, 서울대학교 奎章閣 소장, 古 4652-3-1, 2)

15 『頤齋亂藁』, 제6책, 82쪽.

16 "물렀거라, 나가 있거라."라는 의미이다.(『改稿 春香傳』, 李家源 주, 정음사, 1986, 128쪽)

17 『頤齋亂藁』, 제6책, 86~87쪽.

18 『頤齋亂藁』, 제6책, 83쪽.

19 『頤齋亂藁』, 제6책, 88쪽.

20 『頤齋亂藁』, 제6책, 89쪽.

21 『頤齋亂藁』, 제7책, 365쪽.

22 古代 중국의 君臣 관계에 대해서는 甘懷眞, 『皇權, 禮儀與經典詮釋』, 華東師範大學出版社, 2004 참조.

23 정구복, 「조선시대 자문(尺文)에 대한 연구」, 『古文書硏究』11, 1997, 58쪽.

24 "『續』各道都事·守令初除者, 階雖四品以上, 署經 曾經侍從及堂上官則勿署經 凡署經時, 考妻四祖 …… 凡署經人員初次見越則再署, 再次見越則三署, 三署見越則遞凡告身, 公故外過五十日未署出者, 啓改."(『大典會通』, 「吏典 · 署經」)

25 『譯註牧民心書』 I, 36~37쪽.

26 서경단자식은 『頤齋亂藁』, 제6책, 90~91쪽에 수록.

27 『頤齋亂藁』, 제6책, 60~61쪽.

28 9월 15일에는 우선 6명을 木川으로 돌려보내고 11명을 남겨 두었다가 21일에는 다시 5명을 돌려보내고 6명을 남기고 있다.(『頤齋亂藁』, 제6책, 98쪽)

29 김혁, 「조선시대 청탁문서의 특성」, 『古文書硏究』32, 2008.

30 "모든 수령과 鎭將들이 부임할 적에 정부, 이조, 병조에 參謁하는데, 이는 바로 法例인 것입니다."(『明宗實錄』卷27, 明宗 16年 5月 丁卯조)

31 황윤석은 이 점을 분명히 인식하여 辭朝 시의 기록에서 하직 인사를 겸할 경우에는 '하직 인사를 겸한다'고 표기하고 있다.

32 『增補文獻備考』, 卷174, 「交聘考四」.

33 "李程啓曰, 羅州牧使朴贊, 催促赴任事, 榻前定奪之後, 本院分付吏曹, 使之趁卽下直, 而尙未辭朝, 雖有不安情勢, 朝家旣已催促, 則一向煥然, 殊甚不當. 羅州牧使朴贊, 請推考, 明日內發送事, 更爲分付, 何如? 傳曰, 允."(『承政院日記』, 脫草影印本, 제11책, 현종 10년, 1월 乙巳)

34 "聞 今日吏曹下人 又以牌來 牌上傳敎有曰 外方守令 不多日辭朝 或言不多日者 一兩日間也."(『頤齋亂藁』, 제7책, 368쪽)

35 『頤齋亂藁』, 제7책, 370쪽.

36 全義縣監에 제수된 과정에서, 辭朝를 "가까운 곳에서부터 먼 곳으로 행한다."고 적고 있는데 木川 縣監에 除授된 때에도 현실적으로 이와 같이 하고 있음을 확인할 수 있다.(『頤齋亂藁』, 제7책, 365쪽)

37 〈표 3〉 참조.

38 매번 헛걸음만 할 수 없었으므로 京主人을 미리 보내 하직 인사를 받을 사람이 집에 있는지를 확인하고 다시 가곤 하였다.(『頤齋亂藁』, 제7책, 370쪽)

39 "刑判大監宅 亦在備局可辭之中 而俄聞出龍山 此是郊外 亦可出邪."(『頤齋亂藁』, 제7책, 367쪽)

40 1727년(영조 3) 이후로 하직하는 수령이 사조를 할 대상으로 이조당상과 낭청이 추가되고 변방에 나가는 수령의 경우 비국당상도 반드시 뵙게 되어 있었다.(『新補受敎輯錄』, 「吏典·守令」 참조)

41 '팔도구관당상제'에 대해서는 한상권, 『朝鮮後期 社會와 訴寃制度』, 一朝閣, 1996, 297~301쪽 참조.

42 具善復의 경우 禁衛大將에서 훈련대장으로 옮겨갔지만, 전날에 드린 적이 있기 때문에 더 이상 드리지 않았다.(『頤齋亂藁』, 제6책, 114쪽)

43 이조참의 유언호가 갈리고 그 대신으로 李普行이 제수되자 이조참의인 유언호에게 전날 인사드렸음에도 불구하고 새로운 이조참의인 이보행에게 다시 인사하고 있다.(위의 책, 116쪽)

44 수령이 사조 시 드는 비용문제에 대한 개관은 鄭求福, 앞의 논문, 1997 참조.

45 황윤석이 부임한 뒤 吏曹吏가 그의 아들을 시켜 議政府 參謁價와 吏曹參謁價의 명목으로 그 대금을 요구하자, 그 고을의 향리인 戶長이 邑例를 내세워 청구대금이 읍례로 정한 금액을 넘었다고 주장하고 있다. 이를 통해 사조비용이 읍례에 의해 규정함으로써 수령의 과도한 사조비용과 중앙의 경주인 등의 농간을 규제하려 하였다는 것을 알 수 있다.(『頤齋亂藁』, 제6책, 134쪽)

46 『譯註牧民心書』 I, 41쪽.

47 『銀臺條例』, 「宣諭」.

48 『頤齋亂藁』, 제6책, 117쪽.

49 『頤齋亂藁』, 제7책, 370~371쪽.

50 이 책에 수록된 윤진영, 「기록화에 담긴 지방관의 기억」, 131~132쪽 〈그림 9〉에 대한 해설 참조.

51 『申在孝 판소리 사설집(全)』, 姜漢永 校注, 33쪽.

52 『頤齋亂藁』, 제6책, 119쪽.

53 황윤석이 全義縣監에 도임하는 과정에서, 官印은 천안 수령에게, 兵符는 또 다른 곳으로 문서를 보내어 찾아오는 사례가 나온다.(『頤齋亂藁』, 제7책, 375쪽 참조)

54 김필동, 「지방 이서 집단의 조직 구조와 변동」, 『차별과 연대 조선 사회의 신분과 조직』, 문학과지성사, 1999, 204쪽.

55 木川에서의 黃胤錫은 上官한 직후, 鄕校의 大成殿으로 갔지만, 全義에서는 객사에서 拜禮를 마친 직후 大成殿으로 향했다. 이것은 일정상 약간의 차이가 있긴 하지만 대체로 上官에 전후하여 향교에 가는 것만은 틀림없다.

56 『頤齋亂藁』, 제7책, 375쪽.

57 『頤齋亂藁』, 제6책, 1779년 12월 9일, 152쪽. "題東軒自警 …… 友視儒林 賢則亟訪 僚視鄕廳 禮當無慢 子視吏役 罪必隨飭 孫視民衆 邏輒如傷"

58 『頤齋亂藁』, 제6책, 123쪽.

59 『牧綱』, '臨下'.

60 "臨下 當嚴重簡默 雖問事狀詢前例 言語亦主簡當 言語刺刺 擧措輕忽 最損威儀 宜切戒之也" (「治郡要訣 臨下」, 위의 책)

61 "坐起處所 宜嚴肅整齊 不可與衙客雜人共坐 不可使鄕所軍校列立於階上 不可使官屬諠聒於傍側 進現稟事外 使之一切退待於本所 如此然後 觀瞻肅然 而吾之視聽自然精明矣" (상동)

62 "官屬面主人之出外村 此民間之巨弊也 官屬間間不時點考 又宜傳令于各面尊位風約曰 立役官廳則雖不敢偃然出去村中 而至於其矣等妻子兄第 雇工之屬迭相往來作弊民間者 該里該面頭頭人等 次次報于風憲曰 某官屬率下某人 某日來某民家 行某事 得某物以去是如報之後 風約卽爲報官爲旀 頭頭人風約或畏官屬之含憾 不卽報官是如可 因事現發是去乃 因廉問發覺 則元當身除良 面任難免重罪 惕念擧行云云 而間有發露者 嚴治面任 則可除其弊" (상동)

63 "作邑圖 付諸壁上當坐處 圖中 書東西南北面名里數及四隣官遠近及營門道里 劃作大小路逕及橋梁大川 可也 此便於出繇役 亦可以察吏民往來遲速也" (「治郡要訣 到任後事」, 內藤吉之助 編, 『朝鮮民政資料 牧民篇』, 昭和 17年)

64 『頤齋亂藁』, 제6책, 1779년 9월 11일조, 72쪽.

65 『史記』, 卷一百一十九, 「循吏列傳」, "太史公曰: 法令所以導民也, 刑罰所以禁姦也. 文武不備, 良民懼然身修者, 官未曾亂也. 奉職循理, 亦可以爲治, 何必威嚴哉?"

66 이선희, 앞의 논문, 245쪽 참조.

67 『頤齋亂藁』, 제6책, 272쪽.

제2장_수령의 출퇴근과 근무방식

1 『經國大典』吏典 外官職, 褒貶, 考課.

2 수령의 임용 및 교체시기에 대한 연구 성과를 간략하게 정리하면 다음과 같다. 李源鈞, 1979, 「朝鮮時代의 守令職 交遞實態-東萊府使의 경우-」, 『釜大史學』 제3집, 부산대학교 사학회; 金錫禧, 1981, 「朝鮮朝 中·後期 地方官僚의 任期에 關한 硏究」, 『부산대논문집』 31; ____, 1990, 「朝鮮後期 慶尙道 守令의 人事에 關한 一考察」, 『한국문화연구』 3; 具玩會, 1982, 「先生案을 통해 본 朝鮮後期의 守令」, 『慶北史學』 4-故 高奭林敎授 追悼特輯 ; 李源鈞, 1987, 「朝鮮時代 地方官의 交遞에 관한 연구」, 동아대 박사학위논문; 李東熙, 1989, 「19世紀 前半 守令의 任用實態」, 『전북사학』 11·12-夢谷 金貴達敎授華甲紀念論叢; ____, 1993, 「朝鮮時代 全羅道 扶安縣監의 任用實態」, 『전라문화논총』 6; 尹貞愛, 1990, 「조선후기 守令대책과 그 인사실태」, 『國史館論叢』 17; 李勛相, 1990, 「조선후기 吏胥集團과 武任集團의 組織運營과 그 특성: 전라도 南原의 各種 先生安」, 『한국학논집』 17, 계명대학교; 任先彬, 1990, 「朝鮮初期 守令制運營과 地方統制」, 『청계사학』7, 한국정신문화연구원 청계사학회; 林鎬敏, 1994, 「朝鮮後期 守令의 成分과 交遞에 對한 考察; 江陵大都護府를 中心으로」, 『嶺東文化』 5; 林容漢, 1998, 「조선초기의 수령제 개혁과 그 운영-태종~세종연간을 중심으로-」, 『인문학연구』제2호, 경희대학교 인문학연구소; 김양수, 2000, 「조선후기 專門職中人의 전라지방관진출-湖南 守令先生案을 중심으로-」,『龜泉元裕漢敎授定年紀念論叢 (下)』, 혜안; 宋鍾復, 2006, 「昌寧 縣監의 交遞와 在任에 關한 一考察」, 『문명연지』17, 한국문명학회.

3 수령의 임용비용이나 부임의례, 근무상황에 대한 연구를 간략하게 정리하면 다음과 같다. 鄭求福, 1997, 「조선시대 자문[尺文]에 대한 연구-수령이 새로 임용될 때의 비용-」, 『古文書硏究』 11; 金赫, 2002, 「조선후기 守令의 赴任儀禮-『頤齋亂藁』를 중심으로-」, 『朝鮮時代史學報』 22; 전경목, 2004, 「조선중기 守令의 管外 업무」, 『全州史學』 9; 李仙喜, 2004, 「『愚谷日記』를 통해 본 17세기 수령의 일상업무」, 『역사민속학』18, 한국역사민속학회; ____, 2004, 『17~18세기 충청지역 수령의 일상업무 연구』, 중앙대학교 대학원 박사학위논문; 盧惠京, 2004, 『18世紀 守令 行政의 實際: 黃胤錫의 『頤齋亂藁』를 중심으로』, 韓國學中央硏究院 박사학위논문; 李成妊, 2005, 「16세기 江華府使의 坐起와 不坐」, 『인천학연구』3, 인천대학교 인천학연구원.

4 『경국대전』 禮典 京外官迎送, 京外官相見, 京外官會坐.

5 『愚谷日記』, 2001, 한국사료총서 45, 국사편찬위원회.

6 『頤齋亂藁』, 1993~2003, 1~9, 한국정신문화연구원.

7 『旌善叢瑣錄』, 2002, 정선문화원.

8 『大典會通』 吏典 考課.

9 『세종실록』 권 51, 세종 13년 3월 15일 기묘.

10 『旌善叢瑣錄』 1887년 윤4월 20일.

11 『頤齋亂藁』 1779년 12월 17일; 1780년 1월 27일, 2월 8일. 특히 이유간은 일기에 거의 매일 출근여부를 좌, 부좌로 표시하면서 출근장소를 밝혔다. 이 중 조식 전에 출근한 경우는 특별히 부기하여 일반적으로 출근여부만 표시된 경우는 식후로 상정할 수 있다.

12 『愚谷日記』1610년 5월 15일·22일·25일.

13 『大典會通』 吏典 考課.

14 『京兆府志』 '坐衙', 1992, 서울특별시사편찬위원회; 『通文館志』권2, 勸奬, '坐起節次', 1944, 朝鮮總督府.

15 『조선왕조실록』, 『승정원일기』, 『비변사등록』, 『경국대전』, 『대전회통』과 같은 연대기나 법전류의 국역본에서 혼용되고 있다.

16 『승정원일기』 원본 1,315책, 영조 47년 3월 12일 계축. 이 외에 『승정원일기』 각 기사 상단 명단에 부기되어 있다.

17 『宣祖修正實錄』 권 8, 선조 7년 11월 1일.

18 『京兆府誌』 坐衙條.

19 『京兆府誌』 坐衙條.

20 『旌善叢瑣錄』 1887년 윤4월 21일.

21 『旌善叢瑣錄』 1887년 3월 5일.

22 『旌善叢瑣錄』 1887년 윤4월 21일, 6월 3일·20일.

23 『磻溪隨錄』 권 25, 續編 上, 坐衙. "凡京外官府坐起 必張牌 [外方則坐起 吹又張牌] 將開坐 張肅整牌於大門外兩傍 則吏民皆肅整以入決事 凡有私客皆不敢入 [非公事則皆是私客] 張罷坐 改張回避牌則各房吏卒皆退"

24 『愚谷日記』 1610년 1월 18일.

25 『頤齋亂藁』 1780년 3월 28일.

26 『湖西邑志』 木川縣 公廨條 "東軒 卽邑宰聽事之堂"

27 『頤齋亂藁』 1786년 7월 26일.

28 『頤齋亂藁』 1786년 7월 26일.

29 천안군지도(奎 10431), 1872년 제작.

30 『頤齋亂藁』 1786년 7월 9일. "朝後雨乍晴 乃赴本縣先詣客舍啓牌先四拜三上香後四拜用烏帽布團領烏帶旋鄕校 大成殿改服烏帽黑團領銀帶三上香四拜 乃赴東軒還用烏帽布團領烏帶坐椅 而三鄕所六房 各 校各面 各面任 及外奴婢匠人禮見點考畢"

31 『頤齋亂藁』 1780년 3월 1일, 4월 1일.

32 『頤齋亂藁』 1779년 12월 25일. "新差巡營編伍把摠金思健 公禮來謁 今日又令兼差軍務都監 盖以余需應之繁 軍務尤有所難處者 而金君 才堪此任 故有此兩任兼差也"

33 『愚谷日記』 1610년 1월 3일, 9월 5일, 1611년 6월 11일, 7월 1일·14일·15일, 10월 4일·6일·7일.

34 『續大典』 兵典 免役.

35 『愚谷日記』 1613년 1월 27일·28일.

36 『頤齋亂藁』 1780년 2월 25일, 3월 23일.

37 『愚谷日記』 1610년 3월 22일.

38 『頤齋亂藁』 1780년 3월 13일.

39 『彭城邑客舍 實測調査報告書』, 平澤郡, 1994, 20쪽.

40 『頤齋亂藁』에는 병으로 망궐례를 행하지 않은 경우를 제외하고는 위와 같은 망궐례의 의례를 매번 구체적으로 기록하였다.

41 『世宗實錄』 권 132 五禮,嘉禮 儀式 正至誕日使臣及外官遙賀儀.

42 『頤齋亂藁』 1786년 7월 15일. "早梳洗赴客舍以望 日用烏帽布團領白靴 就大庭 行望闕禮 用祭服 就西庭行 東宮望哭禮"

43 『頤齋亂藁』 1779년 11월 15일. "冬至曉晴 …… 是日旣係望日望闕禮 又兼冬至望賀禮"

44 『頤齋亂藁』 1780년 3월 1일. "赴闕牌權安所行望闕禮 退謁家廟"

45 『愚谷日記』 1611년 11월 15일. "朝飯後向公州 食後歸山城 淸安鴻山先到 道名已改 故敎書肅拜于客舍"

46 『肅宗實錄』 권 40, 숙종 30년 12월 21일.

47 『頤齋亂藁』 1780년 1월 24일.

48 『愚谷日記』 1610년 1월 26일 "客舍東軒 坐"; 2월 4일 "東軒客舍 坐"

49 『愚谷日記』 1610년 3월 "衙 東軒 坐"

50 李仙喜, 2004, 「17세기 守令의 接賓客과 그 性格」, 『史學硏究』 75호. 160~163쪽.

51 『愚谷日記』 1610년 5월 22일.

52 同推는 사항에 따라 천안군수의 경우 목천현감과 전의현감, 온양군수 등과 행했다. 이와 관련된 기록은 『愚谷日記』 1610년 1월 26일, 윤3월 19일, 6월 2일·12일·26일, 7월 18일·24일, 8월 23일·30일 등이다.

53 『經國大典』 刑典 推斷.

54 천안군지도(奎 10431), 1872년 제작.

55 『愚谷日記』 1610년 9월 29일. "或雨或晴或雨雹庭濕 日暮貿米不可捧 故罷仕入衙"

56 『光海君日記』 권 18, 광해군 1년 7월 1일.

57 좌수가 대행한 날은 1610년 5월 6일, 10월 23·24·25·26일, 11월 11·13·14·15·16일

등이다. 그리고 1610년 11월 17일부터는 좌수와 별감이 번갈아 가면서 대행하였다. 11월 17일(별감), 18일(별감), 19일(좌수), 20일(좌수), 21일(좌수), 27일(별감), 29일(별감), 12월 2일(좌수), 4일(별감). 1611년의 환곡 분급의 대한 대행은 별감이 전담하였다. 1611년 4월 15일, 5월 3일, 11월 19일 등이다.

鄕所를 통한 대행으로 인한 폐단은 조선초기부터 문제가 되었다. 守令이 일이 많다고 핑계하고 監考·色吏에게 맡기니, 그 바치는 것의 과중하기가 수령이 친히 거두는 날보다 배나 더하는 폐단이 있다는 지적이 있었다.(『文宗實錄』 권 4, 문종 즉위년 10월 8일)

58 『愚谷日記』 1610년 5월 15일·22일·25일.

59 『愚谷日記』 1611년 9월 2일부터 시작해서 17일에 封庫하였다.

60 『愚谷日記』 1611년 9월 23일.

61 『愚谷日記』 1610년 12월 5일, 1611년 1월 15일·17·20일.

62 『輿地圖書』 충청도 목천현 창고.

63 『頤齋亂藁』 1779년 11월 24일.

64 『頤齋亂藁』 1779년 12월 4일.

65 『頤齋亂藁』 1780년 2월 10일.

66 『愚谷日記』 윤3월 19일.

67 『頤齋亂藁』 1780년 2월 29일.

68 『順菴集』 권 13, 雜著, 橡軒隨筆下. 그러나 개인 기록에 실린 내용으로 목천현에서 이후 氷政이 완전히 사라졌는지는 의문이다. 다만 안정복의 후임인 황윤석이 氷庫에서 업무를 본 기록은 보이지 않는 것으로 볼 때 안정복이 관찰사에게 보고해서 빙정을 파한 후 황윤석 때는 빙정업무가 행해지지 않았을 가능성이 높아 보인다.

69 『洪南坡集』 丁彦璜 行狀(『順菴集』 권 13, 雜著, 橡軒隨筆下)

70 『愚谷日記』 1610년 12월 21일. "氷庫坐 氷庫始作之後 日氣甚寒 解氷之風不吹 多幸也哉"

71 『湖西邑誌』, 「寧城誌」 名宦(『邑誌』 8 충청도2, 1985, 아세아문화사)

72 「寧城誌」 처음에 "上之十三年癸酉冬 德水李魯謙書"라고 되어 있고 이는 순종 13년(1813)에 해당한다. 이때 이노겸이 천안군수 읍선생의 마지막에 쓰여 있다.

73 『愚谷日記』 1610년 3월 23일. "食後坐衙墻後. 修官廳基址, 時聞洪湜喪柩入郡, 卽往哭致奠, 喪柩出後卽還衙, 脫冠帶還坐墻後"

제3장_기록화에 담긴 지방관의 기억

1 지방관의 임무와 관련하여 국왕과 중앙 정부에 보고하기 위해 만든 기록화도 하나의 연

구 영역인데, 이 글에서는 이를 포함하지 않았다. 특히 지방의 監營이나 軍營에 畵員을 파견하는 제도와 지방에서 필요한 官需 회화의 제작에 대해서는 이현주, 「朝鮮後期 統制營 畵員 硏究」, 『石堂論叢』39집(동아대학교 석당학술원, 2007. 9.), 289~327쪽; 李勛相, 「조선후기 지방 파견 화원들과 그 제도, 그리고 이들의 지방 현상화」, 『東方學志』 144호(연세대학교 국학연구원, 2008. 12), 305~366쪽 등의 연구가 있다.

2 『朝鮮時代 風俗畵』(국립중앙박물관, 2002), 88~109쪽.

3 강호문학연구소, 『聾巖 李賢輔의 江湖文學』, 2001.

4 『고문서에 담긴 옛 사람들의 생활과 문화』(한국학중앙연구원, 2003), 46~47쪽.

5 留守는 1438년(세종 20)에 留侯를 고쳐서 둔 開城府의 종이품 벼슬로 정원은 2원이다. 그중 1원은 京畿監司가 겸직하였다. 유수 밑에 經歷(종사품) 1원이 있어 유수를 보좌하고 행정실무를 담당하였다.

6 〈송도사장원동료계회도〉에 대해서는 서인화 · 윤진영, 『조선시대 연회도』(국립국악원, 2001), 172~173쪽.

7 榜會가 열렸던 喜慶樓는 全羅道 光山縣에 있던 樓亭으로서, 『新增東國輿地勝覽』과 『輿地圖書』 등의 樓亭條에서 확인한 결과, 그 위치는 지금의 光州 客館에 해당한다.(『新增東國輿地勝覽』 卷35, 「全羅道 光山縣」 樓亭條 ; 『輿地圖書(下)』, 「全羅道 光州」, 樓亭條 「喜慶樓」 在客舍北).

8 崔應龍과 林復, 姜暹은 『文科榜目』에서 확인된 반면(『國朝文科榜目』 卷7, 「明宗朝丙午元年 增廣試」), 劉克恭과 南效容은 『文科榜目』에 기록되어 있지 않다. 이들 두 사람은 같은 해 增廣試의 武科에 합격한 자들로 추정된다. 다만 당시의 『武科榜目』이 남아 있지 않아 확인할 수 없을 뿐이다.

9 跋文을 쓴 사람의 이름은 적혀 있지 않지만, 跋文의 끝에 '完山後人題'라고 쓴 것으로 보아 全州崔氏인 崔應龍이 쓴 것으로 짐작된다.

10 그런데 여기에 적힌 표제와 서문은 宋俊吉이 직접 붓으로 쓴 것이 아니라, 글자의 윤곽을 그려서 베껴 쓴 것이다. 처음 송준길이 쓴 글씨 위에 얇은 종이를 대고 글자의 윤곽을 붓으로 그려 낸 다음 먹을 칠하여 마무리한 것이다. 이러한 방법은 참석자의 수만큼 그림을 제작하여 나누어 가져야 하는 계회도의 특성상 자연스러운 제작 방식이라 할 수 있다.

11 〈安陵新迎圖〉의 인물화는 김홍도의 그림에서 볼 수 있는 전형적인 묘사와 차이가 있고, 畵格이 떨어진다. 〈안릉신영도〉는『朝鮮時代 風俗畵』(국립중앙박물관, 2002), 도판 8 참조.

12 예컨대 丁若鏞(1762~1836)은 『牧民心書』의 「赴任六條」에서 수령을 맞이하러 오는 부임행렬에 대하여 기능을 단순화하고 인원을 과감히 줄일 것을 제안하였다. 정약용은

여기에서 수령을 맞이하기 위해 상경하는 적정 인원을 11명으로 보았지만, 실제는 이보다 과대했다. 정조대에 縣監을 역임했던 頤齋 黃胤錫(1729~1791)이 木川縣監에 부임한 과정을 보면, 20명 가까운 인원이 上京하여 1개월가량 서울에 머문 사례를 볼 수 있다.(이대화, 「朝鮮後期 守令赴任行列에 대한 一考」, 『역사민속학』 제18호(2004. 6.), 198쪽 참조) 여기에 드는 비용은 누가 감당하였을까? 물론 수령이 지불하는 것으로 되어 있으나 부임지에 가서 이를 다시 정산하므로, 결국 백성들의 부담으로 돌아가는 것이다. 정약용이 지적하고자 한 것이 바로 이러한 폐단이었다.

13 金赫, 「조선후기 守令의 赴任儀禮」, 『朝鮮時代史學報』22(朝鮮時代史學會, 2002), 153~180쪽.

14 이대화, 앞의 논문, 202~208쪽 참조.

15 국립국악원, 『조선시대 음악풍속도』(2003), 206쪽, 정병모 교수의 도판해설.

16 조선 영조 때 신광수(申光洙)가 지은 악부. 작자의 문집인 『石北集』 권10에 실려 있다. '關西伯四時行樂詞' · '八樂府' · '百八眞珠' 등으로 불리기도 한다. 작가의 서정적 주관을 가장 함축적으로 표현한 108수의 장편 연작시로서 부임한 한 해 동안 다스린 행적을 다룬 내용이다. 蔡濟恭이 평안감사로 평양의 형세와 경개, 謠俗, 역대 흥망과 忠孝節俠, 邊塞軍旅와 樓臺船舫으로부터 유흥에 이르기까지 기술하여 西關志라 이를 수 있다고 하였다.

17 8폭 병풍의 제목은 국립국악원, 『조선시대 음악풍속도』(2003), 207쪽, 정병모 교수의 견해를 따랐다.

18 李起炫, 「申光洙의 關西樂府에 대한 一考察」(漢陽大大學院 國語國文學科 碩士學位論文, 1985. 6.), 36~38쪽.

19 『조선시대 기록화의 세계』(고려대학교 박물관, 2001), 94~95쪽.

20 洪善杓, 「『耽羅巡歷圖』의 기록화적 의의와 특징」, 『耽羅巡歷圖』(濟州大學校博物館, 1994), 107쪽.

21 洪善杓, 위의 논문, 107~109쪽.

22 濟州大學校博物館, 『耽羅巡歷圖』(1994), 86쪽.

23 濟州大學校博物館, 위의 책, 32쪽.

24 이경화, 「《北塞宣恩圖》 硏究」(서울대대학원 고고미술사학과 석사학위논문, 2005. 2.), 34~39쪽.

25 이성미 · 김정희, 『한국회화사 용어집』(다홀미디어, 2002), 224~225쪽. 지금까지 알려진 평생도는 대략 4점 정도이다. 《모당 홍이상 평생도》의 〈송도유수도임식〉, 김홍도, 1781년, 국립중앙박물관, 《담와 홍계희 평생도》의 〈평안감사 부임〉, 김홍도, 18세기, 국립중앙박물관, 《평생도》의 〈관찰사 부임〉, 김홍도, 19세기, 국립중앙박물관, 《평생

도》의 〈관찰사 부임〉, 20세기 추정, 국립중앙박물관.

26 『인물로 보는 한국미술』(삼성문화재단, 1999), 233쪽.

27 趙善美, 『韓國肖像畵 硏究』(悅話堂, 1994), 144쪽.

28 윤진영, 「충현박물관의 李元翼 영정」, 『追憶 李元翼』(충현박물관, 2005), 61~81쪽.

29 "壬辰兵亂 大駕將西狩 余以吏判承命 先往關西兼都巡察使 仍爲監司 乙未拜議政還朝 平壤有吏胥 欲因事取利 托以余有勞績 收合民人米布 潛令畵工 圖余之像 構祠宇以藏之 己亥 余令人往撤屋舍 取圖像以來 甲辰錄扈聖勳圖像時 仍令改粧 以付孽子孝傳 孽無傳姓者 則還之宗家 乙巳夏自識"(『梧里先生文集』(續集) 卷2, 「書箕城生祠撤還圖像褙後」).

30 李元翼, 『梧里集』 續集附錄 卷1, 「年譜」, '二十三年乙未' 條.

31 崔岦(1539~1612)이 쓴 생사당의 祭文 가운데 "묘당의 위에 응당 초상화가 있었으니 어찌 공을 생각하지 않을 수 있겠는가(廟堂之上 應有丹靑 何不懷公)."라는 대목이 있다.

32 尹軫暎, 「朝鮮時代 契會圖 硏究」, 韓國學大學院 博士學位論文, 2004.

33 〈화산양로연도〉는 이현보 종가 소장의 『愛日堂具慶帖』 上卷(전 3책)에 당대의 名儒 39인의 자필 축시와 함께 실린 그림이다. 이 화첩의 끝 부분에는 黃俊良(1517~1563)이 쓴 발문이 있다. 이 발문에는 이현보가 직접 발의하여 황준량에게 꾸미게 한 것으로 기록되었다.

34 이현보가 안동 인근 지역에 지방관으로 온 사례를 『중종실록』에서 찾아보면, 1508년(중종 3) 9월에 永川郡守, 1517년(중종 12) 겨울에 안동부사, 1522년(중종 17) 10월 星州牧使, 1528년 겨울 榮川郡守, 1533년(중종 28) 2월 慶州府尹에 제수된 바 있다.

35 〈화산양로연도〉에 대해서는 박은순, 「聾巖 李賢輔의 影幀과 「影幀改摹時日記」」, 『美術史學硏究』 242 · 243(한국미술사학회, 2004. 9.), 229~233쪽.

36 『선비, 그 멋과 삶의 세계』(한국국학진흥원, 2002), 도판 28 · 29 참조.

37 『耽羅巡歷圖』(濟州大學校博物館, 1994), 88~89쪽 참조.

38 조선시대의 양로정책에 대해서는 박상환, 『朝鮮時代 養老政策 硏究』(혜안, 2000), 51~86쪽.

39 이상훈, 「助羅浦南峰觀海圖」, 『박물관신문』 제367호(2002년 3월호), 국립중앙박물관.

40 〈助羅浦南峰觀海圖〉의 바다와 山勢의 대칭적인 구도설정은 조선시대 地圖式 繪畵의 樣式을 잘 보여 주는 요소이다. 이태호, 「조선시대 지도의 회화성」, 『한국의 옛지도(자료편)』(영남대박물관, 1998), 139~147쪽.

41 司馬榜會에 대해서는 박정혜, 「16 · 17세기의 司馬榜會圖」, 『미술사연구』 16호(미술사연구회, 2002), 207~433쪽.

42 〈癸酉司馬榜會圖〉는 『慶南大學校所藏 데라우찌文庫 特別展圖錄』(慶南大學校博物館,

1996), 40~41쪽에 도판 사진으로 소개되었다.

43 | 이곳의 堂內에는 安東府使 洪履祥의 母親인 太夫人이 참석해 있었으므로 洪履祥을 비롯한 榜會의 참석자들이 太夫人에게 獻壽를 올렸다.

44 | 『시서화에 깃든 조선의 마음』(예술의전당 서울서예박물관, 2006), 292~293쪽. 李時發이 跋文을 쓰게 된 것은 그가 慶尙道觀察使이고 이미 故人이 된 그의 先親인 李大建(1550~?)이 癸酉司馬의 同榜이었던 관계로 그에게 위촉된 것으로 생각된다.

45 | 『河陽邑誌』, 「先生案」의 '鄭敾 條'에 '辛丑 莅任'이라 적혀 있고, 후임인 '李敬臣 條'에 '丙午 莅任'으로 되어 있어 재임 기간이 辛丑年(1721)에서 丙午年(1726)이었음을 알 수 있다. 崔完秀, 「謙齋 政敾 硏究」, 『謙齋 鄭敾 眞景山水畵』(凡友社, 1993), 289쪽, 각주 31 참조.

46 | 유홍준, 『화인열전 1』(역사비평사, 2001), 240쪽.

47 | 유홍준, 위의 책, 240~241쪽.

48 | 『嶺南大學校 博物館圖錄』(영남대학교박물관, 1982), 도판 141.

49 | 『李朝繪畵~隣國の明澄な美の世界」(大和文華館; 奈良, 1996), 88쪽.

제2부 | 통치의 기술

제4장_수령의 선물정치와 부채[扇]

1 | 『고성총쇄록(固城叢瑣錄)』

2 | 알프 뤼트케, 「일상사란 무엇이며, 누가 이끌어 가는가?」, 알프 뤼트케 외 지음, 이동기 외 옮김, 『일상사란 무엇인가?』, 청년사, 2002, 21~23쪽.

3 | 언어학에서 도상성(iconicity)은 언어의 문법적 조직이 빈번한 경험의 결과 표상으로 형성된 인지구조를 반영한다는 의미로 정의된다. 필자는 이 글에서 '사회적 도상성'이라는 개념을 인간의 범례화된 행위에도 이와 같은 인지구조가 직접적으로 반영되어 있고 그 빈번한 행위에서 도상성을 발견할 수 있다는 개념으로 정의할 것이다. (V. Evans & M. Green, 임지룡 · 김동환 옮김, 『인지언어학 기초』, 한국문화사, 2008, 212쪽 참조.)

4 | 조선시대의 증여관행에 대한 연구 성과는 다음과 같다. 이성임, 「16세기 조선 양반관료의 사환과 그에 따른 수입-유희춘의 미암일기를 중심으로-」, 『歷史學報』145, 1995; 「16세기 이문건가의 수입과 경제생활」, 『국사관논총』97, 2001; 「16세기 양반사회의 선물경제」, 『韓國史硏究』130, 2005,; 박이택, 「농촌사회에서의 膳物交換」, 『맛질의 농민

들』, 一潮閣, 2001)

5 정선문화원 편, 『국역정선총쇄록』, 경인문화사, 2002, 112쪽, 정해년 5월 8일조.

6 오횡묵, 李性雨 역, 『國譯固城叢瑣錄』, 고성문화원, 2007, 43쪽, 癸巳年 3월 1일조.

7 위의 책, 79쪽, 계사년 3월 19일조.

8 〈표 2〉 참조.

9 앞의 책, 200~201쪽, 癸巳年 5월 29일조.

10 허권수 외 옮김, 『慶尙道咸安郡叢瑣錄』下, 咸安文化院, 2003, 1891년 2월 22일조.

11 조선시대에 돈이 선물로 사용되었던 예로서 각 관청의 하예(下隷)에게 인정전(人情錢)의 명목으로 이용되었던 것을 상기할 때, 돈이 선물로서 갖는 위상이 매우 낮은 것임을 알 수 있다.

12 이종덕 번역·탈초, 『國譯荷齋日記』(1)·(2), 서울시사편찬위원회, 2006.

13 오횡묵, 李性雨 역, 앞의 책, 157쪽, 癸巳年 4월 25일조.

14 위의 책, 284쪽, 계사년 9월 16일조.

15 박기주, 「재화가격의 추이-경주지방을 중심으로」, 이영훈 편, 『수량경제사로 다시 본 조선후기』, 서울대학학교출판부, 2004, 222쪽.

16 오횡묵, 李性雨 역, 앞의 책, 癸巳年 4월 26일조.

17 위의 책, 180쪽, 癸巳年 5월 10일조.

18 崔常壽, 『韓國 부채의 硏究』, 成文閣, 1988, 32쪽.

19 "중국 사람들은 기록하기를 고려 사람은 겨울에도 부채를 쥐는 풍습이 있었다고 했다."(「東國歲時記」, 최대림 역해, 『東國歲時記』, 홍신문화사, 1993, 90쪽) 이와 같이 부채가 신체에 관성화된 또 다른 실례로 편지에 "장준은 과연 내 부채를 가져갔느냐? 하나밖에 없던 漆扇도 남에게 줘 버리고, 출입할 때 손에 잡을 것이 없어 몹시 괴롭다." 라고 한 내용을 통해서도 짐작할 수 있다.(하영휘, 『양반의 사생활』, 푸른역사, 2008, 333쪽)

20 『世宗實錄』, 세종 12년 4월 4일(계유)조.

21 『肅宗實錄』, 숙종 17년 2월 22일(무인)조; 『正祖實錄』 정조 8년 7월 3일(병진)조.

22 崔常壽, 『韓國 부채의 硏究』, 成文閣, 1988, 33쪽.

23 『茶山詩文集』卷4, 「詩 · 端午日述哀」.

24 『樗村先生遺稿』卷20, 「詩 十三日 祗受大朝小朝節扇賜送 惶感之極 率口而成」.

25 하영휘, 위의 책, 129쪽에서 재인용.

26 니시지마 사다오(西嶋定生), 「제4장 진한제국의 출현」, 貝塚茂樹 외, 윤혜영 편역, 『中國史』, 홍성사, 1986, 104~123쪽.

27 『肅宗實錄』, 肅宗 6년 4월 20일(기묘)조.

28 『肅宗實錄』, 肅宗 20년, 10월 18일(임자)조.

29 『承政院日記』, 肅宗 29년 6월 5일(기묘)조.

30 김혁, 「조선후기 단오부채[節扇]의 생산과 가치 순환」, 『古文書硏究』36, 2010, 150쪽에서 재인용.

31 金邁淳, 「洌陽歲時記」, 최대림 역해, 『東國歲時記』, 홍신문화사, 1993, 164쪽에서 인용. 이 책은 1819년(순조 19)에 완성.

32 전주와 나주(남평)에서 만든 것이 유명하였다고 한다.(「京都雜志」, 최대림 역해, 위의 책, 239쪽 참조)

33 최상수, 앞의 책, 32~33쪽.

34 하영휘, 앞의 책, 129쪽.

35 위의 책, 132쪽에서 재인용.

36 주호와 협호의 가족주의적 결합에 대해서는 이영훈, 『조선후기사회경제사』, 한길사, 1988, 258~344쪽 ; 김혁, 『특권문서로 본 조선사회-완문의 문서사회학적 탐색-』, 지식산업사, 2008, 561~564쪽.

37 「泣血錄」 권3, 한국정신문화연구원 편, 『朝鮮時代 冠婚喪祭IV』, 2000, 252~255쪽.

38 『頤齋亂稿』 제5권, 6월 30일조.

39 오명석, 「선물의 혼과 신화적 상상력」, 『한국문화인류학』43-1, 2010, 6쪽 참조.

40 오횡묵, 李性雨 역, 앞의 책, 癸巳年 5월 5일조 170쪽; 甲午年 5월 5일조 474쪽 참조.

41 하영휘, 앞의 책, 129쪽.

42 조선왕조의 작제적 질서와 신분제의 관련성에 대해서는 김혁, 앞의 책, 318~344쪽.

43 『함안총쇄록』 1889년 4월 24일 기해조 205~207쪽.

44 오횡묵, 李性雨 역, 앞의 책, 2007, 4월 1일, 144쪽.

45 정약용은 떨어진 사람에게는 은혜로운 것이 아니라고 하면서 慶科에 대해서 비판적인 입장을 취했다.(『경세유표』 제15권, 「춘관 수제·科擧之規 1」 참조)

46 에드워드 와그너, 이훈상 · 손숙경 옮김, 「사회 완충제로서의 과거」, 『조선왕조 사회의 성취와 귀속』, 일조각, 2007.

47 1895년 이후 왕실행사가 국가기념일로 공식화된다.(정성희, 『조선시대 우주관과 역법의 이해, 지식산업사, 2005, 234~245쪽 참조.

48 오횡묵, 李性雨 역, 앞의 책, 30쪽.

49 개념적 은유에 대해서는 레이코프 외, 노양진 외 옮김, 『삶으로서의 은유』, 박이정, 2006.

50 오횡묵, 李性雨 역, 앞의 책, 479쪽, 갑오년 5월 9일조.

51 오횡묵, 李性雨 역, 앞의 책, 179~180쪽, 癸巳年 5월 10일조.

52 | 정선문화원 편, 『國譯 旌善叢瑣錄』, 경인문화사, 2002, 297쪽, 무자년 5월 18일조.
53 | 구완회, 「朝鮮後期의 收取行政과 守令의 要譽」, 『慶北史學』 14, 1991, 3쪽.
54 | 오횡묵, 李性雨 역, 앞의 책, 158쪽, 癸巳年 4월 25일조.
55 | 실반 바넷 지음, 김리나 옮김, 『미술품 분석과 서술의 기초』, 시공사, 2000, 6~10쪽.
56 | 오횡묵, 李性雨 역, 앞의 책, 164~165쪽, 癸巳年 4월 28일조.
57 | 위의 책, 167쪽, 癸巳年 4월 28일조.
58 | 위의 책, 152쪽, 癸巳年 4월 21일조.
59 | 위의 책, 587~590쪽, 甲午年 8월 6일조.

제5장_시험의 힘, 교육을 통한 통치

1 | 시험은 개인의 역사를 세탁하는 장치이며, 경쟁률이 높고 어려운 시험일수록 시험합격은 합격자가 이전에 무엇을 하며 살았는지, 어떻게 살았는지를 묻지 않고 세탁한다.(이경숙, 『일제시대 시험의 사회사』, 경북대학교 박사학위논문, 2006, 11쪽.)
2 | 김신일의 경우 시험의 사회적 기능 중 사회통제기능을 설명하면서 '시험이 기본적으로 지식과 규범의 통제기제이므로 사회통제기능을 수행한다'고 본다.(김신일, 『교육사회학』, 서울: 교육과학사, 2003)
3 | 이헌영(1837~1907)은 여러 지방에서 관료생활을 하고 암행어사로 활동하였으며, 1891~1893년에는 경상도관찰사, 1902~1903년에는 경상북도관찰사를 역임하였다. 이헌영은 지방 수령과 암행어사로 활동한 후에 관련 내용을 기록으로 남겼는데 영남지역과 관련된 기록에는 1882년 경상우도 암행어사로 활동한 내용을 정리한 『嶠繡集略』(春, 夏, 秋, 冬 4책), 1890년 경상도관찰사로 부임하여 활동한 기록인 『嶠藩集略』(全 7책), 1902년 경상북도관찰사로 활동한 내용을 기록한 『再嶠集略』(天, 地, 人 3책)이 있다. 이 외에도 부안현감, 경기도 암행어사, 정주목사, 의주부윤, 영흥부사, 충청도관찰사 등에 관한 기록이 있다.
4 | 吳宖默은 19세기 후반 정선(1887~1888), 자인(1888~1889), 함안(1889~1893), 고성(1893~1894), 지도(1896~1897) 등에서 지방 수령으로 활동했던 인물이다. 그는 부임한 지역에서 있었던 일을 일기형식으로 자세히 기록하였다. 영남지역에서는 자인, 함안, 고성지역에서 수령으로 재임 중에 있었던 일을 『叢瑣錄』으로 남기고 있다.
5 | 『慶尙道咸安郡叢瑣錄』 1891년 5월 7일, 1891년 10월 28일, 1891년 10월 29일과 『嶠藩集略』 「日錄」, 壬辰 4月 23日에 서로 만난 기록이 있다.
6 | 『嶠藩集略』 「日錄」, 辛卯 2月 24日.

7 위의 책, 辛卯 3月 4日, 3月 14日.

8 함안군수로서 오횡묵은 합천에서 열린 右道初試에 함안군의 校任과 禮吏들을 합천의 시험장소로 보냈다.(『慶尙道咸安郡叢瑣錄』 1891년 2월 25일)

9 『慶尙道咸安郡叢瑣錄』 1891년 12월 21일. 이날 강학은 원래 講揖禮를 시행한 후에 유생을 선발해야 했지만 날씨도 춥고, 난방비도 들기 때문에 강읍례는 생략하고 面의 講長 중에서 우수한 사람 5명을 뽑아서 서로 지역을 바꾸어서 유생들을 考講하도록 했다. 선발된 유생들에 대한 시상은 1등은 백지 2束, 나머지는 백지 1束씩 나누어 주었다.

10 『嶠藩集略』「日錄」, 辛卯 12月 7日.

11 『慶尙道咸安郡叢瑣錄』 1892년 10월 24일.

12 위의 책, 1889년 12월 19일. 이날 각 면에 官講을 개최한다는 공문을 보낸 기록이 있다.

13 위의 책, 1890년 2월 14일. 원래 계획은 面講이었지만 巡題로 한다는 공문을 보낸다.

14 위의 책, 1890년 2월 14일.

15 위의 책, 1892년 2월 10일.

16 위의 책, 1891년 2월 22일, 3월 25일.

17 『再嶠集略』天「日錄」, 癸卯 3月 18日.

18 『慶尙道咸安郡叢瑣錄』 1889년 4월 28일.

19 『慶尙道咸安郡叢瑣錄』 1889년 5월 21일에는 각 면의 훈장 명단을 보고해 왔다는 기록과 명단이 있다.(屛谷 李鍾和, 上里 李重祿, 山內 李載鎬, 山外 李會燾, 山翼 李壽瀅, 安仁 安浩, 內代山 趙性翼, 外代山 趙鏞濠, 牛谷 安相翼, 白沙 宋道憲, 馬輪 安武見, 大山 安孝克, 南山 安驥遠, 安道 趙鏞振, 竹山 趙寅, 山足 趙司植, 舊大谷 李泰魯, 新大谷 鄭奭敎, 比谷 朴圭煥)

20 정재걸, 「한국 공교육의 이념」, 『한국공교육체제의 평가와 전망』, 한국교육연구소 창립10주년 기념학술대회, 한국교육연구소, 1999, 36쪽.

21 이때 과거는 전년 가을 大殿, 中宮殿, 世子宮의 患候가 회복되어 경사가 겹쳤기 때문에 增廣試를 실시하였다. 오횡묵의 『慶尙道咸安郡叢瑣錄』에 의하면 이날 합천에서 右道初試가 열렸기 때문에 함안군의 校任과 禮吏들을 합천의 시험장소로 보냈다는 기록이 있다.(『慶尙道咸安郡叢瑣錄』 1891년 2월 25일)

22 『嶠藩集略』 1권, 「日錄」, 辛卯 3月 7일~10日.

23 위의 책, 辛卯 8月 5日~10일.

24 위의 책, 「日錄」, 辛卯 5月 16, 25日, 壬辰 5월 16일 3번과 『再嶠集略』天「日錄」, 癸卯 3月 18日 한 번이다. 1차 부임에는 辛卯年(1891) 2번, 壬辰年(1892) 1번, 2차 부임에는 癸卯年(1903) 1번이다.

25 위의 책, 「日錄」, 壬辰 5月 16日.

26 『嶠藩集略』1권, 「日錄」, 辛卯 12月 7日. "明倫堂會大邱境內儒生行庭揖禮後考講諸生"

27 위의 책, 「日錄」, 辛卯 4月 7日.

28 위의 책, 「日錄」, 壬辰 4月 18日.

29 『慶尙道咸安郡叢瑣錄』 1892년 10월 24일.

30 위의 책, 1889년 12월 19일. 이날 각 면에 官講을 개최한다는 공문을 보낸 기록이 있다.

31 위의 책, 1890년 2월 14일. 원래 계획은 面講이었지만 巡題로 한다는 공문을 보낸다.

32 위의 책, 1890년 2월 14일.

33 위의 책, 1892년 6월 19일.

34 위의 책, 1892년 10월 24일.

35 위의 책, 1892년 10월 24일.

36 위의 책, 1892년 10월 25일.

37 위의 책, 1892년 10월 26일.

38 위의 책, 1892년 11월 18일.

39 巡題는 문제를 각 면에 보내고 답안지를 회수하여 평가하는 방식이고, 旬製는 열흘마다 치르는 시험이다.

40 『慶尙道咸安郡叢瑣錄』, 1889년 12월 19일.

41 위의 책, 1890년 2월 14일.

42 위의 책, 1890년 2월 14일.

43 위의 책, 1890년 윤2월 1일.

44 위의 책, 1890년 윤2월 9일.

45 위의 책, 1889년 5월 15일, 1891년 2월 22일, 3월 25일, 1892년 8월 11일.

46 위의 책, 1889년 5월 15일.

47 위의 책, 1891년 2월 22일에는 화살과 포가 표적에 맞은 사람 및 성적이 좋은 사람은 모두 예에 의거하여 상을 베풀었다. 그리고 시소에 있는 사람 100여 명에게도 돈을 10문씩 주고 마른 음식을 충분히 먹도록 하였다. 이때 구경하던 아이들도 많았는데, 불러오라고 하자 처음에는 아이들이 놀라서 달아났다. 하지만 잡혀 온 아이들에게 5문씩 돈을 주자 달아났던 아이들이 다투며 모여들었는데, 모두 100여 명 정도 되었다. 또한 무사들에게는 맞춘 사람이나 맞추지 못한 사람 모두에게 5전씩 주고 다음에 맞추지 못하면 곤장 5대를 칠 것이라고 하였다.

48 『嶠藩集略』1권, 「日錄」, 辛卯, 2月 25日, 27日, 3月 1日, 8月 6日.

49 『慶尙道咸安郡叢瑣錄』, 1889년 4월 22일.

50 위의 책, 1890년 윤2월 1일.

51 講에 참가한 인원은 講會결과를 보고하는 기록에서 789명이 참가한 것으로 나타나 있

다.(『慶尚道咸安郡叢瑣錄』, 1892년 10월 26일)

52 『慶尙道咸安郡叢瑣錄』, 1893년 2월 15일.

53 갈등론적 관점에서 보면 시험은 사회적 불평등을 재생산하는 도구이며, 조선시대 지방관들이 시행했던 시험도 이러한 성격을 가진다고 할 수 있다.

54 푸코의 경우 시험은 지식을 통해 영향력의 행사하는 도구로 본다. 그는 시험에서 권력의 관계와 지식의 관련이 중첩되는 현상을 언급한다.(미셸 푸코 지음, 오생근 옮김, 『감시와 처벌』, 서울: 나남출판사, 2000, 276쪽)

55 강창동, 「과거제 선발 경쟁의 교육사회학적 성격에 관한 연구」, 『教育問題研究』, 제22집, 2005, 198쪽.

56 강창동, 위의 책, 199쪽.

57 『慶尙道咸安郡叢瑣錄』, 1889년 4월 22일.

58 전경목, 「조선후기 지방유생들의 수학과 과거 응시」, 『史學研究』제88호, 2007, 300~301쪽.

제6장_수령의 기우제祈雨祭와 고을민과의 소통疏通

1 吳宖默, 『固城叢瑣錄』, 〈甲午年 七月 六日〉. "日旱愈甚 民情岌嶪 而秋節已届 例不得如法雩祭 然顧在牧民之任 不可以無於例 而因循 已自日前發論圭璧 言者 以爲近日日氣 頗有釀雨之漸 不必格外輕擧 用是還寢今已屢日 亢陽益肆 在我自盡之道 容不可已 是日不謀於衆 招飭諸吏 以今夕杯山虔禱事分付 若以如例言之 則當先於社稷坍 而今此之擧 乃我私自薦誠 故特於發心所在 而卽以杯山設行者也. ……"

2 吳宖默, 『固城叢瑣錄』, 〈甲午年 七月 九日〉. "雩事, 出於告由民情之計, 山野水各一擧, 而立秋已過, 不容不停止. ……"

3 오횡묵이 지방관 재임시 남긴 일기는 『旌善叢瑣錄』 1책, 『慈仁叢瑣錄』 1책, 『咸安叢瑣錄』 3책, 『固城叢瑣錄』 2책, 『智島叢瑣錄』 2책 등이 있다. 이 글에서는 함안군수 재임시에 기록한 『咸安叢瑣錄』 3책을 주 텍스트로 활용하고자 한다.

4 吳宖默, 『咸安叢瑣錄』, 〈三十日〉. "…… 詩會如印一板 自始至終必批於余 輒有一床啖物 旱憂如此之際 閱月趺宕 不無無已太康之嫌疑 自是日撤遊而徒受人饋 甚無意味 乃以酒餠果麪猪鷄飯羹 餉之詩社會者六十餘人 且罪囚在懸罰者數十人及通引牢令輩在前擧行者 一竝饕饋 ……"

5 吳宖默, 『咸安叢瑣錄』, 〈閏六月日日丁巳〉. "…… 陰 社稷壇案山 年內偸塚 多至十二 至是衆論以爲掘去此塚 天乃雨 是日卽令官掘十二塚 ……"

6 최종성, 〈國行祈雨祭와 民間祈雨祭의 비교연구〉, 『종교학연구』16, 종교학연구회, 1997. 165~202쪽

7 『肅宗實錄』 3年(1677) 6月 12日. "左議政權大運以旱甚, 請閉南門開北門移市鞭龍勿擊鼓等事, 依前例爲之, 上曰 此雖文具, 擧行可也."

8 吳宖默, 『咸安叢瑣錄』, 〈二日〉. "節序漸晩 雨意尙邈 不可無祈雨祭設施 故具由報營 廢公務停朝仕 齋居于衆香館 素餐停刑 巳刻具官服 出客舍 監奉祭物倍進 子刻 虔禱行禮于社稷壇 獻官諸執事 例以齋任擧行 禮式依釋奠禮 ……"

9 慶尙道 觀察使를 지낸 李憲永의 『嶠藩集畧』, 수령을 지낸 李鎬性의 『公文目錄』 등을 보면, 관찰사를 비롯한 각 지방관들은 기우 제의의 설행부터 마칠 때까지 祭儀의 事由를 비롯하여 祭次 笏記까지도 상급기관에 반드시 보고한 사례가 남아 있다.

10 영천향교에 소장되어 있는 고문서로서 1768년(戊子) 8월에 기록한 것으로 추정된다.

11 『經國大典』 〈續大典〉 卷之三, 祭禮, 祈雨祭條 / 肅宗 祈雨 定式에 기록된 기우제 祭次 및 祭場을 표로 정리해 보면 아래와 같다. 조선시대에 설행되었던 국행 기우제의의 祭次 및 祭場은 대부분 이를 준거로 삼았고, 이런 관행은 19세기까지 이어졌던 것으로 보인다.

차수	제장	차수	제장
1차	三角山, 牧覓山, 漢江	7차	龍山江, 楮子島
2차	龍山江, 楮子島	8차	風, 雲, 雷, 雨, 山, 川, 雩祀
3차	風, 雲, 雷, 雨, 山, 川, 雩祀	9차	北郊
4차	北郊, 社稷	10차	社稷
5차	宗廟	11차	宗廟
6차	三角山, 牧覓山, 漢江	12차	五方土龍祭

12 吳宖默, 『咸安叢瑣錄』, 〈二十七日〉. "雩祭立秋後及十二次後 例當停撤 各邑擧皆停止云 故據例修報于營門 本郡靈驗六處 兩次祈雨祭 合十三次 設行後緣由 纔已馳報爲有在果 一旱支離兩朔 原隰已盡焦赤 況今立秋已過節序差晩 目下農形慘不忍見 設祭祈雨已爲十三次而誠禮未至 冥應尙邈 反躬怵惕 罔知攸爲是白乎矣 祈雨祭之十二次設行後停止 恐是法典 故不得已撤罷 郡守待罪下處緣由事"

13 당시 咸安의 齋長이었던 朴永脩는 14차와 15차의 기우제 설행에 오횡묵과 동행하면서 「自怡堺祈雨祭記幷詩」를 지었다. 그는 이를 기록하게 된 동기를 '나의 거친 말솜씨에도 불구하고 미래의 후인들에게 경계가 되게 하려는 뜻으로 나의 졸렬함을 잊고 드디어 시로써 기록한다.'라고 말미에 언급하면서 記文과 詩를 기록하였다. 이 글에서 별도의 기우제를 지방관이 지내게 된 동기와 관련 일정, 그리고 자신의 감회와 기우제 설행 후의 결과 등을 구체적으로 기록하였다.

14 吳弦默, 『咸安叢瑣錄』, 「自怡堺祈雨祭記幷詩」. "…… 更加至誠祝願之意面命申複 儒生勿與焉 大祝 以黃基元薦望 初獻官自三獻 亞獻鄕自三獻 終獻吏自三獻牢定 皆爲民三等祝願之地也 是日午刻封香 忽雷雨大作 ……"

15 이런 기우 제의 설행과 관련된 기문은 玄洲 趙纘韓(1572~1631)이 靈巖 郡守로 있으면서 1613년 7월 1일 天王峯에서 기우제를 지내며 그 전모를 기록한 「天王峯祈雨同行記」도 있다. 그는 5월 중순부터 6월 말까지 비가 전혀 내리지 않자 동문이었던 松磵과 함께 천왕봉에 올라 기우제를 지낸 것을 기록하였다. 기문에 기록된 제의 설행의 일상을 볼 때, 기우 제의를 통한 지방관의 애민 의식이 잘 나타나 있다.(「天王峯祈雨同行記」, 韓國國學振興院 所藏本)

16 吳弦默, 『咸安叢瑣錄』, 〈六日〉. "…… 是日往時所見農形 隄洑乾涸 原濕龜坼 發興無望 縱或掘川縣槹 便如勺水輿薪 未移之處 秧板焦爛 勢將代播 至若田穀 穀葉鞅掌 有秋無望 農夫隨遇曉飭 槹夫錢一戔式施給 洑處 招監官申飭"

17 吳弦默, 『咸安叢瑣錄』, 〈七日〉. "微雨或灑或陰 早出上坪及大坪 躬飭使無不均之弊 又使公兄輩一一面飭 於稍遠處 並別給葉草一團 凡五百餘人 入衙後 別定首執事及兵校給令旗 又定農民中勤幹者四人眼同 將校分送 兩坪均漑 俾無强弱全呑向隅之訴"

18 吳弦默, 『咸安叢瑣錄』, 〈十一日〉. "率通引官奴使令各一 均飭灌漑 次出上下坪 公兄亦隨之 以南草一團式 派給在野者 招致將校洑監官 別般申飭 日暮而還"

19 채원은 함안군수로 있으면서 수시로 農形을 살폈다. 순시에서 농업에 종사하는 백성들에게 다양한 선물을 주게 되는데 그 한 예를 보면, "권농의 과업을 거행하기 위하여 어제의 예에 의거하여 나가서 담배 다섯 봉지 반과 바늘 다섯 봉과 조금 남은 돈 한 냥 아홉 전 일 푼을 나누어 주고 해질녘에 돌아왔다.(二十四日壬辰. …… 擧勸農之課, 依昨日例, 出往施給草五把半針五封零錢一兩九錢一分, 日哺而還.)"라는 기록이 있다. 심지어 자신이 공무로 바쁠 때는 다른 사람을 보내기도 하였다.(二十五日. 命致永替往勸, 農草一把半針二封錢八戔四分.) 그가 농업에 종사하는 백성들에게 '勸農'을 위하여 보여 준 이러한 행위들은 농번기 기간에 기록된 그의 다른 일기에도 빈번하게 나타나 있다. 이런 행위가 지방관으로서 채원만이 행했던 것인지는 알 수 없다. 하지만 다른 사환일기에서는 이러한 흔적을 찾을 수 없으므로 목민관으로서 그의 대민관이 남달랐음을 알 수 있다.

20 吳弦默, 『咸安叢瑣錄』, 〈二十五日〉. "其間急於公刷 諸作者不得不可督 而持齋中停笞棍 而以懸罰施之 日常數十人 廳上卽書役吏恒留者 亦十餘人 日以眞苽三箇式 或餠麪荳粥肉狗漿 凡系別食者無論 罪者功者 一體均派洽一望如一日 懸罰者 感歎私相告語云 如是一視之下 身爲浦民 久貽憂惱 凡我在懸 獨非人斯"

21 吳弦默, 『咸安叢瑣錄』, 〈二十六日〉. "…… 前後各處 虔禱往來之路 逢人曉諭以均漑之

意 以爭水之訴 逐日還至 分遣諸將吏 各坪灌溉處 別般嚴飭 以眞苽或錢分饋農夫 每語祭行 專爲省弊 供饋等節 必自官廚備 帶簡率下隸通引官奴使令各一 庶幾無與於民間而至於夜還 不得不擧燭 每還所須燭丁 亦四五名也 時灌漑者 皆各於所農之地在 在露處達宵 紛忙田稼 作苦若是 其極也 ……"

22 대부분의 종교적 의례에는 제문(祭文)[축문(祝文)]이 필수적으로 있었고, 그것의 찬자는 그 의례의 주관자가 찬하는 것이 상례지만, 때에 따라 문자를 이해할 수 있는 식자 엘리트 계층이 이를 대신 지어 주는 경우[대본졸(代本倅)]도 있었다.

23 吳宖默, 『咸安叢瑣錄』, 〈六月四日庚申〉.

24 효종 1년(1650) 6월 27일 3번째 기사. "今玆旱暵, 愈往愈酷, 仍之以蝗災, 無處不然, 西北尤甚. 以寡昧之否德, 叨守丕基, 惠澤不及, 下民徒貽困苦. 將缺西成之望, 哀我民生, 何以卒歲. 靜言思之, 罪在予一人. 日夜憂煎, 若恫在己, 無以寧處. 承旨代予草敎, 廣求直言, 以補不逮. 且令中外, 疏決庶獄, 無使淹滯. 祈禱雖云末節, 亦不可忽也, 又令該曹, 如有應行而未及行者, 趁卽擧行."

25 "庚午/平安道久旱, 將祈雨于本道大同江諸處. 副修撰尹鑴製進祭文, 下敎曰: "淸川以下三處祭文, 則不及罪己之言, 非但心不自安, 神何以格焉? 使之改撰."

26 庚寅/上下敎曰: "禱雨無應, 旱乾至此. 罪在寡躬, 萬民何辜. 降殃予身, 以活民生, 是予之願也. 其令詞臣, 製進祭文, 責躬之語, 毋有忌諱."

27 吳宖默, 『咸安叢瑣錄』, 〈六月十日〉.

제3부 | 공과 사의 경계에서

제7장_수령의 봉름俸廩에 나타난 공과 사

1 문집 간행에 수령의 주도하에 문집이 간행되는 구체적인 사례는 손계영, 「지방관과 선조 문집 간행」, 『영남학』, 제15집, 영남문화연구원, 2009, 241~250쪽을 참조.

2 김옥근, 「조선조 지방재정의 세입구조 분석」, 『경제학연구』 제30호, 한국경제학회, 1982; 장동표, 『조선후기 지방재정연구』, 한국자료원, 1999; 김덕진, 『조선후기지방재정과 잡역세』, 국학자료원, 1999; 손병규, 『조선왕조 재정시스템의 재발견-17~18세기 지방재정사 연구』, 역사비평사, 2008.

3 『역주 목민심서』, 106~107쪽.

4 『彝尊錄』「識」.

5 | 조선전기 녹봉제에 대한 규정은 이재룡, 「조선전기의 녹봉제」, 『숭실대학교 논문집』 제5집 권1, 1974, 199~220쪽. 녹봉제의 변화과정은 최정환, 「조선전기 녹봉제의 정비와 그 변동」, 『경북사학』 제5집, 경북사학회, 1982. 37~49쪽 참조.

6 | 국역 『國朝寶鑑』 제9권(1785), 민족문화추진회, 1997. "직전은 종친과 문무관원이 차등 있게 항상 받는 것이고, 늠전은 목, 부, 군, 현이 차등 있게 받는 것이다. 임진년 이후 경계가 문란해져서 직전이 폐지되었고, 늠전은 대동법을 시행한 이후로 營官의 수요가 되었다."

7 | 자세한 내용은 안병우 「고려말 조선초의 공해전: 재정의 구조와 운영과 관련하여」『국사관논총』, 1989, 83~166쪽 참조.

8 | 아전이나 공인 등 벼슬이 없는 사람들의 임금은 料라고 표기한다.

9 | 『經世遺表』「地官修制」田制8

10 | 김옥근, 위의 논문, 131~133쪽; 김덕진, 위의 책, 20~26쪽.

11 | 황위주 외, 『중기II』, 경북대 영남문화연구원, 2010, 145, 199, 287쪽.

12 | 김옥근, 위의 논문, 122~124쪽.

13 | 이 금액은 문집판각을 보관하기 위한 서실건축비용은 제외한 인쇄출판에 들어간 순수 비용이다.

14 | 문집을 간행하기 위해서는 문집내용을 새길 나무[冊版]를 마련하고, 이 나무에 글자를 새기는 작업이 필요하다[刻板]. 다음으로는 이를 종이에 인쇄하는 비용[印出]이 소용되며, 그 외 목판을 보관하기 위한 수장고 및 유지비용 그리고 기타 잡비로 구성되어 있다. 여기에서 총비용은 이를 모두 합계한 금액이다.(류택일, 「성재선생문집 간행의 출판사회학적 분석」, 『한국문화연구』 제3집, 부산대 한국문화연구소, 1990. 276~279쪽.

15 | 손계영, 앞의 논문, 246~247쪽 참조.

16 | 이영훈·박이택, 「농촌미곡시장과 전국적 시장통합, 1713~1937」, 『수량경제사로 다시 본 조선후기』, 이영훈 편, 서울대학교출판부, 2004, 285~292쪽.

17 | 물론 읍지에 나타난 사례는 관례적인 수입과 지출사항을 기재한 것으로 실제의 봉름의 운영과는 상당한 괴리가 있을 것이다. 그럼에도 불구하고 지리지에 공식적으로 기재된 사항은 조선정부가 봉름을 어떻게 파악하고 있는가에 대한 정보를 제공해 준다는 점에서 봉름의 성격을 명확하게 보여 준다.

18 | 시기적으로도 1757~1765년에 걸쳐 간행된 여지도서와 1895년에 간행된 각 군현의 읍지의 결수변화도 거의 없었다.

19 | 황위주 외, 앞의 책, 170쪽.

20 | 황위주 외, 앞의 책, 170~172쪽.

21 | 김덕진, 앞의 책, 65~81쪽.

22 | 오직 수령만은 만민을 주재하는 자이니, 하루에도 만 가지 일거리를 처리해야 하는 것

이 마치 천하국가를 다스리는 군왕과 같아서, 크고 작음이 다를 뿐 그 처지는 같은 것이다.(『牧民心書』, 「越任六條」 第一條 除拜)

23 오횡묵이 고성에 재임한 1893년 3월부터 1894년 8월까지이나 부임을 시작한 1개월은 업무파악으로, 그리고 1894년 4월 이후는 민간소요로 인하여 지출사항에 대한 기록이 상대적으로 많이 소략하여 생략한다.

24 출판에 사용한 종이금액 등이 없어 실제 출판비보다 과소평가된 금액임.

25 일기에는 진휼에 대한 총금액을 기재하지는 않았으므로 총금액을 알 수는 없다.

26 오횡묵, 앞의 책, 462~467쪽.

27 오횡묵, 앞의 책, 467쪽.

28 공사의 우선문제에 대한 자세한 내용은 정만조, 「조선 현종조 사의·공의 논쟁」, 『한국학논총』 제14집, 국민대 한국학연구소, 1991; 이원택, 「현종조의 복수의리 논쟁과 공사관념」, 한국정치학회보 제35집 4호, 2001. 참조

29 공사의 개념을 국어사전에서 찾아보면 "㉠ 공공의 일과 사사로운 일을 아울러 이르는 말. ㉡ 정부와 민간을 아울러 이르는 말. ㉢ 사회와 개인을 아울러 이르는 말"로 규정되어 있다. 이를 다시 공과 사로 나누어 보면 '公은 여러 사람에 관계되는 국가나 사회의 일을 의미하며', 私는 ㉠ 개인이나 개인의 집안에 관한 사사로운 것 ㉡ 일 처리에서 안면이나 情實에 매여 공정하지 못하게 처리하는 일로 규정되어 있다.

30 이 외에도 제후나 벼슬아치와 같이 높은 지위에 있는 사람을 부르는 존칭에 대한 의미 등 몇 가지 용어가 더 추가되어 있다. 이에 대해서는 溝口雄三, 정태섭·김용천 옮김, 『중국의 공과 사』, 2004, 16~17쪽 참조.

31 권향숙, 「주희의 공과 사」, 『철학논구』 제30호, 2006, 28~32쪽.

32 "감영과 대구부에 소용되는 雉鷄를 봉상하는 책임을 지고 있는 백성들을 위하여 1727년(丁未) 僉 정승대감 諱 拓基께서 11,900냥을 기부하여(捐) 설치 둔답 1,900두락을 설치하였다."(「대구부사례」, 1895)

33 『승정원일기』, 1874년 11월 2일.

34 구완회, 「조선후기의 수취행정과 수령의 '요예'-17세기 중엽에서 18세기 말까지를 중심으로-」, 『경북사학』제14호, 경북사학회, 1991, 22~27쪽.

35 이승연, 「종법과 공사론」, 『동야사회사상』 제7집, 2003, 168~174쪽.

36 이때 3월 삭의 여미라는 것은 자신이 사용할 수 있는 아록위, 공수위, 사객지공미, 관수미 중 쓰고 남은 몫을 의미한다.

37 물론 명분이 있더라도 원하는 만큼 받을 수 있는 것은 아니며, 소비하고 남은 또는 재고에 있는 물품들을 증여하였던 것으로 보인다.

38 황윤석, 『이재난고』, 제6책 93~94; 이헌창 2009, 395쪽에서 재인용.

39 『승정원일기』 1874년 11월 2일.

40 『승정원일기』 1878년 3월 15일.

41 이성임, 「16세기 양반사회의 선물경제」, 『한국사연구』 제130호, 한국사연구회, 2005, 58~75쪽.

42 물품의 종류가 줄어들었다고 해서 봉름에서 사적으로 사용할 수 있는 금액이 감소하였다는 것을 의미하지는 않는다. 〈표 6〉과 〈표 7〉에 나타난 금액을 직접 비교할 수는 없으며, 또한 정보의 편의가 있는 일기 몇 종류만을 대상으로 그 금액의 다과를 비교할 수는 없다. 그러나 만기요람의 환산기준을 토대로 오희문과 이재난고에 기록된 가족봉양을 위해 수령이 가족들에게 지급한 금액을 살펴보면 18세기의 규모가 결코 16세기에 비해 적었던 것은 아님을 알 수 있다.

제8장_관아의 주방과 수령의 음식

1 이 글에서 주요자료로 사용한 오횡묵의 일기는 『경상도함안군총쇄록』(함안문화원 편, 함안문화원, 2003), 『국역 고성총쇄록』(고성문화원 편, 고성문화원, 2007), 『정선총쇄록』(정선문화원 편, 경인문화사, 2002), 『慶尙道慈仁縣日錄』(장서각 소장)의 자료를 참고한 것이다. 이상의 자료에 대한 인용과 각주에서는 일기의 날짜로 대체하고자 한다.

2 "見學兒答書 鹿皮褥一件沈菜一缸來到 余素多下梢濕氣 鹿皮是去濕之物 甚合寢藉 沈菜則南來後 初得此味 敗胃之餘 尤喜加餐"(1890년 5월 12일)

3 "朝飯 自內衙盛備而出 南來後初見京手調味也 喜賦一絶"(1890년 1월 11일)

4 "自錦蘭家細麪一器及煮饍具淸備來 竝於衙客與通引房麪各一器 是日可謂好頓點心也 戲吟一頁 [錦有文兮蘭有香 名屬凝川第一坊 機月欲西谷春晩 閒抱琵琶過潯陽 悶我廚供太酸齒 手調佛託鹽梅方 金槃檠進午時食 似得天花喫滿腸]"(1890년 6월 1일)

5 "余性不嗜酒 來此後 日兩時官廚所供之外 雖有尋常飢思之時 無他惟意黐口之物 惟以忍耐爲主 不欲向廚吏索不恒之需 蓋亦性之偏也 且近來長夜 經過尤難於夏秋時 或自嘲自解而已 日前辛應斗錦蘭妓以飴餹餺饠等物 盛備盈箱 相繼以進 自是每於夜間 隨意啖嚼 又與恒賓及侍僮輩共之 其味之津津 非眞在物 實有心貺之感 因敍次賦一篇"(1890년 10월 30일)

6 "統營碩允亦來 在近日失味阻食 碩允素善調和之妙 仍令留在官廚監飭供饋之節"(1892년 6월 19일); "朝餐 沉菜與土漿煎 味極佳 是石允手也"(1892년 6월 21일)

7 "此近土俗 有醴酒而無食醯 余以造醯方 口授廚屬 及成味極佳美"(1894년 1월 10일)

8 "來此後 日兩時官廚所供之外 雖有尋常飢思之時 無他惟意黐口之物 惟以忍耐爲主 不欲

向廚吏索不恒之需"(1890년 10월 30일); "莅任後余所進食不過日兩時衙客只是石醒一人"(1893년 6월 14일)

9 "朝夕之食 一飯一羹一齏一醬之外 [齏沈菜也 醬豉清也] 宜止四楪 四楪者 古之所謂二豆二籩也 燒肉一楪 脯鱐一楪 菹一楪 醢一楪 不可加也"『목민심서』권1,「律己六條」, 節用.

10 "是夕自官廚冷麪備來 此是平日所嗜也 近日頗切蓴鱸之戀而不可得矣 適此供進品亦佳美 與座客及妓輩共之"(1893년 12월 17일)

11 "入坐正寢 自官廚備進酒物 余曰已有勿設之飭"(1893년 2월 28일); "公兄曰分付之下焉敢少忽 然而今此酒物 卽因按禮擧行者 故不爲高排 器數亦爲減削 只自官廳準備者也"(1887년 윤4월 19일)

12 "是日卽室人生朝 未得偕來 常所悵然 況又雨勢來開 尤增耿耿 自官廳略備酒肴 饋餉邑屬"(1887년 6월 17일); "是日卽老妻生朝也 …… 命官廚具白飯肉湯 派饋通引及閽卒"(1889년 6월 17일)

13 "官門外 有聞辟除聲 探之 固城倅趙鐘稷 馳往巡營次來 將欲傳喝之際 入衙門請接 卽爲邀入 少話 旋出私處 朝夕以官廚待之 少頃"(1890년 1월 7일); "申刻草溪倅李奎煥來訪穩話 私處于將廳 自官廳備供"(1889년 5월 2일); "安義東里面池洞居吳致斗來見 卽舍人公派孫也 自官廚供饋"(1890년 2월 20일); "姜弁 則自官廳接待事分付下處"(1889년 10월 21일)

14 "卽還至無盡亭 與趙翼奎李壽贊敍話 日晡時 廚吏自官廚 備進午供"(1890년 6월 20일); "分付官廳 酒肴以午饌 待令于無盡亭"(1890년 3월 2일)

15 「官中各處重記」,『重記 II』, 경북대학교출판부, 2009, 197~276쪽.

16 노구솥[爐口]은 놋쇠나 구리로 만든 솥으로, 좌우 양쪽에 손잡이가 달렸으며 새옹보다 조금 크다. 구기[耳只]는 독 속의 술 따위를 떠내기 좋게, 긴 자루가 수직으로 달린 기구이다. 놋쇠로 만들며 국자에 비해 울이 좁은 대신 바닥이 깊다. 술을 뜨는 것을 술구기라 부르며 술장사하는 것을 '술구기를 들었다'고 이른다.(김광언,『한국의 부엌』, 대원사, 1997, 76쪽)

17 관주에 오이·박 등의 채소를 납부하는 노비 또는 직접 음식을 만드는 노비들이 사용한 호미로 보인다.

18 『조선후기 지방지도: 경상도편』, 서울대학교 규장각, 2005.

19 "官廳庫 在內衙前"(1888년 9월 16일)

20 "內衙之北 有官廳九間"(1893년 2월 28일)

21 "官廚在外頗間 進供之際 每多難便 移設于內衙"(1893년 7월 1일)

22 부임일에 수령이 있는 방으로 밥상이 들어가는 내용은 있으나, 평소에 수령 또는 빈객이 있는 방으로 밥상을 내어갔다는 정확한 표현은 없었다. 하지만 "入官房 …… 進酒

物”(1889년 4월 21일) 또는 “命官廚酒肴之進”(1889년 5월 14일) 등의 표현에서 ‘進’자의 쓰임으로 볼 때 식사를 하는 이가 있는 곳으로 밥상이 갔었다고 생각된다.

23 “草溪倅李奎煥來訪 穩話 私處于將廳 自官廳備供”(1889년 5월 2일); “鎭海倅及草溪倅李敎奭 以初十日都試試官歷入 宿將廳支供”(1893년 4월 8일); “重峯己亥生人 與卞雅明老偕來相見 …… 使之 留接于官奴房 竝令支供”(1892년 10월 1일) 등에서 숙박할 장소를 결정한 이후에 식사가 제공되고 있음을 알 수 있다.

24 “官廳捌間新建”(官廳色, 「金等內重記(봉화현)」, 『重記 II』, 경북대학교출판부, 2009)

25 “官廳 坐起聽肆間頹圮 雜物庫伍間 肉庫肆間”, 「官中各處重記」, 『重記 II』, 경북대학교출판부, 2009.

26 “官廳在內衙前 吏廳後 而廚色直所四間 日亦遠所 需米庫三間 庫子所三間 庖廚五間 外題仁山官廳 亦額官公須”(1888년 11월 23일)

27 “內衙之北 有官廳九間”(1893년 2월 28일)

28 “首吏廚吏[官廳色] 首奴工奴[工庫直] 恒立席門之外” 『목민심서』 권1, 「律己六條」, 齊家; “令日 每朝廚奴[卽官廳庫直] 園奴[園頭漢] 以其供上之物” 『목민심서』 권1, 「律己六條」, 齊家; “不過曰庖奴[卽肉直] 廚奴[卽官廳庫直]”, 『목민심서』 권2, 「吏典六條」, 馭衆.

29 “菜蔬瓜瓠 園奴供之 [俗稱園頭漢] 以此功勞 例爲倉奴[倉庫直] 濫收粟米 以報其債 名曰色落米 不禁其濫則民受害 猝嚴其防則奴破産 曷若淸其源而遏其流乎”, 『목민심서』 권1, 「律己六條」, 節用; “其勞苦如此 而所以酬其勞者 不過曰庖奴[卽肉直] 廚奴[卽官廳庫直] 諸倉之奴而已 所食者 卽落庭米幾苫 豈不嗟哉 然且倉奴必 兼園丁[園頭漢] 一年蔬瓜 債高力盡而後 乃得此窠”, 『목민심서』 권2, 「吏典六條」, 馭衆.

30 18~19세기 전라도 나주관아에서는 관주와 관련된 직임이 官廳米色과 肉色으로 구분되어 있었다. 「房掌先生案」(18세기)·「先生賻儀錄」(1823), 『전라도나주목사회자료집(1)』, 성균관대학교 대동문화연구원, 2009.

31 “分付官廳 酒肴以午饌 待令于無盡亭 …… 登無盡亭時 …… 午已屆 因命進廚吏所帶酒物”(1890년 3월 2일)

32 “莅此後 數聞臥龍亭景致之勝 未暇一覽 …… 乃與石醒 偕發臥龍亭遊觀之行 命官廚 具午供待令于亭下 …… 適午 廚吏以所帶物 供于亭之庫舍 膾鯉佐午飯而進”(1890년 3월 8일)

33 “出往上里防築所 面丁會者 或令負石 或令調築 沿川下上移步 董役其中 …… 命廚屬煮灼佐午供 而進至于溪上 余與石醒 對飧畢”(1890년 4월 6일)

34 “卽還至無盡亭 與趙翼奎李壽贊敍話 日晡時 廚吏自官廚 備進午供”(1890년 6월 20일)

35 “午間 余與石醒朴宜及柳崔兩弁妓鳳仙晉陽月翡翠荊山玉 步出南門 登竹島設座 …… 俄而酒麪自官廚至 招集舟中人共啖”(1893년 9월 25일)

36 "竝谷面別川 卽寒岡鄭先生 杖屨之地 …… 是日 與石醒偕行 …… 廚吏及官僮 早於溪邊 摘花煮餻 及午而進 酒數巡 骨董飯又至" (1891년 3월 9일)

37 "春事向闌 花煎之會 迨未遑暇 是日步往彿巖坪 衙客及妓輩從之者十餘人 廚屬先以供帳 排所于沙場 滑稽人許喆亦與焉" (1894년 3월 3일)

38 "李某爲康津 因事被拿赴京 保放在獄外九日 每飯後噉桃 吏以一錢 買二桃進之 一大一小 官取其大 而餘其小 侍童食之 卽通引 旣還 縣吏錄九錢 官曰何哉 我食其半 餘不知也 削之爲五錢 吏謂侍童 汝食其餘 當此四錢 童曰 嗟哉 蚤知如此 誰其食之 吏曰 毋怨 法當均攤 官酬 其五 寬汝半錢 汝之利也 童曰 寃哉 我食其小 積其所虧 奚止半錢 囊出四錢 唾而擲之 按節用如此 不如濫費之爲善也", 『목민심서』 권1, 「律己六條」, 節用.

39 "私賓之饋 須分二等 尊長四楪 卑幼二楪 其物之腴薄 隨其邑力", 『목민심서』 권1, 「律己六條」, 節用.

40 "自官廚饋之者 執其一饋 條列諸物[米肉鹽醬等] 折以原式[諸邑皆有式] 得其本價 定爲幾錢 於是廚吏下記曰 某日賓饋四具 某日賓饋五具 及會計之日 算其幾具 以錢會減 其米肉醯醬之等 初勿條列 則簿錄淸簡 自無外錯矣 古不用錢[肅宗朝始用錢] 故下記繁瑣 今宜從簡", 『목민심서』 권1, 「律己六條」, 節用.

41 "仍入泗濱門 下處于作廳 本倅金學模臘月晦日赴任云 少頃酒物來 故分付曰 民擾之邑 何暇顧平時事例耶 自今朝夕供外 一勿擧論 而雖朝夕供 亦以一床二錢 午料一錢半 酌定事嚴飭行" (1894년 2월 15일)

42 사건이나 소송은 통상적으로 해당 고을의 수령이 처리하였으나 해당 수령이 연루된 사건이거나 혹은 해당 수령이 어떤 특별한 이유를 들어 처리를 기피한 경우 이웃 고을의 수령이 파견되어 조사·처리하도록 되어 있었다. 또 살인 사건이 일어난 경우에는 사건을 공정하게 처리하기 위해 이웃 고을의 수령이 복심관(覆審官)으로 파견되기도 하였다. 그 외에도 인접한 두 고을 사이에 분쟁이 일어났을 경우 제3의 수령이 파견되어 분쟁을 조사·처리하기도 하였는데 이와 같이 인근 고을의 사건이나 소송을 처리하기 위해 수령이 파견될 때 이들을 추관(推官) 또는 사관(査官)이라고 불렀다.(전경목, 「조선중기 수령의 관외 업무」, 『전주사학』 9, 2004, 177쪽)

43 "莅任後余所進食 不過日兩時 衙客只是石醒一人 而廚吏丁炳灝前後擧行 惟以推過爲主 其宅心之無良 略已揣得矣 至於平床之推諉不出 所習可惡 兼犯官需 多至數千兩 此不可掩置於任使之列 故前已汰祛 以渠之四寸丁炳乙代差矣 其後少無知戢刷逋之擧 …… 吏房及丁炳灝 露處官門外 期於刻期 刷納所逋公錢" (1893년 6월 14일)

44 "學宮及諸庫下記 宜詳審密察 至於廚吏縣司之下記 切勿諦看 亟著花押[方言曰手例] 可也 雖有濫下者 切勿削之" 『목민심서』 권1, 「律己六條」, 淸心.

45 "諸邑必有公用之財 設立諸庫 其始也 名之曰公用 而設立旣久 漸支私用 謬例層生 糜費

無節 以其本公用之庫也 故牧終不致察 監吏庫奴 欺詐百端 偸竊唯意 …… 牧者 一縣之主宰也一縣之事 靡所不管 責在元帥 何以辭矣 其日用下記 宜逐條明察 一銖半錙 不可放過 官廚下記 縣司下記 細察則受侮 諸庫下記 學宮下記 細察則生威 爲其公私不同也", 『목민심서』 권1, 「律己六條」, 節用.

46 "朴先生廩隱名準敬字德中 自京下來 而與余有通家之誼 兼帶家書 而至喜慰不可言 七十翁千里行了 無遠涉僨敗之勞钁鑠哉 …… 乃命官廚酒肴之進 使之隨時盛供"(1889년 5월 14일)

47 "亥刻 石醒冒雨而至 蓋百里之路 昏黑中行來爲四十里 其喫艱可想 命廚所新炊以進" (1889년 6월 24일)

48 "鼓洞金水使來宿 李雅承模偕來 定私處於官奴房 支供之節 自官廚備待 金令入衙後 以茶啖待之 卽出私處 余亦隨出 待夕飯後入來"(1889년 12월 2일); "安義東里面池洞居吳致斗來見 卽舍人公派孫也 自官廚供饋"(1890년 2월 20일)

49 "聞慶居金雅德玄來見 聞是加南面池洞居人 而以石峴築城幹事事 …… 且居在武陵池洞 則早晩爲隣里人也 自公需支饋 因令抄池洞居人名號以錄之"(1894년 5월 3일); "統虞候伴住人崔碩士祐爽字聖謙 以聞慶有幹事來見 請簡於申進士許 故裁送 自官供饋"(1893년 4월 9일) ; "崔聖謙自聞慶還來見 金都正申進士回書 聖謙之行 蓋因統虞候買一小庄於武陵近處之計 而如意占得云 異日賦歸 得一芳隣 幸甚事也"(1893년 4월 30일)

50 "是日卽養老宴原定日也 各面羣老 已於昨日來抵邑邸 及是巳初刻洞開三門 使公禮吏知委請入 …… 畢至云 故乃定座于廳上 賜草通竹 …… 凡七十餘人 …… 酒罷妓歌 歌罷妓舞 舞罷倡歌 歌罷進食物[麪餠熟肉生果油果煎油魚菜蔬酒洗菜醋漿白淸] 喫至半 餘皆欲封裹 卽以油紙一張式分給 三鄕所鄕都監餘外閒散人及衙率 幷令一體派饋"(1893년 5월 15일)

51 "今年春 因英廟故事 抄都下八十以上老人 分內外所 燕享之 仍行會列郡 令該地方 各於境內捐公穀 一例設行"(1893년 5월 15일)

52 "往在旌善 首先勸學 以書以面 情意甚契 村里各齋 凡有異味 或裹進 或請邀 余亦間以官廚之味答之 …… 及至慈仁 亦用此法 其相與往來 必有詞章文字之贈遺 至成一卷册子 聞有詩社之會 輒具酒肴饌物 使別監持往饋之 如是者凡七八次"(1889년 6월 29일)

53 "聞諸韻士 咸願從太守遊 乃令石醒 邀集衆香館 …… 命官廚以白酒一盆燒酒五鐥早紅一貼鷄一首式 佐肴 繼以餠及骨董飯供午 啖詩成諸韻士請批"(1892년 7월 10일)

54 "且念遐甸荒歲 郊島輩寒瘦益甚 爲一倡起 非余莫可 因詢金龍斗抄取府內及傍近儒士之可與語詩者 凡得三十三人以是夕招聚于東軒 自官廚辨詩 供酒物果品佐之"(1893년 10월 25일)

55 "聞十八面執綱 齊會於太平樓 置酒爲落成宴 余使通引往探 果然云矣 命官廚燒酒三鐥

白酒一盆北魚一夫送之" (1891년 4월 29일); "招公兄分付 日吏逋之鄉會中查實件記 尙不入來 …… 辰刻後 諸鄉人及公兄一齊入來 親納查實件記 …… 招公兄出給兩件記 使之綜核歸正 …… 余日吏民所論俱合 以此施行 卽爲成貼 以給民 皆大悅 有欣欣然滿面景色 卽命官廚 以酒肴待之 後退去" (1890년 1월 20일)

56| "春谷朴明益妻金召史 事舅姑以誠 洞人報其狀 鄉人稱其孝 其於激勸之道 不可無面諭之褒 是日招致 自官廚具食物以饋謂 日孝養父母善聞藉甚 極用嘉尙繼此益勉以永終譽哉" (1890년 5월 20일); "自設雩祭以來 雖間有驟雨 常患不足 今日之雨 最爲解渴 …… 每於祭行 專爲省弊 供饋等節 必自官廚備" (1892년 윤6월 26일)

57| 1889년 6월 6일, 1889년 6월 17일, 1889년 11월 29일, 1889년 12월 27일, 1890년 6월 17일, 1890년 6월 2일, 1890년 6월 23일, 1890년 12월 27일, 1892년 12월 27일, 1894년 6월 6일, 1894년 6월 17일 등

58| "新延官屬 隨陪黃宗台通引金龍斗官奴泰鎭喜建房子卜萬日傘陪京允使令金又必鄭又永來現 雇馬四疋轎軍八名 一體來待 自官廚食物幷令派饋" (1893년 2월 26일); "輿載撮要間始淨書分掌於各手善書之吏 都聚于通房 念其賢勞有日 當此佳節 不可無犒饋 命官廚白飯肉湯一齊排供" (1893년 5월 5일)

59| "三班官屬及某某人處 如干黃肉一二三斤分饋" (1892년 12월 30일)

60| "卽發至固城宿 本倅初無面分 官供支待云 甚不安" (1892년 4월 21일); "因登程入邑 下處于作廳 首吏趙其宣酒物與夕飯備待 而三班官屬俱來問安 本倅傳喝答送 翌朝本倅出來相見 朝飯自官廚備來" (1893년 4월 4~5일) ; "至咸安邑 直入見本倅 出衙門 諸官屬幷待門外邀 至作廳仍宿 朝夕供自官廚備來" (1894년 7월 16일)

61| "入營之後 宜卽延命 而日已過昏 心切不安 如斯之際 自營門送一通引 傳喝日 …… 朝夕供需 自營廚備送矣 幸須善進云云" (1889년 5월 24일); "入澄閣日朝夕營廚之供 私分不安 方且發還" (1891년 10월 29일); "午刻抵眞營 入候兵使 仍辭出 午飯自營廚來" (1893년 1월 12일)

62| "統幕申郭山鶴熙 自巡營歷入 一行午供 自官備饋" (1890년 6월 24일); "遞虞候李鐸應上京次 出來直入衙中敍話 所患病情尙未快完云矣 先以酒物待之 繼以夕飯" (1893년 10월 2일); "晩後 密陽座首兵校副吏房 來日 …… 余日 …… 倂令官廳 特爲供饋暗行甘" (1890년 10월 25일)

63| "官門外 有聞辟除聲 探之 固城倅趙鐘稷 馳往巡營次來 將欲傳喝之際 入衙門請接 卽爲邀入 少話 旋出私處 朝夕以官廚待之" (1890년 1월 7일); "固城倅吳普泳巡營去路來宿 …… 供饋備待" (1890년 7월 23일); "泗川倅安潤明去二十三日赴任延命統營歷入穩話供饋" (1893년 5월 27일)

64| "是日卽新統使入府之日也 …… 酉初刻以教諭書祗迎 次出南門外五里亭舊所非蛇梁南

村 三鎭將亦偕之 少頃祗迎後 陪來統使繼後而入矣 祠宇及內行幷下來 隨率迨近數百人 …… 統使下處于東軒 內行三世下處于作廳 供饋等節 固已嚴加申飭 幷得無頉過行 …… 幷令官廚特爲供饋"(1894년 5월 24일); "鎭海倅及草溪倅李敎奭 以初十日都試試官歷入 宿將廳支供"(1893년 4월 8일)

65 | "草溪倅李奎煥來訪 穩話 私處于將廳 自官廳備供(5월 2일) …… 草溪守 以覆檢次 請來下處于吏廳(5/5)" (1889년 5월 2~5일); "金判書文鉉 以完伯 値匪類之鬧失守事 定配巨濟府 今十六日自京發程 是日午抵本府 余出見下處供午兼隷率 午啖後旋發向巨濟" (1894년 5월 27일)

66 | "舊伴惟一仲樹 遠來相尋 又何喜也 又何悵也 聊與子劇談 蘊積以永今夕 以寫我憂" (1889년 10월 23일)

67 | "姜司果敏植 字仲樹 康雅鎭弼 俱是漢陽人 來留待余云 故卽爲邀接話舊 姜弁自東萊 爲一面而來 …… 姜弁 則自官廳接待事分付下處 固辭置之"(1889년 10월 21일)

68 | "本倅閔種烈出送通引 傳喝云將出來接見 余卽答喝曰 事當晉謁 而病勢如此 未能遂意 況今覩顧之敎 卽爲還寢 以安此心 少頃 自官廚酒物至 …… 日暮夕飯 又自官廚來 主人亦備 對一時兩供 俱係不安"(1889년 7월 8일); "卽發至固城宿 本倅初無面分 官供支待云 甚不安"(1892년 4월 21일)

69 | "入澄閣日朝夕營廚之供 私分不安 方且發還 因辭別"(1891년 10월 29일)

70 | "因命公廚進酒 道人止之曰 道人不於官堂飮酒 犯者有罰 余又笑曰 語云處官如家 然則此是我家也 私家飮酒 非犯戒也 因進酒相酬 盡歡而罷臨"(1894년 8월 6일)

71 | "朝夕饌供物 在已成 雖不敢辭 而自有營邸應供之例 營廚之供 伏請還寢焉 統使曰 此是情供 切勿復言"(1889년 5월 25일)

72 | "官門外 有聞辟除聲 探之 固城倅趙鍾稷 馳往巡營次來 將欲傳喝之際 入衙門請接 卽爲邀入 少話 旋出私處 朝夕以官廚待之 少頃 固城通引傳喝云 行中酒瓶 爲在路見傷 欲飮無酒 請分仙釀云云 余卽以淸酒一壺 散脯二斤出送 戲題二詩"(1890년 1월 7일)

73 | 고성의 옛 지명.

제9장_지방관과 기녀妓女의 관계

1 | 이경복, 「고려시대 기녀문학 연구」, 『월산임동권박사송수기념논문집-국어국문학편』, 집문당, 1986.

2 | 장사훈, 『한국음악사』 정음사, 1976; 김종수, 『조선시대 궁중음악과 어악연구』, 민속원, 2001.

3 | 조효순, 「조선시대 기녀복식의 사치와 그 영향」, 『명대논문집』15, 명지대학교, 1984.
이주원, 「조선시대 기녀복에 관한 연구」, 『숭의논총』8, 숭의여자전문대학, 1984.

4 | 가와무라 미나토 지음 (유재순 옮김), 『말하는 꽃 기생』, 소담출판사, 2002.

5 | 지승종, 「16세기 천첩자손의 신분결정」, 『현대자본주의의 공동체이론』, 한길사, 1987.
배재홍, 「조선시대 천첩자녀의 종량과 서얼신분귀속」, 『조선사연구』3, 1994.

6 | 전형택, 「조선초기의 娼妓」, 『배종무총장퇴임기념사학논총』, 1994.

7 | 禹仁秀, 「『赴北日記』를 통해 본 17세기 出身軍官의 赴防生活」, 『韓國史研究』96, 1997.
우인수, 「조선후기 北邊地域 기생의 생활 양태」, 『역사와 경계』48, 2003.

8 | 정연식, 「춘향전-가공의 현실에 투영된 꿈」, 『역사비평』2004 여름호.

9 | 이성임, 「조선중기 양반의 성관념과 그 표출양상」, 『조선시대의 사상과 문화』, 집문당, 2003: 「16세기 양반관료의 外情-柳希春의 『眉巖日記』를 중심으로」, 『古文書研究』23, 2003: 「19세기 제주 大靜縣 邑治 거주민의 혼인양상-『大靜縣衙中日記』와 '東城里戶籍中草'를 중심으로」, 『大東文化研究』57, 2007.

10 | 文叔子, 「조선후기 兩班의 일상과 家族內外의 남녀관계-盧尙樞의 「日記(1763~1829)」를 중심으로-」 『古文書研究』28, 2006.

11 | 권태연, 「조선시대 妓女의 사회적 존재양태와 섹슈얼리티 연구」, 『여성-역사와 현재-』, 국학자료원, 2001.

12 | 이규리, 「『邑誌』로 본 朝鮮時代 官妓運用의 實狀」, 『韓國史研究』130, 2005.

13 | 정연식, 「조선시대 妓役의 실태」, 『國史館論叢』107, 2005.
禹仁秀, 「朝鮮王朝妓生の管理體系とその流出の樣相」, 『東洋文化研究』9, 2007.

14 | 이성임, 「불안정한 사랑」, 『혼인과 연애의 풍속도』, 한국문화사 1, 두산동아, 2005.
우인수, 「기생의 삶과 생활」, 『천민 예인의 삶과 예술의 궤적』, 한국문화사 17, 두산동아, 2007.

15 | 『대정현아중일기』는 대정현감을 지낸 金仁澤이 4년간(1817~1820) 작성한 업무일지 성격의 일기이다. 일기의 주요 내용은 수령의 대내외적인 업무현황과 처결 과정, 관속·향리·관노의 업무분장, 지방관기의 운영실태, 제주 목장의 운영 과정, 지역민의 입역체계 등에 관한 것이다. 즉 일기는 수령의 업무수행 과정과 대정현 지방관아의 운영체계를 살펴볼 수 있는 귀중한 자료이다. 이 외에도 일기는 제주민의 자유로운 성관념과 혼인양상, 첩을 얻는 모습과 이로 인한 문제 등 다양한 삶의 모습을 담고 있다. 이 일기는 본래 4년치로 알려져 있다. 그러나 현재 남아 있는 것은 1817년 3월부터 1818년 3월 초까지 1년간의 기록뿐이다. 나머지 3년의 기록은 서지학자인 故 李鍾學 선생이 소장하고 있다 하여 수소문해 보았으나 소재가 확인되지 않는다.

16 | 정연식, 위의 논문(2005), 13쪽.

17 『미암일기』 1571년 4월 40일.

18 『미암일기』 1571년 5월 3일.

19 『미암일기』 1571년 5월 11일, 13일.

20 『미암일기』 1571년 5월 13일.

21 『미암일기』 1571년 5월 16일.

22 "留大芚寺做榜會 早起梳洗 士一天章等會于此 共喫饅頭 巡酌而止 …… 昏飯後飮 各行酒 夜深乃罷 下會禪堂 更設少飮 …… 復與元亮 共堂而宿 以屛設隔 令香藥入傍焉 壯元復令尙妓入我傍使之宿 左鼻出血."(『묵재일기』1554년 11월 12일)

23 『大明律』권25, 刑律8 犯姦 官吏宿娼.

24 "以今日國忌 故仍白服齋戒 除娼妓 勿令來房"(『미암일기』 1571년 9월 2일).

25 "以今月初六日大己豫戒 散遣房妓 使之歸家"(『미암일기』 1571년 6월 1일).

26 禹仁秀, 「『赴北日記』를 통해 본 17세기 出身軍官의 赴防生活」, 『한국사연구』96, 1997, 62~66쪽.

27 "童妓瀛山月入房"(『대정현아중일기』 1817년 6월 2일).

28 "房妓瀛山月 使戶長楚撻十度 動心放恣罪"(『대정현아중일기』 1817년 7월 17일).

29 "房婢瀛山月出送 非徒動止之放恣 以辱說罪犯册室 故黜之"(『대정현아중일기』 1817년 9월 2일).

30 『대정현아중일기』 1817년 10월 21일.

31 『대정현아중일기』 1817년 11월 13일.

32 『대정현아중일기』 1817년 11월 13일.

33 『대정현아중일기』 1817년 11월 26일.

34 "又以老妓寶泉 乃余壬寅年故人 給米三斗"(『미암일기』 1570년 11월 20일). "招玉芙蓉來相見 乃壬寅春設書時故人也 今年 又狎玉瓊兒 完山有二人 可笑可笑"(『미암일기』 1571년 5월 6일).

35 "都事成君 給寶泉米太各一石"(『미암일기』 1571년 5월 12일). "都事成君 聞叔只乃余舊差備 以米太各十斗給之 牧使亦給米六斗云"(『미암일기』 1571년 5월 22일).

36 "夢交燕吻"(『미암일기』 1571년 9월 29일).

37 "光山燕簡來"(『미암일기』 1571년 10월 19일).

38 "玉瓊兒 乃己亥生也"(『미암일기』 1571년 5월 15일).

39 "奉安使朴公 以公狀紙三十張 給玉瓊兒 此兒以神采歌唱 大爲朴公所奬嘆"(『미암일기』 1571년 5월 16일).

40 "余以正月上洛時 執杯近左右之妓名玉瓊兒 雖非相狎 亦有一言之可取 招以饋酒"(『미암일기』 1570년 11월 20일).

41 "奉安使朴公 以公狀紙三十張 給玉瓊兒 此兒以神采歌唱 大爲朴公所奬嘆 又以余罕侍兒 以爲貴 而厚饋至此"(『미암일기』 1571년 5월 16일).

42 "又狎玉瓊兒 完山乃有二人 可笑可笑"(『미암일기』 1571년 5월 6일).

43 "夕 醉中 令玉瓊兒 唱獻芹歌 令侍兒唱歌 平生一度"(『미암일기』 1571년 9월 6일).

44 평생 감상한 꽃이 平生所賞花
금과 옥을 벗어나지 않아 不出金和玉
玉色은 비록 즐길 만하고 玉色雖堪玩
黃香은 마음에 두는고야. 黃香入心曲
(『미암일기』 1571년 5월 16일).
玉의 瓊이여 玉之瓊矣
온화하면서도 쟁그랑 소리가 난다 溫潤鏗鏘
마음으로 사모하노니 心乎愛矣
어느 날에나 잊으리요. 何日忘之
(『미암일기』 1571년 9월 16일).

45 「越女一笑三年留」는 『韓昌黎文集』 권4, 劉生詩에 들어 있는 시구이다. 楚莊王이 즉위 후 3년 동안 鄭姬와 越女에 빠져 政事를 돌보지 않음을 비유한 말이다("楚莊王卽位三年 不出號令 日夜爲樂 ……. 莊王左抱鄭姬右抱越女 坐鐘鼓之間 ……" 『史記』卷40, 楚世家).

46 "夫人簡云 越女以笑三年留 君之辭歸豈易也"(『미암일기』 1571년 9월 19일).

47 "越女一笑三留 昌黎曾剌放心劉 平生願入程朱戶 肯向東門意思 錯轉頭"(『미암일기』 1571년 9월 19일).

48 "余以前監司朴素立妓東山月救恤事爲囑 牧使則命除仕 且給糧米三斗・租一石"(『미암일기』 1571년 3월 18일).

49 "全州南宮府尹 以余遞監司以上洛 令行首羅乙進率莫介以來 不知臺府亦不容梨園之嚴也 余命明日還歸 只於參禮現謁可也"(『미암일기』 1571년 10월 18일).

50 "行首及莫介 宿一房 不狎"(『미암일기』 1571년 10월 18일).

51 "都事於瓊 有所給"(『미암일기』 1571년 10월 22일).

52 "朝都事盧君穉來言 限都事在道時 莫介給由勿仕云云"(『미암일기』 1571년 10월 23일).

53 "完山玉瓊兒諺書來"(『미암일기』 1571년 11월 12일). "玉瓊兒書來"(『미암일기』 1571년 11월 26일).

54 정연식, 앞의 논문(2005), 3쪽.

55 『연산군일기』 권56, 연산군 10년 12월 갑자.

56 禹仁秀, 앞의 논문, 2007.

57 이경복, 앞의 책, 33쪽.

58 이성임, 「조선중기 양반의 성관념과 그 표출양상」, 2003, 435쪽.

59 『세종실록』 권115, 세종 29년 3월 경진.

60 『연산군일기』 권56, 연산군 10년 10월 무오.

61 『중종실록』 권12, 중종 5년 11월 임신.

62 『인조실록』 권1, 인조 원년 3월 을묘, 『增補文獻備考』 권94, 樂考5, 歷代樂制 3.

63 『세종실록』 권85, 세종 21년 4월 임오.

64 "見主宰鄭君仁貴及其男湜·高敬訓而行 午前 到廣程驛 食公州點心 未申間 到錦江 娼妓十五六人 來迎於亭子船"(『미암일기』 1571년 3월 18일).

65 관기의 규모에 대해서는 이규리, 앞의 논문, 160~173쪽.

66 권태연, 앞의 논문, 480~486쪽.

67 『성종실록』 권236, 성종 21년 1월 정축.

68 『연산군일기』 권53, 연산군 10년 5월 갑오, 연산군 10년 7월 갑오.

69 『연산군일기』 권55, 연산군 10년 9월 무자.

70 『경국대전』 刑典, 公賤條.

71 『성종실록』 권236, 성종 21년 1월 정축.

72 『경국대전』 형전 공천조.

73 이성임, 「16세기 양반관료의 外情-柳希春의 『眉巖日記』를 중심으로-」 『古文書研究』 23, 2003.

74 "以都事差備南原妓安春 令差定京妓奉足 私通于南原"(『미암일기』 1571년 7월 9일).

75 "延見府使具公思孟 語前都事成君世平妓安春當贖之意 具公從之"(『미암일기』 1571년 9월 3일).

76 이성임, 「16세기 朝鮮 兩班官僚의 仕宦과 그에 따른 收入; 柳希春의 『眉巖日記』를 중심으로」, 『歷史學報』 145, 1995, 105~111쪽.

77 "下見妻拏 聞老成去十六日夜 潛往妓家宿 曉還云"(『묵재일기』 1553년 2월 25일).

78 "有童妓辱吉兒 吉兒怒入來客會處 下淚"(『묵재일기』 1558년 1월 23일).

79 "今刻叔之傳言 終代誇與承旨親狎 至飾辭托承旨 喩教房勿呈雜賓"(『묵재일기』 1552년 11월 24일). "夫人艱婢請教教房勿令終代行杯云云 叱而送"(『묵재일기』 1552년 11월 29일).

80 『묵재일기』 1548년 1월 1일.

81 『묵재일기』 1552년 12월 21일, 1552년 12월 22일.

82 정연식, 「춘향전-가공의 현실에 투영된 꿈」, 『역사비평』 2004 여름호, 288쪽.

83 이성임, 「16세기 양반관료의 外情-柳希春의 『眉巖日記』를 중심으로-」, 『古文書研究』 23, 2003, 35~36쪽.

84 『연산군일기』 권54, 연산군 10년 7월 을미.

85 『연산군일기』 권56, 연산군 10년 12월 갑자.

86 『성종실록』권98, 성종 9년 11월 무인.

87 『연산군일기』권55, 연산군 10년 8월 17일.

88 『세조실록』권31, 세조 9년 7월 4일.

89 김소은, 「16세기 兩班家의 婚姻과 家族關係」, 『국사관논총』97, 2003, 99~100쪽.

90 倚枕香은 金安國과도 관계가 깊은 성주의 명기로 알려져 있다(李元禎, 『京山志』卷3, 叢談條).

91 "夫人夜再泄下 腹中寒痛 終日不得食食 臥而轉轉 又以我招行首妓到下家 說終代勿爲盞准備之意 何必於下家哉 似若故播妬忌之聲耳云云 怒而言之 可笑"(『묵재일기』, 1552년 12월 21일).

92 "爲召行首倚沈香來說 終代曾爲黃參軍 上筭不可更令執盞於吾事 敎知之 饋酒送之"(『묵재일기』 1552년 12월 21일)

93 "汲婢義今近奸荒唐夫 盡輸衣糧欲逃亡云 卽送付其母 其母告上戶長推問云云"(『묵재일기』 1553년 윤3월 12일).

94 "主人共我起舞 風流婢七八人各奏樂而歌之 再行酒啖水飯 吾復行酒 辭出休息外房 夕食于此仍宿焉"(『묵재일기』 1553년 윤3월 26일).

95 "雅言覺非"(정약용, 『與猶堂全書』1, 권23).

96 "妓生叔之母老 除當差酒母云 請免于二道侍前 作簡請除"(『묵재일기』 1553년 7월 24일).

97 정연식, 앞의 논문(2005), 10~12쪽.

98 禹仁秀, 「『赴北日記』를 통해 본 17세기 出身軍官의 赴防生活」 『韓國史研究』96, 1997, 66쪽.

99 『대정현아중일기』, 1817년 6월 20일.

100 이성임, 「19세기 제주 大靜縣 邑治 거주민의 혼인양상-『大靜縣衙中日記』와 '東城里戶籍中草'를 중심으로」, 『大東文化研究』57, 2007, 20~21쪽.

101 "招京妓彦伊 · 延今等使歌之 各行酒 夜罷乃下"(『묵재일기』 1548년 5월 23일). "京上妓卓文兒早到 納針一封 京來妓只丹心 · 露凝香等亦來 幷饋之 令香也彈伽耶琴 兒也歌之 乃聽 又設酌以飮"(『묵재일기』 1548년 5월 25일).

102 "謫妓露凝香聞慶事 喜而來報 若還本鄕極幸云云"(『묵재일기』 1551년 6월 5일).

제10장_지방관의 문집 간행과 공사 인식

1 | 신승운의 연구에 의하면 1910년 이전에 작고한 인물의 현존본 문집은 1人1集 기준으로 3,103종으로 조사되었고, 조선후기 책판목록 34종을 분석한 결과 571종의 문집이 지방관아에서 간행되었다고 한다.(신승운, 「유교사회의 출판문화–특히 조선시대의 문집 편찬과 간행을 중심으로–」, 『대동문화연구』 제39집, 성균관대학교 대동문화연구원, 2001, 369쪽과 379쪽 참조) 즉 1910년 이전에 작고한 인물의 현존 문집은 3,100여 종, 조선시대 책판목록에 수록된 지방관아의 문집 종수는 총 571종인 것이다. 조사된 3,100여 종 가운데 86%가 조선후기 인물의 문집이라는 점과 조선후기의 문집 간행이 폭발적으로 증가한 점을 감안한다면 책판목록에 수록된 문집의 종수는 적지 않은 비중임을 의미한다. 또한 한국고전번역원에서 표점·교감하여 간행한 한국문집총간을 통해 지방관이 간행한 문집의 비중을 살펴보면, 한국문집총간으로 표점·영인된 문집 800여 종(1人1集 기준) 가운데 지방관에 의해 간행된 문집이 300종 이상인 것으로 추정된다. 상당비중이 지방관에 의해 간행되었음을 말해 준다.

2 | 지방관아에서 간행하는 서책은 대부분 경서(經書)이거나 교육용 서적일 것이라는 생각이 지배적이지만 기존 연구에 의하면 경상감영에서 간행한 서책 가운데 칠서(七書)를 포함한 경서류가 전체 21~23%, 유가류(儒家類) 6~8%, 몽학자서류(蒙學字書類) 2~4%인 반면, 문집류가 전체의 22~24%를 차지하였다.(유탁일, 「慶尙監營의 出版文化」, 『경상도칠백년사』, 경상북도 경상도칠백년사판찬위원회, 1999, 653~664쪽; 장인진, 「경상감영의 인쇄문화가 지역 출판에 끼친 영향」, 『한문학연구』 제17집, 계명대학교 계명한문학회, 2003, 244~245쪽) 경상감영뿐만 아니라 경상도 36관아에서 간행된 서책의 주제별 분석에서도 문집류가 25% 이상의 절대 비중을 차지하였다.(조정화, 「조선조후기 영남관판본에 관한 연구」, 성균관대학교 박사학위논문, 1996, 34~94쪽) 즉 지방관아에서 간행하는 서적의 25% 이상이 문집인 것은 지방관아에서의 문집 간행이 경서류 간행 이상으로 비중 있게 이루어졌음을 보여 준다.

3 | 성종대의 문집편간에 대한 자세한 내용은 신승운의 논문(「성종조의 문사양성과 문집편간」, 『한국문헌정보학회지』 28권 1호, 한국문헌정보학회, 1995) 참조.

4 | 名賢 문집 간행의 관행화 과정 및 중앙에서 지방으로의 분산식 간행과 보관에 대해서는 손계영의 논문(「지방관과 선조 문집 간행」, 『영남학』 15, 경북대학교 영남문화연구원, 2009)에서 자세히 다루었다.

5 | 조선시대의 책판목록 13종을 분석한 결과, 경상감영에서 간행한 서책 가운데 문집의 비중은 22~24% 정도이고,(유탁일, 「慶尙監營의 出版文化」, 『경상도칠백년사』, 경상북도 경상도칠백년사판찬위원회, 1999, 653~664쪽; 장인진, 「경상감영의 인쇄문화가 지역 출

판에 끼친 영향」, 『한문학연구』 제17집, 계명대학교 계명한문학회, 2003, 244~245쪽) 영남지역 36개의 관아에서 간행된 서책 중 문집의 비중은 25% 이상으로 나타났다.(조정화, 「朝鮮朝後期 嶺南官板本에 관한 硏究」, 성균관대학교 박사학위논문, 1996, 34~94쪽)

6 趙德鄰, 『玉川集』 卷12, 「順天府使趙公墓碣銘」. "十二月 又拜順天府使 順爲南方病鄕 親舊多謂公無往 公曰 遠涉病鄕 豈余所欲哉 人臣義不擇地 且王父遺集 未入梓 先子之綾城有意焉 迫於召命 而功未就 無祿 是年卽世 執手之託 不能無望於後之人 小子何敢忘焉 …… 於是捐俸鳩工 始刊役 五閱月而告訖"

7 본문에서는 248냥이라 하였으나 284냥의 오기로 보인다.

8 83장이면 42판(板)으로도 충분하였을 것인데 43판이라 기록한 것으로 보아 1판이 추가된 것으로 보인다.

9 『咸安叢瑣錄』 권3, 1893년 2일 20일. "出次吏廳之故 收束册卷與紙堆 竟日役役至夜分乃寢二十日 輿載撮要刻役已 於今十六日始之 設所於奴房 刻手文起老趙性魯李童又俊其間連汨於編書點閱 一未看審其工拙 是日掇出作廳 歷入刊所 見其剞劂 可謂善手 但字勢細促 用功倍難"

10 『固城叢瑣錄』 권1, 1893년 5월 23일. "二十三日 咸安文雅起老李童 輿載撮要刊役了畢後 使二卜軍負板而來 板凡四十三 而內外面刻合八十三張也 此是本册五卷中 撮略爲一者 則其爲要覽緊矣 蓋因柳致永切欲登梓 故委托於李察訪龍淳 使之看檢董役者也 所入爲二百四十八兩(二百八十四兩의 오기로 보임) 而每板刻雇五兩 板價每板五錢式遊 酒債三十兩 餘皆雜費也 因執留兩人 校正板誤"

11 『咸安叢瑣錄』 권2, 1890년 2월 15일. "巡甘親軍營關據當五錢行用朝令也本道各邑之壅閼不行則各邑結稅必以葉錢收捧以葉當換之際有市井加計之法本道各樣錢便自己丑條庚寅納爲始以葉錢六錢代以當五錢一兩式計數使各該邑趁月當一一直納京營事到付"

12 『咸安叢瑣錄』 권1, 1889년 4월 24일. "已刻三都監入來各陳掌務而其中海運都監則卽掌稅米裝載之任也戊子稅米幷以許代每石二十五兩方今自邑收刷則別無所干"; 『咸安叢瑣錄』 1889년 6월 10일. "諸鄕人曰渠輩之逃走寔由於威脅恐動鄕人之計也當初朝令每石代錢二十五兩外諸般雜費一不擧論"

13 「지방관과 선조 문집 간행」(영남학 15, 2009, 247쪽)에서는 1책의 간행에 쌀 2섬이 소요되는 것으로 보았는데, 이때의 기준은 쌀 1되(升)의 값을 1냥 2전~1냥 8전으로 보았던 『固城叢瑣錄』 권1, 1893년 9월 16일 기사를 근거로 하였다("還入米廛 米直太落 未售者多 昨日之一升一兩八戔者 今至一兩二戔 猶希加歇"). 그러나 1되의 값으로 1섬의 값을 유추하는 것에 무리가 있다고 판단되어 4년 정도의 시기적 차이가 있지만 1섬을 대전(代錢)으로 명확하게 기록한 기사(『咸安叢瑣錄』 1889년 4월 24일; 1889년 6월 10일)를 기준으로 재환산하여 수정하였다.

14 〈표 3〉은 『성재선생문집(性齋先生文集)』 간행 시 지출 내역을 자세히 기록한 『간소봉전도록(刊所捧錢都錄)』 말미에 지출내역을 도합하여 유별(類別)로 기록한 내용을 정리한 것이다. 이에 대한 자세한 연구는 유탁일의 논문 (「성재선생문집 간행의 출판사회학적 분석」, 『한국문화연구』 제3집, 1990) 참조.

15 姜命達, 『月塘集』 卷8, 「月塘先生集跋」. "右我五代祖月塘先生遺稿摠若干卷 嗚呼 先生捐館後四年而家禍作 禍後七十三年而伸枉 平日所著述 蕩佚無餘 先王考蓋嘗慟恨於斯 多年蒐集 與先生彌甥朴判書師洙 正其繁複 編次爲一帙 附以碑狀輓誄等文字 校讎繕寫 而家無財力 未敢爲及時登梓之計矣 不肖蒙恩爲陰城宰 遂捐俸募工 以活字印若干本行焉"

16 洪命耈, 『拙翁集』, 「拙翁集跋」. "先祖平生著述甚多 藏于家者積有卷秩 …… 不肖命耈每閱遺集 恐先祖文章泯爲無傳 無以紹先志 未嘗不掩涕 庚午 叨守永嘉 將校讐入梓 而尙慮工侵之未易 遠邑刻工聞鼓而至者四五十輩 咸曰 侯之先祖 再按嶺節 仁風惠政 民到今不能忘 今侯之鋟先稿也 我輩其敢後焉 遂不論直 而爭趨事 始於辛未夏 未及秋而工告訖 噫 先祖德澤之入人 徵於嶺管可知"

17 宋時烈, 『宋子大全』 卷203, 「澤堂李公諡狀」. "又曰生竊高秩華銜 全以文字之故 則國之公器 由我而濫 此罪也 死或擾害州縣 鋟刻文稿則罪又大矣 所有亂稿 平日不曾整頓 完篇殊少 欲擧而焚之 恐別惹讒謗 爲汝輩累 但束之箱籠 爲汝輩寓慕之地 雖後世子孫富貴 切勿刻板 毋負我謙挹之志可也"

18 黃德吉, 『下廬集』 卷2, 「答安重吉」. "工役似巨矣 官力足以判紙本 且聞貴邑頗有善寫胥吏輩 可書精本 是區區願也"

19 鄭介淸, 『困齋先生愚得錄附錄』 上, 「困齋先生事實」. "辛未冬 監司李玄紀 用別檢羅斗春曾孫言 以數百板材助之 至是 監司洪萬朝 採務安儒生等所白 遂頒諸邑而刻焉 士人尹世泰 先生弟應淸外後孫高玧等 幹其事 月餘功告訖"

20 鄭相點, 『農圃集』, 「農圃集跋文」. "先祖遺集與附錄 往歲戊子 左尹吳公重周之莅統藩也 先人蓋嘗請而登諸梓 …… 遂并狀文及先祖檄文見佚而追得者 欲繼入刊 以遂先志 顧私力未易就矣 適左尹公之世侄琰 復持是節 余又以先人之所以請於左尹公者請焉 公乃併惠板材與雕手 踰旬而功訖 斯集之竟得完整 皆賴於前後吳公之力 余烏得無感哉"

21 李善溥, 『龍溪遺稿』, 「龍溪遺稿跋」. "昨年 不肖之忝守嶺臬也 盖嘗有意於校讎板本 添入行跡 以爲傳衣永遠之圖 而歲適大歉 無暇私事 卒卒徑歸 深以爲恨 今大學士吳公 聞而慨然 作爲弁首之語 舍仲兄方宰益山郡 竝取碣銘 而剞劂之 歸其板於山縣"

22 洪可相, 『忍齋集』, 「忍齋先生集序」. "忍齋先祖遺集 吾王考遯愚齋時 尤齋宋先生掄定述序 未及繡板 厥本尙在 朴參判慶後 以外屬曾按湖 直以草本入梓 又闕弁序 玄石朴相國嘗發嘅於此 藐孫典玉果邑 疲且殘 不能發力再刊 遂追寫此序 增鋟以首之"

23 尹鳳九, 『屛溪集』 卷13, 「答權亨叔」. "先生遺藁詩疏書文 幾盡整頓 墓道文字 亦有抄整

目錄 更沒多少事 惟是刊事此稽 較尤翁大集之刊 又過五歲 莫非吾輩之不類也 章台今按北路 而似聞物力之凋弊 無前日貌樣 其果何以爲計 …… 咸營如難專當 則使履台助其不足 果如何"

24 權以鎭,『晩悔集』,「晩悔集跋」. "策則昔在崇禎乙亥年間 伯祖爲咸昌宰 欲始此役 先刊十數策 而縣殘力屈 且遭時多事中止 而板藏于家七十年矣 …… 家有舊莊 在公州儒城縣之炭坊 集所謂萬松岡者是 是地之舊居也 後人俎豆於其處 故板亦歸藏於此"

25 蔡彭胤,『湖洲集』,「湖洲集跋」. "頃年前左侍郎洪公觀察湖南 彭胤以公集謁 洪公義然曰諾 謀於伯兄以合役且擧 洪公罷 越四年 洪公有北臬之命 亟取以行曰 吾不可以不卒吾事 蓋後公卒四十餘年而斯文始顯 嗚呼 豈故有待耶"

26 權諿,『習齋集』,「識」. "逮至仁祖大王丁亥歲 不肖諿叨被謬恩 作宰公山 計將重刊 廣布於世 而日不暇給 坐事見遞 有志未就者 今又七年餘矣 上年冬 幸霑新化 復叨州紱 …… 遂鳩材募手 數旬而訖功"

27『承政院日記』英祖 49年 2月 24日 癸未條. "仍顧謂陽澤曰 先卿文集 何以爲之 陽澤曰 臣於待罪海藩時入刊 而徑遞 又於錦營入刊 而又徑遞 不得畢役 卷數則十二卷 而未刊者爲有餘於一卷 而不足於二卷矣"

28 朴承任,『睡軒集』,「睡軒集序」. "今達城府伯權君文海 於公爲從孫 慨然有志於斯 前牧公山 工材已鳩 徑遞未就 及下車于此 懲前而亟圖之 閱數月以刊畢告"

29 李袤,『石樓遺稿』,「識」. "今年春出知潭州 卽捐捧鳩梓 而鋟之詩表文若干篇"

30 李泰淵,『稼亭集』,「稼亭集跋」. "幸於今日 又蒙聖恩 來按湖南 …… 玆敢損俸開板於完山 而錦山郡守安公獻徵 高山縣監李公恒鎭 亦以外裔共相斯役 不閱月而工告訖功"

31 趙德鄰,『玉川集』卷12,「順天府使趙公墓碣銘」. "先子之綾城有意焉 迫於召命 而功未就 無祿 是年卽世 執手之託 不能無望於後之人 小子何敢忘焉 …… 於是捐俸鳩工 始刊役 五閱月而告訖"

32『三淵先生年譜』卷下. "壬子 英宗大王八年 文集成 凡十八册三十六編 門人兪拓基觀察嶺南 出俸金 用活字 印行于世"

33 姜命達,『月塘集』卷8,「月塘先生集跋」. "不肖蒙恩爲陰城宰 遂捐俸募工 以活字印若干本行焉"

34『宋子大全』附錄 卷12,「年譜」. "崇禎一百六十年丁未九月 開刊大全于平安監營 …… 趙相國璥在 箕藩 捐俸錢萬緡 將付剞劂 會徑遞未果"

35 宋時淵,『閒靜堂集』,「閒靜堂集跋」. "今上戊申 府君女壻金光默觀察嶺南道 捐俸登梓印若干本 分諸士友"

36『미암일기』권6, 1571년 8월 9일, 9월 6일. "余思得以船運 移來定州漂海錄板 大用兄弟亦以爲然"; "圖輸送漂海錄板于京江 因以羅州等船載來"

37 |『鏤板考』 권7. "寒水齋集 三十四卷 年譜 一卷 …… 丹陽 上仙庵藏"

38 | 閔泳徽, 『立巖集』, 「立巖集重刊序」. "板本藏于大邱龍淵寺 守護惟謹 而閱歲旣久 刓缺頗多 亦有佚落者 不肖泳徽 爲是之懼 玆歲乙丑 以繼述之義 另屬族叔達鎬 運致扶餘宗中 攷校釐正 補刊其缺落 於是乎完矣"

39 | 그러나 1571년 평안감사에 재임하였던 윤의중(尹毅中)은 도내(道內)의 각판(刻板)을 타도(他道)로 옮길 수 없다고 반대하였고 결국 나주로의 판목 이동은 실패하였다. 유희춘은 이에 포기하지 않았다. 곧장 전라감사 이양원을 찾아가 『표해록』의 중간(重刊)을 약속받았고, 1572년 11월부터 남원부에서 간행을 시작하여 중간(重刊)에 성공하였다. 결과적으로 보자면 유희춘은 정주의 판목을 나주로 옮기는 데 실패하자 전라감사를 통해 남원에서 재간행하였고, 결국 자신의 활동영역인 전라도 지역에 책판을 소장하였던 것이다.

40 | 『누판고』 이외의 다른 책판목록에서도 단양 상선암 이외에는 『한수재집』의 책판에 대한 기록이 전무하다. 경상감영에서 간행하고 '경상감영'이 표기된 간기(刊記)가 있음에도 경상감영의 책판목록에서는 완전히 누락되어 있다.

41 | 윤봉구가 상선암(上仙岩)의 실제적인 터였던 수일암(守一菴)을 찾아 스승 권상하에 차운한 시가 남아있다. 그 시제(詩題)의 세주에 따르면 을축년(1685)에 권상하가 암벽이 시작된 곳을 찾아 하선암(下仙岩)으로부터 이곳에 이른 뒤 승경에 탄복하여 '상선암(上仙岩)'이라 이름을 짓고 작은 암자를 세웠다고 한다. 尹鳳九, 『屛溪集』 卷1, 「守一菴 次遂菴先生韻」 참조.

제4부 | 사생활의 주변

제11장_수령의 고을살이와 가족들

1 | 조선왕조실록, 문종 즉위년. 12월 14일.

2 | 조선왕조실록, 세조 11년, 4월 7일.

3 | 『慶尙道咸安郡叢瑣錄』, 1890년 12월 25일의 일기에서 함안군수 오횡묵은 감기가 심하여 이불을 덮어쓰고 누워, 한 해가 저물어 가는데 먼 곳에 홀로 있자니 가족에 대한 그리운 마음이 갑절이나 일어난다고 고백한다.

4 | 『慶尙道咸安郡叢瑣錄』, 해제.

5 | 『慈仁叢瑣錄』, 1889년 2월 28일.

6 『慈仁叢瑣錄』, 1889년 3월 13일.

7 『慈仁叢瑣錄』, 1889년 3월 18일.

8 『慶尙道咸安郡叢瑣錄』, 1889년 7월 4일.

9 위의 책, 1889년 7월 17일.

10 위의 책, 1889년 6월 17일.

11 위의 책, 1890년 6월 17일.

12 위의 책, 1891년 5월 20일.

13 위의 책, 1891년 6월 17일.

14 위의 책, 1891년 6월 17일.

15 위의 책, 1892년 6월 17일.

16 『固城叢瑣錄』, 1893년 6월 17일.

17 위의 책, 1894년 6월 9일.

18 위의 책, 1894년 6월 17일.

19 위의 책, 1894년 9월 17일.

20 위의 책, 1894년 10월 13일.

21 위의 책, 1894년 10월 22일.

22 『慶尙道咸安郡叢瑣錄』, 1889년 5월 25일.

23 위의 책, 1889년 4월 21~24일.

24 위의 책, 1889년 5월 24일, 25일.

25 위의 책, 1889년 5월 15일, 20일.

26 위의 책, 1890년 8월 4일, 6일, 9일.

27 위의 책, 1890년 8월 10일, 25일.

28 위의 책, 1891년 1월 14일.

29 위의 책, 1891년 3월 9일, 13일.

30 위의 책, 1889년 5월 13일.

31 위의 책, 1890년 5월 12일.

32 위의 책, 1890년 5월 13일.

33 위의 책, 1892년 5월 13일.

34 『固城叢瑣錄』, 1893년 5월 12일, 13일, 14일.

35 위의 책, 1894년 5월 13일.

36 위의 책, 1894년 5월 13일.

37 위의 책, 1893년 4월 22일, 7월 21일, 8월 6일.

38 위의 책, 1893년 8월 17일, 9월 3일.

39 『慶尙道咸安郡叢瑣錄』, 1889년 5월 25일.
40 위의 책, 1890년 9월 28일, 29일.
41 『慈仁叢瑣錄』, 1889년 3월 30일.
42 『慶尙道咸安郡叢瑣錄』, 1889년 4월 17일, 18일.
43 위의 책, 1889년, 5월 2일, 7일.
44 위의 책, 1889년 5월 16일.
45 위의 책, 1889년 5월 16일.
46 위의 책, 1889년 5월 17일.
47 위의 책, 1889년 7월 14일.
48 위의 책, 1889년 8월 3일.
49 위의 책, 1889년 10월 22일.
50 위의 책, 1889년 10월 22일.
51 『慈仁叢瑣錄』, 1888년 9월 7일.
52 『慶尙道咸安郡叢瑣錄』, 1892년 4월 10일, 20일, 5월 2일, 5일.
53 위의 책, 1892년 9월 14일.
54 위의 책, 1892년 10월 19일.
55 위의 책, 1892년 11월 4일.
56 위의 책, 1892년 11월 7일.
57 위의 책, 1892년 11월 16일.
58 『固城叢瑣錄』, 1893년 8월 20~21일.
59 위의 책, 1893년 12월 30일.
60 지도군수 오횡묵의 정무일기, 1897년 5월 8일.
61 『慶尙道咸安郡叢瑣錄』, 1890년 1월 18일.
62 『固城叢瑣錄』, 1893년 7월 5일.
63 『慶尙道咸安郡叢瑣錄』, 1891년 6월 26일.
64 위의 책, 1891년 8월 25일.
65 위의 책, 1891년 10월 19일.
66 위의 책, 1891년 7월 19일.
67 위의 책, 1892년 4월 10일.
68 위의 책, 1892년 7월 19일.
69 위의 책, 1892년 11월 7일.
70 『固城叢瑣錄』, 1893년 3월 17일.
71 『慶尙道咸安郡叢瑣錄』, 1892년 11월 4일.

72 『固城叢瑣錄』, 1894년 6월 8일.

73 위의 책, 1894년 6월 24일.

74 『慶尙道咸安郡叢瑣錄』, 1890년 9월 18일.

75 위의 책, 1892년 3월 26일, 28일, 30일.

76 위의 책, 1892년 10월 12일.

77 위의 책, 1892년 10월 25일, 30일.

78 『固城叢瑣錄』, 1893년 8월 28일.

79 위의 책, 1894년 1월 27일.

80 위의 책, 1894년 9월 5일.

제12장_수령의 내밀한 측근들

1 버드나무란 것은 실이 하늘하늘하여 봄날 성안의 번화함을 주관하고, 눈꽃 같은 버들개지가 날리어 재자(才子)들의 제영(題詠)에 들어갑니다. 이것은 그가 자신을 항상 관각(館閣)과 거마(車馬) 사이에 두는 것입니다. 그 바탕에 대해 말한다면 부드러운 듯하면서도 실은 견고하고, 그의 재질에 대해 논한다면 술잔을 만들기에도 알맞고 나무그릇을 만들 수도 있습니다. 이것이 내가 그를 취하여 데리고 있는 까닭이고, 일찍이 '버드나무 유치영'이라고 말하는 것입니다.(『함안총쇄록』上, 1889년 6월 25일)

2 황생(黃生) 철성(鐵性)이 일찍이 일본에 갔을 때에 촬영법을 배워 돌아왔다. 매번 나에게 한번 와서 촬영해 가라고 했다. 이날에 아들 극(克)과 손자 유(惟), 유사건(劉士健), 유치영(柳致永)을 데리고 갔다. …… 삼대(三代)가 아울러 한 장을 촬영하고 또 한 장은 나 및 유(劉)와 유(柳)가 하였다. …… 2장의 공임 가격이 은전(銀錢) 7원이다.(『함안총쇄록』下, 1891년 8월 9일)

3 새벽에 출발해서 용인읍을 지나 월내점에 이르러 점심하고 …… 유각(酉刻)에 집에 이르니 텅 비어 한 사람도 없었다. 오직 치영의 아내가 안에서 주장을 하고 바깥에는 몇 명의 하인이 있을 뿐이다.(『國譯 固城叢瑣錄』, 1894년 9월 18일)

4 학선이 욕지도 개척일로 통제영에 와서 머무는 곳이 양로당이며 3년째임. 1889년 5월 25일.

5 『국역고성총쇄록』, 1893년 2월 21일.

6 그 임소(任所)인 자인(慈仁)으로 찾아가서 그를 만났으니, 그때가 기축년(1889년) 인일(人日)이었다. 사또를 한 번 보고, 서로 기뻐하여 늦게 만난 것을 한스러워하였다.(『국역함안총쇄록』, 1889년 12월 12일)

7 | 1889년 5월 21일 기록에 들판에 모내기가 한창임을 기록하고 있다.(『함안총쇄록』상)

8 | 1890년 윤2월 14일 기록에 오횡묵이 연전에 구입한 합천군 야로면의 집을 직접 보기 위해 떠날 때 동행하여 16일 석성은 본가로 떠나고 19일 오횡묵은 관아로 돌아오고 23일 석성도 돌아온다.

9 | 1892년 윤6월 22일 함안에는 가뭄이 들어 여항산에서 11차 기우제를 지냈다는 기록을 보건대, 농번기와 가뭄에 따라 본가로 돌아간 것으로 본다.

10 | 석성(石醒)의 아우 김정길(金定吉)이 내려왔다. 석성이 오래도록 집 소식이 막힘으로 답답히 여기니 보기에 민망하였는데 어저께는 내가 가족의 편지를 받고 오늘에는 석성의 형제가 서로 만났으니 모두 지극히 쾌활하도다.(『국역 고성총쇄록』, 1893년 11월 20일)

11 | 광나무는 목질이 자작나무나 석류나무와 비슷하고 생김새는 측백나무와 흡사합니다. 일명 향나무라고 하지요. …… 칼을 장식하거나 궤안을 만들면 모두 보배롭고 두고두고 쓸 만하지요. 다만 그 나무가 거의 없고, 더러는 깊은 산이나 외딴 섬에 있어 이름이 화훼의 계보에 들지 못하고, 재목은 목수의 손에 들어가지 않습니다. 그래서 대부분의 사람들은 알지 못하고, 사물에 밝고 안목을 갖춘 사람만이 압니다. 이것은 석성(石醒)과 가깝습니다.(『국역함안총쇄록』상, 1889년 6월 25일)

12 | 강회림이 오횡묵을 만난 시점은 다음과 같다.
1889년 5월 5일~6월 26일: 오횡묵의 부탁으로 은거지를 구하기 위해 풍수 보러 온다.
1889년 7월 5일~10일: 늠은이 구한 문경의 은거지를 검증하기 위해 오횡묵과 대구에서 동행한다.
1889년 11월 3일~11일: 방문 목적이 분명하지 않음.
1890년 1월 19일~2월 26일: 원효암에 치성을 드리기 위해 찾아옴.
1890년 8월 6일~7일: 대구 감영에서 오횡묵을 만남.
1891년 4월 6일~12일: 원효암에 치성을 드리기 위해 찾아옴.

13 | 오동은 줄기가 곧게 위로 뻗고 잎은 넓게 펼쳐져, 무성하고 훤칠하여 바라보면 사랑스럽지요. 바람과 이슬은 맑음을 더하고, 갠 달은 그 빛을 발합니다. 봉황의 둥지가 되어주고, 재목은 거문고와 비파를 만들기에 알맞습니다. 그래서 더러는 맷등 자갈밭에 있어 싸늘한 기운을 머금고, 더러는 지대(池臺)와 뜨락 사이에 있어 아름다운 싯구를 제공합니다. 오동은 대체로 그러하지요. 회림(晦林)은 안색이 수려하고 좌우 어깨가 솟아 있어, 처음 보아도 잘 생긴 장부임을 알 수 있습니다. 이것은 오동의 줄기와 잎과 같습니다. 말이 민첩하고 문사가 화려하니, 이것은 오동의 맑고 빛나는 것과 같습니다. 바라보면 밝은 세상에 훌륭한 벼슬할 만하고, 그릇이라 하면 낭묘(廊廟)의 제기(祭器)라 할 것이니, 이는 오동의 좋은 둥지자리요, 훌륭한 재목인 것과 같습니다. 산중에 은

거하면서 자신의 역량을 감추고 있으니, 이것은 오동이 높은 맷등 자갈밭에 있는 것과 같습니다. 시골과 한양을 오가면 신발을 거꾸로 신고 맞이하니, 이것은 오동이 지대와 뜨락 사이에 있는 것과 같습니다. 나는 그래서 오동을 회림에 견줍니다.(『국역함안총쇄록』상, 1889년 6월 25일)

14 1889년 5월 14일 참조.

15 이튿날 오각(午刻: 11~13시)에 들으니 새 도백이 내일이나 선산읍(善山邑)에서 점심을 먹는다 하므로, 길을 떠나는 즈음에 상제가 된 박씨(朴氏)가 찾아왔다 하기에 들어오라고 부르니 바로 박정래(朴鼎來)였다. …… 뜻밖에 이 달 16일에 문경으로부터 사람이 와서 부음(訃音)을 전하였습니다. …… 문경에 내려가 보니 지난 달 27일 오시(午時)에 대구 서문(大邱西門) 밖 임성찬(林性瓚)의 집에서 별세하셨다 하는 것이었습니다. 그저께 여기에 와서 임시로 지낸 무덤을 보니 북향한 언덕 떨기 속에 있어 천박한 장사의 모습이 차마 볼 수가 없습니다. 지금 사세(事勢)로는 서늘해진 다음에나 반장(反葬: 옮겨 장사지냄)을 할 수밖에 없으니 염습(殮襲)이나 토감을 다시 한 연후에 장마의 재난을 면할 수 있을 것 같습니다. 또한 병환 시에 계시던 주인 영천(永川) 이호장(李戶長)에 들어본즉 임종 시(臨終時)에 유언(遺言)하시길 '신후지(身後地: 무덤자리)는 오로지 고성원님을 믿는다'고 하셨다 합니다."하였다. 내가 듣고 눈물을 흘리며 이르되, "…… 이미 신후지도 유언의 부탁이 있다 하니 그대가 모름지기 나의 힘이 미칠 만한 곳에 가서 자리를 잡아 장사지내면 전혀 도움이 없지는 않을 것이네." 하고 10민의 돈으로 그 장례비용을 도왔다.(『고성총쇄록』, 1893년 3월 26일)

16 회목(檜木)은 잎이 촘촘하고 가지가 빽빽하여 넓게 덮어 주는 그늘이 있고, 나뭇결이 고우면서도 목질이 단단하여 재목으로 쓰기에 훌륭합니다. 그래서 더위를 피하는 사람들이 모여들고 목재를 쓰려는 사람들이 소중하게 여기지요. 다만 고목이 되면서 옹이가 많이 생겨 더러는 혹이 되는 것이 하나의 흠이지만, 좋은 목수가 잘 깎고 다듬으면 작은 바가지나 큰 대접이 무늬와 바탕이 모두 훌륭합니다. 그것이 하나의 흠이면서 바로 훌륭한 점입니다. 늠은(廩隱)은 담소를 잘 하고 융통성이 있으니 이 회목이 넓게 덮어 주는 그늘과 같습니다. 풍수에 대해 혼자 터득한 견해가 있고, 옛날 경전을 독실하게 공부하여 끊임없이 외우니, 이것은 회목이 재목으로 쓰기에 훌륭한 것과 같습니다. 술을 마신 후에는 말을 아슬아슬하게 하여 가지가지로 남들과 어긋나니, 이것은 회목의 옹이와 같습니다. 그러나 이치를 잘 깨닫는 사람은 더러 눈물을 흘리며 감동하고 깨달으니, 이것은 회목이 흠이 있는 중에 훌륭한 점이 있는 것과 같습니다. 그래서 나는 늠은을 회목에 견줍니다.(『국역함안총쇄록』상, 1889년 6월 25일)

17 송파(松坡)도 내일이면 집으로 돌아가려 하기에 석성과 함께 시를 지어 작별의 뜻을 말하여 읊었다. …… 송파가 떠날 때에는 돈 10냥, 감각(甘角) 5단과 홍합, 해삼, 문어

각각 한 첩과 홍합젓갈 한 항아리로 노자하고 …… (『고성총쇄록』 1893년 5월 18일)

18 문경계(聞慶界)에서 무릉(武陵)까지는 3리였다. 즉 내가 집을 지은 곳이다. …… 참봉(參奉) 김득제(金得濟)가 지난 겨울부터 집일을 시작하여 올 봄 4월에 마쳤다.(『국역함안총쇄록』하, 1891년 5월 14일)

일찍 출발하여 30리쯤 가니 월당포(月當浦)이다 …… 이곳이 명례궁(明禮宮)에서 세금을 거두는 바인데 김춘파가 이 세금을 관리한다.(『국역함안총쇄록』하, 1892년 2월 29일)

(순상을) 작별하고 나와서 중영(中營)으로 가니 안기승(安寄丞), 홍성윤(洪成潤)과 춘파(春坡) 김득제(金得濟)가 함께 자리에 있었다.(『고성총쇄록』 1893년 3월 26일)

19 1894년 8월 29일 책실(册室)은 그 일가 사람 신선달(申先達)이라 하였다.(『고성총쇄록』)

20 관속들도 이미 등대하고 있어 이방(吏房) 이재로(李在魯) …… 집안 하인 유치영(柳致英) 등이다.(『국역 정선총쇄록』 1887년 윤4월 10일)

21 이른 아침에 유치영(柳致永)에게 명하여 은밀히 동면(東面)의 채광(採鑛)하는 곳에 가서 봄부터 불법 채취한 일 등을 일일이 탐문해 오되 광부의 많고 적음과 광물의 풍약(豊約)까지도 수소문해 오게 하였다.(『국역 정선총쇄록』 정해년(1887) 윤4월 27일 갑인 96쪽)

이튿날 새벽에 월아(月娥)를 서울집으로 보냈는데 강 위에서 길이 나뉘었다. …… 유치영(柳致永)도 함께 딸려서 보내고 나는 용진(龍津)의 길을 따라 청평천(淸平川)의 여막(旅幕)에 와서 잤다.(『국역 정선총쇄록』 무자년(1888) 7월 7일 정사 332~334쪽)

새벽에 출발해서 용인읍을 지나 월내점에 이르러 점심하고 …… 유각(酉刻)에 집에 이르니 텅 비어 한 사람도 없었다. 오직 치영의 아내가 안에서 주장을 하고 바깥에는 몇 명의 하인이 있을 뿐이다.(『국역 고성총쇄록』 1894년 9월 18일)

22 다음은 고용관계가 교유관계로 발전해 나가는 양상을 보여 주는 '박준수'의 예이다.

1893년 8월 17일 독곡의 박준수 의원을 내일 통영 보내기로 했다.

1893년 8월 20일, 21일 치료 상태가 좋다는 학선과 박 의원의 편지를 받았다.

1893년 9월 10일 독곡의 박준수 집을 방문했다.

1893년 9월 25일 점심 때 석성, 박(준수) 의원, 두 무변(武弁), 기생들과 죽도에서 뱃놀이했다.

1893년 11월 17일 박준수가 약령에서 돌아와서 편강(片薑)과 참빗을 하나씩 주었다.

1893년 12월 11일 박준수가 찾아와 내일이 아들의 관례라 하기에 통목 1필, 백청 5되, 해물 4가지, 홍선 1자루, 금낭 1개를 주었다.

1893년 12월 26일 내일이 나의 생일이라서 박준수가 선물을 준비했단다.

1894년 5월 10일 박준수가 왔다 갈 때 미선과 선자 두 자루씩을 주었다.

1894년 6월 14일 더위를 먹어 박준수를 불러 진찰한 후 처방해 준 가미삼습탕을 복용했다.

23 『고성총쇄록』, 1893년 12월 21일.

24 1891년 2월 5일 파수 이정록은 문학을 안다. 일찍 편지를 보내 천거해 주기를 부탁했고, 5언절구 3수를 보내 화답을 원했다.

25 『고성총쇄록』.

26 1887년 9월 6일 서울에 있을 때에 이미 개광(開鑛)하라는 처분을 받았기 때문에 영을 포고하고 세감(稅監)에는 윤태영(尹泰永)을 지정하였다.(『정선총쇄록』)

1887년 5월 7일 좌수 전종학을 전종협으로 바꾸었다. 1882년 군란 시 손자를 업고 서울까지 배종해 준 배려에서 교체하였다.(『정선총쇄록』)

27 1892년 9월 20일 사각에 징청각에서 알현하고 사처로 돌아왔다. 김춘파를 만나 서울 사정을 들으니 최익림이 명례궁에 상납할 세금 8천 냥을 지체하다가 도망하여 황춘파와 도서공사가 나서 대신 상납했다고 한다. 사람을 안다는 것이 참으로 어렵다. 전년에 전별할 때 최리(최익림)가 맡은바, 심부름을 잘 처리하기에 천거했는데, 이 지경에 이르고 보니 밉고 한스럽다.(『함안총쇄록』하)

28 1890년 4월 25일 사과 유사건이 13일 상경 차 하룻밤 자고 가면서 서울 자기 집의 양식으로 백미 40석을 부치라고 말했다고 한다.(『함안총쇄록』상)

29 1890년 윤2월 27일 우산이 친산에 면례코자 제문을 요청해 왔다. 옛날에 글을 배웠던 은혜를 생각하여 글을 짓고 향, 고기, 포, 과일, 초를 보냈다.(『함안총쇄록』상)

1893년 3월 26일 상제 박 씨가 찾아왔으니 늠은의 아들 박정래다. 지난 달 27일 오시 대구 서문 밖 임성찬의 집에서 별세했다 한다. 유언으로 '신후지는 오로지 고성 원님만 믿는다' 했다고 한다. 10민을 장례비로 주었다. 밤에 박늠은의 만시를 지었다. '온 세상이 다 형님 동생이라고 과장하지만 …… 옛날에 우리 아버지가 공을 참으로 알아보았네 …… 40년을 좋은 일, 궂은 일 함께 ……' (『고성총쇄록』)

1893년 12월 11일~14일 유상제가 찾아왔다. 장례 치를 수 없어 왔다고 한다. 선대의 정의가 마음에 걸린다. 유상제에게 60냥을 주었다.(『고성총쇄록』)

1892년 12월 30일 완산 종형의 부의로 돈 1천 냥, 壯紙 10속, 백지 20속, 황촉 5쌍, 大脯 10첩을 보냈다.(『함안총쇄록』하)

30 1890년 2월 13일 조주사가 부친(전운사)의 화갑일에 초대했다. 가기 어려워 은수저와 반상기 1건을 편지와 함께 보냈다.(『함안총쇄록』상)

31 1890년 4월25일 석성이 24일 특달의 관례를 치렀다. …… 객지에서 아들의 혼례에 수용하는 범백이 군색할 수밖에 없다. 일전에 수형리에게 들어온 것을 사용하여 구획하

여 처리하라는 뜻으로 분부했는데 찾아 썼는지? 23일 저자에서 계획한 물품을 준비했다. "대저 빈손으로 객지에서 내가 영공께서 베풀어주시는 좋은 의리가 아니라면 어찌 성인의 아름다움이 있었겠습니까?"

1890년 4월27일 석성이 아들의 혼례로 일찍 출발함. 관복, 가마, 하인 일체를 빌려 줌, 포리들을 귀양 보냄. 아문의 교섭 공문 옴.

1893년12월11일 박준수가 찾아와 내일 아들 관례라 하므로 통목 1필, 백청 5되, 해물 4가지, 홍선 1자루, 금낭 1개를 줌.

32 1890년 5월 10일 진주 진장의 서신에 안필수와 김성표가 만나기를 요청했다. 곡식을 바꾸기 위해서다.

1893년 11월 26일 오덕장이 왔다. 함안에서 병들어 돌아갔다. 붓을 만들어 달라고 부탁했다. "이러한 일은 전후에 걸쳐 간청하는 사람이 이어졌지만 인정 때문에 사사로운 청탁으로 아전들에게 폐를 끼칠 수 없었다. 때문에 한 번도 들어주지 않았다. 지금 덕장에게는 병든 사람이 멀리 왔음을 생각해서 마지못해 붓 1천 자루를 3백 냥에 받아주었다."

1890년 12월 1일 무주 안성면 탕동의 선비 강태우가 외손 호영의 편지를 가져왔다. 외손과 함께 의술하는 사람이다. 오래 전에 경옥고를 팔아 달라고 맡겼다. 시속 사람들이 늘 속던 터라 살 사람이 없었다.

33 1893년 11월 21일 김노강이 환약을 만들어 팔러 왔지만 어쩔 수 없어 노자만 주어 보냈다.(『고성총쇄록』)

1894년 3월 12일 유몽이 떠났다. 유몽이 청약 700개를 가져왔기에 문사로 춘궁을 생각하여 105냥을 주었다. "이는 한편으로는 시원하면서도 한편으로는 불쾌한 일이기도 하다."(『고성총쇄록』)

34 1891년 3월 15일 고견암의 중들이 중수일로 모연문을 가져왔다. 돈 열 냥을 보시했다.

1894년 7월 2일 표충사의 사명사사우 수리를 위해 선화와 도명이 권선문 가져옴. 10민을 보조.

1893년 7월 21일 석성의 편지에 '일가 사람 오한선이 성밑에 머물면서 돌아갈 노비를 전부 요구한다' 하니 자못 염치가 없다. 몇 푼 주어 물러가게 하라고 답하였다.

35 1890년 9월 8일 석성이 밀양길에 동행을 자청함.(성묘도 하고, 표충사, 통도사 단풍구경도 할 겸)

1892년 3월 22일 문서가 미마감이라 출발 연기. 석성이 동래부 구경을 원함. 여기서 동래까지는 '일용의 거리' 이니 이창균과 다녀오게 함.

1892년 10월 1일 해수 작별 인사함, 20민을 노자로 줌.

1890년 12월 17일 늠은이 떠난 지 오래지만 알고 보니 여관에 있어 찾아보니 스산하기

짝이 없다. 돌아가라고 타일러 30민을 노자로 주었다.

36 1889년 6월 25일 욕지도 유사건이 녹골 4, 녹용1쌍, 녹포 2첩 보내 옴. 답장과 돈 1냥을 심부름꾼 편에 보냄. 녹골은 조주한에게, 녹포는 회림에게 줌. 이들이 앞서 부탁했던 것임. 녹용은 자신이 먹기 위해 둠.

1890년 2월 9일 강회림이 궤 2개 만들어 보내 주기를 부탁함. 견본대로 공장에게 시켜 만듦.

1892년 10월 3일 중봉과 명로가 양로당 간다기에 학선에게 정성스럽게 대접해 주라 서신을 만들어 주고 노자로 20민과 무명 한 필 줌. 저녁에 한영두가 떡을 쪄서 줌.

1890년 3월 6일 성양과 익중도 농사일로 떠날 것을 청함. 황소 1마리 줌. 서울 집에 편지 씀. 석성과 이야기함.

1890년 2월 15일 강회림에게 밤과 찬 그리고 궤 2개 보냄.

1890년 윤2월 25일 박덕유 편지에 답장하고 硯匣 1갑을 보냄.

1892년 6월 7일 나무상자 두 개 중 하나는 춘파의 혼수로, 교자 둘은 완산 종형에게 하나씩은 남겨 둠. 문갑, 약장, 기평, 박국 등은 무릉향(문경 연동)으로 보냄. 시회가 성함. 신자현은 한 번도 1등 못함. 수치다. 작품 대필을 간청해 와 지어 주었더니 1등했단다.

1893년 2월 22일 조상규는 수직으로 첨추가 되었으므로 진홍분과 띠 한 가닥을 줌.

37 1892년 10월 1일 운봉의 강도정 우호 중봉 기해생이 선비 변명로와 찾아옴. 모습이 여위며 말이 무거워 심상치 않은 사람임. 官妓의 방에 머물도록 하여 숙식을 제공함.(『함안총쇄록』하)

1889년 12월 16일 온양의 이운식이 옴. 이운식은 어릴 적 글 스승 이규열 자 문언 호 우계의 아들임. 술을 대접함.(『함안총쇄록』상)

1889년 5월 14일 늙은 박선생(명은 준경, 자는 덕중)이 서울서 내려오면서 서울 집 편지 가져옴. 고을살이하면서 한 번도 모시지 못해 마음이 안되었던 차라 성대히 대접함.(『함안총쇄록』상)

38 다음 예들은 송사나 옥사, 부역의 면제, 속량, 공무의 편의제공 요청과 같은 청탁과 대응에 대한 예들이다.

1889년 6월 30일 백련과 같이 자면서 시를 지음. 백련이 웅천 원님께 산송문제 잘 해결해 달라 부탁함. 그러겠다고 함.(『함안총쇄록』상)

1893년 4월 30일 이경록의 족징일로 통영으로 가는 함안 좌수 조문규가 와서 보호해 달라 부탁하는 서찰 받음. '학선에게 답장'하여 수집사를 고려해 달라는 일의 서신도 부탁하여 보냄. 1893년 5월 3일 조문규가 통영에서 돌아와 함안으로 가던 도중에 들러 앞서 청탁에 대한 고마움을 표시함.(『고성총쇄록』)

1893년 5월 9일 찰방 이용순이 찾아옴. 일가 이원복이 상주의 황문칠에게 빌린 돈을 내가 함안에 있을 때 여러 이 씨에게 배분하여 해결해 주었는데, 황문칠이 통영에 송사하여 일가들에게 추심하니 이용순도 당한다고 함. 통영에 부탁하여 징수를 면케 해달라고 부탁함. "자세히 사정을 헤아려 보건대 비용 없이 이루어질 수 없겠지만 시험 삼아 해 보겠다." 이르고 석성에게 말하기를 "이 일은 매우 큰 일이어서 편지 한 장 가지고 말할 수 없다. 반드시 치밀하고 신뢰하는 자가 만난 자리에서 부드럽게 대화한 연후에 일이 이루어질 수 있으니 산음을 위해서 한번 행차해 주게." 하고 학선에게 편지를 써, '석성이' 통영으로 들어가기로 확정함. 1893년 5월 17일 석성이 통영에서 나옴. 이산음의 일은 충주 정도사와 관련된 것으로 그가 없어 결말 보지 못했음. 그가 돌아올 때까지 기다리지 못해 왔다 함. 가져온 '학선의 편지'를 보고 답장.(『고성총쇄록』)

1893년 10월 22일 통영의 봉세감관 박문욱과 색리 고정보 봄. 함안 관노 두철과 조두홍이 와서 "초계의 변의준은 두홍의 장인으로 통영에 잡혀가 있기에 뒤를 봐주기 위해 왔다."라고 함. 편지를 써 희건을 시켜 양당에 보냄.(『고성총쇄록』)

1893년 12월 2일 세의색리로 백동환을 차출 발송. 박문기는 색리들의 알력에 걸려 거제부에 갇힌 지 1개월. 내가 억울함을 알기에 편지를 써 순영에 보내어 실상을 밝힘. 1893년 12월 11일 순영의 편지에 박문기를 방면했다 함.(『고성총쇄록』)

1893년 4월 24일 함안 조주한의 편지 받음(마포에서 추궁하여 잡아들인다는 일 때문에 부탁하는 편지임). 전운사에 편지하여 너그럽게 봐 달라 함.(『고성총쇄록』)

1892년 8월 4일 이해아가 집안사람 칠원에 압송된 일로 재량하여 심히 부탁함. 부득이 글을 써 부치고, 왕엄주가 왕호로 보내는 말로 해명했다. 1892년 8월 5일 칠원군수 만나다.(『함안총쇄록』 하)

1894년 8월 28일 저녁에 박진국 찾아옴(부역 면제를 청탁함), 박진국은 아전으로 부임시부터 정성껏 보필했고 이번 사태에도 많은 정보를 탐색해서 은밀히 알려 주었다. 그의 문학과 재능은 이 고을에서 최고다.(『고성총쇄록』)

1892년 3월 21일 저녁에 풍류함. 파할 무렵 기생, 악공, 여종에게 돈을 주다. 채홍이와 앵앵이는 19세로 아직 퇴기로 면천을 못했으나 가무가 절묘하고 용모가 밝고 아름다워 80냥으로 속량시킴.(『함안총쇄록』 하)

1890년 5월 11일 대구 아전 김혜민과 박창호가 업무 편의 요청. 만남. 통영으로 간다기에 학선에게 편지 부침.(『함안총쇄록』 상)

39| 1890년 9월 17일 태평루 상량일. 상량문 지어 줌. 석성은 점필제 묘에 성묘하러 갔다가 돌아옴. 본손 장묵이 매우 가난. 이웃에게 욕을 당하고 호소함. "내가 그 백성을 잡아다가 혼쭐을 내어 주고 풀어 달라고 간청하기를 기다려 놓아 주었다."(『함안총쇄록』 하)

40 1893년 2월 22일 이산음이 그 삼촌의 회갑연 잔치 음식을 가져와 시를 청함.(『고성총쇄록』)

1890년 11월 29일 오성유가 아버지 회갑에 시를 청함.(『함안총쇄록』하)

1890년 7월 11일 교장 안중환의 회갑연으로 아들이 화운을 요청하기에 읊음.(『함안총쇄록』하)

1892년 7월 30일 의정부 공문. 석성이 다음달 초이레 아들의 상여를 다스려 돌아오기로 했다. 근체시로 만사함.(『함안총쇄록』하)

1892년 11월 6일 원북 조성봉의 화갑연 초대에 가지 않음. 잔치음식 보내옴. 편지로 사례함.(『함안총쇄록』하)

1891년 2월 29일 전운사에게 부탁할 말이 있어 마포로 감. 행점에서 김원중, 전창율과 함께 감. 30일 아침 서울 집으로 편지 부침. 입곡 조 진사 집에 조의 표함.(『함안총쇄록』하)

1893년 2월 21일 김운오 돌아감. 이찰방 용순이 서숙을 이건하면서 기문을 청해 옴.(『고성총쇄록』)

1890년 3월 23일 와령 아래 선비 김오의 집을 방문. 소안정에 올라 시를 지음. 주인은 이 시를 판으로 만들어 정자에 걸겠단다.(『함안총쇄록』상)

1894년 3월 18일 "산남지역 유명인사의 시를 받아서 아버지의 문집을 빛내겠다는 자식의 효행에 감복하여 시를 지어 보내다."(『고성총쇄록』)

1892년 6월 7일 시회가 성함. 신자현은 한 번도 1등 못함. 수치다. 작품 대필을 간청해 와 지어 주었더니 1등했단다.(『함안총쇄록』하)

1890년 4월 4일 부의 북에 사는 신석이 충훈부 도사에 임명되다. 이날 잔치하고 음식을 보내오다. 유치영이 신도사와 친하게 지내는데 시로 축하하고 싶지만 잘 짓지 못해 간절히 청하므로 절구 2수를 지어 주다.(『함안총쇄록』상)

1892년 6월 13일 조지해가 동라 감. 성용과 가마꾼과 월허의 선방에 머문 지 4일째. 월허가 시를 청해 시를 지음.(『함안총쇄록』하)

1892년 6월 4일 읍촌 운사들이 동창에서 시 짓고 비점을 청하다. 조주한이 1등. 장원례로 음식 올림.(『함안총쇄록』하)

1890년 9월 19일 김춘파가 서울에서 내려옴. 서울 벗들의 소식을 듣다. 남문 밖 주점에서 얘기하다 매죽당에 오니 석성이 있다. 혜전이 춘파를 소개해 달라고 부탁함.(『함안총쇄록』하)

1891년 4월 4일 시축을 보이며 수작을 뽑아 달라 요청함. 구암 조성충이 1등임.(『함안총쇄록』하)

41 1890년 3월 10일 특달이 빈둥대는 것이 걱정되어 산음에게 맡길 요량으로 석성에게

먼저 데려가게 함.(『함안총쇄록』상)

1890년 4월 25일 석성이 24일 특달의 관례를 치렀다. 특달을 복현으로 개명하였다. 복현이 절하고 보았다. 축문을 해석해 주고 이후로는 대업에 힘을 쓰도록 당부함.(『함안총쇄록』상)

1891년 8월 3일 문경 입암의 신진사 집의 아들 덕희가 왔다. 서재에 머물게 하며 우리 아이들과 같이 거처케 함.(『함안총쇄록』하)

42 『정선총쇄록』

43 1893년 2월 28일 부임행차 기술. …… 책방에 금학당이라 현판을 달고, 석성에게 거처하게 하였다.(『고성총쇄록』)

1893년 5월 7일 송파(松坡) 배문표, 괴사 조익규, 이서 박용하, 죽오 이장록, 화석 박영수가 함께 도착. 책실과 협방에 묵게 함.(『고성총쇄록』)

44 『고성총쇄록』

45 1894년 2월 27일 순영에 조사 보고. 장두 4명, 사감, 사색들에게 고음 받고, 이방 황종악과 책실을 내쫓은 자들을 수감했다. 사천읍의 공전은 보리가 익을 때까지 기다리기로 했다. 보고서에 소요의 경위와 내용, 해결 과정이 기록되어 있었다. …… "책객은 사객(私客)이 아니다." 이번 소요는 좌수 이병철과 이방 황종악이 부른 것이다.(『고성총쇄록』)

1894년 3월 13일 "책실은 공객(公客)이라 본래 아무런 이해관계도 없는데 마구잡이로 쫓아냈으니 참으로 지극히 해괴한 일이다."(『고성총쇄록』)

46 1892년 10월 1일 운봉의 강도정이 변명로와 찾아옴. 모습이 여위며 말이 무거워 심상치 않은 사람임. 관기의 방에 머물도록 하여 숙식을 제공하였다.

47 1893년 3월 13일 함안 호장 구민소와 금란 떠남. …… 금란은 치영이 사랑하는 사람이다.

1889년 5월 25일 기생 송절은 학선과 같이 지내는데 내가 알지 못했다. …… 월매는 막료 김춘영과 함께 지내는데 지금 5년이 되었다고 한다.

1890년 5월 17일 일전에 채막에서 김춘파가 서울 하인 박학술을 시켜 서신을 보냈다. 황달과 학질로 고생하고 있다 함. 지금은 수청 기생 소봉의 집에 있다고 한다.

1894년 6월 5일 기생 섬월은 박은갑의 사람이다. 통영에서 와서 은갑에게 의지하여 살고 있다.

1892년 3월 19일 여종 채화향은 15세로 석성이 비녀 올려 주었다.

1892년 3월 19일 화선은 14세인데 석성과 기녀들이 나에게 비녀 올리기를 권유했다.

48 1887년 5월 17일 그때에 들판에 가득한 농부들은 노래를 주고받으면서 앞을 다투어 호미질을 하고 있었다. …… 유치영(柳致永)과 통인 전금록(全今錄)·고효장(高孝章)·고준실(高峻實), 방자 순대(順大) 등을 불러 담배와 돈과 바늘을 넉넉히 주어 보

내 적절하게 나누어 주라고 하였다. 나도 권농 감관과 함께 술 몇 병과 안주 한 쟁반을 가지고 정자 근처를 두루 돌아다니면서 술과 고기로 먹이면서 권하고 술과 안주가 뒤에 다시 누대 위로 돌아왔다.(『정선총쇄록』)

1889년 5월 17일 석성과 교외로 나와 농사일 살펴보았다.(『함안총쇄록』)

1889년 5월 21일 석성과 읍내의 들에서 권농했다.(『함안총쇄록』)

1890년 5월 25일 읍부와 상리, 강지와 장명엔 몸소 권농 갈 처지가 못되어 치영을 시켰다.(『함안총쇄록』)

1890년 5월 29일 죄인의 심문에 여가가 없어 치영을 시켜 검암, 냉천, 대평 등지를 권농케 했다.(『함안총쇄록』)

1890년 5월 30일 치영을 시켜 파수 등지에 권농케 했다.(『함안총쇄록』)

1890년 6월 1일 죄인을 공초하느라 치영을 시켜 읍과 사평에 권농케 했다.(『함안총쇄록』)

1893년 4월 25일 석성·최선달과 함께 권농 위해 동문 밖으로 나갔다.(『고성총쇄록』)

1893년 4월26일 석성·최선달과 함께 권농 위해 나갔다.(『고성총쇄록』)

1893년 5월 26일 석성과 서성에 올라 들판을 관찰했다.(『고성총쇄록』)

1894년 4월 16일 저녁에 석성과 서문 밖에서 들판을 살펴보았다.(『고성총쇄록』)

1894년 5월 8일 유치영을 시켜서 들판의 농민들에게 돈과 남초, 바늘을 나눠 주었다.(『고성총쇄록』)

1894년 5월 9일 유치영을 시켜 권농케 했다.(『고성총쇄록』)

49 '채광(採鑛) 등의 일에 있어서는 모름지기 정성을 다하여 주선해야 할 것이다.'(『정선총쇄록』, 1887년 윤4월 6일)

50 1887년 윤4월 27일 이른 아침에 유치영(柳致永)에게 명하여 은밀히 동면(東面)의 채광(採鑛)하는 곳에 가서 봄부터 불법 채취한 일 등을 일일이 탐문해 오되 광부의 많고 적음과 광물의 풍약(豊約)까지도 수소문해 오게 하였다.(『국역 정선총쇄록』 정해년(1887) 윤4월 27일 갑인 96쪽) 1887년 윤4월 28일 유시(酉時)에 유치영(柳致永)이 동면에서 돌아와서 말하기를 "와평(瓦坪)에서 화표동(華表洞)까지의 50리 사이에는 좌우의 석벽(石壁) 속으로 큰 시내 하나가 통하지 않는 곳이 없는데 간간이 이미 모래를 파헤치고 채광한 형적이 있습니다. 봄부터 관장이 없는 틈을 타서 무절제하게 잠채(潛採)하였으나 지금 나리께서 고을에 도임하신 때를 당해서는 무뢰배들이 거의 뿔뿔이 흩어졌으며 일전에 영을 발하신 뒤로는 이른바 연군(鉛軍: 광부) 명색도 다만 지방민뿐으로 좌사(坐沙)·억곡(億谷) 등지에서 채광하던 자도 40여 명에 지나지 않습니다. 마침 제초(除草)할 때를 당하여 심지어 각 사람에게 효유하였으나 과연 응역(應役)하지 않겠다고 말하고 각처에 흩어졌던 자들은 소문을 들으면 반드시 찾아올 것이라고 말하였습니다." 하였다. 그리하여 내가 말하기를 "이른바 신차관(新差官)인 고여구(高

汝九)라는 자는 어떠한 사람이라 하며 광물의 품질은 몇 새[升: 광물 순도의 단위]나 된다고 하더냐?" 하니, 대답하기를 "고여구는 본래 이속(吏屬)이나 조금도 각 동의 백성들에게 멸시를 받지 않으며 수세(收稅)에 있어서도 속임을 당하는 일이 없어 평판이 감내할 만하다고 합니다." 하고, 품질은 7승(升) 가까이는 된다고 말하여 내가 말하기를 "서울에 있을 때에 들은 바와는 어찌 이리 상반(相反)되느냐? 이는 세상에서 이른바 익숙하게 듣는 것이 슬쩍 보는 것만 못하다는 그러한 예이다." 하였다.

51 | 1887년 윤4월 28일 시가 끝난 뒤에 공형(公兄)들이 와서 고하기를 "본도(本道)에서 녹용(鹿茸)을 진상하기 시작한 것은 10여 년이 되었는데, 본군은 녹산읍(鹿産邑)으로 정해져 매년 1대(對: 한 쌍)씩 진상해 왔습니다. …… 이는 본 군의 큰 폐단입니다. ……"

52 | 1887년 윤4월 28일 공형(公兄)들이 와서 고하기를 "본도(本道)에서 녹용(鹿茸)을 진상하기 시작한 것은 10여 년이 되었는데, 본군은 녹산읍(鹿産邑)으로 정해져 매년 1대(對: 한 쌍)씩 진상해 왔습니다. …… 이는 본 군의 큰 폐단입니다. ……" 하여, 내가 말하기를 "……특별히 도모해 볼 터이나 일이 지극히 중대하니 번거롭게 말하지 않는 것이 좋겠다." 하고 은밀히 학선(學善)에게 부탁하고 또 이러한 사정을 적어서 주었다. (『정선총쇄록』)

1887년 5월 27일 서울에서 일부러 사람이 와서 만났는데 그는 이 고을에서 진상할 녹용을 대납하였다는 기별을 하러 온 것이다. 학선(學善)이 서울에 도착한 뒤에 본 군에서 진상할 녹용의 일로 대내(大內)에 입품(入稟)하니 하교하시기를 "봉진(封進)할 즈음에 비용이 적지 않고 폐해가 됨이 많다 하니 매우 민망할 일이다. 만일 서울에서 대신 납부한다면 반드시 허다한 잡비(雜費)가 드는 일이 없을 것이다. 지금 어용(御用)이 궁색하니 한 대(對)의 녹용만 즉시 구입하여 올려라." 하여, 바로 물러나와 널리 수소문하여 17냥중(兩重)의 녹용 한 대를 당일에 진상하니 하교하시기를 "녹용의 품질이 극히 좋으니 탕제(湯劑)에 넣어서 써야겠다. 너의 부자의 성근(誠勤)이 극히 가상하다." 하고, 내의원의 장무관(掌務官)을 불러 하교하시기를 "이 녹용은 정선군에서 봉진한 것이다. 본원에서 간품(看品)하고 받아들인 뒤에 증빙하기 위하여 관동 감영(關東監營)에 관문을 발송하고 별복정(別卜定)한 염초(焰硝)도 대전(代錢)으로 결제(決濟)하게 하라." 하셨다. ……이에 향임(鄕任)과 공형(公兄)들을 불러서 서울에서 왔다 간 일로 직접 알리기를 …… 이번에 봉진한 녹용 값은 응당 거둬들여야 하지만 특별히 탕감하고 염초 값도 똑같이 물리지 말라는 뜻으로 말을 하였다.(『정선총쇄록』)

53 | 김춘파(春坡) 만나 서울사정 들었는데 최익림이 명례궁에 상납할 세금 8천 냥을 지체하다가 도망하여 황춘파와 도서공사가 나서 대신 상납했다고 한다.(『함안총쇄록』, 1892년 9월 20일)

54 | 1888년 4월 27일 권학(勸學)·백일장(白日場)·권농(勸農)으로 영(令)을 전하고 신칙하

였다. …… 또 송오리(松五里)의 연호(烟戶) 2호에게 환자곡을 1등(一等) 감하라고 영을 내렸다. 동면(東面)의 광소(鑛所)는 이미 개광(開鑛)을 하였는데 세금과 표전(標錢)을 신칙하는 일로 고용건(高鏞建)을 내보냈고, 여량면(餘良面)은 고용중(高鏞中)·유치영(柳致永)이 나갔다.(『정선총쇄록』)

1887년 9월 6일 서울에 있을 때에 이미 개광(開鑛)하라는 처분을 받았기 때문에 영을 포고하고 세감(稅監)에는 윤태영(尹泰永)을 지정하였다.(『정선총쇄록』)

55 1890년 12월 9일 창룡선에 5천5백 섬을 싣고 떠남. 치영에게 살펴보기를 세의하듯 하라 당부하고 함께 보냄.(『정선총쇄록』)

56 1894년 4월 17일 유치영에게 서남쪽을, 최진태로 동북쪽을 맡아 진휼하되 보리 한 되 값인 7전을 각 사람에게 나눠 줌.(『고성총쇄록』)

1891년 12월 28일 석성과 시전을 돌며 구휼.(『함안총쇄록』)

57 학선의 편지를 받음.(통제사 교체 소식, 내행의 출발 등) 1893년 4월 1일 일문역에서 본읍의 고목 심부름 만남(통영의 내행이 고성에 도착하여 다음 날 점심 무렵 사천으로 출발했다 함). 학선이 미리 나와서 받들어서 모든 일이 잘 지나갔음. 학선은 진주까지 따라갔다 옴. 마음에 걸리던 바가 이제사 시원함. …… 이튿날 석성에게 편지를 보내 즉시 내려오라 말함.(『고성총쇄록』, 1893년 3월 14일)

58 1893년 8월 20일~21일 욕지도 촌민 김시한, 유몽길, 이수성, 이중수가 와서 대전복 1첩, 문어 1단 줌. 치영을 시켜 술과 음식을 접대케 함.(『고성총쇄록』)

59 1891년 3월 21일 태평루 낙성식. 아침 일찍부터 석성에게 부탁하여 손님을 맞으라 당부함.(『함안총쇄록』)

1892년 7월 10일 석성을 시켜 중향관에 운사들 맞아, 주방에 명령 소주, 백주, 홍시, 닭, 떡, 비빔밥 점심 대접.(『함안총쇄록』)

1893년 2월 21일 마을의 문사와 부로들이 전별을 위해 모임. 무진정에 자리 마련, 석성, 송파와 자리에 나감.(『함안총쇄록』)

60 1890년 4월 19일 아침 6시 수형리가 와서 보고하기를 …… 의령옥사는 복잡하니 피하는 것이 좋겠단다. 가까운 각읍의 수령들이 모두 피했다고 한다.(『함안총쇄록』상)

1892년 3월 26일 어제 읍에서 온 서신 보았는데 '창원 옥사에 대한 조사가 있어 형세상 잠시 피함이 좋겠다' 한다. 그래서 밀양으로 향했다.(『함안총쇄록』하)

1892년 5월 15일 저녁에 창원옥사에 대한 조사로 부득이하게 성전암으로 잠시 피했다.(『함안총쇄록』하)

1892년 6월 9일 진주, 의령, 고성, 칠원의 4읍 옥사가 한 때에 모두 나왔기에 부득이 잠시 피했다.(『함안총쇄록』하)

1893년 7월 13일 무읍의 편지에 거제도와 진해의 옥사 때문에 피함이 좋겠다고 한다.(『고성총쇄록』)

1894년 9월 3일 마포로 향했는데 전운사는 병으로 쇠약한 터에 동학도들이 핍박하여 광산 백연사로 피난 갔다고 한다.(『고성총쇄록』)

61 | 1893년 7월 19일 석성의 편지 받음(어제부터 김필상이 머문다 하여 피접 나온 중이라 만나기 어렵다, 가도 된다 함).(『고성총쇄록』)

1890년 4월 19일 오후 4시경 일가 덕장이 석성의 편지를 가지고 방문함. 편지에 석성 아들 혼사를 마륜의 홍씨집과 정했고, 연길이 27일이며, 전보는 서울 집에 이미 붙였으나 마음대로 되지 않음. 내가 자문함.(『함안총쇄록』상)

1887년 11월 9일 새벽에 출발하여 10리를 오니 그제야 해가 떠올랐다. 나는 듯이 재의 정상에 오르고 보행으로 재를 내려오는데 빠르기가 활시위를 떠난 화살과 같았다. …… 쏜살같이 달려서 …… 관아로 들어가니 유치영(柳致永)이 방에서 넋을 놓고 있다가 내가 왔음을 보고 벌떡 일어나 뚫어지게 보더니 그제야 "어떻게 이렇게 오셨습니까." 하였다. (『정선총쇄록』)

62 | 1890년 윤2월 3일 석성, 송파와 읍사를 논의했다.

1887년 윤4월 28일 고을에 도임한 이후로 폐단이 있고 없고와 사람이 옳은지 그른지를 상세히 알 도리가 없어 믿을 만한 사람을 은밀히 나누어 보내서 수탐(搜探)하게 하였다. 오늘 우선 몇 쪽의 쪽지가 와서 그 속내를 헤아려 보니 본래 자그마한 고을이라 이민(吏民)들은 순실(淳實)을 근본으로 삼고 어렵고 두렵게 여기는 마음을 가져 별로 폐를 끼치거나 화(禍)를 초래할 사단은 없겠으니 이는 관장이 된 자의 큰 복이라 하겠다. 그러나 수천 호(戶)가 사는 고장에 어찌 온순하고 패악스런 자가 섞여 살지 않을 리가 있겠는가? 그중에서도 소마평(小馬坪)의 유언상(劉彦常)이란 자는 본래 원향(原鄕: 토박이)이고 겸하여 문학도 있으니 이른바 우뚝한 선비라 하겠으나 다만 비루하고 인색한 면이 가시지 않아 자기 자신을 다스림이 깨끗하지 못할 조짐이 있을 것 같았다. (『국역 정선총쇄록』 정해년(1887) 윤4월 28일 을묘 101~102쪽)

63 | 1891년 4월 18일 배송파에게 환약을 한 재 지어 오도록 부탁했다.(『함안총쇄록』하)

1892년 4월 14일 석성이 손에 병이 나서 마륜에 누웠다기에 배송파를 보내 진료케 했다.(『함안총쇄록』하)

1893년 8월 17일 학선의 편지 받았다. 병세가 더하다기에 독곡의 박준수를 맞아 와 내일 통영 보내기로 했다.(『고성총쇄록』)

1893년 9월 23일 박 의원 준수가 위장약으로 연실가루, 찹쌀가루, 산약가루 10냥, 백봉령 3냥을 백청에 버무려 차나 죽으로 먹도록 시켰다.(『고성총쇄록』)

1894년 6월 14일 더위를 먹었다. 박 의원 준수를 불러 진찰했더니 담체와 습열이라며 가미삼습탕을 복용토록 시켰다.(『고성총쇄록』)

64 1889년 4월 28일 (마산에 거주하는) 기생 금향이 하직하고 떠나면서 '행차를 모시고자 하는 소원은 풀었는데, 환후가 남아 있어 걱정이다'고 말했다.(『함안총쇄록』상)

1890년 5월 17일 일전에 채막에서 김춘파가 서울 하인 박학술을 시켜 서신을 보냈다. 황달과 학질로 고생하고 있다고 한다. 지금 수청기 소봉의 집에 있다고 한다. 객지에서 병을 얻어 어려웠을 테고, 젊은 여자 집에 있다니 더욱 염려된다.(『함안총쇄록』상)

1892년 4월 29일 석성이 사처를 무부청으로 정하고 간병하고 있다.(『함안총쇄록』하)

65 1887년 12월 9일 부득불 세의(歲儀: 연말의 선물)를 하지 않을 수 없는 곳이 있어 사사로이 사 둔 것과 아울러 유치영(柳致永)으로 하여금 짐꾼을 인솔하게 하여 서울로 올려 보내 나누어 주게 하였다.(『정선총쇄록』)

1890년 8월 9일 서울행이 불가하여 학선을 대신 보내고 통영엔 특별히 편지하였다.(『함안총쇄록』하)

1890년 8월 25일 학선이 상경차 왔다. 서울에서 볼일을 말해주었다.(『함안총쇄록』하)

1892년 2월 26일 서울에 통기할 것은 유치영에게 만들어 부쳤다.(『함안총쇄록』하)

1892년 2월 27일 석성과 내가 화전판을 만들어 유치영이 서울 가는 인편에 부쳤다.(『함안총쇄록』하)

1892년 5월 5일 양로당에 편지하여 '탐구해 올 일이 있다'고 하였다.(『함안총쇄록』하)

1892년 12월 8, 9일 본읍의 세의를 유치영, 박창무에게 시켜 선 편으로 서울 집에 보냈다.(『함안총쇄록』하)

1893년 4월 6일 서울행이 불가하여 柳弁을 시켜 오늘 함안으로 가서 윤선으로 서울에 가도록 했다.(『고성총쇄록』)

1893년 6월 23일 유치영의 상경 편에 한 태사께 편지하여 여재촬요의 서문을 부탁했는데 오늘 답장과 서문이 왔다.(『고성총쇄록』)

1893년 7월 17일 치영이 서울에서 내려오는 인편에 전서로부터 옥권 하나를 보내왔다.(『고성총쇄록』)

1893년 12월 1일 내일 세의를 부산항으로 보내고 유변도 서울로 보내려 한다.(『고성총쇄록』)

66 1889년 11월 16일 늙은이 봉림에 사는 덕유 박근회가 자상하고 부지런하며 일처리도 잘하여 '지동의 일'도 맡길 만하다며 추천하여 만나 보았다.(『함안총쇄록』상)

1890년 3월 19일 촉영의 절도사와 통사가 이미 부임하여 찾아뵈었어야 하나 학선이 가지 말라고 당부하여 가지 않았다.(『함안총쇄록』상)

1892년 윤6월 16일 양로당에서 편지가 왔는데 통제사는 구경 차 욕지도에 와 있다고 한다.(『함안총쇄록』하)

1893년 11월 4일 유변이 함안에서 돌아왔다. 유변에게서 함안의 만인계(萬人契) 소식을 들었다.(『고성총쇄록』)

67 1893년 5월 9일 찰방 이용순의 일가 이원복이 상주의 황문칠에게 빌린 돈을 내가 함안에 있을 때 여러 이씨에게 배분하여 해결해 주었는데, 황문칠이 통영에 송사하여 다시 추심하니 통영에 부탁하여 징수를 면케 해달라고 부탁했다. "자세히 사정을 헤아려 보건대 비용 없이 이루어질 수 없겠지만 시험 삼아 해보겠다." 이르고 석성에게 "이 일은 매우 큰 일이어서 편지 한 장 가지고 말 할 수 없다. 반드시 치밀하고 신뢰하는 자가 만난 자리에서 부드럽게 대화한 연후에 일이 이루어질 수 있으니 산음을 위해서 한번 행차해 달라."라고 부탁하였다.(『고성총쇄록』)

1893년 4월 30일 이경록의 족징 일로 통영으로 가던 함안 좌수 조문규가 와서 보호해 달라 부탁하는 서찰 받았다. 학선에게 답장하여 수집사를 고려해 달라는 일의 서신도 부탁하여 보냈다.(『고성총쇄록』)

68 1892년 5월 5일 극선과 시영 두 숙질이 저술 일을 시작했는데 오로지 석성에게 의탁하였다.(『함안총쇄록』하)

1893년 5월 23일 함안 문아 기로와 이동이 여재촬요를 각자한 후 두 짐꾼 시켜 지고 왔다. 판이 모두 43개인데 각자가 도합 83장이다. 유치영을 통해 간절히 인쇄해 올리고자 하므로 찰방 이용순에게 부탁하여 간검하고 독려하였다. 들어간 돈은 248냥으로 매 판당 새기는 값이 5냥, 판값이 5전, 술값이 30냥, 나머지는 잡비다. 두 사람을 시켜 잘못된 판을 교정했다.(『고성총쇄록』)

1894년 2월 19일 고성의 문안사가 올 때 석성의 편지를 가져왔는데 서역 일에 아전들의 노고가 크다고 한다. 답장으로 하루 한 차례 음식을 제공하라 지시했다.(『고성총쇄록』)

69 1889년 5월 19일 박늠은도 풍수를 보기 위해 자청해 갔다.

1889년 5월 8일 회림 강진호, 춘파 김득제와 술 마시다가 내일 풍수 보러 가기로 했다.

1889년 6월 7일 회림이 돌아와 성주 장평 백천을 길지로 추천했다.

1889년 6월 16일 늠은이 돌아와 문경 가남면 연동을 추천했다. 두 지역을 두고 토론을 벌였다. 춘파, 늠은, 회림과 두 지역을 함께 본 후에 의견을 듣고 결정하기로 했다.

1889년 6월 27일 늠은과 춘파는 성주와 문경지역을 보기 위해 출발했다.

1889년 7월 9일 회림, 늠은, 춘파와 함께 늠은이 추천한 문경 가남면 연동을 살펴보고 결정했다.

70 1887년 6월27일 현명한 명부를 보내준 성은에 보답하기 위해 전동하가 성절을 맞아 태백산 갈래사에서 성수를 빌고 싶다고 하였다.

1887년 7월 2일 갈래사 건성일이다. 오늘부터 초8일까지 새벽에 분향하고 산을 바라보며 치성하기로 했다.

1887년 7월 9일 갈래사 건성 일행이 돌아와 경과를 얘기하고 일기와 축문을 보여 주었다.
1887년 7월 15일 영문에 들어 순상께 갈래사 치성을 보고하다.
1887년 7월 21일 입궐하여 갈래사 치성을 주상께 아뢰었다.
1887년 10월 17일 갈래사 시 책자 두 권을 챙겨 하나는 영문에, 하나는 대궐에 올릴 예정이다.
1888년 6월 23일 이종준(李鍾準)을 시켜 갈래사에서 치성 드리게 했다.
1888년 7월 5일 좌수 등이 갈래사 치성 후 돌아와 일기를 올렸다.
1888년 7월 19일 오후에 입궐하여 갈래사 치성을 주상께 보고했다.
1889년 5월 18일 석성에게 해몽을 부탁했더니 나라를 위하는 마음이 있다면 치성드릴 것을 권하기에 석성에게 고견암에서 치성해 주기를 부탁했다.
1889년 6월 24일 치성일을 다음 달 초파일로 잡고, 준비를 마친 후 석성에게 치성을 부탁하다.
1890년 1월 22일 회림이 원효암의 여항산 꼭대기에서 제물 진설 후 자시에 치성을 드렸다.
1891년 4월 7일 회림이 치성하는 일로 원효암에 갔다.
1891년 4월 10일 회림이 치성을 마치고 원효암에서 돌아왔다.

71 1888년 7월 7일 읍내에서 출발하여 회동(檜洞)에서 점심을 먹었는데 월아(月娥)가 동행하였다. …… 9일 낮이 되어 원주(原州)에 도착하였다. 월아(月娥)는 곧장 만종점(萬宗店)으로 보내 기다리라 하고 나는 감영으로 들어가서 순상(巡相)을 뵙고 …… 만종점에 이르니 일력(日力)이 다 되어 쉬고, 11일에는 이수(二水)가에 와서 잤다. 이튿날 새벽에 월아(月娥)를 서울 집으로 보냈는데 강 위에서 길이 나뉘었다. 이내 시를 읊다. 도성 밖 가을 바람 주기(酒旗)를 흔드는데, 한 쌍의 물새 앞서거니 뒤서거니 나네. 집에 가면 응당 만나볼 터이지만, 서운함은 이별 없을 때만 못하네. 유치영(柳致永)도 함께 딸려서 보내고 나는 용진(龍津)의 길을 따라 청평천(清平川)의 여막(旅幕)에 와서 잤다.(『정선총쇄록』)
1892년 10월 25일 기생 월희를 물금포에 글귀 보러 가는 치영에게 부탁하여 밀양읍까지 데려다주었다.(『함안총쇄록』하)

72 1890년 2월 21일 유치영을 합천(전토: 문도사), 성주, 대구, 자인으로 보냈다.
1889년 10월 16일 대구감영에 들었다가 함안으로 돌아올 때, 치영은 주간할 일로 자인에 보냈다.
1889년 12월 1일 치영이 돌아왔다. 박덕유에게 1,500냥을 내어 주고 풍각의 돈 1,200냥은 추심했다 한다.
1893년 10월 20일 치영을 검암 이찰방에게 돈 받으러 보냈다.

73 오횡묵은 자신을 괴롭히는 열 가지 근심으로 다음을 열거하고 있다. 老慾(가족과 친척들이 기대하는 만큼 물질적으로 도와주지 못하는 현실), 客擾(손님맞이를 잘 하지 못하는 현실), 譎訟(백성들의 송사문제), 潛頑(시속의 병폐 확대), 營擬(전원으로 옮겨 가지 못하는 현실), 農棲(가족과 단란하게 살며 자식을 키우고 싶으나 돌아갈 수 없는 현실), 燕枕(부부가 다정하게 살지 못하는 현실), 秋懷(가을이면 느끼는 서글픔), 思家(병든 아내와 집 생각), 求賢(현명한 인물을 만나지 못하고 있는 현실).

제13장_수령의 개성과 글쓰기

1 노혜경, 「18세기 한 嶺南 南人의 관직생활-權相一의 淸臺日記를 중심으로-」 337~352쪽 참조, 『史學硏究』 제88호, 한국사학회, 2007.

2 權相一, 『淸臺日記』 下 30~31쪽, "十八日 以彦陽反庫事 早發到梧山 伻問李同知時綱 將以今二十一日 設回榜宴 時年八十二矣 到瓮大驛傍 見巡營關文 差慶州兼任封庫云云 不得已 下馬憩小亭 使陪吏私通本府 將校七人分封各庫次 明日待令于慶州府 未午到彦陽主倅吳碩宗出見 自言家在會寧 曾築城陞堂上 前冬倘海南倅 以家鄕絶遠辭遞 又得此縣距家二千七百餘里 以海路不過十五日程 到任後 因商船得家書云 銓曺差除不可知 非但渠情勢切迫 本邑民吏之弊不可言 曾見富寧人爲大靜縣監 其憂悶之狀 形於言面 且徐宗玉爲吏議 明以散階加資者 不許字牧之任 入啓定奪 不久其法卽廢可嘆 修報反庫文書後卽發 東南行十五里許有一溪 溪邊蒼壁可觀 又數里許 溪與盤龜水合流而南爲太和江上流其下有石峰, 削立甚奇 ……"

3 『淸臺日記』에는 1736년(丙辰) 1월의 기록이 13일 이후로는 결락되어 있다.

4 權相一, 『淸臺日記』 下 31쪽, "…… 合享圃隱晦齋寒岡三賢之所 盖圃老謫配本縣 有臨水登山瘴海邊四韻詩 寒岡往東萊椒井時 徑留此處 有卜居之意云 忙不得謁廟 ……"

5 權相一, 「與李希顔 丙辰」, 『淸臺全集』 卷7, "…… 晦翁與人書讀書優遊正今日仕宦之最佳處云 而本邑使此說不得行 千弊百瘼左酬右應 雖隨力整頓 逐日鱗生 或得假時 近書册而旋復舍置 頓不爲已有 百爾思量 不如歸田養拙 故連呈辭狀 備陳情懇而未得結末 欲擅棄以歸 而待變之邑有所不堪當 於新巡使到後 更陳期必遞 而漸次遲晩 ……"

6 권상일의 문집은 18세기 말엽에 간행된 것으로 추정되는 木版本이 현재 전해지고 있다. 문집의 서문에서 鄭宗魯는 "선생의 遺集 약간 권을 今上(正祖) 20년 丙辰年에 향촌의 인사와 선생의 高弟 趙錫喆씨, 그리고 선생의 증손 遵과 종질 熼䜌이 판각에 부치기로 함께 도모하였다. 나 또한 校讎 작업에 간여한 적이 있었으므로 나에게 서문을 쓰도록 하였다(先生遺集凡若干卷 上之二十年丙辰 鄕人士與先生高弟趙錫喆氏及先生曾孫

遵 從姪焞龝 合謀付剞劂 以宗魯亦嘗與聞乎校讎之役 俾一言以弁其首).”라고 하였는데, 이로 보아 아마도 정종노가 서문을 쓰고 얼마 지나지 않아 문집을 간행하였던 것으로 보인다. 권상일의 후손가에는 권상일 자신이 편찬한 필사초고본 『拙纂』과 이 초고본을 문인들이 편집한 『草稿遺集』의 원고가 일부 남아 있는데, 이 둘을 비교하면 『草稿遺集』이 『拙纂』을 반 이상 깎아내었음을 알 수 있다고 한다.(금장태, 「『淸臺全集』 解題」 4~5쪽 참조, 『淸臺全集』, 여강출판사, 1989) 이로써 볼 때, 정종노가 간여한 校讎 작업 때 많은 분량의 글들이 删削된 듯하다.

7 權相一, 『淸臺日記』 下 35쪽, “初九日 中火仇於 支應下人已來待 近處居任一龍及其姪秀才孫曾杰 持所作賦來見 任君且袖來其祖父母重牢宴時諸人序詩 請余文 答以爲後圖 未暮得抵慶府 因巡營別關 自永川捉送鄭昇陽 而昇陽昨日逃來蔚府 可痛 卽爲囚禁”

8 權相一, 『淸臺日記』 下 65~66쪽, “二十六日 朝雨乍晴 發盤龜之行 歷見李同知 仍與李士晦金德俊李汝增同發 午後到曲淵觀逝亭 主人金慭出見 迫暮抵盤臯書院止宿 二十七日 訪盤龜從容遊賞 還到曲淵亭 喫午飯卽發 訪立岩 轉到茂山亭 李同知及 其子光然 其姪光燾及朴乃恒 李宜幹來會 乘暮還官 二十八日 修盤龜遊錄 ……”

9 노혜경, 위의 논문 341쪽 참조.

10 權相一, 『淸臺日記』 下 52쪽, “二十日親寫孔姓軍役定減文 尹就五·安墀來見”

11 南九萬, 「慶州贈泰天上人」, 『藥泉集』 第一, “天師於庚子歲 再訪余於京中 今到月城 師又自蔚山遠願寺來訪 感其勤意 簿牒之餘 聊書一絶以贈”

12 졸고, 「조선시대 일기 자료의 실상과 가치」 20~22쪽 참조, 『대동한문학』 30집, 대동한문학회, 2009.

13 權相一, 『淸臺日記』 下 33쪽, “初一日乙未晴 鷄鳴後詣客舍 行望賀禮 轉往鄕校 謁聖廟 治送本家夫馬 奉家廟來 而近阻家便 有故與否不可知 鬱鬱 修上季父書”

14 權相一, 『淸臺日記』 下 66쪽, “二十八日 修盤龜遊錄 未午仁孫來 遠路行役無撓 可幸 伏承季父書 各家平安可喜 而日前張漢成又偸葬於前冬掘移處 方呈官更訟 不勝駭憤”

15 김소은, 「18세기 嶺南 士族의 일상과 생활의례(Ⅰ)-『청대일기』에 나타난 혼례를 중심으로-」 참조, 『史學硏究』 제88호, 한국사학회, 2007.

16 權相一, 「寄復仁孫 丁巳」, 『淸臺全集』 卷10, “蔡君來略聞安報 可喜 近復何如 吾董支而欲爲遞免計 再昨送辭狀 二月念後欲先奉家廟而歸 臨時當相通矣.”

17 權相一, 『淸臺日記』 下 32~33쪽, “二十三日 謁巡使力陳情勢漸難在任 請速遞改而未蒙許 且請遞慶州兼任 而亦不許 極悶極悶 往見達城及新城基址: 二十四日 謁巡使又陳兩任遞改曲折 而牢塞不許 極悶 辭退 見中軍及禹成揆 義城 李宣傳碩龍 以西海築城都廳來相見 晚後發馬 宿元堂村”

18 權相一, 『淸臺日記』 下 43쪽, “十八日 午後急雨 近日小旱 農民苦悶 ……”

19 權相一, 『淸臺日記』 下 42쪽, "八日 夔如從及禹奴來 得各處書 皆平安 欣幸欣幸 薄暮告目來 試官移差極幸"

20 權相一, 『淸臺日記』 下 42쪽, "…… 得萊府馳報巡營請一差倭 改差他接慰官 減數日留滯 極幸"

21 權相一, 「諭告蔚山士子文」, 『淸臺全集』 권10, "維我嶺南一方素稱文士府庫 而挽近以來先輩已遠舊俗漸衰 至於記誦詞章 是吾人第二件事 而亦不勤做工夫 奔走場屋 終無所得豈不慨然也哉 然上道諸邑惟以文學爲業 故間或有懷道砥行之士下此 而以詞翰名家仕宦出身者亦多有之 窃見本府章甫之盛 較無加損 而獨未免科榜之稀間 此非才品命分不及於上道章甫 而然亶由於元不刻意篤工自甘暴棄之故也 科名之得不得在命 科業之勤不勤在己 若先修其在己者則命亦隨之 是必然之理也"

22 전경목, 「조선후기 지방유생들의 修學과 과거 응시-권상일의 『淸臺日記』를 중심으로-」, 『史學硏究』 제88호, 한국사학회, 2007 참조.

23 權相一, 「諭告蔚山士子文」, 『淸臺全集』 권10, "而必須看讀古聖賢諸書沈潛玩繹有所自得於心 而不爲尋行數墨而止則根本田地自有餘裕 而發爲文辭者 義理通暢 語意明白 筆力優餘 詞彩燦然 以之應擧覓科 將無所不得 蓋着工於義理之書者 非爲科擧而科擧亦自至者 其功效理勢自然而如此也"

24 청대 권상일의 울산 관련 한시에 대해서는 성범중의 「鶴城志의 편찬과 울산의 유풍 진작-청대 권상일의 울산 관련 한시-」(『울산문학』 46호, 한국문인협회 울산지부, 2009)에 매우 상세하게 소개되어 있으며, 이 장의 논의와 관련하여 일정부분 참조하였음을 밝혀둔다.

참고문헌

제1부 | 공무의 일상

제1장_부임의례와 수령守令의 캐릭터 형성

『日省錄』

『頤齋亂藁』

『明宗實錄』

『承政院日記』

『新補受敎輯錄』

『史記』

『順庵全集』

『三班官屬都案』(서울대학교 奎章閣 소장, 古 4652-3-1, 2).

김선경 편, 「牧民攷」, 『朝鮮民政資料叢書』, 여강출판사, 1987.

노혜경, 『조선후기 수령행정의 실제-황윤석의 『이재난고』를 중심으로』, 혜안, 2006.

리차드 세넷, 조용 역, 『신자유주의와 인간성의 파괴』, 문예출판사, 2002.

한상권, 『朝鮮後期 社會와 訴寃制度』, 一朝閣, 1996.

甘懷眞, 『皇權, 禮儀與經典詮釋: 中國古代政治史硏究』, 臺灣大學出版中心, 2004.

김혁, 「重記」, 『古文書硏究』19, 2001.

김혁, 「조선시대 청탁문서의 특성」, 『古文書硏究』32, 2008.

이대화, 「조선후기 수령부임행렬에 대한 일고」, 『역사민속학』18, 2004.

이선희, 「17~18세기 守令의 鄕廳·鄕吏와의 관계-天安·木川·全義를 중심으로」, 『中央史論』21, 2005.

정구복, 「조선시대 자문(尺文) 에 대한 연구」, 『古文書硏究』11, 1997.

제2장_수령의 출퇴근과 근무방식

『朝鮮王朝實錄』(국사편찬위원회 영인, 1958)

『承政院日記』(국사편찬위원회 영인, 1961)
『經國大典』(서울대학교 규장각, 1997)
『大典會通』(서울대학교 규장각, 1999)
『京兆府志』(서울특별시사편찬위원회, 1992)
『輿地圖書』(국사편찬위원회, 1973)
『磻溪隧錄』(경인문화사, 1974)
『通文館志』(조선총독부, 1944)
『愚谷日記』(국사편찬위원회, 2001)
『頤齋亂藁』(한국학중앙연구원, 1994)
『旌善叢瑣錄』(경인문화사, 2002)

金赫, 「조선후기 守令의 赴任儀禮-『頤齋亂藁』를 중심으로-」, 『朝鮮時代史學報』22, 2002.

盧惠京, 『18世紀 守令 行政의 實際: 黃胤錫의 『頤齋亂藁』를 중심으로』, 韓國學中央研究院 박사학위논문, 2004.

李仙喜, 「『愚谷日記』를 통해 본 17세기 수령의 일상업무」, 『역사민속학』18, 한국역사민속학회, 2004.

______, 「17세기 守令의 接賓客과 그 性格」, 『史學研究』75, 2004.

______, 『17~18세기 忠淸地域 守令의 일상업무 연구』, 중앙대학교 박사학위논문, 2004.

______, 「18세기 수령과 관찰사의 행정마찰과 처리방식-『嘉林報草』를 중심으로-」, 『古文書研究』27, 한국고문서학회, 2005.

______, 「조선후기 수령의 출퇴근과 근무방식」, 『史學研究』92, 한국사학회, 2008.

______, 「조선시대 8도 관찰사의 재임실태」, 『韓國學論叢』31, 국민대학교 한국학연구소, 2009.

______, 「조선후기 영남지방 지방관의 행정소통체계와 조정방식」, 『嶺南學』16, 2009.

______, 「18세기 경기도관찰사의 업무실태와 특징-『畿營狀啓謄錄』을 중심으로-」, 『藏書閣』23, 한국학중앙연구원, 2010.

李成妊, 「16세기 江華府使의 坐起와 不坐」, 『인천학연구』3, 인천대학교 인천학연구원, 2005.

全炅穆, 「조선 중기 守令의 管外 업무」, 『全州史學』9, 전주대 역사문화연구소, 2004.

鄭求福, 1997, 「조선시대 자문[尺文]에 대한 연구-수령이 새로 임용될 때의 비용-」, 『古文書研究』11, 1997.

제3장_기록화에 담긴 지방관의 기억

『조선왕조실록』

『梧里集』(李元翼)

崔完秀, 「謙齋 政敾 硏究」, 『謙齋 鄭敾 眞景山水畵』, 凡友社, 1993.

趙善美, 『韓國肖像畵 硏究』, 悅話堂, 1994.

유홍준, 『화인열전 1』, 역사비평사, 2001.

이성미·김정희, 『한국회화사 용어집』, 다홀미디어, 2002.

洪善杓, 「『耽羅巡歷圖』의 기록화적 의의와 특징」, 『耽羅巡歷圖』, 濟州大學校博物館, 1994.

이태호, 「조선시대 지도의 회화성」, 『한국의 옛지도(자료편)』, 영남대박물관, 1998.

李源福·趙容重, 「16世紀末(1580年代) 契會圖 新例」, 『美術資料』61, 國立中央博物館, 1998, 11.

이태호, 「예안김씨 가전 계회도 석 점을 중심으로 본 16세기의 계회산수」, 유홍준·이태호 편, 『만남과 헤어짐의 미학』, 학고재, 2000.

강호문학연구소, 『聾巖 李賢輔의 江湖文學』, 2001.

박정혜, 「16·17세기의 司馬榜會圖」, 『미술사연구』16, 미술사연구회, 2002.

金赫, 「조선후기 守令의 赴任儀禮」, 『朝鮮時代史學報』22, 朝鮮時代史學會, 2002.

박은순, 「聾巖 李賢輔의 影幀과 「影幀改摹時日記」」, 『美術史學硏究』242·243, 한국미술사학회, 2004.

이대화, 「朝鮮後期 守令赴任行列에 대한 一考」, 『역사민속학』18, 2004.

윤진영, 「충현박물관의 李元翼 영정」, 『追憶 李元翼』, 충현박물관, 2005.

이경화, 「《北塞宣恩圖》 硏究」, 서울대대학원 고고미술사학과 석사학위논문, 2005.

李起炫, 「申光洙의 關西樂府에 대한 一考察」, 漢陽大大學院 國語國文學科 碩士學位論文, 1985.

이상훈, 「助羅浦南峰觀海圖」, 『박물관신문』367, 국립중앙박물관.

『梧里 李元翼 遺跡遺物集』, 주식회사 충현, 1995.

『慶南大學校所藏 데라우찌文庫 特別展圖錄』, 慶南大學校博物館, 1996.

『인물로 보는 한국미술』, 삼성문화재단, 1999.

서인화·윤진영, 『조선시대 연회도』, 국립국악원, 2001.

『古文書集成』58-安山晉州柳氏篇-, 韓國精神文化硏究院, 2002.

국립국악원, 『조선시대 음악풍속도』, 2003.

『시서화에 깃든 조선의 마음』, 예술의전당 서울서예박물관, 2006.

『肖像, 형상과 정신을 그리다』, 한국국학진흥원 한국유교문화박물관, 2009.
『李朝繪畵 隣國の明澄な美の世界』, 大和文華館; 奈良, 1996.
『嶺南大學校 博物館圖錄』, 영남대학교박물관, 1982.

제2부 ㅣ 통치의 기술

제4장_수령의 선물정치와 부채[扇]

『朝鮮王朝實錄』
『承政院日記』
『大學』
『禮記』
『國譯固城叢瑣錄』, 李性雨 역, 고성문화원, 2007.
『慶尙道咸安郡叢瑣錄』, 허권수 외 옮김, 함안문화원, 2003.
『國譯旌善叢瑣錄』, 정선문화원 편, 경인문화사, 2002.
『頤齋亂稿』, 한국정신문화연구원 편.
『樗村先生遺稿』
『茶山詩文集』
『國譯荷齋日記』(1)·(2), 이종덕 번역·탈초, 서울시사편찬위원회, 2006.
「泣血錄」, 한국정신문화연구원 편, 『朝鮮時代 冠婚喪祭IV』, 2000.
권희상, 「언어의 도상성」, 『언어연구』21, 한국현대언어학회, 2005.
구완회, 「朝鮮後期의 收取行政과 守令의 要譽」, 『慶北史學』14, 경북사학회, 1991.
박기주, 「재화가격의 추이-경주지방을 중심으로」, 이영훈 편, 『수량경제사로 다시 본 조선후기』, 서울대학학교출판부, 2004.
박도식, 「조선전기 수령의 私贈 관행」, 『慶熙史學』24, 경희사학회, 2006.
박이택, 「농촌사회에서의 膳物交換」, 『맛질의 농민들』, 一潮閣, 2001.
오명석, 「선물의 혼과 신화적 상상력: 모스 『증여론』의 재해석」, 『한국문화인류학』43-1, 한국문화인류학회, 2010.
이성임, 「16세기 조선 양반관료의 사환과 그에 따른 수입-유희춘의 미암일기를 중심으로-」, 『歷史學報』145, 역사학회, 1995.
______, 「16세기 양반사회의 '膳物經濟'」, 『韓國史研究』130, 한국사연구회, 2005.

정승모, 「竹物을 통해 본 조선시기 생활사」, 『우리 문화 속의 대나무』, 국립전주박물관, 2002.
최주희, 「16세기 양반관료의 선물관행과 경제적 성격」, 『역사와 현실』71, 2009.
금복현, 『전통부채』, 대원사, 1990.
김혁, 『특권문서로 본 조선사회 완문의 문서사회학적 탐색 』, 지식산업사, 2008.
이영훈, 『朝鮮後期社會經濟史』, 한길사, 1988.
최대림 역해, 『東國歲時記』, 홍신문화사, 1993.
崔常壽, 『韓國 부채의 硏究』, 成文閣, 1988.
하영휘, 『양반의 사생활』, 푸른역사, 2008.
貝塚茂樹 외, 윤혜영 편역, 『中國史』, 弘盛社, 1986.
그레이버 지음, 서정은 옮김, 『가치이론에 대한 인류학적 접근』, 그린비, 2009.
레이코프 외, 노양진 외 옮김, 『삶으로서의 은유』, 박이정, 2006.
마르셀 모스 지음, 이상률 옮김, 『증여론』, 한길사, 2002.
실반 바넷 지음, 김리나 옮김, 『미술품 분석과 서술의 기초』, 시공사, 2006.
알프 뤼트케 외 지음, 이동기 외 옮김, 『일상사란 무엇인가?』, 청년사, 2002.
Evans & M. Green 지음, 임지룡·김동환 옮김, 『인지언어학 기초』, 한국문화사, 2008.
甘懷眞, 『皇權, 禮儀與經典詮釋: 中國古代政治史硏究』, 臺灣大學出版中心, 2004.

제5장_시험의 힘, 교육을 통한 통치

咸安文化院, 『慶尙道咸安郡叢瑣錄』, 大譜社, 2003.
固城文化院, 『固城叢瑣錄』, 도서출판 아이디니, 2007.
이헌영, 『嶠藩集略』
______, 『再嶠集略』
강창동, 「과거제 선발 경쟁의 교육사회학적 성격에 관한 연구」, 『教育問題硏究』, 제22집, 2005.
김경용, 「전근대 서구 지식인의 시험제도에 대한 인식」, 『교육사학연구』제13호, 2003.
______, 「이헌영의 흥학활동 기록과 달성향교강회록」, 『한국교육사학』제28권 제1호, 2006.
김신일, 『교육사회학』, 교육과학사, 2003.
김태준, 「과거제도와 동아시아 문학의 사회사」, 『한국비교문학회』, 1998.
미셸 푸코 지음, 오생근 옮김, 『감시와 처벌』, 서울: 나남출판사, 2000.

박수정, 「조선후기 수령 오횡묵의 교육행정 활동 분석」, 『敎育行政學硏究』, 26(1), 2008.
박영신, 「지배 지식, 그 너머의 지식: '지식행위'에 대한 자기성찰」, 『현상과 인식』, 가을, 2007.
송재용, 「미암일기(眉巖日記)에 나타난 교육 및 과거제도의 실상」, 『한자한문교육』30, 2008.
이경숙, 『일제시대 시험의 사회사』, 경북대학교 박사학위논문, 2006.
이성무, 『한국의 과거제도』, 한국학술정보, 2004.
전경목, 「조선후기 지방유생들의 수학과 과거 응시」, 『史學硏究』88, 2007.
정재걸, 「한국 공교육의 이념」, 『한국공교육체제의 평가와 전망』, 한국교육연구소 창립10주년 기념학술대회, 한국교육연구소, 1999.
조좌호, 『韓國科擧制度史硏究』, 범우사, 1996.

제6장_수령의 기우제祈雨祭와 고을민과의 소통疏通

『國朝五禮儀』(景文社 影印, 1979)
『祈雨祭謄錄』(서울대 奎章閣 所藏)
『歷代妖星錄』(서울대 奎章閣 所藏)
『臨官政要續編』(서울대 奎章閣 所藏)
『災異考』(서울대 奎章閣 所藏)
『固城叢瑣錄』(吳宖默)
『慈仁叢瑣錄』(吳宖默)
『旌善叢瑣錄』(吳宖默)
『智島叢瑣錄』(吳宖默)
『咸安叢瑣錄』(吳宖默)
『河東祈雨祭儀』(筆寫本)
『天王峯祈雨同行記』(古文書)
오인택, 「숙종대 국행 기우제 나타난 한재 대응방식의 정치성」, 『역사학연구』29, 호남사학회, 2007.
이욱, 「유교 기양의례에 관한 연구-조선시대 국가사전을 중심으로-」, 서울대박사학위논문, 2000.
이욱, 「朝鮮時代 國家祀典과 靈驗性의 수용」, 『종교와 문화』6, 종교문제연구소, 2000. 趙纘韓, 「天王峯祈雨同行記」

최종성, 「國行祈雨祭와 民間祈雨祭의 비교연구-시체처리와 제물처리를 중심으로-」, 『宗敎學硏究』16, 서울대종교학연구회, 1997.

최종성, 『기우제등록과 기후의례』, 서울대출판부, 2007.

최종성, 「조선조 유교사회와 무속 국행의례 연구」, 서울대박사학위논문, 2001.

제3부 | 공과 사의 경계에서

제7장_수령의 봉름俸廩에 나타난 공과 사

『경국대전』(서울대학교 규장각 영인, 1997)

『만기요람』(민족문화추진회 영인, 1989)

『성학집요』(지식을 만드는 지식 영인, 2009)

『승정원일기』(국사편찬위원회 영인, 1961)

『여지도서』(국사편찬원원회 영인, 1973)

『읍지』2 경상도편(아세아문화사, 1983)

『임관정요』(을유문화사 영인, 1975)

(국역)『목민심서』(민족문화추진회, 1969)

(국역)『國朝寶鑑』 제9권(조동영 역, 민족문화추진회, 1997)

(국역)『고성총쇄록』(이성우 역, 고성문화사, 2007)

손병규, 『조선왕조 재정시스템의 재발견-17~18세기 지방재정사 연구』, 역사비평사, 2008.

장동표, 『조선후기 지방재정연구』, 한국자료원, 1999.

황위주 외, 『중기 II』, 경북대 영남문화연구원, 2009.

미조구치 유조, 정태섭·김용천 옮김, 『중국의 공과 사』, 2004.

구완회, 「조선후기의 수취행정과 수령의 '요예' -17세기 중엽에서 18세기 말까지를 중심으로-」, 『경북사학』14, 경북사학회, 1991

권향숙, 「주희의 공과 사」, 『철학논구』30, 2006.

김덕진, 『조선후기지방재정과 잡역세』, 국학자료원, 1999.

류택일, 「성재선생문집 간행의 출판사회학적 분석」, 『한국문화연구』3, 부산대 한국문화연구소, 1990.

박미해, 「조선중기 수령의 가족부양으로 본 장자의 역할과 가의 범위-오희문가의 평강생활을 중심으로-」, 『사회와 역사』75, 한국사회사학회, 2007.
손계영, 「지방관과 선조 문집 간행」, 『영남학』15, 영남문화연구원, 2009.
안병우 「고려말 조선초의 공해전: 재정의 구조와 운영과 관련하여」, 『국사관논총』, 1989.
이성임, 「16세기 조선양반관료의 사환과 그에 따른 수입-유희춘의 미암일기를 중심으로」, 『진단학보』, 진단학회, 1995.
______, 「조선중기 양반관료의 '칭념' 에 대하여」, 『조선시대사학보』29, 조선시대사학회, 2004.
______, 「16세기 양반사회의 선물경제」, 『한국사연구』130, 한국사연구회, 2005.
이승연, 「종법과 공사론」, 『동양사회사상』7, 2003.
이승환, 「한국 및 동양의 공사관과 근대적 변용」, 『정치사상연구』6, 2002.
이영훈·박이택, 「농촌미곡시장과 전국적 시장통합, 1713~1937」, 『수량경제사로 다시 본 조선후기』, 이영훈 편, 서울대학교 출판부, 2004.
이원택, 「현종조의 복수의리 논쟁과 공사관념」, 『한국정치학회보』35-4, 2001.
이재룡, 「조선전기의 녹봉제」, 『숭실대학교 논문집』5-1, 1974.
이헌창, 「18세기 황윤석가의 경제생활」(강신항 외, 『이재난고로 보는 조선지식인의 생활사』), 한국학중앙연구원, 2007.
정만조, 「조선 현종조 사의·공의 논쟁」, 『한국학논총』14, 국민대 한국학연구소, 1991.
최정환, 「조선전기 녹봉제의 정비와 그 변동」, 『경북사학』5, 경북사학회, 1982.

제8장_관아의 주방과 수령의 음식

『慶尙道慈仁縣日錄』(필사본, 장서각 소장)
『경상도함안군총쇄록』(함안문화원 편역, 함안문화원, 2003)
『국역 고성총쇄록』(고성문화원 역, 고성문화원, 2007)
『農書10: 海東農書』(한국학문헌연구소 편, 아세아문화사, 1981)
『역주 목민심서』(다산연구회 역주, 창작과비평사, 1985)
『전라도나주목사회자료집(1)』(대동문화연구원 편, 성균관대학교 대동문화연구원, 2009)
『정선총쇄록』(정선문화원 편, 경인문화사, 2002)
『조선후기 지방지도: 경상도편』(서울대학교 규장각 편, 서울대학교 규장각, 2005)
『重記 II』(영남문화연구원 편, 경북대학교출판부, 2009)
김광언, 『한국의 부엌』, 대원사, 1997.
박록담·윤숙자, 『우리의 부엌살림』, 삶과꿈, 1997.

박호석·안승모, 『한국의 농기구』, 어문각, 2001.
전경목, 「조선중기 수령의 관외 업무」, 『전주사학』9, 2004.

제9장_지방관과 기녀妓女의 관계

김소은, 「16세기 兩班家의 婚姻과 家族關係」, 『국사관논총』97, 2003.
김종수, 『朝鮮時代의 宮中宴享과 女樂硏究』, 민속원, 2003.
文叔子, 「조선후기 兩班의 일상과 家族內外의 남녀관계 - 盧尙樞의 「日記(1763~1829)」를 중심으로 -」, 『古文書硏究』28, 2006.
권태연,「조선시대 妓女의 사회적 존재양태와 섹슈얼리티 연구」, 『여성 - 역사와 현재 -』, 국학자료원, 2001.
禹仁秀, 「『赴北日記』를 통해 본 17세기 出身軍官의 赴防生活」, 『韓國史硏究』96, 1997.
______, 「조선후기 北邊地域 기생의 생활 양태」, 『역사와 경계』48, 2003.
______, 「기생의 삶과 생활」, 『천민 예인의 삶과 예술의 궤적』, 한국문화사17, 두산동아, 2007.
______, 「朝鮮王朝妓生の管理體系とその流出の樣相」, 『東洋文化硏究』9, 2007.
이규리, 「『邑誌』로 본 朝鮮時代 官妓運用의 實狀」, 『韓國史硏究』130, 2005.
李能和, 『朝鮮解語花史』, 東文選, 1992.
이성임, 「16세기 朝鮮 兩班官僚의 仕宦과 그에 따른 收入; 柳希春의 『眉巖日記』를 중심으로」, 『歷史學報』145, 1995, 105~111쪽.
______, 「16세기 양반관료의 外情 - 柳希春의 『眉巖日記』를 중심으로 -」, 『古文書硏究』23, 2003.
______, 「조선중기 양반의 성관념과 그 표출양상」, 『조선시대의 사상과 문화』, 집문당, 2003.
______, 「불안정한 사랑」, 『혼인과 연애의 풍속도』한국문화사 1, 두산동아, 2005.
______, 「19세기 제주 大靜縣 邑治 거주민의 혼인양상 -『大靜縣衙中日記』와 '東城里戶籍中草'를 중심으로」, 『大東文化硏究』57, 2007.
전형택, 「조선초기의 娼妓」, 『배종무총장퇴임기념사학논총』, 1994.
정연식, 「춘향전-가공의 현실에 투영된 꿈」, 『역사비평』2004 여름호.
______, 「조선시대 妓役의 실태」, 『國史館論叢』107, 2005.
가화무라 미나토 지음 (유재순 옮김), 『말하는 꽃 기생』, 소담출판사, 2002.

제10장_지방관의 문집 간행과 공사 인식

『(국역)가정집』(이상현 역, 민족문화추진회, 2006~2007)

『(국역)춘정집』(김홍영·조동영 공역, 민족문화추진회, 2001)

『稼亭集』(한국문집총간 3, 민족문화추진회, 1990)

『慶尙道咸安郡叢瑣錄』(함안문화원 편역, 함안문화원, 2003)

『固城叢瑣錄』(고성문화원 역, 고성문화원, 2007)

『農圃集』(한국문집총간 71, 민족문화추진회, 1991)

『獨谷集』(한국문집총간 6, 민족문화추진회, 1991)

『立巖集』(한국문집총간 25, 민족문화추진회, 1989)

『晩悔集』(한국문집총간 76, 민족문화추진회, 1991)

『眉巖日記』(담양향토문화연구회 역, 담양향토문화연구회, 1996)

『屛溪集』(한국문집총간 203, 민족문화추진회, 1998)

『三淵先生年譜』(한국인물사료총서 10, 민족문화사, 1987)

『石樓遺稿』(한국문집총간 73, 민족문화추진회, 1991)

『宋子大全』(한국문집총간 108~116, 민족문화추진회, 1993)

『睡軒集』(한국문집총간 17, 민족문화추진회, 1989)

『習齋集』(한국문집총간 38, 민족문화추진회, 1990)

『承政院日記』(http://sjw.history.go.kr/main/main.jsp)

『藥圃集』(한국문집총간 39, 민족문화추진회, 1990)

『玉川集』(한국문집총간 175, 민족문화추진회, 1996)

『龍溪遺稿』(한국문집총간 속11, 민족문화추진회, 2006)

『愚得錄』(한국문집총간 40, 민족문화추진회, 1990)

『月塘集』(한국문집총간 86, 민족문화추진회, 1992)

『忍齋集』(한국문집총간 32, 민족문화추진회, 1990)

『朝鮮王朝實錄』(http://sillok.history.go.kr/main/main.jsp)

『拙翁集』(한국문집총간 46, 민족문화추진회, 1990)

『春亭集』(한국문집총간 8, 민족문화추진회, 1991)

『下廬集』(한국문집총간 260, 민족문화추진회, 2000)

『韓國의 册板目錄』(정형우·윤병태 공편, 보경문화사, 1995)

『閒靜堂集』(한국문집총간 225, 민족문화추진회, 1999)

『湖洲集』(한국문집총간 101, 민족문화추진회, 1993)

민족문화추진회 편, 『韓國文集叢刊 解題』, 민족문화추진회, 2003~2006.

강명관, 「조선시대 지방에서의 서적의 출판」, 『제14·15차 콜로키움』 발표집, 영남문화연구원 HK생활사연구단, 2009.

남권희, 「重記資料 分析에 의한 朝鮮時代 地方 官衙의 記錄管理」, 『사회과학』 14, 경북대학교 사회과학대학, 2002.

설석규, 「조선시대 유교목판 제작 배경과 그 의미」, 『국학연구』 6, 한국국학진흥원, 2005.

신승운, 「成宗朝의 文士養成과 文集編刊」, 『한국문헌정보학회지』 28-1, 한국문헌정보학회, 1995.

______, 「유교사회의 출판문화-특히 조선시대의 문집 편찬과 간행을 중심으로-」, 『대동문화연구』 39, 성균관대학교 대동문화연구원, 2001.

옥영정, 「조선시대 태인지역의 고인쇄문화에 대한 일고」, 『서지학보』 30, 한국서지학회, 2006.

유탁일, 「慶尙監營의 出版文化」, 『경상도칠백년사』, 경상북도·경상도칠백년사편찬위원회, 1999.

______, 「性齋先生文集 刊行의 出版社會學的 分析」, 『한국문화연구』 3, 부산대학교 한국문화연구소, 1990.

장인진, 「경상감영의 인쇄문화가 지역 출판에 끼친 영향」, 『한문학연구』 17, 계명대학교 계명한문학회, 2003.

______, 「嶺南 文集의 文獻的 硏究」, 영남대학교 박사학위논문, 2005.

전경목, 「일기에 나타난 조선 중기의 지식 전파와 가공」, 『조선시대 인쇄출판 정책과 역사 발전』 발표집, 청주고인쇄박물관, 2007.

조정화, 「朝鮮朝의 嶺南觀察營本에 관한 書誌的 硏究」, 성균관대학교 석사학위논문, 1986.

______, 「朝鮮朝後期 嶺南官板本에 관한 硏究」, 성균관대학교 박사학위논문, 1996.

제4부 | 사생활의 주변

제11장_수령의 고을살이와 가족들

吳宖默, 『慈仁叢瑣錄』.

咸安文化院, 『慶尙道咸安郡叢瑣錄』, 大譜社, 2003.

固城文化院, 『國譯 固城叢瑣錄』, 도서출판 아이디니, 2007.

박미해,「16세기 양반가의 가족관계와 家父長權-柳希春의『眉巖日記』를 중심으로-」,『古文書硏究』21, 한국고문서학회.

제12장_수령의 내밀한 측근들

吳宖默,『慈仁叢瑣錄』.
정선문화원,『국역 정선총쇄록(旌善叢瑣錄)』, 景仁文化社, 2002.
咸安文化院,『慶尙道咸安郡叢瑣錄(上·下)』, 大譜社, 2003.
固城文化院,『國譯 固城叢瑣錄』, 도서출판 아이디니, 2007.
구완회,「조선후기의 수취행정과 수령의 요예」,『경북사학』14, 경북사학회, 1991.
김혁,「조선시대 지방관의 선물정치와 부채(扇)」,『嶺南學』15, 嶺南文化硏究院, 2009.
박도식,「조선전기 수령의 私贈 관행」,『경희사학』24, 경희사학회, 2006.
손계영,「地方官과 先祖 文集 刊行」,『嶺南學』15, 嶺南文化硏究院, 2009.
오용원,「祈雨祭儀를 통해 본 영남 지방관의 일상과 대민의식」,『영남학』16, 영남문화연구원, 2009.
이선희,「조선후기 영남지방 지방관의 행정소통 체계와 조정방식」,『영남학』16, 영남문화연구원, 2009.
이성임,「16세기 조선 양반관료의 仕宦과 그에 따른 收入」,『역사학보』145, 역사학회, 1995.
채휘균,「시험의 힘: 지방관의 영향력 행사와 이미지 형성」,『영남학』15, 영남문화연구원, 2009.
하영휘,『양반의 사생활』, 푸른역사, 2008.

제13장_수령의 개성과 글쓰기

權相一,『淸臺日記』, 한국사료총서 47, 국사편찬위원회, 2007.
______,『淸臺全集』, 여강출판사, 1989.
南九萬,『藥泉集』, 한국문집총간 131~132, 민족문화추진회, 1994.
노혜경,『朝鮮後期 守令 行政의 實際』, 혜안, 2006.
김소은,「18세기 嶺南 士族의 일상과 생활의례(Ⅰ)-『청대일기』에 나타난 혼례를 중심으로-」,『史學硏究』88, 한국사학회, 2007.

김효경, 「『淸臺日記』를 통해서 본 18세기 士族의 편지 往來」, 『史學硏究』88, 한국사학회, 2007.

노혜경, 「18세기 한 嶺南 南人의 관직생활-權相一의 淸臺日記를 중심으로-」, 『史學硏究』88, 한국사학회, 2007.

성범중, 「鶴城志의 편찬과 울산의 유풍 진작-청대 권상일의 울산 관련 한시-」, 『울산문학』46, 한국문인협회 울산지부, 2009.

이선희, 「조선후기 수령의 출퇴근과 근무방식」, 『史學硏究』92, 한국사학회, 2008.

이성임, 「16세기 『江華府使』의 坐起와 不坐」, 『인천학연구』4, 인천학연구원, 2005.

전경목, 「조선후기 지방유생들의 修學과 과거 응시-권상일의 『淸臺日記』를 중심으로-」, 『史學硏究』88, 한국사학회, 2007.

최은주, 「조선시대 일기 자료의 실상과 가치」, 『대동한문학』30, 대동한문학회, 2009.

찾아보기

ㅅ

수령의 사생활, 이 책은?

이 책은 조선후기 지방사회에서 왕의 대리인으로 활동하였던 지방관들의 배역과 그 배역을 수행하였던 수령의 실제적인 모습에 주목하고자 하였다. 우리의 관심은 당시 수령에게 요청되었던 사회적 몸과 현실의 생활 세계 속에 거주하였던 그들의 사적인 몸 사이의 관계를 해명하는 데 있었다.

이러한 문제의식을 구체화하면 다음과 같다. 수령에게 준비된 무대는 어떠한 것이었을까? 그의 손에 쥐어 있던 대본은 과연 어떤 내용이었을까? 이 배역에게는 어떤 캐릭터가 요구되었을까? 그들은 자신의 사회적 공연을 어떻게 소화해 내었을까? 무엇보다 그 공연을 위한 무대 뒤의 풍경은 어떠한 것이었을까?

이 책의 주인공인 수령은 오늘날 사라졌다. 그런데 당시만 하더라도 지역 사회에서 차지하였던 그들의 사회적 비중은 오늘날 우리가 상상하는 것 이상이었다. 이는 당시 사회의 정치주권이 국왕에게 있었기 때문이다. 국왕은 자신의 권력을 대리인을 거쳐 백성들에게 전달하도록 되어 있었고, 그의 권력을 위임받아 백성들을 통치하던 대리인이 바로 수령이었다. 따라서 그는 국왕으로부터 행정권行政權, 재판권裁判權, 군사권軍事權, 교화권敎化權을 동시에 행사할 수 있는 통합적인 권력을 부여받았다. 당시 고을 안에서는 오늘날 지방의회와 같이 이러한 권력을 견제할 수 있는 공식적인 기구가 없었다. 그는 다름 아닌 고을의 왕이어야만 했다.

우리는 수령이 갖추어야 할 사회적 몸에 대해서 부임의례, 출퇴근 방식, 의례적 이상 등 공무의 일상을 통해 접근하고자 하였다. 수령은 유교국가의 지방관이 추구해야 할 자아상과 현실 속에서의 갈등이 매우 컸다. 그가 어려서부터 읽었던 책들은 그로 하여금 자애로운 아버지가 될 것을 요청하였지만 현실은 이와 달랐다. 고을의 통치를 위해 그에게는 특별한 통치 기술이 요청되었다. 선물, 시험, 제의를 통한 통치는 사실상 덕치주의가 구현되는 실제적인 기술들이었다.

윤리를 사회적 공연이라는 관점에서 바라볼 때, 그것은 역할을 맡은 사람들 각각이 자신의 개인적 몸을 공연을 위한 사회적 몸에 일치시키려는 과정을 의미한다. 특히 공적인 권위가 요구되었던 수령에게 사적 영역을 위한 자기 경계는 더욱 강한 내적 윤리로서 존재하였다. 이것은 법적인 규칙과 연관되어 있었지만 그것만으로는 결코 설명이 충분치 않다. 조선사회를 움직이는 힘은 이른바 사회적 공의였다. 수령 개인을 둘러싼 수많은 사람들의 눈과 입에 의해 수령은 감시되고 평가받았다.

그래서 수령의 의지는 언제나 공적인 세계를 향하고 있었다. 그들은 무엇보다 공적인 장에서 자신의 가치를 실현하는 관직자였다. 그들에게 공적 가치란 그들이 도달하여야 할 사회적 몸을 통해 실현되었다. 이런 사회적 몸을 실현하기 위해서 그들은 자신의 사적인 몸을 어떻게 다루었을까?

이 책에서는 수령이 자신의 식욕과 성욕을 어떻게 다루어야 했는지, 혹은 어떻게 다루었는지를 그들의 음식과 관기들과의 관계를 해명함으로써 보여 주었다. 아울러 늘 공과 사의 경계에서 사적 욕구를 통제하도록 요구받았던 그들에게 봉름은 무엇을 의미하는가를 해명할 수 있었다. 그들이 관아에서 겪었던 내밀한 사적 영역들이 있다면 자신의 가족과 측근들, 그리고 글을 쓰는 시간이었을 것이다. 관아에서 늘 섬과 같은 존재였던 그에게 다가오는 외로움과 그것을 극복하는 시간들을 어떻게 이해하여야 할까?

우리가 이와 같이 수령의 몸에 주목한 것은 수령이 처한 삶의 조건이 다른 배역과는 다를 것이며, 그의 사회적 성향이 남다를 것이라고 전제하였기 때문이다. 당시에 수령은 사회적으로 다르게 분류되어 있었으며 그래서 그도 그 시선에 따라 행위하려 하였다. 그는 개인 이전에 사회적 조건과 결합되어 형성된 사회적 몸을 구성하고 있었고, 그런 상황에서 수령의 생활상은 그들의 삶을 풀어 나갈 수 있는 유일한 단초가 되었다.

그런 점에서 그들의 생활에 대한 관심은 단순히 다른 사람의 생활을 넘겨다보는 데서 그치지 않았다. 그것은 사회적 배역 그 자체를 이해하기 위한 한 가지 예일 수 있다. 이는 그들의 생활 구조를 그들의 행위와 접점 속에서 형성되었던 몸에 주목하여 살펴봄으로써 그들의 몸을 형성하였던 윤리성, 태도, 취향 등을 종합적으로 검토하는 일이 될 것이다.

우리는 이러한 연구를 통해 내용적으로는 우리의 현재 생활에도 깊이 드리워 있을 과거의 습관을 발견할 수 있을 것이다. 다른 한편으로는 현재 우리의 몸이 처해 있는 삶의 조건에 대해 구체적인 통찰력을 얻는 도구로서의 연구 방법을 터득하는 일도 될 것이다. 이것은 우리가 추구하는 가치의 모든 것들이 생활의 구체적인 지점에서 어떻게 구현되었는지에 대한 관심이며, 궁극적으로 그것은 우리 몸에 맞는 생활방식을 새롭게 설계하는 데 기여할 수 있을 것이라고 생각한다.

The County Magistrates'* Authority and Everyday life in Joseon Dynasty

This book has focused on the role and practical feature of a county magistrates who had played a role as the representatives of king at local community during post-Joseon period. Our concern is focused on explaining the relations between the social body by social request and personal body in practical world.

The specific questions can be formulated as follows: What did look like the stage that was prepared for the representatives? What was the content in the script include in the script that was held on their hands? What was requested to the character that they had to play? How did they accomplished their social performance? Most of all, what were there at the backstage behind the performance?

Today, the county magistrate, the main character in this book, disappeared. At that time, However, their roles in the society were more significant than we can imagine today. The reason is that the main political sovereignty belonged to a king during the period. A king had delegated his authority to the king's representatives and they deliver the king's will to people. It was county magistrates who played the important roles. Hence, they were granted from king the comprehensive authority in administration, jurisdiction, military, and edification. Any official organization like today's local assembly did not exist during the period in a county. Therefore, the representatives played a role of a king in the county.

Our approach to the social body as a county magistrate has focused on their official routines such as a accession ceremony to the office, the way that they commuted, a formal idea, and so on. They had suffered serious conflicts between the real and the ideal image that a county magistrate had to pursue in a confucian country. The books that county magistrates had read from their childhood taught them to be a generous father for the people. On the contrary, the reality was totally different from what they had learned through the books. Actually, a special ruling skill to reign over the county is required to the county magistrates. The skills for reign were practical, in which moral politics can be embodied through a present, examination and ritual.

When ethics is defined as a social performance, it means a process which process personal body fitting social body for performance. The ruling power to Joseon is what we call a public opinion. A county magistrate had observed and had evaluated by eyes and lips of many people around him.

So, the will of county magistrate turn their mind to the public world. They were government officials that realize their ideals in the public community. They realized to public value by the social body. If so, how did they treated their personal body to realize their social body?

In this book, we show how did they controlled their appetite and sexual desire by elucidation about the relations with food and gisaeng(妓生) in a government office. We can explane what meant the salary to county magistrate that was demanded to regulate their individual desire in the boundary with the public affairs and the privateness. If they had personal parts in a government office, they shoude be their family, close associates and writing time. How do we understand their loneliness and times to overcome it as a solitary island in a government office?

We pay attention to a body of a county magistrate because we assume that they had different living condition and social tendency from the other role. In those days, they classified different by social position, and acted up to the thought. Therefore, their lifestyle is the best clue to understand of their existence that combine a social body with a social condition. We will examine their social body and then will examine overall their morals, attitude, taste and so on.

We will find a certain custom of the past that still remain to the present through this research. Meanwhile, we will understand a research method by instrument to get an insight to the condition of life that we are in. It is a concern how our important values were embodied in the life. Also, ultimately, we think that it will contribute to design a lifestyle that are suitable to us.

* | suryeong, 守令